국가주의 시대의 경제와 사회 [1]

미군정에서 3공화국까지

전용덕 지음

도서출판 해남

국가주의 시대의 경제와 사회 미군정에서 3공화국까지 [1]

초판1쇄 인쇄 2019년 4월 10일
초판1쇄 발행 2019년 4월 18일

지은이 전용덕
발행인 노현철
발행처 도서출판 해남

출판등록 1995. 5. 10 제 1-1885호
주　　소 서울특별시 서대문구 충정로 38-12(충정로 3가) 우리타워 6F
전　　화 739-4822 **팩스** 720-4823
이 메 일 haenamin30@naver.com
홈페이지 www.hpub.co.kr

ISBN 978-89-6238-134-4 93320
978-89-6238-133-7(세트)

서문

이 책의 특징 중에 중요한 것만 간추려 보면 다음과 같다. 첫째, 이 책은 미군정부터 3공화국까지의 경제(사회 포함)를 '오스트리아학파의 경제학'을 이용하여 이해 또는 설명한 것이다. 미군정부터 3공화국까지의 경제사를 설명한 문헌은 많지만 오스트리아학파의 경제학(필요에 따라 오스트리아학파가 발전시킨 정의이론, 사회학이론 등도 포함)을 이용하여 전술한 시기의 경제사를 설명한 것으로는 이 책이 '처음'이다. 기존 경제사 연구에서 이용된 분석 틀은 크게 나누어 신고전학파 종합, 마르크스 경제학, 역사가들의 상식, 그리고 앞에서 언급한 세 가지를 적절히 혼합한 것 등이다. 저자가 이 책에서 오스트리아학파의 경제학을 채택한 것은 그것이 그런 네 가지 분석 틀보다 결점이 적기 때문이다.

둘째, 이 책은 미군정부터 3공화국까지 주요 경제정책, 조치, 사건 등을 모두 다룬 것이다. 그 기간의 경제 관련 모든 것을 정책, 조치, 사건 등으로 구분하여 '한 책에서' 다룬 것은 아마도 이 책이 처음일 것이다. 경제통사, 부문별 경제사 등을 제외하면 말이다.

셋째, 이 책은 미군정부터 3공화국까지 주요 경제정책, 조치, 사건 등을 '한 저자'가 분석하고 설명한 것이다. 대부분의 경제사(사회사 포함)는 여러 명의 연구자가 공동으로 집필하는 데 그 경우에 일관성을 유지하기가 어렵다는 단점이 있다. 그러나 적어도 이 책에는 그런 단점이 없다. 그 대신에, 오직 한

명의 역사가가 서술하는 역사는 오류의 발생 빈도가 높을 수 있다. 저자는 그 점을 염두에 두고 작업했지만 어느 정도 성공했는가는 알 수 없다.

넷째, 저자는 역사학 원리를 적용하여 미군정부터 3공화국까지의 경제사 또는 사회사를 이해하고 설명했다. 역사학 원리를 경제사 또는 사회사에 적용하지 않는다면 역사 이해와 설명에 있어서 오류, 어려움, 미흡함 등에 직면할 공산이 크다. 그렇게 된 데는 역사를 서술하는 방법인 역사학 원리가 오늘날의 역사가에게는 전수되지 않고 있기 때문일 것이다.

그러나 저자는 이 책의 한계도 지적하지 않을 수 없다.

첫째, 저자는 미군정부터 3공화국까지 경제정책, 조치, 사건 등을 중요한 것만을 중심으로 다루었다. 그 결과 이 책이 그 시기의 현실을 이해하는 데 부족한 점이 있을 수 있다. 그와 함께, 자료의 부족으로 구두의(verbal) 설명을 하거나 추후의 연구로 미룬 부분도 적지 않다.

둘째, 이 책의 내용이 일부는 반복된다는 것이다. 왜냐하면 미군정부터 3공화국까지 모든 정부는 아주 유사한 경제정책을 실행했고, 그 결과 정책이 만들어낸 결과마저도 거의 동일했기 때문이다. 화폐정책, 재정정책, 가격정책 등이 대표적인 예이다. 저자가 반복되는 내용을 최소화하고자 했지만 한계가 있을 수밖에 없었다. 그리고 이 점은 지금도 크게 다르지 않다.

셋째, 일반인은 말할 것도 없고 경제사가마저도 오스트리아학파의 경제이론에 대해서는 익숙하지 않은 점을 염려하여 그 이론을 간략하게나마 설명한 부분이 없지 않다. 그 결과 책은 경제이론을 설명하는 부분을 포함하지 않을 수 없었다. 독자들의 양해를 바란다.

이 책은 미군정부터 3공화국까지 사람들의 삶이 '국가주의'에 의해 강하게 규정되었음을 설명한 것이다. 그럼에도 불구하고 저자는 역사 해석에 있어서 어떤 가치 판단도 주입하지 않았다. 본래 경제학은 탈가치적인(value free) 또는 가치중립적인 학문이기 때문이다. 다른 많은 점과 함께, 특히 이 점에 있어서 오스트리아학파의 경제학은 다른 경제학보다 독보적이다.

이 책의 내용과 형식에 대한 설명을 아주 간략하게 한다. 시간의 흐름에 따라 책을 서술했지만 2공화국은 존립 기간이 너무 짧아서 설명에서 제외했다. 다만 2공화국의 결정이 중요한 경우에 3공화국에서 서술했다. 원조의 중요성을 감안하여 한편으로 나누었다. 원조는 한국의 경제에만 영향을 미쳤던 것이 아니라 군대와 사회에 엄청난 영향을 주었기 때문이다. 5·16 군사정부에서 몇 가지 중요한 사건이 있었기 때문에 이 책에서는 분리하여 다루었다. 모든 면에서 이 책의 중심은 3공화국에 있고 그중에서도 경제성장에 있다. 무엇보다 저자는 이 책에서 많은 주장을 했다. 그런 주장이 더 많은 논의를 촉발하는 계기가 되기를 바란다. 저자는 또한 이 책이 비전문가에게는 당시의 실제 역사를 정확히 이해하는 데 도움이 되는 자료가 되기를 바라마지 않는다.

끝으로, 귀중한 시간을 내어서 많은 분량의 원고를 읽고 세심한 논평을 준 대구대 황진태 교수에게 심심한 감사의 마음을 전한다.

대구 신매동에서

전용덕 쓰다

차례

제2권

제6편
3공화국의 국가주의

[제1부 3공화국 경제사 서술을 위한 기초]

제1편

국가주의와 경제체제

제1장

국가주의와 경제체제

1. 국가주의

(1) 국가주의

해방으로부터 5공화국까지, 모든 정부의 정치철학의 기조는 '국가주의'(statism)였다. 국가주의란 "국가의 이익을 개인의 이익보다 절대적으로 우선하는 이념 또는 사상"을 말하고 국가주의를 신봉하는 사람을 '국가주의자'(statist)라고 부른다. 또는 국가주의란 국가가 최우선으로 중시되고 개인은 그런 국가 건설을 위한 수단으로 간주하는 정치철학으로 정의할 수 있다. 국가주의는 국가를 위하여 개인을 희생할 수 있다는 사상이라는 점에서 개인의 자유를 최고의 가치로 여기는 리버테리어니즘(libertarianism)과는 대척점에 있는 사상이다. 다른 한편, 국가주의는 국가보다 개인을 중요시하는 개인주의와도 대척점에 있는 정치철학이다.

그러면 무엇이 대한민국이라는 국가의 이익인가? 해방 이후 5공화국까지를 관통하는 공통된 국가의 이익은 크게 두 가지이다. 정치에서는 '반공주의'이고 경제에서는 '경제제일주의'이다. 경제제일주의는 '성장제일주의'라고도 할 수 있고 그 하부에는 '수출제일주의'가 있다.

그러나 미군정부터 5공화국까지, 모든 공화국이 정치와 경제라는 두 영역에서 동일하게 국가주의를 추구한 것은 아니다. 미군정과 1공화국은 정치에서는 반공주의를 채택했지만 경제제일주의를 강력하게 또는 반공주의만큼 추구했다고는 볼 수는 없다. 3공화국은 두 영역에서 모두 국가주의를 강력하게 추구했다. 그 점에서는 5공화국도 3공화국과 대동소이하다. 이 책은 국가주의 시대의 경제와 사회의 이해가 기본 목적이기 때문에 정치 영역에서의 반공주의는 필요 최소한으로 다룰 것이다.[1] 그리고 모든 정부의 정치철학이 국가주의이지만 개인보다 국가를 중요시하는 정도도 시기별로 달랐다. 그 결과 각 정부가 강조하는 점이 달랐고 현실에서 국가주의를 기초로 구현되는 정책이나 제도도 물론 달랐다. 그럼에도 불구하고 해방으로부터 5공화국까지 각 정부의 정치철학의 기조는 국가주의였다.

국가주의를 가장 명시적으로 강조한 대통령은 박정희였다. 그러나 이승만, 전두환 등도 국가주의자였음은 분명하다. 미군정도 국가주의였음은 재론의 여지가 없다. 전두환 정부 이후의 정부도 국가주의가 정치철학의 기조였지만 그 이전 정부에 비하면 국가주의가 나타나는 양상이 사뭇 달라졌다. 5공화국 이후에는 복지국가와 같은 간섭주의가 대두되었는데 경제적으로 간섭주의는 정치철학적 관점에서는 국가주의이다.

이 책은 해방 이후부터 3공화국까지 주요 경제제도와 경제정책을 분석하는 것이 기본 목적이다. 그러나 경제에 영향을 미치는 사건이라면 경제제도와 경제정책이 아니더라도 이 책에서 다룰 것이다. 정치철학적 관점에서 전

---

1 국가주의는 한국의 사회, 문화 등에도 깊은 영향을 미쳐왔다. 왜냐하면 사회, 문화 등이 정치·경제의 영향을 강하게 받기 때문일 것이다. 건축가 유현준은 조선일보와의 인터뷰에서 학교 건축에 대해서 다음과 같이 말했다. "건축이 바뀌면 사람이 바뀐다고 생각한다. 우리 사회에 전체주의적 사고방식이 뿌리 깊은 배경에는 학교 건축이 있다고 생각한다. 운동장 하나에 교사(校舍) 하나, 사진으로 보면 창문 크기만 달랐지 교도소랑 똑같다. 이런 공간에서 인격이 형성되는 시기의 12년을 보낸다. 사무 건물은 창의성을 강조하는 방향으로 변해 가는데, 학교 건물은 우리 아버지 세대나 우리 세대나 우리 아이들 세대나 똑같다." 조선일보, 2018년 1월 5일자.

전체주의나 국가주의는 유사한 이념이기 때문에 그의 말에서 전체주의 대신에 국가주의를 대입해도 큰 무리가 없다. 다만 학교 건축이 국가주의의 결과이지 학교 건축이 국가주의의 원인은 아니다. 그의 인터뷰를 다시 해석하면 다음과 같다. 국가주의가 의무교육을 강제했고 그 과정에서 정부는 비용을 절약하기 위해 전국적으로 동일한 학교 건축을 만들었다. 그리고 그런 학교 건축은 다시 국가주의를 강화하게 되었다. 다른 해석도 가능하다. 국가주의는 다양성, 창의성 등을 억제하는 정치철학이다. 그러므로 국가주의가 사회, 문화 등에 미친 영향에 대한 연구도 우리 사회, 문화 등을 이해하는 데 긴요하다.

두환 정부는 그 이전 정부들과 크게 다르지 않다. 다만 노태우 정부는 전두환 정부보다는 전환기적 사건이 상대적으로 많이 일어났던 정부로서 국가주의 시대였지만 그 이전 정부와 구분하는 것이 적절하다. 그러므로 이 책에서 5공화국을 다루는 것이 적절하고 편리할 것이지만 이 책 저술의 기본 동기가 3공화국 경제와 사회를 이해하는 일이기 때문에 5공화국에 대한 서술은 다음 기회로 미룬다.

미군정 기간은 국가가 건설되고 난 뒤의 공화국들과 다른 점이 있다. 대한민국이라는 국가의 건설에 미국이 자신의 국가 이익을 반영하기를 원했고 실제로 그렇게 했다. 미국 국무부 관료들은 언제나 미국의 국익을 대한민국 국가 건설에 반영하기를 원했다. 그러나 대한민국이라는 국토의 현장에서 미국 정부의 역할을 했던 조직은 미군정이다. 미군정은 미국 국무부 관료들이 규정한 미국의 국익을 현실에서 실행하고자 할 때 어려움에 처한 경우가 발생했거나 국무부 관료들이 잘 모른다고 생각한 경우에는 장기적으로 미국의 국익을 위하여 행동했지만, 단기적으로는 미군정 자체의 이익을 위하여 행동한 경우도 있었던 것 같다. 그러나 미국의 국익을 대한민국 건설에 반영해야 한다는 점에서 두 집단은 크게 다르지 않았다. 미국의 국익이란 미국의 세계 전략의 하나로서 한국이 반공의 보루가 되게 하는 것, 즉 반공주의의 실현이었다. 이것이 명목적 관점에서의 미국의 국익이다. 실질적 관점에서 미국의 국익이란 경제적 동기를 말한다. 이 점에 대한 자세한 설명은 2편에서 하고자 한다. 한마디로, 미국과 미군정도 국가주의를 자신들의 정치철학으로 삼았다는 것이다.

해방 이후 1980년대까지는 국가주의 시대였다. 그러나 정치와 경제라는 두 영역 모두에서 국가주의를 가장 강력하게 강조한 시대는 3공화국 시대였다. 그리고 박정희는 3공화국의 대표적인 국가주의자로서 대한민국의 정치와 경제에 가장 영향력이 컸을 뿐만 아니라 그 이후에도 가장 오래도록 영향을 미치고 있는 인물이다. 그러므로 이하에서는 3공화국의 국가주의와 국가주의자로서 박정희를 가장 먼저 다룬다. 그 다음에는 시간의 흐름에 따라 미군정, 1공화국, 5공화국 등의 국가주의를 한 절에 묶어서 다룰 것이다.

(2) 3공화국의 국가주의[2)]

3공화국 시대를 조명할 때 박정희의 영향이 절대적이었음은 주지의 사실이다. 그러므로 3공화국 경제사를 이해하고 설명하고자 할 때는 박정희의 정치철학을 다루지 않을 수 없다. 특히, 주요 경제제도나 경제정책의 방향을 결정하는 일은 언제나 박정희의 몫이었다. 심지어 박정희는 경제제도나 경제정책의 세부적인 내용의 결정에 있어서도 큰 역할을 한 경우가 많았다. 그러므로 3공화국의 경제사뿐만 아니라 3공화국의 일반역사를 이해하고 설명하기 위해서는 박정희의 정치철학을 검토하는 것이 우선적으로 필요하다.

박정희를 다룰 때 유신체제 이전과 이후로 구분하는 것이 가장 흔히 하는 방법이다. 그러나 정치철학적 관점에서 유신 이전과 이후를 구분하는 것은 큰 의미가 없다. 왜냐하면 두 시기의 박정희의 정치철학은 본질적으로 차이

2 예를 들어, 김일영(2004)과 같은 정치학자는 '발전국가'(development state)라는 개념을 사용하여 이 시대를 정의한다. 국가주의라는 개념과 비교할 때, 그 개념은 정치철학에서 정립된 것이 아닐 뿐만 아니라 국가를 미화할 가능성이 높다. 경제행위에서 국가의 존재가 긍정적일 수 있는 영역은 국민의 생명, 재산, 자유 등을 보호할 때뿐이다. 그 이외의 영역에서 국가가 개입하는 것은 부정적인 영향이 긍정적인 영향보다 크다. 그 점에서 발전국가라는 개념은 불완전하고 부정확한 것이다.

가 없기 때문이다. 사실 두 시기의 박정희의 정치철학은 외형적으로 약간 다를 뿐이다. 그러나 이해를 돕기 위하여 두 시기를 구분하여 박정희의 정치철학을 다룰 것이다. 사건의 순서에 따라 유신체제 이전의 정치철학을 먼저 다룬다.

향토예비군 창설, 대학 군사교련 실시, 1차 인민혁명당 사건, 동백림 사건, 통일혁명당 사건 등과 같은 공안조작 사건 등은 박정희가 정치 영역에서 추구한 것이 반공주의임을 보여주는 좋은 증거이다. 특히, 베트남전 참전은 반공주의와 경제제일주의 둘 모두를 추구했던 결정이다(이 점에 대해서는 아래에서 자세히 다룰 것이다).

박정희는 『국가와 혁명과 나』에서 '민족제일주의와 경제 우선주의'[3]를 주창했다. 경제 우선주의에 관한 한, 집권 초기 박정희가 민주당 정권이 내세운 경제제일주의를 수용한 것이었다. 3공화국에서 박정희는 경제제일주의를 더욱 응축하여 '수출제일주의'라는 말을 애용했다. 그의 그런 생각은 매년 11월 30일 행한 '수출의 날 치사'에서 잘 나타나 있다. 사실 박정희는 1963년을 '수출의 해'로 처음 지정했고, 11월 30일을 '수출의 날'로 제정했으며, 그날 수출에 공이 큰 기업인과 관련자를 표창하기 시작했다.[4]

박정희의 수출제일주의는 수출을 촉진하기 위하여 각종 보조금을 주고, 수입은 억제하기 위하여 수입 재화에 세금을 부과하거나 각종 통제를 하거나

3 군사혁명위원회는 1961년 5월 16일 6개 항의 공약을 발표했다. 그 네 번째 공약은 "(앞 부분 생략) 국가자주경제 재건에 총력을 경주한다."이다. '국가자주경제'라는 개념이, 해석에 따라서는 국가주의를 더 잘 보여준다고 할 수 있다. 그러나 그것은 3공화국을 실질적으로 지배한 박정희만의 정치철학으로 보기는 어렵다. 그럼에도 불구하고 박정희는 국가와 자주경제라는 개념을 자주 사용했다.

4 수출의 날 행사와 수출에 공이 큰 기업인과 관련자를 표창하는 제도는 지금까지도 시행중이다. 바로 이 점이 한국 사회가 지금까지도 수출제일주의를 지향하고 있음을 보여주는 좋은 예이다.

수출에 필요한 경우에만 수입을 허가해주는 정책을 일컫는 말이다.[5] 이것을 우리는 '중상주의'(mercantilism)라고 한다. 구시대 중상주의와 구분하기 위하여 '현대판' 중상주의라고 하는 것이 더 정확할 것이다. 중상주의는 시대에 따라 약간 다르게 정의되기도 한다. 그러나 서로 다르게 정의된 중상주의의 공통점은 다음과 같다. 잘못된 경제이론으로 국가가 선호하는 개인이나 집단에게 보조금이나 특혜 또는 특권을 주고 그 과정에서 만들어지는 규제들을 집행하기 위하여, 관료체제를 정비하고 국가를 건설하는 이념체계를 중상주의라고 부른다. 수출을 촉진하고 수입을 억제하는 정책인 수출제일주의도 두 가지 중요하고 실제적인 효과를 만들어낸다. 즉, 수출제일주의로 인하여 국가가 수출업자에게는 보조금 또는 특혜를 주고 국내 제조업자 또는 수입업자에게 보호막을 쳐준다는 것이다. 그러므로 박정희의 수출제일주의는 현대판 중상주의이고 박정희가 그런 중상주의를 국가 건설을 위한 정책수단으로 삼았다는 점에서 수출제일주의는 국가주의의 특별한 형태라고 할 수 있다.[6]

수출제일주의를 제외하고, 유신체제 직전에 박정희의 국가주의가 잘 드러났던 사건은 1972년의 8·3 조치와 그 후속 조치들이다. 이때 많은 정책이나 제도가 실행되었다. 그중 가장 핵심적인 것은 사채를 동결하고 주요 재화들의 가격, 공공요금, 협정요금 등을 국가가 통제하기 시작했다는 것이다. 쌀과 같은 주요 재화의 가격, 공공요금, 협정요금 등은 8·3 조치 이전에도 국가가 통제했다. 그러나 8·3 조치로 공공요금, 협정요금 등은 말할 것도 없고 다수

5 수출을 촉진하고 수입을 억제하는 정책이 가장 잘 나타나 있는 것이 3공화국의 무역정책과 외환정책이다. 이것은 6편에서 자세히 다룬다.

6 중상주의가 국가주의의 한 형태라는 점에 대해서는 Rorhbard(1997), pp. 43-55 참조.

의 주요 재화들의 가격 인상률이 3% 이내로 제한되었다. 1972년 8월부터 간섭주의가 경제 전체로 확대되었다고 하겠다. 경제적으로 간섭주의는 국가주의의 일부이다. 8·3 조치와 그 후속 조치들에 대한 자세한 설명은 6편에서 할 것이다.

유신체제 이후 박정희의 정치철학은 유신체제 이전의 그것과, 적어도 외형적으로는 달라졌다. 유신체제 이후 박정희는 '국가주의'에 대한 신념을 명시적이고도 본격적으로 강조했다. 그리고 박정희는 기회 있을 때마다 국가와 국민과 군대를 동일시했는데 이것은 군사주의로서 국가주의의 변형이라고 할 수 있다.

유신 이후 박정희는 총진군, 총동원, 총매진, 총궐기, 총력안보, 총화유신, 국민총화, 총화호국, 민본총화, 총화단결, 총화전진, 총력체제, 총화의 대행진, 총화체제 등과 같은 용어들을 각종 연설에서 사용했다(강정인, 2014, pp. 243, 279 참조). 그것들은 단결, 동원, 복종 등을 상징할 뿐만 아니라 국민국가 건설을 지향하고 있는 것이었다.

박정희는 국가주의자였다. 그가 어느 해인가 서울대 총장에게 보낸 서신을 인용해본다(윤재석, 2014, pp. 39-40).[7] "한 세대의 생존은 유한하나, 조국과 민족의 생명은 영원한 것, 오늘 우리 세대가 땀 흘려 이룩하는 모든 것이 결코 오늘을 잘 살고자 함이 아니요. 이를 내일의 세대 앞에 물려주어 길이 겨레의 영원한 생명을 생동케 하고자 함이다." 이 서신은 그가 국가주의자이자 민족주의자였음을 잘 보여준다.

7 이 내용은 윤재석이 오원철을 인터뷰하는 과정에서 오원철이 밝힌 내용을 기록한 것이다.

박정희가 국가주의자였음을 가장 잘 보여주는 사건은 베트남전 파병 결정이다. 베트남전 파병으로 박정희가 얻고자 한 것은 여러 가지가 있었다. 그러나 가장 중요한 것 한 가지만 꼽는다면 미국의 도움으로 자신의 정치적 입지를 공고히 하는 것이었다. 박정희가 쿠데타로 정권을 잡았기 때문에 자신의 권력 기반을 튼튼히 하는 것은 최우선 과제였다. 물론 베트남전 파병은 외화를 가득하는 데도 적지 않은 보탬이 되었다. 국군 장비의 현대화도 베트남전 참전으로부터 얻을 수 있는 경제적 이득이다. 이것들도 국가를 건설하는 데 적지 않은 도움이 되는 것이다. 베트남전 참전은 반공주의와 경제제일주의를 모두 만족시키는 것으로 박정희로서는 도저히 놓칠 수 없는 절호의 기회였다.

그러나 베트남전 파병은 한국군 장병들의 목숨을 앗아갔을 뿐 아니라 전쟁에서 생존한 장병들도 귀국하여 원인을 알 수 없는 병마에 시달리다 죽었거나 고엽제 후유증 등과 같은 어려움을 겪고 있다. 베트남전 참전이야말로 국가주의가 얼마나 개인을 국가 건설을 위한 수단으로 사용하는가를 보여주는 좋은 예이다.[8)] 베트남전은 베트남 국민에게는 엄청난 희생을 안겨다주었고 베트남의 자연을 상당 기간 동안 황폐하게 만들었다. 국가주의는 자신의 국가를 건설하기 위하여 자국 국민뿐 아니라 다른 나라를 희생하는 것도 대수롭지 않게 여기기 때문이다.

박정희가 지향하는 국가주의는 무엇보다도 1968년 12월에 발표한 '국민

8 최근 베트남전 참전 용사가 국가경제 건설에 얼마나 이바지했는가를 강조하는 경우를 볼 수 있다. 그러나 그들이 지금도 치르고 있는 희생에 대해서는 우리 사회가 별다른 반응을 하지 않고 있다. 게다가, 베트남전이 베트남 국민과 국가에 미친 영향에 대해서는 반성은커녕 그런 문제에 조금도 관심을 기울이지 않고 있다. 우리가 일제의 식민지배에 대해 그렇게 분개하는 것에 비한다면 이러한 무관심과 외면은 크게 잘못된 것이다.

교육헌장'에 가장 잘 나타나 있다. 국민교육헌장은 박정희가 직접 작성한 것은 아니다. 그러나 그가 가진 이념체계를 가장 잘 보여주는 것으로 간주해도 무리가 없다. 그 일부만을 인용해본다. "우리는 민족중흥의 역사적 사명을 띠고 이 땅에 태어났다. … 스스로 국가 건설에 참여하고 봉사하는 국민정신을 드높인다. 반공 민주정신에 투철한 애국애족이 우리의 삶의 길이며 자유 세계의 이상을 실현하는 기반이다." 그리고 박정희는 관료들로 하여금 국가주의를 교육이념으로 채택하도록 함으로써 국가주의의 국내 확산에 노력했다(3공화국의 교육이념에 대한 자세한 설명은 38장 참조).

국가를 건설하기 위하여 법체계, 넓은 의미에서 규제체계가 필요하고 그것들을 집행하기 위하여 관료집단이 필요하다. 국가 건설에 매진할수록 규제체계는 복잡해지고 그 규모가 커지게 될 수밖에 없고 관료집단이 비대해지는 것은 피할 수 없다. 다른 조건이 동일하다면, 국가 건설에 매진할수록 국민의 조세부담률이 증가하게 된다. 그러나 조세부담률은 작은 증대에도 거의 언제나 국민의 저항에 부딪치기 때문에 조세를 인상하는 일은 쉽지 않다. 이제 정부는 지폐의 공급을 늘려 시뇨리지를 획득하는 방법을 선택하게 된다(34장과 35장 참조).

박정희의 수출제일주의가 중상주의의 다른 이름이고 중상주의가 국가주의의 특별한 형태라면 유신 이전과 이후의 국가주의는 어떻게 다른가? 유신 이전의 수출제일주의는 경제에만 국한했다면, 유신 이후의 국가주의는 정부가 국가 건설을 위하여 사회의 모든 부문을 통제했다는 점이 다른 것이다. 예를 들어, 박정희는 장발을 퇴폐적인 것으로 지목하여 단속했고 대중가요의 가사가 국가주의적 관점에서 해석상의 문제가 있다고 생각하면 언제든지 그

노래를 금지했다. 그러나 국가가 보조금 또는 특권을 특정 개인이나 집단에게 주고 그 과정을 통제하기 위한 규제체계와 관료체제를 만들었을 뿐만 아니라 그 관료체계를 토대로 국가도 건설한다는 점에서, 수출제일주의와 유신이후의 국가주의는 본질에서 같다고 할 수 있다. 물론 정책의 입안과 집행에 있어서 둘 간에 약간의 차이가 있었다. 그러나 그것은 본질적인 것은 아니다. 이 점에 대해서는 필요한 곳에서 자세히 다룰 것이다.

국가주의자로서 박정희의 진면목이 가장 잘 드러났던 다른 예는 '산아제한' 정책이었다.[9] 박정희 집권 초기에는 정부가 "둘만 낳아 잘 기르자"는 산아제한정책 캠페인을 대대적으로 벌였지만 그의 집권 후기에는 "잘 기르면 한 명의 자녀가 두 명의 자녀보다도 낫다"는 식의 캠페인을 했다. 그러나 자녀를 얼마나 낳을 것인가 하는 문제는 순전히 개인의 문제이지 국가가 간섭할 일이 아니다. 그 점에서 산아제한정책은 국가주의자로서 박정희의 면모를 잘 보여주는 것이다. 3공화국 시대는 인구억제정책의 광풍이 몰아치던 시기였다. 3공화국의 산아제한정책은 자녀의 수를 줄인다는 측면에서 크게 성공했지만 그 부작용도 만만치 않다(30장 참조).

박정희는 또한 민족주의자였다. 박정희는 1962년 '연두사'에서 '하나의 민족이란 영원한 생명체'라는 말을 쓰고 있다. '민족의 양심' 또는 '민족적 양심'이라는 단어에서도 알 수 있듯이 민족을 하나의 인격체로 간주했다. 민족주의는 주로 식민지 시기에 강조되었던 개념이다. 당시 다수의 지도자는 '민족혼', '민족정신', '민족정기' 등과 같은 말을 사용했는데, 그것들은 민족을

9 최근에는 정부가 '출산장려'를 위하여 각종 복지와 영 · 유아 교육비 지원정책 등을 시행하고 있다. 출산장려도 산아제한과 같이 국가주의의 한 예이다. 다만 둘이 정반대의 목표를 가지고 있다는 점에서 차이가 있을 뿐이다.

영구적인 영적 실체로 강조한 것으로 그 구성원인 개개인의 독자성 또는 개체성을 인정하지 않는, 단일의 인격체로서 민족을 상상하도록 개념화한 것이다.

문제는 민족주의와 국가주의는 서로가 서로의 뿌리가 될 수 있는 그런 이념이라는 것이다. 민족주의는 국가주의의 기초가 되고 국가주의는 민족주의의 기초가 된다. 이 점 때문에 국가주의자는 민족주의를 이용한다. 그리고 두 이념은 상호 상승작용을 하기 때문에 그 영향이 오래갈 수밖에 없다. 박정희가 '민족중흥'이라는 말을 했을 때 민족은 국가와 동일한 것이다. 왜냐하면 대한민국에서 국가는 단일민족 국가이기 때문이다.

국가주의가 사회제도로서 가장 잘 구현된 것으로써 '반상회'를 들 수 있다. 반상회와 유사한 주민 통제체제의 역사는 조선 시대까지 거슬러 올라갈 수 있다. 그러나 정부가 본격적으로 주민을 통제하기 위하여 정부 주도로 반상회를 운영하기 시작한 것은 유신 이후이다. 3공화국 정부는 유신 이후인 1976년 5월 말부터 관주도로 본격적으로 반상회를 운영하면서 전국적인 정례 반상회의 날(매월 25일)을 제정하여 운영했다. 한마디로, 반상회야말로 전 국민 차원에서 국가주의를 실현하기 위한 수단이자 방법이었던 것이다.

1977년 내무부 발표에 따르면 반상회는 1976년 한 해 동안 전국 25만 8,821개 반에 설치, 매달 평균 579만 1,600가구가 참석(참석률 85.8%)하였고, 총 42만 2,000건의 접수된 민원 중 28만 9,000건이 시책에 반영되어 건의사항의 68.5%가 해결되었다.

1970년대 반상회는 주민 상호간 친목과 상호부조를 도모하고, 지역사회의 발전을 스스로 추진하며, 자치능력 훈련 및 민주생활 교육을 위한 장으로서 역할을 한다는 목적과 마을의 실태와 주민들의 요망사항을 파악하여 행정에 반영한다는 목적을 표방하고 있었다. 이것은 반상회의 형식적인 목적이다. 그러나 이 시기의 반상회는 실제로는 정부 시책을 홍보하거나 '보안 사범 색출과 선도 기능'과 같이 지배체제의 유지·강화에 사용되었다는 점이다. 반상회의 실질적인 목적이다.

정치운동으로서 국가주의 정치철학이 가장 잘 구현된 운동이 새마을운동이다. 박정희는 농민들이 근면, 자조, 협동을 통해 새마을을 가꾸어 나갈 것을 기대하고 새마을운동을 제창하고 이끌어갔다. 농촌의 소득을 증대하고, 환경을 개선하며, 정신을 계발하는 것이야말로 박정희가 지시한 새마을운동의 목표였다. 그리고 박정희는 새마을운동을 농촌에서 도시, 공장, 학교 등으로 운동의 범위를 확장했다. 새마을운동이야말로 박정희의 국가주의 정치철학이 정치운동의 형태로 가장 잘 나타난 것이다(새마을운동에 대한 자세한 설명은 43장 참조). 그리고 학교교육의 교육이념을 국가주의로 규정함으로써 새마을운동의 이론적 기초를 교육이념에서 찾을 수 있도록 만들었다(38장 참조).

국가주의가 구현된 법률과 시행령으로서는 1969년 1월 16일 제정된 「가정의례준칙에 관한 법률과 시행령」이 있다. 이 법률과 시행령은 관혼상제를 간소화한다는 목적으로 제정된 것으로 1957년 재건운동본부의 '표준의례'와 1961년 보건사회부의 '표준의례'를 모태로 한 것이다. 그러나 이 법과 시행령은 권고적·훈시적인 것이었다. 그 결과로 1969년 제정된 법률과 시행령은 그 효과가 미미했다. 이에 정부는 1973년에 가정의례를 법적으로 강제하게 되었다. 그러나 실제로 관혼상제를 법적으로 강제하는 것은 매우 어려웠다. 정부는 1979년 5월 19일에는 '표준 혼수 모형'이라는 것을 제정하고 국가가 강력권장하는 혼수품 목록을 발표했다. 이것은 호화 결혼으로 인한 낭비를 막고 계층 간 위화감을 억제한다는 명분으로 제정되었다. 가정의례준칙은 음식점의 반찬 낭비를 막겠다는 목적으로 제정된 '표준식단' 개념의 연장선상에 있었다. 그리고 3공화국 시대가 끝난 뒤에도 표준 혼수 모형은 폐지되지 않았다. 1980년 10월 전두환이 호화 결혼 추방을 지시하자 검찰의 호화 혼수 특별단속이 시작되었다. 수백 명이 입건되고 아파트를 사준 사람은 '증여세 폭탄'을 맞았다.[10] 1973년 법령은 그 이후 여러 차례 개정되었다가 1999년 「건전가정의례준칙」이 제정되면서 폐지되었다. 3·5공화국 시대 정부가 민간들의 관혼상제를 통제하고자 한 것이 가정의례준칙과 표준 혼수 모형이다. 그것들은 낭비와 허례허식을 막아 저축을 장려하기 위한 것이었지만 그런 저축이 국가주의에 기초해 있었다는 점에서 자발적인 저축과 달랐다.

국가주의자는 예외 없이 '사회공학자'가 된다. 사회공학이란 사회를 하나의 거대한 공장으로 간주하고 거대한 공장을 건설할 때 필요한 공학을 사회건설에 이용한다는 접근법을 말한다. 또는 사회공학을 공학적 접근법이라고도 한다. 박정희는 말할 것도 없고 그의 실무 관료들은 대부분 사회공학자였다. 김정렴(1991), 오원철(1996) 등이 대표적인 사회공학자였다. 사회공학에서 개별 인간의 의지 또는 목적은 무시된다. 사회공학자에게 오로지 중요한 것은 자신이 판단할 때 바람직한 사회를 목표로 설정하고 개인들은 어떤 희생을 치르더라도 그 목표를 달성하게 하는 것이다. 사회공학자에게 개인들은 사회 건설을 위한 도구일 뿐이다. 그리고 사회공학자에게 바람직한 사회란

10 경향신문, 1979년 5월 21일자; 조선일보, 1980년 12월 10일자.

추상적인 것이 아닌 구체적인 것이어야 한다. 예를 들어, 수출 500억 달러, 연산 500만 톤의 조강능력 등과 같은 것이다.

그러나 사회공학은 위험한 접근 방법이다. 왜냐하면 사회는 하나의 거대한 공장이 아니기 때문일 뿐만 아니라 개인들이 사회 건설을 위한 도구가 아니기 때문이다. 개인들은 그 자신의 목적 또는 의지를 가진 인간들이다. 사회공학은 필연적으로 경제체제, 경제제도, 경제정책 등을 사회주의로 이끌어가게 된다. 독일의 히틀러, 이탈리아의 무솔리니, 소련의 스탈린 등은 모두 극단적인 사회공학자였다.

박정희는 기본적으로 국가주의자였지만 다른 측면들이 없었던 것은 아니다. 국민교육헌장에는 '개척정신', '능률과 실질', '협동정신', '근면', '성실', '창조' 등과 같은 용어들이 나온다. 그것들은 도전정신, 실용주의적인 측면, 친시장적 측면, 혁신적 측면 등을 가진 개념 또는 용어이다. 박정희는 자조, 자립, 저축 등도 수시로 강조했는데 그것들은 개인주의와 친시장적 요소인 것이다. 다만 그것들은 국가 건설을 위한 수단이나 정신 상태를 언급한 점이라는 것이다. 즉, 박정희에게 있어서 그것들은 국가주의를 보조하는 개념 또는 용어일 때만 의미가 있고 그것들 자체로서는 무의미한 것이다. 국민투자기금이 가장 좋은 예이다. 박정희는 저축을 유도하여 형성된 저축성 예금을 국민투자기금이라는 명목으로 강제수집해서 정부가 바람직한 산업으로 지정했던 중화학공업에 투자했다. 그러므로 다수의 연구자가 박정희를 시장주의자로 규정한 것은 잘못된 것이다. 그리고 박정희는 "잘 살아보세. 우리도 한 번 잘 살아보세."라는 슬로건을 그의 집권 초기부터 사용했는데 이 구호가 경제성장에 미친 영향에 대해서는 29장에서 자세히 서술한다.

실용주의적인 측면은 국가 건설에 도움이 되는 면에서만 의미가 있었다. 예를 들어, 박정희가 1970년대 초 경남 마산에 있는 한일합섬 공장을 방문했을 때의 일이다(윤재석, 2014, p. 42 참조). 어린 여성 근로자가 일을 하면서 공부를 할 수 있는 방법이 있었으면 좋겠다는 건의를 받고 대통령은 그를 수행하던 그 공장 사장에게 야간학교라도 만들어보는 것이 어떻겠느냐고 물었다. 이렇게 해서 많은 기업체 부설학교가 각 기업에 설치되었다. 이 사례는 어려운 형편임에도 불구하고 일하면서 공부하는 경우, 즉 주경야독의 사례로서 1970년대 자주 언급되었다. 비록 여성 근로자의 불만이나 건의라도 국가 건설에 도움이 된다면 박정희는 그 불만이나 건의를 현실 정치에 반영했다. 이것은 해석하기에 따라, 박정희가 실용적 측면을 가졌음을 보여주는 예이다. 그러나 그것은 국가 건설을 위할 때만이 의미가 있는 것이다.

중상주의를 포함한 국가주의는 현대 사회에서는 어떤 형태로 나타나는가? 그것들은 간섭과 통제, 보조금, 규제, 독점, 특권 또는 특혜의 부여, 중앙계획(central planning), 관료제, 화폐와 금융제도의 통제와 인플레이션 등의 형태를 하게 된다. 중앙계획이란 생산수단을 정부 또는 국가 기관이 소유하고 그 생산수단을 언제, 어디에, 얼마나 사용할 것인가를 결정하는 계획을 말한다. 여기에서 말하는 중앙계획이란 국가가 모든 개별 경제주체들의 목표를 결정하고 그 달성을 강제하는 제도인 사회주의 국가의 중앙계획과 다른 것이다. 아래에서는 박정희식 경제개발계획과 사회주의 국가의 중앙계획을 간략히 비교한다.

3공화국은 1962년을 시작으로 네 차례의 경제개발 5개년 계획을 실시했다. 정부는 경제개발계획에서 연간 경제성장률, 인구증가율, 1인당 국민총생산, 투자율, 국민저축률, 해외저축률, 산업구조, 환율과 경상수지, 물가상승률 등과 같은 주요 경제지표의 목표를 제시했다. 정부는 또한 주요 재화, 예를 들어 철강, 시멘트, 비철금속, 전기 등의 생산량 목표를 제시하고 그 목표를 달성하기 위하여 각 경제주체를 독려했다. 그리고 정부가 자원 배분을 직접 통제하기 위하여 다수의 공기업을 설립했다. 그 결과 주요 산업에 공기업이 없는 곳이 없었다. 무엇보다도, 정부가 화폐와 금융을 통제하여 민간의 경제행위에 깊숙이 개입하고 간섭했다. 정부는 국민투자기금과 같은 각종 기금을 설정하여 금융 자원을 직접 통제했다. 국민투자기금은 정부가 민간의 경제행위를 오랫동안 간섭하고 통제하면 사회주의가 된다는 경제학적 지혜가 옳음을 증명하는 사례이다. 박정희는 특히 수출에 대해서는 기업들에게 많은 인센티브를 주면서 수출 목표를 달성하도록 강력하게 촉구했다. 3공화국 정부는 앞에서 제시한 주요 경제지표의 목표와 주요 재화의 생산량 목표를 달성하기 위하여 다수 재화의 가격을 통제하고 배급을 주는 방법을 실행했다.

박정희는 경제개발 5개년 계획의 작성과 실천을 위하여 경제기획원으로 하여금 1965년부터 '월간경제동향보고'라는 회의를 개최하도록 하고 그 자신도 회의에 참석했다. 이 회의는 1979년까지 계속되었다. 박정희는 이 회의를 통해 주요 경제 목표를 점검하고 필요한 경우에는 그 목표를 수정하거나 보완했다. 박정희는 월간경제동향보고 회의를 통해 관료들로 하여금 사회공학적 목표를 공유하고 실천하도록 독려했다. 이에 더하여, 박정희는 수출제일주의를 구현하기 위하여 수출진흥확대회의를 주재했다.

3공화국 정부의 경제개발계획은 사회주의 국가의 중앙계획보다는 생산수단을 덜 통제했지만 중앙계획이 없는 자유시장경제보다는 생산수단을 훨씬 더 많이 통제하고 간섭했다. 정부는 공공차관에 의한 공기업의 설립, 세금과 각종 기금을 이용한 투자와 융자, 각종 가격규제와 보조금, 화폐와 금융의 통제, 독점, 특권 또는 특혜 등의 방법을 이용하여 민간의 생산수단을 통제했다. 그리고 이런 통제와 간섭은 각종 폐해를 초래했다. 그러나 3공화국 정부의 경제개발계획이 사회주의 국가의 중앙계획과 '완전한' 자본주의의 중간 단계에 있는 것이 사실이지만 어느 쪽으로 더 치우쳤는가는 단언하기 어렵다. 다만 간섭주의가 경제를 지배했다는 말만은 할 수 있다. 간섭주의란 재산의 사적 소유권은 보호하지만 계약의 자유를 부정하는 제도로서 정부가 가격 또는 비가격을 규제하는 것이 대표적인 예이다.[11] 그리고 1970년대가 1960년대보다 사회주의를 포함한 간섭주의적 요소가 더 많아졌다고 보는 것이 옳다. 왜냐하면 1970년대는 중화학공업화의 추진을 위한 정부의 자원 배분 개입과 오일쇼크의 발생으로 인한 과도한 경제통제(42장 참조)가 이루어졌기 때문이다. 바로 이 점이 경제체제 관점에서, 3공화국 정부로 하여금 1970년대 말에 경제위기에 처하게 만들었던 이유이다. 이 점에 대해서는 이 책 전체의 주제이기 때문에 각 장에서 다룰 것이다. 그리고 화폐와 금융적 관점에서도 1970년대 말에 국가가 경제위기에 처하게 되었던 이유가 있다. 이 점은 34장과 35장에서 다룰 것이다.

경제개발계획을 위주로 하는 3공화국의 경제운영 방식이 현대 사회에서 왜 중상주의인가 하는 문제를 간략히 보기로 한다. 3공화국 정부는 전기, 통신, 수도, 철강, 도로, 철도, 항만, 공항, 댐 등과 같은 생산수단을 국·공유화하

---

11 간섭주의를 '제3의 길'이라고도 한다. 그러나 학문적으로는 후자보다 전자가 표현이 더 정확하기 때문에 이후에는 간섭주의라는 개념을 사용한다.

고 통제했다. 그 과정에서 관료제가 확대되고 세금을 징수하고 화폐제도, 금융제도, 외환제도 등을 엄격히 통제했다. 그러므로 생산수단의 국·공유화라는 관점에서, 3공화국의 경제개발계획은 사회주의의 중앙계획 수준에는 미치지 못하지만 중앙계획이 없는 자유시장경제보다는 사회주의적이었다. 게다가, 정부는 가격을 고정하거나 인상률을 통제했다. 이에 더하여, 정부는 보조금, 특권, 특혜, 통제, 명령, 지시, 금지, 제한, 독점 등을 사용하여 민간의 경제행위를 강력하게 통제했다. 그린벨트라는 이름으로 토지의 이용에 대한 극심한 통제도 이 시기에 시작되었다. 앞에서 나열한 것들은 간섭주의의 예이다. 극단적으로는, 정부는 사채시장의 동결과 같은 민간의 재산권에 대한 극심한 제한과 통제를 하거나 1972년 8·3 조치에서처럼 계약의 자유를 부정하고 가격의 인상을 억제했다. 그러므로 3공화국의 개발계획을 위주로 하는 경제운영 방식은 현대판 중상주의의 '완결판'으로 보는 것이 적절하다.

경제체제라는 관점에서는, 국가주의를 실현하기 위해서는 사회주의가 최선이다. 그러나 사회주의를 전면적으로 채택할 수는 없다. 그것은 장기적으로는 작동 불가능한 체제이기 때문이다. 국가주의에 잘 맞는 경제체제는 간섭주의뿐이다. 3공화국에서는 사회주의도 적지 않았을 뿐 아니라 간섭주의를 채택한 정부가 널리 민간의 경제행위를 통제하고 간섭했다. 그리고 간섭주의가 오랫동안 진행되면 사회주의가 된다. 3공화국 정부를 포함한 각 정부가 채택한 간섭주의가 초래했던 각종 폐해에 대한 자세한 내용은 이 책 전체의 주제이다.

3공화국 정부는 1967년 「전자산업육성진흥법」(1969년에 「전자공업진흥법」으로 개명)을 만들어 전자산업에 투자하는 기업에 많은 특혜를 주었다.[12] 구체적인 예를 들어본다. 전자산업진흥법을 제정할 무렵에 정부는 삼성이 수원시 메탄동에 40만 평의 부지를 구입하여 수원공장을 지을 때 평당 300원에 구입할 수 있는 특혜를 주었다. 3공화국 정부는 특정 제조업을 육성해야 한다고 판단되면 각종 육성법을 제정해서 시행했다. 그것들은 「기계공업진흥법」(1967), 「조선공업진흥법」(1967), 「전자공업진흥법」(1969), 「석유화학육성법」(1970), 「철강공업육성법」(1970), 「비철금속제련사업법」(1971), 「항공공업진흥법」(1978) 등이다. 무엇보다도, 1973년부터 시작한 '중화학공업화' 정책은 유신 이후에 실행한 전형적인 국가주의 정책이다.

정부가 화폐와 금융을 통제하면 모든 재화의 가격은 자연스럽게 정부의 통제 대상이 된다. 오늘날 화폐와 금융은 정부의 완전한 통제 아래에 놓여 있다. 정부가 개별 재화의 가격을 통제하지 않더라도 화폐와 금융을 통제하면 모든 재화의 가격은 자연스럽게 통제가 된다. 오늘날 모든 국가는 정부가 화폐와 금융을 완전하게 통제하고 있는 것이 현실이다. 앞에서 설명한 내용과 이 내용을 종합하면, 경제·제도적 관점에서 미군정에서 현재까지의 경제체제는 간섭주의와 사회주의와 미완성의 자본주의[13]를 혼합한 것이다.

현대판 중상주의 또는 국가주의는 어떤 폐해를 초래하는가? 그것이 이 책을 관통하는 대주제이다. 그러므로 여기에서는 그것을 간략히 요약하고 필요한 곳에서 자세히 설명할 것이다. 현대판 중상주의 또는 국가주의에 의한 특혜 또는 특권은 그런 특혜를 받는 개인, 기업, 집단 등에게는 보조금이 되지

12 이 예와 아래의 예는 윤재석(2014), p. 473 참조.

13 미완성의 자본주의란 자본주의가 되기 위한 조건들의 일부가 충족되지 않는 자본주의를 말한다. 그것에 대한 자세한 설명은 44장을 참조.

만 그런 특혜를 받지 못하는 개인, 기업, 집단 등은 차별 대우를 받는 것이다. 특혜 또는 특권은 필연적으로 정부를 크게 만들고 그 과정에서 개개인의 인신, 자유, 재산 등은 침해받게 된다. 일정한 산업에 대한 보조금 또는 특권은 해당 산업에서 자원의 낭비를 초래한다. 왜냐하면 너무 많은 자원이 그 산업에 집중되기 때문이다. 그러나 자원과 특권을 받지 못하는 다른 산업에서는 자원이 부족하게 된다. 그 결과 그 다른 산업에서는 자원을 이용하는 대가가 상승할 수밖에 없다. 자원의 낭비와 자원을 사용하는 대가의 불필요한 상승으로 인하여 현대판 중상주의 또는 국가주의 아래에서의 경제성장은 장기에서는 지속 가능하지 않다. 1961년 이후 현재까지 한국경제의 연평균 경제성장률이 지속적으로 하락하고 있는 것은, 정치철학적 관점에서는 현대판 중상주의 또는 국가주의 때문이다. 다른 조건이 같다면, 경제성장률의 지속적인 하락은 이제 저출산과 같은 사회현상을 초래한다. 국가주의는 소득과 부의 불평등도 또한 초래한다. 그에 따라 갈등과 대립이 사회를 지배한다. 현재 한국사회가 직면하고 있는 지역, 이념, 세대, 빈부 간의 갈등과 대립은 3공화국의 국가주의에 그 뿌리가 있다. 3공화국 이전과 이후의 국가주의도 그런 갈등과 대립의 원인이지만 그 영향이 상대적으로 크지 않았다고 하겠다. 이 점은 정치사 또는 사회사에서 다루어야 할 내용이다. 현대판 중상주의 또는 국가주의가 개개인의 인신, 자유, 재산을 어떻게 침해했는가는 이 책의 다른 장들에서 자세히 검토할 것이다.

국가주의에서 개인이나 집단은 국가 건설을 위한 수단일 뿐이다. 재벌 또는 대기업집단도 예외는 아니다. 그러므로 국가가 경제성장을 위하여 재벌과 '발전지배연합'을 이루었다는 조영철(2003)의 주장은 틀린 것이다. 그리고 조영철(2003, p. 159)은 지배연합이라는 개념을 사용하면서 동시에 '하위 파트너' 라는 용어도 사용하고 있다. 지배연합은 평등 관계를 나타내고 하위 파트너는 수직 관계를 보여준다. 그러므로 그가 국가와 재벌 또는 대기업집단 간의 관계를 설명하기 위한 개념과 용어는 상호 모순적인 것이다.

국가주의에서 국가는 개인이나 집단보다 우선한다. 재벌 또는 대기업집단도 예외는 아니다. 예를 들어, 경제성장을 위하여 수출을 중요시했던 3공화국 정부는 수출기업들에게 수출지원 금융을 파격적인 낮은 금리로 지원했다. 그러나 어제 수출을 많이 했던 재벌 또는 대기업집단이 오늘 수출을 전혀 하지 못했다면 낮은 금리의 수출지원 금융은 제공되지 않았다. 그리고 수출금융 지원이 중소기업에게만 제공되지 않았던 것도 아니었다. 이것은 정경유착의 근본적인 원인이 국가 또는 정부의 권력에 있는 것이지 재벌 또는 대기업집단에 있지 않다는 것을 보여준다. 그러나 일반인뿐 아니라 다수의 전문가마저도 정경유착을 비판할 때 정작 국가 또는 정부는 제외하고 재벌 또는 대기업집단을 비판 또는 비난하는 것을 볼 수 있다. 즉, 정경유착의 원인을 잘못 잡은 것이다. 원인을 잘못 잡으면 문제를 해결할 수 없다.

3공화국 정부의 정책을 분석하기 위하여 3공화국 정부의 정치철학을 규명하는 일은 필수이다. 3공화국 정부를 이끌었던 박정희의 정치철학은 국가주의였다.[14] 그의 정치철학은 '조국 근대화'[15]라는 슬로건에 잘 나타나 있고

14 박정희가 어떻게 국가주의자가 되었는가는 흥미로운 주제임이 분명하다. 진중권(1998, 제1권), 조갑제(1998, 제2권, pp. 104-135), 이준식(2002) 등은 박정희의 이념과 사상은 그의 식민지 시대의 경험이 중요한 역할을 했다고 주장한다. 이병천(2003, pp. 36-37)은 그런 경험뿐만 아니라 동시대의 경험, 예를 들어 4·19혁명, 제3세계의 민족주의, 미국, 냉전과 분단, 일본 전후 경제발전 등도 박정희의 이념과 사상의 형성에 영향을 미쳤다고 주장한다. 박정희의 이념과 사상이 형성된 과정과 무관하게, 박정희가 국가주의자였음은 분명하다.

15 조국 근대화라는 목표에는 '민주주의'라는 정치적 목표도 포함되어 있었지만 그 목표를 시행하기 전에 박정희

그것은 '경제개발'과 '자주국방'으로 세분할 수 있다. 국가주의자로서 박정희는 그의 목표를 "푸른 산, 맑은 물이 흐르는 하천, 계획된 도시, 정리된 농토, 구분된 공업지로 된 국토에서 인간들이 서로 신뢰하고 협동하는 공동체 사회"라고 묘사함으로써 좀 더 세분화된 목표를 제시했다. 그러나 그 정치철학은 유신 이전과 이후가 형식적이지만 약간의 차이가 있었다. 박정희가 국가주의자였지만 다른 모습이 전혀 없었던 것은 아니었다. 그러나 그것마저도 국가의 건설을 위할 때만 의미가 있었다는 점에서 그의 정치철학이 국가주의라고 해도 무리가 없다.

(3) 미군정, 1공화국, 5공화국 등의 국가주의

미군정과 한국전쟁 기간은 군부가 한국을 지배한 시대였다. 군부와 전쟁은 필연적으로 국가를 크게 부풀어 오르게 하기 때문에 군부가 지배하는 시대는 국가주의가 지배하는 시대이다. 예를 들어, 전쟁에서 개인은 국가의 방위를 위한 수단으로 간주되기 때문에 개인의 생명은 언제든지 국가를 위하여 희생될 수밖에 없고 그렇게 되는 것이 당연한 것으로 여겨진다. 한마디로, 미군정 시대와 한국전쟁 기간은 '본질적으로' 국가주의 시대였다. 이렇게 규정하는 것만으로 미군정 시대를 국가주의 시대로 규정하는 데 충분하다. 그러나 이하에서는 미군정이 국가주의 시대였음을 증명하는 추가적인 증거를 보

자신이 시해당했다고 남덕우(2009, pp. 180-182, 204-207)는 지적한다. 박정희가 마음 속에 민주주의를 조국 근대화의 목표로 삼았는지는 알 수 없지만 그의 행적은 결코 그렇지 못했다는 것이 분명하다. 그러므로 여기에서 민주주의를 조국 근대화의 목표에서 제외한다.

기로 한다.

미국이 해방 이후의 한반도에서 추구했던 목표는 반공국가의 수립이었다. 그런 목적을 달성하기 위하여 미군정은 좌익을 탄압하거나 심지어 인명을 살상했다. 미국의 반공주의는 적어도 해방 이후 남한 단독 정부 수립까지 좌파이념을 가진 사람들을 북한으로 추방했다. 그 결과 남한에는 노동운동이 한국전쟁 이후까지 소강 상태에 빠졌다.

앞 절에서 현대판 중상주의 또는 국가주의는 현대 사회에서는 국가에 의한 간섭과 통제, 보조금, 규제, 독점, 특권 또는 특혜의 부여, 중앙계획 또는 개발계획, 관료제, 화폐와 금융제도의 통제와 인플레이션, 환율과 외환의 통제, 공기업 등의 형태를 하게 됨을 설명했다. 미군정의 경제제도와 경제정책을 2편에서 자세히 다룬다. 여기에서 그것을 한마디로 요약해 보면, 미군정은 국가주의가 현대 사회에 나타나는 형태들, 예를 들어 국가에 의한 간섭과 통제, 보조금 등을 아주 강력하게 시행했다. 다만 미군정은 개발계획은 실시하지 않았다는 점에서 3공화국과 5공화국 정부와 달랐다. 그러나 화폐의 공급과 은행에 대한 미군정의 강력한 간섭과 통제로 극심한 물가상승이 있었다. 그 점에서 미군정의 정치철학이 국가주의임은 분명하다.

이제 1공화국의 국가주의, 특히 이승만의 국가주의를 자세히 보기로 한다. 1공화국 시대에 한국전쟁 다음으로 큰 사건은 농지개혁이다. 이승만은 농지개혁이 한국전쟁과 마찬가지로, 공산주의자의 위협에 대항하여 국가를 안전하게 지키기 위한 방법임을 누누이 강조했다. 그 점이 친일이라는 당시 지주들의 취약한 부분과 결합되면서 농지개혁이 큰 문제없이 이루어졌다. 그러므로 해방 이후만을 놓고 볼 때, 농지개혁이야말로 국가주의 철학이 가장 잘 반영된 사건이었다고 평가해야 할 것이다.

당초 1공화국에 많은 원조를 한국에 제공했던 미국은 한국이 수출을 중심으로 하는 산업화를 희망했다. 그러나 이승만은 수입대체산업화 정책을 실행했다. 이승만은 수출 중심의 산업화는 일본에 종속된다고 판단했다(이 점에 대한 자세한 설명은 3편에서 다룰 것이다). 문제는 수입대체산업화 정책이 현대판 중상주의이고 중상주의는 국가주의의 특별한 형태라는 것이다. 다른 문제는 이승만 정부가 수입대체산업화 정책을 실행하면서 많은 간섭주의를 실행했다는 것이다. 1공화국 정부는 환율을 시장에서 결정되는 환율보다 매우 낮게 조작했다. 환율을 통제하는 것을 제외하고도, 이승만 정부는 은행의 국유화, 수입 허가, 각종 특혜 등을 통해 경제에 대한 간섭주의를 강력하게 실행했다.

이승만의 국가주의 철학은 우정은(2006, pp. 523-524 인용)의 다음 설명에서 잘 나타난다. "그[이승만을 지칭함, 저자주]는 막대한 자원-강력한 관료집단, 미국의 군사지원으로 갈수록 커지고 있던 군대, 식민지 시대로부터 물려받은 적산기업들, 그가 어떤 지도자들보다 잘 다룰 수 있게 된 미국의 원조자금, 그리고 어디서든 경제에 간섭할 수 있는 권력 등-을 지닌 국가와 행정부를 명령할 수 있게 되었다." 이것은 이승만이 경제뿐만 아니라 다른 많은 영역에서도 간섭과 통제를 했음을 보여준다.

이승만은 국가주의자였지만 자신을 그렇게 생각하고 있었다고 볼 수는 없다. 이승만은 1948년 3월 20일(대한민국 정부 수립 이전임)에 친구이자 정치 고문인 올리버(R. T. Oliver, 1978, pp. 152-153에서 인용)에게 보낸 편지에서 다음과 같이 쓰고 있다. "정부를 갖게 되면 우리는 이 나라를 엄청나게 자유화시킬 것입니다. 한국의 파시스트, 반동세력, 그리고 극우파 운운하던 사람들은 그것을 보고 대경실색할 것이오. 농지개혁법이 가장 먼저 제정될 것이고, 다른 많은 자유주의적 조치들도 차례대로 단행될 것입니다." 그가 어느 정도 국가주의자인가는, 3편에서 농지개혁을 포함한 1공화국의 정책을 다룰 때 자세히 검토한다.

앞에서 설명한 폐해를 제외하고도, 국가주의는 각종 폐해를 만들어낸다. 그런 각종 폐해 중에서 경제적인 폐해를 분석하고 검토하는 것이 이 책의 주제의 중요한 일부이다. 그러므로 그 자세한 내용은 이 책 전체에서 다루게 될 것이다.

5공화국은 국가의 이익이라는 명목으로 '5·18광주민주화운동'을 무력으로 탄압하고 시위군중의 일부를 살상하였다. 이것은 5공화국의 성립이 국가주의에 기초하고 있음을 증명하는 단적인 예이다. 5공화국은 3공화국의 반공주의와 경제제일주의를 계승하여 국가의 간섭과 통제, 보조금 등을 실행했다. 그러나 5공화국은 3공화국과 다르게 경제적 자유를 공화국 후반에 일부 허용하였다. 5공화국의 경제제도와 경제정책에 대한 설명은 다음 기회로 미룬다.

2. 세 가지 경제체제와 '지도 받는' 자본주의

(1) 세 가지 경제체제

우리가 경제현상을 정확히 이해하기 위해서는 세 가지 경제체제를 분명하게 이해할 필요가 있다. 세 가지 경제체제란 자본주의, 사회주의, 간섭주의 등을 말한다.[16] 자본주의란 재산의 사적 소유와 계약의 자유를 보장하고 건전한 화폐를 보호하는 체제를 말한다. 사회주의는 생산수단을 국유 또는 공유하는 체제이다. 다시 말하면, 사회주의는 생산수단의 사적 소유를 부정하는 체제이다. 사회주의는 경제계산(economic calculation)의 문제 때문에 장기적으로 존립 가능한 체제가 아니다. 간섭주의란 재산의 사적 소유는 보호하지만 계약의 자유를 인정하지 않는 제도를 말한다.[17] 정부가 가격, 수량, 품질 등을 규제하는 것은 간섭주의의 전형적인 예이다. 간섭주의는 장기적으로 사회주의가 될 가능성이 크다. 그 결과 사회주의처럼 간섭주의도 장기에서는 지속 가능한 체제가 아니다.

한국경제는 세 가지 체제가 혼합된 경제이다. 물론 어느 체제가 어느 정도 우세했는가는 시기별로 모두 달랐다. 해방 이후 한국경제의 경제체제는 이 책 전체의 주제이기 때문에 여기에서 그것들을 모두 다룰 수는 없다. 다만 미군정부터 5공화국까지의 경제체제를 한마디로 요약하면, 간섭주의가 지배하고 사회주의와 미완성의 자본주의가 혼합된 체제라고 할 수 있다(이 점을 이 책의 각 장에서 자세하게 설명할 것이다).

여기에서 한국경제의 경제체제 결정에 있어서 몇 가지 중요한 사건과 그 의미를 지적한다. 조선 시대 말엽까지 노비제와 같은 신분제가 존재했기 때문에 조선 사회가 자본주의로 이행하기 위해서는 노비제를 포함한 신분제의 폐지가 필수적이다. 왜냐하면 신분제를 기초로 한 사회는 '자본주의 이전 사회'이기 때문이다. 개화세력은 1894년에 노비제를 포함한 신분제를 공식적으

16 과거 역사에서 잡다한 경제체제가 존재했지만 그것들을 대별하면 세 가지 경제체제로 나눌 수 있다.
17 간섭주의에 대한 자세한 비판은 Mises(2011) 참조.

로 폐지했기 때문에 전용덕(2017)은 이 개혁을 갑오혁명으로 부를 것을 제안한 바 있다. 자본주의 사회로 가기 위한 예비 단계로서 신분제의 폐지가 필요하고 갑오혁명이 자본주의를 위한 예비 단계를 준비한 것이다. 그리고 신분제는 실질적으로는 해방과 한국전쟁으로 폐지되었다. 그러므로 자본주의를 위한 전제조건인 신분제는 갑오혁명, 해방, 한국전쟁 등이라는 긴 시간에 걸쳐서 폐지되었다고 하겠다.

농업국가에서는 토지가 가장 중요한 생산수단이다. 그리고 1공화국 초기만하더라도 한국은 농업국가였다. 농지의 소유는 1공화국의 농지개혁에 의해 비교적 평등하게 분배되고 소유되었다. 물론 농지의 분배 과정에 문제가 없었던 것은 아니다. 이 점은 10장에서 자세히 분석할 것이다. 그러나 결과적으로 1공화국의 농지개혁으로 농업국가에서 농지라는 생산수단의 사적 소유가 실현되었다. 그 이전에도 농지의 사적 소유가 실현되지 않았던 것은 아니지만 신분제 때문에 농지의 사적 소유가 '완전하게' 실현되었다고 보기 어렵다. 1공화국의 농지개혁은 그 점을 어느 정도 바로 잡은 것이다.

물론 농지의 사적 소유는 3공화국의 공업화 정책으로 실질적으로 상당히 무의미해졌음을 부인할 수 없다. 왜냐하면 경제의 중심이 농업에서 공업으로 변경되면서 그만큼 각종 생산수단의 중요성은 바뀌었기 때문이다. 예를 들어, 생산수단으로서 농지의 중요성은 크게 낮아졌고 기계, 건물 등과 같은 생산수단의 중요성이 크게 높아졌다. 그럼에도 불구하고 미군정 이후 3공화국까지 모든 정부의 경제체제는 간섭주의가 중심이고 사회주의와 미완성의 자본주의가 혼합된 체제였다. 그 점에서 한국 사회는 아직도 자본주의가 경제체제의 중심이 된 적은 한 번도 없었다는 것이 진실이다. 왜냐하면 3공화국 이후 현재까지도 한국은 간섭주의와 사회주의가 중심이기 때문이다. 그러나 이 주제는 이 책의 범위를 벗어나는 것이다. 그리고 일부 간섭주의는 장기간 지속됨으로써 사실상 사회주의로 변화된 경우가 적지 않다. 왜냐하면 정부가 경제주체들의 경제행위를 간섭하고 통제한 범위가 넓고 깊었을 뿐만 아니라 장기간 지속되었기 때문이다. 미군정 이후부터 3공화국까지, 한국경제의 경제체제에 대해서는 이 책 전체에 걸쳐서 다룰 것이다.

자본주의 성립 요건으로 건전한 화폐가 필요하다. 건전한 화폐란 민간이 상품화폐를 자유롭게 주조하는 것을 말한다. 상품화폐와 함께 태환지폐의 발행도 자유롭게 허용된다. 물론 정부에 의한 화폐 주조의 독점은 폐지된다. 건전한 화폐를 뒷받침하는 금융제도도 필요하다. 그런 금융제도란 '100%지급준비제도'를 말한다.[18] 상평통보의 발행 이래로 정부는 화폐 발행을 독점해왔다. 게다가 해방 이후에는 정부가 지폐의 발행을 독점해왔다.[19] 그러므로 해방 이후에만도 건전한 화폐는 실현된 적이 없기 때문에 화폐에 관한 한 자본주의가 성립되지 않았다고 하겠다. 그리고 화폐의 발행과 유통이 자본주의가 아니면 화폐를 사용하는 교환경제에서 실질적으로 자본주의가 될 수 없다. 이 책의 다른 장에서 화폐의 공급 증가로 인한 폭발적인 물가상승을 자주 보게 되는데, 그것은 건전한 화폐라는 자본주의 성립 요건을 충족시키지 못했기 때문이다(이 점은 아래의 장에서 자세히 다룰 것이다).

오늘날 대부분의 한국경제사가들은 세 가지 공통적인 약점을 가지고 있

18 100%지급준비제도에 대한 자세한 설명은 Rothbard(1993), 전용덕(2007)을 참조. 오스트리아학파를 추종하는 연구자들도 일부는 현재와 같이 부분지급준비제도를 찬성한다.

19 일제강점기는 독립적인 연구가 필요하기 때문에 여기에서 제외한다.

다. 첫째, 그들은 간섭주의가 한국경제의 핵심적인 경제체제임에도 불구하고 간섭주의를 잘 이해하지 못한다. 둘째, 그들은 자본주의의 조건으로 건전한 화폐가 필요하다는 점을 이해하지 못한다. 왜냐하면 그들이 불환지폐와 정부의 화폐 발행 독점 등에 대한 의문을 가지고 있지 않기 때문이다. 셋째, 그들은 현대 금융제도의 핵심인 부분지급준비제도의 결함을 이해하지 못한다. 세 가지 약점은 기본적으로 주류경제학인 신고전학파 종합의 결함에서 연유한다. 그리고 그 약점은 화폐를 이용한 교환경제를 이해하는 데 있어서 치명적인 것이다.

(2) '지도 받는 자본주의'라는 개념

1961년 7월 22일 국가재건최고회의 재정경제위원회 내에 설치된 종합경제재건기획위원회는 '5개년종합경제재건계획(안)'을 작성하여 발표했다. 5개년종합경제재건계획(안)의 특징은 크게 세 가지이다. 그러나 경제체제라는 관점에서 중요한 것은 종합경제재건기획위원회가 "자유시장주의는 결함이 있기 때문에 국가 주도의 자본주의, 즉 지도 받는 자본주의를 내세우고 있다는 점이다(이병천, 1999, pp. 144-147 참조). 다시 말하면, 소위 자본주의가 결함이 있기 때문에 누군가의 지도를 받아야 한다는 의미에서 '지도 받는 자본주의'인 것이다. 오원철을 포함한 그 시대의 박정희 경제정책을 옹호한 전문가들은 그런 개념을, 묵시적으로 또는 명시적으로 지지했다. 지도 받는 자본주의라는 개념은 3공화국 경제체제뿐만 아니라 다른 시기의 경제체제를 설명하고 이해하는 일에 유용하기 때문에 여기에서 다루지 않을 수 없다.

지도 받는 자본주의란 결국 정부가 민간의 경제행위를 간섭하고 통제하는 것을 의미한다. 정부가 민간의 경제행위를 통제하고 간섭하는 것을 간섭주의라고 하는 것을 앞에서 지적했다. 간섭주의란 정부가 민간의 재산권을 보호하되 계약의 자유를 통제하는 경제체제를 말한다. 만약 정부가 민간이 보유한 생산수단을 통제한다면 그것은 사회주의이다. 간섭주의가 장기화되면 대부분 사회주의가 된다. 결국 지도 받는 자본주의라는 개념은 단기에는 간섭주의의 다른 이름일 뿐이고 장기에는 사회주의를 지칭하는 개념이다. 이 책의 다른 장들에서 자세히 보겠지만 정부의 경제에 대한 통제와 간섭은 어느 시대에나 너무 많았다는 것이 진실이다.

자본주의는 결코 '완벽한' 경제체제가 아니다. 그러나 자본주의는 다른 두 가지 경제체제인 사회주의와 간섭주의보다 비교할 수 없을 정도로 우월한 것이다. 여기에서 우월하다는 것은 도덕적 정당성 측면과 경제적 효율성 측면, 둘 모두에서 그렇다는 것이다. 그리고 우리는 자본주의, 사회주의, 간섭주의 등을 어떤 비율로 혼합하더라도 자본주의보다 우월하게 만들 수는 없다. 왜냐하면 인간 이성의 한계 때문이다. 그리고 백번 양보하여 그런 혼합 경제체제를 찾아낼 수 있다 하더라도 인간이 지닌 '도덕적 해이' 때문에 그런 혼합 경제체제가 장기간 존립 가능하지 않다.

지도 받는 자본주의라는 개념은 현대의 주류경제학인 신고전학파 종합의 '시장실패' 개념에 닿아 있다. 여기에서 자세히 논의하지는 않지만 시장실패 개념도 결함이 있는 것이다. 시장실패에 대한 자세한 비판은 전용덕(2007)을 참조할 수 있다.

지도 받는 자본주의라는 개념은 마치 정부, 더 구체적으로 박정희를 포함한 관료들이 개인들 또는 민간들보다 경제를 잘 관리할 수 있다는 전제 위에 기초해 있다. 그러나 경제행위로부터 발생하는 이윤 또는 손실을 행위자 자신보다 더 잘 계산할 수 있는 사람은 없다. 정부가 생산수단을 소유하면 그 생산수단의 가격이 없어지고 가격이 없는 생산수단을 효율적으로 배분할 방법은 애초에 없다.

한마디로, 지도 받는 자본주의라는 개념은 사람들을 '속이는' 개념이다. 3공화국 정부 또는 관료들은 사람들을 속이는 개념을 창출하여 자본주의를 부정하고 간섭주의와 사회주의를 정당화했다. 간섭주의를 포함한 어떤 종류의 혼합 경제체제도 자본주의를 능가할 수 없다. 3공화국 정부는 허위의 개념을 기초로 정부의 시장 간섭을 정당화했다. 그리고 간섭주의와 사회주의와 미완성의 자본주의로는 정부가 이룩하고자 하는 목적 또는 목표를 달성할 수 없다. 5·16 주체세력과 박정희를 포함한 3공화국의 주요 관료는 이 점을 잘 이해하지 못했다. 그 시대 보통 사람들의 불행은 바로 여기에 있었다.

제2장

기타 경제제도와 경제이론

1. 화폐제도와 금융제도

이 장에서는 화폐제도와 금융제도를 먼저 설명한다. 그 이유는 네 가지다. 첫째, 화폐제도와 금융제도가 화폐정책과 금융정책의 기초이기 때문이다. 둘째, 바로 그 이유로 화폐와 금융에서는 제도가 정책보다 훨씬 중요하기 때문이다. 셋째, 앞에서 제시한 두 가지 이유로 화폐제도와 금융제도는 이 책 전체에서 이미 전제되어 있을 뿐 아니라 중복되는 주제이기 때문이다. 넷째, 화폐제도와 금융제도만큼 오스트리아학파의 경제학과 신고전학파 종합이 차이가 나는 부문은 없을 것이기 때문이다. 그리고 각 편에서는 화폐정책과 금융정책을 설명한다.

(1) 화폐제도

인간이 처음 사용했던 화폐는 상품화폐이다. 상품화폐는 인간이 발명한 것이 아니다. 국가가 만들어낸 것도 물론 아니다. 상품화폐는 인류가 시행착오를 거쳐 찾아낸 것이다. 그리고 인간은 오랫동안 상품화폐를 교환수단으로 사용했다.

언제부터인가 민간은 금과 같은 상품화폐를 대신하여 금과의 태환이 가능한 금보관증서를 이용했다. 금보관증서가 금과의 태환이 가능한 지폐, 즉 태환지폐의 원형이다. 국가가 화폐의 발행을 독점했던 초기에는 태환지폐가 사용되었다. 그러나 그 태환지폐는 금과의 태환을 중단한 지폐, 즉 불환지폐가 되었다. 그리고 오늘날 전 세계의 모든 나라는 불환지폐를 사용하고 있다.

미국은 국내에서는 1933년에 금과의 태환을 중단했다. 달러의 금 태환이 국제적으로는 1971년 중단되었다. 즉, 달러는 국내에서는 1933년에 불환화폐가 되었지만 국제적으로는 1971년에 불환지폐가 되었다. 한국도 미군정 이후로 불환지폐를 사용해왔다.

불환지폐와 태환지폐 또는 상품화폐의 차이는 무엇인가? 불환지폐는 순수한 지폐로서 사소한 비용을 제외하고는 발행비용이 거의 들지 않는다. 이것은 불환지폐의 경우에 정부가 필요하다면 언제든지 대량으로 발행할 수 있다는 것을 의미한다. 그리고 바로 그 이유로 역사적으로 모든 정부는 지폐의 발행을 독점하고 필요시에 그 지폐를 대량 발행해왔다. 그러므로 불환지폐의 그런 특성을 '정치화폐'(political money)라고 한다. 정치화폐란 화폐의 발행이 정부 또는 정치에 의해 결정되고 그 결과 불환지폐는 언제나 과다 발행되게 되는 화폐라는 의미이다. 왜냐하면 지폐는 발행비용이 아주 적게 들지만 그 발행에 따르는 이득, 즉 시뇨리지가 엄청나기 때문이다. 실제로 과거와 현재의 각국 화폐 역사도 불환지폐가 정치화폐인 점을 잘 보여주고 있다.

상품화폐는 발행에 많은 비용이 들기 때문에 국가가 발행을 독점해야 할 이유가 없다. 상품화폐는 그 특성상 시뇨리지가 없기 때문이다. 그러나 국가는 정부 지출이 증가하면서 상품화폐를 독점 발행하고 상품화폐의 가치를 떨어뜨리는 방법으로 시뇨리지를 자신의 것으로 만드는 경우가 발생했다.

일부 화폐 전문가는 화폐 발행에 따르는 직접적인 비용만을 고려하여 불환지폐가 상품화폐 또는 태환지폐보다 좋은 화폐라고 주장하는 것을 볼 수 있다. 그러나 화폐를 선택할 때 화폐의 발행에 필요한 직접적인 비용만을 고려하는 것은 틀린 것이며, 화폐가 경제와 사회에 미치는 영향 또는 부작용을 종합적으로 고려해야 한다.

불환지폐는 과다 발행되면 경기변동과 그에 따른 자원의 낭비, 인플레이션에 의한 물가상승, 경제계산의 불가능, 소득재분배 등의 문제가 발생한다. 오늘날 지구상에서 반복해서 발생하고 있는 경제위기는 불환지폐의 과다 발행 때문이다. 그런 부작용은 사회를 혼란하게 만들고 불평등으로 인한 갈등을 초래한다. 1970년대 이후에 세계의 많은 나라에서 경제위기가 발생하고 최근에는 불평등 문제가 전 세계적으로 대두된 것은, 다른 요인이 일정하다면 정부가 불환지폐를 독점하여 과다 발행하고 있기 때문이다.

상품화폐 또는 태환지폐는 그런 부작용을 거의 초래하지 않는다. 물론 국가가 상품화폐를 독점하지 않을 때 그렇게 된다는 것이다. 왜냐하면 상품화폐를 발행하는 민간 기업가들은 화폐 발행에 따르는 손실을 최소화하고 이윤을 극대화하기 위하여 민간의 화폐수요에 일치하는 양의 화폐를 공급할 것이기 때문이다. 그리고 화폐 발행에 따르는 시뇨리지가 크다면 다른 기업가들이 화폐를 발행할 것이기 때문에 장기적으로는 화폐 발행에 따르는 이윤율은 사회에 내재하는 자본의 평균 이윤율로 수렴할 것이다.

화폐 발행에 따르는 직접적인 비용뿐 아니라 부작용까지 고려한다면 상품화폐 또는 태환지폐가 불환지폐보다 월등히 우수한 화폐이다. 물론 상품화폐 또는 태환지폐일지라도 국가가 그 발행을 독점해서는 안 된다. 민간이 화폐의 발행을 경쟁하도록 해야 한다.

민간이 자발적으로 발행하는 화폐인 상품화폐 또는 태환지폐야말로 '건전한 화폐'이다. 건전한 화폐야말로 자본주의의 기본 조건이다. 그러므로 불환지폐를 사용하는 오늘날의 대부분의 국가는 자본주의가 되기 위한 한 가지 조건을 갖추지 못한 것이다. 그리고 이 조건은 장기적으로는 다른 어떤 조건보다 중요하다. 화폐에 관한 한 한국도 예외는 아니다. 1971년 미국이 달러의 금 태환을 중지하고 난 이후에 세계적으로 경제위기가 반복되는 것은 모든 나라가 불환지폐를 사용하고 있기 때문이다.

불환지폐는 과다 발행되면 경기변동과 그에 따른 자원의 낭비, 인플레이션에 의한 물가상승, 소득재분배, 인플레이션으로 인한 경제계산의 부정확 등의 문제가 발생한다는 점을 앞에서 지적했다. 그러나 그것을 이 장에서 모두 설명하기는 어렵다. 내용이 너무 많고 복잡하기 때문이다. 그런 내용을 설명하는 전문서 몇 권을 소개하는 것으로 설명을 대신하고자 한다. 그것들은 Mises(1981, 1996), Rothbard(1993), 전용덕(2015c) 등이다. 앞에서 나열한 서적 이외에도 그 서적들의 내부에 있는 참고문헌이 불환지폐의 문제점을 이해하는 일에 큰 도움이 될 것이다.

화폐제도라는 관점에서 전 세계는 자본주의 국가가 아니다. 미군정 이후의 한국도 화폐제도라는 관점에서 자본주의 국가가 아님은 분명하다. 이하의 분석 또는 설명에서 한국의 화폐제도가 자본주의가 아니라는 점은 더 이상 언급하지 않을 것이다. 건전한 화폐가 자본주의가 되기 위한 마지막 그리고 가장 중요한 조건이라는 점에서 보면 오늘날 모든 국가는 '미완의' 자본주의 국가이면서 간섭주의와 사회주의가 혼합된 국가이다.

일제강점기에는 조선은행이 중앙은행의 역할을 했다. 그러나 조선은행은 독자적인 발권력을 가지지 못했을 뿐만 아니라 민간은행의 역할도 수행했다. 조선은행에 대해서는 일제 시대의 화폐제도에서 다루는 것이 적절하다. 1공화국 정부는 미국 연방준비은행 국제수지국장 블룸필드(A. I. Bloomfield)의

건의를 받아들여 1950년 5월 「한국은행법」[1]을 공포하고 중앙은행의 업무를 개시했다. 그리고 중앙은행의 업무를 지시하고 감독하는 최고기구로서 금융통화위원회를 한국은행 내에 설치하였다. 이때 제정된 한국은행법은 재무부 장관이 금융통화위원회의 위원장을 맡도록 했다. 당초 블룸필드가 작성한 초안은 미국 연방준비제도의 연방준비이사회를 모방하여 한국은행 총재가 금융통화위원회의 위원장을 맡도록 되어 있었다. 그러나 1공화국 정부는 화폐와 금융을 행정부가 통제하겠다는 의지가 확고하여 재무부 장관이 금융통화위원회의 위원장을 맡도록 했다. 이것은 1·3공화국의 통화관리 실패의 제도적 장치가 되었다.

한국은행은 설립 직후인 1950년 8월 28일에 조선은행권을 한국은행권으로 교환하는 긴급조치를 실시했다. 그것은 북한이 조선은행권을 남발하는 것과 남한에서 북한의 인민은행권 등의 유통을 막기 위해서였다. 1950년 8월 28일에 단행된 화폐개혁을 제외하면, 1공화국과 3공화국에서 각각 한 번의 화폐개혁이 있었다. 1953년 2월 17일 적용된 화폐개혁의 주요 내용은 다음과 같다. 첫째, '100원'을 '1환'으로 교환한다는 것이다. 즉, 화폐의 가치를 1/100로 평가절하한 것이다. 그리고 화폐단위가 원에서 환으로 바뀐 것이다. 둘째, 원화 표시 한국은행권과 조선은행권의 유통을 완전히 금지한다는 것이다. 셋째, 예금을 봉쇄계정에 동결하였기 때문에 전체 예금의 24%가 봉쇄계정에 동결되었다. 이 화폐개혁의 목적은 극심한 전시 인플레이션을 수습하는 것이었다. 결론적으로 이 개혁으로 우리나라 화폐의 완전한 독자성을 가지게 되었다.

1 한국은행법 제정에 의한 한국은행의 설립과 다음 절의 화폐개혁에 대한 자세한 설명은 이영훈 외(2004), pp. 302-306 참조.

3공화국은 1962년 6월 9일 「긴급통화조치법」을 공포하고 화폐개혁을 단행했다. 6월 10일부터 실시하기로 한 화폐개혁의 내용은 다음과 같다. 첫째, 화폐의 단위를 '환'에서 '원'으로 바꾸고 교환 비율은 '10환=1원'으로 했다. 즉, 화폐의 가치를 1/10로 평가절하한 것이다. 둘째, 구권과 구권으로 표시된 지불지시는 6월 17일까지 금융기관에 예입하고 6월 18일부터 모든 표시금액을 원화로 했다. 셋째, 구권으로 표시된 예금은 일정한 누증률에 의하여 봉쇄계정에 동결하고 나머지 예금은 자유계정으로 전환했다. 넷째, 봉쇄된 예금은 화폐개혁 후 6개월 이내에 설립될 산업개발공사의 주식으로 대체했다.

그러나 3공화국의 화폐개혁으로 봉쇄된 자금은 약 98억 환으로 예입 총액의 5%에 불과했다. 이것은 투기성 자금을 경제개발 자금으로 동원한다는 정부의 계획이 잘못된 것임을 드러낸 것이었다. 이것은 화폐개혁의 명목적 동기이다. 갑작스러운 화폐개혁으로 경제혼란이 야기되고 경기가 위축되자 정부는 봉쇄예금을 해제할 수밖에 없었다. 그럼에도 불구하고 평가절하는 단행되었고 화폐단위는 환에서 원으로 바뀌었다. 그러나 화폐개혁의 실질적 동기는 극심한 물가상승으로 인한 기대를 어떤 순간에 멈추게 하는 것이었다. 어떤 순간에 화폐개혁을 하지 않으면 화폐의 구매력이 지속적으로 하락할 것이라는 기대가 화폐공급의 증가율보다 물가상승률을 더 크게 만들어 종국에는 그 화폐를 사용할 수 없기 때문이다.

미군정 이후 두 번의 화폐개혁으로 화폐의 가치는 1/1,000로 낮아졌다. 우리는 이 수치로 미군정과 1공화국에서 인플레이션에 의한 화폐의 가치 하락이 얼마나 극심한 것이었는가를 알 수 있다. 화폐 가치의 이런 하락은 근본적으로 화폐제도와 금융제도 때문이다. 그러나 이런 경험은 3공화국 당국자들에게 아무런 교훈을 주지 못했던 것으로 보인다. 3공화국 시대도 인플레이션으로 인한 물가상승이 엄청났기 때문이다.

(2) 금융제도

오늘날 화폐공급 증가의 대부분은 민간 금융회사들에서 유래한다. 중앙은행의 본원통화 공급 증가가 화폐공급 증가의 기초이지만 화폐공급 증가의 대부분은 민간 금융회사들이다. 그리고 그 중심에는 부분지급준비제도가 있다.

금융회사의 업무는 예금은행업(deposit banking)과 대출은행업(loan banking)으로 구분할 수 있다. 지급준비금이 필요한 것은 예금은행업이다. 대출은행업은 지급준비금이 필요하지 않다. 예금은 예금자가 은행에게 맡겨둔 것이지 빌려준 것이 아니다. 다시 말하면, 예금은행업은 창고업과 같다고 할 수 있다. 그리고 창고업은 화물주가 맡긴 화물을 온전하게 보관하고 있어야 하는 것이 필수이다. 마찬가지로 은행은 예금의 전부를 온전히 보관해야 한다. 즉, 은행이 부분지급준비금만 보관하도록 해서는 안 된다는 것이다. 그러나 중앙은행은 민간은행이 예금주의 지급준비금을 예금의 일부만 준비하도록 허용했다. 그 결과는 은행이 발행한 신용수단의 폭발적인 증가이다.

'부분지급준비제도'는 법적인 문제도 있다. 예금이 예금주의 소유라면 은행은 그런 예금을 전부 보관해야 한다. 그 예금을 예금자가 은행에게 맡겨둔 것이기 때문이다. 그러나 중앙은행은 예금의 일부만 보관하는 것을 허용해주고 있다. 즉, 부분지급준비제도는 예금주의 재산권을 침해하는 제도이다.

그러므로 민간은행의 화폐공급 증대로 인한 폐해와 법적인 문제를 해결하고자 한다면 부분지급준비제도를 폐지하고 100%지급준비제도를 의무화해야 한다. 100%지급준비제도는 '대출'이 아닌 '예금'에 대하여 민간은행이 그 금액 전액을 미래에 예금주의 청구에 응하기 위하여 준비하는 제도이다. 이것도 자본주의를 위한 조건인 건전한 화폐를 완성하는 데 반드시 필요하다.

2. 자유무역 대(對) 보호무역[2)]

제2차 세계대전 이후의 많은 신생국가는 산업정책의 일부로서 보호무역 정책을 채택하여 산업화를 시작했다. 한국의 경우에 미군정을 포함하여 1공화국, 3공화국, 5공화국 등도 예외가 아니다. 1공화국은 산업정책으로서 수입대체산업화 정책, 3공화국은 수출지향적인 성장(export-led growth)정책 등을 추구했다. 두 정책이 다른 점이 없는 것은 아니지만 무역정책적 측면에서 두 정책은 큰 차이가 없었다. 두 정책은 기본적으로 자유무역보다는 보호무역을 기조로 했다.

1공화국의 수입대체산업화 정책은 일부 소비재 산업의 육성을 위하여 그 소비재의 국내 수입을 금지하거나 쿼터를 통해 규제했고 그 소비재의 제조를 위하여 원재료–국내에서 생산되지 않는 경우에–와 기계장비 등의 수입을 허가했던 정책이다. 이때 정부는 수입 재화인 원재료, 기계장비 등의 국내 가격

2 자유무역과 보호무역에 대한 자세한 설명은 전용덕(2007)을 참조.

을 낮게 만들기 위하여 수입환율을 자유시장환율보다 매우 낮게 유지했다. 이것은 수입업자에게 큰 보조금을 주었다.

3공화국은 수출지향적인 성장을 위하여 최종 재화-예를 들어, 자동차-와 국내에서 생산 가능한 부품의 수입을 금지하여 보호하였다. 그러나 국내에서 생산 불가능한 부품은 수출에 사용한다는 조건부로 수입 허가를 받고 무관세로 수입되었다. 그리고 정부는 수입 허가 품목을 줄이는 방법, 즉 수입대체를 통해 산업화를 추구했다. 따라서 3공화국 정부의 수출 촉진에 의존하는 산업화도 1공화국이 시행했던 수입대체산업화 정책을 부분적으로 내포하고 있었다. 다만 두 경우에 대상이 되는 수입 금지 재화들이 달랐다. 3공화국 정부는 최종 재화의 수출을 장려하기 위하여 각종 보조금을 주는 방법으로 수출업자에게 강력한 지원을 실시했다. 그러나 3공화국은 수출업자에게 유리하게 환율을 고정하는 방법은 사용하지 않았다(이 점은 32장에서 자세히 다룰 것이다).

문제는 보호무역정책은 자유무역정책보다 경제성장을 위한 수단으로서 열등하다는 데 있다. 그러나 1공화국, 3공화국, 5공화국 등의 정책, 특히 산업정책을 평가한 연구자들은 거의 예외 없이, 이 점을 고려하지 않았기 때문에 각 정부의 정책을 평가하는 일 전체가 오류에 빠졌다. 현재 그렇지 않은 연구를 찾기는 쉽지 않다. 1공화국에서 5공화국까지, 각 정부는 산업정책을 보호무역정책, 외환통제정책 등과 동시에 실행했다. 그러므로 무역정책을 분명히 할 필요가 있을 뿐만 아니라 무역정책을 산업정책과 함께 분석할 필요가 있다.

미군정부터 5공화국까지의 무역정책을 시간의 흐름에 따라 평가하면, 5공화국으로 올수록 보호무역적 요소는 감소하고 자유무역적 요소가 증가했다. 그러나 그런 5공화국마저도 보호무역적 요소는 적지 않았다. 이런 사실은 3공화국의 찬란한 경제성과가 산업정책을 포함한 무역정책으로 '완전하게' 설명되지 않는다는 것을 의미한다. 왜냐하면 산업정책으로 인하여 자원 낭비가 적지 않았지만 보호무역은 자원 낭비를 가중시키는 정책이기 때문이다. 이 책의 대주제는 그것이 무엇인가를 규명하는 일이다.

무역정책에 관해서 말하면, 상대방이 어떤 정책을 선택하느냐와 상관없이 자유무역정책이 최선이다. 다시 말하면, 상대방이 엄청난 보호무역정책을 선택하더라도 자신은 자유무역정책을 선택하는 것이 최선이라는 것이다. 왜냐하면 보호무역은 자신과 상대방에게 손해를 입히고 자유무역은 자신과 상대방에게 이득을 가져다주기 때문이다.

수출의 목적은 수입이다. 자신이 가장 잘 만들 수 있는 것을 팔아서 자신이 가장 잘못 만드는 것을 사는 것이 무역이나 거래의 목적이다. 주지하듯이, 이것이 '비교우위이론'이다. 수출의 목적이 수출 그 자체가 아니다. 자신이 가진 모든 것을 수출하고 아무 것도 수입하지 않는다면 우리 자신이 존립할 수 없다는 점이 그 점을 증명한다. 수출의 목적은 수입이다. 이 점에 비추어 보면 미군정, 1공화국 등을 포함하여 3공화국의 무역정책, 산업정책 등이 모두 일정 부분 문제가 있음을 알 수 있다. 보호무역을 옹호하는 모든 정책들, 예를 들어 유치산업 보호론, 식량안보론 등은 매우 정교한 것이지만 틀린 것이다. 그러므로 산업화 초기의 개발도상국에는 자유무역보다는 보호무역이 더 좋은 정책이라는 주장은 틀린 것이다.

결론적으로, 무역정책으로 자유무역을 선택해야 하는 것은 더 이상 의문의 여지가 없다. 여기에서 자유무역이란 일부 산업을 어떤 이유로 보호하는 조건부 자유무역이 아니라 상대방 국가의 무역정책과 상관없이 자유로운 거래를 허용하는 것을 말한다. 왜냐하면 상대 국가가 어떤 무역정책을 채택하느냐와 상관없이 자국에게 유리한 정책은 자유무역이지 보호무역이 아니다.

제2편

미군정의 국가주의

제2편 미군정의 국가주의

제3장

미군정 이전의 경제·사회 환경

1. 물가의 폭발적 상승

해방 이전의 물가상승은 어느 정도였는가? <표 3-1>은 연도별 서울 도매물가지수의 추세를 보여준다. 서울 소매물가지수도 서울 도매물가지수와 큰 차이가 없다. 서울 도매물가지수에는 80종의 상품만이 포함되었고 서울지역 물가지수라는 점 때문에 이 지수는 1936년부터 1944년까지 물가 변동의 추세만을 확인한다고 생각하는 것이 좋다. 참고로 1937년은 중일전쟁이 시작되면서 일제의 전쟁을 위한 물자 동원이 조선 내에서 광범위하게 이루어지기 시작했던 연도이다.

서울의 연간 도매물가상승률은 1937-1939년까지 16-18%대였고, 1940년에 크게 낮아져서 10.2%였고, 1941-1942년에는 5% 이하였으며, 1943-1944년에 10-12%대였다. 서울 도매물가는 1936년을 기준으로 1944년에 약 2.4배 상승했다. 즉, 도매물가가 8년 만에 2.4배 상승한 것이다.

여기에서 두 가지 주의할 점이 있다. 첫째, 1940년부터 일제의 가격통제가 본격적으로 시작되었다는 것이다. 일제는 중일전쟁 개시 직후인 1937년 8월 3일 「폭리취체령」에 의한 재화들의 가격규제, 1938년에는 일부 재화에 대한 소매판매가격 규제, 1939년 9월 18일자에 모든 재화의 가격에 대한 동결령, 1939년 10월 16일에는 「국가총동원법」에 의한 「가격통제령」을 발표하여 정부가 모든 재화의 가격을 규제했다.[1] 그 결과 시장에는 '암가격'이라 불리어진 가격이 형성되면서 가격이 이중가격만 형성된 것이 아니라 다중가격도 나타났

1 김준보(1982), p. 369; 김영규(1992), p. 161 참조.

<표 3-1> 연도별 서울 도매물가상승지수

연도	도매물가지수[1)2)]	연간 물가상승률(%)
1936	100.00	-
1937	116.61	16.6
1938	138.25	18.6
1939	163.29	18.1
1940	180.01	10.2
1941	186.63	3.7
1942	195.57	4.8
1943	215.09	10.0
1944	241.12	12.1

주: 1) 지수에 포함된 상품 수는 80종임.
2) 단순 기하평균치임.
자료: 조선은행 조사부(1948년판), p. Ⅲ-145.

다. 미곡에 대해서만 보면 1939년에 미가공정제, 즉 미곡 최고가격제와 미곡 배급통장제를 실시했다(조선은행 조사부, 1948년판, p. Ⅰ-238 참조). 이때 미곡은 일본군[2]과 공장노동자에게 우선적으로 분배되었고 일반노동자에게는 미곡의 감소분을 잡곡으로 보충하여 배급하도록 했다. 조선총독부가 고정한 최고가격은 암시장을 만들고 암가격이라 불리어진 가격이 형성되었다. 그 가격은 최고가격보다 훨씬 높았다. 이 무렵의 서울 도매물가지수는 조선총독부가 결정한 최고가격만을 반영한 것으로 보이기 때문에 <표 3-1>의 연간 물가상승률 통계치는 실제보다 매우 낮았다고 하는 것이 옳을 것이다. 일반적으로 말하면, <표 3-1>에서 1940년 이후의 연간 물가상승률이 그 이전보다 더 낮아졌

2 한국 주둔 일본군 약 30만 명과 중국 주둔 일본군을 지칭한다. 김운태(1998), p. 503 참조.

다는 것은 통계자료가 조선총독부가 결정한 최고가격의 변화를 어느 정도 반영한 것으로 추정케 한다. 이 점에 대한 자세한 연구가 필요하다. 이와 함께 뒤에서 보겠지만, 1940년 이후 공업 생산이 증가하여 물가상승률이 낮아진 측면도 무시할 수 없다.

둘째, 일제강점기에 공공요금은 규제가격으로 추정되기 때문에 1937-1939년 연간 물가상승률도 실제보다는 낮게 측정된 것임을 추정할 수 있다. 규제가격은 현실의 희소성을 무시하기 때문이다. 다만 공공요금은 어느 정도 연간 물가상승률 측정에 반영되었는가를 현재 알 수 없다. 이 점에 대해서는 연구가 필요하다. 한마디로, 1937-1944년간의 실제 서울 도매물가상승률은 통계치보다 높았을 뿐만 아니라 현실과 통계치 간의 괴리가 1937-1939년보다 1940-1944년에 더 컸을 것으로 추정할 수 있다. 다만 우리는 지금 그 정도를 알 수 없다.

모든 재화의 가격이 상승(하락)하는 것을 이해하기 위해서는 모든 재화의 가격과 화폐의 관계를 이해할 필요가 있다.[3] 모든 재화의 가격이 상승(하락)하는 원인은 네 가지이다. 통화공급의 증대(감소), 모든 재화에 대한 예비적 수요의 증가(감소), 모든 재화의 공급 감소(증대), 화폐에 대한 예비적 수요의 감소(증대) 등이다. 여기에는 사람들의 화폐의 구매력에 대한 기대도 모든 재화의 가격에 영향을 미친다. 마지막으로, 개별 재화의 가격 변화를 알고 싶다면 각 재화의 수요와 공급이 각 재화의 가격에 미치는 영향도 추가적으로 고려해야 한다. 이제 모든 재화의 가격과 화폐의 관계를 차례로 보기로 한다.

3 이 점에 대한 자세한 설명은 Rothbard(1993)를 참조.

<표 3-2> 연도별 통화량

(단위: 백만 원)

연도	조선은행권 민간 보유량(A)[1]	예금통화(B)[2]	통화량(C)=A+B	
			금액	증가율(%)
1936	127	48	175	-
1937	204	61	265	51.4
1938	268	85	353	33.2
1939	393	140	533	51.0
1940	510	203	713	33.8
1941	649	240	889	24.7
1942	804	251	1,055	18.7
1943	1,292	353	1,645	55.9
1944	2,671	395	3,066	86.4
1945	5,089	611	5,700	85.9
1946	14,037	2,491	16,528	190.0
1947	29,714	3,474	33,188	112.9

주: 1) 조선은행권 민간 보유량은 조선은행 화폐발행고에서 조선 외의 발행고를 차감하고 보조화폐와 소액지폐를 합산한 금액임.
2) 예금통화는 일반은행의 당좌예금으로서 해방 전은 서울·부산·평양 지역의 합계 금액이고, 해방 후에는 서울·부산·대구 지역의 합계임.

자료: 조선은행 조사부(1948년판), pp. III-66, III-92.

첫째, 다른 조건이 일정하다면 화폐공급의 증가는 모든 재화의 가격을 상승하게 만든다. <표 3-2>는 각 연도의 통화량을 보여준다. 여기에서 통화량 통계치는 오늘날의 'M1통화량' 통계치의 근사치이다. 왜냐하면 현금과 같은 역할을 한 예금이 당좌예금만 있었던 것이 아닐 뿐만 아니라 당좌예금마저도 세 지역만의 것을 포함했기 때문이다. <표 3-1>과 <표 3-2>에서 우리는 연도별 통화량 증가가 물가상승을 초래했다는 것을 알 수 있다. 1941년과 1942년에는 물가상승률이 다소 진정되었는데 그것은 그 두 해에 조선은행이 통화량 증대

<표 3-3> 연도별 공업과 미곡 생산량과 소비량의 변화

연도	공업		미곡	
	공장 수	직공 수[1](명)	생산량(1,000석)	소비량(1,000석)[2]
1936	5,927	188,250	19,410	12,408
1939	6,952	270,439	17,355	13,982
1943	14,856	549,751	18,718	14,597

주: 1) 노동자 수를 말함.
2) 소비량=국내 생산량−수출량(일본)+수입량.
자료: 조선은행 조사부(1948년판), pp. I-99, I-237-238.

를 그 이전 연도보다 줄였기 때문이다. 물론 앞에서 지적했듯이 이 무렵부터 가격통제도 물가상승률 측정에 작지 않은 영향을 미쳤다.

둘째, 다른 조건이 일정하다면 모든 재화의 공급이 증가(감소)하면 모든 재화의 가격은 하락(상승)한다. <표 3-3>은 연도별 공업과 미곡 생산량과 소비량의 변화를 보여준다. 공업에서는 공장 수와 직공 수가 크게 증가했기 때문에 공업 생산이 크게 증가했을 것이고, 미곡의 경우도 표에는 나타나지 않지만 1910년대와 1920년대와 비교하여 1930년대 중반 이후에 생산량의 평균적인 증가가 있었다. 공업의 경우에 특히 1939년 이후 생산이 크게 증가했다. 물론 미곡은 그 특징상 특정 연도의 생산은 자연재해 등으로 크게 감소하는 경우도 있다. 특히, 1943-1944년간에 통화공급이 크게 증가했음에도 불구하고 모든 재화의 가격상승이 다소 완화되었던 것은, 동 기간에 공업 생산이 크게 증가했기 때문이다.

특히, 공업의 변화를 보면 만주사변, 중일전쟁, 태평양전쟁 등을 수행하기 위하여 일본은 조선이 일본군의 병참기지로서의 역할을 할 것을 필요로 했다. 여기에 일본 민간자본도 일본 국내 시장이 포화 상태에 이르면서 해외 진출을 필요로 하게 되었다. 일본 정부와 일본 민간자본의 이해가 일치하면서 조선 공업에 큰 투자가 일어났다. 초기에는 화학공장, 대발전소, 대규모 방적공장 등이 건설되었고, 중일전쟁 이후에는 제철, 특수강제련, 인조섬유공업, 군수품 생산 공장 등이 크게 증가했다. 이 시기 공업은 <표 3-3>에서 보듯이 양적으로 크게 성장했다. 그리고 공장은 대규모화되고, 공장 수와 피고용인도 크게 증가했다. 무엇보다도 전 산업에서 공업의 비중이 생산액 기준으로 1911년에 11%이던 것이 1943년에는 37%까지 증가했다(조선은행 조사부, 1948년판, p. I-99 참조). 즉, 조선의 공업이 양적으로 크게 성장했다.

셋째, 모든 재화에 대한 예비적 수요의 증가(감소), 화폐에 대한 예비적 수요의 감소(증대), 화폐의 구매력에 대한 기대 등에 대한 자료는 현재로서는 알 수 없다. 그리고 각 재화의 수요와 공급의 변화는 현재 알고 있는 것도 있고 모르는 것도 있다. 여기에서 언급한 요인들은 모든 재화의 가격과 각 개별 재화의 가격에 영향을 미쳤던 것은 분명하지만 추후의 연구 과제로 한다. 편의상 여기에서 그 요인들에 대해서는 논외로 한다.

1936년 이후 재정정책은 어떻게 되었는가. <표 3-4>는 조선총독부의 3개 연도의 세입을 보여준다. 먼저, 세입의 절대 규모가 크게 증가한 것은 빠른 물가상승이 가장 중요했고 1940년대는 공업화도 세입의 증가에 적지 않은 역할을 했다. 둘째, 각 연도의 세입에서 가장 중요한 비중을 차지하는 항목은 조세(경상부와 임시부를 합산한 것), 관업과 관유재산 수입 등이다. 조세, 관업과 관유재산 수입 등이 증가한 것은 1936년 이후 급격한 공업화 덕분이다. 이 시기에 1인당 조세 부담도 크게 증가했다. 세 번째로 중요한 항목은 공채금이다. 그

<표 3-4> 조선총독부 연도별 세입

(단위: 백만 원)

구분	세부 항목	1937	1941	1943
경상부(A)	조세	63.7	163.0	309.4
	인지수입	18.7	26.6	33.4
	관업과 관유재산 수입	233.6	552.5	739.9
	잡수입	3.5	7.6	49.3
	소계	324.4	749.7	1,132.0
임시부(B)	조세	0.6	27.1	59.4
	보충금	14.5	13.8	13.0
	금자금특별회계 수입[1]	-	160.4	6.9
	공채금	65.0	0.0	360.8
	관유물 불하대	0.0	1.3	3.3
	잡수입	0.8	0.8	0.8
	전년도 잉여금	22.2	85.6	39.5
	소계	427.7	1,054.8	1,615.5
총계(=A+B)		752.1	1,804.5	2,747.5

주: 1) 금자금특별회계는 항목 자체는 오타로 보임. 김영규(1992), p. 161에서는 이것을 일본이 전쟁 수행을 위하여 발행한 일본 정부의 채권 발행 금액으로 간주하여 이 항목 아래의 공채금과 합산하고 있음.
자료: 조선은행 조사부(1948년판), p. III-113.

러나 매년 공채를 발행한 것 같지는 않다. 1943년 공채금은 약 3억 6,000원인데 같은 해 재정흑자(세입 초)는 약 3억 4,700만 원이다. 이것은 공채를 발행하여 흑자재정을 의도적으로 만들었다고 볼 수 있다.

조선은행 발행 준비금 내역에는 1939년과 1940년에 공채증서 금액이 있다가 1945년에 공채증서 항목이 다시 나타나고 있다. 그 사이에는 공채증서 항목에 금액이 없다. 조선총독부 발행 공채를 조선은행이 인수한 연도는 1936년 이후만 놓고 볼 때 1939년, 1940년, 1945년이다.[4] <표 3-4>에 나오는 1937년과 1943년 공채금은 조선총독부가 민간인이나 민간은행에게 공채를 직접 팔았을 것으로 볼 수 있다. 정부가 세입의 일부를 중앙은행에게 인수하게 하는 방법인 재정의 머니타이제이션은 통화량 증대를 초래한다. 그러나 정부가 세입의 일부를 민간인이나 민간은행에게 인수하게 하는 방법의 머니타이제이션은 민간의 소비 또는 저축을 줄여서 경제성장을 저조하게 만들지만 통화량 증대를 초래하지는 않는다. 두 방법은 통화량 증대라는 점에서 본질적으로 다른 것이다.

<표 3-2>에서 보듯이 조선은행의 통화량 증대는 그 원천이 어디에 있는가? <표 3-5>는 1936년 이후 연말 기준으로 조선은행권 발행준비 내역을 보여주고 있다. 조선은행의 발행준비 내역은 다음과 같은 몇 가지 특징을 가지고 있다.

첫째, 1940년 말 기준으로 조선은행 발행준비의 중요성을 보면 일본은행권, 상업어음, 공채증서 등의 순서였다. 1936년부터 1940년까지 일본은행권은 군용통화 또는 중일전쟁의 전비로 사용된 것이었다. 1940년 말 현재 조선은행 발행고의 약 1/2이 일제의 전비를 위한 것이었다. 이것이 시뇨리지이다. 조선은행 발행고의 약 1/2을 일제의 전비를 위하여 조선의 대중이 부담한 것이다. 조선의 민간은 그만큼 '약탈'당했다.

둘째, 1941년부터 일제는 조선은행이 일본은행권을 보유하는 것을 허가하지 않았다. 전쟁 이후에 일본은행권이 전쟁 채무로 되는 것을 막기 위한 것이었다고 추정할 수 있다. 그 대신 1943년까지는 조선은행의 당좌예치금을 일

4 조선은행권 발행준비 내역은 조선은행 조사부(1948년판), p. Ⅲ-67 참조.

<표 3-5> 연도별 조선은행 발행준비 내역

(단위: 백만 원)

연도[1]	정화준비					보증준비					발행고
	금화	금지금	은화와 은지금	일본 은행권	소계(A)	공채 증서	정부 증서	증권	상업 어음	소계(B)	(C) =A+B
1936	1.6	5.6	6.9	109.2	123.3	-	-	-	87.4	87.4	210.7
1937	-	2.6	3.9	162.2	168.8	-	-	-	110.7	110.7	279.5
1938	-	1.1	3.4	195.8	200.3	-	-	-	121.7	121.7	322.0
1939	-	2.8	3.1	229.3	235.2	98.0	-	-	110.8	208.8	444.0
1940	-	8.9	2.8	278.7	290.4	98.0	-	-	192.1	290.1	530.5
1941	211.7[2]	4.7	2.4	36.9	255.8	-	-	-	485.9	485.9	741.6
1942	254.5[2]	3.1	2.1	51.4	311.1	-	-	-	597.6	597.6	808.6
1943	173.1[2]	2.6	1.8	54.0	231.5	-	-	-	1,235.3	1,235.3	1,466.8
1944	-	0.6	1.4	14.1	16.0	-	-	-	3,119.7	3,119.7	3,135.7
1945. 8. 14[3]	-	3.0	1.0	39.0	43.0	117.0	4,067.0	-	786.2	4,970.1	4,839.3
1945	-	3.0	1.0	0.5	4.5	252.0	4,645.2		3,861.6	8,758.8	8,763.3

주: 1) 각 연도는 연말 기준임.
2) 일본은행에의 당좌예치금으로 정화준비를 함.
3) 1945년 8월 14일 말 기준임.
자료: 조선은행 조사부(1948년판), pp. I-278, III-67.

본은행에 맡기고 화폐를 발행하도록 했다. 이것은 일본은행이 조선은행으로 하여금 사실상 아무런 보증 없이 스스로 화폐를 발행하는 것을 허가한 것이다. 이마저도 1944년 이후에는 중단되었다.

셋째, 조선은행은 1941년부터는 상업어음을 담보로 화폐를 공급하던 것을 크게 증가시켰다. 이것은 1940년 말에는 약 1억 9,000만 원, 1941년 말에는 약 4억 9,000만 원, 1944년 말에는 약 31억 원이 되었다. 그 크기가 4년 만에 약 16.2배 증가했다. 엄청난 증가라고 하겠다. 그리고 1944년 말 기준으로 조선은행 전체 발행고의 99.5%가 상업어음을 담보로 한 것이었다. 이것은 1944년 말에는 조선은행 발행고의 거의 대부분이 상업어음을 담보로 한 것임을 의미한다. 그리고 이것은 1941년 이후 1944년까지 조선의 공업화를 지원한 것이었다. 우리는 그 점을 <표 3-3>에서 1939년 이후 공장 수와 노동자 수가 크게 증가하고 있음에서 확인할 수 있다.

넷째, 조선총독부가 발행한 공채증서나 정부증서를 조선은행이 인수한 것은 1944년까지는 1939년의 9,800만 원이었다. 이것은 1944년까지는 조선은행이 조선총독부의 재정을 화폐로 발행하여 보전하는 방법, 즉 머니타이제이션(monetization)을 거의 하지 않았음을 의미한다. 그러나 1945년에 상황은 크게 반전되었다. 1945년 8월 14일 말에는 공채증서와 정부증서를 합산한 금액이 약 41억 8,000만 원이 되었다. 이것은 1945년 8월 14일 말까지 조선은행 발행고 약 48억 4,000만 원의 약 86.5%이다. 즉, 이것은 1945년 1월 1일부터 1945년 8월 14일까지 조선총독부의 재정을 화폐를 발행하여 보전했음을 의미한다. 그리고 이것은 조선은행 발행고의 거의 대부분을 차지하는 것으로서 엄청나게 큰 금액이었다. 그리고 미군정이 사실상 10월 초순에 조선은행을 통제하기 시작했으므로 1945년 말 조선은행권 발행 내역은 좀 더 자세한 연구가 필요하다.

다섯째, 조선은행 발행고는 1940년 이후에는 거의 대부분 조선의 공업화를 지원하기 위한 것이었고 1945년 1월 1일부터 1945년 8월 14일 이전까지는, 그렇게 단 기간에, 조선총독부 재정을 머니타이제이션했다. 사실 조선총독부의 재정은 1937년 이후 1943년까지 매년 명목상으로는 흑자 재정이었고 1944년은 세입에 세출을 정확하게 맞추어 적자도 흑자도 없는 상태였다.[5] 1945년

5 1937년부터 1944년까지 조선총독부의 세입, 세출, 재정의 흑자 또는 적자 등에 대한 자세한 내용은 조선은행 조사부(1949년판), p. IV-134 참조.

머니타이제이션은 특수한 상황이 발생할 것을 가정하고 조선총독부 재정을 크게 머니타이제이션했을 것으로 추정할 수 있다. 이것은 조선총독부가 아주 단기간에 조선의 민간을 크게 약탈했음을 의미한다. 이 점에 대한 추가적인 연구가 필요하다.

여섯째, 1940년 이후 조선은행의 화폐공급이 조선의 공업화를 위한 것이었지만 이것은 명목상일 뿐이다. 일본의 투자가 군수품을 생산하기 위한 공장을 건설하는 경우에는 일제의 전쟁을 직접적으로 지원하는 것이었다. 철강과 특수강, 섬유, 화학 등에 대한 투자는 전쟁을 간접적으로 지원하는 것이었다. 그리고 그런 산업을 지원하기 위해 대발전소가 건설되었다. 한마디로, 조선의 공업화는 일제의 목적을 위한 것이었다. 그러나 그런 시설의 일부는 이후의 공업화에 기초가 되었다(에커트, 2006, pp. 601-654). 그러나 일제에 의한 공업화가 미친 부정적인 영향도 검토가 필요하다. 이 점은 이 장의 연구 범위를 벗어나기 때문에 더 이상 서술하지 않는다. 추후의 연구 과제이다. 그리고 1945년의 머니타이제이션은 특수한 상황에서 나온 것이라고 하겠다.

일곱째, 1936-1944년의 폭발적인 물가상승은 조선은행이 화폐공급을 크게 증가시켰기 때문이지만 1941-1944년의 화폐공급 증가는 주로 일본 민간의 조선 내 투자를 지원하기 위한 것이었다. 그리고 그때의 투자가 일제의 전쟁을 직·간접적으로 지원하기 위한 것이라는 점에서 1936-1944년의 물가상승은 '전시' 인플레이션이라고 말할 수 있다. 전시 인플레이션이란 전시 생산활동을 지원하기 위한 통화공급 증가를 의미한다. 그러나 1945년을 제외하고, 1941-1944년 기간만을 놓고 볼 때 비록 명목상이지만 '재정' 인플레이션은 아니다. 그러므로 1936-1944년의 물가상승을 '전형적인 전시재정 inflation'이라는 김영규(1992, p. 160)의 주장은 틀린 것이다.

그러나 1945년은 특별한 상황에 따른 '재정 인플레이션'과 '전시 인플레이션'의 합이다. 1945년 9월 말까지 일본인이 조선은행을 지배했다. <표 4-11>에서 1945년 9월 말까지 조선은행 발행고는 86.8억 원이다. 그 표에서 1945년 9월 말까지의 발행고가 1945년 말까지의 발행고와 큰 차이가 없다는 사실을 알 수 있다. 이것은 1945년 말까지 발행준비 내역이 실질적으로 거의 대부분 일본인에 의해 통제되었음을 의미한다. <표 3-5>에서 1945년 말 발행고 약 87.6억 원은, 정화준비를 무시하면 공채증서와 정부증서의 합이 약 49.0억 원이고 상업어음이 약 38.6억 원으로 이루어졌다. 그러므로 전자가 재정 인플레이션이고 후자는 전시 인플레이션이다. 그리고 공채증서, 정부증서, 상업어음 등을 기초로 발행된 조선은행 발행고 약 87.6억 원은 어느 정도의 크기인가? 1944년과 1945년 연간 국민소득은 각각 약 55억 원, 약 70억 원 등이다.[6] 이것은 그 금액이 적지 않았음을 의미한다.

여덟째, 조선은행의 발행고는 1943-1945년에 폭발적으로 증가했기 때문에 그 기간에 영향이 그 어느 때보다 컸을 것을 추정할 수 있다. 그러나 <표 3-1>에서 그 기간 물가상승률이 크게 작아진 것은 가격 고정과 통제로 인하여 물가상승률 자료가 실제의 물가상승률을 반영하고 있지 않았기 때문일 것이다. 다른 원인으로는, 앞에서 말했듯이 공업화의 진전으로 모든 재화의 공급 증가를 꼽을 수 있다. 그러므로 1943-1945년에 조선은행 발행고의 폭발적 증가는 해방 이후 미군정 기간 전반기에 모든 재화의 가격, 즉 물가를 살인적으로

6 연간 국민소득에 대해서는 조선은행 조사부(1948년판), p. I-317 참조.

상승하게 만들었을 것이다. 그것은 미군정 전반기의 폭발적인 물가상승은 일제의 지배로부터 연유한 부분이 있음을 의미한다. 미군정 기간의 물가상승을 분석할 때 반드시 고려해야 할 점이다.

지금까지 분석에서 미군정 경제정책을 해석함에 있어서 어떤 함의를 유도할 수 있는가. 첫째, 일제강점기, 특히 1940년대 전반부에 재화의 가격을 포함하여 경제의 전반이 엄격히 통제되고 있었음에도 불구하고 <표 3-1>에서 보듯이 물가상승률이 연평균 10-20% 수준이었다는 사실은 미군정 초기에 폭발적인 물가상승이 지속되었을 것을 예상할 수 있다. 다시 말하면, 미군정 초기의 폭발적인 물가상승은 상당 부분 일제의 책임이라는 것이다. 특히, 1943-1945년의 화폐공급의 폭발적인 증가는 미군정 초기의 물가상승에 크게 영향을 주었을 것을 추정할 수 있다. 이것은 저자의 직관에 의한 것이다.

둘째, 1943-1945년의 화폐공급의 폭증에 의한 경기변동의 영향이 작지 않았을 것이라는 점이다. 만약 해방 직후에 다른 조건이 변하지 않았더라도, 화폐공급 증가로 인한 큰 폭의 경기변동을 피할 수 없었다는 것이다. 이것은 원료 조달의 어려움, 기술자의 부족 등과 같은 비화폐적 요인들이 없었더라도, 해방 직후의 생산 부진이 또한 일제의 책임임을 의미한다. 물론 그 책임은 부분적인 것이겠지만 말이다. 경기변동의 영향은 일반적으로 공업화에 비례한다. 1940년대 전반부는 조선에서 공업화가 그 어느 때보다 진전되었고 바로 그 이유로 경기변동의 영향은 그 어느 때보다도 컸을 것을 추론할 수 있다. 그 영향의 크기에 대한 자세한 연구가 필요하다.

2. 경제 규모의 급격한 위축

일제는 자신의 목적에 맞게 해방 이전의 조선경제를 통제하고 관리했다. 조선경제가 일제가 만들어 놓은 블록경제로부터 분리되면서 경제를 포함한 모든 부문에서 엄청난 변화가 일어났다. 여기에서는 해방 이후 조선경제의 급격한 축소를 다룬다. 그러나 축소의 원인이 해방 이전에 발생했거나 축소가 이미 해방 이전에 발생했던 사건들만을 다룰 것이다. 다시 말하면, 미군정에게는 주어진 환경 또는 여건이 될 수밖에 없는 사건들만을 분석한다는 것이다. 그리고 자료의 제약으로 공업과 농업의 생산 위축을 주로 분석한다.

(1) 공업 생산의 위축

<표 3-6>은 남한 내 주요 공업 부문의 생산 위축 현황을 보여준다. 1948년 현재 공업생산액은 1940년 공업생산액의 약 21.2% 수준으로 크게 감소했다. 사실상 1940년 공업생산액 대비 1948년 공업생산액은 약 4/5가 감소했다. 문제는 1940년 이후 모든 재화의 가격이 급격히 상승하여 1940년과 1948년의 공업생산액은 직접 비교하기가 어렵다는 점이다. 조선은행 조사부는 1940년의 공업생산액에 1948년 물가지수를 곱하여 1948년 공업생산액으로 환산하고 그 값을 1948년 실제 생산액과 비교하였다. 그 결과가 <표 3-6>의 '칼럼(D)'이다.

그러나 두 수치가 공업생산액 감소의 '정확한' 실상을 보여준다고 보기는 어렵다. 왜냐하면 두 기간 동안에 모든 재화의 가격이 급격하게 상승하였는데 이때의 모든 재화의 가격상승은 물가지수처럼 일률적으로 오르는 것이 아

<표 3-6> 남한 주요 공업 생산 위축 현황

(단위: 천 원, %)

	1940년 생산액(A)	1948년 물가지수로 수정한 1940년 생산액(B)	1948년 실제 생산액(C)	(D)=(C/B)×100
방직	169,927	61,455,799	21,567,588	35.1
금속	13,550	4,900,493	2,209,197	45.1
기계기구	38,312	13,855,918	3,381,134	24.4
화학	84,846	30,685,404	15,158,270	49.4
요업	11,928	4,313,880	1,426,899	33.1
목공	13,625	4,927,618	696,877	14.1
인쇄	17,213	6,225,254	1,620,263	26.0
식품양조	210,119	75,991,638	6,586,941	8.7
기타	126,494	45,747,821	-	-
계	686,014	248,103,325	52,647,139	21.2

자료: 조선은행 조사부(1949년판), p. 4.

니기 때문이다. 다른 한 가지 점은 일제강점기에 전기와 석탄의 생산이 거의 대부분 북한에서 이루어졌다는 사실이다. 이 점은 1940년을 기준으로 1948년의 생산이 통계치보다 더 위축되었다고 추정할 수 있다. 세 번째로 고려해야 할 사항은 1940년은 일제가 조선을 병참기지화하기 위하여 일본 민간자본의 적극적인 투자를 시작했던 시점이라는 사실이다. 네 번째로 전쟁 말기에는 여러 부문에서 공급상의 애로가 나타나고 있었다는 점이다. 이것은 화폐공급의 증대로 발생한 경기변동의 결과로 보여진다. 앞에서 서술한 네 가지 점을 고려하면, 1948년 생산 위축의 실상을 현재로서는 정확하게 알 수 없다. 그러나 1940년에 비해 1948년에 공업생산액이 매우 크게 감소했던 것은 분명할 뿐만 아니라 통계로 추계할 수 있는 근사치보다도 실상은 더 크게 감소했을 것

<표 3-7> 사업장 휴업 원인(1946년 11월 현재)

	원료 부족	기계 부족	자본 부족	노무 부족	기타	계
휴업체 수	272	36	20	1	61	390

자료: 조선은행 조사부(1948년판), p. I-203.

으로 추정할 수 있다.

해방 이후 남한 공업이 위축되게 된 원인을 탐구한다. 첫째, 해방으로 조선이 일본의 식민지배로부터 벗어났다는 것이다. 이것은 경제적으로는 여러 가지 의미를 가진다. 먼저 조선경제는 일본이 만든 경제블록의 일부가 되면서 그 경제블록과 분업이 진행되었는데 해방으로 그런 분업이 거의 철저하게 해체되었다는 것을 의미한다. 해방으로 일본인 자본, 기술자 등이 철수하고, 기계 또는 장비의 대체가 어려워지며, 원료 또는 부품 조달의 길이 막히면서 공업 생산이 크게 위축되었던 것은 일제의 식민지배가 종식되면서 경제블록이 해체되었기 때문이다. 게다가, 일제가 시작한 전쟁을 지원하기 위한 병참기지로서 조선의 공업화가 진행되었기 때문에 종전으로 인한 후유증도 작지 않았다. 왜냐하면 전쟁 기간 동안에는 일반적으로 군수물자는 대량으로 생산되지만 사람들의 일상에 필요한 소비재는 생산이 극도로 억제되기 때문이다.

<표 3-7>은 1946년 11월 현재 휴업하고 있는 390개 사업장의 휴업 원인을 보여준다. 이것은 각 사업장에서 일본인들이 본국으로 떠나면서 각 사업장에서 발생했던 휴업의 원인들이다. 그중에서 가장 큰 비중을 차지한 것은 '원료의 부족'이다. 이런 원인들은 조선의 공업화가 자생적으로 이루어진 것이 아니고 일제의 목적, 특히 일제의 전쟁 수행을 위한 목적을 위하여 일본 자본에

<표 3-8> 전기와 석탄의 남북한 비율

(단위: kw)

구분	전기(1945년 현재)		유연탄(비율)	무연탄(비율)
	연평균 발전력	비율	(1939년 현재)	(1939년 현재)
남한	79,500	8.0	0.5	2.3
북한	909,200	92.0	99.5	97.7
계	988,700	100.0	100	100.0

자료: 조선은행 조사부(1949년판), p. 4.

의해 이루어진 것이기 때문에 발생한 것이다. 사업장의 휴업이 다른 원인에 의해서도 발생했다(이 점에 대해서는 5장에서 다룰 것이다).

둘째, 남북 분단이 공업의 위축을 초래한 측면도 무시할 수 없다.[7] 일제강점기의 공업화는, 남한에서는 경공업 그리고 북한에서는 중화학공업을 중심으로 이루어졌다. 공업의 그런 배치는 물론 일제의 목적이나 의도에 따른 것이었다. 남북 분단은 그런 분업을 무너뜨림으로써 양쪽 지역에서 공업의 위축을 초래했다.

<표 3-8>은 전력과 석탄의 극심한 북한 편재 현상을 보여준다. 전력과 석탄이 북한에 편재했기 때문에 남북 분단이 남한에 더 큰 타격을 가하게 되었다. 북한의 풍부한 전력과 석탄을 남북 분단으로 남한이 이용을 할 수 없게 되었기 때문이다. 이 점도 남한 공업을 위축하게 만들었던 요인들 중의 하나이다.

셋째, 중일전쟁부터 시작된 경기변동은 해방 이후 경제에도 영향을 미쳤

7 남북 분단이 형식적으로는 미군정 이후에 확정되었다고 볼 수 있다. 그러나 실질적으로는 미군정 이전에 결정되었다는 점에서 남북 분단이라는 사건은 미군정에게는 여건이라고 할 수 있다.

다. 다른 요인들이 변화가 없었더라도, 화폐공급의 폭발적인 증가로 인한 경기변동으로 공업 생산은 위축되었을 것이라는 점이다. 경기변동은 농업보다는 공업에 더 큰 영향을 미친다. 일제의 전쟁 목적으로 1937년 무렵부터 빨라진 공업화는 1940년 무렵부터 더 빨라지기 시작했다. 그러므로 경기변동의 영향은 1940년 이후에 가장 크게 영향을 미쳤을 것이다. 다만 이 일이 다른 사건들과 동시에 발생했기 때문에 경기변동의 영향만을 관측하는 것은 결코 쉽지 않다.

넷째, 일본이 만든 블록경제로부터의 분리와 남북 분단은 그때까지 발생했던 분업을 없앨 뿐만 아니라 분업의 범위를 축소하게 만들었다. 앞에서 남북한 간의 지역적 분업에 대해서 설명했다. 분업은 지역적으로만 발생하는 것은 아니다. 산업 간 또는 기업 간 분업이 발생할 수 있다. 한국경제의 일본 블록경제로부터의 분리와 남북 분단은 그런 분업을 없앴고 그 결과 생산성을 적지 않게 떨어뜨렸다. 그리고 분업이 거래 당사자들 모두에게 이득을 준다는 점에서 분업이 없어진다는 것은 그런 이득을 없앴다는 것을 의미한다.

(2) 농업 생산의 위축

<표 3-9>는 1935년 이후의 식부면적과 곡물생산량을 지수화한 수치를 보여준다. 1945년까지 식부면적과 곡물생산량은 일제의 영향을 받았던 것으로 보는 것이 옳다. 1935-1939년의 평균 식부면적지수를 100으로 할 때 1940-1944년 평균은 97, 1945년은 86으로 감소했다. 다른 한편, 곡물생산량은 식부면적보다 더 크게 감소했다. 1935-1939년의 평균 곡물생산량지수를 100으로 할 때

<표 3-9> 연도별 식부면적과 곡물생산량지수

	1935-1939 (5개년 평균)[1]	1940-1944 (5개년 평균)	1945	1946	1947
식부면적	100	97	86	79	71
곡물생산량	100	94	74	71	-

주: 1) 1935-1939년의 지수가 100.
자료: 조선은행 조사부(1948년판), p. I-323.

1940-1944년 평균은 94, 1945년은 74로 감소했다. 이렇게 식부면적의 축소와 그에 따른 곡물생산량이 감소한 것은 일제가 1939년에 미가공정제, 즉 미곡 최고가격제와 미곡배급통장제를 실시했기 때문이다. 물론 비료와 같은 원자재의 공급 애로도 영향이 없었다고 할 수는 없을 것이다. 그러나 그것은 부차적인 것이다. 식부면적과 곡물생산량의 감소는 일제가 전쟁을 이유로 쌀을 포함한 곡물의 가격을 시장가격보다 너무 낮게 고정했을 뿐만 아니라 배급을 실시함으로써 농민들의 생산 의욕을 크게 꺾었기 때문이다. 불행한 것은 미군정이 1946년 이후에도 일제와 유사한 농업정책을 실행함으로써 식부면적의 축소와 곡물생산량을 감소하게 만들었다는 것이다. 한마디로, 식부면적의 축소와 곡물생산량 감소는 1945년까지는 일제의 농업정책의 결과이고 1946년 이후는 미군정의 농업정책의 결과이다.

다른 한편, 농업에서의 기존 분업체제의 붕괴가 공업 생산의 위축을 초래한 경우도 있었다. 일제는 방직공업을 위하여 면화 재배를 강요했다. 면화에서 생산되는 면이 방직공업의 원료이기 때문이다. 문제는 해방 이후 만주로부터 식량용 곡물의 도입이 불가능해졌다는 것이다. 그런 상황에서 농민들은 면화 대신 식량용 곡물을 재배하지 않을 수 없었다(대한방직협회, 1977, p. 81 참조). 즉, 해방 이후 한국과 만주의 농업에서의 분업이 붕괴하면서 한국 내에서 농업과 공업 간 분업도 유지될 수 없었다는 것이다. 그 결과 미군정기에 면화의 재배면적과 생산량은 지속적으로 위축되었다. 그리고 그런 위축은 방직공업의 원료 부족을 초래하여 방직공업을 작아지게 만들었을 뿐만 아니라 방직공업과 밀접한 관계를 가지거나 분업을 했던 다른 공업을 위축하게 만들었다.

3. 실업의 만연

<표 3-10>은 '과도정부 서무처 통계서'가 표본조사한 일부 지역의 1947년도 실업률을 보여준다. 1947년 현재 서울, 경기도, 충청북도 등의 실업률은 각각 29.9%, 23.9%, 21.0% 등이다. 1947년 현재 실업률이 매우 높았음을 알 수 있다. 그러나 이 통계치도 실제 실업률보다 낮게 측정된 것이다. 왜냐하면 인천, 청주 등과 같은 대도시를 표본조사에서 제외했기 때문이다.

실업의 원인은 크게 두 가지이다. 첫째, 만주, 북한 등에서 생업에 종사하고 있다가 해방 이후에 남한으로 이주한 노동자들이 증가했기 때문이다. 이것은 순전히 외부적인 요인에 의한 실업의 발생이다. 둘째, 공장의 폐쇄, 휴업 등으로 사업장 수가 격감했기 때문이다. 즉, 앞 절에서 우리는 여러 가지 이유로 경제 규모가 축소되었음을 알았다. 앞에서 지적한 두 가지 원인 모두 대량 실업을 낳았다. 실업을 초래한 원인을 아래에서 자세히 분석한다.

<표 3-10> 지역별 취업 현황과 실업률(1947년)

(단위: %)

	서울	경기도[1]	충청북도[2]
유업자(취업자)	42.8	40.3	43.0
가정부인	20.4	30.9	31.0
학생생도	6.9	4.9	5.0
실업자	29.9	23.9	21.0
계	100.0	100.0	100.0

주: 1) 경기도는 인천, 개성을 제외함.
2) 충청북도는 청주를 제외함.
3) 과도정부 서무처 통계서가 표본조사한 것임.
자료: 조선은행 조사부(1949년판), p. I-204.

(1) 인구의 사회적 증가

<표 3-11>은 1946년 11월 15일 현재 직업별 실업자 현황을 보여준다. 전재(戰災)로 인한 실업자는 약 63.7만 명으로서 전체 실업자 약 110만 명 중에서 약 57.8%를 점한다. 전재로 인한 실업자란 대부분 만주, 북한 등에서 생업에 종사하고 있다가 해방 이후에 남한으로 이주한 노동자들을 말한다. 우리는 이들이 남한경제의 전반적인 위축으로 발생한 실업자들보다 더 많았다는 사실을 알 수 있다. 문제는 해방으로 해외 거주 한국인들이 귀국할 것은 예상된 것이었지만 남한경제가 그들에게 직업을 제공할 능력을 가지고 있지 않았다는 점이다. 인구의 사회적 증가는 미군정이 책임져야 할 것이 아니기 때문에 그에 따른 실업의 대폭적인 증가도 미군정에게는 여건일 수밖에 없다.

<표 3-11> 직업별 실업자 현황

(단위: 명, %)

실업 전 직업	전재(戰災)	실직	계	
			인원	구성비
공장	106,877	81,078	187,955	17.1
광산	79,353	43,245	122,598	11.1
사무소, 상점	62,983	48,364	111,347	10.1
농업	125,594	84,693	210,287	19.1
운수업	18,794	21,171	39,965	3.6
토목, 건축업	67,599	74,185	141,784	12.9
기타	176,003	111,784	287,787	26.1
계	637,203	464,520	1,101,723	100.0

주: 1946년 11월 15일 현재.
자료: 조선은행 조사부(1948년판), pp. I-203-204.

(2) 경제 규모의 축소

앞에서 여러 가지 이유로 남한경제가 크게 위축되었다는 사실을 알았다. 경제의 위축 또는 경제성장의 둔화는 당연히 실업을 초래했다. <표 3-11>에서 '실직'으로 표시한 항목이 1946년 11월 현재 경제의 위축으로 인한 실업자의 수를 보여준다. 실직으로 인한 실업자는 약 46.5만 명으로서 전체 실업자 약 110만 명 중에서 약 42.2%를 점한다. 그리고 실업자를 산업별로 보면, 제조업과 농업으로 인한 실업자는 약 39.8만 명이고 이것은 전체 실업자 약 110만 명의 약 36%이다.

4. 일제와 식민지 조선의 경제체제: 전쟁 사회주의

태평양전쟁을 시작하면서 일제는 일본경제뿐만 아니라 식민지 조선경제에 대해서도 극도의 간섭과 통제를 실행했다. 태평양전쟁 이전에도 일제의 경제체제는 극도의 간섭주의였지만 태평양전쟁을 시작하면서 국가가 전쟁을 이유로 민간의 경제활동에 대한 통제와 간섭을 극대화했기 때문에 1940년대 일제의 경제체제는 '전쟁경제'(war economy) 또는 '전쟁 사회주의'(war socialism)가 되었다. 전시 통제경제를 전쟁 사회주의라고 하는 것은 전쟁 시에 초인플레이션이 필연적으로 발생하는데 그런 초인플레이션은 인플레이션적 조세를 통해 국가가 민간으로부터 자원을 대규모로 강탈하기 때문이다. 그 이외에도, 전쟁 시에 국가가 필요로 하는 인력 자원, 기타 자원 등을 대가를 지불하지 않고 강제로 징집하여 이용하거나 소모해버린다. 한마디로, 전쟁 사회주의란 국가가 전쟁을 수행한다는 명분으로 대부분의 주요 생산수단을 국유화하거나 소모해버리는 것을 말한다. 그에 따라 일제가 지배했던 식민지 조선의 경제체제도 1937년 이후에는 전쟁경제 또는 전쟁 사회주의가 되지 않을 수 없었다. 다만 일제와 식민지 조선의 전쟁 사회주의가 어느 쪽이 더 또는 덜 심했는가 하는 주제는 추후의 과제로 한다. 여기에서는 1937년 이후만을 다룬다.

전쟁 사회주의는 차별을 하기 마련이다. 사실 일본과 식민지 조선의 차별은 태평양전쟁 이전에도 존재했던 것이다. 다만 전쟁 사회주의로 차별이 더 심화되었다고 할 수 있다. 차별에 대해서는 식민지 조선경제를 별도의 저작에서 다룰 때 심층 분석을 할 것이다.

전쟁 사회주의가 식민지 경제에 미친 영향은 크게 두 가지로 나눌 수 있다. 첫째, 강제징병, 강제징용, 성노예 등에서 보듯이 전쟁 사회주의의 약탈성이 극대화되었던 경우이다. 극단적인 경우에는 육체가 파괴되고 그렇지 않은 경우에도 노동력의 극심한 약탈이 발생했다. 이에 대한 연구는 추후의 과제로 한다. 둘째, 전쟁 사회주의는 모든 재화와 용역 등 경제 전반에 걸쳐 가격, 비가격 등을 통제하고 규제했다. 그러나 무엇보다도 쌀에 대한 통제와 간섭이 가장 심했을 뿐만 아니라 쌀이 주식이기 때문에 그만큼 중요했다. 쌀은 전쟁에 참가하는 군인뿐만 아니라 군수물자를 생산하는 노동자들에게도 중요했기 때문에 일제는 식민지 조선에서 생산된 쌀을 최대한 수집하여 일본으로 보내거나 식민지 조선 내 군인, 군수물자 생산 노동자들에게 배급하는 것이 목적이었다. 당시 이것을 '공출'이라고 불렀다. 그러나 이 말은 학문적 용어가 아니다. 그러므로 아래에서 다른 개념을 제안할 때까지만 이 용어를 사용할 것이다.

공출에 대한 본격적인 연구는 추후의 과제로 하고 여기에서는 그 뼈대만을 검토한다. 일본 제국주의는 중일전쟁 무렵부터 전쟁 사회주의가 시작되었고 태평양전쟁부터는 본격적인 전쟁 사회주의가 되었다. 그 결과 일제의 영향을 강하게 받았던 식민지 조선의 경제체제도 중일전쟁 무렵부터 전쟁 사회주의가 시작되었고 그 제도는 미군정이 지배하는 경제에 영향을 미쳤다고 하겠다.

일제는 1937년 중국을 침략하면서 본격적으로 전시체제로 돌입했다.[8] 이때 조선총독부는 「미곡배급통제법」, 「조선미곡시장주식회사령」, 「조선미곡

8 이하에서 일제의 미곡 관련 통제정책은 김운태(1998), pp. 498-505 참조.

배급조정령」 등을 공포하고 조선 미곡의 공출과 배급을 제도화했다. 구체적으로, 1939년에는 도식량배급조합(이하 '도배'라 표기)을 조직하여 미곡의 매상과 이동을 담당하였다. 1940년 10월에는 일제의 임시미곡배급규칙, 미곡관리규칙 등을 조선에 적용하여 미곡의 국가 관리를 단행했다. 이때부터 미곡은 일제에 의해 가격을 포함하여 미곡의 전반적인 통제가 시작되었다.

1941년에는 '도배'의 기능을 확대 강화하여 도배로 하여금 식민지 조선 내의 미곡 소비의 통제를 일층 강화했다. 1942년에는 중앙에 조선양곡주식회사와 각 도 양곡주식회사를 설립하여 그들이 양곡의 매입, 배급, 매도, 수출입 등을 통제하도록 했다. 이것은 사실상 중앙의 조선양곡주식회사와 각 도 양곡주식회사가 양곡의 국내 유통과 해외 유통을 독점한 것이다. 이들의 회사를 거치지 않고는 조선 농민들이 잉여농산물을 국내 시장에서 판매하거나 일본으로 수출하는 길이 사실상 차단되었다. 물론 국내 시장에 판매할 수는 있었지만 농업이 주요 산업인 농업국가에서 그렇게 많은 양의 곡물을 처분하는 일은 어려웠을 것으로 추정된다. 특히, 미곡의 일본으로의 수출은 두 주식회사의 손을 거치지 않으면 안 되었다. 이때까지는 미곡의 매입, 배급, 매도, 수출입 등은 민간이 운영하는 주식회사 체제였다. 비록 주식회사가 국내 유통과 해외 유통에 있어서 독점적 지위를 가졌지만 말이다.

1943년에는 「조선식량관리 특별회계법」, 「조선식량관리령」에 의거하여 '조선식량영단'을 설립하여 쌀을 포함한 주요 곡물 40여 종에 대하여 국가적 관리통제를 확립했다. 조선식량영단은 각 도의 양곡주식회사와 중앙의 조선미곡시장주식회사를 통합하여 만든 것이지만, 조선총독부의 재정에서 식량영단에 필요한 비용을 지출했던 것으로 보아 총독부 산하의 기관으로 된 것으로 보인다. 식량영단 체제는 그 이전의 주식회사 체제가 이윤을 고려할 수 밖에 없는 한계를 극복하고 국가의 간섭과 통제를 더 강력하게 만들기 위한 조치로 보인다. 식량영단 체제가 되면서 곡물의 수요자인 조선식량영단은 조선 전역에서 곡물의 수요독점자가 되었다.

조선식량관리령은 제1조에서 "국민식량의 확보와 국민경제의 안정을 기하기 위해 식량을 관리하고 그 수급 및 가격의 조정과 배급의 통제"를 목적으로 한다고 규정하고 있다. 그리고 제3조에서는 "주요 식량의 생산자와 지주는 그 생산물과 소작료를 조선식량영단 등을 통해서 정부에 매도해야 한다"고 규정하고 있다. "그 결과 농부는 한 톨의 쌀이나 보리도 자유로이 판매할 수 없게 되었으며 도시의 빈민대중은 배급 이외의 식량은 구할 도리가 없게 되었다."고 원용석(1951, p. 2 인용)은 지적했다.

공출이란 조선총독부가 산하기관인 조선식량영단(1943년 이전에는 조선양곡주식회사와 도 양곡주식회사)을 통해 시장가격(공판가격)보다 낮은 가격, 즉 최고가격에 미곡을 포함한 곡물을 강제로 사들이는 방식을 말한다. 공출은 사실상 강제몰수였다. 다만 몰수의 대가를 총독부가 결정하는 가격으로 지불한다는 것이다. 조선식량영단이 조선총독부 재정으로 운영되고 식량을 강제몰수했기 때문에 1943년부터 식량에 관한 한 사회주의가 되었다. 다시 말하면, 조선총독부가 식량을 강제몰수하고 그때 세금으로 비용을 지불했기 때문에 식량이 사회주의화되었다는 것이다. 그리고 이때 국가를 위한다는 명분으로 가격을 시장가격보다 낮게 책정하였다. 그러므로 1943년 이후의 식량체제는 사회주의이다. 이하에서는 공출과 사회주의라는 개념을 동시에 사용한다.

식량 사회주의 또는 공출에서 가장 중요한 것은 두 가지이다. 하나는 조선총독부가 지정한 최고가격이 시장가격보다 매우 낮았다는 것이다. 그리고 전강수(1995, p. 224)는 전시 인플레이션 상황에서 일본에서는 공출미의 매입가격을 인상해주고 있었지만 조선에서는 그런 일이 없었다는 지적을 하고 있다. 이 점은 전시 인플레이션 상황에서 매우 중요한 것이다. 이것은 그만큼 1945년으로 갈수록 공출미의 가격이 시장가격보다 점점 더 낮아졌다는 것을 의미한다. 그러나 우리는 지금 구체적인 가격 자료를 구할 수 없다.[9] 전강수(1995, p. 224)도 마찬가지다. 추후의 연구 과제이다. 다른 하나는 그 최고가격이 매우 낮았기 때문에 농민들은 곡물의 판매에 저항했고 조선총독부는 무력을 이용하여 곡물의 매입을 강제했다. 그 과정에서 공출량을 극대화하기 위하여 생산자들인 농민들의 곡물 소비도 극도로 억제되었다. 이 과정에서 경우에 따라서는 최고가격이 시장가격보다 너무 낮은 경우에 보조금(장려금)을 제공한 경우도 있었다. 그리고 공출로 농민을 포함한 국내 소비자들의 소비량 부족분을 조선식량영단이 만주 등으로부터 쌀뿐만 아니라 콩 등과 같은 대체곡물을 수입하여 배급하였다. 그리고 만주 등에서 수입한 쌀은 공출되는 쌀보다 품질이 나빴다. 조선식량영단이 공출이라는 이름으로 구입한 곡물은 일본으로 수출되기도 했지만 조선 내 일본군과 조선 내 공장노동자들에게 배급되었다. 일본이 조선으로부터 수입한 미곡의 양이 공출량보다 훨씬 적었다는 사실이 이 점을 간접적으로 증명한다.[10] 배급가격도 시장가격보다 매우 낮게 고정된 가격일 것으로 추정된다. 이 점에 대해서 연구가 필요하다.

9 김준보는 최고가격이 시장가격보다 매우 낮았다는 사실을 지적하고 있다. 그러나 구체적인 가격 자료는 제시하지 않고 있다. 김준보(1982), p. 369 참조.

10 일본이 조선으로부터 수입한 미곡의 양은 1940년 현재 395천 석, 1941년 3,306천 석, 1942년 5,235천 석, 1943년 없음, 1944년 3,500천 석이다. 大內力(1960), p. 261; 정영일(1992), p. 73에서 재인용.

1943년 미곡연도 이전과 이후에서 미곡의 강제몰수 방식이 변경되었다. 할당 방식이 1943년 미곡연도 이전에는 '지역별 할당'이고, 1943년 미곡연도 이후에는 개인별 할당이다. 개인별 할당이란 개별 농가는 '공출명령서'에 따라 할당 받은 미곡을 공출하는 방식을 말한다. 이때 공출량은 생산량에서 자가보유미를 뺀 것으로 과잉미곡전량이라고 하겠다. 공출은 법에 의해 의무화된 것이었다. 그리고 일제는 자가보유미의 양을 극도로 통제함으로써 공출량을 극대화하고자 했다. 지역별 할당은 중앙에서 하부의 행정단위로 할당량을 부과하고 최종적으로 개별 농가에게 일정량의 미곡을 할당하는 방식을 말한다. 지역별 할당은 처음부터 개별 농가 차원에 할당량이 결정되어 있지 않았을 뿐만 아니라 법적인 의무도 없었다. 바로 이 점 때문에 개인별 할당이 지역별 할당보다 더 강제적이었다고 할 수 있다.

<표 3-12>는 1940년부터 1944년까지 미곡의 생산량과 공출량을 보여준다. 이 기간 동안에 생산량은 평균적으로 감소하고 있지만 공출량의 비율은 1944년을 제외하면 점증했음을 알 수 있다. 이것은 공출이 갈수록 강화되었다는 것을 의미한다. 특히, 1942년부터 생산량에서 공출량의 비율이 크게 증가했다. 다른 한 가지는, 식량 사회주의 제도와 1942년 이후의 한발 등의 영향으로 미곡의 생산이 감소했다는 것이다. 다만 우리는 현재 자연재해와 사회주의 제도의 영향 중 어느 쪽이 큰 것인지 알 수 없다. 추가적인 연구가 필요하다.

이제 1940년대 시행된 사회주의 제도 또는 공출제도의 폐해를 분석해본다. 첫째, 공출 또는 사회주의는 약탈적인 제도이다. 곡물을 공출하는 과정에서 일제는 무력을 사용했다. 이때의 상황을 '죽창을 가지고 가택수색을 하는' 것으로 묘사하고 있다(김운태, 1998, pp. 500-501 참조). 무력의 직·간접적인 사용

<표 3-12> 1941-1945년의 미곡 생산량과 공출량

(단위: 천 석, %)

미곡연도[1]	생산량(A)	공출량(B)	비율(C)=B/A×100
1941	21,527	9,208	42.8
1942	24,886	11,255	45.2
1943	15,687	8,750	55.8
1944	18,719	11,957	63.9
1945	16,052	9,634	60.0

자료: 박경식(1973), p. 193; 조선총독부(1944); 전강수(1995), p. 224에서 재인용.

은 그만큼 공출이 강제성을 띠었다는 것을 보여준다. 그런 강제성은 공출 또는 사회주의가 약탈적인 제도임을 보여주는 증거이다. 그러나 정영일(1992)은 공출이 약탈인가에 대해서도 명시적으로 지적하지 않고 있다.

공출량의 비중이 증가한 것을 약탈의 증거로 주장하는 것은 완전히 틀렸다고 할 수는 없지만 한 가지 문제가 있다(김운태, 1998, pp. 498-505 참조). 왜냐하면 단순히 교역이 증대하는 경우에도 공출량의 증가로 나타날 것이기 때문이다. 그러나 1943년 이후의 공출은 모두 약탈한 것으로 간주해도 무리가 없다. 법적으로 강제성이 뒷받침되었기 때문이다.

둘째, 공출 또는 사회주의가 약탈적인 제도라면 약탈의 크기는 얼마인가? 일제는 가격을 시장가격보다 낮게 고정했기 때문에 그 차이만큼 일제가 농민으로부터 약탈한 것이다. 약탈의 핵심은 '최고가격'에 있다. 이 점 때문에 공출이 완전한 사회주의와 다른 것이다. 여기에서 피약탈자는 농민이고 실질적인 약탈자는 공출미를 소비하는 사람들이다. 그들은 일본에 거주한 쌀 소비자, 국내에 주둔한 일본 군인, 공출미를 배급 받았던 국내 공장노동자 등일 것으로 추정된다. 공출에 관여한 일본 관료와 한국인 관료도 약탈자이다. 실질적인 약탈자가 누구였는가는 자세한 연구가 필요하다.

다른 한편, 정영일(1992, p. 70 <표 2-18>)은 식량 공출 이전의 조선 내에서의 미가가 1934년을 기점으로 크게 상승하고 있는 사실을 보여준다. 그러나 그도, 김운태(1998)처럼 역시 최고가격 관련 자료를 제시하지 않고 있다.

셋째, 일제가 최고가격을 고정함으로써 생산자들은 생산을 줄이게 되고 소비자들은 소비를 더 많이 하기 때문에 쌀을 포함하여 공출되었던 곡물들은 국내 가격이 자유시장일 때보다 높아진다. 당시 식민지 조선 인민은 시장에서 공출제가 없을 때와 비교하여 훨씬 높은 가격을 주고 곡물을 구입하지 않을 수 없었다. 그리고 쌀의 생산이 감소하면 사람들은 대체재를 찾고자 한다. 그러나 엄격한 공출제 하에서 대체재를 찾는 일마저도 어렵게 되고 그 가격은 비싸진다. 공출제로 당시 식민지 조선 인민의 평균적인 삶은 더 나빠졌다. 우리가 지금 그 정도를 측정하는 것은 어렵지만 말이다. 그러나 앞에서 지적했듯이 각 개인의 삶의 개선 여부는 모두 다르다.

넷째, 곡물의 강제몰수와 배급은 농업을 위축하게 만들었다. 1940년대는 다른 재화들도 가격이 통제되었다. 그러나 쌀을 중심으로 한 농업에 가해진 통제와 규제가 가장 극심한 것 중의 하나라고 하겠다. 이것은 그만큼 다른 산업에 비해 농업의 위축을 초래했다. <표 3-9>에 나오는 내용, 즉 식부면적과 곡물생산량이 감소하는 것은 결코 우연이 아니라 경제 전체로는 일제의 전쟁 사회주의와 산업 부문에서는 농업의 사회주의의 결과라는 것이다.

다섯째, 식량의 사회주의를 포함한 전쟁 사회주의 체제는 미군정이 사회주의 또는 간섭주의 체제를 시행하는 데 있어서 드는 비용을 크게 절감할 수 있게 해주었다. 특히, 1940년대 전반의 공출제도는 미군정이 식량통제정책을 시행하는 데 따르는 각종 비용을 줄일 수 있도록 했다. 공출제도에 동원되었던 행정기구, 행정관료, 가격 결정 방법과 수준 등을 미군정이 손쉽게 이용할 수 있었기 때문이다(이 점에 대한 자세한 설명은 4장에서 한다).

제2편 미군정의 국가주의

제4장

식량통제정책과 식량 사회주의

1. 서론

미군정은 한반도를 점령하자마자 미곡의 자유시장정책을 시행한다고 공포했다. 이것으로 일제가 미곡의 자유거래를 제한했던 모든 통제가 폐지되었다. 이날이 1945년 10월 5일이었다. 그러나 미군정의 예상과 달리 쌀과 다른 곡물뿐만 아니라 곡물이 아닌 재화들의 가격도 즉각 폭등하기 시작했다. 그 여파로 도시에서는 쌀과 같은 곡물을 구할 수 없어서 크고 작은 소요 사태가 일어났다. 미군정은 즉각 쌀을 포함한 주요 재화들의 가격을 통제하기 시작했다.

무엇보다도, 미군정은 연이어 법령 제45호(1946. 1. 25) 「미곡수집령」을 공포했다. 미곡수집령의 핵심 내용은 미곡의 자유시장정책을 포기하고 미곡의 유상몰수와 배급이라는 강력한 식량통제정책을 시작한다는 것이었다. 이것은 미곡을 중심으로 하는 곡물에 대해서는 다른 재화들보다 더 강력한 규제를 했다는 것을 의미한다. 곡물을 제외한 재화들은 가격은 고정했지만 몰수와 배급이라는 통제를 한 경우도 있었고 그렇지 않은 경우도 있었다. 이때 시작된 식량통제정책은, 1948년 정부수립 후 「양곡매입법」의 공포와 1950년 「양곡관리법」이 제정되면서 폐지되었다. 즉, 식량통제정책은 미군정 이후에도 실시되었다는 것이다. 그러나 이 장에서의 분석은 미군정 기간으로만 제한한다.

미군정의 식량통제와 관련하여 먼저 몇 가지 주요한 특징을 요약한다. ① 미군정이 농민으로부터 미곡을 포함한 곡물을 수집한 행위는 '강제수집' 또는 '유상몰수'로 표현하는 것이 옳다. 왜냐하면 미곡수집령 또는 미곡수집법에서는 농민이 미곡 수집을 거부하는 경우에 미군정이 벌칙으로 해당 미곡을 몰수할 것을 규정하고 있을 뿐만 아니라 군사재판에 따라 처벌하도록 하거나(미곡수집령의 경우), 6개월 이하의 징역이나 5만 원 이하의 벌금(미곡수집법의 경우)에 처하도록 하고 있기 때문이다.[1] 이러한 규정은 미군정의 미곡 수집이 사실상 강제적인 것이거나 몰수이지만 약간의 보상을 해주는 것임을 보여준다. 미군정의 연도별 몰수량은 <표 4-2>에서 볼 수 있다. 미곡의 경우에 몰수의 생산량에서 비중은 1947년 약 36%로서 정점에 이르렀다. 이 점은 아래에서 더 자세히 설명할 것이다. 몰수에 대한 보상은 시장가격보다 매우 낮은 고정가격, 즉 최고가격이지만 강제성을 띠었기 때문에 몰수라고 하겠다. 최고가격제에 대해서는 아래에서 다룰 것이다. 그러므로 지금부터 강제수집 또는 유상몰수라는 개념을 사용한다. 그 결과 정영일(1992)을 포함한 기존의 연구자들이 그러한 행위를 단순히 '수집'이라고 표현한 것은 부정확함을 지적할 필요가 있다. 그리고 배급도 벌칙규정이 있었기 때문에 통상적인 배급보다는 더 강력한 것이지만 배급이라는 본질에는 변함이 없기 때문에 그대로 사용하기로 한다. 다만 아래에서 보겠지만 배급가격도 시장가격보다 매우 낮은 최고가격이었음은 틀림없다.

② 미군정이 강제로 미곡을 수집했다는 점에서 당시의 미곡시장은 자유시장이 아니다. 강제에 의한 미곡의 수집은 '사회주의'이다. 특히, 지주의 소작료가 몰수되었는데 이것이 사회주의의 핵심인 것이다. 그러므로 미군정의 식량통제는 식량 사회주의인 것이다. 그리고 농민이 시장에 자유롭게 곡물을

1 5만 원을 <표 4-3>에서 1947년 9월의 군정 몰수최고가격과 <표 4-4>에서 간접규제가격으로 환산하면 각각 약 24.8석과 약 4.2석이 되기 때문에 벌금이 적지 않았음을 알 수 있다.

거래한 경우도 자유시장은 아니다. 명목상으로만 그렇게 보일 뿐이다. 왜냐하면 유상몰수와 배급이 시장의 수요와 공급에 영향을 미치기 때문이다. 비록 연간 생산량에서 유상몰수와 배급의 비중이 1950년 양곡관리법 제정 때까지 줄어들었지만 말이다. 우리는 이 시장을 '간접규제시장'이라고 부를 것이다. 그러므로 간접규제시장을 자유시장으로 부르는 전강수(1995)는 틀린 것이다.

③ 미군정은 식량통제정책을 시작하고 연이어 전면적인 경제통제정책을 시행했다. 식량통제정책은 비농민의 이해와는 일치했지만 농민의 이해와는 상반되는 것이었다. 비농민은 곡물가격을 되도록 낮게 해주기를 바랐고 농민은 자유시장정책을 원했다. 여기에서 비농민이란 도시의 노동자와 그 가족, 북한으로부터의 월남자, 해외로부터의 이주자 등으로서 농업에 종사하지 않는 사람을 말한다. 당시 도시에서 노동자들을 중심으로 한 비농민들은 높은 실업과 큰 폭의 물가상승이라는 이중고를 겪고 있었다. 노동자들을 중심으로 식량을 구할 수 없어서 식량을 요구하는 크고 작은 데모를 했고 급기야는 폭동으로 번지는 사태가 벌어졌다. 도시에서는 식량 문제야말로 체제 위기의 근본적인 원인이었다. 해방 직후 좌우 대립이 극심한 환경에서 식량 문제는 비농민들을 좌경화하게 할 수 있는 구실을 제공했기 때문이다. 미군정의 식량통제정책 동기는 한국이라는 국가의 공산주의화를 막는 것 또는 한국이 반공의 보루가 되도록 하는 것이었다. 그런 목적을 위하여 시행된 유상몰수와 배급이라는 정책은 비농민에게 경제적 이득을 주었다. 즉, 식량통제정책은 실질적으로는 비농민을 위한 '복지정책'이었다.

④ 미군정은 식량통제정책의 비용을 머니타이제이션을 통해 마련함으로

써 쌀을 포함한 모든 재화의 가격을 폭발적으로 상승하게 만들었다. 게다가, 3장에서 보았듯이 1943-1945년의 조선은행 발행고의 폭발적인 증가는 미군정 전반기의 물가상승에 크게 영향을 미쳤다. 그리고 이것은 경기변동을 초래함으로써 실업 문제를 더 악화시켰다. 미가의 상승과 쌀의 부족을 초래한 두 번째 요인은 유상몰수와 배급이라는 사회주의 제도 때문이었다. 미군정은 비농민을 지원하는 복지정책을 시행하기로 했다. 문제는 복지정책을 시행할 예산이 없었다는 것이다. 미군정은 농민으로부터 쌀을 포함한 곡물을 강제몰수하고 그 비용을 전적으로 '인플레이션적 조세'로 충당하는 방법을 택했다. 다시 말하면, 그 방법은 곡물을 몰수하기 위하여 발생하는 재정적자를 화폐를 발행하여 충당하는 방법이다. 그 방법은 재정을 충당하는 가장 손쉬운 방법이지만 가장 문제가 많은 방법이다. 그리고 미군정은 그렇게 몰수한 식량을 시장가격보다 낮은 가격으로 비농민에게 배급했다. 물론 농민으로부터 미곡을 몰수할 때도 시장가격보다 낮은 가격을 지불했다. 그러므로 식량의 유상몰수와 배급은 사회주의 제도이고 미군정은 식량의 가격을 시장가격보다 낮게 고정하여 복지정책을 실행했다. 몰수최고가격과 배급최고가격이 시장가격보다 매우 낮게 고정된 결과로 공급은 감소하고 수요는 증가하는 것, 즉 쌀에 대한 초과수요가 발생했다. 쌀을 충분히 배급 받지 못한 소비자는 시장에서 쌀을 구입했지만 그 가격은 최고가격보다 높았고 자유시장가격보다도 높았다. 그와 함께 쌀의 대체재인 다른 곡물의 가격도 상승하게 만들었다. 왜냐하면 쌀에 대한 초과수요가 쌀의 대체재인 다른 곡물로 이동하기 때문이다. 쌀의 수요와 공급에 영향을 미쳤던 요인들, 즉 1946년의 자연재해, 일제의 퇴각으로 인한 비료 등의 감소와 같은 공급 애로, 인구의 증가로 인한 수요 증가, 농업에 미친 경기변동, 쌀을 포함한 곡류의 수입, 원조와 차관 등은 상당 부분 상쇄되어 직관적으로 볼 때, 그 요인들의 총합이 쌀의 가격에 미친 영향은 작지 않았겠지만 그 본질상 '지속적으로' 영향을 미치지는 않았을 것이다. 추가적으로, 쌀을 포함한 곡물가격의 변화에 대한 기대가 그들 재화의 가격 변화에 일정한 역할을 했을 것으로 추정되지만 현재로서는 알 수 없다.

식량통제정책은 지주를 포함한 농민을 희생하여 비농민을 지원했던 복지정책이었다. 미군정은 예산이 턱없이 부족한 상태에서 모든 비농민을 지원했던 유상몰수와 배급정책을 머니타이제이션이라는 수단으로 실행했다. 문제는 머니타이제이션이 모든 재화의 가격상승과 경기변동 등 각종 폐해를 불러왔다는 점이다(이 점은 아래 절에서 자세히 다룰 것이다).

복지정책을 머니타이제이션하는 방법에 대해서는 크게 두 가지 의문이 떠오른다. 첫째, 복지정책의 일환으로 시행된 식량통제를 위한 자원을 마련하는 방법으로 머니타이제이션밖에 없었는가 하는 것이다. 이 의문은 5장에서 분리하여 다룰 것이다. 둘째, 만약 머니타이제이션만이 유일한 수단이라면 그리고 그 결과 폭발적 물가상승이 예상된다면, 모든 비농민에게 배급이라는 복지제도를 실시한 것이 과연 현명한 선택이었는가 하는 것이다. 이 의문은 작금의 복지정책에서 제기되는 문제와 크게 다를 바가 없다. 만약 비농민 가운데 실업자와 매우 가난한 비농민만을 배급 대상자로 했다면 그리고 그 결과 머니타이제이션의 규모가 실제보다 상당히 축소되었다면 폭발적인 물가상승과 경기변동으로 인한 실업은 역사적 수치보다 크게 낮아졌을 것이다. 당시 사람들의 불행은 바로 여기에 있었다.

⑤ 미곡을 포함한 미군정의 식량통제제도는 1943년 이후 일제의 식량통

제제도와 본질에서 크게 다르지 않았다. 두 경우 동일한 점은 식량통제정책이 사회주의였다는 것이다. 그리고 복지정책의 일환으로 식량통제정책이 시행되었다. 식량의 가격-몰수가격과 배급가격 둘 모두-이 자유시장가격보다 낮게 규제되었던 것이 복지정책의 본질이다.

미군정과 일제는 외형적으로는 거의 동일한 식량통제를 실시했다. 그러나 식량통제에 필요한 자금을 마련하는 방법은 두 경우가 서로 달랐다. 미군정은 적자재정을 화폐 발행이라는 방법으로 충당했지만 일제는 세금을 이용하여 자금을 마련했다. 이 점은 결과적으로 큰 차이를 만들었다(이 점은 아래에서 자세히 다룰 것이다). 전강수(1995)는 미군정의 식량통제정책이 미군정 후기로 갈수록 일제의 식량통제정책보다 완화되었다는 점을 지적하고 있다. 그 증거로 그는 미군정 후기로 갈수록 강제몰수의 양이 줄어들고 있었다는 증거를 제시한다.[2] 미군정의 식량통제제도와 일제의 식량통제제도가 달랐던 두 번째 경우이다. 그러나 재화의 수요와 공급에서 가장 중요한 것은 가격이다. 일제는 전시 인플레이션이 극심한 가운데서도, 미곡의 강제몰수가격을 거의 인상해주지 않았다. 그러나 뒤에서 자세히 보겠지만 미군정은 미곡의 강제몰수가격을 자유시장가격보다 매우 낮게 고정했지만 인플레이션을 최대한 반영하여 연도별로 몰수가격을 적절히 인상했다. 가격적인 측면에서, 미군정의 통제정책이 일제의 통제정책보다 덜 가혹했던 점도 있었다. 두 제도가 달랐던 세 번째 경우이다. 마지막으로, 자유로움, 가혹성, 경제에 미친 영향 등의

2 전강수(1995, p. 236)는 그 결과 농가인구 1인당 자가보유량이 1945 미곡연도를 전후하여 거의 두 배 가까이 증가했다는 증거를 제시한다. 전강수는 1인당 자가보유량을 자가소비량으로 부르고 있다. 그러나 만약 생산량에서 강제수집량을 뺀 것을 모두 자가소비했다면 시장에 미곡을 판매할 물량이 없었을 것이다. 그러므로 전강수가 말하는 자가소비량은 자가보유량이 정확한 정의일 것이다.

관점에서 미군정의 식량통제제도와 일제의 식량통제제도를 '총체적으로' 비교할 수 있는가 하는 것이다. 그런 비교를 위해서는 세 경우에 공통된 기준이 있어야 한다. 그러나 현실적으로 그런 기준은 존재하지 않는다. 비록 각각의 경우에는 공통된 기준이 존재할 수 있지만 말이다. 그러므로 미군정의 식량통제제도와 일제의 식량통제제도를 총체적으로 비교할 수는 없다.

여기에서 한 가지 점을 분명히 해야 한다. 1945년 8월 15일부터 9월 7일 미군이 한국에 진주하기까지는 공식적인 질서 유지자는 없었다. 다만 인민위원회, 농민조합, 인민공화국 등이 질서 유지자 역할을 자임했다. 그러나 미군이 한반도를 실효적으로 지배하기 시작한 시점은 9월 7일로부터도 상당한 시간이 흐른 뒤였다. 그리고 벽지의 농촌까지 미군정의 행정력이 미치는 데는 더 많은 시간이 걸렸다. 이 시간을 대략 3-4개월로 잡는다. 그리고 이 기간의 남한은 '인민위원회로 점철되었다고' 하고 전상인(2006, pp. 165-166 참조)은 그것을 '정치 과잉'이라고 불렀다.

이 장의 목적은 크게 네 가지이다. 첫째, 미군정이 실시한 식량통제정책의 본질이 무엇인가 하는 것이다. 미군정이 실시한 식량통제정책은 사회주의이면서 복지정책이었다. 둘째, 미군정이 실시한 식량통제정책의 동기가 무엇인가 하는 것이다. 미군정은 비농민의 이득을 위하여 식량통제정책을 실시했다. 셋째, 쌀가격을 포함한 물가상승의 원인을 분석하는 것이다. 미곡가격의 상승은 재정적자의 머니타이제이션에 의한 것이었다. 해방 전후 일제가 화폐공급량을 짧은 기간에 크게 증가시켰던 경우를 제외하면 말이다. 넷째, 미군정이 실시한 통제정책이 초래한 영향과 함의를 검토하는 것이다. 그리고 미군정은 식량통제정책과 거의 동시에 소작료도 강제로 인하하는 정책을 실시했다. 이것만을 따로 다루는 것이 적절하지만 여기에서는 소작료 강제 인하가 식량통제정책과 관련이 있는 경우에만 필요한 곳에서 추가하여 분석할 것이다.

2. 경제통제와 식량통제[3]의 약사

약사(略史)를 서술하기 전에 미군정과 관련하여 몇 가지 주요한 사실을 요약한다. 첫째, 미군은 남한에 진주하면서 1945년 9월 20일에 조선총독부를 폐지하고 미군정청을 설치하였다. 그러나 미군정이 일제강점기 중앙은행의 역할을 했던 조선은행을 통제하기 시작한 것은 그때보다 더 늦은 9월 30일이었다. 이것은 그 기간에 그만큼 지폐가 대량 발행될 소지가 있었다는 것을 의미하고 실제로 그렇게 되었다(이 점에 대한 자세한 내용은 아래에서 설명한다). 둘째, 미군정은 1945년 11월에 법령 제21호를 통해 조선총독부가 발포한 규칙, 명령, 고시 등은 유효하다고 선포했다. 미군정이 별도의 명령으로 그것들을 폐지하지 않으면 말이다. 셋째, 총독부 이하 촌(村)까지의 행정조직과 그에 상응하는 경찰조직, 세무조직 등도 별도의 명령이 없으면 그대로 존속한다고 미군정은 선포했다. 그 결과 미군정은 조선인 관리, 경찰 등은 그대로 현직을 유지하도록 했다. 넷째, 미군정은 경제체제로서 일제의 강력한 간섭주의를 승계했다(이 점은 아래에서 자세히 설명할 것이다).

3 1945년 10월 5일부터 1947년 7월 2일까지 미군정은 식량 관련 법령을 24개나 발표했다. 이에 대한 자세한 설명은 전강수(1995), <표 3>을 참조. 여기에서는 그런 법령 중에 주요 내용만을 다룬다.

미군정은 해방 후 한국경제를 전면적으로 통제하는 방향으로 나아가면서 민생안정에 가장 중요했던 식량 문제는 훨씬 더 강력하게 통제했다. 그러므로 이하에서는 미군정의 식량통제의 역사를 중심으로 서술하되 그와 관련이 있는 경제통제의 역사를 되도록 간략히 설명할 것이다.[4] 왜냐하면 식량 문제, 더 크게는 농업 문제는 경제 문제의 일부이기 때문에 상호 밀접하게 연관될 수밖에 없기 때문이다.

미군정은 일반고시 1호(1945. 10. 5)로 「미곡의 자유시장」을 공포했다. 이것으로 일제가 미곡의 자유거래를 제한했던 모든 법령이 폐지되었다. 이때 가격 폭락을 우려한 미군정은 벼(정조) 한 가마니(54kg)당 32원이라는 최저가격을 설정했다. 미군정이 가격 폭락을 우려한 이유는 1945년산 미곡에 대하여는 일제의 공출이 없었기 때문에 농민의 수중에 미곡이 많이 남아 있을 것으로 판단했기 때문이다. 미군정은 이어서 일반고시 2호(1945. 10. 20) 「자유시장 설치에 관한 건」을 공포하여 경제에 전면적 자유시장을 도입할 수 있도록 했다. 그리고 미군정은 법령 제9호(1945. 10. 5)로 농지의 최고소작료를 연간 생산물의 1/3로 제한했다.[5] 미군정은 또한 법령 제9호에서 지주가 임의로 소작권을 해제하거나 변동하는 것을 금지했다. 미군정은 법령 제19호(1945. 10. 13)로 폭리를 제한하는 규정을 설정할 수 있도록 했다. 이때 검찰총장은 폭리의 기준을 도매의 경우에 이윤이 10%, 소매 30% 이내로 할 것을 규정했다. 미군정은 이때

4 조선은행 조사부가 작성한 1948년판 『조선경제연보』에서는 미군정을 세 시기로 구분하고 있다. 제1기 폭리취체중심시대(1945. 10. 13-1946. 6. 27), 제2기 획일가격통제시대(1946. 6. 28-1947. 6. 29), 제3기 차별가격통제시대(1947. 6. 30-1947년 말) 등이다. 제3기가 끝나는 시점이 1947년 말인 것은 1948년판 『조선경제연보』 작성이 완료된 때를 적었기 때문일 것이다.

5 미군정 농무부는 「소작료에 관한 건」(1945. 11. 10)에서 ① 소작인은 수리비의 반을 부담할 것, ② 농약, 비료, 종자, 농구, 농용시설, 토지개량, 운반 등의 대가와 비용의 부담 혹은 세금, 회비, 볏짚처분 등에 대해서는 과거의 관례를 따른다고 규정했다.

금융기관의 여신 한도도 10만 원 이하로 제한했다.

그러나 <표 4-4>에서 보듯이 백미의 소매가격은 1945년 10월을 기점으로 폭등하기 시작했다. 이에 미군정은 법령 제19호「국가적 비상시기의 선고 등」으로 비상사태를 선포할 수 있도록 규정을 만들었다. 한마디로, 이 법령은 식량에 대해 국가가 통제를 실시할 수 있음을 선포한 것이다. 미군정은 일반고시 제3호(1945. 11. 5)에 의해 석탄을 통제하고, 일반고시 제5호(1945. 11. 15)에 의해 석유생산물에 대한 통제를 하며, 일반고시 제6호(1945. 11. 19)에 의해 미곡을 통제할 수 있도록 했다(조선은행 조사부, 1949년판, p. II-34 참조). 이것은 아직도 가격을 전면적으로 통제하는 데 이르지 않았다는 것을 의미한다.

미군정은 또한「미곡통제에 관한 건」에서 소매 단계에서 최고가격을 지정할 수 있음을 선포했다. 식량 문제가 심상치 않음을 인지한 미군정은 연이어 법령 제45호(1946. 1. 25)「미곡수집령」을 공포했다. 미곡수집령이야말로 미곡의 유상몰수와 배급을 공식화한 첫 번째 법령이다. 이후에도 법령의 내용이 수정되거나 미곡수집법으로 바뀌는 등의 변화가 있었지만 미곡의 유상몰수와 배급이라는 본질은 변함이 없었다.

이제 미군정은 경제를 '전면' 통제하는 내용의 법령 제90호(1946. 5. 28)를 발표했다. 그 기능을 수행하기 위하여 '중앙경제위원회'가 창설되었다. 법령은 중앙경제위원회가 "생산 가능량과 목표, 수입수출품의 품질과 양의 결정, 생산자의 재료, 설비, 기계장치, 동력, 연료와 노무의 배치, 수입과 지방생산품의 배급과 이용, 가격의 안정과 소비자 물품의 한정배급과 공급부족 물품의 수집 또는 통제를 하고, 가격, 생산, 배급, 노무 등에 영향을 미치는 모든 경제 통제를 발전시키고 감독한다."고 규정했다. 법령은 또 중앙물가행정처가 "가격안정과 소비자의 이익을 보호하는" 일을 할 것과 중앙식량행정처가 '식량 관리 업무'를 전문적으로 담당할 것을 규정했다. 이제 중앙물가행정처와 중앙식량행정처가 법령에 의해 신설된 것이다. 그리고 중앙식량행정처가 제정한 규칙에 따라 '생활품영단'이 식량의 매입과 배급과 관련한 실무 업무를 맡았다. 한마디로, 1946년 6월부터 중앙경제위원회가 경제를 통제할 수 있는 모든 권한을 가지게 되었다.

중앙물가행정처는 중앙가격규칙 제1호(1946. 5. 28)를 발표했다. 그 내용은 고무신, 운동화 등과 같은 소비재와 일부 중간재 등의 최고가격을 설정한다는 것이었다. 그날 최고가격이 발표된 재화는 27개 품목이었다.[6] 예를 들어, 1946년 7월에 남자 운동화 1켤레는 45원이었다. 동일 시점의 그 재화의 시장가격은 200원이었다. 중앙물가행정처는 중앙가격규칙 제2호(1946. 6. 26)를 발표하고 기존의 최고가격제를 폐지하고 '협정판매가격'을 시행할 것을 발표했다. 그러나 협정판매가격도 사실상 최고가격인 것으로 보인다(조선은행 조사부, 1948년판, p. I-230 참조). 이와 함께 1946년 9월 1일부터 정찰제를 실시하여 소위 폭리를 배제할 수 있는 조치를 취했다. 이때 금융기관 여신 한도를 50만 원으로 인상했다. 여기에 상무부령 제55호에 의거 무역에 대해서도 통제를 시작했다.

6 법령 제90호 제4조(1946. 5. 28)에 의해 설정된 최고가격은 다음과 같다. 비표백 시-트지 33원/1야-드, 비표백 샤쓰지 30원/1야-드, 경능라지 38원/1야-드, 중능라지 40원/1야-드, 대마면포 28원/1야-드, 면양모(백색) 9원/1족, 면양모(유색) 10원/1족, 고무신(남자용) 45원/1족, 고무신(여자용) 35원/1족, 고무신(아동용) 30원/1족, 노동화 또는 지하족대(백색) 55원/1족, 노동화 또는 지하족대(유색) 60원/1족, 운동화(남자용) 45원/1족, 운동화(여자용) 35원/1족, 운동화(아동용) 30원/1족, 석령(石齡)(세탁용) 12원/1개, 석령(화장용) 9원/1개, 인촌(燐寸) 소갑 2원/1갑(匣), 인촌 대갑 15원/1갑, 전구(5-30왓트) 30원/1개, 전구(31-65왓트) 40원/1개, 전구(66-100왓트) 100원/1개, 전구(100왓트 이상) 1원/왓트당, 자전거 다이야 25촌(吋) 160원/1개, 자전거 다이야 28촌 175원/1개, 자전거 튜브 26촌 50원/1개, 자전거 튜브 28촌 60원/1개. 조선은행 조사부(1948년판), pp. I-228-229에서 인용.

1946년 7월 5일에 미군정 장관은 물가를 안정시킬 것을 물가행정처에 엄명했지만 허사였다. 미군정은 중앙식량규칙 제2호(1946. 8. 25)로 1946년산 미곡의 유상몰수와 배급을 실시할 것을 천명했다. 1947년 9월 27일에는 남조선 과도입법의원에 의해 법률 제1호 「미곡수집법」이 제정되었다. 미곡수집법은 1947년산 미곡의 강제몰수와 배급의 조건을 규정하고 이를 어길 경우에 벌칙도 규정했다. 이 점이 중요하다.

미군정이 당시 경제를 전면적으로 규제하는 법률을 제정했지만 강제수집과 배급의 주된 대상은 쌀(백미), 보리(대맥), 밀(소맥), 콩(대두) 등이었다. 그러나 비교 가능한 자료가 존재하는 곡물은 백미, 소맥, 대두 등이다. 그리고 네 가지 곡물 중에서도 백미가 가장 중요한 곡물이기 때문에 아래에서는 백미의 강제수집 및 배급과 관련한 세부적인 내용과 그 결과를 분석하고, 소맥과 대두는 약간의 설명을 추가하는 데 그친다. 앞에서 보았듯이, 다른 재화들도 가격이 통제되었고 그 구체적인 분석은 9장에서 할 것이다.

3. 미곡의 유상몰수와 배급정책

미군정은 「미곡수집령」을 시작으로 미곡의 유상몰수와 배급 등과 관련한 규칙들을 매년 약간씩 다르게 개정했다. 그러나 기본적인 것은 큰 변화가 없었다. 1945년산 미곡의 유상몰수와 배급을 규정한 미곡수집령은, 뒤에서 보겠지만 사실상 실패로 끝났다. 왜냐하면 수확 시기가 지나 너무 늦게 몰수와 배급을 실시한다는 정책을 공포했기 때문이다. 미곡의 강제몰수와 배급은 사실상 1946년 미곡연도[7]부터 시작되었다. 1946년부터 미곡의 유상몰수와 배급은 중앙경제위원회 산하의 중앙식량행정처가 제정한 식량규칙들에 따라 그 실무기관인 생활품영단에 의해 이루어졌다. 1947년 미곡연도에는 과도정부 입법의원에 의해 제정된 법률 제6호인 「미곡수집법」(1947. 9. 27)에 의해 미곡의 유상몰수와 배급이 이루어졌다. 이때는 미곡수집대책위원회가 구성되어 유상몰수 업무를 수행했다. 그 이후에도 미곡의 유상몰수와 배급은 실질적으로 1950년 5월 「양곡관리법」이 제정될 때까지 계속되었다. 그러므로 여기에서의 분석은 1950년 5월까지 적용할 수 있다.

여기에서는 미군정의 미곡 유상몰수와 배급과 관련한 모든 규칙과 영향 중에서 분석의 목적상 중요하다고 판단되는 부분만 요약한다.

① 유상몰수의 양은 다음과 같다. 미곡수집령에서는 1인당 쌀 또는 현미 67.5kg(1석의 0.45)에 가족 인원수를 곱한 양을 1호당 보유하는 것이 원칙이다. 생산량에서 1호당 보유량을 제외한 미곡은 유상몰수의 대상이다. 식량규칙 제2호(1946. 8. 12)와 제3호(1946. 9. 28)에 의하면 1946년산 미곡의 유상몰수는 농가에서는 1인당 600홉 이상을 보유하지 못하게 하고 지주도 비농가와 동일하게 배급을 받도록 했다.

소작농이 지주에게 내는 소작료와 신한공사가 받은 소작료는 모두 유상몰수되었다. <표 4-1>에서 보듯이 전체 농가에서 소작농의 비중이 가장 높았기 때문에 전체 유상몰수한 양 중에서 소작료의 비중이 가장 컸을 것으로 추정된다. 이 점에 대해서는 연구가 필요하다. 그리고 하곡인 보리 등도 유상몰

7 미곡연도라 함은 그해 11월부터 다음 해 10월까지를 말한다.

<표 4-1> 남한의 농지 소유자별 농지 소유 현황

(단위: 만 정보)

구분	논[답]	밭[전]	계
총경작면적	128(100.0)	104(100.0)	232(100.0)
소작지	89 (70.0)	58 (56.0)	146 (63.4)
자작지	39 (30.0)	46 (44.0)	85 (36.6)

자료: 조선은행 조사부(1948년판), p. I-29에서 작성.

수와 배급을 했으나 그 중요성에 있어서 미곡을 따라갈 수 없다.

여기에서 한 가지 지적할 점이 있다. 소작료에 관한 한, 소작농이 지주에게 현물 소작료를 내는 것과 소작농이 현물 소작료를 미군정에게 유상몰수를 당하는 것은 큰 차이점이 있다. 전자는 자발적인 것이고 후자는 강제적인 것이라는 것이다. 그러나 소작농 입장에서 둘은 경제적으로는 큰 차이가 없다. 어느 경우이든 소작농은 동일한 소작료를 바쳐야 하기 때문이다. 그러나 지주는 현물 소작료 대신에, 아래에서 보겠지만 몰수최고가격으로 현금을 받기 때문에 크게 손해를 본다. 다른 한편, 소작농은 소작료를 제외한 생산물에 대해서도 유상몰수를 당하기 때문에 손해를 입지 않을 수 없다. 유상몰수가 소작농에게 입힌 피해는 바로 이것이다.

<표 4-1>은 1945년 말 현재 소작지의 비중을 보여준다. 논(畓)만을 보면 총경작면적에서 소작지의 비중이 70.0%, 자작지의 비중이 30.0%이다. 밭(田)의 경우에는 총경작면적에서 소작지가 56.0%, 자작지의 비중이 44.0%이다. 논과 밭을 합한 경우에 총경작면적에서 소작지가 63.4%, 자작지가 36.6%이다. 논의 경우에 소작지의 비중이 얼마나 큰가를 알 수 있다. 자작지 생산물의 일부가 식량통제정책의 대상이었기 때문에 표는 남한 총경작면적의 대부분이 식량

통제정책의 대상이 되었음을 보여준다.

중앙식량행정처의 식량규칙 제2호와 제3호에 의해 몰수가 이루어지는 방법을 요약하면 다음과 같다. 소작농의 경우를 먼저 보기로 한다. 소작농은 미곡의 몰수 할당량, 즉 소작료를 미군정이 정한 수집 장소에 인도하고 지주 명의의 '공출증 증서'를 교부받는다. 이제 소작농은 그 증서를 지주에게 소작료 대신으로 제출한다. 지주는 그 증서를 지방금융조합에 제출하고 공출증에 기재된 금액을 인출할 수 있다. 그러나 1회에 인출할 수 있는 금액이 제한되었다. 자작농의 경우에는 몰수 할당량을 지정된 장소에 인도하고 공출증을 교부 받아 식량사무소에 제시하여 몰수 할당량에 대한 대가를 받는다. 두 경우 모두에서, 미곡의 가격은 미군정이 정한 최고가격이다.

그러나 신한공사 소유의 귀속농지를 소작하는 소작농의 경우에는 유상몰수의 방법이 1947년 이전과 이후가 달랐다. 1947년 이전에는 소작농이 현물 소작료를 신한공사에 바쳤다. 그리고 소작료율도 전체 생산물의 1/3이었다. 그러나 1947년부터는 현물이 아닌 현금으로 소작료를 납부하도록 했다.[8] 이때 가격은 물론 몰수최고가격이다. 이것은 신한공사 소속 소작농에게 엄청난 특혜를 준 것이다. 현물을 시장에서 팔아 그것보다 매우 낮은 몰수최고가격으로 소작료를 납부하면 되기 때문이다.

그러면 미군정은 과연 어느 정도를 강제몰수했는가?[9] <표 4-2>는 1945년부터 1949년까지 연간 미곡 유상몰수 실적을 보여준다. 미곡의 '칼럼D'는 연도별로 유상몰수 실적이 생산에서 차지하는 비중을 보여준다. 1945년은 유상

8 농수산부·한국농촌경제연구원(1986), pp. 99-100 참조.

9 연도별 강제몰수 과정에 대한 자세한 설명은 정영일(1992), pp. 74-81 참조.

<표 4-2> 미곡과 맥류의 생산과 강제몰수 실적

(단위: 천 석)

연도	미곡					맥류				
	생산 (A)	할당 (B)	강제몰수 실적(C)	D=C/A*100[1]	E=C/B*100	생산 (A)	할당 (B)	강제몰수 실적(C)	D=C/A*100[1]	E=C/B*100
1945	12,836	5,511	694	5.4	12.6	2,483	661	116	4.7	17.6
1946	12,050	4,296	3,558	29.5	82.8	4,174	1,289	619	14.8	48.0
1947	13,850	5,156	5,005	36.1	97.1	3,763	711	696	18.5	97.9
1948	15,486	7,500	3,852	24.9	51.3	3,974	751	735	18.5	97.8
1949	14,734	3,500	3,256	22.1	93.1	5,134	700	789	15.4	112.8

주: 1) 정영일(1992)의 <표 2-23>에서 저자가 계산.
자료: 한국은행(1957); 정영일(1992), p. 75 <표 2-23> 재인용.

몰수 실적이 저조했다. 왜냐하면 미군정이 추수기에 자유시장정책을 시행한다고 발표했다가 폐지하고 추수기가 지나고 곡물 강제몰수정책을 실행했기 때문이다. 1945년을 제외하면, 유상몰수가 생산에서 차지하는 비중은 1946년 현재 29.5%, 1947년 36.1%, 1948년 24.9%, 1949년 22.1% 등이다. 4년 평균은 28.2%이다. 미곡에 국한할 때, 이것은 전체 생산에서 약 28%가 유상몰수되었다는 것이다. 4년(1946-1949) 평균 미곡생산량은 약 14,031천 석이고 강제수집된 것은 평균 약 3,918천 석이다. 참고로 맥류는 4년 평균하여 맥류 전체 생산에서 약 17%가 강제몰수되었다.

미곡의 '칼럼E'는 강제수집하기로 할당된 양 중에서 실제로 강제수집된 양의 비중을 보여준다. 4년(1946-1949) 평균은 81.1%이다. 이것은 일단 할당된 양만은 상당히 잘 강제몰수되었음을 의미한다. 그러나 맥류는 4년(1946-1949) 평균이 매우 낮았다. 맥류는 관습적으로 소작인이 소작료를 납부하지 않는 곡물이었기 때문이다. 농민들은 미군정 기간 내내 식량통제정책을 반대했지만 하곡의 경우에는 소작료를 납부하지 않았음에도 불구하고 강제몰수를 강행했기 때문에 더 거센 반발을 불러일으킨 측면도 있었다.

② 미군정은 농민 또는 지주로부터 미곡을 강제몰수하고 그 대가를 현금으로 지불했다. 이 대가가 시장가격보다 매우 낮아서 최고가격이다. 미군정도 군정법령 제45호 제2조에서 최고가격임을 명시하고 있다. 현재로서는 최고가격이 어떻게 결정되었는가를 자세히 알 수 없다. 다만 미군정이 결정 권한을 가지고 임의적으로 결정했을 것을 추정할 수 있다. 연구가 필요한 부분이다. 아래에서 보겠지만 배급가격도 최고가격이기 때문에 구분을 위하여 몰수최고가격과 배급최고가격으로 나눈다. 강제몰수 이전에 소작료는 현물 미곡이었음을 주지할 필요가 있다.

그러면 몰수최고가격은 어느 정도의 수준이었는가? <표 4-3>[10]과 <표 4-4>에서 알 수 있듯이 미군정의 몰수최고가격은 시장가격 또는 간접규제가격[11] 보다 매우 낮았을 뿐만 아니라 미군정 후기로 갈수록 전자는 후자보다 더 낮아졌다. 자료가 있는 연도만 두 가격을 비교해보기로 한다. 미군정의 몰수최고가격은 1석당 1946년 1월 현재 576원, 1946년 9월 2,040원, 1947년 9월 2,016원이고 동일한 시점의 간접규제가격(도매)은 1,800원, 11,000원, 11,000원이다. 이것은 몰수최고가격이 간접규제가격의 약 18.3-32%임을 보여준다. 즉, 몰수최고가격이 시장가격 또는 간접규제가격보다 매우 낮았다는 것이다.

---

10 한국은행 조사부(1955), p. I-84에는 연평균 몰수가격[수납가격]과 자유시장가격 자료가 나와 있다. 그러나 두 가격의 단위가 불분명하기 때문에 사용할 수 없었다.

11 흔히 이것을 자유시장가격이라고 하지만 최고가격의 영향을 받는다는 점에서 간접규제가격이다. 그리고 시장에서 거래되는 가격이라는 점에서 '시장가격'으로 표현할 수 있지만 '자유시장가격'은 아니다. 이에 대한 자세한 설명은 아래에서 한다.

<표 4-3> 미군정의 백미 몰수최고가격과 배급최고가격

(단위: 원)

연월말	미군정 몰수최고가격[3]		미군정 배급최고가격[3][4]	
	1입(=가마니)(=60kg)	1석(=144kg)[1]	1입(=가마니)(=60kg)	1석(=144kg)[1]
1945. 8	16.95	46.68	20.36	48.86
1946. 1	240.00	576.00	300.00	720.00
1946. 8	-	-	718.00	1,723.20
1946. 9	850.00	2,040.00	703.00	1,687.20
1947. 6	-	-	834.00	2,001.60
1947. 9	940.00[2]	2,016.00	1,002.00	2,404.80
1947. 12	-	-	1,167.00	2,800.80

주: 1) 간접규제가격과의 비교를 위하여 저자가 환산한 것임. 환산단위는 백미 1입=100근=60kg, 1석=240근=144kg(단, 1근=0.6kg).
2) 1947. 9. 15.
3) 몰수최고가격과 배급최고가격의 품질은 2등품임.
4) 포장을 제외한 알곡의 가격임.
자료: 원용석(1948), 책 끝부분 통계표(쪽수 없음).

<표 4-5>와 <표 4-6>은 소맥의 연도별 몰수최고가격과 시장가격 또는 간접규제가격을 보여준다. 자료가 있는 시점의 두 가격을 비교해보기로 한다. 미군정의 소맥 몰수최고가격은 1946년 6월 현재 2,025원, 1946년 9월 1,867.50원, 1947년 6월 2,000원이고 동일 시점의 간접규제가격(도매)은 5,700원, 5,000원, 6,100원이다. 이것은 몰수최고가격이 간접규제가격의 약 32.8-37.32%임을 보여준다. 즉, 소맥의 몰수 시에 적용하는 가격도 미곡처럼 간접규제가격보다 매우 낮았던 최고가격이라는 것이다.

<표 4-7>과 <표 4-8>은 대두의 연도별 몰수최고가격과 간접규제가격을 보여준다. 자료가 있는 시점의 두 가격을 비교해보기로 한다. 미군정의 대두 몰수최고가격은 1946년 11월 현재 1,462.50원이고 동일 시점의 간접규제가격(도

<표 4-4> 1945-1947년 월별 백미 간접규제가격

(단위: 원)

연월말	도매(석)	소매(두)	연월말	도매(석)	소매(두)
1945. 8	2,100	220	11	6,500	680
9	1,100	110	12	8,200	860
10	700	75	1947. 1	10,000	1,060
11	650	112	2	10,000	1,040
12	840	104	3	9,200	960
1946. 1	1,800	180	4	8,600	880
2	3,000	320	5	9,500	1,000
3	5,800	600	6	11,000	1,280
4	5,600	580	7	13,000	1,400
5	4,800	500	8	11,000	1,240
6	5,500	700	9	11,000	1,200
7	9,000	920	10	12,500	1,320
8	9,200	940	11	14,000	1,500
9	11,000	1,200	12	14,500	1,560
10	8,400	860			

자료: 조선은행 조사부(1948년판), pp. I-220-221.

매)은 3,400원이다. 이것은 몰수최고가격이 간접규제가격의 약 43.0%임을 보여준다. 즉, 대두는 미곡처럼 몰수최고가격이 간접규제가격보다 매우 낮지는 않았지만 최고가격임은 분명하다.

몰수최고가격과 간접규제가격의 차이가 농가에 미친 영향을 요약한다. 금융조합연합회가 조사한 자료를 박성재(2003, p. 302)가 보고한 바에 의하면 1947년 4월부터 1948년 3월까지 쌀의 판매량은 몰수로 70.6%, 시장에서 29.4%였으나, 판매대금 기준으로는 몰수로 32.1%, 시장에서 67.9%였다. 동일한 기간에 보리의 판매량은 몰수로 86.2%, 시장에서 13.8%였으나, 판매대금 기준으로

<표 4-5> 미군정의 소맥(국산) 몰수최고가격과 배급최고가격

(단위: 원)

연월말	미군정 몰수최고가격[2]		미군정 배급최고가격[2)3)]	
	1입(=가마니)(=60kg)	1석(=135kg)[1]	1입(=가마니)(=60kg)	1석(=135kg)[1]
1945. 8	15.70	35.33	17.15	38.59
1946. 2	-		256.00	576.00
1946. 6	900.00	2,025.00	858.00	1,930.50
1946. 8	-		726.00	1,633.50
1946. 9	830.00	1,867.50	-	
1946. 10	-		700.00	1,575.00
1947. 6	800.00	2,000.00	803.00	1,806.75
1947. 9	-		936.00	2,106.00
1947. 12			999.00	2,247.75

주: 1) 간접규제가격과의 비교를 위하여 저자가 환산한 것임. 환산단위는 소맥(국산) 1입=100근=60kg, 1석=225근=135kg(단, 1근=0.6kg).
2) 몰수최고가격과 배급최고가격의 품질은 2등품임.
3) 포장을 제외한 알곡의 가격임.
자료: 원용석(1948), 책 끝부분 통계표(쪽수 없음).

는 몰수로 63.7%, 시장에서 36.3%였다. 이것은 만약 농민이 수확물을 모두 시장에 판매했다면 수입이 거의 두 배 또는 그 이상으로 상승했을 것을 예상할 수 있다.

③ 미군정은 몰수한 미곡을 비농민에게 배급했다. 이때 배급하는 양을 일정한 기준으로 규제했다. 이 양은 충분하지 않은 경우가 대부분이었다. 그럴 때 미군정은 소맥 등을 수입하여 배급했다. 비농민은 배급이 충분하지 않은 경우에 시장에서 구입할 수밖에 없었다. 법령 제168호(1948. 2. 21)로 부정하게 배급을 받는 자를 처벌할 수 있게 했다. 처벌은 3개월 이상 10년 이하의 징역 또는 5만 원 이하의 벌금에 처하는 것이었다.

<표 4-6> 소맥(국산)의 간접규제가격

(단위: 원)

연월말	도매(석)	소매(두)	연월말	도매(석)	소매(두)
1945. 8	800	80	11	3,800	400
9	700	70	12	3,400	360
10	600	60	1947. 1	3,600	420
11	800	80	2	4,200	460
12	1,200	120	3	4,600	500
1946. 1	1,200	120	4	4,400	460
2	3,200	120	5	5,200	550
3	6,000	350	6	6,100	680
4	6,000	600	7	6,400	690
5	6,000	600	8	5,000	550
6	5,700	600	9	5,000	590
7	5,000	570	10	4,800	520
8	5,000	570	11	4,600	500
9	5,000	580	12	5,000	550
10	4,000	460			

자료: 조선은행 조사부(1948년판), pp. I-220-221.

<표 4-7> 미군정의 대두 몰수최고가격과 배급최고가격

연월말	미군정 몰수최고가격[2]		미군정 배급최고가격[2)3)]	
	1입(=가마니)(=60kg)	1석(=135kg)[1]	1입(=가마니)(=60kg)	1석(=135kg)[1]
1945. 8	16.90	38.03	19.96	44.91
1946. 1	-		300.00	675.00
1946. 11	650.00	1,462.50	680.00	1,530.00
1947. 9	-		680.00	1,530.00

주: 1) 간접규제가격과의 비교를 위하여 저자가 환산한 것임. 환산단위는 대두 1입=100근=60kg, 1석=225근=135kg(단, 1근=0.6kg).
2) 몰수최고가격과 배급최고가격의 품질은 2등품임.
3) 포장을 제외한 알곡의 가격임.
자료: 원용석(1948), 책 끝부분 통계표(쪽수 없음).

<표 4-8> 대두의 간접규제가격

(단위: 원)

연월말	도매(석)	소매(두)	연월말	도매(석)	소매(두)
1945. 8	300	45	11	3,400	400
9	400	50	12	5,000	530
10	400	60	1947. 1	6,800	760
11	600	80	2	7,000	740
12	800	90	3	7,000	740
1946. 1	1,100	110	4	7,000	740
2	3,000	120	5	7,200	750
3	3,000	320	6	7,300	760
4	3,000	320	7	7,400	800
5	3,000	300	8	7,400	800
6	4,000	440	9	7,300	760
7	4,000	450	10	6,800	710
8	4,000	490	11	7,600	940
9	3,600	480	12	7,600	940
10	3,400	450			

자료: 조선은행 조사부(1948년판), pp. I-220-221.

배급최고가격은 어느 정도의 수준인가? 배급최고가격은 몰수최고가격보다 대부분 높았지만 그 차이는 크지 않았다. 그러나 1946년 9월은 예외로서 배급최고가격이 몰수최고가격보다 매우 낮았음을 알 수 있다. 백미 배급최고가격을 백미 간접규제가격(소매)으로 나눈 값을 백분율로 표시하면 1946년 1월 현재 40.0%, 1946년 8월 18.3%, 1946년 9월 14.1%, 1947년 6월 15.6%, 1947년 9월 20.0%, 1947년 12월 18.0% 등이다. 즉, 배급최고가격은 간접규제가격의 최소 14.1%, 최대 20.0% 수준밖에 되지 않았다. 배급최고가격은 몰수최고가격보다 일반적으로 높았지만 시장가격 또는 간접규제가격보다 매우 낮게 책정되었음을 알 수 있다.

④ 생활품영단이 강제로 몰수·매입한 미곡을 제외한 미곡은 농민이 시장에서 자유롭게 판매할 수 있도록 했다. 강제로 몰수당한 미곡을 제외한 미곡을 시장에서 판매할 수 있다는 것은 그 시장이 명목적으로는 자유시장이지만 실제로는 간접적으로 규제된 시장이라고 하는 것이 정확할 것이다. 몰수와 배급의 영향을 받기 때문이다. 그 결과 당시 미곡시장은 어느 정도 분리되어 있었고 가격은 삼중구조가 되었다. 간접규제가격, 몰수최고가격, 배급최고가격 등이다. 이것은 정부가 가격을 규제하면 가격이 이중구조 또는 다중구조가 된다는 경제원리가 옳음을 보여준다.

⑤ 미곡의 강제몰수에는 기본적으로 지방 행정조직이 이용되었다. 여기에 큰 힘이 되었던 것은 신한공사가 가진 강력한 행정력이었다. 미첼(Mitchell)은 이 점을 지적하고 있다(정영일, 1992, p. 84에서 재인용). 그러나 미군정은 극단적인 경우에는 미군, 경찰력, 우익단체 등을 동원하여 강제몰수를 실행했다.

4. 미곡통제정책의 동기

미군정은 미곡시장을 자유화할 것을 규정한 10월 5일로부터 3개월 20여 일 만에 미곡의 유상몰수와 배급이라는 강력한 통제제도로 이행했다. 미군정은 왜, 그리고 그렇게 빨리 자유시장제도를 포기하고 강력한 통제제도를 채택했는가? 그것도 가장 중요한 당사자인 농민들의 강력한 반대에도 불구하고 말이다.

미군정은 자유시장정책을 실시한 것이 자신들의 실수였음을 시인했다.[12] 그러나 그것이 미군정이 갑자기 통제제도를 실시한 동기나 배경을 말해주지는 않는다. 미군정 내부에서 미곡시장제도를 결정하는 데 있어서 어떤 변화가 일어났는가? 무엇이 미군정으로 하여금 유상몰수제도와 배급제도를 서둘러 도입하게 만들었는가? 모든 점에서 자유시장제도가 통제제도보다 더 우수한데도 말이다. 미군정은 그 점을 몰랐는가?

정영일(1992, p. 68)은 "원래 조선의 식량 문제는 자유시장의 원리에 맡길 성질의 것이 아니었다."고 주장한다.[13] 그는 자신의 주장에 대해 두 가지 이유를 제시한다. 먼저 자가(自家)소비되고 남는 잉여농산물이 존재해야 되고, 그렇게 되기 위해서는 '전근대적 지주제'[14]가 철폐되어야 한다는 것이다.[15] 그러나 그의 주장은 설득력이 부족하다. 소작농이 지주에게 지불하는 소작료인 현물은 지주에게는 거의 대부분이 잉여농산물이다. 그렇기 때문에 조선 시대에 농산물을 거래하기 위한 장시가 전국적으로 2,000여 개 정도 개설되었다. 비록 그 시기의 장시가 오늘날 말하는 자유시장과는 상당히 달랐던 것은 분명하지만 말이다. 즉, 그가 주장하는 전근대적 지주제 하에서도 잉여농산물의 거래가 활발했다. 그리고 앞에서 보았지만, 유상몰수와 배급을 하고 난 이후에도 잉여농산물의 시장거래가 적지 않았음을 알 수 있다.

---

12 정영일(1992), p. 68 각주 68 참조.

13 전상인(2006, p. 159)도 이때 자유시장 체제의 도입이 문제가 있는 정책이었음을 지적하고 있다.

14 그가 말하는 전근대적 지주제가 무엇인가는 분명하지 않다. 저자의 추정으로는 조선 시대 국가가 토지를 독점하는 상태에서의 지주제를 말하는 것으로 보인다. 조선 시대 국가의 토지독점의 문제에 대하여는 전용덕(2017)을 참조.

15 이것은 그가 외부효과가 아닌 시장실패의 추가적인 원인을 찾아낸 것으로 해석할 수 있는 대목이다. 그러나 외부성이 시장실패를 초래한다는 신고전학파 종합의 주장마저도 틀린 것이다. 이 점에 대해서는 Mises(1996)를 참조.

미군정은 법령 제45호(1946. 1. 25) 제1조에서 미곡수집령의 목적을 다음과 같이 명시하고 있다. "광범한 기아, 영양불량, 질병, 민심불안을 제거하기 위하야, 조선군정청은 북한 38도 이남의 조선에 있는 미곡을 수집하되, 적당한 가격을 지불함.(이하 생략)" 그리고 남조선과도정부 미곡수집법 제6호(1947. 9. 27) 제1조에서는 미곡 수집의 목적을 "본법은 정부가 국민식량을 확보하고 비농가에게 배급하기 위하여 미곡을 수집함을 목적으로 함."으로 규정한다.

규제의 목적은 크게 두 가지로 구분할 수 있다. 한 가지는 공익적 목적이다. 규제가 공익을 위하여 제정되고 집행된다는 것이다. 공익의 내용은 물론 규제에 따라 다르다. 다른 한 가지는 경제적 동기이다. 규제가 어떤 개인이나 집단의 경제적 이익을 위하여 제정되고 집행된다는 것이다.

미곡수집령에서의 규제 동기와 미곡수집법에서의 규제 동기는 크게 다르지 않았다. 둘 모두 규제의 경제적 동기를 규정하고 있었다. 즉, 미군정이 비농민의 이득을 위하여 미곡을 수집하고 배급한다는 것이었다. 다만 미곡수집령에서는 민심불안과 같은 공익적 동기가 포함되어 있었다. 그리고 주식인 쌀을 구할 수 없다면 국민들의 불만이 높아지고 그 결과 미군정의 한국 통치가 어려움에 처할 것이라는 점에서 민심불안의 제거는 경제적 동기와 일치했다. 결론적으로 미군정에 의한 미곡의 강제몰수와 배급정책은 비농민의 경제적 이득을 위하여 발효되었다.

지금부터 미곡의 강제몰수와 배급이라는 정책을 도입함에 있어서 이해관계자들의 행위 또는 배경을 차례로 분석해본다.

① 미곡의 강제몰수와 배급정책에서 비농민의 이해는 무엇인가? 앞 절에서 보았듯이, 미곡의 시장가격은 매우 높았을 뿐만 아니라 미곡을 충분히 구

하는 일도 어려웠다. 그 결과 비농민은 거의 언제나 쌀의 부족과 높은 가격에 불만이었다. 미곡의 유상몰수와 배급정책은 1945년산 쌀의 추수 이후에 제정되었기 때문에 1945년산 미곡의 유상몰수와 배급은 조금밖에 실행되지 않았다. 그 결과 백미의 간접규제가격은 소매 1두당 1945년 8월 220원에서 1946년 2월(미곡수집령 제정 직후) 320원을 거쳐 1946년 9월 1,200원으로 폭등했다. 1년 만에 약 5.45배 상승한 것이다. 1946년 2월 백미가격은 계절적 변동의 영향을 받았을 것이지만 1945년 8월과 1946년 9월의 백미가격 비교는 계절적 변동과 큰 관계가 없다. 그리고 이 가격상승은 1944-1945년간의 화폐공급 증가, 인구의 사회적 증가 등에 의한 것이었다. 미곡 가격상승의 다른 요인은 아래에서 자세히 설명할 것이다.

'1946년의 10월 폭동'은 미군정 기간 최초의 주요 봉기로서 1946년 9월 23일 철도파업으로 시작되었다. 당시 노동 현장의 파업은 일반적인 노동조건의 개선 요구와 함께 언제나 "쌀을 달라. 그리고 1인당 얼마 이상의 양을 달라."는 조건이 포함되어 있었다. 미군정은 우익인 대한노총과 우익 청년단을 동원하여 파업을 분쇄하기 위하여 용산 철도청에서 파업 중인 노동자들을 공격했다. 이 싸움으로 3명이 죽고, 60명이 부상당했으며, 2,000명이 체포되었다. 곧 이 파업은 대구에서 폭동으로 이어졌다. 10월 7일까지 대구에서만 경찰 사망자가 53명이나 되었다. 수천 명의 폭동 가담자들이 살해되고 투옥되었다. 경상남북도 전역에서 10월 내내 폭동이 계속되었고 전국적으로 확산되었다.

월남자들과 해외로부터의 이주자들을 포함한 노동자들이 직면했던 다른 심각한 문제는 실업이었다. 높은 실업과 폭발적인 물가상승은 어느 쪽이 더 중요하고 어느 쪽이 덜 중요하다고 말하기가 어려웠다. <표 3-10>은 '과도정부 서무처 통계서'가 표본조사한 일부 지역의 1947년도 실업률을 보여준다. 1947년 현재 서울, 경기도, 충청북도의 실업률은 각각 29.9%, 23.9%, 21.0% 등이다. 1947년 현재 실업률이 매우 높았음을 알 수 있다. 그러나 이 통계치도 실제 실업률보다 낮게 측정된 것이다. 왜냐하면 인천, 청주 등과 같은 대도시를 표본조사에서 제외했기 때문이다.

아주 짧은 기간 동안에 조선노동조합총연맹(전평(全評))은 일본인이 소유하고 있었던 공장들을 거의 완전하게 통제하게 되었다. 전평은 1946년 가을까지 남한에 존재했던 가장 강력한 조합이었다. 그러나 전평은 인민공화국과 함께 미군정이 분쇄해야 할 좌익단체였다. 먼저 미군정은 일본인 소유의 공장들을 전평의 수중에서 탈취하여 미군정의 관할로 이관했다. 미군정은 1946년 10월 폭동에서 대한노총으로 하여금 전평을 분쇄할 수 있도록 지원했다. 그 결과 대한노총은 많은 공장에서 세력을 확장했다.

미군정은 전평과 같은 좌익 세력을 탄압했다. 이 과정에 대한노총과 우익청년단 등이 동원되었다. 도시 노동자들은 처음부터 좌익은 아니었다. 그러나 해방 직후의 혁명적 상황에서 그들은 좌익이 될 가능성이 어느 때보다도 높았다. 쌀을 구할 수 없다는 사실과 쌀가격을 포함한 물가의 급격한 상승은 좌익으로 가는 고속도로를 설치하는 것과 같은 것이었다. 미군정은 노동자들에게 배급해 주는 쌀의 배급최고가격을 간접규제가격보다 매우 낮게 책정함으로써 그런 길을 차단한다는 계획을 세웠을 것으로 추정할 수 있다.

한마디로, 미군정이 전평과 같은 좌익단체와 노동자들을 분리하여 다룰 필요가 있었을 것이다. 물론 배급된 쌀이 충분하지 않았기 때문에 그 정책이 기대만큼의 효과가 있었는가는 의문이다. 배급된 양이 충분한 양은 아니었지만 전체 생산에서 큰 비중을 차지했다. 그것은 도시의 비농민에게 경제적으로 큰 도움을 주었던 점을 부정할 수 없다. 낮은 배급최고가격은 노동자들에게 작지 않은 소득재분배를 초래했다. 비농민은 미곡의 가격이 너무 높다고 주장하고 더 낮은 가격의 미곡을 구입할 수 있도록 해줄 것을 미군정에 요구했다.

② 일제 말기에 시장가격보다 낮은 가격에 식량 공출을 강제당했던 농민들은 모두 미군정 초기 미곡시장의 자유화를 환영했다. 그러나 미군정이 다시 미곡수집령을 발동하여 유상몰수제도를 시행하자 농민들은 미군정 기간 내내 그 제도에 격렬하게 저항했다. 그리고 1946년 10월 폭동은 농민들의 미곡수집령에 대한 반대를 극명하게 보여준 사건이었다(커밍스, 1993, 제10장 참조). 농민들은 다른 요구도 했다. 일본인 소유 농지의 무상분배, 소작료의 불납 또는 인하 등이 그것이다.

그러나 미군정은 농민들의 유상몰수에 대한 강력한 반대를 시종일관 분쇄했다. 미군정은 일본인이 소유했던 귀속농지를 무상으로 분배하라는 농민들의 요구도 받아들이지 않았다. 미군정은 신한공사를 설립하여 일본인 소유의 농지를 몰수하고 적절한 가격으로 매각했다.[16] 소작료만은 그 요율이 너무 높다는 지적을 받아들여 생산물의 1/3로 낮출 것을 명령하는 법령을 공포했다. 이것이 미군정법령 제9호(1945. 10. 5)이다. 그리고 소작료 인하는 명백히 지주들에게 희생을 강요한 것이지만 당시 농촌의 혁명적 분위기를 무마하려는 의도를 가졌다고 하겠다. 이렇게 함으로써 미군정은 지주들에게 소작인과의

16 이 점에 대한 자세한 설명은 정영일(1992), pp. 54-63을 참조.

기존 소작 계약을 보장해준 것이다. 비록 암묵적인 것이지만 말이다.

요약하면, 미군정은 소작료를 강제로 인하함으로써 농민의 가장 중요한 요구 중의 하나를 받아들였다. 소작인들은 소작료 인하로부터 적지 않은 이득을 보았다. 그러나 미군정은 일본인 소유 농지의 무상분배, 소작료의 불납 등과 같은 재산권을 근본적으로 침해하는 요구는 받아들이지 않았다. 무엇보다도, 농민들은 미곡의 유상몰수에 지속적이고도 강력하게 반대했다. 그러나 미군정은 농민들의 반대를 수용하지 않았다. 미군정이 농산물 가격을 자유화하자는 농민들–비농민보다 수적으로 더 많은–의 요구를 받아들일 수 없었던 것은 농산물에 관한 한 비농민이 농민보다 더 어려운 처지에 있다고 생각했을 것이고, 그 결과 농산물 가격상승이 농민보다는 비농민을 좌경화하는 촉매제가 될 수도 있다고 판단했을 것이다. 그러나 예상과 달리 가격통제가 실제로는 간접규제가격을 더 상승하게 만들었다(이 점은 아래에서 설명할 것이다).

③ 지주들이 미군정의 미곡통제정책에 대해 반대했다는 역사적 증거는 없다. 사후적으로 보면, 몰수최고가격이 시장가격 또는 간접규제가격에 비해 매우 낮았기 때문에 지주들이 유상몰수와 배급으로 집약되는 미곡통제정책에 가장 강력하게 반대했어야만 논리가 맞는 것이다. 모든 것이 정상적이라면, 강제몰수 때문에 지주들이 가장 많이 잃을 것이기 때문이다. 그러나 실제로 그들은 그렇게 하지 않았다.

미군이 진주하고 미군이 행정을 상당한 정도로 장악할 때까지 약 2개월 또는 그 이상이 걸렸다. 도시로부터 멀리 떨어져 있는 농촌지역일수록 미군의 행정력은 늦게 영향을 미쳤다. 이것은 해방 직후로부터 계산하면 3-4개월이 된다. 이 기간은 구질서 유지자인 일제가 물러가고 신질서 유지자인 미군정이 권력을 장악하기 직전 또는 실효적으로 지배를 하지 못한 기간이었다. 이 기간은 사실상 공식적인 질서 유지자가 없는 상태였다. 다만 건국준비위원회와 인민공화국이 미군 진주 이전에 그런 역할을 자임했지만 미군정이 한반도에서 유일한 공식적인 질서 유지자임이 선포되자 그 순간부터 그 역할은 포기되어야 했다. 미군 진주 이전에 농민들과 좌익 정당들은 소작료 불납, 일본인 토지에 대한 점유와 무상분배, 소작료 3·7제 등을 요구하는 농민운동을 활발하게 전개했다. 그리고 이 무렵의 분위기를 커밍스(1984, p. 49 인용)는 미국무성 정치 고문의 보고서를 인용하여 보여준다. "남한은 불만 당기면 곧 폭발할 화약통이라고 할 수 있을 것이다."

충남 아산 선장면에서는 1945년 서울에 사는 지주들이 소작료를 받으러 온 것을 농민들이 몽둥이로 쫓아버렸고 그 기세에 눌려 소작인과 같은 지역에 사는 지주들도 소작료를 제대로 받지 못했다.[17] 충남 아산 선장면 이상익의 증언에 의하면, 해방 직후에는 소작료로 1,500석을 받을 것을 100석(소작료율 6.7%)밖에 못 받았고, 지주가 소작인과 친한 경우에는 수확량 10석에 겨우 2석 이내(소작료율 20%)였으며, 1946년 이후에는 겨우 4, 5백석(소작료율 30% 이내)을 받았다. 이때 건국준비위원회(그 이후 인민위원회)는 이상익의 부친을 숙청대상이라고 했다. 이것은 그 당시의 분위기를 짐작하게 한다. 선장면에서는 인민위원회가 존재하지 않았고 소작료는 미군정의 지시에 따라 3·1제가 실행되었다. 그러나 인민위원회가 존재했던 소원면에서는 농민조합의 주장대로 3·7제가 실행되었다.[18] 여기에서 3·7제란 소작료가 30%가 되는 것을 말하

17 충남 아산 선장면과 전북 옥구군의 사례는 장상환(1985), p. 301 참조.
18 충남 아산 소원면의 사례는 장상환(1985), p. 306 참조.

고 그 결과 소작료에 있어서 선장면이 소원면보다 약간 불리했다. 전북 옥구군에서는 농민조합이 소작농들에게 생산량의 10%만 소작료로 납부하도록 지도했다. 이 시기에는 소작농이 소작료를 내지 않아도 소작권을 이동하는 것이 어려웠다.

이러한 환경에서 미군정의 소작료 몰수는 적어도 지주들에게는 소작료를 보장하는 것이다. 다만 그 소작료라는 것이 현물이 아니라 현금이고 간접규제가격보다 매우 낮았다는 것이 문제라면 문제였다. 그리고 지주들은 유상몰수를 통해 간접적이지만 농지에 대한 소유권도 보장받게 되었다. 다시 말하면, 유상몰수정책은 미군정이 당시의 혁명적 상황에서 지주들을 보호하는 결과를 가져왔다. 유상몰수정책은 농민들의 강력한 농민운동을 견제할 수 있는 정책이었던 것이다. 농지의 소유권과 그에 따른 소작료가 잘 보호되고 있는 상황과 비교하면 유상몰수정책은 지주들에게 매우 불리한 정책인 것이 분명하다. 그러나 농민들의 소작료 불납, 일본인 소유 농지의 무상분배, 소작료 3·7제 등과 같은 과격하고 급진적이면서 사회주의적인 요구가 계속되는 상황에서 유상몰수정책은 차선의 정책이었다고 추정할 수 있다. 게다가, 해방 직후의 정국에는 지주의 위상과 입지가 매우 위축되어 있었기 때문에 유상몰수와 배급정책에 반대할 수 있는 상황이 아니었다.

쌀가격이 폭등하자 매점매석, 투기 등이 발생했다. 이러한 상황에서 가장 취약한 집단은 지주들이다. 지주들이 투기를 통해 엄청난 이득을 챙긴다는 것이다. 밀 수출도 지주들의 입지를 좁게 만들었을 것이다. 해방 직후 지주들은, 예외를 제외하고 대부분 친일분자로 몰렸다. 이런 상황에서 미군정은 지주들에게 불리하지만 비농민에게는 유리한 강제몰수제도를 강요할 수 있었을 것이다.

④ 미군정의 미곡통제정책의 동기는 무엇인가? 주지하듯이, 남한에서 최고 결정권자인 미군정의 미곡통제정책 동기가 가장 중요하다. 미군정은 초기에 아주 짧은 기간 동안만 미곡의 유통과 분배를 자유시장 원리에 맡겼다. 그러나 미군정은 몇 달도 지나지 않아 미곡의 유상몰수와 배급이라는 강력한 통제정책을 실시했다. 그런 정책은 미군정 기간 내내 남한 인구에서 가장 비중이 높았던 농민들의 계속적인 반대를 초래했다. 게다가, 유상몰수와 배급이라는 정책은 자유시장정책보다는 그 정책 시행에 있어서 훨씬 더 많은 금전적 비용과 노력이 들어간다. 그럼에도 불구하고 유상몰수와 배급정책은 미군정을 지나 한국전쟁 이전까지 이어졌다.

무엇이 미군정으로 하여금 식량통제정책을 미군정 기간 내내 유지하도록 만들었는가? 미곡의 유상몰수와 배급정책은 결과적으로는 지주들과 농민들을 희생하여 비농민에게 경제적 이득을 주었다. 무엇보다도, 미곡 현물을 확보할 수 있었던 농민은 비농민에 비하여 경제적 어려움이 상대적으로 적었다. 그러나 비농민에게는 식량의 문제는 생존의 문제일 뿐만 아니라 해방 이후에도 한동안 그런 식량 문제는 지속되었다.

첫째, 경제적인 어려움에 처한 비농민의 수가 적지 않았을 뿐만 아니라 그런 비농민이 쉽게 없어지지 않았다는 사실이다. <표 4-9>는 미군정이 파악한 구호 대상 인구와 가구이다. 1945년 8월 15일부터 1946년 12월 31일까지 구호 대상자는 7,356천 명이고 가구로는 1,540천 세대이다. 그중 이미 구호를 받고 있는 '피구호자'는 4,473천 명이고 가구로는 848천 세대이다. 이것은 구호를 받고 있지 않지만 구호가 필요한 '요구호자'도 적지 않았음을 의미한다.

<표 4-9> 구호 대상자 일람표[1)]

(단위: 가구, 명)

		공공구호	전재구호	응급구호	재해구호	계
요구호자	세대 수	120,619	291,774	217,645	62,265	692,303
	인원 수	387,216	1,189,379	1,013,224	293,667	2,883,486
피구호자	세대 수	32,158	657,671	127,559	30,858	848,286
	인원 수	109,450	3,638,448	593,789	131,201	4,472,888
계	세대 수	152,777	949,445	345,244	93,123	1,540,589
	인원 수	496,666	4,827,827	1,607,013	424,868	7,356,374

주: 1) 1945. 8. 15-1946. 12. 31.
자료: 조선은행 조사부(1948년판), p. I-10.

이 점은 농민의 수에 비하여 극심한 곤경에 처한 비농민의 수도 적지 않았음을 보여준다.

둘째, 통화량 발행의 지속적인 증대로 쌀을 포함한 물가가 계속해서 상승했다는 사실이다. 이 점이 가장 중요하다. 쌀을 포함한 물가가 크게 안정되었더라면, 유상몰수와 배급정책은 그 정책의 시행 직후에 자유시장정책으로 변경할 수 있었을 것으로 추정할 수 있다. 화폐공급량의 증대와 쌀을 포함한 물가상승에 대한 자세한 사항은 5장을 참조할 수 있다(쌀가격에 영향을 미치는 수요와 공급에 대해서는 다음 절에서 자세히 분석한다).

해방 직후의 정치·경제 환경은 비농민을 좌경화하게 만들 수 있는 여지가 매우 컸음을 앞에서 보았다. 한반도에서의 미군정의 목적은 몇 가지가 있었지만 그중 하나는 공산주의의 확산을 막는 것이었다. 그리고 그것은 중요한 목적 중의 하나였다. 다른 말로 하면, 미군정의 목적들 중의 하나는 한국이 반공의 보루가 되도록 하는 것이었다(이 점은 9장에서 자세히 다룰 것이다). 그리고 한국이 반공의 보루가 되도록 하는 것이야말로 미군정의 국가주의적 목표였다.

미군정이 한국민의 목적이 아닌, 자신의 목적을 위하여 정책을 선택하는 것이 당연하다. 좌경화 가능성이 가장 높았을 뿐만 아니라 수적으로 적지 않았던 비농민의 경제적 이익을 위하여 강제몰수와 배급이라는 정책을 실시하는 것이야말로 미군정의 목적에 가장 부합하는 것이었다. 미군정은 자신의 목적을 위하여 비농민의 복지를 지원하는 정책을 선택했다. 비농민의 복지를 위하여 강제몰수와 배급제도를 선택하면서 그 재원을 마련하기 위하여 재정을 머니타이제이션하는 방법을 또한 선택했다. 문제는 이 방법은 통화공급의 증가로 인한 모든 재화의 가격상승을 불러온다는 것이다. 그 결과 곡물을 제외한 다른 재화의 가격도 통제하지 않을 수 없었다. 물론 해방 직전에 이미 일제에 의한 통화공급 증가가 모든 재화의 가격을 상승하게 만들었고 이것이 복지정책을 위한 머니타이제이션의 영향을 더 나쁘게 만들었다.

미군정은 자신의 목적을 위하여 곡물의 강제몰수와 배급이라는 제도를 시행했으며 강제몰수와 배급을 통해 비농민을 지원했다. 미군정은 강제몰수와 배급을 위한 재원을 마련하기 위하여 재정을 머니타이제이션하는 방법을 선택함으로써 강제몰수와 배급제도는 실질적으로 사회주의가 되었다. 그 과정에서 몰수와 배급의 최고가격제도를 시행했다. 머니타이제이션, 최고가격제도 등은 경제에 많은 폐해와 부정적인 영향을 미친다. 미군정은 가장 나쁜 방법으로 복지정책을 시행했기 때문에 한국전쟁 이전에 한국경제는 최대로 악화되어 있었다. 그 당시 미군정이 경제에 미친 많은 긍정적인 요소들에도 불구하고 말이다.

⑤ 식량통제정책이 발효되는 과정 전체를 아주 간략히 요약해본다. 해방

직후 일제에 의한 통화공급의 증대, 인구의 증가, 각종 생산의 감소 등으로 미곡을 포함한 모든 재화의 가격이 폭등했다. 미군정은 비농민의 좌경화를 막기 위하여 식량통제정책을 가장 먼저 실시했을 뿐만 아니라 점차적으로 다른 재화들의 가격도 통제했다. 식량의 몰수와 배급이라는 정책은 미군정의 목적을 위한 것이었고 그 결과 비농민의 경제적 이익을 위하게 되었다. 그러나 식량통제정책과 재정적자를 머니타이제이션하면서 모든 재화의 가격은 더욱더 폭등했다. 이런 결과는 미군정으로 하여금 점차적으로 모든 재화의 가격을 통제하도록 만들었다. 실제로 군정 장관은 1946년 7월 5일에 물가행정처에 물가안정을 엄하게 지시했음이 그 증거이다(조선은행 조사부, 1949년판, p. II-34).(이 점은 아래의 절에서 자세히 설명한다).

5. 물가상승과 미가상승의 원인

미군정이 자유시장제도를 포기하고 경제를 통제하고 규제하는 방식으로 제도를 변경한 계기는 1945년 10월 무렵에 미가가 폭등하고 그 결과 전국적으로 크고 작은 소요사태가 발생하면서 국가가 비상사태로 빠져들고 있다고 판단했기 때문일 것이다. 적어도 경제통제의 직접적인 계기는 미가를 포함한 물가의 폭등으로 추정할 수 있다.

이 절에서는 모든 재화 가격의 급격한 상승의 원인을 규명한다. 이 일은 두 부문으로 나누어 진행한다. 먼저 모든 재화의 가격상승, 즉 물가상승의 원인을 규명한다(이 부문은 5장에서 더 자세히 다룰 것이다). 다음으로 쌀이라는 재화

<표 4-10> 연도별 물가지수[1)]

연도	물가지수A(1936=100)[3)]	물가지수B(1945. 8=100)[4)]
1944	241	-
1945[2)]	2,817 (28.1)	160 (1.6)
1946	22,100 (221)	1,255 (12.6)
1947	40,200 (402)	2,283 (22.8)
1948	60,500 (605)	3,720(37.2)

주: 1) 두 지수 모두 도매물가지수임.
2) 1945년 8-12월 평균.
3) 각 연도의 괄호 안의 수치는 1936년을 기준으로 한 배수임.
4) 각 연도의 괄호 안의 수치는 1945년 8월을 기준으로 한 배수임.
자료: 조선은행 조사부(1948년판), pp. III-119-121; 조선은행 조사부(1949년판), pp. IV-15, 130-134.

만의 가격상승 원인을 설명한다. 여기에서는 이 부문에 집중할 것이다.

<표 4-10>은 1944년 이후의 물가지수를 보여준다. '물가지수A'는 1936년을 100으로 했을 때 각 연도의 물가지수를 보여준다. 물가지수A에 의하면 1936년 기준으로 1945년 지수는 약 28.2배 상승, 1946년 지수는 221배 상승, 1947년 지수는 402배, 1948년 지수는 605배 상승했다.

'물가지수B'는 1945년 8월을 100으로 했을 때 각 연도의 물가지수를 보여준다. 물가지수B에 의하면 1945년 8월 대비 1945년 말 지수는 1.6배 상승, 1945년 대비 1946년 지수는 약 7.8배 상승, 1946년 대비 1947년 지수는 약 1.8배 상승, 1947년 대비 1948년 지수는 약 1.6배 상승했다. 그리고 1945년 8월 기준으로 1948년은 지수가 약 37.2배 상승했다. 3년이 조금 넘는 기간에 물가가 37.2배 상승했다는 것은 폭발적인 물가상승이라고 하겠다. 이것은 미군정 기간 동안, 8월 15일 이후의 1945년과 1946년의 물가상승이 어느 때보다도 컸다는 것을 보여준다.

여기에서 물가지수 측정의 문제점을 지적하지 않을 수 없다. 첫째, 1944년에는 일제가 전시를 이유로 많은 재화의 가격을 통제하고 있었기 때문에 1944년 물가지수는 실제 물가보다 낮게 측정되었다(이 점에 대한 자세한 설명은 3장을 참조할 수 있다). 둘째, 1946년부터 1948년까지 물가지수도 실제보다 낮게 측정되었다. 왜냐하면 4장과 아래에서 보겠지만 그 기간에 미군정은 쌀을 포함한 주요 재화의 가격을 고정했기 때문이다. 그러므로 1944년의 지수를 기준으로 1945년 이후의 지수를 비교하는 것은 문제가 있을 수 있음을 시사한다. 그러나 물가상승의 추세를 확인하는 데는 도움이 될 것이다.

미군정 기간의 폭발적인 물가상승은 통화공급량 증대에 있었다. <표 4-11>은 조선은행의 분기별 발행고–오늘날로 말하면 본원통화–를 보여준다. 발행고는 엄밀한 의미에서 통화공급량은 아니다. 여기에서는 발행고를 통화공급량의 근사치로 사용한다. 우리는 이렇게 통화량이 증가하는 것을 인플레이션이라고 정의한다. 통화공급량의 전년 대비 연간 증가율은 1945년 179.4%, 1946년 102.1%, 1947년 88.5% 등이다. 통화공급의 이렇게 높은 증가를 초인플레이션(hyperinflation)이라고 부른다. 한마디로, 미군정 시기는 초인플레이션 시대였다. 그리고 미군정 후기로 갈수록 초인플레이션은 다소 진정되고 있었지만 여전히 초인플레이션 기간이었음을 알 수 있다.

미군이 서울에 들어오기 전인 1945년 8월 15일을 전후하여 통화량이 그 어느 때보다 큰 폭으로 증가했다. 이것은 일제가 패전 후 군수산업에 대한 계약 미불금, 일본인의 귀환에 따른 예금인출분, 한인징용·징병자의 귀환대책비, 일본인의 생명과 재산을 보호하기 위한 비용 등을 지불하기 위하여 발행한 화폐량 증가분이다. 한마디로, 이것은 일본인들이 자신들의 필요를 충당

<표 4-11> 연도별 조선은행권의 발행고

(단위: 백만 원)

연월말	발행고	지수(1936=100)	연증가율(%)[1]
1945. 3	3,574	1,693.8	(14.0)
6	4,377	2,074.4	(22.5)
8. 15[2]	4,975	2,367.8	(13.7)
9	8,680	4,113.7	(74.5)
12	8,763	4,153.1	179.4(1.0)
1946. 3	9,080	4,303.3	(3.6)
6	9,422	4,465.4	(3.8)
9	11,341	5,374.9	(20.4)
12	17,711	8,393.8	102.1(56.2)
1947. 3	17,199	8,151.2	(-2.9)
6	18,036	8,547.9	(4.9)
9	20,445	9,689.6	(13.4)
12	33,388	15,823.7	88.5(68.3)
1948. 3	29,307	13,889.6	(-12.2)
6	30,035	14,234.6	(2.5)
9	30,948	14,667.3	(3.0)
12	43,944	20,826.5	(42.0)

주: 1) ( ) 안은 분기별 증가율임.
2) 조선은행 조사부(1948년판), p. I-292.
자료: 조선은행 조사부(1949년판), p. IV-73.

하기 위하여 발행한 것이다. 문제는 이때의 급격한 화폐공급 증가가 1945년 10월 이후 물가 폭등을 초래했다는 것이다. 이것은 일제가 지폐의 공급 증가로 인한 이득, 즉 시뇨리지를 획득한 것을 보여준다. 시뇨리지로 인한 이득은 물가상승으로 재화를 비싼 가격에 살 수밖에 없었던 당시의 한국 사람들의 손실에서 온 것이다. 그러므로 이때의 시뇨리지는 일제가 당시의 전체 한국인에게 배상해야 할 것이다.

『조선경제연보』(1948년판)에 의하면 1945년 8월 15일부터 1947년 12월 31일까지 본원통화량은 약 49.8억 원에서 약 333.9억 원으로 증대하여 동 기간 약 6.7배 증가했다. 이런 본원통화량 증가를 『조선경제연보』가 분해한 바에 의하면, 일제가 자신들의 필요를 위하여 화폐를 대량 발행한 경우를 제외하면, 조선은행권 발행량 증대의 가장 중요한 원인은 크게 두 가지이다. 하나는 곡물 강제몰수에 대한 정부 보상비와 곡물 강제몰수 자금을 화폐 발행으로 충당한 것이다. 다른 하나는 미군정이 한국 내 행정부를 유지하기 위한 관업비, 치안비, 산업행정비, 교육비 등을 지출했는데 그 비용을 마련하기 위한 것이다. 전자는 미군정이 조선은행으로 하여금 생활품영단에 자금을 빌려주도록 하고 보증을 서준 것이다. 곡물 강제몰수 자금은 나중에 환수되지만 정부 보상비는 환수되지 않는 화폐이다. 강제몰수 자금은 미군정 기간 내에 매년 그 액수가 적지 않았기 때문에 재화들의 가격상승에 미친 영향은 작지 않았다고 추론할 수 있다. 그리고 곡물 강제몰수 자금도 그 이자는 환수되지 않는데, 이 자금은 화폐공급량의 증대를 초래하는 본원통화의 증대로 나타난다. 이것은 미군정이 복지정책을 위하여 머니타이제이션을 했음을 보여주는 것이다. 미군정은 세출이 세입을 초과한 것, 즉 재정적자를 화폐 발행으로 충당한 것이다. 이것은 재정적자를 화폐 발행으로 보전하는 것, 즉 재정의 머니타이제이션을 말한다. 문제는 일제가 자신들의 필요를 위하여 화폐를 발행한 것도 머니타이제이션의 일종이다. 다만 이것은 단 한번으로 그쳤다는 점이다.

요약하면, 미군정 기간에 일반재화를 포함한 쌀가격의 급격하고도 지속적인 상승은 머니타이제이션에 있었다. 다만 머니타이제이션의 원인은 크게 세 가지이다. 첫째, 일제의 화폐공급 증대는 시기적으로 가장 먼저 일어났다.

즉, 모든 재화 가격의 급격한 상승 중에서 가장 먼저 일어났던 것은 일제의 책임이라는 것이다. 둘째, 그 이후는 미군정의 머니타이제이션 때문에 물가가 급격히 상승했다. 미군정의 머니타이제이션은 크게 두 가지 원인에서 발생했음을 앞에서 설명했다.

해방 이후 미군정 시대는 초인플레이션 시대였다. 그 결과 1945년 8월 기준으로 1948년은 물가지수가 약 37.2배 상승했다. 그 원인은 통화공급량 증가에 있었다. 통화공급량 증대의 원인은 세 가지 요인으로 분해할 수 있다. 그것들은 ① 곡물의 강제몰수와 관련한 비용, ② 미군정이 한국에서의 행정을 유지하기 위한 각종 비용, ③ 일본인이 해방을 전후하여 자신들에게 필요한 비용을 충당하기 위한 것 등이다. 특히, ①은 도시 노동자를 위한 곡물 강제몰수 비용을 마련하기 위하여 통화량을 증대시킨 것이고, ③은 일본인이 자신을 위하여 통화량을 증대시킨 것이다. 통화량 증대는 일본인의 몫과 미군정의 몫의 합이다. 통화량 증가분의 중요성은 ①, ②, ③ 등의 순서이고, 1947년 말까지만 고려할 때, ①은 ②의 약 1.35배, ②는 ③의 약 2.82배, ①은 ③의 약 3.81배였다. 모든 재화의 가격 변화에 대한 분석은 3장 1절을 참조할 수 있다. 한마디로, 복지정책을 위하여 통화공급량을 증가시킨 것이 통화공급량 증대의 가장 중요한 요인이다.

초인플레이션 기간에 통화공급량의 증대보다도 물가상승이 더 큰 것은 일반적으로 모든 재화의 가격들 또는 화폐의 구매력에 대한 기대 때문이다. 통화공급량의 증가로 모든 재화들의 가격이 상승할 것이라는 기대[19]가 사회

19 기대 형성에 대한 자세한 설명은 Mises(2007b), 전용덕(2015b) 참조.

내의 대부분의 사람들 사이에 형성되면 모든 재화들의 가격상승은 통화공급량의 증대보다 더 빨라진다. 그런 상황에서는 대중은 증가된 화폐를 보유하지 않고 재화를 구매하는 데 즉각 써버리려고 한다. 즉, 개인들은 평소에 비해 화폐를 훨씬 적게 보유한다. 그러나 초인플레이션 기간에 예비적 목적의 화폐 보유는 크게 증가한다. 비상 상황이나 투기적 목적을 위한 화폐의 보유가 크게 증가하기 때문이다. 그리고 그렇게 하기 위하여 개인들은 자신들의 노동을 포기할 수밖에 없기 때문에 생산은 기하급수적으로 감소한다. 그러나 우리는 당시 사람들의 기대 변화 과정을 알 수는 없다. 추후의 연구 과제이다.

화폐의 총재고를 제외하고도, 모든 재화의 가격 결정에는 세 가지 요인이 영향을 미친다. 그것들은 모든 재화에 대한 유보수요, 모든 재화의 공급, 화폐에 대한 유보수요 등이다. 그러나 세 가지 요인에 대한 역사적 자료는 지금으로서는 구할 수 없다. 추후의 연구 과제이다. 다만 단기간에 화폐의 총재고가 크게 증가하였기 때문에 화폐공급량 증가가 모든 재화의 가격상승을 초래했다는 주장은 전혀 문제가 없다. 모든 재화의 가격과 화폐의 관계에 대한 설명은 3장을 참조할 수 있다.

<표 4-4>는 1945-1947년 기간의 월별 쌀가격을 보여준다. 1945년 소매가격의 경우에 10월을 저점으로 상승하기 시작했다. 이 가격을 추수 직후, 즉 가격의 저점만을 비교하면 1945년 10월에 두(斗)당 75원, 1946년 11월 680원, 1947년 9월 1,200원으로 상승했다. 1946년 11월은 1945년 10월 대비 약 9.07배 상승, 1947년 9월은 1946년 11월 대비 약 1.76배 상승했다. 소매가격의 고점을 비교해 보기로 한다. 1945년 8월에 두당 220원, 1946년 9월 1,200원, 1947년 7월 1,400원으로 상승했다. 1946년 9월은 1945년 8월 대비 약 5.45배, 1947년 7월은 1946년 9

월 대비 약 1.17배 상승했다. 이것은 앞에서 보았던 통화공급량 증가율과 상당히 비례하고 있다는 것을 보여준다. 그리고 1947년 7월 이후에는 약 3개월간 가격이 다소 인하되고 그 이후에는 큰 폭으로 상승하고 있음을 보여준다.

<표 4-4>에서 쌀의 연평균 소매가격을 계산하면 두(斗)당 1945년 124.2원(5개월 평균), 1946년 695원, 1947년 1,203.3원 등이다. 쌀가격의 연평균 상승률이 1945년(5개월 평균) 대비 1946년 약 5.6배, 1946년 대비 1947년 약 1.73배 등이다. 이것도 역시 쌀가격의 상승이 통화량 증가와 비례하고 있음을 보여준다. 소맥, 대두 등도 쌀과 거의 비슷한 추세로 가격이 상승하고 있다. 특히, 미군정이 쌀 시장을 자유화했던 1945년 10월부터 그 이전에 급증했던 통화공급이 시차를 두고 쌀시장에 영향을 주면서 쌀가격이 폭등했다.

지속적이고도 폭발적인 통화량 증대는 경기변동을 초래했다. 경기변동은 또한 구조조정과 그에 따른 실업이 언제나 뒤따르게 된다. 앞에서 실업률이 매우 높았음을 보았다. 당시 높은 실업률은 원료의 부족과 같은 공급 애로 요인도 있었지만 경기변동으로 인한 탓도 있었다. 경기변동은 제조업, 광업 등에 크게 영향을 미치지만 농업에는 간접적으로 영향을 미친다. 왜냐하면 제조업에서 생산하는 비료, 농기구의 생산과 유통 등이 경기변동의 영향을 강하게 받기 때문이다. 그러나 해방 직후와 미군정 말기 무렵은 경기변동이 달랐을 것이라고 추정된다. 해방 직후에는 제조업의 가동률이 높지 않았기 때문에 경기변동도 크지 않았을 것이지만 미군정 말기에는 제조업이 해방의 후유증으로부터 상당히 벗어났기 때문에 경기변동이 어느 정도 있었을 것으로 추정할 수 있다.

미군정 시대는 초인플레이션 시대였다. 그러나 일제의 퇴각으로 인한 다수 재화의 공급 애로도 재화들의 가격을 상승하게 만들었다. 그러나 통화공급 증가와 공급 애로가 재화들의 가격에 미치는 영향은 본질적으로 다르다. 공급 애로는 재화들의 가격 수준을 끌어올린다. 그러나 재화들의 가격을 '지속적으로' 상승하게 만들지는 않는다. 이 점이 다수 재화의 공급 애로에 의한 재화들의 가격상승과 통화공급 증가에 의한 재화들의 가격상승을 구분하게 한다. 그리고 미군정 기간에도 일부 품목이나 산업, 예를 들어 고무신, 시멘트, 유리, 자전거, 전구, 도자기, 성냥 등은 그 생산이 빠르게 증가했기 때문에 그런 재화들의 가격은 크게 상승하지 않았거나 오히려 하락했을 수 있다.[20] 즉, 이 시기에도 모든 재화들의 공급 애로가 동일하지 않았다는 것이다.

쌀가격은 통화량에 의해서도 영향을 받지만 쌀의 수요와 공급에 의해서도 일부 결정된다. 여기에서는 쌀의 가격에 영향을 미치는 쌀의 수요와 공급을 분석한다.[21] 쌀시장은 규제로 인하여 두 시장으로 구분되어 있었다. 하나는 미군정이 가격을 고정하고 있는 시장이다. 이 시장을 '시장1'이라고 명명한다. 이 시장은 아래에서 따로 다룬다. 다른 하나는 미군정의 직접적인 통제를 받지 않는 시장이다. 이 시장을 '시장2'라고 명명한다. 여기에서는 누구나 자유롭게 쌀을 사고팔 수 있다. 가격도 수요자와 생산자가 자유롭게 결정한다. '외형적으로는' 이 시장은 자유시장이다. 그러나 시장2는 시장1의 영향을 받기 때문에, 엄밀한 의미에서 자유시장이 아니다. 실질적으로 시장2는 '간접규제시장'이다. 명목적으로나 실질적으로나 자유시장을 '시장3'이라고 명명

20 이 점에 대해서는 이종훈(1992), p. 117의 〈표 3-19〉에서 재인용.

21 투기를 목적으로 매점매석을 하고 그것이 재화의 가격을 상승하게 만들 것이라는 주장은 틀린 것이다. 투기는 투기가 없을 때와 비교하여, 재화의 가격이 최종적으로 도달하는 지점을 상승하게 만들지는 않는다. 투기가 가격상승을 만들 수 없다는 주장에 대해서는 Rothbard(1993) 참조.

한다.

세 시장의 관계는 다음과 같다. 시장1이 존재하게 되면 시장2만 존재하게 되고 시장3은 존재할 수 없다. 시장3이 존재하지 않으면 우리는 자유시장가격을 목격할 수 없다. 시장1이 존재할 때 존재하게 되는 시장2의 가격은 시장3의 자유시장가격보다 언제나 높다. 다만 그 차이는 규제의 종류와 집행의 강도 등에 따라 달라진다. 왜냐하면 강제몰수와 배급이라는 규제가 시장1에서 초과수요를 만들고 그 초과수요는 시장2로 이동하고 시장2의 수요를 증대하게 만들기 때문이다. 여기에서 시장2는 미군정의 통제를 받지 않는 쌀시장과 쌀의 대체재인 보리, 밀 등의 시장을 지칭한다. 쌀가격 결정의 제도적 측면이다.

이제 개별 재화로서 쌀가격의 결정에 영향을 미치는 쌀의 수요와 공급을 분석한다. 첫째, 미군정 기간에 쌀을 포함한 곡물의 생산이 감소했다. <표 3-9>는 1945-1947년의 식부면적과 곡물생산량이 감소하고 있음을 보여준다. 1935-1939년 평균치를 기준으로, 곡물생산량은 1945년에 74%, 1946년에 71%로 크게 감소했다. 특히, 1947년의 식부면적의 감소는 비료를 구할 수 없었기 때문도 있었지만 수해로 인하여 2모작이 곤란하였기 때문이기도 하다(정영일, 1992, pp. 146-147 참조). 식부면적의 감소로 보아 1947년 곡물생산량은 1946년보다 더 감소했을 것으로 추정할 수 있다.

해방 이후 비료 등도 농업 생산의 감소에 큰 영향을 미쳤다. 해방 이후 비료 등의 가격은 폭등했다. 비료 등의 가격 폭등은 통화량 증대에 의한 부분도 있고, 원자재의 공급 애로에서 발생한 부분도 있다. 비료의 경우 일부는 배급되면서 가격도 최고가격으로 고정되었다. 비료의 시장가격은 1945년 8월 현재 지수 1,133에서 1946년 8월 21,685(전년 동월 대비 19.1배 상승), 1947년 8월 37,208(전년 동월 대비 1.72배 상승), 1947년 12월 39,026(1947년 8월 대비 1.05배 상승)으로 상승했다.[22] 1946년 6월 하순에는 43년 만의 대홍수가 발생했다.[23] 쌀의 생산에는 유상몰수정책도 영향을 미쳤다. 유상몰수가격은 최고가격이기 때문에 그만큼 생산이 감소하게 된다. 쌀 생산 감소의 경제제도적 측면이다.

쌀의 생산에 영향을 미쳤던 다른 요인도 있다. 그것은 미군정에 의한 소작료 강제 인하이다. 왜냐하면 이 정책이 식량통제정책과 거의 동시에 실시되었기 때문이다. 미군정은 소작료를 전체 수확량의 1/3로 할 것을 규정했다. 소위 3·1제인 것이다. 해방 전후의 소작료는 현물로서 전체 생산물의 50-70%였다(장상환, 1985, p. 300 참조). 3·1제를 한다는 것은 소작료가 예전에 비해 크게 낮아진다는 것을 의미한다. 그러나 유상몰수 과정에서 3·1제가 얼마나 지켜졌는가는 정확하게 알 수 없다. 장상환(1985, pp. 304-308)은 충남 서산군 근흥면 지역에서 3·1제가 잘 지켜졌다고 지적하고 있다. 그러나 다른 연구자들은 지주들이 3·1제보다 훨씬 능가하는 소작료를 받았다는 주장을 하고 있다.[24] 소작권 박탈과 보복이 두려웠기 때문이라는 것이다. 전국적으로 어떻게 되었는가는 연구 과제이다.

그러나 미군정이 관리하는 일본인 소유의 농지, 즉 신한공사 소속의 귀속농지의 경우에는 3·1제가 제대로 지켜졌다. 그리고 신한공사가 소속 농지의 경우에 3·1제를 지킨 것은 일반농지의 소작료 결정에도 영향을 미쳤을 것으

22 비료의 가격지수는 조선은행 조사부(1948), p. I-226에서 인용.
23 서울신문, 1946년 6월 28일자.
24 황한식(1981), 주 31. 다른 연구에 대해서도 장상환(1985), pp. 304-308 참조.

로 추정할 수 있다. 왜냐하면 당시 분위기는 지주보다는 소작농이 정치력에서 우위에 있었을 뿐만 아니라 미군정도 지주와 소작인의 관계에 작지 않은 영향을 미쳤을 것이기 때문이다. 참고로 신한공사 보유의 논이 전국 논 면적에 차지하는 비율은 1947년 1월 현재 13.7%이다(정영일, 1992, p. 85에서 재인용). 그리고 그 논은 전국에 분포되어 있었다. 신한공사 소유의 농지를 경작하는 농가는 전체 농가의 27%에 달했다.

소작료 강제 인하가 쌀의 생산에 미친 영향은 집단에 따라 달랐다고 하겠다. 먼저 지주는 소작료가 인하되었기 때문에 자신의 농지에 투자할 유인을 줄어들게 만들었을 것이다. 즉, 지주의 경우에 소작료 인하는 농업 생산의 감소를 초래했을 것으로 추론할 수 있다. 지주와 달리, 소작인은 소작료가 인하된 만큼 생산에 더 많은 관심과 노력을 기울이게 만들었을 것을 추론할 수 있다. 결론적으로, 소작료 강제 인하가 쌀의 생산에 미친 영향에 대해서는 실증의 문제이다.

둘째, 인구의 큰 증가가 있었다. 해방이 되면서 해외에 거주하던 동포가 귀국하고 북한의 일부 주민이 월남했다.[25] <표 4-12>는 연도별 인구 규모를 보여준다. 1946년에 1945년과 비교하여 인구가 약 325만 명이 증가했다. 그러나 1945년 인구 규모는 추정치이다. 1946년 인구를 1944년 인구와 비교하면 약 349만 명이 증가했음을 알 수 있다. 즉, 이것은 해방 직후부터 1946년까지 인구 규모가 크게 증가했음을 보여준다.[26] 그 이후에는 정상적인 인구 증가가

25 이 당시에는 월남자와 월북자가 공존했다. 다만 1946-1947년 겨울에만은 월남자보다 월북자의 숫자가 많았다. 다른 시기는 월북자보다 월남자가 많았다. 전상인(2006), p. 168 참조.

26 1946년 8월 현재 귀국자 총수는 약 2,237천 명이다. 이중 일본으로부터의 귀국자는 약 1,047천 명이고 만주에 강제이주시킨 동포와 중일전쟁에 동원된 징병자와 노동자가 귀국한 수는 약 734천 명이다. 山田三郎(1971), p.

<표 4-12> 연도별 인구 규모

(단위: 명)

연도	인구 규모	지수
1944	15,879,110	100.0
1945	16,116,785[1)]	101.4
1946	19,369,270	121.9
1947	19,886,234	125.2
1948	20,027,393	126.1
1949	20,526,570	127.1

주: 1) 추정치.
자료: 한국은행(1971), p. 8.

지속되고 있음을 알 수 있다.

인구의 증가는 쌀을 포함한 곡물의 가격에 두 가지 영향을 미쳤다. 인구의 증가가 쌀의 수요 증가를 통해 쌀가격을 상승하게 만들었다. 다른 하나는 인구 증가가 농업 부문에서 노동비용을 낮추기 때문에 농업 부문의 생산을 촉진했을 수 있다. 그러나 1960년대 공업화 이전까지 농업은 잠재실업자가 적지 않았을 것으로 추정되기 때문에 인구의 유입으로 인한 농업 생산의 증가는 크지 않았을 것이다. 한마디로, 인구 증가가 쌀가격의 상승으로 이어질 가능성이 크다고 하겠다. 그러나 이것은 쌀가격 수준의 상승을 초래하지만 쌀가격의 지속적인 상승으로 이어지지는 않는다.

셋째, 해방 직후에 일시적으로 소비 증대가 있었다. 왜냐하면 해방 이전에 일제에 의해 쌀을 포함한 곡물의 소비가 철저히 억제되었기 때문이다. 그

176; 이종훈(1992), p. 99에서 재인용.

러나 이것은 앞의 두 요인에 비하면, 아주 일시적으로 쌀을 포함한 곡물의 가격에 영향을 주었을 것이다. 그리고 그 시기도 1945년 8월 15일 직후였을 것이다.

넷째, 해방 무렵에는 연말이 다가오면서 양곡 재고가 바닥을 드러내고 있었을 뿐만 아니라 1945년 일본군의 군량 확보를 위한 양곡 수출이 강행되었기 때문에 해방 무렵에는 양곡 재고가 거의 없었다.[27)]

다섯째, 미군정은 상당량의 곡류를 수입했다. 곡류에는 비록 적은 양이지만 미곡도 포함되었다. 이것은 미곡을 제외한 곡물의 가격을 하락하게 할 것이고 미곡을 제외한 다른 곡물은 미곡의 대체 곡물이기 때문에 미곡의 가격을 하락하게 만들었다. <표 4-13>은 1946년부터 1948년까지의 연도별 미곡과 잡곡의 생산량과 수입량을 보여주고 있다. <표 4-13>이 보여주는 것은 매년 전체 소비량(=생산량+수입량)의 약 35-42%의 곡물을 수입했다는 점이다. 미곡과 잡곡의 수입 규모는 전체 소비량의 큰 비중을 차지했기 때문에 미곡의 가격 하락에도 크게 영향을 미쳤을 것을 추정할 수 있다. 그리고 해방 직후에는 미곡의 밀(密) 수출이 있었는데 그 규모가 어느 정도이고 언제까지 지속되었는가 하는 점을 알 수 없다. 다만 1946년에는 큰 영향이 없었을 것으로 추정된다. 이 점에 대한 연구가 필요하다.

여섯째, 미국에 의한 무상원조와 차관이 도입되었다. 1945년 9월부터 시

---

27 미군정이 과거의 미곡 수출 실적으로 보아 한국 내에 상당한 양의 곡물이 남아 있을 것으로 믿었기 때문에 자유시장정책을 실시했다고 문팔용 외(1981, p. 205)는 설명하고 있다. 그러나 현실이 그렇지 않았다는 것이 드러나면서 자유시장정책을 포기했다는 것이다. 그러나 복지정책을 위하여 양곡을 통제했다고 하는 것이 진실이다. 만약 문팔용 외의 설명대로 양곡 재고의 문제였다면 1946년 미곡연도에 자유시장정책으로 회귀했어야 옳았지만 실제로 그렇게 하지 않았던 것은 다른 이유가 있었다고 볼 수 있다. 저자는 그것이 복지정책이라는 것이다.

<표 4-13> 연도별 양곡 수급 실적

(단위: 천 석)

연도	종별	생산량(A)	수출량(B)	수입량(C)	총수요량(D)=A+C
1946	미곡	12,836	–	–	12,836
	잡곡	7,042	–	1,193	8,235
	계	19,878	–	1,193	21,070
1947	미곡	12,050	–	273	12,324
	잡곡	6,351	–	2,711	9,061
	계	18,401	–	2,984	21,385
1948	미곡	13,850	–	485	14,335
	잡곡	6,309	–	1,569	7,879
	계	20,159	–	2,054	22,214

주: 양곡연도 기준(11. 1-10. 30).
자료: 농림부(1958); 김영규(1992), p. 66에서 재인용.

작된 '점령지역 행정구호 원조'(Government Relief in Occupied Areas: GARIOA)와 1947년 2월에 시작된 OFLC(Office of the Foreign Liquidation Commission) 주관의 원조계획이 있었다. GARIOA는 순구호물자로서 무상원조였고 OFLC[28]는 차관이었다. 1945년부터 1948년까지 GARIOA는 총 409,394천 달러, OFLC가 제공한 차관은 총 24,927천 달러였다.[29] 결국 두 가지를 합산하면 총 434,322천 달러였다. 이것은 대부분이 식료품, 피복 등의 완제품 형태의 소비재와 비료 등의 농업용품, 연료, 석유산품 등으로서 원료, 중간재, 부품 형태의 자본재였다. 그중 식료품으로는 총 170,559천 달러로서 전체 금액의 약 39.3%였다.[30] 이것은 많

28 OFLC는 1948년 9월에 20년간 2.375%의 이자로 상환하도록 되었다. 이것은 1948년 12월에 ECA(Economic Cooperation Administration) 원조로 대체되었다. 조선은행 조사부(1949년판), 「전환기의 한국경제전망」, p. 11 참조.

29 조선은행 조사부(1949년판), 「전환기의 한국경제전망」, p. 12 참조.

30 미군정기 품목별 미국 원조의 도입 실적에 대한 자세한 내용은 홍성유(1961), p. 49와 이대근(2002), pp. 68-70을 참조.

은 양의 식료품이 구호물자로서 무상으로 도입되었다는 것이다. 다만 이것은 미곡을 포함한 곡류의 보완재 또는 대체재의 역할을 어느 정도 한다는 점에서 미곡의 가격상승을 억제했을 것이지만 간접적인 것이다. 그러나 식료품으로 도입된 구호물자의 양이 적지 않았다는 점에서 그 영향은 결코 가볍지 않았다고 추정할 수 있다. 이와 함께, 식료품을 제외한 각종 소비재로 구성된 원조물자도 당시 재화들의 가격상승을 억제했을 것이다. 게다가, 한국에 주둔했던 미군의 일부가 1946년 6월에 철수할 때 미군이 보유했던 약 116백만 달러 상당의 물자도 무상으로 한국에 넘겨주었다. 이것도 물가상승의 억제에 긍정적인 기여를 했을 것으로 추정할 수 있다(홍성유, 1961, pp. 36, 49; 이대근, 2002, pp. 68-70). 무상원조와 차관의 도입이 곡물을 포함한 소비재와 자본재 가격의 상승을 억제하고 그것은 이제 정치와 사회를 안정하게 하였다.

앞에서 지적한 수요와 공급 측면의 요인들은 미곡의 가격에 일시적으로 영향을 미치거나 한 번 가격이 인상 또는 하락되고 나면, 그 요인의 변동이 없는 한 이후에 그 효과는 지속되지만 가격이 '지속적으로' 상승하거나 하락하지는 않는다. 수요와 공급에 영향을 미쳤던 요인들 중에서 인구의 증가, 곡류의 수입, 무상원조와 차관에 의한 식료품 등의 수입 등이 중요한 것이다. 그리고 세 가지 요인이 쌀을 포함한 곡류의 가격에 미친 영향에 대해서는 실증 분석이 필요하다. 그리고 제도적 요인 때문에도 미곡의 가격은 상승한다. 그러나 제도적 요인에 의한 미곡의 가격상승은 전 기간에 걸쳐 영향을 미칠 뿐만 아니라 일정한 수준으로 가격을 상승시키고 지속적으로 가격을 상승하게 만들지는 않는다. 미곡의 가격에 대한 기대도 가격의 상승에 영향을 미쳤을 것으로 예상할 수 있지만 현재로서는 알 수 없다.

요약하면, 계절 변동을 무시하면 미가의 지속적인 상승은, 첫째로는 통화공급의 증대 때문이었고 그것은 머니타이제이션에 의한 결과였다. 그리고 머니타이제이션은 크게 세 가지 요인에 의해 촉발되었다. 미가의 상승을 초래한 두 번째 요인은 유상몰수와 배급이라는 제도, 즉 사회주의와 간섭주의를 혼합한 제도 때문이었다. 이것은 미가 수준의 상승이라는 점에서 통화공급 증대에 의한 미가의 지속적 상승과 다른 것이다. 미가의 변화에 대한 기대가 가격의 변화에 일정한 역할을 했을 것으로 추정되지만 현재로서는 알 수 없다. 쌀의 수요와 공급에 영향을 미침으로써 쌀가격의 수준을 결정한 요인들은 크게 여섯 가지임을 앞에서 지적했다.

6. 유상몰수와 배급정책의 영향과 함의

여기에서는 미군정의 유상몰수와 배급정책이 초래한 영향과 그 함의를 검토한다.

① 미군정의 식량통제제도는 사회주의이다. 유상몰수는 지주의 소작료에 대한 권리를 부정하는 것을 의미한다. 지주들은 소작농들로부터 소작료를 직접 수취할 수 없었다. 왜냐하면 미군정은 소작농들로부터 소작료를 강제로 몰수했기 때문이다. 정확히 말하면, 소작료에 관한 한 지주의 권리는 부정되고 미군정이 권리를 가지게 된 것이기 때문에 소작료만큼 '사회주의'가 되었다. 일반농민의 경우에 강제몰수당하는 미곡만큼 사회주의가 되었다. 다시 말하면, 농지는 지주 또는 농민의 소유이지만 그 생산물인 미곡의 일부는 미

군정이 '사회'를 위한다는 목적으로 강제로 몰수했기 때문에 소작료 또는 강제몰수한 곡물만큼 사회주의가 된 것이다. 그리고 소작료를 창출하는 농지도 그만큼 사회주의가 된다. 강제몰수를 위한 자금을 머니타이제이션이라는 방법을 통해 마련함으로써 강제몰수된 곡물은 사실상 공동 소유가 되었다. 그 결과 강제몰수한 곡물에 대해 사회주의가 완성된 것이다. 다만 미군정이 최고가격을 지주 또는 농민에게 지불한 것이기 때문에 가격을 낮게 규제한 것이다. 그리고 사회주의는 자본주의보다 생산성이 낮다는 점을 지적하지 않을 수 없다.

② 곡물 사회주의는 분명히 약탈적인 제도이다. 쌀의 몰수 과정에서 농민들의 격렬한 저항이 있었다.[31] 이것이 사회주의가 약탈적인 제도임을 보여주는 증거이다. 강제몰수량을 확보하기 위하여 경찰, 우익단체, 미군 등이 거의 언제나 동원되었다. 이 과정에서 농민이 사망하는 경우도 발생했다. 토지대장이 소각되거나, 지주가 치안이 어느 정도 회복되었던 도시지역으로 가버리는 바람에 몰수심사의 난항을 겪는 등의 어려움이 있었다. 강제몰수는 일제강점기의 행정조직이 이용되었다. 그 결과 군수, 부윤, 읍, 면장 등이 강제몰수량 확보에 책임을 져야만 했다. 농민의 격렬한 저항이 식량 사회주의가 약탈 또는 몰수이지 단순한 수집이 아님을 보여주는 증거이다.

③ 몰수 시의 최고가격과 배급정책은 수요가 공급보다 큰 상태, 즉 초과수요를 만들어냈다. 왜냐하면 최고가격 때문에 공급자들은 더 적게 공급할 것이고 수요자는 더 많이 수요하기 때문이다. 쌀의 공급 측면을 먼저 보기로

31 이 문단에 나오는 여러 가지 사건, 사고, 농민들의 저항 등에 대해서는 정영일(1992), p. 78의 각주 81-83과 p. 80의 각주 85를 참조.

한다. 공급자들이 공급을 줄이는 것은 낮아진 몰수최고가격 때문에 생산을 줄인 결과이다. 그 과정은 다음과 같다. 지주가 소작료를 미군정에게 유상몰수당했기 때문에 농지에 대한 지주의 투자와 관심은, 그렇지 않았을 때와 비교하여 낮아질 수밖에 없었다. 이것은 지주 소유 농지의 생산성을 하락하게 만들었을 것이다. 자작농인 경우도 유상몰수당하는 미곡이 있었기 때문에 농지에 대한 관심과 투자가 낮아질 수밖에 없었다. 다만 자작농은 지주보다는 유상몰수의 영향을 덜 받았을 것이다. 소작농도 일정 양 이상은 유상몰수를 당했기 때문에 생산에 관심과 투자가 낮아질 수밖에 없었다. 앞에서 서술한 점은 미곡통제정책의 동기와 상관이 없는 것이다. 그리고 재화의 가격이 낮아지면 비용이 높은 한계기업 또는 한계농민은 생산을 중단할 수밖에 없다. 최고가격으로 인하여 생산이 감소하는 추가적인 이유이다. 요약하면 최고가격정책이 농업의 생산에 미친 영향은 부정적이었다.

<표 3-9>에서 보듯이 1945년, 1946년, 1947년 등에는 식부면적이 감소하고 곡물생산량지수가 하락하고 있다. 이런 증상은 일제가 식량공출제도를 강제하기 시작한 1940년을 전후하여 본격적으로 시작되었다. 1945년 이후에는 그 정도가 더 심해졌다. 1945년 이후에 곡물생산량지수가 지속적으로 하락한 것은, 정치·경제적 환경도 있겠지만, 식량통제정책도 작지 않은 역할을 했다고 할 수 있다. 그러나 미곡의 생산에는 다른 요인들도 영향을 미쳤다(미곡 생산에 영향을 미친 추가적인 원인에 대해서는 아래 절에서 자세히 다룬다).

이제 최고가격이 쌀의 수요에 미친 영향을 검토한다. <표 4-3>과 <표 4-4>에서 보듯이 배급최고가격은 시장가격보다 매우 낮았다. <표 4-3>과 <표 4-5>에서 쌀의 배급최고가격과 소맥(국산)의 배급최고가격을 비교하면, 소맥의 최

고가격이 쌀의 최고가격보다 비쌀 때도 있었을 뿐만 아니라 쌀이 소맥보다 비쌀 때에도 그 차이는 크지 않았다. 이것은 쌀의 배급최고가격이 얼마나 낮았는가를 보여준다. 그 이유로 수요자들은 최고가격이 없을 때보다 쌀을 더 많이 수요한다. 그러나 공급이 줄어들었기 때문에 그런 초과수요는 충족되지 않는다. 초과수요는 쌀의 대체재로 이동하게 된다. 그것은 쌀의 대체재인 보리, 밀 등의 가격을 상승하게 만든다. 이것이 쌀의 최고가격과 소맥의 최고가격의 차이가 좁혀진 이유 중의 하나일 것이다. 그리고 그것은 가장 중요한 것이다. 배급최고가격제도 하에서 소비자들은 소맥보다는 쌀을 더 소비하고자 한다. 소비자들에게는 절대가격 수준도 중요하지만 상대가격도 중요하다. 소맥에 비하여 쌀의 배급최고가격은 크게 높지 않았다. 쌀은 더욱더 부족하게 된다.

강제로 몰수하는 경우에도 소작인이 강제몰수량을 채울 수 없다고 허위보고하기도 했다. 그리고 아무리 강력한 벌칙으로 강제몰수를 실시했지만 <표 4-2>에서 보듯이 강제몰수량이 할당량에 차지하는 비율은 1945년, 1948년에는 매우 낮았고 1946년에도 그 비율이 82.8%밖에 되지 않았다. 1945년을 예외로 인정하더라도 1948년은 강제몰수 실적이 정말로 좋지 않았다. 배급 가능량이 줄어든다는 것은 도시 노동자들이 구입할 수 있는 미곡량이 충분하지 않았다는 것을 의미한다. 불충분한 미곡은 시장에서 구입해야 하지만 그 가격은 배급최고가격보다 매우 높았다. 1946년 10월 대구에서 폭동이 일어나서 전국적으로 확산되었던 것도 도시지역에서 배급 미곡이 불충분해지면서 시장가격이 천정부지로 치솟았던 이유를 무시할 수 없다.

미곡의 공급 감소로 인한 결식자들 때문에 학교와 직장의 정상적인 운영이 어려웠다.[32] 마포 연안에서는 해적선이 출현해 지방에서 운반해온 쌀을 강탈하는 일도 발생했다.[33] 다른 요인이 일정하다고 가정하면, 이런 사건과 사고는 유상몰수와 배급정책이 미곡을 시장에서 점점 사라지게 하고 있음을 보여주는 증거이다.

④ 유상몰수와 배급정책은 쌀의 시장가격을 상승하게 만들었다. 왜냐하면 그 정책이 앞에서 보듯이 미곡의 생산을 줄어들게 만들었기 때문이다. 무엇보다도 연간 생산량의 약 30%가 미군정의 통제로 강제몰수되었기 때문에 그 영향은 결코 작았다고 볼 수 없다. 물론 우리는 가격상승 효과를 직접 목격할 방법은 없다. 왜냐하면 그 상승효과는 <표 4-4>의 가격에 포함되어 있기 때문이다. 쌀의 시장가격상승의 제도적 측면이다. 그리고 보리, 밀 등과 같은 곡식에도 동일한 통제정책이 시행되었기 때문에 쌀과 같이 보리, 밀 등의 시장가격을 상승하게 만들었을 것이다. 이 점은 <표 4-6>과 <표 4-8>에서 확인할 수 있다.

⑤ 유상몰수와 배급정책이 소득재분배를 발생하게 만들었고 그 결과 사회는 승자들과 패자들로 나누어졌다. 승자는 비농민들이다. 승자가 얻는 이득은 간접규제가격과 배급최고가격의 차이이다. 이것은 승자 한 명이 얻는 이득이다. 예를 들어, 1947년 승자들 전체가 얻는 이득은 5,005,000석에 간접규제가격과 배급최고가격의 차이를 곱한 값이다. 패자들은 지주들과 농민들이다. 한마디로, 유상몰수와 배급정책은 미군정이 비농민을 지원하기 위하여 지주들과 농민들을 희생한 것이다.

---

32 동아일보, 1946년 2월 16일자, 4월 2일자.
33 동아일보, 1946년 3월 5일자.

그러나 이렇게 분석하는 것은 질서가 잘 유지되고 있을 때, 좁게는 계약이 문제없이 수행될 때이다. 실제로는 질서의 유지자가 좌익단체였다가 새로운 질서 유지자인 미군정이 확립되었을 때도 농민들은 소작료 불납, 일본인 소유 농지의 무상분배 등과 같은 반시장적인 요구를 내걸고 미군정의 식량통제정책에 격렬하게 저항했다. 식량통제정책은 지주들을 패자로 만들었지만 더 큰 손실이 발생하는 길도 막아주었다. 이 경우에 패자가 되는 길은 농지도 소작료도 모두 잃는 것을 의미한다. 지주들은 식량통제정책으로 최악을 피하는 대신에 자신들이 마땅히 가져야 할 권리의 일부를 포기했다. 그러므로 지주들은 '최선'이라는 관점에서는 패자이지만 '차선'이라는 관점에서는 승자이다.[34] 문제는 당시의 현실이 지주들에게는 최선이 아니라 차선만이 용납되었다는 것이다. 다만 당시 정치·경제·사회적 불안정이 좌파 집단과 사상에 의해 인위적으로 만들어진 측면이 있었다는 점은 중요하다. 이 점에 대한 추가적인 연구가 필요하다.

다른 한편, 조선 시대의 토지 또는 농지가 독점인 경우가 많았고 그 경우에 진정한 소유자는 경작자들, 즉 소작인들이다. 그 경우에 식량통제정책의 패자들은 소작농들이 된다. 왜냐하면, 토지의 진정한 소유자가 경작자들이기 때문이다. 그러나 토지의 진정한 소유자들을 구별해내는 문제는 각 토지 또는 농지의 역사를 사례별로 탐구할 때만이 해결 가능하다. 이 점에 대한 자세한 분석은 10장을 참조할 수 있다.

식량통제에 관여한 미군정 관료들, 한국인 경찰들과 공무원들 등은 통제

34 신병식(1988, p. 189)은 미군정의 미곡통제정책이 지주들에게 주된 혜택이 돌아갔다는 주장을 하고 있다.

정책으로부터 이득을 보았다. 이들은 유상몰수와 배급이라는 규제를 집행하는 과정에서 폭력을 행사하거나 자신들이 만든 규제를 농민들, 지주들, 비농민들 등이 지키도록 강제함으로써 자신들의 만족을 극대화했다. 이 과정에서 부정과 부패가 발생했을 가능성도 높다. 즉, 미군정 관료들, 한국인 경찰들과 공무원들 등은 유상몰수와 배급이라는 규제의 또 다른 승자이다.

특히, 일제강점기에 경찰이 되었던 사람들은 해방 직후에 친일분자로 낙인찍혔지만 미군정이 그들을 군정의 협력자 또는 실행자로 만듦으로써 친일분자라는 낙인을 사실상 지워주었다. 이것은 화폐로 환산할 수 없지만 그 이득은 비농민 등이 가지게 되었던 이득보다 훨씬 컸다고 하겠다. 그러므로 미군정 통제정책의 최종승자는 일제강점기에 일제의 치안 유지 등에 협조했던 경찰, 경찰 협조자, 군인, 관료 등이다.

앞에서의 분석은 가격과 관련한 실물적 측면만 분석한 것이다. 그러나 가격의 결정에는 다른 요인이 일정하더라도 화폐의 공급이 영향을 미친다. 복지정책을 머니타이제이션함으로써 쌀을 포함한 곡류의 가격은 지속적으로 폭등했다. 인플레이션은 그 자체로 또한 소득을 재분배하게 만든다. 그러나 이 점에 대한 자세한 설명은 생략한다. 그에 대해서는 31장을 참조할 수 있다. 화폐공급의 증대는 경기변동도 초래했다. 실물적 측면과 화폐적 측면을 합산하면 경제 내의 모든 경제주체는 패자가 된다. 미군정기의 한국 경찰과 공무원, 미군정 등도 예외가 아니다.

⑥ 유상몰수와 배급정책은 해방 이후 미곡시장을 '이중구조' 또는 '다중구조'로 만들었다. 하나는 미군정의 몰수와 배급에 의해 통제되고 있는 시장이다. 여기에서 가격은 순전히 경제 외적 동기에 의해 결정되었다. 다른 하나

는 수요와 공급에 의해 가격이 결정되는 시장이다. 물론 이 경우에도 몰수와 배급의 영향을 받기 때문에 완전한 의미에서 자유시장으로 보기는 어렵다. 바로 그 이유로 저자는 이 시장을 간접규제시장으로 명명했다. 그리고 몰수 최고가격과 배급최고가격도 구분되어 있었다.

⑦ 미군정은 식량통제를 복지정책의 일환으로 이용했다. 그리고 미군정은 머니타이제이션을 통해 복지정책의 재원을 마련했다. 통화공급의 증대는 쌀을 포함한 모든 재화 가격의 폭발적인 상승을 초래했다. 그리고 통화량의 증가는 경기변동도 만들어냈다. 경기변동은 실업, 구조조정 등을 초래했다. 즉, 미군정 시기는 강력한 스태그플레이션(stagflation) 시기였다. 경기변동은 농업보다는 제조업과 광업 등에 더 큰 영향을 미친다. 경기변동이 없을 때와 비교하여, 경기변동은 모든 사람의 물질적 삶을 어렵게 만들었다. 해방으로 인한 분업의 붕괴와 일제의 퇴각으로 실업이 만연한 상태에서 경기변동은 경제를 더 나쁘게 만들었다. 이것은 미군정이 복지정책을 시행하는 데 있어서 적절한 수단을 선택했는가 하는 의문을 품게 한다.

비농민에는 농업에 종사하지 않는 도시의 노동자들, 소규모 자영업자들, 기업가들, 공무원들, 전업주부들과 학생들, 북한에서 이주한 사람들, 해외로부터의 이주민들 등이 포함된다. 그들 중에는 실업자가 된 경우도 있었을 것이고 직장을 계속해서 다닌 사람도 있었을 것이다. 그리고 비농민이 상대적으로 부자인 경우도 있었을 것이고 가난한 사람인 경우도 있었을 것이다. 다시 말하면, 비농민이라고 하더라도 소득과 부의 상태가 모두 달랐다는 것이다. 그럼에도 불구하고 미군정은 복지정책을 실행하는 데 드는 비용을 최소화하는 노력을 하지 않았다. 왜냐하면 미군정은 재정적자를 머니타이제이션해야 하는 상황에서 비농민 중에서도 그들의 소득이나 부의 상태에 따라 복지정책을 차별하여 시행함으로써 복지정책에 드는 비용을 줄이려는 노력을 하지 않았기 때문이다. 미군정이 비농민이면 누구라도 일정량의 배급을 주었던 무차별 정책은 평등하다는 점에서 좋았지만 말이다. 한마디로, 미군정은 비농민 전체를 대상으로 소위 '보편적 복지'를 시행함으로써 물가의 폭발적인 상승으로 인한 너무 많은 희생을 당시의 모든 국민에게 강요했다(이 점은 다른 장에서 더 다룰 것이다).

⑧ 지주들은 단기에는 농지의 소유권이 미군정에 의해 보호되었고 소작료도 비록 몰수최고가격이지만, 미군정의 정책에 의해 간접적이지만 징수했다. 그러나 몰수최고가격은 간접규제가격보다 매우 낮았다. 이것은 사실상 소작료의 구매력이 매우 낮았음을 의미한다. 이것은 상대적으로 소규모의 토지로부터 나오는 소작료에 의존하여 살아가는 지주들에게는 지주라는 지위를 포기하고 자작농이 되는 것이 더 나은 방법이 되었음을 시사한다.[35] 즉, 미군정의 매우 낮은 몰수최고가격은 사실상 지주제도를 내부에서 붕괴하게 만드는 한 가지 요인이 되었다고 볼 수 있다. 다시 말하면, 제1공화국에서 농지개혁이 큰 저항 없이 진행될 수 있었던 것은, 다른 요인들이 일정하다고 가정하면, 미군정의 식량 사회주의 제도 때문이었다. 그러나 이것은 어디까지나 필자의 추정이기 때문에 추가적인 연구가 필요하다.

⑨ 결식자들이 많았기 때문에 학교, 직장 등의 정상적 운영이 어려웠다. 쌀을 운반하는 배나 화물차를 습격하는 사건 또는 사고도 발생했다. 앞에서

35 지주제 또는 소작제는 일제 시대 후반에 이미 붕괴되기 시작했다. 이 점에 대해서는 다른 책에서 다룰 것이다.

열거한 것은 미곡통제정책이 없었다면 거의 발생하지 않았을 것이다. 그런 사건과 사고가 완전히 발생하지 않았을 것이라고 말할 수는 없지만 말이다. 한마디로, 식량통제정책이 경제와 사회의 생산성을 떨어뜨렸다.

⑩ 낮은 배급최고가격 때문에 부정수급자도 적지 않았을 것이라고 추정된다. 예를 들어, 배급 대상자가 사망한 경우에도 사망 신고를 늦게 하는 경우이다. 왜냐하면 당시에는 행정력이 충분히 준비되어 있지 않았기 때문이다. 그런 부정수급자 때문에 쌀은 더 부족하게 된다. 다른 한편, 낮은 몰수최고가격 때문에 농민으로부터도 몰수량을 줄이기 위하여 부정행위가 있었을 것이라고 추정된다. 이것은 몰수량을 줄어들게 만든다. 이것은 몰수와 배급 과정에서의 공무원의 부패[36]가 발생했을 수 있음을 예상케 한다. 이 점에 대한 연구가 필요하다.

⑪ 미군정은 식량통제정책을 실시하는 과정에서 농민들을 차별했다. 미군정이 소작농으로부터 소작료를 받을 때는 현물로 받았다. 그러나 미군정은 1947년부터 신한공사 소유의 농지를 소작하는 농민은 소작료를 현금으로 납부하도록 했다. 문제는 현금가격은 몰수최고가격이고 현물은 시장에서 판매할 경우에 간접규제가격을 받을 수 있다는 것이다. 두 가격의 차이만큼 신한공사 소유 농지를 소작하는 소작농에게는 특혜가 되었다. 그리고 이 점이 농민으로 하여금 미군정에 대해 반감을 가지게 만들었던 원인들 중의 하나일 수 있다.

소작농이 소작료를 현금으로 지불하게 한 정책은 정부의 예산에 적지 않

---

36 조봉암 농림부 장관은 국회에서 행한 연설에서 몰수와 배급에 관여한 관료들의 부패에 대해서 지적했다. 국회사무처, 국회의사속기록, 제71호, 1948. 9. 24, p. 132; 정일영(1992), p. 86 각주 98에서 재인용.

은 부담을 주었을 것으로 예상할 수 있다. 왜냐하면 미군정은 배급은 현물로 해야 했기 때문이다. 몰수를 몰수최고가격인 현금으로 한 상태에서 배급할 현물이 부족할 경우에는 간접규제가격으로 구입해야 할 수밖에 없다. 문제는 간접규제가격은 몰수최고가격보다 매우 높았다는 점이다. 이 점에 대해서는 연구가 필요하다.

⑫ 식량통제정책에 대한 농민들의 저항과 노동자들의 파업은 언제나 거의 동시에 발생했다. 여기에 노동자들을 제외한 비농민들도 데모와 폭동에 가세했다. 노동자들의 파업에는 배급의 부족이 파업의 주요 이슈로 등장하는 것이 거의 대부분이었다. 식량 부족이 심각해지자 그런 데모는 급기야 폭동으로까지 번졌다. 폭동에서 인명 살상 등이 이루어졌다. 예를 들어, 1946년 3월 말부터 4월 초까지 서울에서는 수차례에 걸쳐서 대규모 '쌀소동'이 있었다 (조선은행 조사부, 1949년판, p. II-34 참조). 이 시기의 시위, 파업, 폭동 등이 이념에 의해 촉발된 측면을 무시할 수 없지만 사회주의적 식량통제 때문에 발생한 식량 부족이 중요한 원인이었다. 식량통제정책이 없을 때와 비교하여, 식량통제정책이 사회를 더 불안하게 만들었다. 정치와 사회의 불안은 언제나 경제를 더 나쁘게 한다. 식량통제정책의 정치·사회적 측면이다.

⑬ 미군정은 한국에서 '단기' 질서 유지자 또는 지배자였지 '장기' 질서 유지자 또는 지배자는 아니었다. 그러므로 미군정의 식량에 대한 통제정책이 충분한 검토 없이 결정되었다는 주장이나 식량통제정책을 시행하면서 유통기구의 정비가 없었다는 주장 등은 틀렸을 수도 있다는 것을 시사한다. 왜냐하면 미군정이 단기 질서 유지자라는 관점에서 미군정의 결정을 평가하고 있지 않다고 보이기 때문이다.

7. 결론

미군정은 미곡의 자유거래정책을 시행한 후 얼마 지나지 않아 그 정책을 포기하고 유상몰수와 배급, 즉 사회주의 제도로 바꾸었을 뿐만 아니라 그 제도를 군정 기간 내내 시행했다. 미군정은 남한에서 공산주의의 발흥을 막기 위하여 식량통제정책을 시행했다. 식량통제의 동기가 적어도 명목상으로는 공익이라는 것이다. 식량통제정책의 실질적인 동기는 높은 실업과 폭발적인 물가상승으로 인하여 극도의 어려운 삶을 살고 있는 비농민들을 지원하는 것이었다. 한마디로, 미군정의 실질적인 식량통제 목적은 비농민의 경제적 이득을 위한 것이었다.

그러나 유상몰수와 배급정책의 동기와 상관없이, 그 정책은 미곡에 대한 초과수요를 유발하였고, 그 결과 미곡의 가격을 상승하게 만들었으며, 배급제로 소비자는 자신이 원하는 충분한 양의 미곡을 구입할 수 없었다. 즉, 식량통제정책이 식량통제가 없을 때와 비교하여 미곡시장 상황을 더 악화시켰다는 것이다. 미곡의 가격상승과 미곡 부족의 제도적 측면이다. 이것은 물가상승의 억제라는 공익과 정면으로 배치되는 것이다. 이것은 미가 수준의 상승이라는 점에서 통화공급 증대에 의한 미가의 지속적 상승과 다른 것이다. 가격의 변화에 대한 사람들의 기대가 가격의 변화에 일정한 역할을 했을 것으로 추정되지만 현재로서는 알 수 없다. 미곡의 배급 과정에서도 문제가 있었지만 그것은 문제의 본질이 아니다. 문제의 본질은 유상몰수와 배급이 사회주의이고 여기에 최고가격이라는 규제를 추가했다는 점이다. 그리고 미곡을 제외한 다른 곡물의 가격도 규제가 없을 때와 비교하여 상승하게 만들었다.

미곡의 대체재로서 다른 곡물에 대한 수요가 증가했기 때문이다.

다른 한편, 미군정은 식량통제정책의 재원을 비록 일부이지만 머니타이제이션에 의해 조달했다. 물론 식량통제정책을 위한 통화공급의 증대는 일부는 환수되는 것이기 때문에 그 영향이 단기라고 추정할 수 있다. 그러나 미군정 기간 내내 식량통제정책을 위한 머니타이제이션을 했기 때문에 그 영향은 작지 않았다. 다른 요인이 일정하다면, 계속되는 머니타이제이션 때문에 미곡을 포함한 모든 재화의 가격은 지속적으로 상승했다. 비록 미군정 후반기에는 머니타이제이션의 크기가 작아지면서 미곡을 포함한 물가상승이 상당히 완화된 것도 사실이지만 말이다. 이것이 미곡의 가격상승과 미곡 부족의 화폐적 측면이다. 그리고 미곡가격의 급격하고도 지속적인 상승에는 해방 직후 일본인의 통화 발행 증대와 미군정의 한반도 질서 유지를 위한 재정의 머니타이제이션도 큰 역할을 했다. 미군정 후반기에 물가상승이 다소 완화된 것은 다른 요인도 영향을 미쳤다.

쌀의 수요와 공급에는 여러 가지 요인이 영향을 미쳤다. 그러므로 식량통제정책이 "수요와 공급에 있었다거나 토지개혁을 통한 생산력의 향상에 실패했기 때문"이라는 정영일(1992, p. 82)의 주장은 전적으로 틀린 것이다. 왜냐하면 그 이유는 다음과 같다. 먼저 정영일 주장의 전반부에 대해서는 앞에서 다루었기 때문에 생략한다. 후반부에 대해서만 보면, 토지개혁의 실패가 식량의 수급에 미친 영향은 장기적인 것이지만 식량통제정책은 단기적 목적을 위한 것이라는 점이다.

미군정의 식량 사회주의는 적어도 명시적으로는 미군정의 목적, 즉 공익을 위한 것이지만 실질적으로는 비농민을 지원하기 위한 것이었다. 그 결과 식량통제정책은 소득재분배를 발생하게 만들었다. 문제는 그 정책의 재원이었다. 미군정은 한국경제가 아주 나쁜 상태였기 때문에 세금으로 식량통제정책의 재원을 마련할 방도가 없었다. 왜냐하면 한반도의 질서 유지를 위한 미군정의 재정도 언제나 적자였기 때문이다. 게다가, 미군정은 복지정책의 재원을 마련하는 경우에도 조선은행의 발권력을 이용했다. 즉, 미군정의 재정적자는 크게 두 가지 이유로 발생했는데 미군정은 그런 재정적자를 머니타이제이션했다. 그 방법은 쌀의 가격을 포함한 모든 재화의 가격을 '광란물가'라고 지칭될 정도로 폭등하게 했을 뿐만 아니라 그 폭등이 지속되게 만들었다. 그것은 다시 경기변동을 초래함으로써 나빠진 경제를 더 나쁘게 만들었다.

해방 이후 한국인이 직면했던 엄청난 곤경을 완화하기 위하여 미군정은 구호물자의 무상원조, 차관의 공여, 식량의 수입 등과 같은 많은 노력을 했다. 그러나 식량통제를 포함한 전면적 경제통제는 그런 노력을 상당 부분 물거품으로 만들었다. 엎친 데 덮친 격으로, 그런 통제를 위하여 식량통제정책의 재원을 머니타이제이션했다. 그리고 남한의 질서 유지를 위한 미군정의 재정적자도 머니타이제이션으로 해결하는 방법을 취했다. 재정적자를 초래하는 다른 요인이 엄존했던 상황에서 머니타이제이션의 크기를 줄이기 위하여 식량의 배급을 비농민 중에서도 부 또는 소득이 매우 낮은 사람만을 대상으로 제한함으로써 머니타이제이션의 크기를 줄여 그 폐해를 줄일 수는 없었는가 하는 의문을 갖지 않을 수 없다(이 점은 5장에서 자세히 다룰 것이다). 무엇보다도 미군정은 자신의 목적을 위하여 복지정책을 시행했는데, 그 복지정책의 재원을 머니타이제이션하는 방법은 복지정책을 구현하는 데 있어서 가장 나쁜 방법이었다. 미군정은 바로 그런 정책을 시행했던 것이다.

미군정은 곡물뿐만 아니라 다른 많은 재화도 가격을 규제했다. 그런 규제는 그 재화들의 가격을 규제가 없을 때와 비교하여 상승하게 만들었다. 이것이 재화들의 가격상승의 제도적 측면이다. 물론 이것은 화폐공급량 증대에 의한 물가의 지속적인 상승과 다른 것이다. 다수 재화의 가격을 규제하는 것은 사실상 경제를 위기로 몰아넣는 정책이다. 경제를 전면적으로 통제하고 규제하는 것은 경제 전체를 혼란에 빠뜨리고 소비자들에게 대체재들마저 이용할 수 없도록 한다. 미군정은 화폐적 측면은 말할 것도 없이 미시적 관점에서도 크게 잘못된 정책을 실행했던 것이다.

마지막으로, 이 장에서의 서술의 문제점을 지적하지 않을 수 없다. 미곡통제정책의 동기를 규명함에 있어서 저자는 충분한 실증적 증거를 제시하지 못했다. 그러므로 미군정이 미곡통제정책을 채택한 동기에 대해서는 아직도 가설적인 단계에 있고 그것을 기초로 하는 이 장의 다른 내용도 추후의 수정 또는 보강이 불가피하다.

제2편 미군정의 국가주의

제5장

초인플레이션과 머니타이제이션

1. 서론

이 장의 목적은 미군정 시대 초인플레이션의 원인과 결과를 분석하는 것이다. 초인플레이션을 분석하는 일에 있어서 가장 중요한 것은 미군정이 운용했던 화폐제도와 금융제도이고 그 다음으로는 화폐정책과 금융정책이다. 그러므로 이 장의 목적은 기본적으로 미군정 시대의 화폐제도와 화폐정책, 금융제도와 금융정책을 탐구하는 것이다.

미군정은 일제강점기의 화폐제도와 금융제도를 대부분 승계했다. 무엇보다도, 미군정은 조선은행이 발행한 조선은행권을 법화로 지정했다. 조선은행권은 일제가 법화로 사용했던 불환지폐이다. 미군정은 그런 조선은행을 통제함으로써 통화발행권을 독점했다. 그리고 그 독점권을 이용하여 재정적자와 식량통제에 따르는 비용을 머니타이제이션했다. 엄청난 재정적자와 식량통제에 따르는 비용을 머니타이제이션함으로써 초인플레이션이 발생했고 결과적으로 물가가 폭등했을 뿐만 아니라 지속되었다. 이것이 미군정이 화폐발행권을 독점한 결과이다.

미군정이 재정적자를 조금이라도 줄일 수 있었더라면 결과는 크게 달라졌을 것이다. 그리고 식량통제에 따른 비용을 줄일 수 있는 방법은 없지 않았다. 만약 식량통제정책을 좀 더 신중하게 시행함으로써 화폐공급의 증대를 억제할 수 있었다면 미군정의 초인플레이션은 상당히 억제되었을 것이다. 모든 재화의 가격이 폭등하자 미군정은 가격을 규제하는 방법으로 가격 폭등을 억제하고자 했다. 불행하게도 가격규제는 규제되는 재화들의 가격을 더 상승하게 만들었다. 물가상승의 경제제도적 측면이다.

미군정은 화폐 발행의 독점권을 가짐과 동시에 금융산업을 강력하게 규제했다. 화폐 발행의 독점권을 획득한 연후에는, 경제 전체를 통제하기 위해서는 어떤 정부라도 필연적으로 금융산업을 통제해야 하기 때문이다. 화폐 발행의 독점과 금융산업의 통제는 사실상 경제 전체를 통제하는 것이다. 미군정은 거기에 더하여 재화들의 가격을 규제했기 때문에 미군정 시대는 강력한 통제경제 시대 또는 간섭주의 시대이면서 사회주의가 일부 시행되었던 시대이다. 그리고 미완성의 자본주의가 존재했지만 경제에서 그 비중은 크지 않았다.

금융산업에 대한 규제는 여러 가지이다. 첫째, 미군정은 금리를 규제했다. 그리고 그 금리는 자유시장 금리보다 매우 낮은 최고가격이었다. 미군정에 의한 금리의 규제는 여러 가지 부작용을 초래했다. 여기에서는 가장 중요한 두 가지만 지적한다. 먼저 금리를 최고가격으로 규제한 결과 사금융 시장의 발달을 가져왔다. 왜냐하면 초인플레이션 하에서 낮은 최고가격은 실질금리를 음(陰)으로 만들었고 그 결과 사람들은 공식 금융기관에 예금하는 것을 기피했기 때문이다. 사금융이란 공식 금융기관을 거치지 않는 금융거래를 말한다. 금리규제로 서민과 중소상공업자의 금융이 축소되면서 사금융 시장이 발달하게 된 것이다. 당시 발달한 사금융으로서는 계, 사설무진(私設無盡)회사 등이 있었다. 예금을 하는 경우에도 장기예금보다는 단기예금에 치중했다. 최고가격으로 자금에 대한 초과수요가 발생하자 미군정은 자금의 대출을 엄격히 심사함으로써 대출을 억제했다. 즉, 자금을 배급하게 되었다.

둘째, 금리규제는 장기금융시장의 미발달을 초래했다. 실질금리가 마이너스인 상황에서 사람들은 저축을 하기보다는 소비에 치중했다. 그리고 사람들은 정기예금과 같은 장기저축보다는 현금과 같은 당좌예금에 자금을 예금하는 선택을 할 수밖에 없었다. 이러한 상황에서 장기금융시장은 발달할 수 없었다. 비록 통제경제였지만 일제 시대에는 장기금융시장이 어느 정도 발달했었다. 그러나 미군정이 금융을 통제하여 초인플레이션이 발생했고 실질금리를 음으로 만듦으로써 장기금융시장은 전혀 발달할 수 없었다.

장기금융시장의 발달 여부는 머니타이제이션의 시행에 매우 중요하다. 만약 장기금융시장이 조금이라도 발달한다면 정부는 그 시장에서 국민에게 직접 채권 등을 팔아 재정적자를 보전할 수 있다. 채권 등을 국민에게 팔아 재정적자를 보전하는 방법은 머니타이제이션으로 인한 물가상승이라는 부작용을 초래하지 않는다. 왜냐하면 국민에게 직접 채권을 팔아서 재정적자를 보전하는 것은 국민이 가진 부를 정부로 이전하는 것이기 때문이다.

셋째, 미군정은 금융산업에 비가격규제도 실행했다. 비가격규제는 여러 가지가 있다. 그 규제는 대부분이 금융기관들에게 보조금을 주는 것이었다. 그 결과 미군정은 해방 직후 위기에 처한 공식 금융기관들을 구제했고 금융시스템이 붕괴하는 것을 막았다. 그러나 그 규제는 비효율적 금융기관도 생존하도록 했다. 왜냐하면 모든 금융기관에게 보조금을 줌으로써 비효율적 금융기관들도 도산하는 것을 막아주었기 때문이다. 미군정의 비가격규제로 모든 공식 금융기관이 생존하게 된 상태에서 어느 금융기관이 비효율적 금융기관인가를 쉽게 식별할 수 있는 방법은 없었다. 그러나 우리가 식별할 수 없었다고 비효율적 금융기관이 없는 것은 아니다. 비가격규제는 사실상 당시 국민들이 부담했던 인플레이션적 조세(inflationary tax)의 일부를 금융기관들에게 넘겨주게 만들었다.

미군정 기간 동안 화폐·금융 통제와 재화들의 가격통제의 상호작용을 인과관계에 따라 요약하면 다음과 같다. 해방 이전에도 식민지 국가로서 한국의 경제는 일제의 강력한 통제와 과다한 통화증발에 의해 물가는 실제로는 크게 상승하고 있었다. 통화증발에 비해 물가지수의 상승이 완만했던 것은 통계 측정의 오류라고 하겠다. 그리고 통화증발로 경제는 점차 위기에 빠졌다. 해방 직후 일제는 비록 일시적이지만 여전히 조선은행을 통제하고 있었기 때문에 자신들의 목적을 위하여 통화를 대규모로 증가시켰다. 식민지 시기의 경제 환경과 맞물려 한반도에서 초인플레이션이 발생했다. 미군정은 물가를 통제한다는 목적으로 쌀을 포함한 각종 재화의 가격을 통제하기 시작했다. 여기에 미군정은 경기를 부양한다는 목적으로 대규모 재정적자와 식량통제를 위한 엄청난 비용을 머니타이제이션했다. 그런 머니타이제이션은 해방 직후보다 더 폭발적인 물가상승을 초래했다. 미군정은 초인플레이션에 대응하기 위하여 금융산업도 강력하게 통제했다. 미군정이 화폐와 금융을 통제했다는 것은 사실상 한국경제를 전면적으로 통제했음을 의미한다. 재화들의 가격통제와 금융산업에 대한 규제는 물가상승을 악화시켰을 뿐만 아니라 경제 전체를 더 혼란에 빠뜨렸다. 가격통제와 금융산업 규제가 없을 때와 비교하여 그렇다는 것이다. 해방 이후의 정치·사회적 혼란은 경제를 그만큼 더 어렵게 만들었다. 그런 혼란의 배경에는 국제 정치라는 외부적 요인도 있었고 국내 정치라는 내부적 요인도 있었다. 내부적 요인이 경제에 미친 부정적 영향은 우리 스스로 책임을 져야 하는 것이다. 그러나 직관적으로 볼 때, 미군정이 경제를 전면적으로 통제한 정책의 폐해는 그런 내부적 영향과 비교할 수 없을 만큼 컸다고 추정된다. 한마디로, 미군정의 경제정책은 그 목적과 상관없이 미군정의 많은 노력에도 불구하고 가장 최악의 결과를 초래했다.

2. 화폐시장과 금융시장

(1) 화폐와 금융: 제도와 정책

이 장을 이해하기 위해서는 미군정 기간의 화폐제도와 화폐정책을 먼저 알 필요가 있다. 첫째, 미군정은 일제강점기에 중앙은행 역할을 했던 조선은행을 여전히 중앙은행으로 지정하고 불환지폐인 조선은행권을 발행하도록 했다. 그리고 미군정은 그런 조선은행을 직접적으로 통제했다. 미군정은 사실상 조선은행권 발행의 독점권을 가지게 된 것이다. 이를 뒷받침하기 위하여 군정법령 제21호 1, 미국육군총사령부 포고 제3호와 제4호, 미군정법령 제59호 등이 공포되었다.

상기 규정들의 핵심적인 내용은 다음과 같다. 미군정은 조선은행을 해방 전과 마찬가지로 발권은행으로서의 지위를 유지하게 함으로써 조선은행권의 발권과 유통을 공인했다. 다만 조선은행은 통상의 중앙은행과 다른 점이 있었다. 조선은행은 해방 전에 갖고 있었던 일반은행 업무를 수행하면서 은행권의 발행, 지불준비금의 보유, 재할인, 국고 업무 등과 같은 중앙은행으로서의 기능을 수행했다. 그러나 미군정이 사실상 화폐 발행권을 통제했기 때문에 조선은행은 통화와 신용에 관한 자주적인 통제권한을 보유하지 못했다. 미군정은 일본은행권의 한국 내 유통 금지와 대만은행권의 회수를 규정했다.

미군정은 보조군표인 'A'형 원통화를 법화로 인정할 계획이었으나 혼란을 초래할 것이라는 우려로 그 계획을 즉각 취소하고 9월 16일 조선은행권을 법화로 인정한다고 공포하였다.

둘째, 미군정의 화폐정책은 무엇인가? 무엇보다도 미군정은 미군정의 재정적자를 조선은행의 화폐 발행으로 보전했다. 해방 이후 남한경제가 극도로 위기에 빠졌기 때문에 미군정은 충분한 세입을 마련할 수 없었다. 게다가, 미군정은 조선은행의 대출을 통해 대규모 복지정책의 실시로 인한 비용을 마련하도록 조치했다. 미군정이 재정적자와 복지비용을 머니타이제이션한 것은 극심하고도 지속적인 물가상승을 초래했다. 이것은 화폐정책을 재정정책에 종속시켰음을 의미한다(이 점은 아래의 절에서 자세히 다룰 것이다).

이제 미군정의 금융제도와 금융정책을 알아보기로 한다. 첫째, 미군정은 지불준비금을 법률로 강제하지 않았다. 해방 이전에는 일반은행의 지불준비율은 10%로 한다는 규정이 있었다(조선은행 조사부, 1948년판, p. I-291). 그러나 그 규정은 사실상 유명무실했다. 먼저, 일제 시대 조선 재정은 일본 정부 예산의 특별회계로 취급되어 과도한 적자재정에 대한 우려가 크지 않았다. 또한 일본 금융기관들 전체가 지불준비금을 중앙은행에 보관한 것이 아니라 자신들이 스스로 현금을 보유한 것이 당시 상관습이었기 때문이었다. 앞의 두 가지 이유로 조선의 일반은행도 스스로 일부 현금을 보유했다. 해방 이후에 미군정도 법정지불준비금을 요구하지 않았다. 그 결과 해방 직후에는 지불준비율이 크게 하락했지만 은행들은 자신들의 안전을 위하여 '큰 규모의' 지불준비금을 스스로 마련했다는 사실을 <표 5-1>에서 알 수 있다. 그렇게 한 것은 내·외부적 이유로 금융기관들의 경영위기가 지속되었기 때문이다. 경제위기

<표 5-1> 일반은행의 연도별 지불준비율

(단위: 백만 원, %)

연월말	총예금	지불준비금	지불준비율
1945. 8.15	2,245	198	9
9	957	365	38
1946. 3	2,833	787	28
9	6,284	1,764	28
12	8,252	2,456	30
1947. 3	9,650	3,494	36
6	10,465	3,487	33
9	13,249	3,694	28
12	16,696	3,945	24
1948. 1	18,918	4,641	25

자료: 조선은행 조사부(1948년판), pp. I-311-312.

에 직면하여 금융기관들 스스로 높은 지불준비율을 유지함으로써 통화량의 증대는 상당히 억제되었다. <표 5-1>에서 해방 직후를 제외하면 1948년 1월까지 그 비율은 평균 약 30%였다.

둘째, 미군정은 금융기관의 대출금리, 예금금리 등을 규제했다. 그리고 조선은행의 일반은행에 대한 대출금리도 규제했다. 이것은 조선은행의 발권력을 이용한 자금을 낮은 금리로 일반은행에게 대출해 주는 것을 말한다. 금융기관의 대출금리와 예금금리는 너무 낮았고 그 결과 실질금리는 마이너스였다. 미군정기의 금리는 사실상 '최고가격'이었다. 최고가격은 많은 폐해를 만들어낸다. 금리도 예외는 아니다. 금리규제와 그 폐해에 대한 자세한 내용은 아래의 절에서 다룬다. 극심한 물가상승으로 실질금리가 마이너스가 되면서 모든 금융기관들이 단기금융으로만 자금이 집중되게 되었다. 그 결과 장기금융시장은 발달할 수 없었다. 비록 장기금융을 취급하는 것을 전문으로 하는 금융기관이 있었음에도 불구하고 말이다(이 점도 아래에서 자세히 다룰 것이다). 금리의 규제는 사금융 시장의 발달도 초래했다(이 점도 아래에서 자세히 설명할 것이다).

셋째, 미군정은 은행이 대출할 수 있는 규모를 제한했다. 금리가 최고가격이 되면서 자금의 수요에 비해 공급이 작아지면서 대출의 규모를 제한하는 것, 즉 자금의 배급을 실시했다. 배급의 크기는 1945년 12월 10일에는 10만 원, 1947년 8월에는 50만 원으로 인상되었다. 이것은 그 금액까지는 은행이 스스로 대출을 결정할 수 있지만 그 이상의 금액을 대출하기 위해서는 재무부 장관의 승인을 받도록 함으로써 사실상 대출 한도를 설정한 것이다. 그리고 주무 부서에 융자 신청을 검토하도록 함으로써 대출 승인 과정은 매우 복잡했다. 이것은 은행의 대출이 미군정에 의해 극도로 통제되었음을 의미한다(이 점에 대해서도 아래에서 자세히 다룰 것이다).

넷째, 미군정은 다른 많은 규제를 추가했다. 그 규제들은 대부분 금융기관들에게 보조금을 주었다. 그 보조금은 모든 국민이 물가상승이라는 형태로 부담했다. 보조금이 당시의 금융기관들에게 경영상의 위기를 타개하는 데 도움을 주었지만 비효율적인 금융기관들도 인위적으로 생존하게 만들었다. 그런 금융기관들의 존속은 경제성장에 부정적인 영향을 미쳤다. 그런 규제에 대한 자세한 설명과 그 규제가 초래할 결과에 대해서는 아래에서 자세히 다룬다.

(2) 화폐시장과 금융시장의 특징

<표 5-2>는 해방 직후의 금융기관과 주요 업무를 보여준다. 대부분의 금융기관이 일제 시대에 존재했던 것이다. 다만 조선환금은행은 미군정이 미군정청 직속으로 1947년 7월 15일에 설립한 금융기관이다. 이 은행은 미군정이 남한의 대외무역과 무역금융을 위하여 설립하였으나 외환의 통제가 엄격히 실시되었던 당시에는 큰 역할을 할 수 없었다. 미군정은 금융기관들에게 경영난 타개를 위하여 기존 은행 점포의 25% 정도를 정리할 것도 강요했다(이 점은 아래에서 자세히 다룰 것이다).

그러나 <표 5-2>는 미군정기에 일어난 변화를 반영하는 데 크게 미흡하

<표 5-2> 해방 직후의 금융기관과 주요 업무

분류	은행명(기관명)	주요 업무
은행금융기관	조선은행	중앙은행 업무와 일반은행 업무
	조선식산은행	광공농림 금융
	조선상업은행	일반상업 금융
	조흥은행	일반상업 금융
	조선상호은행	중소기업 금융
	조선신탁은행	중소기업 금융
	조선저축은행	저축과 서민 금융
	조선환금은행	외국환과 무역 금융
비은행금융기관	금융조합과 동 연합회	농촌 금융
	손해보험회사(5개사)	보험업
	생명보험회사(4개사)	보험업
	우편국	저축과 서민보험
	국민생명보험	저축과 서민보험

자료: 조선은행 조사부(1948년판), pp. I-280-281.

다. 미군정기에 여러 가지 이유로 은행금융기관과 금융조합(금융조합연합회)은 일반은행 업무-예금과 대출에 집중하는-에 영업의 중심을 두기 시작했고 미군정도 이를 허락했다. 여기에서는 일반은행이 아닌 특수은행의 변화를 간략히 요약한다.[1)]

식민지 시대 최대의 금융기관은 식산은행이었다. 식산은행은 채권 발행과 예금을 통하여 자금을 조달하고 그 자금으로 산업계에 가장 많은 대출을 해주었다. 한마디로, 식산은행은 장기정책금융기관이었다. 그러나 식산은행은 해방 이후 채권시장의 붕괴로 미군정기에는 단기예금과 조선은행의 차입에 의존하여 단기대출을 하는 일반은행 금융기관화하여 생존하였다.

일제강점기에 조선저축은행은 저축예금의 대부분을 식산은행에 예치하거나 유가증권을 구입하여 수익을 확보했다. 그러나 해방 이후 식산은행이 제 기능을 발휘할 수 없었을 뿐만 아니라 증권시장이 폐쇄된 상태에서 유가증권을 인수하는 것도 불가능하였다. 그 결과 다른 일반은행과 같이 대출을 하지 않으면 생존할 수가 없었다. 저축은행은 1946년 4월에 미군정의 정식 인가를 받아 일반은행으로 재출발하게 되었다.

금융조합은 농촌 금융에 집중했던 정부 정책금융기관이었다. 해방 직후 예금인출 사태로 예금이 급감하자 다른 은행과 마찬가지로 단기예금에 의존하여 대출을 하는 일반은행 업무에 주력하지 않을 수 없었다. 조선신탁회사는 일본인의 금전신탁이 주요 업무였다. 해방으로 금전신탁이 대량으로 해약되는 사태가 빚어졌을 뿐만 아니라 폭발적인 물가상승으로 장기계약에 의존

1 배영목(2004), pp. 278-287 주로 참조.

<표 5-3> 해방 후 각 금융기관의 주주 분포

(단위: 천 원, %)

금융기관	납입자본	총주수(천 주)	정부(귀속)		은행		한국인		외국인	
			금액	비율	금액	비율	금액	비율	금액	비율
조선	50,000	800	38,102	76.2	10,138	20.3	1,759	3.5		
식산	52,500	1,200	41,611	79.2	7,378	14.1	3,510	6.7		
상업	4,975	198	1,441	29.0	1,762	35.4	1,770	35.6		
조흥	5,981	185	306	5.1	2,453	41.0	3,208	53.7	13	0.2
저축	3,750	100	1,394	37.2	2,119	56.5	236	6.3		
상호	5,937	336	3,899	65.7	1,470	24.8	566	9.5		
신탁	2,500	200	654	26.2	1,610	64.4	234	9.4		
환금	200,000	50	-		200,000	100.0				

자료: A. I. Bloomfield and J. P. Jensen(1951), p. 81; 배영목(2004), p. 275; 김기원(1990), p. 33에서 재인용.

하는 금전신탁의 존립이 어렵게 되었다. 조선무진회사는 '무진'을 취급했는데 무진은 일본인에 의해 도입되고 이용되는 것이었다. 여기에서 무진이란 일본식 상호금융으로 한국의 계의 변형된 형태이고 무진회사는 그것을 법인화한 조직이다. 법인화했기 때문에 정부의 통제 등이 가능했을 뿐만 아니라 바로 그 점이 한국의 계와 다른 점이다. 그러나 일본인의 철수와 물가폭등으로 영업이 어려워졌다. 미군정은 1946년 초에 그들이 일반은행 업무를 취급하도록 허가 또는 승인했다. 조선무진회사는 상호은행으로, 조선신탁회사는 조선신탁은행이라는 이름의 일반은행으로 재출범하였다.

<표 5-3>은 해방 후 각 금융기관의 주주 분포를 보여준다. 해방 후 일본인이 소유했던 금융기관이나 금융자산은 모두 정부 소유의 자산, 즉 귀속재산이 되었다. 그 결과 모든 금융기관이 정부가 지배주주가 되어 관리하는 금융기관으로 바뀌었다. 이 점이 중요하다. 은행도 금융기관 간 상호출자로 지배

주주가 되었다. 민간 상업은행으로 출발한 조선상업은행과 조흥은행만이 민간이 소유한 주식의 비중이 전체 주식의 각각 35.6%, 53.7%로서 매우 높았다. 일제 시대에 영업을 했던 은행들 중에서 그 두 은행만이 민간은행에 가까운 은행이었다고 하겠다.

3. 초인플레이션과 재정의 머니타이제이션

(1) 초인플레이션

<표 4-10>은 해방 이후 1948년까지 연평균 물가상승률을 보여준다. 연도별 물가상승률의 자세한 설명은 4장에서 이미 했기 때문에 생략하고 여기에서는 그 주요 내용만 요약한다. 분석에 들어가기 전에 먼저 지적해야 할 것이 있다. 통화량이 추세를 벗어나서 폭증하기 시작한 시점은 1937년 전후이다. 1937년 이후 1945년까지는 재화의 가격들도 일제에 의해 강력하게 통제되었다. 즉, 물가 자료는 현실을 정확하게 반영하고 있지 않다는 것이다. 그러나 1943년부터 1945년까지 통화량은 그 이전에 비해 더 큰 폭으로 증가했다. 그러므로 미군정기의 물가상승은 일제 치하였던 1943-1945년의 통화량 증대의 영향을 받았다고 할 수 있다. 다만 그 정도를 추정하는 일은 쉽지 않다. 추후의 연구 과제이다.

첫째, 미군정 기간 중에서 폭발적인 물가상승이 있었던 연도는 1945년 8월 15일 이후의 1945년과 1946년이었다. 1945년 8월 대비 1945년 말 물가지수

는 1.6배 상승, 1945년 대비 1946년 물가지수는 약 7.8배 상승했다. 1945년은 연간으로 환산하면 지수는 약 4.2배 상승한 것으로 볼 수 있다. 물론 1947년과 1948년의 물가상승도 폭발적이었지만 그 이전 두 연도와 비교하면 그 상승의 정도가 상대적으로 작았다. 이것은 1947년은 각종 제조업이나 공업의 생산이 그 이전과 비교하여 크게 증가하였기 때문이고, 1948년은 재정적자를 줄이면서 통화증발 요인을 억제했기 때문이다. 여기에 해방 이후부터 1946년까지 인구도 폭발적으로 증가했다(이 점은 아래에서 자세히 설명할 것이다).

둘째, 1945년 8월을 기준으로 1948년은 물가지수가 약 37.2배 상승했다. 3년이 조금 넘는 기간에 물가가 37.2배 상승했다는 것은 미군정 전 기간에 걸쳐서 물가상승이 폭발적이었다는 것을 의미한다. 비록 1947년과 1948년 물가상승이 그 이전에 비해 상당히 진정되었지만 말이다.

셋째, 지수로 측정한 물가상승은 실제 물가상승보다는 과소하게 측정되었다. 미군정 기간에 쌀을 포함한 상당수 재화의 가격이 아주 낮은 가격에 고정되었기 때문이다. 물론 이때 가격이 고정된 것은 일시적이었고 시장 상황에 따라 고정된 가격이 인상되었다. 쌀의 경우에 고정된 가격에 대한 자세한 설명은 4장을 참조할 수 있다.

광란물가의 원인을 규명하기 이전에 지적해야 할 점은 다음과 같다. 미군정 시기에 수요에 비해 공급이 턱없이 부족한 재화들이 많았다는 것이다. 그러나 수요와 공급의 불일치는, 다른 조건이 일정하다면 개별 재화의 가격에 영향을 주지만 모든 재화의 가격에는 영향을 미치지 않는다. 그러므로 앞에서 설명한 물가지수의 폭발적이고 지속적인 상승은 화폐현상이라고 하겠다. 약간의 예외를 제외하면 말이다(이 예외에 대해서는 아래에서 자세히 설명할 것이다).

(2) 모든 재화의 가격과 화폐의 관계: 화폐공급의 증가

이제 초인플레이션 또는 광란물가의 원인을 분석한다. 모든 재화의 가격과 화폐공급 간의 이론적 관계는 다음과 같다. 모든 재화의 가격 결정에는 화폐 총재고를 포함하여 모든 재화의 총공급, 화폐에 대한 예비적 수요, 모든 재화에 대한 예비적 수요 등이 영향을 미친다. 모든 재화의 가격과 네 가지 요소의 관계에 대한 자세한 설명은 3장 1절을 참조할 수 있다. 여기에 화폐의 구매력에 대한 기대도 모든 재화의 가격에 영향을 미친다. 다만 현재로서는 그것을 알 수는 없다. 그 당시에 광란물가에 가장 크게 영향을 미쳤던 것은 화폐공급의 증대이다. 다른 요인들, 모든 재화의 총공급, 화폐에 대한 예비적 수요, 모든 재화에 대한 예비적 수요 등에 대한 분석은 다음 절에서 한다. 그리고 각 재화의 수요와 공급이 각 재화의 가격에 영향을 미친다. 그러나 이것은 모든 재화의 가격 결정에 영향을 미치는 변수들은 아니다. 이 점은 다음 절에서도 유효하다.

광란물가의 가장 중요한 원인인 화폐공급의 증대에 대해 자세히 보기로 한다. 해방 이후의 광란물가는 두 시기로 구분할 필요가 있다. 먼저 해방 직후 미군정이 중앙은행인 조선은행을 실질적으로 통제하기 이전 시기와 미군정이 화폐 발행권을 통제하기 시작한 시점부터 미군정 말기까지의 기간이다.

먼저 일제가 촉발한 통화증발이지만 해방 이후의 물가에 크게 영향을 미쳤던 사태를 분석한다. 즉, 미군정이 촉발한 통화증발은 아니지만 해방 직후 급격한 물가상승을 초래했던 사건을 말한다. 미군정은 1945년 9월 7일에 일제의 화폐 발행권을 접수한다고 발표했다. 그러나 미군정이 일본인의 손에 있었던 화폐 발행권을 실제로 접수했던 것은 1945년 9월 30일이었다. 일본인은 해방 이후 한 달 이상 동안 조선은행의 화폐 발행권을 독점하고 행사했다. 그리고 이때 엄청난 통화증발이 있었다. 미군정이 일본인의 예금을 동결한 것은 1945년 12월 20일이었다. 그러나 이 조치는 사실상 효과를 거의 발휘하지 못했다. 일본인은 이미 9월 30일 이전에 각 금융기관에 예치해 둔 예금을 조선은행권으로 인출했기 때문이다. 그 결과 국내 금융기관들은 조선은행으로부터 비상 대출을 받아야 했다.

<표 5-4>에서 조선은행의 발행고(본원통화) 추이를 보면, 1945년 8월 15일 49.8억 원이던 것이 1945년 9월 말에는 86.8억 원으로 증가했고 1945년 12월 말에는 87.6억 원이었다. 이것은 8월 15일부터 9월 말까지 조선은행의 발행고가 대부분 증가되었음을 보여준다. 사실 1945년 8월 15일부터 9월 말까지 약 37억 원의 발행고 증가가 있었다. 이때 일본인이 자신의 예금을 인출한 금액이 약 22억 원이었다[2](조선은행 조사부, 1949년판, p. II-38에서 인용). 37억 원의 본원통화 증가분은 거의 대부분 일본인을 위하여 발행된 것이다.

여기에서 본원통화 증가분을 자세히 나누어 본다.[3] 패전 후 일본 정부 청산자금 약 13.9억 원, 비상시 대출금 약 10.7억 원, 귀환동포 등에 대한 일원권

2 일본 천황의 항복방송 직후에 한국에 거주했던 일본인들은 은행을 포함한 전 금융기관에 쇄도하여 예금을 급격히 인출하였다. 1945년 8월 15일 총예금 4,181백만 원이던 것이 1945년 9월 말 총예금은 1,987백만 원으로 크게 감소하였다. 그 결과 약 2,194백만 원이 단기에 인출되었다. 9월 말이라고 하지만 실제로는 9월 9일 미군 진주 이전이라고 하는 것이 정확하다. 조선은행 조사부(1948년판), p. I-319 참조.

3 구체적인 내역은 조선은행 조사부(1948년판), p. I-292.

<표 5-4> 연도별 M2통화량, 정부대상금, 국고예금, 곡물수매자금 대출, 조선은행발행고

(단위: 억 원, %)

연월말	M2통화량(A)[1) 2)]	정부대상금, 국고예금, 소계				곡물수매 자금 대출[3)]		H=E+G (%)	조선은행 발행고 (본원 통화)(I)
		정부 대상금(B)	국고예금 (C)	소계 (D)=B-C	E=D/A× 100(%)	대출액 (F)	G=F/A× 100(%)		
1945. 3		–	–	–					35.7
6		–	–	–					43.8
8. 15		–	–	–					49.8
9		–	–	–					86.8
12	118	2.8	–	2.8	2.4	1.2	1.0	3.4	87.6
1946. 3		14.2	9.5	4.7					90.8
6		33.5	22.6	10.9					94.2
9		61.2	34.3	26.9					113.4
12	272	103.0	47.3	55.7	20.5	48.5	17.8	38.3	177.1
1947. 3		143.7	74.2	69.5					172.4
6		222.9	105.9	117.0					180.4
9		281.0	147.8	133.2					204.4
12	536	360.5	196.3	164.2	30.6	139.8	26.1	76.7	333.9
1948. 3		419.3	243.0	176.3					293.1
6		323.9	102.1	221.8					300.4
9		380.2	123.6	256.6					309.5
12	737	406.4	110.5	295.9	40.1	–	–	–	434.4

주: 1) M2통화량=민간 선은권보유량+민간 당좌예금+정부대행기관 당좌예금+민간 기타예금+정부대행기관 기타예금. 여기에서 민간 기타예금과 정부대행기관 기타예금은 조선은행을 포함한 전 은행과 금융조합에 예치된 당좌예금과 기타예금의 합임.

2) M2통화량에 영향을 미쳤던 요인으로 원조물자매상금, 조선은행 이외의 금융기관 대출, 조선은행의 정부기관 대출, 기타 등이 있었음. 원조물자매상금은 1947년 44억 원, 1948년 42억 원임. 다른 요인은 생략함.

3) 연도별 대출의 누계치임. 1945년 1.2억 원, 1946년 48.5억 원, 1947년 139.8억 원임. 1948년도 자료는 이용 불가.

자료: 정부대상금, 국고예금, 조선은행발행고는 조선은행 조사부(1948년판), p. I-292; 조선은행 조사부(1949년판), pp. IV-73, 80-81; M2통화량은 한국은행 조사부(1955년판), 통계편–금융(18); 곡물수매자금 대출은 조선은행 조사부(1948년판), pp. I-297-298.

(일본 화폐) 교환금 약 8.7억 원 등으로, 합계가 약 33.3억 원이다. 일본 정부 청산자금이란 패전 후 군수산업에 대한 계약미불금, 일본인의 귀환에 따른 예금인출분, 한인징용·징병자의 귀환대책비 등을 포함하고 있으나 일본인의 생명과 재산을 보호하기 위한 비용도 포함된 것이다. 비상시 대출금이란 일반은행의 뱅크런(bank run)에 대한 긴급대출금이다. 귀환동포 등에 대한 일은권 교환금도 일본 정부로 인한 화폐 발행의 증가분으로 볼 수 있다. 여기에 일반대출 증가금 약 5.3억 원 중에서 일부가 해방 직후 일본인을 위한 대출자금인 것으로 추정할 수 있다. 요약하면 해방 직후 본원통화의 증가는 거의 대부분 일본인을 위한 것이었다.

이제 미군정의 화폐공급 증가와 광란물가의 관계를 보기로 한다. 무엇보다도 미군정의 화폐공급 증가는 미군정의 재정정책과 직접적인 관계를 가졌다. 그러므로 미군정의 재정정책을 자세히 분석할 필요가 있다. <표 5-5>는 미군정 하의 연도별 세입, 세출, 재정적자를 보여준다. 이 수치들은 각 연도별 예산액이 아니라 결산액이다.

재정적자 비율은 1945년 회계연도(이하 회계연도 생략) 현재 53.3%, 1946년 58.7%, 1947년 58.2%, 1948년 24.8% 등이다. 재정적자의 비율은 1946년 회계연도에 극대화되고 점차 감소하고 있다. 1947년 회계연도 자료는 세입미조사분이 있기 때문에 부정확한 측면이 없지 않지만 크게 염려할 것은 아니라고 추정된다. 1945년부터 1948년까지 재정적자 총액은 약 229억 원이다.[4] 여기에는

4 그러나 이 금액은 낮게 측정된 것으로 보인다. 조선은행 조사부(1949년판), p. II-33에서는 해방 이후 미군정의 재정적자 등이 365억 원이라고 지적하고 있다. 다만 '재정적자 등'이라는 말을 사용하는 것으로 보아 365억 원에는 다른 요인도 포함된 것으로 보이지만 현재로서는 그것이 무엇인가를 알 수 없다. 추후의 연구 과제이다.

<표 5-5> 미군정 하의 연도별 세입, 세출, 재정적자

(단위: 백만 원, %)

	1945 (1945.10-1946.3)	1946 (1946.4-1947.3)	1947 (1947.4-1948.3)	1948 (1948.4-1949.9)
세출	1,868	13,365	19,235	15,263
세입	872	5,517	9,000[1)]	11,480
재정적자	996	7,848	10,235	3,783
재정적자 비율 =(재정적자/세출×100)	53.3	58.7	53.2	24.8

주: 1) 결산에서는 세입이 30여억 원이었으나 세입미조사분 약 60억 원을 이후 포함함.
자료: 조선은행 조사부(1949년판), p. 8. 원자료: 재무부 사세국 자료.

대한민국 건국 이후의 재정적자도 포함되어 있다. 1946년과 1947년 기간 동안의 재정적자는 약 181억 원으로 4년간 전체 재정적자의 약 79.0%를 차지한다. 이것은 사실상 두 회계연도의 재정적자가 4년간 재정적자의 대부분을 차지함을 의미한다.

그러면 미군정은 재정적자를 어떤 방법으로 해결했는가? 미군정은 재정적자를 조선은행으로부터의 차입금, 즉 화폐 증발에 의해 보전했다. <표 5-4>는 시점별 정부 차입금 누계, 차입금의 M2통화량에서의 비중, 곡물수매자금 대출 누계, 그 누계의 M2통화량에서의 비중을 보여준다. M2통화량에서 미군정의 차입금이 차지하는 비율은 1945년 말 현재 약 2.4%, 1946년 말 약 20.5%, 1947년 말 약 30.6%, 1948년 말 약 40.1%이다.

미군정 기간 동안 미군정의 재정적자를 조선은행으로부터의 차입, 즉 화폐 발행으로 보전했다. 그리고 그것은 시점별로 달랐지만 그 비중은 매우 높았을 뿐만 아니라 그 비중은 점점 더 높아졌다. 매년 재정적자를 줄일 수 없었기 때문이다. 이것은 재정적자의 머니타이제이션이다. <표 5-4>와 <표 5-5>에 의하면 미군정이 재정적자 금액 이상으로 조선은행으로부터 차입한 것을 알 수 있다. 이 점에 대한 추가적인 연구가 필요하다.

미군정은 곡물수매자금도 조선은행이 일반은행들에게 낮은 금리로 대출해주고 일반은행들이 그 자금을 생활품영단에 대출해주도록 조치했다. 이것은 사실상 오늘날의 재할인정책과 다를 바가 없다. M2통화량에서 곡물수매자금 대출의 비중은 1945년 말 현재 1.0%, 1946년 말 17.8%, 1947년 말 26.1% 등이다. 이것은 물론 미군정의 재정적자가 아니다. 그리고 대부분의 자금은 회수될 것이지만 2-3년과 같은 단기에는 그 자금의 대부분이 화폐공급에 영향을 미친다. 그리고 그 자금의 이자는 통화량 증대를 초래할 것이다. 왜냐하면 이자는 조선은행으로 회수되지 않을 것이기 때문이다. 미군정은 이 과정에서 정부보상비도 조선은행으로부터 빌렸다. 1945년 8월 15일 이후부터 1947년 12월 31일까지 그 금액이 30억 원이었다(조선은행 조사부, 1948년판, p. I-292 참조). 이것은 보상비이기 때문에 회수할 수 없는 자금으로 통화량 증대를 초래하는 요인이었다.

요약하면, 미군정의 '정부대상금에서 국고예금을 뺀 금액'과 '곡물수매자금을 위한 대출'의 합이 M2통화량에서 차지하는 비중은 1945년 말 현재 3.4%, 1946년 말 38.3%, 1947년 말 76.7% 등이다. 두 요인이 M2통화량에 미친 영향은 1946년과 1947년에는 결정적이었음을 알 수 있다. 그런 요인과 다른 요인의 영향으로 본원통화량은 지속적으로 증가하여 1945년 12월 말에 약 87.6억 원이던 것이 1948년 말 약 434.4억 원이 되었다. 미군정은 본원통화량을 3년 동안에 4.96배 증가시켰다. 인구의 증가를 제외하면 대부분의 경제활동이 크게 위축된 상황에서 본원통화량의 증가는 그 증가의 거의 대부분이 모든 재화의 가격상승으로 이어질 것으로 예측할 수 있고 실제로 그렇게 되었다.

미군정은 재정적자와 식량통제에 따르는 비용의 머니타이제이션이 물가상승을 초래한다는 점을 몰랐던가? 미군정은 초기에는 경기를 부양하기 위하여 적자재정을 편성하고 적자재정을 보전하기 위하여 통화량을 증대할 필요가 있다는 견해를 받아들여 통화량을 증발했다. 이것이 당시 풍미하고 있었던 '유수정책'(pump-priming policy)이다.[5] 그러나 미군정은 군정 말기에는 재정적자와 식량통제에 따르는 비용의 머니타이제이션이 통화팽창을 통한 물가상승을 초래한다는 점을 인식했다. 그리하여 1948년 2월 15일에 군정 장관은 세출 감소와 세입 가능 범위 내에서의 예산편성 등을 골자로 하는 재정적자 감소 방안을 중앙경제위원회에 지시했다(조선은행 조사부, 1948년판, p. 119 참조). 그 결과 재정적자의 규모는 다소 감소했으나 미군정은 여전히 적자재정을 면치 못했다.

우리는 머니타이제이션의 가장 중요한 원인은 미군정의 재정적자와 곡물의 강제몰수와 관련한 비용이라는 것을 알았다. 즉, 머니타이제이션은 정부의 재정적자의 보전과 식량통제를 위한 비용을 위하여 이루어진 것이다. 여기에 미군정은 물가상승을 억제하기 위하여 재화의 가격을 규제하는 각종 방법을 동원했는데 그 방법은 오히려 규제 받고 있는 재화의 가격을 상승하게 만들었다. 문제는 많은 재화들의 가격이 미군정에 의해 규제되었다는 점이다(이 점에 대해서는 아래에서 자세히 다룰 것이다). 미군정은 물가상승을 억제하

5 대신신문, 1946년 4월 17일자 1면 참조; 이창세(1965), p. 200에서 재인용.

기 위하여 다섯 차례에 걸쳐 저축운동을 벌였으나 큰 효과가 없었다. 그도 그럴 것이 모든 재화의 가격이 급격히 상승하는 상황에서 저축운동은 한계가 있을 수밖에 없었을 것이다.

재정적자와 식량통제 비용을 머니타이제이션하는 것은 화폐 발행으로 인한 이득인 시뇨리지를 획득하게 한다. 재정적자의 경우는 정부의 지출을 획득하는 사람들이나 단체들이 시뇨리지를 가지게 된다. 식량통제 비용을 머니타이제이션하는 경우는 그 비용의 지출로 인하여 혜택을 받는 사람들이나 단체들이 시뇨리지를 가지게 된다. 이 경우에 그것을 취급하는 금융기관들, 식량통제를 위하여 활동하는 생활품영단 등이 시뇨리지라는 이득의 일부를 취하게 된다. 가격고정으로 혜택을 입는 비농민도 시뇨리지라는 이득의 일부를 가지게 된다.

재정적자와 식량통제 비용을 머니타이제이션하는 방법은 가장 나쁜 방법이다. 여기에서 의문은 미군정은 왜 가장 나쁜 방법을 이용하여 재정적자를 보전하고 식량통제 비용을 마련했는가 하는 것이다. 사실 재정적자를 머니타이제이션하지 않는 방법도 있다. 미군정이 재정적자를 채권 등을 발행하여 국민이 가진 부로 그 재정적자를 보전하고 식량통제 비용을 마련하는 것이다. 그렇게 할 경우에 소비가 민간에서 정부로 이전되지만 화폐공급의 증가는 없기 때문에 폭발적인 물가상승은 발생하지 않는다. 미군정과 달리 일제는 공채를 발행하여 세입의 일부를 보전했다(최광, 1992, p. 253 참조). (이 점은 아래에서 자세히 다룰 것이다). 문제는 미군정 통치 기간에 채권 등과 같은 장기 금융시장이 발달하지 않았다는 점이다. 미군정이 재정적자와 식량통제 비용을 머니타이제이션할 수밖에 없었던 이유가 무엇인가? 최광(1992, p. 243)은 "당시 증권시장이 제도화되어 있지 않았고 민간 또는 은행으로부터 차입을 할 수 있는 방법이 전혀 없었기 때문이기도 하였다."라고 설명하고 있다. 증권시장은 정부금융과 직접적인 관련이 없다. 그러므로 최광의 인용문에 전반부는 틀린 것이다. 비록 당시 증권시장이 제도화되어 있지 않았다는 사실은 맞지만 말이다. 최광의 인용문 후반부는 중간 단계의 것으로 궁극적인 것이 아니다. 정부가 민간 또는 은행으로부터 차입할 수 없었던 것은 민간 장기금융시장이 발달하지 못했기 때문이다. 우리는 다음 절에서 민간 장기금융시장이 발달하지 못한 원인을 탐구한다.

(3) 모든 재화의 가격과 화폐의 관계: 기타 요인들

화폐의 총공급, 모든 재화의 총공급, 화폐에 대한 예비적 수요, 모든 재화에 대한 예비적 수요 등이 모든 재화의 가격 결정에 영향을 미친다. 그리고 여기에는 각 요인별로, '다른 조건이 일정하다면'이라는 전제가 필요하다. 화폐의 총공급이 모든 재화의 가격에 미치는 영향은 앞 절에서 분석했다. 여기에서는 다른 세 가지 요인이 모든 재화의 가격에 미치는 영향을 검토한다.

첫째, 다른 조건이 일정하다면, 모든 재화의 총공급이 증가(감소)하면 모든 재화의 가격은 하락(상승)한다. 해방 직후 모든 재화의 총공급이 크게 감소했다. 이것은 해방 직후에 이 요인으로 모든 재화의 가격이 크게 상승했다는 것을 의미한다. 해방 직후의 물가상승에는 이 점이 큰 역할을 했을 것으로 추정된다. 그리고 1947년부터는 모든 재화의 총공급이 빠르게 증가하기 시작했다는 사실은 분명하지만 그 정도를 정확히 추산하는 것은 가능하지 않다. 그리고 1947년과 1948년에는 미군정이 원조물자를 매우 저렴한 가격으로 한국에 제공했다. 그것은 금액으로 1947년 44억 원, 1948년 42억 원이었다. 이것은 두 해의 M2통화량의 약 8.2%, 약 5.7%로서 적지 않은 금액이었다. 원조물자는 사실상 모든 재화의 총공급이 증가하는 것과 같은 것이다. 비록 그것이 외국으로부터의 총공급의 증가이지만 말이다. 그리고 이때 원조물자는 당시 사람들이 필요로 하는 물자가 아닐 수 있기 때문에 모든 재화는 아니지만 상당수 재화의 가격에 영향을 미쳤을 것으로 추정할 수 있다.

둘째, 다른 조건이 일정하다면, 화폐에 대한 예비적 수요의 증가는 모든 재화의 가격을 하락하게 만든다. 당시 사람들은 실질금리가 낮아지면서 공식금융기관에서의 현금의 보유를 증가시켰다. 그리고 경제위기에서는 일반적으로 사람들은 화폐에 대한 예비적 수요를 증대시킨다. 그러므로 다른 조건이 일정하다면, 미군정 기간에 사람들이 화폐에 대한 예비적 수요를 증가시킴으로써 모든 재화의 가격을 하락하게 만들었을 것을 추정할 수 있다. 왜냐하면 해방 직후 경제는 위기였기 때문에 화폐에 대한 예비적 수요가 증가했을 것이기 때문이다.

셋째, 다른 조건이 일정하다면, 모든 재화에 대한 예비적 수요의 증가는 모든 재화의 가격을 상승하게 만든다. 당시 일부 사람들이 곡물 등을 매점매석했다는 기사가 있지만 그 정도가 어느 정도인가를 추정할 방법은 없다. 이것은 추후의 연구 과제이다.

인구의 증가는 모든 재화의 가격에 어떤 영향을 미치는가? <표 4-12>에 의하면 해방 이후 인구는 1944년과 비교하여 1946년까지 349만 명 증가했고 그 증가율은 약 22%이다. 증가된 모든 인구가 경제활동가능인구가 아니지만 경제활동가능인구도 크게 증가한 것은 분명하다. 이러한 인구 증가는 모든 재화의 가격 결정에 어떤 영향을 미치는가? 경제활동가능인구의 큰 증가는 경제의 거의 모든 부문에서 노동비용의 하락을 초래한다. 당시 남한으로 유입된 인구의 기술능력, 노동능력 등을 구체적으로 알 수 없기 때문에 노동비용의 하락이 어느 부문에서 어느 정도 발생했는가를 추정하는 일은 가능하지 않다. 다만 우리는 인구의 큰 증가가 노동비용의 하락을 통해 모든 재화의 공급 증가를 초래하고 그런 공급 증가는, 앞에서 보았듯이 모든 재화의 가격을 하락하게 만든다는 것을 추론할 수 있다. 다른 한편, 인구의 증가는 화폐에 대한 예비적 수요의 증가를 통해 화폐의 구매력을 상승하게 만들고 그것은 모든 재화의 가격 하락을 초래한다. 마지막으로, 인구의 증가는 각 재화에 대한 수요 증가를 초래할 것이다. 이것은 수요 증가가 있는 재화들의 가격상승을 초래한다. 특히, 인구 증가는 곡물을 포함한 생활필수품의 가격을 상승하게 만드는 데 작지 않은 역할을 했을 것이다. 이것은 화폐와 모든 재화의 가격의 관계와 관련이 있는 것이 아니다. 이것은 각 재화의 수요에 영향을 미쳐서 재화의 가격에 영향을 미치는 것이다. 앞에서 설명한 세 가지 요인 중에서 인구의 증가가 곡물을 포함한 생필품의 수요 증가를 통해 그것들의 가격을 상승하게 했던 것이 가장 중요하다. 이것은 저자의 직관에 의한 것이다. 만약 저자의 직관이 옳다면 인구 증가는 곡물을 포함한 생필품의 가격 수준을 끌어올렸을 것이다. 즉, 인구 증가가 그것들의 지속적인 가격상승에는 큰 영향을 미치지 않았다는 것이다.

화폐의 총공급을 제외하고, 해방 직후를 제외하며, 모든 재화에 대한 예비적 수요를 제외한 연후에 모든 재화의 가격에 영향을 미치는 요인들을 종합하면, 모든 재화의 총공급이 증가한 요인(가격 하락 요인), 화폐에 대한 예비적 수요 증가 요인(가격 하락 요인) 등이다. 즉, 두 가지 요인은 다른 요인이 일정하다면, 모든 재화의 가격을 하락하게 했음을 알 수 있다.

(4) 화폐공급 증가의 결과

① 화폐공급의 큰 증가가 광란물가를 초래했음은 분명하다. 이 점은 앞 절에서 자세히 다루었다. 모든 재화에 대한 예비적 수요를 제외하면, 모든 재화의 총공급이 증가한 요인(가격 하락 요인), 화폐에 대한 예비적 수요 증가 요인(가격 하락 요인) 등은 모든 재화의 가격을 하락하게 했음을 알 수 있다. 그리고 당시 물가지수는 앞에서 서술한 두 가지 힘과 화폐공급의 증가효과가 합하여진 결과이다. 즉, 가격 하락 요인이 없었다면 화폐공급 증가로 인한 모든 재화의 가격상승은 실제 물가지수의 상승보다 더 컸을 것이라는 것이다. 그리고 물가지수는 실제보다는 낮게 측정되었다는 사실을 앞에서 지적했다. 다만 화폐의 구매력에 대한 기대도 광란물가의 결정에 영향을 주었을 것이지만 현재로서는 알 수 없을 뿐만 아니라 모든 재화에 대한 예비적 수요가 실제로 어떻게 되었는가도 알 수 없다. 앞에서 설명한 두 가지 점을 규명할 수 있을 때 미군정 시대의 화폐와 모든 재화의 가격과의 관계는 더 분명해질 것이다.

인구 증가는 다수의 재화에 대한 수요를 증가하게 만든다. 그러나 이것은 어떤 재화의 수요와 공급에 영향을 미쳐 가격에 영향을 미치는 요인이지 화폐와 모든 재화의 가격과 관계되어 있는 것은 아니다. 당시 인구가 단기간에 많이 증가했고 그런 증가는 곡물을 포함한 다수의 재화에 대한 수요를 증가하게 만들었다. 그러므로 인구의 큰 증가는 다수 개별 재화의 가격을 상승하게 만들었다. 인구 증가가 화폐 관계에 변화를 초래하여 모든 재화의 가격에 영향을 미쳤을 것이지만 현재로서는 알 수 없다. 이 점은 앞 절에서 지적했다.

화폐와 모든 재화의 가격의 관계에서 지적해야 할 것은 모든 재화의 가격이 동시에 그리고 같은 수준으로 상승하지는 않는다는 것이다. 모든 재화의 가격이 하락할 때도 같은 말을 할 수 있다. 여기에 개별 재화에 대한 수요와 공급이 변하여 재화의 가격이 변하는 경우도 추가되어야 한다. 그러므로 현실의 물가지수나 가격 자료는 앞에서 설명한 모든 요인들이 작용한 결과이다.

② 화폐공급의 증가로 인한 급격한 물가상승은 '원화'의 구매력을 크게 떨어뜨렸다. 화폐의 구매력의 변화는 대미(對美) 환율의 인상에 잘 나타났다. 대미 환율은 1945년 10월 현재 1달러에 15원, 1947년 7월 50원, 1948년 12월 450원으로 크게 상승했다.[6] 3년여 만에 대미 환율은 30배 상승했다. 환율은 순전히 두 나라 화폐의 구매력의 비율이다. 그러므로 한국 화폐의 구매력은 미국 화폐의 구매력과 비교하여 1/30로 떨어진 것이다. 원화 구매력의 급격한 하락은 수출을 어렵게 하고 수입은 쉽게 만들었고 결과적으로 무역수지 적자가 지속되었다(이 점은 6장에서 자세히 다룬다).

③ 화폐공급의 증가, 즉 인플레이션은 정부가 인플레이션적 조세라는 이득을 취할 수 있도록 한다. 인플레이션적 조세는 정부만이 획득하는 것이 아니다. 인플레이션은 여러 집단에게 소득을 재분배하도록 만든다. 인플레이션적 조세는 눈에 보이지 않게 자원을 강탈한다는 점에서 사회주의이다. 특히,

6 조선은행 조사부(1949년판); 이종훈(1992), p. 97 재인용.

초인플레이션은 사회주의를 전 경제에 빠르고 광범위하게 확산하게 만든다. 미군정 시대의 광란물가는 사회주의를 전 경제에 확산하게 만들었다.

④ <표 3-6>은 1948년 공업 생산의 위축을 보여준다. 이것은 다른 요인이 일정하다면, 화폐공급 증가가 영향을 미쳤을 것이다. 1940년부터 시작된 화폐공급의 증대는 태평양전쟁 말기에 경제의 붐 국면을 지나게 만들었다. 그리고 그 다른 요인과 합쳐져서 경제는 위기와 침체 국면으로 진입했다. 실업률 등의 자료가 충분하지 않기 때문에 이 점을 증명하는 것은 쉽지 않다. 연구가 필요한 부분이다.

4. 금융위기와 장기금융시장의 미발달

(1) 금융위기의 원인들

1945년 8월 15일 직후에 한국에 거주했던 일본인이 일시에 대량의 예금을 인출함으로써 국내의 모든 금융기관이 유동성 위기에 직면했다. 그리고 미군정이 한국을 통제하기 시작한 시점부터 한국은 극심한 정치적 혼란과 경제위기에도 빠지게 되었다. 이것은 다시 금융기관들을 위기에 몰아넣었다. 앞 절에서 보았듯이, 극심한 물가상승도 금융기관들의 경영을 어렵게 했다. 한마디로, 금융기관들은 여러 가지 이유로 금융위기에 빠졌다.

<표 5-6>은 일반은행들의 시점별 당기순이익을 보여준다. 상업은행과 상호은행이 1947년 3월까지도 당기순이익이 마이너스임을 알 수 있다. 이 자료

<표 5-6> 일반은행들의 시점별 당기순이익

(단위: 백만 원, ( ) 안은 %)

연월	상업은행	조흥은행	저축은행	상호은행	신탁은행
1946. 3		-9,339	-1,777		(-677)
1946. 9	-4,653	653	-6,752		(407)
1947. 3	-3,453	7,983	-667	-4,017	333
1947. 9	645	752	8,765	1,939	503
1948. 3	1,105	1,302	515	11,321	1,808
1948. 9	1,535	3,904	1,215	557	331
1949. 3	1,805	11,348	2,168	879	4,338
1949. 9	2,423	6,555	3,319	1,123	4,364

자료: 조흥은행, 『조흥은행팔십년사』; 한국상업은행, 『한국상업은행팔십년사』; 한일은행, 『한일은행사십오년사』; 제일은행, 『제일은행사십년지』, 각 부록; 배영목(2004), p. 286에서 재인용.

는 1946년 3월 이전의 당기순이익 상태를 보여주지 않는다. 그러나 그 이전에도 8월 15일 이후에는 적자였음을 추정할 수 있다. 그리고 일반은행이 아닌 특수은행들도 위기를 겪고 있었다고 추정할 수 있다. 왜냐하면 특수은행들은 자신들의 목적을 추구하기 어려워 대부분 일반은행으로 그 역할과 기능을 변경했기 때문이다. 한마디로, 해방 직후 금융기관들은 발권력을 가진 조선은행을 제외하면 모두 금융위기에 직면했다고 추정할 수 있다.

이제 해방 이후 금융기관들이 위기에 빠지게 되었던 원인들 중에서 중요한 것만 간추려 본다. 첫째, 금융기관들은 일본 정부 채권, 일본 지방채, 사채, 주식 등의 유동성 자산을 보유했는데 해방이 되면서 그 자산은 모두 원리금을 상환 받을 수 없는 부실채권이 되었다. <표 5-7>은 각 금융기관이 보유한 유동성 자산을 보여준다. 전체 금액은 약 91.2억 원이다. 여기에서 한 가지 지적해야 할 점은 조선은행은 발권력을 가지고 있었기 때문에 부실채권이 문제

<표 5-7> 각종 금융기관의 일본계 유가증권 보유 현황

(단위: 백만 원)

금융기관	일본 정부 채권	일본 지방채, 증권, 주식	계
조선	5,883	344	6,227
식산	470	53	523
상업	165	120	285
조흥	145	143	288
상호	5	11	16
저축	155	178	333
신탁	16	6	22
금융조합연합회	176	1,247	1,423
은행보유계(A)	7,015	2,102	9,117
민간보유(B)[1)]	1,000	500	1,500
합계(C)=A+B	8,015	2,602	10,617

주: 1) 추산 수치임.
2) 1945년 9월 30일 현재.
자료: 조선은행 조사부(1948년판), p. I-279.

가 되지 않지만 다른 금융기관의 경우에는 그렇지 않았다는 것이다. 이 점은 다른 부실채권에도 해당한다. 발권력을 가진 조선은행을 제외하면, 당시 금융조합연합회와 식산은행이 부실채권을 가장 많이 보유하고 있었다. 한 가지 추가해야 할 사항은 다음과 같다. 은행들이 보유했던 각종 유동성 자산의 부실화는 한국 민간 저축자들의 예금을 강탈한 것과 차이가 없다. 일본 정부(중앙정부와 지방정부 포함), 일본 민간기업(금융기관 포함) 등이 약탈자들이다.

둘째, 각 금융기관의 일본 기업체에 대한 고정대출이 적지 않았는데 이것도 모두 부실채권이 되었다. <표 5-8>은 1947년 3월 말 현재 각 금융기관의 일본 기업체에 대한 고정대출 잔고를 보여준다. 이것은 무수익 자산이다. 무수익 자산이란 이자를 받을 수 없는 채권을 말한다. 이것은 일제가 은행들을 약

<표 5-8> 일본 기업체에 대한 고정대출 잔고[1)]

(단위: 백만 원)

금융기관	대출액	금융기관	대출액
조선	873	저축	6
식산	1,000	상호	8
조흥	175	신한공사(토지행정처)	207
상업	274	계	2,543

주: 1) 1947년 3월 말 현재.
자료: 조선은행 조사부(1948년판), pp. I-290, 320.

탈했음을 보여주는 자료이다. 전체 금액이 약 25.4억 원이다. 이것은 당시의 전 은행 대출 총액 126억 원의 약 1/5 정도이다. 조선은행을 제외하면 식산은행이 10억 원의 대출을 보유하여 그 금액이 가장 많았다.

셋째, 해방 직후에 일본인들은 예금을 일시에 인출했다. 일본인들은 이 예금을 일본으로 송금하거나 보유했다. 그리고 조선은행권을 인출하여 일본은행권으로 교환하고자 했다. 1945년 8월 15일 현재 은행권 예금 총액은 약 41.8억 원이었으나 그 해 9월 말에 예금 총액은 약 19.9억 원으로 줄어들었다(조선은행 조사부, 1948년판, p. I-390 인용). 해방 직후 한 달 반 동안에 예금액의 52%가 인출되었다. 짧은 기간 동안에 예금의 대량 인출은 대출 여력을 줄어들게 만들기 때문에 금융기관의 수익성을 나쁘게 만든다. 이것이 뱅크런이다.

넷째, 해방 이후 한국경제가 일본 경제블록과 분리되면서 산업활동이 크게 위축되었고 남북 간 분업도 무너지면서 남한경제는 위기에 빠지게 되었다. 이러한 경제위기는 대출 기회를 줄어들게 만들었고 예금도 위축되게 만들었다. 한마디로, 해방 이후 남한은 경제위기 상태에 있었고 그에 따라 금융산업도 위기에 빠지지 않을 수 없었다.

다섯째, 대출금리와 예금금리의 고정은 일종의 가격고정이다. 그 가격은 최고가격이다. 대출금리와 예금금리가 자유시장가격보다 매우 낮기 때문에 최고가격인 것이다. 최고가격 하에서 대출의 수요에 비하여 대출의 공급은 턱없이 부족하게 된다. 이런 상황에서 자금을 배급하지 않을 수 없다. 자금의 수요자가 실질적으로 지불해야 하는 대가는 자유시장가격보다 훨씬 높아질 수밖에 없다. 자금의 공급자인 금융기관에게 최고가격은 자금의 공급을 줄어들게 만들어 은행의 경영에 타격을 가하게 된다.

물론 예금금리의 인하와 대출금리의 인상은 단기적으로는 금융기관의 경영에 도움을 주었다. 그러나 예금금리의 인하는 장기적으로는 금융기관의 경영에 부정적인 영향을 미쳤다. 왜냐하면 최고가격이 더 낮아져서 자금공급이 더 줄어들 것이기 때문이다. 다시 말하면, 광란물가가 지속되는 상황에서 예금금리를 인하하는 것은 예금 유치에 부정적인 영향을 더 크게 미쳤다.

여섯째, 미군정이 대출을 엄격히 통제함으로써 금융기관들은 대출을 통한 이자수입의 획득에 어려움을 겪었다. 대출통제란 경제 용어로는 '배급'이라고 한다. 신용수단을 배급한 것이다. <표 5-9>는 전 금융기관의 각 시점별 예금과 대출의 규모를 보여준다. 1946년 초, 1946년 말, 1947년 말에만 대출이 예금을 초과하고 있음을 알 수 있다. 1947년 말에 대출이 예금을 크게 초과한 것은 1947년 9월부터 여신 한도를 10만 원에서 50만 원으로 인상했기 때문이다. 미군정은 50만 원이 넘는 대출의 경우에 재무부 장관의 승인을 받도록 했다. 이것은 대출 허가제인 것이다. 대출이 예금을 초과하지 않으면 금융기관의 안정에는 도움이 되지만 경영에는 어려움을 줄 수밖에 없다.

일곱째, 금융기관들에게 대출 이외의 방법, 예를 들어 유가증권 투자와

<표 5-9> 금융기관의 자금수급 추이

(단위: 백만 원)

연월말	예금(A)	대출(B)	C=A-B
1945. 8	4,179	7,318	-3,139
10	3,168	7,428	-4,260
12	4,869	7,489	-2,620
1946. 3	5,653	6,216	-563
4	4,421	5,743	-1,322
6	7,847	6,602	1,245
7	8,686	7,548	1,138
9	9,987	8,600	1,387
10	9,395	9,125	270
12	13,146	13,886	-740
1947. 3	16,497	13,519	2,978
4	17,523	13,622	3,901
5	18,435	14,255	4,180
6	18,103	11,609	6,494
7	18,441	12,369	6,072
8	18,576	13,215	5,361
9	20,495	14,434	6,061
10	19,721	16,205	3,516
12	25,570	37,118	-11,543

자료: 조선은행 조사부(1948년판), p. I-327.

같은 방법이 없었다는 점이다. 왜냐하면 미군정은 증권시장 재개장을 허용하지 않았기 때문이다. 그리고 장기자금의 동원을 위한 기채(起債)도 가능하지 않았다. 예를 들어, 해방 이전에 식산은행은 채권의 발행을 통해 자금을 조달했으나 해방 이후 채권시장의 붕괴로 이 길이 사실상 없어졌다. 이것은 해방 직후의 상황을 말한다. 그러나 미군정이 금리를 규제함으로써 장기금융시장의 발달을 억제하지 않았다면 장기자금을 조달하는 길이 어떤 방법으로든지 열렸을 것이다. 이 점에서 해방 이후의 장기금융시장 미발달은 미군정의 책임이다. 장기금융시장의 미발달에 대한 자세한 설명은 아래에서 한다.

여덟째, 사회·경제적 혼란은 현재를 강력하게 선호하게 만들어 저축이 줄어들고 그 결과 예금도 감소할 수밖에 없다. 저축이 줄어들면 경제성장도 지지부진하게 된다. 경제성장이 낮아지면 그와 비례하여 저축이 줄어들게 된다. 악순환이 시작되는 것이다.

아홉째, 해방 이후 남북 분단으로 일반은행은 북한에 있는 많은 점포와 영업 기반을 동시에 잃게 되었다.

종합하면, 금융기관 채권의 부실화, 높은 물가상승, 예금의 대량 인출, 해방 이후의 경제위기, 대출의 엄격한 통제, 예금금리의 인하로 인한 예금 유치의 어려움, 채권시장의 붕괴, 장기금융시장의 미발달, 현재 선호로 인한 저축의 감소, 남북 분단으로 인한 점포와 영업 기반의 손실 등은 은행 또는 금융기관의 경영에 크고 작은 타격을 가했다. 앞에서 나열한 여러 가지 요인이 복합적으로 작용하여 당시 금융기관들을 경영위기로 몰아넣었고 그것만으로 금융위기라 부를 정도로 그 위기는 금융 시스템 전체에 걸친 것이었다.

(2) 금융정책

1) 가격규제: 금리의 고정

미군정은 높은 물가상승률에도 불구하고 명목금리를 매우 낮게 규제했다. 즉, 물가상승률을 감안한 실질금리는 음(陰)이 되었는데, 작지 않은 것이었

<표 5-10> 해방 전후의 예금금리[1]

(단위: %/연)

예금종류	은행종류	해방 전	해방 후	
		1944. 10. 1	1945. 11. 1	1946. 6. 1
정기예금	갑종은행	3.4	3.4	3.2
	을종은행	3.5	3.5	
당좌예금	갑종은행	1리(0.3)	1리(0.3)	무이자
	을종은행	2리(0.7)		
특별당좌예금	갑종은행	6리(2.2)	6리(2.2)	1.8
	을종은행	7리(2.5)		
통지예금	갑종은행	7리(2.5)	7리(2.5)	2.2
	을종은행	8리(2.9)		
별단예금	갑종은행	7리(2.5)	7리(2.5)	2.2
	을종은행	8리(2.9)		

주: 1) 이 표의 금리는 조선금융단 예금협정 금리로 표시되어 있으나 실제로는 미군정이 금리를 고정한 최고금리임. 여기에는 저축은행 특약저금, 동척정기예금, 조선신탁, 금융조합 정기예금 등의 금리가 있으나 생략함.

2) '리'로 표시된 금리는 괄호 안의 수치가 연간 예금금리임. 1리=0.365%.

자료: 조선은행 조사부(1948년판), pp. I-290, III-103.

다. 그 금리는 일정 기간 고정되었다. 이것은 금리가 최고가격임을 의미한다. 한마디로, 미군정의 금융정책은 최고가격이라는 가격규제정책인 것이다. 그리고 가격규제가 미군정이 실시한 금융정책 중에서 가장 중요한 것이다.

<표 4-10>은 미군정 기간의 물가상승률을 보여준다. <표 5-10>은 해방 전후의 예금금리 변화를 보여준다. 장기예금인 정기예금은 1946년 6월 1일 현재 금리가 3.2%이다. 단기예금이라 할 수 있는 당좌예금은 1946년 6월 1일 현재 금리가 0%이다. 여기에서 우리는 해방 후 예금금리의 특징을 알 수 있다. 물가상승률과 비교하여 예금금리는 너무 낮았다는 것이다. 특히, 장기예금인

<표 5-11> 대출금리

(단위: %/연)

대출종류		개정금리[1)]
일반대출[2)]	10만 원 이하	11-14
	10만 원 이상	7.3-11
정부보증 대출		5.5

주: 1) 개정금리는 1946년 10월 1일부.
2) 여신 한도가 증액된 1947년 8월 26일부터는 50만 원 기준임. 이때 금리는 변경하지 않았음.
자료: 조선은행 조사부(1948년판), p. I-290.

정기예금의 금리가 그렇다는 것이다. 예금금리는 물론 미군정에 의해 고정되었다. 그리고 미군정은 초인플레이션 또는 광란물가에도 불구하고 1945년 11월 1일과 1946년 6월 1일에 예금금리를 오히려 인하했다. 비록 인하폭이 크지는 않았지만 말이다. 1945년과 비교하여 1946년에 물가는 약 7.84배 상승했다. 물가상승률을 감안하면 금리를 올리는 것이 정상적임에도 불구하고 예금금리를 인하한 것은 미군정이 잘못된 정책을 선택했음이 분명하다. 예금금리 인하 전에도 정기예금 금리는 정기예금을 유인할 인센티브가 전혀 없었다. 이런 상황에서 민간이 정기예금과 같은 장기예금을 하지 않고 당좌예금과 같은 단기예금–사실상 현금–을 보유하는 것은 너무나 당연했다.

<표 5-11>은 1946년 10월 5일에 개정된 대출금리를 보여준다. 이 금리는 인상된 것이다. 대출금액이 10만 원 이하일 때는 금리가 연 11-14%이고 10만 원 이상일 때는 연 7.3-11%였다. 정부의 보증을 받은 경우에 금리는 연 5.5%였다. 대출금리마저도 물가상승률보다 매우 낮았다는 사실을 알 수 있다. 이런 상황이라면 대출이 폭증할 수밖에 없을 것이다. 대출을 받아 토지 등을 구입하여 되팔면 막대한 이익을 남길 수 있기 때문이다. 미군정은 이러한 사태를

막기 위하여 대출 한도를 아주 낮게 규제했다. 여신 한도는 1946년 10월 5일부터는 10만 원이고 1947년 8월 26일부터는 50만 원이었다. 10만 원 또는 50만 원이 넘는 경우에도 대출이 불가능한 것은 아니었다. 다만 그 경우에는 재무부 장관의 승인을 받도록 했다. 이 한도는 1949년 4월 1일자로 200만 원으로 인상되었다(조선은행 조사부, 1948년판, p. I-141 인용). 그리고 재무부 장관은 농림부, 상공부 등과 같은 주무부서의 검토를 거치도록 함으로써 대출 승인을 매우 엄격하게 통제했다(이 점은 아래에서 더 자세히 다룰 것이다).

그러면 당시 중앙은행인 조선은행이 일반은행에 대출해준 금리는 얼마인가? <표 5-12>는 조선은행이 일반은행에게 대출해준 금리를 보여준다. 조선은행의 대출금리는 일반은행의 대출금리가 인상되었던 1946년 10월 5일에 동시에 인상되었다. 정상적인 대출인 경우에는 연 3.7-4.0%이다. 이것이 오늘날의 재할인금리와 유사한 것이다. 1945. 8. 15-1945. 9. 30 기간의 뱅크런 비상금융자금에만 연 1% 금리가 부과되었다. 이 금리는 일본인이 조선은행을 지배하고 있었을 때의 금리이다. 정부에 빌려준 자금의 금리는 연 2.5%였다.

미군정의 금융정책은 최고가격이라는 규제정책이 핵심이다. 그리고 최고가격은 여러 가지 폐해 또는 현상을 만들어냈다. 지금부터 그것들을 자세히 보기로 한다.

① 해방 후 금리를 규제함으로써 사금융 시장이 번성하고 사금융 금리가 매우 높아졌다.[7] 당시 사금융 참가자는 소액이 필요한 서민이나 중소상공업자 등이다. 이들은 최고가격 규제로 공식 금융기관으로부터 자금을 공급 받

7 공식 금융기관에서 자금을 빌려서 개인에게 그 자금을 빌려주는 경우도 있었을 것이다. 이것은 공금융 시장과 사금융 시장의 구분이 명확하지 않다는 것을 의미한다. 편의상 공금융 시장과 사금융 시장으로 구분한다.

<표 5-12> 조선은행의 대출금리[1)]

(단위: %/연)

대출종류	대출금리
당좌대월(양곡수집자금, 일부 생산공장 대출, 타은행)	1전1리(4.0%)
타은행 기타 대출(당좌대월 제외)	1전(3.7%)
비상대출금(1945. 8. 15-1945. 9. 30의 뱅크런에 대한 비상금융자금)	1%
정부대상금[2)]	2.5%

주: 1) 1946년 10월 1일 현재.
　　2) 한국은행 조사부(1955년판), 통계편(금융 80).
자료: 조선은행 조사부(1948년판), p. I-290.

을 수 없었을 뿐만 아니라 그들이 자금을 금융기관에 저축하는 경우에도 금리가 너무 낮아서 공식 금융기관을 기피하게 되었다.

해방 직후 사금융으로는 계, 사설무진회사 등을 꼽을 수 있다. 사설무진이란 일제 시대에 일본인이 국내에 도입한 상호금융조직으로서 한국의 계와 유사한 것이다. 다만 법인의 형태로 하고 있었다는 점에서 한국의 계와 달랐다. 해방 이후에 사설무진회사가 급격히 증가했다(이 점에 대해서는 아래에서 자세히 설명을 할 것이다).

먼저 사금융 시장의 금리를 보기로 한다. <표 5-13>은 몇 가지 종류의 사금융 금리를 보여준다. 조선은행 조사부가 작성한 『조선경제연보』에 나오는 일반시중금리는 연 55-100%, 사금리는 연 40-70%, 영암 계는 연 10-25%, 사채금리 연 120-360%, 사설무진회사 평균 금리 연 18.33-24.78% 등이다.[8)] 사설무진회사의 금리는 최저와 최고를 단순 평균한 값이다. 그리고 그 금리는 실제 금리

8 이명휘(2007, p. 238)는 이 무렵 사금리가 연 40-70%라는 수치를 제시하고 있으나 자료의 출처를 제시하지 않고 있다.

<표 5-13> 사금융 시장 금리

금리의 종류	금리	자료출처
일반시중금리[1]	연 55-100%	조선은행 조사부(1948년판), p. I-290 인용
영암 계 금리(대출)	연 10-25%	김재호(2004), pp. 143-144 인용[4]
사채금리	연 120-360%[2]	조선은행 조사부(1949년판), p. II-51
사설무진회사 금리(A)	연 14.14-35.42%[3]	조선은행 조사부(1949년판), p. II-53
사설무진회사 금리(B)	연 4.98-31.69%[3]	조선은행 조사부(1949년판), p. II-53

주: 1) 조선은행 조사부가 조사한 평균적인 시장금리로서 사금리의 일종으로 추정됨.
2) 월 1-3할을 연간 금리로 환산한 것임.
3) 납입금을 내는 방식, 수수료와 납입금 등을 선납하는 방식 등의 적용 여부에 따라 실제 금리는 이 금리보다 높았을 것으로 추정되며 그 조건은 회사마다 달랐음. 그러므로 이 금리는 그 당시 두 무진회사의 사례일 뿐임.
4) 영암의 한 문중 계의 기록이 원자료 출처.

보다는 낮게 계산된 금리이다. 여기에서 영암 계 금리만은 예외이다. 영암 계의 금리가 매우 낮은 것은 초인플레이션[9]이 공산품보다는 곡물에 미친 영향이 작았기 때문일 뿐만 아니라 족계 또는 문중계이기 때문에 거래비용이 적었을 것이기 때문일 것으로 추정된다. 사금융 시장의 금리가 다양한 것은 사실이지만 미군정이 정한 최고가격보다 평균적으로 엄청나게 높았던 것도 분명하다. <표 5-13>의 금리를 <표 5-11>의 금리와 비교하면 그 차이가 작지 않음을 알 수 있다. 사금융 시장에서 가장 높은 금리는 미군정이 규제한 최고금리보다 훨씬 높았다. 사설무진회사 금리는 일반시중금리, 사채금리 등보다 평균적으로 낮았던 것은 분명해보인다. 그리고 그것이 해방 이후 사설무진의

9 서울도매물가지수를 1945년 8월을 100으로 했을 때 1949년 12월에 곡물은 1,748이고 섬유 11,538, 건자재 17,756, 비료 7,819, 연료 3,441 등이었다. 한국산업은행(1955), pp. 475-479, 1036 인용; 배영목(2004), p. 269 재인용.

발달을 초래한 근본적인 이유일 것으로 추정할 수 있다.

사금융 금리가 이렇게 높은 이유는 무엇인가? 첫째, 초인플레이션으로 인한 화폐의 구매력 하락을 보전해주는 것이 필요했다. 왜냐하면 그렇게 할 때 자금의 공급을 유도할 수 있었기 때문이다. 둘째, 경제가 위기에 처하면서 시간선호가 매우 높아졌다. 해방 직후가 바로 그런 상황이었다. 시간선호가 높다는 것은 저축보다는 소비를 중시한다는 것이기 때문에 저축이 감소하고 그 결과 금리가 높아질 수밖에 없었다. 셋째, 사금융 시장이 자금의 중개에 있어서 공금융 시장보다 불리한 측면이 있었다. 사금융에서는 자금의 중개에 있어서 규모의 경제를 실현하기가 어려울 수 있었기 때문이다. 그리고 사금융은 예금은행 업무가 없는 등 공금융보다 효율적이지 못한 측면도 있었다. 넷째, 금융거래에서 신용평가는 필수인데 대출에 대한 대부자의 신용평가는 주관적일 뿐만 아니라 일반적으로 서민, 중소상공업자는 신용이 낮을 수밖에 없었다.

사금융의 효율적인 측면도 무시할 수 없다. 첫째, 사설무진의 경우는 담보를 요구하지 않는다. 계도 일반적으로 무담보이다. 모든 사금융이 물론 무담보인 것은 아니지만 말이다. 둘째, 융자 심사 과정이 간편하다. 융자 신청 수일 내에 융자를 받을 수 있었다. 소액이기 때문에 무담보가 될 수 있었고 무담보이기 때문에 심사 과정이 상대적으로 간편했다. 셋째, 계의 경우에 거래비용이 적을 수 있다. 왜냐하면 일정한 지역 내에서 장기간 서로 잘 아는 사람이 계원이 되기 때문이다.

앞에서 나열한 것은 사금융 시장이 공금융 시장의 금리규제에 의해 통제받지 않을 때 결정되는 금리의 결정 요인이다. 여기에 공금융 시장의 금리를 최고가격으로 통제하면 공금융 시장에서는 대출에 대한 초과수요가 만들어지고 그 초과수요가 사금융 시장으로 이전되어 대체재를 찾기 때문에, 사금융 시장의 금리를 공금융에서 최고가격이 없을 때와 비교하여 상승하게 만든다. 여기에서 초과수요란 최고가격 때문에 인위적으로 조장된 자금의 부족을 말한다. 최고가격제가 지속되는 한 사금융 시장의 금리는 자유시장 금리를 향하여 인하되지 않기 때문에 높은 상태로 있게 되고 초과수요, 즉 자금의 부족 사태도 지속된다. 즉, 사금융 시장의 금리가 공금융 시장의 금리보다 턱없이 높은 것은 공금융 시장의 최고가격이라는 규제가 한 가지 원인이라는 것이다.

공금융 시장의 최고가격 때문에 사금융 시장은 크게 발달했다. 최고가격 때문에 생겨난 초과수요가 사금융 시장으로 이전하였기 때문이다. 조선총독부 조사에 의하면 1926년 현재 전국의 계는 19,067개이고 금융을 목적으로 하는 계는 2,073개였다(김재호, 2002, p. 320 재인용). 상호부조적 성격을 띤 계가 해방 직후에는 금융 네트워크로서의 기능을 중시하게 되었다. 1946년 말 조사에 의하면, 영리목적의 계는 13,305개에 달하였다. 이것으로 계가 20년 동안에 어떤 변화를 겪었는지 자세히 알 수 없지만 금융을 목적으로 한 계가 크게 증가한 것은 분명해보인다(이명휘, 2007, p. 235 재인용). 금융을 목적으로 한 계의 번성은 공금융 시장의 규제 때문이다. 공금융 시장에서 자금을 마련하지 못한 자금 수요자, 특히 담보가 부족하거나 없는 서민이나 중소업자 등은 사금융 시장을 찾을 수밖에 없었다. 이와 같은 상황은 일제강점기에도 유사했다고 추정된다. 그렇기 때문에 1926-1946년에 계가 크게 증대했다고 추론할 수 있다. 그리고 해방 전후하여 금융시장에서 사금융과 공금융의 비중이 어느 정도인가는 중요한 관심사항이지만 현재로서는 알 수 없다.

1949년판『조선경제연보』에 의하면 해방 이후에는 사설무진회사도 크게 증가했다(조선은행 조사부, 1949년판, pp. II-50-55 참조). 1948년 한 해 동안 사설무진회사에 가입한 사람은 148,377명이고 계약고는 약 134억 원, 급부금은 18억 원을 넘었다. <표 5-14>에서 1947년 말 일반은행의 예금 총액이 약 167억 원인 사실과 비교하면 사설무진회사의 성장성을 어느 정도 짐작할 수 있다. 미군정은 사설무진회사가 크게 증가하자 무허가라는 이유로 사설무진회사를 단속하는 한편, 1948년 8월 1일부터 조선상호은행의 무진경영 방식을 보강하여 무진금융부를 독립적으로 운영케 했다. 그리고 1949년 3월 21일에는 대한무진금융주식회사를 정식으로 인가했다.

사설무진회사는 1947년 11월경부터 무더기로 생겨났다. 그 이유는, 첫째 사설무진회사는 공금융 시장에서 배제된 서민과 중소상공업자의 요구를 충족시켰기 때문이다. 둘째, 사설무진회사의 금리가 미군정의 최고가격보다 높았지만 사채금리보다는 매우 낮았다는 것이다. 셋째, 무담보 대부일 뿐만 아니라 거래가 간편했다. 그 결과 대부 결정이 빨랐다. 넷째, 초인플레이션이 지속되면서 공식 금융기관에서는 무담보 대출을 전혀 하지 않았다는 것이다. 다섯째, 서민 금융기관이던 저축은행이 일반은행으로 변신하면서 예금과 대출을 위주로 하는 은행이 되었다. 그 결과 서민 금융이 감소했다. 여섯째, 일제강점기에 일본인 경영의 무진회사도 장기 서민 금융을 담당하였으나 해방으로 그 역할이 크게 줄어들었다. 한마디로, 사설무진회사가 빠르게 증가한 것은 대부금리는 계와 같은 사금융과 공금융의 중간 수준이면서 담보가 없는 서민과 중소상공업자에게 매우 편리했기 때문이다.

<표 5-14> 미군정기의 시점별 일반은행과 전 금융기관의 총예금과 그 구성비

(단위: 백만 원, %)

연월말	일반은행					전 금융기관, 총예금(D)	E= C/D×100
	정기예금		당좌예금		총예금 (C)		
	금액(A)	구성비 (A/C×100)	금액(B)	구성비 (B/C×!00)			
1945. 8. 15	728	32	315	14	2,245	4,181	54
1945. 9	277	29	198	20	957	1,987	48
1946. 3	321	11	870	31	2,833	4,148	68
9	985	15	2,178	34	6,284	8,276	76
12	1,106	13	3,099	37	8,252	11,028	75
1947. 3	1,250	13	3,349	34	9,650	13,200	73
6	1,215	12	3,681	35	10,465	14,694	71
9	1,292	10	5,182	39	13,249	17,531	76
12	1,652	10	5,959	35	16,696	23,284	72
1948. 1	2,078	11	6,966	37	18,918	27,178	70

자료: 조선은행 조사부(1948년판), pp. I-310-311 인용.

해방 이후 사금융은 도시에서만 존재했던 것은 아니다. 도시보다 농어촌에서 사금융이 더 발달했을 것으로 추정된다. 그리고 사금융이 무진만 있었던 것이 아니다. 농촌에서는 계도 적지 않았다. 도시에서도 계는 있었지만 말이다. 그러나 사금융에 대한 조사나 그를 기초한 연구는 콜과 박영철(1984), 박원암(2004), 이명휘(2010) 등으로 그렇게 많지 않다. 다만 여기에서 한 가지만 지적 할 것은 사금융은 공금융에서의 가격규제 때문에 발생했을 뿐만 아니라 바로 그 이유로 사금융이 공금융의 대체재라는 점이다.

② 낮게 규제된 금리는 장기 저축자들을 감소하게 만들기 때문에 민간 장기금융시장의 발달을 억제했다. 미군정은 금리를 자유시장에서 결정되는 금

리보다 매우 낮게 고정했다. 당시 물가상승률이 매우 높았기 때문에 고정된 금리의 실질금리는 최고가격보다 엄청나게 낮았다. 이것은 사람들로 하여금 정기예금과 같은 예금을 줄이고 당좌예금과 같은 현금성 자금을 보유하게 만들었다.

민간 장기금융시장이 발달하지 못한 이유는 무엇인가? 장기금융시장이 발달하기 위해서는 금융시장을 내포하는 자본시장이 발달해야 한다. 미군정은 1946년 1월에 기업의 주식과 사채, 총독부의 국공채와 지방채 등을 거래하는 영단(營團) 성격의 특수법인인 조선증권취인소(朝鮮證券取引所)를 폐쇄했다.[10] 그리고 취인소와 맞먹는, 영단제 성격의 대한증권거래소가 1946년부터 10년이나 지난 시점인 1956년에 3월 3일에 설립되었다. 다시 말하면, 미군정은 각종 주식, 사채, 채권 등을 거래하는 자본시장을 허용하지 않았다. 일제강점기에 이미 자본시장이 발달했던 것과 비교하면, 자본시장에 관한 한 미군정의 제도와 정책은 일제강점기보다도 후퇴했다고 할 수 있다.[11]

조선증권취인소, 즉 자본시장이 발달하면 민간 상업은행들은 장기저축으로 주식, 사채, 국공채 등을 매매할 수 있다. 다시 말하면, 자본시장의 발달은 장기금융시장의 발달을 촉진한다. 실제로 일제는 한반도에서 일본 정부채권, 일본 지방채 등의 공채, 주식 등을 한국 민간 상업은행들을 포함한 금융기관들이 인수하도록 했다. 즉, 일제 지배 기간에는 장기금융시장이 어느 정

10 조선총독부령에 의하여 1932년 1월 1일에 조선취인소(朝鮮取引所)가 설립되었다. 조선취인소는 증권시장 기능과 상품거래소 역할을 동시에 했다. 1939년 11월에 조선취인소는 증권시장 기능만을 맡게 되었다. 1943년 7월 1일 주식회사 조직인 조선취인소가 영단 성격의 특수법인인 조선증권취인소로 개편되면서 공영제가 되었다. 김정렴(1991), p. 97 참조.

11 1공화국 정부는 1949년 말에는 건국국채를, 1951년부터는 지가증권을 발행함으로써 1956년까지 국채의 거래는 증권회사의 중개를 통하여 이루어졌다. 그때까지 주식시장은 발달하지 않았다. 그것은 1956년까지 자본시장마저도 매우 제한적으로 발달했음을 의미한다.

도 발달했다는 것이다. <표 5-7>에서는 1945년 9월 30일 현재 한국 내 각종 금융기관과 개인들의 일본계 유가증권 보유 현황을 보여준다. 1945년 9월 30일 현재 한국 내 각종 금융기관과 개인들의 일본계 유가증권 보유는 10,617백만 원이고 그중 일본 정부 채권이 8,015백만 원으로서 전체의 약 75.5%이다. 일본 정부 채권을 조선은행이 대부분 보유했지만 다른 민간 상업은행들과 민간인들도 보유했다. <표 5-7>에서 알 수 있듯이 일본 지방채도 한국 내 각종 금융기관들과 민간인들이 보유했다. 이것은 일제강점기에 자본시장의 발달로 장기금융시장이 아주 잘 발달한 것은 아니지만 어느 정도 발달했음을 보여주는 증거이다. 다만 이것이 어느 정도의 장기인지 그리고 그 규모에 대해서는 연구가 필요하다. 그러나 미군정기에 장기금융시장의 발달은 매우 제한적일 수밖에 없었다.

<표 5-14>는 미군정기 시점별 일반은행의 정기예금, 당좌예금, 총예금 등과 전 금융기관의 총예금 등을 보여준다. 일반은행 예금의 구성비를 보면 총예금에서 당좌예금의 비중은 1945년 8월 15일 14%에서 1948년 1월 말에 37%로 상승했다. 동일한 시점의 총예금에서 정기예금의 비중은 32%에서 11%로 하락했다. 이것은 당시 사람들이 정기예금의 비중을 줄이고 당좌예금의 비중을 늘렸음을 보여준다. 일반은행에서 정기예금의 비중이 일제강점기에는 40% 내외였다가 제2차 세계대전 말기에는 30% 이상이었다(조선은행 조사부, 1948년판, pp. I-311-312 인용). 이것은 미군정기에 정기예금의 비중이 급격히 하락했음을 보여준다. 전 금융기관의 총예금에서 일반은행의 총예금은 1945년 약 50%대에서 1947-1948년 약 70%대로 상승했다. 그만큼 일반은행의 예금 비중이 전체 예금에서 커졌다는 것이다. 이것은 일반은행의 예금 비중 추세를 전 금융

기관에 적용해도 무리가 없다는 것을 의미한다.

은행의 업무는 크게 두 가지이다. 두 가지란 대출은행업과 예금은행업이다. 은행이 정기예금보다 당좌예금을 많이 보유할수록 대출은행업을 운영하는 일이 어려워진다. 예금금리가 아주 낮게 고정되고 물가상승률이 높은 상황에서는 대출은행업 중에서도 장기로 자금을 중개하는 일이 더 어려워진다. 장기예금인 정기예금이 부족하기 때문이다. 예금자들도 장기로 예금하는 일은 현명하지 못하다고 생각하기 때문에 저축을 하더라도 단기가 되기 쉽다.

미군정기에 특수은행들이 일반은행 업무를 취급하면서 일반은행들로 점차 변신하였다. 미군정기 일반은행은 2개의 대형 은행과 3개의 중형 은행으로 이루어졌다. 2개의 대형 은행이란 조흥은행, 조선상업은행이고, 3개의 중형 은행은 조선저축은행, 상호은행, 조선신탁은행을 말한다. 배영목(2004, pp. 281, 283)에 의하면 이들 일반은행은 1946-1948년에 전체 자금에서 예금의 비중이 약 82%, 같은 기간 전체 자금에서 대출의 비중이 약 61%였다. 일반은행의 경우에, 자금의 원천에 있어서도 예금이 절대적인 비중을 차지했고 자금의 운용에 있어서도 대출이 가장 큰 비중을 차지했다.

일반은행들은 일제 말기에는 정기예금을 중심으로 자금을 조달하였지만 해방 이후에는 정기예금의 비중은 급격히 낮아지고 당좌예금 등의 비중이 빠르게 높아졌다. 그 결과 대출도 장기보다는 단기화할 수밖에 없었다. 단기금융시장만이 발달할 수 있는 환경이 조성된 것이다. 장기금융시장이 미발달하게 되는 가장 중요한 이유는 금리에 대한 최고가격이라는 규제 때문이다. 장기금융시장의 발달이 부진한 것은 더 근본적으로는 미군정의 자본시장 폐쇄에 있었다.

1년 미만의 단기대출이라 하더라도 식산은행을 제외한 다른 은행은 그 대출을 자주 기간연장을 해줌으로써 실질적으로 그 대출은 중장기대출이라고 볼 수도 있다.[12] 그리고 그런 대출은 그들 은행의 총대출의 상당 부분을 차지했다. 그러나 이것은 민간 장기금융으로 가는 중간 단계에 있는 것이지만 민간 장기금융으로 간주하는 것은 무리가 있다. 이 시기에 식산은행은 중장기 신용을 일부 취급했지만 일반은행 업무에 비해 그 규모는 크게 축소되었다. 그마저도 그 재원의 대부분은 중앙은행으로부터의 장기차입에 의해 충족되었다. 1949년 말 현재 식산은행 총대출의 약 25%가 2-15년 만기이고 총대출의 20%는 관개사업을 위한 10-15년 만기의 대출이다.

장기금융시장의 발달은 매우 중요하다. 앞 절에서 재정적자를 머니타이제이션하는 과정에서 물가가 폭발적이고도 지속적으로 상승했음을 알았다. 그러나 장기금융시장이 발달하면 미군정이 재정적자를 채권이라는 수단을 통해 개인들이나 금융기관들에게 매각할 수 있다. 그 경우에 개인들이 소비를 줄이고 그것으로 정부의 재정적자를 보전하는 것이기 때문에 물가상승이 일어나지 않는다. 만약 미군정이 금리에 대한 최고가격을 실시하지 않았다면 해방 직후에는 장기금융시장의 발달이 미약했겠지만 시간이 지나면서 그 발달이 빨랐을 것이다. 장기금융시장이 충분히 발달하지 않았더라도 발달한 만큼 재정적자의 일부를 머니타이제이션하지 않을 수 있었을 것이다. 그리고 폭발적이고도 지속적인 물가상승의 폐해는 모두 잘 알고 있기 때문에 여기에서 더 이상 강조하지 않는다. 결론적으로, 미군정의 금융정책, 특히 금리를 자

12 이 문단의 내용은 Bloomfield and Jensen(1951), pp. 63-64 참조.

유시장에서 결정되는 금리보다 매우 낮게 고정한 정책은 미군정 시기의 경제를 위기로 몰아넣은 '두 번째로' 중요한 원인이다.

장기금융시장의 미발달은 산업계가 대형 프로젝트를 수행하는 일을 어렵게 만들었다. 즉, 장기금융시장의 미발달은 대형 공장이나 시설로 이루어지는 산업의 발달을 저해했다는 것이다. 다시 말하면, 최고가격 규제로 인한 장기금융시장의 미발달은 중후장대 산업의 발달을 어렵게 했다는 것이다. 왜냐하면 자금을 빌려주는 은행 스스로 그런 능력을 가지고 있지 않기 때문이다. 미군정의 규제 일변도의 금융정책에 의해 일제강점기에 어느 정도 발달했던 중화학공업도 더 이상 유지하기가 어려워졌다는 것이다. 다른 요인이 일정하다면, 해방 이후 산업이 경공업 중심으로 될 수밖에 없었던 것은 미군정 금융정책의 결과이다. 이 점은 강조할 필요가 있다. 이것은 각종 산업의 적정한 성장이라는 관점에서 본다면 최선의 상태가 결코 아니다. 그 결과 장기금융의 미발달은 그만큼 경제성장에 부정적으로 작용했다.

일제강점기에 중화학공업은 북한에 있었고 남한은 경공업이 위주였다. 그러나 남한에도 중화학공업이 전혀 없었던 것은 아니다. 그런 중화학공업마저도 미군정의 금융정책에 의해 점차 활력을 잃고 사라지게 되었다고 저자는 주장한다. 이 점에 대해서는 더 많은 연구가 필요하다.

③ 금리가 최고가격인 상황에서 자금을 빌리는 사람은 명목금리보다 훨씬 높은 대가를 지불하지 않으면 안 된다. 그 대가라는 것이 대출 승인이 날 때까지 기다리는 시간일 수도 있고, 테이블 밑 거래를 통해 대출 심사 담당자에게 주는 뇌물일 수도 있고, 평소에 대출을 심사하는 사람과 관계를 잘 유지하는 것(즉, 기존 고객들에 대한 봐주기)일 수도 있으며, 50만 원 이상의 대출인 경

우에는 관료들에게 적지 않은 뇌물을 주었을 수도 있다. 지금으로서는 자금을 빌리는 사람이 어떤 금전적 대가 또는 비금전적 대가 또는 그 둘의 합을 어느 정도 지불했는가는 알 수 없다. 추가적인 연구가 필요하다. 한마디로, 대출자가 지불했던 금리는 명목금리에 거래비용을 합산한 것이다. 그리고 거래비용은 경우에 따라 그 크기가 모두 달랐을 것이다.

④ 금리규제는 승자와 패자를 만들어낸다. 대출금리가 시장에서 자유롭게 결정될 때보다 매우 낮기 때문에 두 금리의 격차만큼 실제로 대출을 받는 사람은 보조금을 받는 것과 같다. 자금을 배분하거나 대출을 심사하는 관료들도 승자가 된다. 왜냐하면 그들은 규제로 인한 권한을 행사하는 과정에서 뇌물을 받을 수도 있고 권한을 행사하는 것만으로도 심적인 이득을 얻을 수 있다. 대출을 직접 심사하는 은행원들도 관료와 큰 차이가 없다. 대출에서 배제되는 사람들, 예를 들어 소액을 필요로 하는 서민들, 중소상공업자들 등은 패자가 된다. 그들은 사금융 시장에서 인위적으로 높아진 금리를 지불해야 하기 때문에 그만큼 손해를 본다.

⑤ 정기예금의 실질금리가 마이너스인 상황에서 <표 5-14>에서 보듯이 정기예금이 완전히 사라지지 않고 있다는 점은 잘 이해가 되지 않는다. 그 이유를 추정해본다. 첫째는 공식 금융기관을 선호하는 경우가 있을 수 있다. 왜냐하면 사금융은 공금융보다 평균적으로 위험이 크기 때문이다. 다시 말하면, 예금자가 원리금을 돌려받을 수 있는 확률이 공금융보다 사금융에서 평균적으로 낮기 때문이다. 둘째, 예금자는 어떤 경우라도 미래를 대비하여 자금을 저축하고자 한다. 셋째, 공식 금융기관에서 대출을 할 때 정기예금을 '끼워팔기'(tie-in-sale)했을 수 있다. 끼워팔기는 금리의 규제를 회피하는 한 가지 방법

으로 사용될 수 있다. 요약하면, 앞에서 제시한 세 가지 이유는 저자의 추정일 뿐이다. 추후의 연구가 필요하다.

⑥ 최고가격 제도 하에서는 자금에 대한 수요가 공급보다 크기 때문에 시장에서 가격이 자금을 배분하는 데는 한계가 있다. 수요에 비해 공급이 턱없이 모자라는 자원을 가격이 아닌 다른 방법으로 배분하지 않으면 안 된다. 미군정이 택한 방법은 대출 한도를 엄격히 규제하는 것이었다. 이것은 배급제의 일종이다. 소액 대출의 결정은 은행의 자율에 맡겨졌다. 그러나 대출의 규모가 일정한 범위를 넘으면 미군정의 엄격한 심사를 거쳐야 했다. 배급제는 비가격규제의 일종이다. 그러나 규제의 도입이 가격규제에 연유한 것이기 때문에 여기에서 다루었다.

⑦ 최고가격은 금융시장에서 금융 서비스 생산비용을 증가하게 만든다. 예를 들어, 일정액 이상의 대출은 미군정의 인가를 받도록 했는데 그런 인가 과정은 금융 서비스 생산비용을 증가하게 만든다. 가격규제와 미군정의 인가는 금융계 종사자가 금융 서비스 생산에서 경험과 노하우를 쌓는 것을 방해한다. 금융산업의 비효율성은 다른 산업과의 경쟁에서 금융산업을 뒤떨어지게 하며 종국적으로는 경제성장에 부정적인 영향을 미친다.

2) 비가격규제

미군정은 최고가격정책을 시행하면서 비가격규제도 실시했다. 바가격규제는 여러 가지였다.

① 미군정은 조선은행의 발권력을 이용하여 금융기관들에게 대출해주었고, 그것은 다시 생활품영단에 대출하도록 했으며, 원리금 지불보증까지 했

다. 지불보증은 일종의 보조금인 셈이다. 그 과정은 다음과 같다. 미군정은 미곡을 강제몰수하고 배급하는 과정에서 필요한 미곡수집자금과 정부 보상비를 세입을 통해 마련할 수 없었다. 미군정은 조선은행의 발권력을 이용하여 미곡의 강제몰수와 배급에 소요되는 자금을 마련하기로 했다. 먼저 미군정은 경영난을 겪고 있는 금융기관들에게 조선은행이 대출해주도록 했다. 다음으로, 조선은행으로부터 자금을 대출 받은 금융기관들은 미곡수집 실무 담당기관인 생활품영단에게 대출해주도록 했다. 원리금 지불은 미군정이 보증했다.

<표 5-15>는 미군정의 연도별 계절자금 융자 한도와 융자 실적을 보여준다. 자료가 없는 1948년을 제외하면, 융자가 1946년과 1947년에 집중된 사실을 알 수 있다. 융자 실적은 1945년 약 1.1억 원, 1946년 약 48억 원, 1947년 약 140억 원이고 3년 동안 융자 총액은 약 189억 원이다. 1947년 조선은행 발행고(본원통화)의 증가분이 약 157억 원이었다는 점과 비교하면 계절자금의 융자가 얼마나 많은 것인가를 가늠해 볼 수 있다. 그리고 융자의 대부분이 미곡의 강제몰수를 위하여 사용된 것이라는 사실도 알 수 있다.

미군정이 조선은행의 발권력을 동원하여 곡류의 강제몰수자금을 마련하고 그 자금을 공식 금융기관들에게 낮은 금리로 배분해주었다. 그리고 금융기관들은 그 자금을 미곡몰수와 배급을 책임지고 있는 생활품영단에게 대출해주었다. 이 과정은 복지정책에 소요되는 비용을 머니타이제이션한 것이다. 이 과정은 크게 두 가지 영향을 초래했다. 첫째, 식량의 강제몰수와 배급 과정에서 발생하는 비용을 머니타이제이션함으로써 급격하고도 지속적인 물가상승을 초래했다. 이 점은 앞에서 자세히 다루었다. 둘째, 강제몰수에 필요한 자금을 금융기관들에게 낮은 금리로 지원해주는 방식을 취함으로써 금융기관

<표 5-15> 미군정의 계절자금 융자 한도와 융자 실적

(단위: 백만 원)

	1945		1946		1947		계	
	융자 한도	융자 실적	융자 한도	융자 실적	융자 한도	융자 실적	융자 한도	융자 실적
미곡	800	100	8,000	3,915	12,000	11,662	20,800	15,677
기타 곡류	16	16	2,038	933	4,246	2,316	6,300	3,265
계	816	116	10,038	4,848	16,246	13,978	27,100	18,942

자료: 조선은행 조사부(1948년판), pp. I-297-298.

<표 5-16> 연도별 예금과 국고금 추이[1)]

(단위: 백만 원)

	1946. 4	1946. 9	1946. 12	1947. 2	1947. 12
예금고(A)	3,274	6,284	8,338	8,612	16,776
국고금 평잔(B)[2)]	444	910	1,758	1,752	3,200
B/A×100	13.6	14.5	21.1	20.3	19.1

주: 1) 조선은행과 환금은행을 제외한 6개 은행임.
2) 추정치임.
자료: 조선은행 조사부(1948년판), pp. I-297, 280에서 인용.

들의 경영을 크게 도와주었다. 한마디로, 미군정은 이때 금융기관들에게 일정한 규모의 보조금을 준 것이다. 그리고 이 보조금은 사실상 국민들이 높은 물가상승이라는 형태로 지불했다. 보조금은 국민들로부터 공식 금융기관들로 재분배된 소득인 것이다. 국민 각자가 지불한 보조금은 경우에 따라 달랐다.

② 미군정은 국고금의 분산예치제를 실시함으로써 일반은행의 자금 사정을 완화시켜주었다. <표 5-16>은 일반은행의 연도별 국고금의 비중을 보여준다. 국고금은 전체 예금에서 약 14-20% 수준이었다. 국고금은 민간은행에게는 무이자였다. 그리고 민간은행은 민간에게 이것을 대출하여 은행의 경영을

상당히 개선할 수 있었다. 그 결과 유동성 위기도 어느 정도 해결할 수 있었다. 이것도 일종의 보조금인 셈이다.

③ 조선은행은 금융기관들에게 '예치금'이라는 명목으로 예금의 일부를 맡기게 하고 특별금리를 주었다. 그 금리는 1946년 5월 18일부터 연 1.4%에서 연 2.5%로 인상되었다(조선은행 조사부, 1948년판, p. I-290 인용). 그 예치금의 규모는 1947년 12월 31일 현재 총 약 42.5억 원이다(조선은행 조사부, 1948년판, p. I-290 인용). 그 규모가 작지 않았다는 것을 알 수 있다. 미군정은 법정지불준비금을 요구하지 않았다. 그러나 뱅크런의 위기에 직면한 금융기관들은 스스로 높은 비율의 초과지불준비금을 보유했다. 조선은행은 그 초과지불준비금을 자신에게 예치하게 하고 금리를 지불했다. 예치금은 조선은행에게 예치해 둔 일종의 지불준비금이고 그에 대하여 지불한 금리는 사실상 보조금이라고 하겠다. 조선은행이 금융기관들의 예치금에 대하여 이자를 지불한 것은 금융기관들의 경영에 도움을 주기 위한 것이었다.

④ 미군정은 통화량의 급격한 팽창을 방지하기 위하여 '봉쇄예금제'를 실시했다. 봉쇄예금제란 미곡을 강제몰수할 때 지불한 대금을 지주들이 금융조합 봉쇄예금계정에 의무적으로 예금하게 하고 1인당 한 번에 2만 원 이상을 찾지 못하도록 한 규정이다. 예금주는 일정한 생활비, 납세자금, 기타 승인항목 등에 한하여 필요할 때마다 예금을 인출할 수 있도록 규정하였다. 이것은 그만큼 지주들의 자산을 통제하는 것으로 일종의 사회주의라고 하겠다. 통화량 팽창 억제라는 공익을 위하여 민간의 자산을 통제한 것이다. 그러나 이 규정이 얼마나 잘 이행되었는가는 분명하지 않다. 연구가 필요한 부분이다.

⑤ 미군정은 1947년 7월 1일 일반은행의 점포 25%를 폐쇄하도록 조치를

<표 5-17> 금융기관 점포정리 현황

(단위: 개)

	조선	식산	상업	조흥	상호	신탁	저축	계
기존점포 수	9	48	39	65	50	7	13	231
폐지점포 수	-	8	8	13	25	-	2	56
잔존점포 수	9	40	31	52	25	7	11	175

자료: 조선은행 조사부(1948년판), pp. I-281, III-73.

취했다. 해방 후 각 금융기관의 해외 점포와 북한 소재 점포는 모두 폐쇄되었다. 그러나 일본계 은행의 지점이 국내 금융기관에 흡수되고 특수금융기관이 일반은행으로 그 기능을 변경하면서 일반은행 점포가 너무 많다고 미군정은 판단했다. <표 5-17>은 1947년 7월 말 현재 조선환금은행과 금융조합을 제외한 7개 주요 금융기관의 점포정리 현황을 보여준다. 그 금융기관들의 총 점포 수는 231개에서 175개로 감소했다. 56개를 폐쇄한 것이다. 이것은 은행의 점포와 인원을 줄임으로써 은행 경영 관련 비용을 줄이고자 한 것이다. 문제는 미군정이 은행 점포의 폐쇄마저도 강요했다는 것이다. 이것은 미군정이 은행들 간의 경쟁을 억제한 것이다. 그 조치는 폐쇄되지 않은 금융기관들에게 보조금을 준 것과 다름없었다.

3) 기타

<표 5-3>에서 보았듯이 해방 후 일본인 소유였던 금융기관들은 미군정 소유가 되면서 사실상 미군정이 통제하게 되었다. 금융기관들이 귀속재산이 되면서 미군정이 금융산업을 통제하는 일이 훨씬 쉬워졌다. 그러나 다수 금융기관들이 국가 소유가 되면서 비효율이 작지 않았을 것임을 추정할 수 있다.

그럼에도 불구하고 미군정은 그런 금융기관들을 민영화하지 않았다. 이것이야말로 미군정이 '단기적인' 질서 유지자라는 점을 잘 보여주는 것이다. 민영화를 하지 않았던 동기와 상관없이, 귀속재산이 된 금융기관들은 경제성장에 부정적인 영향을 미쳤다. 제1공화국 경제에도 동일한 말을 할 수 있다. 이 점은 추가적인 연구가 필요하다.

금융기관들에 대한 보조금은 그 보조금이 없다면 생존할 수 없는 금융기관을 존립하게 만들기 때문에 금융산업 전체가 그만큼 비효율적이 된다. 그 결과 그만큼 경제성장도 부진하게 된다. 이것은 보조금과 달리 그 크기를 짐작할 수 있는 것도 아니다. 다만 경제이론이 그런 보조금이 산업을 비효율적으로 만든다는 것만을 가르쳐준다.

5. 결론

미군정은 극도의 정치혼란과 경제위기에 놓인 남한을 지배하고 통치하게 되었다. 정치혼란과 경제위기에 처한 만큼 미군정의 세입에 비하여 세출은 언제나 초과 상태, 즉 재정적자가 예견되었다. 그럼에도 불구하고 미군정은 경기를 부양한다는 이유로 재정적자를 더 크게 만들었다. 그리고 그런 상황에서 미군정은 미곡의 강제몰수와 배급이라는, 식량 사회주의를 또한 시행했다. 이 과정에서 필요한 비용은 조선은행의 발권력을 동원했다. 게다가, 일제는 미군정이 화폐와 금융을 완전히 통제하기 이전에 엄청난 통화량을 발행하여 자신들을 위하여 사용했다. 즉, 미군정 이전에도 통화공급 증대에 의한 물가상승 요인이 만들어졌다는 것이다.

해방으로 인한 남북한 경제의 분리, 일본 블록경제로부터의 분리 등에 의해 금융위기가 발생했고 남한경제는 이미 위기에 빠졌다. 해방 직후 일제의 과다한 통화 발행과 미군정의 재정적자와 식량통제에 따르는 비용의 머니타이제이션은 그런 경제를 더 한층 위기에 빠뜨렸다. 경제위기가 중첩되었다는 것이다.

그런 상황에 놓인 한국경제를 미군정은 해결책으로 쌀을 포함한 다수 재화들의 가격을 통제했을 뿐만 아니라 금융을 강력하게 통제했다. 금융을 통제하는 것은 모든 경제행위를 통제하는 것이기 때문에 미군정은 사실상 남한경제를 전면적으로 통제한 것이다. 금리를 포함한 모든 가격을 통제하는 것은 경제 전체를 통제하는 것이고 그런 통제는 경제 전체를 혼란에 빠뜨리고 소비자들이 대체재마저 이용할 수 없도록 만들었다. 이것은 미군정이 인위적으로 만들어낸 위기이다. 이 위기로 경제위기는 세 가지가 중복되었다.

일제와 미군정이 화폐를 통제함으로써 만들어진 초인플레이션을 억제하기 위하여 금융산업을 포함한 모든 산업을 규제했다. 모든 규제의 목적이 초인플레이션의 억제를 위한 것이었다. 즉, 규제의 목적이 '공익'이라는 것이다. 적어도 명시적으로는 그렇다. 문제는 공익을 위해 만들어진 규제가 공익을 파괴했다는 점이다. 규제에 따르는 부작용이 너무 많고 크기 때문이다. 다만 식량에 대한 통제는 경제적 동기에 의해 이루어졌다.

재정적자와 식량통제에 따른 비용을 머니타이제이션한 결과로 초인플레이션이 발생했다. 그런 초인플레이션을 억제하기 위하여 미군정은 경제에 대한 전면적 통제를 실시했다. 그런 통제가 만들어낸 각종 부작용 또는 영향 중에서 중요한 것만 지적한다. 첫째, 금융산업을 극도로 통제함으로써 장기금융시장의 미발달, 사금융 시장의 번성과 금리의 상승이라는 부작용을 초래했다. 그리고 장기금융시장의 미발달은 미군정이 채권을 발행하여 민간에게 매각하는 것을 불가능하게 만들어 머니타이제이션의 폐해를 당시 국민 모두가 부담하게 만들었다. 즉, 장기금융시장이 조금이라도 발달했다면 머니타이제이션의 폐해는 실제보다 작아졌을 것이다. 둘째, 가격규제와 비가격규제는 승자와 패자를 만들어내었다. 그러나 장기에서는 모든 경제주체가 패자가 된다. 셋째, 일본 블록경제로부터의 분리, 남북 분단, 인구의 단기간의 대규모 증가, 정치적 혼란 등은 당시의 경제를 위기로 몰아넣었다. 당시의 초인플레이션은 그런 한국경제를 더한층의 위기로 몰아넣었다. 여기에 당시의 한국 국민은 모든 재화에 대한 총공급을 증가시키고, 화폐에 대한 예비적 수요를 증대시키는 방법으로, 그리고 미군정은 원조와 차관의 공여, 식량의 수입 등의 방법으로 초인플레이션의 폐해를 어느 정도 상쇄시켰다. 그러나 우리는 아직도 당시 사람들의 기대, 모든 재화에 대한 예비적 수요 등이 모든 재화의 가격 결정에 미친 영향에 대해서는 아는 것이 없다. 연구가 필요한 부분이다. 그러므로 앞에서 나열한 결과들 중에서 몇 가지는, 우리가 몰랐던 것을 알게 된다면, 그런 영향을 고려한다면 지금과 다른 것들이 될 수도 있다.

재정적자와 식량통제 비용을 머니타이제이션하고 금융산업을 강력하게 통제하는 방법은, 경제제도와 정책이라는 관점에서는 가장 나쁜 것이다. 여기에는 물론 당시의 재정적자가 정치·사회적 혼란과 경제위기로 인하여 불가피한 측면이 있었다는 점을 고려해야 할 것이다. 즉, 당시 미군정이 선택한 정책의 결과는 그 일부는 한국민 스스로 책임을 져야 한다는 것이다. 1947년부터 미국은 한국에게 많은 경제원조를 주었다. 그럼에도 불구하고 미군정 3년 동안에 행한 나쁜 경제제도와 경제정책은 군정 이후의 경제원조의 효과에 부정적인 영향을 미쳤다. 그리고 그것은 작지 않았을 것으로 추정된다(이 점에 대해서는 4편에서 자세히 다룰 것이다).

미군정 시대는 초인플레이션의 시대였다. 광란물가의 원인은 크게 세 가지였다. 해방 직후 일제의 통화증발, 미군정의 재정적자를 위한 머니타이제이션, 미군정의 식량통제 비용의 머니타이제이션 등이 그것이다.[13] 여기에 추가하여, 미군정은 '인플레이션의 방지'라는 목적을 위하여 경제를 전면적으로 통제했다(이 점에 대해서는 9장에서 더 다룰 것이다). 그러나 각종 가격규제와 금융산업에 대한 규제 등은 물가상승을 더 부채질하였을 뿐만 아니라 그 결과 경제를 더 나쁘게 만들었다. 각종 규제가 없을 때와 비교하여 그렇다는 것이다. 이것이 광란물가의 네 번째 원인이다. 한마디로, 미군정 시대의 경제는 급격한 물가상승과 물가상승을 억제하기 위한 경제에 대한 전면적인 통제정책의 결과로 더 이상 나빠질 수 없는 최악의 단계에 이르렀다. 미군정의 잘못된 정책은 한국전쟁 이전에 이미 한국경제를 거의 초토화시켰다고 보는 것이 정확한 평가일 것이다. 미군정의 잘못된 경제정책은 곡물의 수입, 무상원조와 차관 등에 의한 미군정의 물가상승(미가상승 포함) 억제 노력을 상당 부분 물거품으로 만들었다. 미군정, 더 넓게는 해방 이후 미국의 한국경제에 미친 영향을 평가할 때 화폐제도와 화폐정책, 금융제도와 금융정책을 명시적으로 고려하지 않으면 그 평가는 부정확할 수밖에 없다.

13 이종훈(1992, p. 139)은 광란물가의 근본적 원인은 해방 이후 인구의 증가와 생산의 전반적인 후퇴로 규정하고 통화정책, 환율정책, 재정적자 등은 부수적 원인에 불과하다고 지적했다. 그러나 그의 주장은 틀린 것이다.

제6장

보호무역정책과 외환의 통제

1. 서론

최근 연구는 무역정책이 경제성장에 큰 영향을 미치는 경제정책들 중의 하나임을 증명하고 있다. 물론 자유무역이 당연히 경제성장에 긍정적인 영향을 미친다. 그와 반대로 보호무역은 규제의 일종으로 경제성장에 부정적인 영향을 미친다. 이 결론은 무역 상대국의 무역정책과 상관이 없다. 그러나 미군정은 그런 경제원리를 수용하지 않음으로써 해방 직후의 폭발적인 에너지를 경제성장으로 전환하는 데 상당 부분 실패했다.

미군정은 수입 재화에 대해서 10%의 관세를 일률적으로 부과했다. 그러나 이것은 무역을 보호한다는 차원이 아니라 재정 수입을 위한 것으로 추정된다. 왜냐하면 특별한 재화에 대하여 높은 관세율을 부과한 것이 아니라 모든 수입 재화에 대하여 동일한 관세율을 부과했기 때문이다. 그러나 그 동기와 상관없이 관세 부과는 보호무역정책임은 분명하다. 무엇보다도, 미군정은 외환을 통제함으로써 사실상 무역을 전체적으로 통제했다. 왜냐하면 수출의 범위 내에서 수입을 할 수 있도록 했기 때문이다. 문제는 수출할 재화가 거의 없는 상황에서 외환의 통제는 사실상 수입도 통제하는 결과를 가져왔다.

미군정 시대에 '원/달러' 환율은 크게 그리고 급속하게 상승했다. 이와 함께 무역수지도 적자의 연속이었다. 환율이 크게 그리고 급속하게 상승하게 만든 결정적 요인은 무엇인가? 그리고 그것은 무역수지와 어떤 관련이 있는가? 이 장에서 우리가 풀어야 할 두 번째 의문이다.

미군정은 수출 재화와 수입 재화에 대해 가격규제를 실시했다. 수출 재화에 대해서는 최저가격제를 시행했다. 수입 재화에 대해서는 최고가격제를 시행했다. 가격규제는 무역정책과 상관없이 시행되었다. 두 가지 종류의 가격규제는 간섭주의의 대표적인 예이다. 그리고 간섭주의는 여러 가지 폐해를 초래한다. 마지막 절에서는 이 폐해와 함께 무역정책과 외환정책의 결과 또는 폐해도 다룰 것이다.

다음 주제로 넘어가기 전에 미군정 시대 무역과 관련한 현황을 아주 간략히 요약한다. 해방 후 주요 수입 상대국은 미국, 중국, 일본, 홍콩, 마카오, 유럽 등이고 주요 수출 상대국은 중국, 일본, 홍콩 등이다. 여기에서 홍콩과 마카오는 중계무역지이다. 이것은 민간무역에 국한된 것이다. 그리고 연도별로 수입 상대국과 수출 상대국의 중요성은 달랐다.

해방 후 수입품은 건설자재와 원재료보다는 소비재가 압도적 비중을 차

<표 6-1> 연도별 주요 품목별 수출과 수입

(단위: 천 원)

수출				수입			
품목	연도			품목	연도		
	1946	1947	1948		1946	1947	1948
건오징어	9,766	212,918	2,764,655	신문용지	–	227,846	1,582,677
김	378	2,894	1,050,889	생고무	–	336,557	1,240,557
한천	3,834	101,661	453,424	가성소다	1,350	421	480,505
약재	1,195	59,728	272,037	인쇄용지	215	85,643	445,826
선철강	–	60,375	265,895	자동차용 타이어	–	5,499	295,017
금속제품	–	–	183,459	모직물	–	166,462	269,747
건명태	271	–	182,362	콩기름	3,830	31,938	262,705
돈모(돼지털)	–	–	160,341	면사	395	6,509	251,475
기타	32,293	673,557	1,862,685	기타	162,616	1,227,250	4,028,948
계	47,737	1,111,133	7,195,747	계	168,406	2,088,125	8,857,457

주: 1946년 이후는 남한만 집계.
자료: 통계청(1998), pp. 54-58.

지했다. 특히, 신문용지, 생고무, 가성소다, 인쇄용지 등이 수입에서 큰 비중을 차지했다. 수출품은 김, 한천, 오징어, 홍삼 등을 포함한 100여 종에 이른다. 한마디로, 수출은 쌀을 제외하고 식료조제품, 원료품, 원료용제품 등으로서 수출 가능한 재화는 모두 수출하였다고 볼 수 있다. <표 6-1>에서 주요 품목별 수출입액을 볼 수 있다. 수출, 수입, 무역수지 등은 아래의 절에서 자세히 다룰 예정이다.

2. 보호무역정책

(1) 관세정책

미군정은 1946년 1월에 대외무역규칙을 공포하여 민간의 자유로운 대외거래를 금지하였다. 그럼에도 불구하고 대일 밀무역이 성행했다.[1] 한국의 밀수출품은 주로 미곡과 식료품이었고 일본으로부터의 밀수입품은 주로 화장품, 의류품, 의약, 기계부속품 등과 같은 공산품이 많았다(한국관세협회, 1969, p. 194 참조). 이렇게 대일 밀무역이 성행했던 것은 일본 국내에서의 심각한 식량부족, 공산품이나 기계부품 등과 같은 재화들의 한국 국내에서의 부족, 한국 국내에서의 극심한 물가상승 등이 원인이라고 하겠다. 중국과의 밀무역도 공

1 흔히 많은 연구자가 밀무역이라는 이유로 밀무역 행위와 그 가담자들을 비난하는 것을 볼 수 있다. 법이나 규칙을 어겼다는 점에서 그들은 잘못한 것이다. 그러나 밀무역이 없을 때와 비교하면 밀무역의 존재는 한국경제에 긍정적으로 기여한다. 적어도 밀무역의 경제적 의미는 그렇다.

공연히 이루어졌다. 중국 상인들은 중국 화북과 만주 등에서 일본군이 남기고 간 재화들을 한국과 물물교환 방식으로 거래했다. 한국은 대두박(大豆粕), 가죽신, 대마 등을 수출하고 설탕, 중국 술, 땅콩 등을 수입했다(차철욱, 1998, pp. 116-118). 이때 거래가 물물교환 방식으로 이루어진 것은 화폐가치가 불안정하여 환율이 급격히 상승하고 있었기 때문일 것이다. 조직화되고 대규모화되고 있는 밀무역을 방지하기 위하여 미군정은 관세제도를 정비하지 않을 수 없었다. 미군정은 일제강점기의 관세법을 3차에 걸쳐 개정했다. 1차 개정은 법령 제116호(1946. 10), 2차 개정은 법령 제177호(1948. 4), 3차 개정은 법령 제211호(1948. 7)로 나타났다. 여기에서는 개정된 법령 중에서 관세에 직접 영향을 미치는 내용만 간략히 서술한다.

미군정은 수출재에 대해서 관세를 전혀 부과하지 않았다. 그러나 수입재는 재화의 종류에 따라 면세, 종가제, 종량세로 구분하여 관세가 부과되었다. 법령 제116호 제3조에 의해 규정된 재화는 면세가 되었다. 면세된 재화는 조선에 주둔하고 있는 미국 육군, 조선 정부, 정치부서와 그 대행기관과 보조기관이 관공용으로 수입하는 재화와 재조선연합국 육군 군인, 군속, 그 가족 등이 공용과 사용을 위하여 수입하는 재화를 말한다. 면세된 재화를 제외하고, 재화의 종류에 따라 종가세를 10% 이하 부과하고 종량세를 부과하는 경우에도 세액이 금액의 10%를 초과하지 않도록 했다.[2] 여기에서 수입재에 대해서 10%의 관세를 부과한 것은 산업 보호 차원이 아니라 세금의 징수를 목적으로 한 것으로 추정된다.

2 각 수입재의 세율에 대한 자세한 사항은 조선은행 조사부(1948년판) p. I-126을 참조.

(2) 비관세정책

1) 수출입의 허가제

미군정은 1946년 7월 4일 법령 제39호로 대외무역규칙을 공포하고 제93호로 대외무역을 미군정청의 통제 하에 둔다고 발표했다. 그리고 수출입 재화에 대해 미군정청의 허가를 받도록 하였다.

먼저 수출입 품목을 지정하게 된 간략한 역사를 보기로 한다. 미군정은 1946년 4월에 수출입 재화를 수입허가품, 수출장려품, 수출금지품으로 나누어 지정하였다. 그 이후 임시적으로 개정하고 난 이후에 상무부장은 1946년 12월 28일에 세 가지로 나누어 지정한 품목을 발표했다. 미군정은 1947년 9월 5일에 수출입 허가목록을 발표했다. 1946년 12월 24일 법령 제127호로 미곡이 수출 금지 품목으로 지정되었다. 조선은행 조사부가 작성한 『조선경제연보』(1948년판, pp. I-121-122)에는 1947년 9월 1일부로 지정된 수출품과 수입품 허가목록이 나와 있다. 품질이 다른 제품을 하나의 재화로 분류하면, 수출 재화는 약 30개 품목이고 수입 재화는 약 27개 품목이다. 수출 재화는 대체로 제1차 상품이었고 수입은 긴급물자로서 당시 긴절히 필요한 물품이었다. 『조선경제연보』에는 미군정이 결정한 가격도 포함되어 있다.

미군정은 수출입 재화를 허가제로 하는 동시에 무역업도 면허제를 실시했다. 미군정은 1946년 8월 1일부터 무역업 면허제를 실시했다. 1947년 8월까지 무역면허증을 교부 받은 무역업자의 수는 한국인 528명, 중국인 15명 등으로 총 543명이었다. 그러나 면허제는 정부가 무역업자에게 특권 또는 특혜를 주는 것이기 때문에 면허를 가진 무역업자와 군정관료 등과의 유착 관계를 낮았다(이종훈, 1979, p. 170 참조). 이에 따라 무역업 면허제는 1947년 8월 25일 상무부령 제1호에 의해 폐지되었다. 무역업 면허제를 1946년 8월 1일부터 실시했다는 것은 민간무역이 공식적으로는 1946년 8월 1일부터 시작되었음을 의미한다. 이 기간 동안에도 무역업자는 수출입을 할 때 매 건마다 허가를 받았다. 그러나 1947년 8월 이후에는 수출입의 허가를 매 건마다 하는 방법만 사용되었다. 무역업 면허제가 폐지되었기 때문이다. 한마디로, 미군정의 수출입허가제는 비관세장벽의 일종이었다.

2) 외환의 통제[3]

미군정은 처음부터 외환을 통제했다. 미군정은 1947년 8월 25일 상무부령 제1호 제4조에서 외환을 통제한다는 점을 법으로 명시했다. 그 이전에는 비공식적 통제가 이루어진 것으로 추정된다. 외환통제의 핵심적인 내용은 "수출로 획득한 외환은 수입 물품의 구매 이외에는 사용하지 못한다."는 것이다.

미군정은 외환을 통제하는 이유로서 다음 두 가지를 제시했다.[4] 첫째, 무역수지의 적자를 장래에 수립될 한국 정부에 넘겨주지 않기 위함이라는 것이다. 그러나 미군정의 의도와 달리 미군정 기간 동안 한 해도 빠짐없이 무역수지 적자는 지속되었다(이 점은 아래에서 다룰 것이다). 둘째, 외국자본과 상품에 의한 국내 경제 산업의 재식민지화를 방지하기 위함이라는 것이다. 그러나

3 조선은행 조사부(1948년판) '무역' 부문을 해설한 익명의 필자는 외환통제를 '물물교환제' 또는 '바터제'라고 표기하고 있다. 그곳에서 말하는 바터제는 현대경제학에서 흔히 말하는 물물교환제가 아니다. 그것은 외환통제가 정확한 개념일 것이다. 이후에는 외환통제라는 개념을 사용한다.

4 조선은행 조사부(1948년판) '무역' 부문을 해설한 익명의 필자는 미군정 당국의 책임자가 외환을 통제하는 두 가지 이유를 여러 차례 언급했다고 지적하고 있다. 조선은행 조사부(1948년판), p. I-125 참조.

조선이 다른 나라의 식민지가 되었던 것은 자본과 상품 때문이 아니라 국력이 약했기 때문이었다. 외환을 통제하는 이유들과 상관없이 그것은 비관세장벽의 일종이다.

3) 결론

해방 직후에 미군정은 대외거래를 전면적으로 금지했다. 그러나 민간무역에 대한 통제는 해방 후 1년 정도까지 별다른 효과가 없었다. 그 결과 일본, 중국 등과의 밀무역이 공공연히 이루어졌다. 미군정은 대외거래의 전면 금지 이후에 보호무역정책을 시행했다. 보호무역정책은 수출입허가제와 외환의 통제를 통해 시행되었다.

3. 고정환율제와 암시장의 발달

미군정은 어떤 환율제도를 채택했는가? 그것은 미군정 시기의 무역수지 현황을 통해서 어느 정도 추정할 수 있다. <표 6-2>는 해방 이후 연도별 수출, 수입, 무역수지 현황을 보여준다. 1945년과 1946년 수출과 수입의 규모는 1944년과 비교할 때 크게 감소한 것이다. 그리고 무역수지는 1944년 이후 연속해서 적자였다. 1947년의 무역수지 적자 규모는 1944년 무역수지 적자 규모보다 컸다. 이 표에는 나타나지 않지만 1901년 이후 일제강점기에도 무역수지는 지속적으로 적자였다. 1901년 이후 무역수지가 적자가 아니고 흑자였던 해는 1924년과 1925년 두 연도뿐이었다. 무역수지 적자에 대해서는 아래에서 자세

<표 6-2> 해방 이후 연도별 수출, 수입, 무역수지 현황

(단위: 백만 원)

연도	수출(A)	수입(B)	무역수지(C)=A-B
1944[1)]	900.0	1,092.7	-192.7
1945[2)]	70.9	122.2	-51.3
1946	47.1	168.4	-121.3
1947	1,111.1	2,088.1	-977.0

주: 1) 1944년 11월 말까지 누계임.
2) 1945년 5월 말까지 누계임.
자료: 조선은행 조사부(1948년판), p. I-136.

히 다룰 것이다.

<표 6-3>에서 협정환율이 공식 환율이다. 이 환율은 단기에는 고정되었기 때문에 미군정은 단기에는 고정환율제를 채택했다고 할 수 있다. 그러나 '원'화의 가치가 빠르게 하락하면서 미군정은 장기에는 큰 평가절하를 단행하지 않으면 안 되었다.

무역수지 적자가 짧은 기간 동안 지속되는 것은 무역정책 때문일 수도 있다. 그러나 무역수지 적자가 장기간 지속되는 것은 순전히 화폐현상 때문이다. 그러므로 미군정 기간에 지속적인 무역수지 적자의 원인을 국내 공급능력의 부족과 그에 따른 필요물자의 부족 때문이라는 신태곤(1991)의 주장은 전적으로 틀린 것이다.

<표 6-3>은 해방 이후 시점별 '원/달러' 환율의 변화를 보여준다. 환율은 1945년 10월 달러당 0.015원에서 1948년 12월 달러당 0.45원으로 약 3년 동안에 30배 인상되었다. 이것은 달러화 대비 원화의 가치가 그만큼 하락했음을 의미한다. 다시 말하면, 미군정 약 3년 동안에 달러화에 비하여 원화의 가치가 약

<표 6-3> 시점별 원/달러 환율

(단위: 원/달러)

연월일	협정환율		시장환율[1)]	
	공정환율	대충자금예치환율	미국 달러	미군표
1945. 10. 1	0.015			
1947. 7. 15	0.05			
1948. 10. 1	0.44		0.74	0.50
1948. 12. 15	0.45	0.45	n.a.	n.a.

주: 1) 이것은 암시장 환율이자 추정치이다.
자료: 김낙년 외(2018), p. 1193에서 인용.

1/30로 하락한 것이다.

왜 원/달러 환율은 지속적으로 그리고 크게 상승했는가? 환율은 두 나라 화폐의 가치에 의해 결정된다. 그리고 각 나라 화폐의 가치는 그 나라 화폐시장의 재고수요(stock demand)와 재고공급(stock supply)에 의해 결정된다. 그러므로 <표 6-3>에서 보듯이 원/달러 환율이 1945년 이후 크게 상승한 것은, 미국도 제2차 세계대전을 전후하여 달러를 엄청나게 발행했지만 상대적인 관점에서는 한국 화폐시장의 변화가 더 컸다. 바로 그 이유로 미국 화폐시장의 변화를 무시한다면, 원/달러 환율의 상승은 해방 이후 한국 화폐시장의 변화를 반영한 것이다. 그중에서 가장 많이 변한 것은 화폐의 공급이다. 해방 이후 화폐의 수요 측면의 변화도 작지 않았다. 그러나 그런 변화보다도 더 큰 변화는 화폐공급의 증가이다. 미군정 기간 동안 원/달러 환율이 크게 상승한 요인이 여러 가지임은 부인할 수 없다. 그러나 가장 중요한 것은 원화의 공급 증가라고 하겠다. 원화의 공급이 크고 지속적으로 증가된 근본적인 이유는 미군정의 재정과 식량통제의 머니타이제이션 때문이다. 해방 직후 일본인의 통화공급 증대를 제외한다면 말이다. 이 점에 대해서는 5장에서 자세히 다루었다. 미군정 기간에 무역수지 적자가 지속되었던 이유는 한국 화폐공급의 지속적인 증가로 수출 재화의 가격은 지속적으로 상승하고 수입 재화의 가격은 상대적으로 하락했기 때문이다.

<표 6-3>에는 두 가지 환율이 나와 있다. 협정환율이란 미국과 한국 정부가 협의를 통해 결정하는 환율을 의미한다. 여기에는 공정환율과 대충자금예치환율이 있다. 두 환율의 특징은 두 국가 간의 협의에 의해 환율이 고정되었다는 것이다. 환율제도라는 관점에서 협정환율이란 고정환율제도의 다른 이름이다. 이 협정환율은 사실상 '수입'에 적용되었던 환율이다.

이 시기에 수출업자는 수출로 취득한 외환을 한국은행의 자기 명의의 계정에 예치하고 그것을 수입 대금으로 사용하거나 타인의 계정으로 양도할 수 있었다. 그러나 미군정 시기 그 환율에 대한 자료는 없는 실정이다. 환율의 고정과 외환 사용의 통제로 외환 암시장이 발달했다. 이것이 <표 6-3>에 나오는 시장환율이다. 표의 시장환율은 암시장 환율일 뿐만 아니라 추정치이다. 이 환율은 같은 시기의 고정환율보다 약 13.6-68.2%만큼 높았다. 암시장 환율은 정부가 고정한 환율인 공정환율보다 높고 자유시장 환율보다도 높을 수밖에 없다. 왜냐하면 수입환율로 외환을 배정 받지 못하는 사업자가 외환의 대체재를 찾아서 암시장으로 가고 암시장에서 거래자들은 자유시장 환율에 불법에 따른 각종 프리미엄을 가산해야 하기 때문이다.

미군정이 채택한 환율제도와 정책을 설명했다. 미군정 기간에 원/달러 환율이 지속적으로 그리고 크게 상승한 원인을 분석했다. 환율에 대한 고정과 외환의 사용에 대한 통제는 외환의 암시장을 발달하게 만들었다. 암시장 환율은 시장환율이 아니다. 그것은 말 그대로 암시장 환율일 뿐이다. 암시장 환율은 자유시장 환율보다도 높았고 고정환율인 공정환율보다도 매우 높았다. 환율에 대한 규제는 외환의 암시장뿐만 아니라 규제의 다른 폐해도 발생하게 했을 것이지만 현재로서는 알 수 없다.

4. 수출입품에 대한 가격규제

4장과 5장에서 미군정이 각종 재화에 대해 가격규제와 비가격규제를 시행했음을 알았다. 미군정은 관세정책, 비관세정책과 함께 수출 재화, 수입 재화의 가격도 규제했다. 남조선과도정부는 상무부령 제1호(1947. 8. 25) 제4조에서 수출품과 수입품의 가격을 상무부가 최고가격과 최저가격으로 규제한다고 규정했다. 그 이전에 수출입 재화의 가격을 규제했는지 여부는 분명하지 않다. 추후의 연구 과제이다. 한마디로, 미군정은 수출 재화에 대해서는 최저가격을 그리고 수입 재화에 대해서는 최고가격제도를 시행했다.

수출입 재화의 가격에 대한 규제는, 1947년 7월 20일에 상무부령 제55호에 의거하여 '수출입품가격사정위원회'가 상무부장의 자문기관으로 설치되면서 본격적으로 시행되었다. 1947년 11월에 확정된 가격규제의 핵심은 국제가격을 기준으로 적당한 비용과 이윤을 추가하여 국내외 판매가격을 결정한다는 것이다. 그 결과 미군정은 <표 6-4>에서 보듯이 수출입물자가격사정기준표를 발표했다.

정리하면, 미군정은 수출 재화에 대해서는 최저가격을, 수입 재화에 대해

<표 6-4> 수출입물자가격사정기준표

구분	항목	
수출	1. 시가(수입지 도매가격)	A
	2. 수입지 원가 = A÷(1+10%)	B
	3. 보험료와 손모비공제액 = B(1+7%)	C
	4. 운임공제액 = C−100HK	D
	5. 원화 환산 = D×70	남조선 각 항구 FOB 가격
수입	1. 시가(수출지 도매가격)	A
	2. 운임과 적재비, 톤당 109 홍콩 달러	B
	3. 보험료와 손모율 = (A+B)×7%	C
	4. 간접비, 시가(A)의 15%	D
	5. 이윤 = (A+B+C+D)×20%	E
	6. 남조선 각 항구 CIF 가격 = (A+B+C+D+E)×70	

주: 1) 홍콩 달러 대 원화의 비율은 당분간 '70원/1홍콩 달러'로 함.
2) 운임과 적재비는 화물에 따라 중량톤 혹은 용적톤을 적용함.
3) 수입물자의 이윤은 상무부 소정의 기준에 의하여, 최긴급물자는 긴급물자의 이윤에 10%를 가산하고, 준긴급물자는 10%를 감함.
4) 수출물자의 이윤은 상공부 소정의 특별장려품에 한하여 위의 기준 이윤에 10%를 가산함.
5) 위의 수입물자 사정가격은 최고가격, 수출물자 사정가격은 최저가격임.

자료: 조선은행 조사부(1948년판), p. I-122.

서는 최고가격을 실행했다. 두 종류의 재화에 대해 서로 다른 가격규제를 한 것이다. 물론 이 다른 규제는 규제의 폐해에 있어서도 서로 다르다(두 규제의 폐해에 대해서는 아래에서 종합하여 다룰 것이다). 수입 재화의 경우에 최긴급물자, 긴급물자, 준긴급물자 등으로 구분하여 이윤의 크기를 조정함으로써 가격을 규제했다.

5. 무역정책과 외환정책의 결과: 민간무역의 억제

앞 절들에서 미군정의 무역정책과 외환정책을 서술했다. 그러나 자료의 부족으로 설명이 불완전한 것은 지금으로서는 어쩔 수 없다. 미군정의 무역정책과 외환정책을 한마디로 요약하면 간섭주의라고 하겠다. 물론 약간의 예외가 없는 것은 아니지만 말이다. 여기에서는 그런 간섭주의를 하나로 묶어 그것이 초래할 폐해를 분석한다.

첫째, 미군정 기간에 환율이 급속하고도 지속적으로 상승한 것은 미군정의 재정과 식량통제 비용의 머니타이제이션 때문이다. 그리고 환율상승의 일부는 해방 직전과 직후에 일제가 화폐를 크게 증가시킨 것도 원인이다. 환율의 급속한 상승은 화폐시장의 간섭주의 때문이다. 화폐시장의 간섭에 대해서는 4장과 5장에서 자세히 설명했다.

둘째, 외환의 통제, 수출입허가제, 가격규제 등과 같은 간섭주의도 미군정 시대 무역수지의 적자가 지속되는 데 한몫을 했다. 특히, 수출재의 가격에 대한 규제는 수출을 어렵게 했다. 이것은 단기에만 유효하다. 미군정 시대 무역수지의 적자가 지속되었던 것은 앞에서 설명한 화폐현상이 가장 중요한 이유이다.

셋째, 외환을 통제한 결과로 여러 가지 부작용이 발생했다. 무엇보다도 수출용 외환만을 수입에 사용할 수 있게 함으로써 민간무역이 상당히 억제되지 않을 수 없었다. 수출할 수 있는 재화들이 매우 부족한 현실에서 그런 외환통제는 수입도 억제하는 결과를 초래했기 때문이다. 그 점은 <표 6-5>에 잘 나와 있다. 수출의 경우에 전체 수출액의 약 30%만이 민간무역이다. 수입의 경

<표 6-5> 1946년 1월부터 1947년 12월까지 주체별 무역액

(단위: 천 달러)

		수입	수출
군정무역[1]	민간물자배급안에 의한 물자	180,000.0	-
	2,500만 달러 차관에 의한 물자	18,850.2	-
	소계	198,850.2	-
군정무역[2]		21,500.0[4]	5,399.9[5]
민간무역[3]		4,513.1	2,316.5
계		224,863.3	7,716.4

주: 1) 순전히 미군정관의 책임에 의해서만 수입된 것.
2) 미군정무역과 남조선과도정부에 의한 수출입.
3) 귀환동포의 재산반입도 일부 포함됨.
4) 일본으로부터의 수입은 1946년부터 1947년 4월까지만 포함.
5) 1947년 수출만을 포함.
자료: 조선은행 조사부(1948년판), p. I-127.

우에는 전체 수입액의 약 2%만이 민간무역이다.

수입에 있어서 민간무역보다 군정무역이 주를 이루게 된 것은 미군정이 미국 정부로부터 공여된 구호원조용 달러를 사용하여 각종 식료품과 원자재 등을 수입했기 때문이다. 그것들은 식료품, 석유, 원면, 생고무, 비료, 시멘트, 철도용 자재 등이다.

당시는 무역을 위한 해외여행이 쉽지 않았다. 이것은 국내 무역업자가 그만큼 해외 영업기회를 활용할 수 없다는 것을 의미한다. 당시 수출입 업자들은 외환통제라는 매우 불리한 환경에서 수출입에 종사하지 않으면 안 되었다. 외환통제에 의한 여행의 제한, 민간무역의 억제 등은 국내 무역업자의 경쟁력을 약화시키는 결과를 초래하게 된다. 앞에서 언급한 점들은 한국무역협회에 발간하는 무역지 제2호에 게재된 '웨드마이어특사에게 대한 건의서'(조선은행 조사부, 1948년판, p. I-119 참조)에 간략히 서술된 내용의 일부이다.

그리고 외환을 통제하면 암시장이 발달하게 되는 것이 역사적 경험이다.

넷째, 수입 재화의 가격을 최고가격으로 고정하면 공급은 부족해지고 대체재를 쉽게 구할 수 없기 때문에 수입 재화의 가격은 비싸질 수밖에 없다. 즉, 수입 재화의 가격이 비싸진 것은 가격고정 때문이라는 것이다. 이 점은 앞에서 언급한 '건의서'에 포함된 것이다. 5장에서 보듯이 미군정 시대는 고물가 시대였는데 수입 재화마저도 가격고정을 통해 더 비싸게 만들었던 미군정의 정책은 결코 좋은 정책으로 볼 수 없다.

다섯째, 가격규제 등과 같은 간섭주의는 소득을 재분배하게 만들었다. 수입재를 예를 들어본다. 자유시장가격보다 낮게 규제되어 있기 때문에 수입업자는 자유시장가격보다 낮은 가격을 받지만 수입 재화의 소비자는 공급 부족으로 높은 가격을 지불하지 않을 수 없다. 수입업자는 기회만 있으면 암시장에 수입 재화를 팔고자 한다. 이것이 미군정과 한국전쟁 기간에 많은 재화가 암시장에서 거래된 한 가지 이유이다. 그리고 미군정 기간에 무역정책과 외환정책에 관한 한, 여러 종류의 간섭주의가 시행되었기 때문에 소득재분배는 다각도로 일어났을 것이다. 특히, 미군정 장교, 한국의 관료 등은 언제나 간섭주의의 승자이다. 수입품은 없어서 못 파는 시대였기 때문에 관료들의 통제와 규제를 피하기 위하여 부정과 비리도 발생했을 수 있다. 이 점에 대한 연구가 필요하다.

여섯째, 해방 직후 밀무역이 성행했다. 왜냐하면 해방 직후 미군정은 수출입을 전면적으로 금지했기 때문이다. 그러나 그 이후에도 밀무역은 어느 정도 계속되었을 것으로 추정된다. 왜냐하면 무역이 허가제였을 뿐만 아니라 국내 가격도 규제되었기 때문이다. 게다가, 환율도 수출에 불리하게 작용하였기 때문이다. 밀무역은 단속으로 인한 행정비용의 증가, 뇌물의 수수 등과 같은 문제를 발생하게 만들었을 것이다. 그리고 밀무역의 성행은 범죄집단이 조직되고 번창할 수 있게 한다. 1960-1980년대 범죄조직의 번성은 결코 우연이 아니라는 것이다. 이 점에 대한 연구가 필요하다.

6. 결론

자유무역이 언제나 최선의 무역정책이다. 그것은 상대방 국가의 무역정책과 상관이 없다. 즉, 상대방 국가가 보호무역정책을 채택한 경우라도 자국의 최선의 선택은 자유무역정책이라는 것이다. 미군정이 채택한 무역정책과 외환정책에 있어서 간섭주의와 기타 간섭주의는 최선의 정책에서 멀어진 것임에 틀림없다. 미군정이 무역과 외환을 통제함으로써 달성하고자 한 목적은 한국경제의 안정이었을 것이다.[5] 만약 미군정의 목적이 그랬다면 미군정은 무역과 외환정책을 규제함으로써 목적을 달성할 수 없었다. 모든 것이 심각하게 부족한 현실에서 최선의 정책은 무역과 외환의 거래를 자유롭게 하는 것이었다. 미군정은 무역정책과 외환정책에서 실패한 것이다. 다시 말하면, 미군정이 '더 자유로운' 무역정책과 외환정책을 실시했다면 그 시기의 한국경제는 현실의 역사보다 더 좋았을 것이다. 그리고 이것은 이후의 한국경제의 진로를 더 나은 방향으로 나아가게 만들었을 것이다.

5 물론 이 점에 대해서는 좀 더 정밀한 연구가 필요하다.

미군정은 외환의 통제를 통해 무역수지 적자를 원천적으로 봉쇄하고자 한 것으로 추정된다. 그러나 미군정은 무역수지 적자를 막는 데 실패했다. 그런 실패에는 여러 가지 요인이 작용했다. 그러나 무엇보다도 가장 중요한 것은 화폐공급의 지속적인 증가로 수출 재화는 비싸지고 수입 재화는 저렴해졌기 때문이다. 이런 상황은 미군정 기간 내내 지속되었다.

미군정은 무역정책과 외환정책에 있어서 간섭주의를 채택했다. 미군정은 여기에 수출입 재화의 가격에 대해서도 간섭과 통제를 했다. 이것은 무역정책과 외환정책에 있어서만 간섭주의를 채택했던 것보다 더 나쁜 것이다. 이것은 대외정책과 대내정책의 조합 가운데 가장 나쁜 조합이다. 해방 직후와 같이 자원이 부족할수록 개방정책이 최선이고 풍요야말로 질서와 안정으로 가는 지름길인 것을 미군정이 몰랐거나 무시했다는 것은 안타깝기 그지없는 일이다.

제2편 미군정의 국가주의

제7장

노동자 자주관리운동과 조합주의

1. 서론

이 장에서는 노동과 관련한 세 가지 주제를 다룬다. 첫째, 노동자 자주관리운동에 대한 미군정의 정책을 다룬다. 미군정은 노동자의 경영참가권과 이익균점권을 부정했다. 미군정의 이러한 정책은 제헌헌법의 초안 작성에 영향을 미쳤다.

둘째, 노동운동에 대한 미군정의 정책을 다룬다. 미군정은 노동운동이 조합주의가 되는 것을 바람직한 것으로 간주했다. 조합주의는 사실상 노동조합에 의한 약탈을 허용하는 것이다. 그러나 미군정은 조선노동조합총연맹을 억압하고 대한노총을 개혁하는 과정에서 노동조합은 사실상 붕괴되었다. 그러나 노동시장이 완전한 의미에서 자유시장은 아니었다(이 점에 대해서는 아래에서 자세히 설명할 것이다). 그리고 미군정은 전평을 분쇄하는 과정에서 인간의 자유, 권리, 인신, 재산 등을 파괴하거나 침해했다.

셋째, 미군정은 아동노동과 부녀노동의 보호, 최저임금제, 근로시간의 제한 등과 같은 간섭적인 노동정책을 시행하고자 했다. 그러나 높은 실업률과 높은 물가상승률은 그런 각종 법령이나 규제를 무용지물로 만들었다.

2. 노동자 자주관리운동[1]

노동자 자주관리운동은 일본인 기업체로부터 일본인을 몰아내는 운동으

1 노동자 자주관리운동에 대한 더 자세한 내용은 김기원(1990)을 참조.

로서 시작된 것이지만, 이와 동시에 일부에서는 일본인과 결탁하여 일본인 기업체를 마음대로 독차지한 조선인 경영자를 축출하고 노동자 스스로 공장을 관리하려는 운동으로 시작되기도 하였다.

노동자 자주관리운동의 변화 추이는 크게 세 시기로 나눌 수 있다. 먼저 8·15 직후의 발흥기, 미군 진주 이후 법령 33호 공포시점까지의 미군정과 공존 대립기를 거쳐, 1946년 상반기까지 저항과 몰락의 시기로 나눌 수 있다.

노동자 자주관리운동의 대상은 회사, 공장, 극장, 학교, 농지, 어장 등 일본인이 소유했던 재산과 친일조선인 소유의 재산은 무엇이라도 해당되었다. 그 점에서 자주관리운동의 파급 범위는 매우 넓었다고 할 수 있다. 노동자 자주관리운동의 확산 정도는 미군정의 다음 보고로 추측할 수 있다. "일본 항복 직후의 시기에는 커다란 혼란이 발생하였다. … 8·15 직후 대부분의 공장에서 노동자위원회(worker' committee)가 조직되었으며 이것은 종래의 경영주를 축출하거나 그 경영주들이 자발적으로 일본으로 철수한 이후에 공장을 떠맡았다."[2]

노동자 자주관리운동의 성격은 크게 두 가지로 나눌 수 있다. 하나는 '위로부터의 자주관리운동'을 말한다. 이 운동은 종래의 조선인 간부 또는 직원들이 중심이 되어 기업체를 운영한 경우를 말한다. 이 경우에는 쉽사리 미군정의 정책에 따랐다. 관리위원회의 위원장 등 간부는 그 자신이 미군정에 의해 관리인으로 임명되거나 또는 회사 간부가 되는 경우가 많았고, 결국 이들 중 상당수는 해방 이후에 신흥 자본가로 발돋움할 수 있었다.

2 SWNCC 376, "Treatment of Korean Workers Organization," Appendix B, 1947. 9. 25, p. 6에서 인용.

다른 하나는 '밑으로부터의 자주관리운동'으로 부를 수 있는 것이다. 이 운동은 다시 둘로 나눌 수 있다. 그중 첫 번째 경우는 단지 기업의 시설을 보호한다는 차원의 자주관리운동으로 매우 소극적인 관리의 형태를 띠고 있었고 미군정의 정책에 무리 없이 따랐다는 점에서, '위로부터의 자주관리운동'과 큰 차이가 없다. 다만 다른 점은 관리운동의 주체가 다를 뿐이었다. 두 번째 경우는 전평이나 인민위원회 등, 좌익 세력과의 연계 하에 목적의식을 갖고 있던 자주관리운동으로서 '혁명적 자주관리운동'이라 부를 수 있는 것이다. 이 운동은 그 성격상 미군정에 의해 부정되고 해체되었다.

미군정의 귀속기업체에 대한 접수관리는 노동자들의 반발로 상당한 분규를 발생시켰지만 미군정이 조사한 노동쟁의 실태와 전평이 조사한 그것은 현저한 차이가 있다. 김기원(1990, pp. 96-97)은 미군정이 조사한 노동쟁의 실태와 전평이 조사한 파업참가 인원을 제시하고 있다. 그러나 현재 두 조사치의 차이가 너무 커서 당시의 실상을 정확히 판단하기 어렵다. 다만 미군정이 조사한 자료에서는 노동자관리위원회와 관리인 사이의 분쟁을 보여주는 감독자의 배척이 임금 인상과 해고 반대 다음으로 주요한 쟁의의 원인이었다는 사실을 알 수 있다. 기타 1946년 9월, 1947년 3월, 1948년 2월에 전국 규모의 총파업이 있었고 이것은 정치적인 색채를 강하게 띤 것이었다는 점을 유의할 필요가 있다.

미군정은 노동자의 기능과 경영자의 기능을 분명히 구분 짓는 입장이었다. 미군정의 이러한 정책으로 노동자들 스스로의 자주관리라는 성격은 완전히 사라졌다. 1947년 5월의 노동부 통첩은 좀 더 명확하게 "기업주 우(又)는 정당한 대표 혹은 기(其) 대리인의 기업경영의 정당한 권리행사에 간섭, 억압 우

<표 7-1> 노동자 자주관리운동이 제헌헌법 수정안과 그 이후의 헌법에 미친 영향

제헌헌법 초안	제헌헌법 수정안	제헌헌법	제3공화국 헌법
• 노동자의 경영참가권 조항은 없었음 • 이익균점권 조항은 없었음	• 노동자의 경영참가권은 부결됨 • 이익균점권 첨가	• 노동자의 경영참가권 인정치 않음 • 이익균점권은 법률에 위임(실질적으로 법률을 제정치 않음)	• 노동자의 경영참가권 인정치 않음 • 이익균점권 조항 없어짐

(又)는 강제하는 행위, 특히 피고용인의 채용, 해고 등 인사권은 기업경영권의 일부로 노동조합이 이에 간섭치 못하도록 할 것"[3]이라고 명시하고 있다. 미군정의 이러한 정책은 노동자의 경영참가에 대한 요구를 제거할 수 있었을 뿐만 아니라 제헌헌법에도 영향을 미쳤다. <표 7-1>에서 알 수 있듯이 제헌헌법 초안에는 노동자의 경영참가권과 이익균점권 조항은 포함되지 않았다. 이것은 주로 미군정의 정책이 미친 결과였다.[4]

그러나 미군정의 정책에도 불구하고 노동자 자주관리운동은 <표 7-1>에서 보듯이 제헌헌법 수정안에 영향을 미쳐 비록 노동자의 경영참가권은 부결되었지만 노동자의 이익균점권 조항은 추가되었다. 그러한 이익균점권 조항은 제헌헌법에 계승되었지만 남로당 프락치 사건, 한국전쟁의 발발 등으로 이익균점권의 실시를 위한 하위 법률은 제정되지 않았다. 그 조항은 제3공화국 헌법에서는 제거되었다. 노동자의 경영참가권이 제헌헌법 수정안에서는

3 남조선과도정부 노동부, 『노동관계 법령집』, 부록, pp. 35-36.
4 1947년 8월 과도입법 의원에 의해 제정되고 같은 해 11월에 미군정의 인준 보류로 효력을 발휘하지 못한 조선임시약헌에는 노동자의 경영참가권이 포함되어 있었다. 김혁동(1970), pp. 88-95 참조.

비록 부결되었지만, 그것의 추가 여부에 대한 논의를 가능하게 했던 것도 노동자의 자주관리운동의 영향이라고 할 수 있다.

미군정은 공장의 경영관리에 노동자 대표 참여라는 내용이 들어 있는 조선임시약헌의 인준을 보류함으로써 그 효력을 발휘하지 못하게 하였다는 점에서 중대한 결정을 했다고 할 수 있다. 자주관리운동의 영향으로 일시적으로 노동자의 이익균점권이 헌법에 포함되었지만 제1공화국은 이익균점권의 실시를 위한 하위 법률을 만들지 않았다는 측면에서 실질적 의미에서 한국 자본주의의 방향을 결정한 것이었다. 자본주의에서 기업은 기업가 자신이 투자하고 모든 비용을 지불하고 남는 것인 이윤에 대해서는 기업가가 청구권을 가지는 것이 자유기업주의의 핵심이다. 이익균점권은 이윤에 대한 그런 청구권을 부분적으로 부정하기 때문에 사실상 자유기업주의, 더 나아가서 자본주의를 부정하는 것이 되는 것이다. 마지막으로, 제3공화국은 유명무실해진 이익균점권 조항을 제거하였다. 만약 이익균점권이 실시되었다면 한국의 자본주의는 이름뿐인 것이 되었을 것이다.[5]

노동자 자주관리운동의 다른 영향은 귀속기업체의 우선매수권자에 노동조합 대표를 포함시키라는 주장을 처음의 국회 결의에서는 통과시켰다는 것이다. 그러나 국회의 최종 의결 과정에서 노동조합 대표보다는 노동자 개인에게 귀속기업체를 불하할 수 있는 우선권이 주어졌다. 이 점은 국회가 아주 잘한 결정으로 볼 수 있다.

5 만약 노동자의 경영참가권과 이익균점권이 허용되었더라면 최악의 경우는 그런 상태가 자본주의라고 할 수 없고 최선의 경우라도 상당한 거래비용이 존재했을 것이다. 여기에서 거래비용이란 경영참가와 이익균점을 결정하는 과정에서 발생하는 각종 비용을 말한다. 거래비용의 크기는 경우에 따라 모두 다를 것이다.

요약하면, 노동자 자주관리운동은 노동자의 경영참가권과 이익균점권 인정 여부에 영향을 미쳤다. 먼저 노동자의 경영참가권은 미군정에 의해 거부되었지만 제헌헌법 수정안에는 포함되었고, 국회 표결에서 부결되었으며, 그 결과 제헌헌법에는 포함되지 않았다. 노동자의 이익균점권 조항은 제헌헌법 수정안에 포함되어 가결되고 제헌헌법에 포함되었지만, 제1공화국은 그 실시를 위한 하위 법률을 제정하지 않음으로써 노동자의 이익균점권을 실질적으로 인정하지 않았다. 그러한 결정은 결국 한국의 경제체제가 조합주의나 집단주의 등과 같은 방향으로 나아갈 수 있는 길을 차단한 매우 중요한 것이었다. 이 점은 한국경제의 성과를 평가할 때 크게 강조해야 한다.

3. 조합주의와 제한주의적 임금

(1) 자유시장임금과 제한주의적 임금

미군정의 노동운동정책을 검토하기 전에 노동조합이 노동자의 임금과 경제 전체에 미치는 영향을 먼저 분석한다. 노동조합이 협상과 파업을 통해 얻는 임금을 '제한주의적 임금'(restrictionist pricing of wage)이라고 부른다. 제한주의적 임금은 자유시장임금보다 언제나 높다. 그러나 한국의 노동운동정책 역사를 보면 제한주의적 임금은 한 가지가 아니다(이 점에 대해서는 아래에서 자세히 다룰 것이다). 여기에서는 당분간 단체협상과 쟁의행위가 자유롭게 허용되고 정부의 노동시장에 대한 개입이 없는 상태라고 가정한다. 이때의 임금을

W_3이라고 하고 자유시장임금을 W_f라고 가정한다. 당연히 둘의 관계는 $W_f < W_3$이다.

제한주의적 임금의 영향은 무엇인가? 제한주의적 임금은 '영구적' 또는 '반영구적' 실업을 만들어낸다. 제한주의적 임금의 폐해는 여럿이지만 그중에서 이것이 가장 중요한 것이다. 제한주의적 임금은 자유시장임금보다 높기 때문에 노동 수요자는 고용을 줄이고자 하고 노동 공급자는 노동 공급을 늘리고자 한 결과로 실업이 발생한다. 제한주의적 임금은 다른 폐해도 만들어낸다. 여기에서 그 폐해를 설명 없이 나열해본다. 제한주의적 임금은 소득재분배, 비효율적 작업 규칙, 기업과 산업의 평균 비용 상승, 기업과 산업의 생산성 하락, 한계기업 몰아냄, 생산활동 왜곡, 소비자의 생활수준 하락, 사적 국가(private state) 등의 폐해를 초래한다. 그 결과 경제 전체의 생산성은 하락하고 경제성장은 그만큼 지지부진해진다. 그러나 우리는 이 모든 것을 실증분석으로 보여주기가 정말로 어렵다.

제한주의적 임금은 모든 기업에 취업한 노동자들에게 적용되는 것은 아니다. 기업의 크기가 작거나 이윤이 크게 나지 않는 영세 기업 또는 자영업에 종사하는 노동자들은 제한주의적 임금을 요구할 수 없다. 오히려 제한주의적 임금으로 실업이 발생하면 그 실업자들의 일부가 중소기업이나 영세 기업으로 이동하여 일자리를 구하기 때문에 이 부문에서 임금은 자유시장임금보다 낮아진다. 즉, 제한주의적 임금으로 이제 노동시장은 '이중구조'가 된다. 그리고 노동조합의 영향력이 커지면서 노동시장은 비정규직 등이 생겨나는 '다중구조'가 된다. 이 점은 미군정 이후의 한국 노동시장에 적용되어야 한다.

한마디로, 제한주의적 임금은 해고되지 않는 노동자에게는 자유시장임금보다 높은 임금을 보장하지만 제한주의적 임금을 받는 노동자를 제외한 실업자를 포함한 경제 내의 모든 경제주체는 물질적 상태가 더 나빠진다. 그 결과 장기적으로는 국가 경제 전체가 더 나빠진다. 제한주의적 임금이 없을 때, 즉 자유시장임금일 때와 비교하여 그렇다는 것이다. 제한주의적 임금은 자유시장임금보다 높다는 점에서 최저가격의 일종이라고 할 수 있을 것이다. 그러나 제한주의적 임금이 최저가격과 다른 점도 무시할 수 없다.

그러면 의문은 자발적으로 결성된 노동조합이 어떻게 자유시장에서 제한주의적 임금을 획득할 수 있는가 하는 것이다. 이 점에 대해서 Rothbard (2001, 번역본, p. 825)는 다음과 같이 설명한다. "그들이[노동자들을 말함] 노동조합의 임금률을 깎아내리는 행동을 하지 않겠다는 목표를 그들의 가치척도에서 아주 높은 자리에 두고 이 목표를 채택했다는 것이다. 노동조합은 자연적으로 일반대중뿐만 아니라 노조원 및 비노조원들에게 노조 임금률보다 낮은 임금에서 일하는 것이 벌 받을 짓이라고 설득하는 데 가장 열심이다. 이것은 노조원들이 일정한 최저임금 (혹은 여타 고용조건) 아래에서는 계속 일하기를 거부하는 상황에서 가장 분명하게 드러난다. 이것이 파업이라고 알려진 현상이다."

노동조합의 제한주의적 임금은 다른 노동자를 희생하여 얻는 것이다. 여기에서 다른 노동자란 높은 임금 때문에 직장에서 해고되었거나 일자리를 찾지 못하는 노동자를 말한다. 해고된 노동자는 이전 직장보다 임금이 낮은 기업에 취업을 하거나 자영업을 하거나 영구적 또는 반영구적 실업자가 된다. 한마디로, 노동조합의 가장 중요한 기능은 노동자들 간에 소득을 재분배하는 것이다. 그리고 가장 중요한 소득재분배는 현직에 있는 노동자와 해고된 노동자 간에 일어나는 것이다. 이 점은 노동조합이 '명시적으로' 존재하지 않더라도 노동자들이 '사용자는 노동자를 약탈한다'는 가치관을 가지게 되면 여전히 유효하다.

한국의 노동운동 역사를 보면 제한주의적 임금은 한 가지가 아니다. 그것들을 자세히 보기로 한다. 5·16 군사정부 시절에 단체협상과 쟁의행위를 모두 금지했던 때가 있었다. 그러나 그 당시 노동자들은 '사용자가 노동자를 약탈한다' 는 가치관을 가졌기 때문에 이때의 임금도 제한주의적 임금이다. 우리가 이것을 W_1이라고 하자. 5·16 군사정부 시절 후반부에는 단체협상은 허용되었지만 쟁의행위는 금지되었다. 이때의 임금도 제한주의적 임금이고 W_2라고 하자. 미군정, 1공화국, 3공화국 등에서 단체협상과 쟁의행위 등이 모두 허용되었던 시기가 있었다. 이때의 임금도 제한주의적 임금이지만 W_3이다. 네 가지 종류의 임금 간의 관계는 $W_f < W_1 < W_2 < W_3$ 등이다. 제한주의적 임금은 사용자들과 노동자들의 협상력에 의해 결정되는데 단체협상, 쟁의행위 등의 허용 여부와 정부의 노동시장 개입에 의해 노동자들의 협상력이 달라지기 때문이다. 그리고 W_3이라도 산별 노조냐 기업별 노조냐에 따라 임금 등에서 약간의 차이가 있지만 여기에서는 무시하기로 한다. 앞에서 서술한 네 가지 종류의 임금들 간의 차이는 실증 분석의 문제이다. 그리고 그 네 가지 임금을 7장, 24장, 36장 등에서 이용할 것이다.

(2) 전평 붕괴로부터 한국전쟁 직후까지

1948년 2월 이후에 전평은 미군정의 탄압에 의해 사실상 붕괴되었다. 전평 붕괴 이후 한국전쟁 직후인 1953년까지는 미군정과 1공화국의 노동운동정책이 영향을 미쳤다고 볼 수 있다. 이 시기에 특히 중요한 것은 미군정이다. 여기에서는 미군정의 노동운동정책을 중심으로 1공화국의 노동운동정책을 간략하게 다룬다. 그러나 해방 이후 전평 붕괴 이전의 기간과 1953년 이후부터 5·16까지의 기간의 노동운동정책은 차후의 연구 과제로 한다.

노동운동은 크게 두 가지 노선으로 구분한다. 하나는 노동자의 임금, 노동시간, 작업환경 개선 등과 같은 근로조건의 향상을 추구하는 운동으로서, 소위 '조합주의' 노선이다, 이 경우에 노동운동은 정치와 무관하다. 다른 하나는 노동 정당을 결성하여 사회혁명을 추구하는 노선이다. 이 경우에 노동운동은 정치와 밀접한 관계를 가진 운동으로서 '정치화된' 노동운동으로 부를 수 있을 것이다. 다만 정치화의 정도는 시기와 장소에 따라 다를 것이다. 작금의 산별 노조 중심의 노동운동은 정치화된 노동운동이다.

미군정은 처음부터 노동운동의 방향에 대해 일치된 견해를 가지고 있었다. 노동운동이 조합주의 노선을 추구해야 한다는 것이다. 그러나 해방 직후의 노동운동은 조선노동조합총연맹에 의해 선도되었는데 박지향(2006)에 의하면 전평은 1946년 8월 이전까지는 온건 노선을 유지했지만 그 이후 강경 노선으로 선회했다는 것이다. 온건 노선과 강경 노선이란 노동운동이 정치성을 얼마나 띠게 되는가에 따라 노동운동을 분류하는 방법을 말한다. 그 결과 미군정도 1946년 8월 이전에는 전평을 수용하였지만 그 이후에는 전평을 탄압하는 정책을 취했다.

1948년 2월 7일 전평이 주도하는 한 차례의 파업이 있은 후에 미군정의 탄압으로 전평의 조직이 붕괴되었다. 그리고 미군정은 전평의 대안으로서 대한

노총을 민주적 조직으로 변화시키려 시도했다. 그러나 전평의 몰락으로 대한노총의 이용 가치가 사라져버리자 1공화국 정부는 대한노총마저 억압했다. 미군정의 일부 장교들은 한국 정부의 대한노총 탄압을 반대했다. 그리고 대한노총은 내부 개혁을 위한 지도자들의 다수가 행방불명되면서 크게 붕괴되었다. 그 결과 "전쟁 중 한국의 노동 계급은 대체로 잠잠했고 공산 세력과 협력할 우려는 현실화되지 않았다."고 박지향(2006, p. 138 인용)은 당시의 노동계의 현실을 요약하고 있다.

이제 미군정과 1공화국 정부 초기의 노동운동정책을 어떻게 평가할 것인가? 헌법을 제정하기 이전에 미군정은 단체협상과 쟁의행위를 금지하지 않았지만 좌파 조직인 전평을 붕괴시킴으로써 정치화된 노동운동을 탄압했다. 그러므로 이 무렵의 임금은 W_3이었다고 추정할 수 있다.

정부 수립 후 1공화국 정부는 노동운동에 있어서 비교적 온건했던 대한노총마저도 억압했을 뿐만 아니라 사실상 붕괴하도록 했다. 이 무렵에는 단체협상과 쟁의행위가 허용되었지만 노동조직이 없었기 때문에 실질적으로는 단체협상과 쟁의행위가 금지된 것이나 다를 바가 없었다. 이 무렵의 임금은 W_1이었다고 추정할 수 있다. 다만 전쟁 기간 중에는 '사용자는 노동자를 약탈한다'는 가치관이 임금 협상에 별다른 영향을 미치기 어려웠을 것을 추정할 수 있다. 왜냐하면 전쟁으로 실업이 너무 높았기 때문이다. 그러므로 이 무렵의 임금은 실제로는 W_1보다 더 낮아져서 W_f에 접근했을 것으로 추정할 수 있다.

약탈이 존재하지 않는 상태란 임금이 자유시장임금일 때이다. 전평 괴멸 이후 1공화국 기간의 1953년까지 임금이 W_3에서 계속해서 낮아져서 W_f 수준까지 접근했다. 이렇게 임금이 지속적으로 낮아진 것은 미군정과 1공화국 정부의 노력과 함께 전쟁이라는 특수 상황 때문이다.

다른 한편, 미군정은 전평을 억압하고 붕괴하게 만드는 과정에서 인간의 자유, 권리, 인신, 재산 등을 파괴하거나 침해했다. 이 점은 미군정의 노동정책의 부정적인 측면이라고 하겠다. 미군정이 대한노총을 개혁하는 과정에서도 전평 억압 과정에서 발생한 일과 비슷한 일을 했을 것으로 판단된다. 그러나 이 점에 대해서는 연구가 필요하다.

미군정이 노동시장에 공헌한 점과 미군정의 자유, 권리, 인신, 재산 등에 대한 침해를 직접 비교하는 일은 가능하지 않다. 왜냐하면 인간의 자유, 권리, 인신, 재산 등에 대한 파괴나 침해는 많은 경우에 계량화가 불가능하기 때문이다. 그러므로 미군정의 노동정책에 대한 평가는 이중적일 수밖에 없다.

4. 너무도 '이상적인' 노동시장의 각종 규제

미군정은 노동을 규제하는 각종 법령이나 규정을 발표했다. 여기에서는 그중 중요하다고 생각되는 세 가지만 간략히 검토한다. 첫째, 아동과 부녀를 보호하기 위하여 아동의 경우에는 일정한 연령 이하의 아동노동을 금지했고 부녀의 경우에 일정한 작업장(예를 들어, 광산)에서의 노동을 금지했다. 둘째, 노동시간을 원칙적으로 1일 8시간, 주 48시간 이내로 하고 특별한 경우에 한하여 주 60시간을 허용하고 주 48시간이 넘는 초과노동에 대해서는 기본급료의 15% 이상의 수당을 지급할 것을 규정했다. 셋째, 직종별 최저임금제를 규정하였다.

그러나 미군정이 노동자를 보호하기 위하여 도입했던 정책은 몇 가지 이유로 탁상공론에 지나지 않았다. 첫째, <표 3-10>에서 보듯이 실업률이 매우 높았다는 것이다. 그러나 표에 나오는 실업률은 실제 실업률보다 낮게 측정된 것이라는 점을 알 필요가 있다. 둘째, <표 4-10>에서 보듯이 연도별 물가상승은 폭발적이었다. 한마디로, 미군정 시대는 사실상 전쟁과 같은 시기 또는 전쟁에 준하는 시기였기 때문에 높은 실업률과 폭발적인 물가상승이 지속되었던 때이다. 그 두 가지야말로 미군정이 한국 노동자들의 복지를 위하여 도입했던 각종 법령과 규칙을 소용이 없게 만들었다.

5. 결론

노동조합은 현직에 있는 노동자가 해고된 노동자 또는 실업자와 경제 내의 모든 비노조원을 약탈하는 제도이다. 비록 미군정은 조합주의를 지향하는 노동조합을 지지했지만 좌파 노동조합운동은 언제나 조합주의를 넘어 정치적인 목적을 실현하고자 했다. 미군정은 그런 좌파 노동조합운동을 분쇄했지만 조합주의를 지향하는 노동조합운동도 여러 가지 환경적 요인으로 괴멸되었다. 그러나 노동자를 포함한 일반국민은 좌파 운동가들 때문에 고용주가 노동자를 착취한다는 가치관을 가지게 되었다. 이것은 노동조합이 괴멸되었다하더라도 제한주의적 임금이 노동 현장에서 성립했음을 의미한다. 그럼에도 불구하고 미군정기 제한주의적 임금은 자유시장임금보다 크게 높지 않았을 것으로 추정된다. 왜냐하면 한국전쟁 기간의 다수의 실업자의 존재는 그렇게 하는 것을 자발적으로 억제했을 것이기 때문이다. 즉, 미군정 시대와 한국전쟁 기간에도 제한주의적 임금에 의한 약탈은 존재했을 것이지만 그 크기는 작았을 것으로 추정할 수 있다. 그리고 미군정의 노동정책에 대한 평가는 이중적이다.

제2편 미군정의 국가주의

제8장

귀속재산정책과 귀속재산의 소유권

일본 정부와 일본인 소유의 재산을 적산 또는 귀속재산으로 부른다. 귀속재산에는 기업체, 농지, 부동산, 기타 등이 있다. 이 시기를 연구하는 전문가들은 통상 기업체, 농지, 부동산 등을 구분하여 다룬다. 그러나 저자는 이 절의 목적상 그 셋을 구분할 필요가 없기 때문에 귀속재산 전체를 통합하여 다룬다. 다만 구분이 필요한 경우에만 각자 분리하여 다룰 것이다.

일본인 소유의 재산에 대한 미군정의 주요 법령으로는 1945년 9월 25일에 제정된 법령 2호와, 같은 해 12월 6일에 제정된 법령 33호가 있다. 법령 2호는 패전국 소속 재산의 동결 및 이전제한에 관한 건으로, 패전국의 재산, 특히 국공유 재산의 동결을 지시한 조항이다. 다만 미군정은 점령 초기에는 헤이그 조약을 지키기로 했다는 사실을 군정 장관 아놀드의 다음과 같은 말에서 알 수 있다. "미국은 비록 적산이어도 그것이 사유재산이라면 존중한다고 하는 국제공법을 준수하고 있을 뿐이다. … 다만 소유자가 없는 것은 군정청에서 관리하고 있지만 소유자가 확실히 있는 것은 그 처분권을 시인해야 한다."고 하였다.[1] 그러나 이러한 방침은 당시 미군정의 점령목표의 하나인, 일제에서 조선을 분리시킨다는 것과 상호 모순된다는 사실을 미군정은 금방 깨닫게 되었다.

여기에서 미군정은 일제 지배의 청산이라는 목표를 달성하기 위하여 종래의 국제법적 관례, 즉 사유재산의 존중이라는 원칙을 지키지 않기로 하는 법령 33호를 공포하였다. 법령 33호는 조선 내 일본인 재산의 권리귀속에 관한 건으로, 국공유 재산뿐만 아니라 사유재산까지도 미군정에 귀속시킨다는

1 경성일보, 1945년 10월 17일자.

<표 8-1> 귀속재산 총괄표

(단위: 건, 천 원)

	총건수	미군정 처분(1946-1948)		한국 정부 처분(1948-1958)		잔존 건수
		건수	계약고	건수	계약고	
기업체	2,716 (100.0)	513 (18.9)	848	2,029 (74.7)	2,245,426	174 (6.4)
부동산	288,394	839	521	259,639	2,175,966	27,916
기타	3,067	916	282	2,106	16,124	45
계	294,167 (100.0)	2,258 (0.8)	2,651	263,774 (89.7)	4,437,517	28,135 (9.6)

주: 1) 원자료의 환단위를 원단위로 수정.
2) 괄호 안은 단위가 %임.
자료: 재무부(1958), pp. 121, 127, 167; 한국농촌경제연구원(1989), p. 1062에서 재인용.

것이다. 또한 1945년 8월 9일 이후에 이루어진 일본인이 소유한 재산의 거래를 무효화하였다.

일본인이 남기고 간 재산을 두 법령에 의해 미군정의 소유로 한 것은 일단 당시 노동자 자주관리운동을 부정한 입장을 취한 것이다. 이후에 미군정은 귀속재산에 대한 좌우익 정치집단 모두의 국유화 주장에도 불구하고 귀속재산의 매각을 통한 사유화를 결정하고 일부 재산을 불하하였다. 기업체도 예외는 아니었다. 그리고 이러한 결정은 이후 1공화국의 귀속재산에 대한 정책을 결정하는 길잡이가 되었다.

<표 8-1>은 전체 귀속재산 중에서 미군정이 처분한 것, 한국 정부가 처분한 것, 잔존 재산 등으로 분류하여 전체 귀속재산이 누구에 의해 처분되었는가를 보여준다. 건수를 기준으로, 미군정이 처분한 귀속재산은 전체 귀속재산의 1% 미만이다. 그러나 이것은 이후 귀속재산 처분의 전범이 되었다는 점

에서 중요하다.

기존의 연구들은 미군정이 귀속재산을 어느 정도 불하 또는 매각했는가에 초점을 맞추고 있다. 이어서 그런 불하가 당시의 경제에 어떤 영향을 미쳤는가를 분석한다. 그러나 귀속재산 불하에서 초점을 맞추어야 할 것은 그런 것이 아니다. 우리가 귀속재산 불하 과정에서 집중해서 논의해야 할 것은 누가 '정당한' 소유자인가 하는 것이라고 저자는 주장한다.

이제 재산의 정당성이 왜, 그리고 어떻게 문제가 되는가를 한 가지 예를 들어 검토한다. 어떤 사람이 A가 B의 휴대전화를 훔치는 장면을 목격했다고 가정하자. 여기에서 A가 B의 재산을 침해하고 있음은 명백하다. 문제는 이 장면만으로 A가 범죄자이자 가해자이고 B는 피해자라고 단순히 결론지을 수 없다는 것이다. 왜냐하면 이 경우에 A가 정말 도둑인지 B가 자신으로부터 훔친 휴대전화를 회수하고 있는가를 알 수 없기 때문이다. 우리는 두 사람 중 누가 합법적 또는 정당한 재산 소유자인가를 현재로서는 알 수 없다. 우리는 그 휴대전화의 정당한 소유자를 조사함으로써, 즉 '역사적' 탐구를 통해서만 그 답을 찾을 수 있다.

미군정이 일본인이 한국에 남기고 간 귀속재산을 불하하는 과정은 세 단계를 거쳤다. 첫째, 일본 재산의 접수와 귀속, 둘째 귀속재산의 관리, 셋째 귀속재산의 불하 또는 매각이다. 여기에서는 가장 문제가 되는 부분이라고 할 수 있는 귀속재산의 불하 또는 매각 과정을 자세히 분석한다.

매각 과정을 자세히 분석하기 위해서는 귀속재산의 소유자를 구분할 필요가 있다. 귀속재산은 소유자에 따라 크게 두 가지로 나눌 수 있다. 일본 정부 소유의 재산과 일본 민간인 소유의 재산이다.

일본 민간인 소유의 재산은 해방 직후에 일본인이 한국을 떠나기 전에 한국인에게 매각한 재산과 그렇게 하지 못하고 그냥 버리고 떠난 재산으로 나눌 수 있다. 전자는 미군정이 '재산소청위원회'를 설치하고 한국인의 사유재산임을 확인하는 업무를 시작하였다(재무부, 1958, p. 121 참조). 물론 이것은 하등 문제가 되지 않는다. 문제가 되는 것은 후자의 경우이다. 미군정은 그런 재산은 모두 귀속재산으로 접수하여 미군정 재산으로 귀속시켰다. 미군정은 그런 귀속재산의 일부를 한국인에게 불하하였다. 그리고 미군정은 매각하지 못한 재산은 제1공화국으로 이전하였다. 과연 이 귀속재산의 정당한 소유자는 누구인가?

우리는 여기에서 귀속재산의 종류가 무엇이든 Rothbard(2002)의 정의이론을 응용할 수 있다. 먼저 일본 민간인이 버린 재산을 검토한다. 이 경우에는 그 재산이 귀속화하는 시점에 주인이 없는 재산이 된 것이다. Rothbard(2002)에 의하면 주인이 없는 경우에는 그 재산에 자신의 노동을 가장 먼저 혼합한 사람이 정당한 소유자가 될 수 있다. 그러나 그것은 재산에 따라 달라진다.

첫째, 농지의 경우에 소작인이 있는 경우에는 그 소작인이 그 농지에 노동을 가장 먼저 혼합한 사람이기 때문에 그 농지의 정당한 소유자가 되어야 한다. 여러 명의 소작인이 그 농지에 노동을 혼합했다면 노동의 혼합 정도에 따라 농지를 나누어서 분배해야 한다. 여기에서 강조해야 할 것은 소작인(들)은 그 농지를 대가 없이 정당하게 소유한다는 점이다. 미군정이 대가를 받고 매각했다는 것은 그만큼 소작인(들)의 권리를 침해한 것이다. 다만 일본인이 순수 자작농인 경우에는 앞의 원칙을 적용할 수 없다. 그러나 당시 이 농지는 그렇게 많지 않았다. 농지의 정당한 소유자에 대한 설명은 3편에서 더 자세히 다룰 것이다. 자작농지의 경우에 미군정은 소유자를 찾아낼 수 없다. 그는 농지를 버리고 일본으로 귀국했기 때문이다. 이 경우에 그 농지는 주인이 없는 농지가 되는 것이고 그 경우에 우리는 Rothbard(2002)의 '홈스테딩 원리'를 적용할 수 있다.

둘째, 기업체의 경우에는 그 기업체나 공장에서 노동했던 노동자들이 그 기업체의 정당한 소유자가 되어야 한다. 일제 시대에 한국인 노동자(기술자)들은 일본인 노동자(기술자)들보다 더 나쁜 대우를 받았다. 즉, 한국인 노동자들이 차별 대우를 받았다는 것이다. 그것은 그만큼 일본인 소유 기업체에 대해 소유권을 주장할 수 있는 권리가 있다는 것을 의미한다. 그리고 어느 정도 차별 대우를 받았는가에 따라 노동자들의 몫이 결정되도록 해야 한다. 그리고 소유자가 아닌 한에는 생산에 참여하는 모든 인력은 노동자라고 하겠다. 예를 들어, 화이트 칼라도 노동자라는 말이다.

셋째, 가옥과 같은 부동산의 경우에는 일본인이 단독으로 소유하고 있었다면 그 부동산에 가장 먼저 노동을 혼합한 사람을 찾기가 어렵다. 이 경우에는 가장 먼저 점유한 한국인에게 정당한 소유권을 인정함이 옳을 것이다.

앞에서 설명한 세 가지 경우를 종합하면 다음과 같다. 농지, 부동산, 기업체 등에 노동을 혼합한 경우에는 노동을 혼합한 사람(들)에게 귀속재산을 무료로 불하해야 한다. 노동을 혼합한 사람을 찾을 수 없을 때는 가장 먼저 점유한 사람에게 소유권을 인정하는 것이 옳다. 그러므로 미군정의 귀속재산 매각은 절차상의 큰 하자가 있었다고 하겠다. 게다가, 귀속재산의 불하가 식민지 시대의 연고자, 즉 우호적인 한국인이나 미군정 시대의 관리자 등에게 우선적으로 불하한 정책은, 앞에서 제시한 세 가지 원칙에 비추어볼 때 전적으로 잘못된 것이다.

이 지점에서 귀속재산을 무상으로 분배해야 한다는 좌익단체의 주장을 검토한다. 왜냐하면 당시 좌익단체는 귀속재산 무상분배를 강력하게 주장함으로써 분배 과정에 상당한 영향을 미쳤기 때문이다. 먼저 좌익단체의 주장이 타당한 일면을 가지고 있음을 지적할 필요가 있다. 현존 재산권을 보호해야 한다는 원칙에 충실했던 미군정의 입장에서는 좌익단체의 그런 주장은 일고의 가치도 없는 것이라고 판단했을 것이다. 그러나 좌익단체가 정교한 정의이론의 부재로 여기에서 저자가 제시한 분배의 절차와 방법과 그 정당성을 보여주지는 못했지만 좌익단체의 주장과 저자의 주장이, 결과론적으로 큰 차이가 없음을 지적할 필요가 있다. 그럼에도 불구하고 귀속재산 분배의 절차와 방법과 그 정당성이라는 관점에서, 저자의 주장과 좌익단체의 주장은 크게 다르다는 점을 지적하지 않을 수 없다. 다른 한편, 귀속재산을 국유화해야 한다는 주장은 저자의 주장과 전적으로 다른 것이다.

김기원(1990, p. 79 인용)은 귀속사업체(광산, 기업체)의 처리 과정에 대하여 "(미군정은) 자본주의가 성장 발전하도록 돕고자 하지는 않았다."는 평가를 내리고 있다. 그러나 이런 평가는 명백히 틀린 것이다. 미군정 당시 귀속재산의 국유화 주장은 범국민적인 것이었다. 비록 사유화된 재산의 크기가 작고 소규모였지만 이러한 여건 하에서 행해진 귀속재산의 매각은 이후의 정책 결정에 좋은 전범이 되었다. 물론 이것은 결과만을 놓고 볼 때의 것이다. 그러나 귀속재산의 사유화 과정은 정의이론에 입각하여 진행되지 않았다는 점에서 문제가 있었다.

전술한 것을 종합하면, 미군정의 귀속재산 매각정책이 성공한 것인가를 평가하는 일은 그렇게 쉽지 않다는 것을 알 수 있다. 왜냐하면 미군정이 귀속재산을 불하한 과정과 결과는 긍정적인 것과 부정적인 것을 모두 포함하고 있을 뿐만 아니라 매우 복잡하기 때문이다. 다시 말하면, 미군정의 귀속재산 매각정책에 대한 평가는 이중적이 될 수밖에 없다고 하겠다.

제2편 미군정의 국가주의

제9장

미군정의 경제체제와 종합*

* 이 장의 일부는 앞 장들에서 설명한 내용과 중복되지만 다른 내용과의 연계를 위하여 불가피하게 필요한 부분은 이 장에 포함했다.

1. 간섭주의와 전쟁 사회주의

(1) 간섭주의의 동기와 근본적 문제

앞 장들에서 미군정의 개별 경제정책을 검토했다. 여기에서는 미군정의 경제정책을 종합적으로 평가하기로 한다. 그 일은 미군정이 채택한 경제체제가 무엇인가를 밝히는 일이다. 그 일 이전에 미군정이 한국을 점령하여 경제정책을 구사함에 있어서 경제체제에 대하여 어떤 목표 또는 계획을 가졌는가를 알아볼 필요가 있다.

미군정에 대한 3성조정위원회(SWNCC)의 초기 '기본지령'(1945년 10월)은 미군정 경제정책의 목적을 다음과 같이 규정했다. "다음과 같은 목적을 수행하기 위해 중요 공공 서비스, 금융, 은행거래, 수출, 수입, 필수품의 생산과 분배 등과 같은 조선의 경제활동에 대해 통제를 실시할 것이다. ① 점령군의 필요를 충족시키는 것. ② 식량을 비롯하여 조선 경제에 긴요한 물자의 생산을 극대화하는 것. ③ 조선의 경제생활로부터 일본 지배의 모든 잔재를 청산하는 것. ④ 일본 경제에 대한 종속으로부터 조선을 벗어나게 할 여건을 형성하는 것."[1)]

미국의 3성조정위원회는 1946년 8월에 내린 '과도지령'에서 점령정책의 경제적 목표를 다음과 같이 천명했다. "① 점령의 기본적인 목적의 달성을 추진하는 것. ② 정치적 독립을 달성하기 위해 필요한 기반으로서 일본이나 다른 외국 세력의 지배로부터 벗어난 강력하고 독립적인 경제를 건설하는 것.

1 SWNCC 176/8, "Basic Initial Directive for Civil Affairs in Korea," 1945. 10. 13, p. 54.

③ 조선인들이 그들의 자원과 기술이 허용하는 한 높은 생활수준과 안정을 누릴 수 있는 경제를 발전시킬 수 있도록 돕는 것. ④ 안정된 민주제도의 수립을 위한 국내 경제개혁 계획을 실시할 수 있도록 조선인을 돕는 것."[2)]

기본지령과 과도지령에서 일본과 관련한 것을 제외하고 경제정책과 관련한 것만을 간추려보면 다음과 같다. 첫째, 조선 경제영역 전반에 걸쳐서 규제를 한다. 둘째, 각종 재화의 생산을 극대화하도록 한다. 그 결과 한국인들이 그들의 자원과 기술이 허용하는 한 높은 생활수준과 안정을 누릴 수 있는 경제를 발전시킬 수 있도록 돕는다. 셋째, 안정된 민주제도를 수립한다. 여기에서 민주제도란 경제적으로는 자본주의 체제를 말하는 것으로 공산주의의 발흥을 막는 경제체제이다. 미국식 민주주의가 경제적으로는 자본주의 체제를 말한다는 사실은 1946년 7월 16일 트루먼 대통령이 E. 폴리 대사에게 그리고 1946년 6월 22일 E. 폴리가 트루먼 대통령에게 보낸 보고에 명시되었다(김기원, 1990, pp. 41-42 참조). 넷째, 그런 자본주의 체제를 건설하기 위하여 경제개혁을 실시한다는 것이다.

그러나 3성조정위원회는 미군정에게 내렸던 기본지령과 과도지령에 모순이 포함되어 있었음을 인식하지는 못한 것 같다. 왜냐하면 3성조정위원회가 수립하고자 했던 자본주의 체제가 경제 전 영역에 걸친 규제, 즉 간섭주의와 전적으로 다를 뿐만 아니라 간섭주의가 자본주의를 파괴하기 때문이다.

그러면 기본지령과 과도지령에 규정된 높은 생활수준과 안정을 누릴 수 있는 경제 또는 생산을 극대화할 수 있는 경제는 어떤 경제체제를 바탕으로

---

2 SWNCC 176/8, "Interim Directive for Military Government in Korea," 1946. 8. 14, p. 148.

하는가? 자본주의 체제인가 또는 간섭주의 체제인가? 한마디로, 자본주의 체제야말로 생산을 극대화하여 사람들이 높은 생활수준과 안정을 누릴 수 있다. 간섭주의 체제는 각종 비효율로 인하여 생산을 극대화할 수 없고 높은 생활수준과 안정을 누릴 수 없다. 적어도 장기에는 그렇다.

미군정이 두 지령에서의 그런 모순을 알았는지는 현재 알 수 없다. 추후의 연구 과제이다. 문제는 미군정이 자본주의를 선택하지 않고, 미국이 억제하고자 했던 공산주의 다음으로 좋지 않은 경제체제인 간섭주의 체제를 채택했다는 점이다. 게다가, 미곡을 포함한 일부 곡물, 인플레이션적 조세 등은 사회주의였다. 당시 한국인의 비극은 바로 여기에 있었다.

미군정의 현장 실무자들인 미군정청 장교들과 고문단은 어떤 목표를 가졌는가? 미군정의 정책은 네 가지 측면을 가지고 있었다. "첫째, 새로운 한국정부를 설립하는 데 이용한다는 가정을 포함한 우익과의 동맹 강화, 둘째 경찰력의 확립, 셋째 남한 단독의 국민방위군 건설, 넷째 좌익에 대한 탄압"(커밍스, 1984, p. 55 인용)[3] 등이다.[4] 이 네 가지가 미군정청 실무자들과 자문단에게 처음부터 분명했던 것은 아니다. 그러나 세 번째 측면만을 제외한 다른 측면들은 처음부터 분명했다. 적어도 현장 실무자였던 미점령군 장교들이나 그 점령군을 보좌했던 각종 고문들에게는 명백했다. 그 네 가지 측면을 종합한 것은 "미국의 이익에 동조적인 한국을 창설하는 것이 자결보다 더욱 중요했

3 동일한 내용에 대한 추가적인 설명은 커밍스(1984), pp. 57, 60 참조.

4 이 점을 볼드윈(1984, p. 11 인용)은 다음과 같이 적고 있다. "미군정은 가망이 없는 농민을 적으로 하고 보수적인 특권 엘리트에게 지지를 보냈다. 미군정은 우익 세력을 무장시키고 그들에게 자금을 댔으며 경찰을 통하여 반대자를 숙청하게 하고 미군을 투입하여 저항을 분쇄했다. 1948년까지 해서 좌익은 와해되었으며 지하로 잠입하거나 혹은 북한으로 쫓겨갔다. 그리하여 남한에 별개의 반공정부를 세우는 데 장애가 되는 것은 모조리 제거되었다."

다.”(커밍스, 1984, p. 73 인용)는 문장에 잘 나타나 있다. 이것은 미점령군 장교들과 고문단이 정치체제에 대해서는 정확한 방향을 잡고 있었지만 경제체제에 대해서는 별다른 목표나 계획이 없었음을 보여준다.

4장부터 8장까지 미군정의 미곡 사회주의, 간섭주의 등의 혼합경제가 어떤 부작용과 폐해를 초래했는가를 검토했다. 특히, 미군정 시대의 간섭주의는 그것들만이 전부가 아니다. 그 점에서 4장부터 8장까지의 분석만으로 미군정 시대의 경제, 특히 간섭주의를 이해하는 데 충분하지 못한 것은 분명하다. 이 장에서는 4장부터 8장까지의 내용과 중복되는 부분과 사회주의를 제외하고 경제 전반에 내려졌던 간섭주의의 내용과 결과를 검토한다.

1945년 10월 무렵, 즉 미군정 지배 초기에 미군정은 자유시장정책을 실시한다고 선포했다. 그러나 미곡 등의 가격이 폭등하자 미군정은 곧이어 미곡 가격의 통제와 강제몰수와 배급을 규정했다. 1945년 11월경부터는 다수 재화의 최고가격을 지정했다. 이어서 일제에 의해 사용되었던 배급기구도 정비하여 재(再)사용하기 시작했다. 한마디로, 미군정은 초기의 자유시장정책을 포기하고 강제몰수와 배급이라는 곡물 사회주의 제도를 시행했고, 다른 부문에서는 간섭주의 제도를 광범위하게 시행했다.

미군정기는 초인플레이션 시대였다는 점을 앞에서 지적했다. 초인플레이션으로 물가는 폭등했다. 미군정은 폭등하는 물가를 통제하기 위하여 미곡을 포함한 주요 재화들의 가격을 고정하고 그에 따른 부작용으로 인한 초과수요를 해소하기 위하여 배급제를 실시했다. 다시 말하면, 미군정은 물가폭등의 해결 방법으로 사회주의 또는 간섭주의를 채택했다고 추론할 수 있다. 이것은 사회주의 또는 간섭주의라는 제도의 채택이 물가통제라는 ‘공익’을

위한 것이라는 것이다.[5]

문제는 인플레이션으로 물가가 폭등하는 경우에 가격을 고정하는 것과 같은 방법으로 물가의 폭등 또는 빠른 상승을 해결할 수 있는가 하는 것이다.[6] 간섭주의는 여러 가지 폐해를 초래한다(이 점은 아래의 절에서 자세히 다룬다). 가장 중요한 점은 어떤 재화의 가격을 자유시장가격보다 낮게 고정하면 그동안 높은 비용으로 허덕이던 한계기업으로 하여금 생산을 중단하게 만든다는 것이다. 이것은 규제가 그 한계기업을 시장에서 퇴출시킬 뿐만 아니라 경제 전체의 생산도 감소하게 만든다는 것을 의미한다. 재화들의 품귀현상이 일어나는 것이다. 이것이 인플레이션으로 인한 물가폭등의 경우에 가격고정 또는 더 일반적으로 말해 간섭주의로 대처하는 방법의 근본적인 한계이다.

인플레이션으로 인한 물가상승의 근본적이고도 폐해가 없는 해결책은 통화팽창을 전면 중단하는 것이다. 그리고 필요한 자원은 세금을 통하여 징수하는 것이다. 세금을 징수하는 것이나 인플레이션적 조세를 징수하는 것이나, 정부의 모든 지출은 국민이 부담하지 않을 수 없다. 그러나 세금에 비해 인플레이션적 조세는 생산과 소비에 더 큰 악영향을 미친다는 점에서 문제가 더 큰 것이다.

이 장에서는 가격규제와 비가격규제의 폐해를 분리하여 다루지만 둘을 엄격하게 분리할 수 있는 것이 아니다. 편의상 그렇게 하는 것이다. 그리고 역사적 자료는 전자보다는 후자가 더 많은 실정이다. 그럼에도 불구하고 그 중

5 태평양전쟁을 전후하여 일제도 한반도에서 간섭주의를 광범위하게 실행했다. 일제의 간섭주의 실행 목적이 무엇인가는 추가적인 연구가 필요할 뿐만 아니라 미군정의 간섭주의 채택 목적과 비교할 가치가 충분하다. 이 과제는 다음으로 연기한다.

6 이 질문은 지금도 유효하다. 왜냐하면 부동산과 같은 자산가격이 짧은 시간에 급격히 상승하는 경우에 '분양가 상한제'와 같은 가격 고정제를 강제하거나 강제하자는 논의를 하는 경우를 자주 볼 수 있기 때문이다.

요함에 따라서 이하에서는 가격규제를 먼저 다룬다. 이어서 비가격규제를 다룰 것이다. 그리고 그런 분석을 토대로 미군정 시대 경제체제를 종합적으로 평가할 것이다.

(2) 가격규제: 최고가격[7)]

미군정은 일반고시 제1호(1945. 10. 5)에 의해 미곡의 자유시장정책을, 일반고시 제2호(1945. 10. 20)에 의해 생활필수품 일반의 자유시장 거래를 선포했다. 그러나 미군정은 중앙물가행정처규칙 제1호(1946. 5. 28)로 다수 재화에 대하여 최고가격을 지정했다. 그러나 중앙물가행정처규칙 제2호(1947. 6. 30)로 제1호로 지정한 최고가격을 폐지하고 '협정판매가격'을 실시한다고 공포했다. 협정판매가격이라는 것이 가격의 결정에 있어서 사업자단체와 같은 이해단체의 의견을 반영한다는 점에서 최고가격보다는 좀 더 유연하지만 종국에는 최고가격이 된다는 점에서 최고가격과 본질에서 큰 차이가 없다.

미군정은 얼마 지나지 않아 각종 주요 재화의 배급제를 실시토록 했다. 미군정은 일반고시 제3호(1945. 11. 5)에 의해 석탄, 일반고시 제4호에 의해 수산업용품, 일반고시 제5호에 의해 석유류, 일반고시 제6호에 의해 미곡 등을 점차 규제했다. 그리고 미군정법령 제90호(1946. 5. 29)에 의해 경제 전반을 통제한다고 선포했다. 미군정은 이때 중앙경제위원회, 중앙물가행정처, 중앙식량행정처 등을 설치함으로써 경제 전반을 규제하기 위한 준비를 하는 것과 함께

7 이 절에서부터 이 장의 끝까지 역사적 사실은, 특별한 언급이 없는 한 조선은행 조사부(1949년판), pp. II-16-32에서 왔다. 그러나 저자의 해석과 조사부의 해석은 부분적으로 다르다.

물자배급기구도 '재정비'하기 시작했다. 여기에서 재정비라고 표현한 것은 일제강점기에 이용되었던 물자배급기구가 이미 존재했기 때문이다. 배급에 대한 자세한 사항은 다음 절에서 다룬다.

미군정은 재화들을 "농업관계배급, 수산업관계배급, 광공업관계배급, 석유배급, 통제소비물자배급" 등으로 대분류하여 나누었다. 여기에 국내산 양곡, 수입 양곡과 설탕 등의 배급도 통제 대상이었다. 배급의 대상은 쌀을 포함한 주요 소비재들과 각종 원재료와 자본재 등이다.

역사 자료가 가장 많이 존재하는 '통제소비물자배급'이라는 카테고리에 속하는 재화들을 보기로 한다. 이 범주에 속하는 재화는 국내에서 생산되는 것이면서 미군정청 상무부의 통제 대상이 되는 것을 말한다. 즉, 면물(綿物), 견직물, 마직물, 교직물, 모직물, 내의류, 양말, 작업복 등의 섬유제품과 비누류, 운동화, 고무신, 피화(皮靴), 성냥 등으로서 소위 '소비재' 중에서 일상에서 가장 필요한 재화를 지칭한다. 이것은 1946년 7월 9일에 배급제 대상으로 지정된 것으로서 '제1차 통제물자'라고 불렀다. 1947년 5월 16일에 '제2차 통제물자'가 상무부에 의해 추가로 지정되었다. 그것들은 마직물, 모직물, 제복, 작업복, 내의류 등의 섬유제품과 식용유, 정(釘, 못), 자동차 타이어, 튜브, 맥주(1947년 12월 말일자로 통제 해제), 시멘트(1947년 8월 18일부로 추가), 타올, 장갑, 양산, 면모포 등이다.[8] 여기에서, 예를 들어 작업복이라 할 때 모든 작업복을 다 포함한 것인가는 분명하지 않다. 그러나 당시 생산된 재화가 턱없이 부족하던 때이기 때문에 공장에서 생산된 모든 작업복이 통제 대상이 되었다고 보

8 1차 통제물자와 2차 통제물자는 대분류에서는 같은 것이지만 구체적인 품목은 다른 것으로 추정된다.

는 것이 타당할 것이다.

통제소비물자의 배급 과정은 다음과 같다. 미군정청 상무부는 먼저 배급 대행기관을 지정했다. 통제소비물자배급 대행기관으로는 금융조합연합회(금연)[9]와 물자운용조합연합회(물연)가 지정되었다. 전자는 1946년 7월 9일부터 제1차 통제물자를 배급 대행하고 후자는 1947년 5월 16일부터 제2차 통제물자를 배급 대행하였다. 미군정청은 상무부에서 면(面)에 이르기까지 물자의 할당 사무를 맡아서 소비자에게 물자 구입권을 직접 발행했다. 금연(물연)은 상무부의 물자인수통지서를 받아서 공장에서 물자를 구입하고 그 하부 조직망을 이용하여 그 물자를 물자 구입권 소지자에게 판매하였다.

이제 가격이 결정되는 과정을 자세히 보기로 한다. 먼저 금연(물연)은 미군정 상무부가 결정한 최고구입가격(당시는 '공정구매가격'으로 불렀음)을 지불하고 공장에서 재화를 구입했다. 금연은 물자 구입권을 가진 소비자에게 미군정 상무부가 정한 최고판매가격(당시는 '공정판매가격'으로 불렀음)으로 재화를 판매했다. 금연(물연)은 운반비용으로 최고구입가격의 약 5%를 부과했고 순수수료로 최고구입가격의 7%를 가져갔다. 이 7%가 사실상의 이윤이었다. 여기에서 두 가지 경우를 생각해볼 수 있다. 최고구입가격에 1.12배를 했을 경우에 그 가격이 최고판매가격보다 작을 수도 있고 클 수도 있다. 왜냐하면 재화들의 가격이 급격히 상승했던 시대였기 때문에 그런 일이 발생할 여지는 많았기 때문이다. 최고구입가격에 1.12배를 한 금액이 최고판매가격보다 낮은 경우에 둘의 차액을 미군정이 정부보유금이라는 명목으로 징수했다. 반대의 경

---

9 금연은 오늘날 농협과 유사한 조직으로 기본적으로 금융기관이지만 광범한 지역 네트워크를 이용하여 이 당시에는 물자배급에도 참여했다.

우, 즉 최고구입가격에 1.12배를 한 금액이 최고판매가격보다 높은 경우, 즉 최고구입가격과 최고판매가격의 차액이 수수료와 운임을 보상할 수 없는 경우에 기축적된 정부보유금으로 일종의 손실이라 할 수 있는 금액을 보상해 주었다. 1947년 4월 현재 미군정청 상무부의 정부보유금이 약 1억 2,000만 원이었다. 이것이 1946년 7월부터 1947년 4월까지 시행된 통제소비물자의 최고가격과 배급제의 요약이다.

1947년 5월부터 1948년 4월까지는 상황이 약간 달라졌다. 왜냐하면 물연이 창립되면서 두 개의 집단이 배급대행기관이 되었기 때문이다. 물연이 취급했던 품목은 앞에서 설명했다. 물연의 배급조직은 금연의 조직과 매우 비슷했다. 중앙물연, 도물운(物運), 군물운, 지정소매상이 그것이다. 도물운과 군물운은 오늘날의 도매상과 중간도매상과 비슷하다. 물연과 금연은, 취급 품목을 제외하면, 수수료와 운임 등에서 크게 차이가 났다. <표 9-1>은 각 유통단위에서 순수수료, 운임, 자가보험금 등을 보여준다. 금연과 비교하여 물연은 25%의 비용과 이윤을 최고구입가격에 붙였음을 알 수 있다.

1948년 4월부터 12월까지는 중앙물가행정처 산하의 소비물자통제위원회에서 가격 결정과 배급의 전 과정을 통제했다. 금연은 비용을 포함한 이윤을 최고구입가격에 15%를 추가하였고 금연과 물연의 하부 조직을 합성한 배급대행기구는 28%를 추가하였다. 가격경쟁력 때문에 합성기구의 상부 조직인 중앙물연은 기능을 상실했지만 준통제품목인 타올, 장갑, 면모포, 알미늄 제품, 양산 등을 취급했다. 1948년 12월 3일 이후에도 대행기구를 선정하고 최고구입가격과 최고판매가격을 결정하고 수수료를 최고구입가격에 추가하는 방식은 크게 변하지 않았다. 이것은 배급된 소비재의 가격 결정이 미군정 이후

<표 9-1> 물연의 비용구조

(단위: 백만 원, %)

	순수수료	운임	비상보유금(자가보험금)	계
물연	0.5	2	0.5	3
도물운	2	2	0.5	4.5
군물운	2	2	0.5	4.5
소매상	13	0	0	13
계	17.5	6	1.5	25

자료: 조선은행 조사부(1949년판), p. II-22.

에도 크게 변하지 않았음을 의미한다.

미군정이 최고구입가격과 최고판매가격을 지정하는 방법으로 가격을 통제했지만 그 구체적인 과정은 재화마다 달랐다. 그리고 다른 재화에 대해서는 앞에서 언급한 통제소비물자배급 카테고리에 속하는 재화들만큼 가격 결정 방법이 잘 알려져 있지 않다. 추가적인 연구가 필요하다. 그리고 미군정이 지정한 가격이 최저가격이 되는 경우도 있었지만 예외적인 경우라고 하겠다.

(3) 비가격규제: 배급제

미군정은 많은 재화의 배급제를 실시했다. 배급제는 비가격규제의 일종이다. 배급제는 어떤 재화의 가격을 규제하면 수요에 비하여 공급이 부족하기 때문에 거의 필연적으로 발생하는 비가격규제의 일종이다. 그러므로 배급제는 가격규제, 특히 최고가격을 미군정이 지정하면서 후속 조치로 도입한 것이기 때문에 가격규제의 부수적인 것이다.

미군정은 가격을 규제하면서 배급의 대상이 된 재화들을 농업관계배급,

수산업관계배급, 광공업관계배급, 석유배급, 통제소비물자배급 등으로 대분류하여 나누었다. 여기에 국내산 양곡, 수입 양곡과 설탕 등의 재화도 통제 대상이었다.

농업관계배급 품목은 국산 양곡, 수입 양곡과 설탕, 잠과 생사, 면화와 면실, 과실, 목재, 원피, 고공품(藁工品), 농구, 농약품, 종자, 비료, 삼류와 연초 등이다.[10] 수산업관계배급 품목은 수산물, 그 가공품, 수산업용 자재 등을 지칭한다. 구체적으로, 선(鮮)어류, 해태, 멸치, 한천, 폴가시리, 오징어, 수산물 통조림, 염, 수산업용 수입물자와 어업용 면제품 등이 포함되었다. 광공업관계배급 품목은 전기용품, 기계류, 고무공업원료, 제지공업원료, 유지공업원료, 섬유공업원료와 자재, 철강공업원료와 자재, 기타 공업원료와 자재 등이다. 석유배급 품목은 원유이다. 통제소비물자배급 품목은 앞에서 이미 나열했다.

『조선경제연보』(1949년판)는 각종 재화의 배급기구도를 제공하고 있다. 그 기구도를 보면 재화에 따라 유통 채널이 복잡한 것도 있고 단순하면서 유통단계가 짧은 것도 있다. 유통 채널이 복잡하고 긴 경우가 그대로 존재했다는 것은 미군정이 일제강점기의 유통 채널 자체를 정비하지는 않았던 것으로 추정할 수 있다. 그 결과 미군정이 배급을 통해 유통에 들어가는 비용을 절약하지는 못한 것으로 볼 수 있다. 그렇게 할 수 있었던 경우에도 그 절약분이 커지지는 않았을 것으로 추정된다.

양곡의 예를 들어 1948년 말 현재 배급기구가 어느 정도의 크기였는가를 보기로 한다(조선은행 조사부, 1949년판, p. II-17 참조). 양곡의 몰수와 배급대행기

10 허수(1995)는 미군정의 면직물 통제정책을 자세히 보여준다.

관은 대한식량공사('식량공사'로 약칭)이다. 대한식량공사는 도, 부, 군, 면 단위에서 식량지사를 두었다. 이들 식량지사가 식량을 유상몰수했다. 배급소는 서울, 부산, 마산에는 식량공사 직영이 있고 기타 배급지역에서는 소매상조합이 식량공사로부터 양곡을 매입하여 배급하였다. 식량공사는 서울에 본사, 서울시와 각 도에 10개의 지사, 부산과 인천에 사무소, 제주에 주정공장이 있었다. 각 지사는 145개의 분사, 84개의 정미제분공장이 있었다. 서울, 부산, 마산 등에는 306개의 배급소가 있고 강원도에는 2개의 지소가 있었다. 식량공사의 종업원 수는 총 6,729명이었고 그중 4,865명이 직원이었고 1,864명이 용원이었다. 식량공사에 소속되지 않는 소매상조합이 3,477개 있었다. 식량공사는 수입 양곡과 설탕도 수입된 현물을 인수해서 배급을 대행했다.

가격고정과 배급된 재화들이 전체 경제에서 어느 정도 큰 비중을 차지했는가를 보여주는 통계는 없지만 그 비중이 컸을 것으로 추정할 수 있다. 왜냐하면 그 당시 농업이 가장 중요한 산업이었는데 쌀을 포함한 각종 농산물과 다른 많은 생필품과 그것을 제조하기 위한 원료 등이 미군정에 의해 통제되었기 때문이다. 한마디로, 미군정 치하의 한국경제는 지독한 간섭주의 체제였다.

(4) 간섭주의의 폐해

4장부터 8장까지 미군정의 사회주의와 각종 간섭주의가 초래했던 폐해와 함의를 분석했다. 여기에서의 내용은 그곳에서 언급한 폐해와 함의가 유사할 수도 있다. 여기에서의 분석은 두 방향으로 진행될 것이다. 첫째는 대표적 재화를 하나 선택하여 분석한다. 그 분석은 물론 다른 재화의 분석에 그대로 적용할 수 있다. 둘째는 전체 경제에 일어난 결과를 분석하는 것이다.

① 최고가격은 수요는 증가하게 하고 공급은 줄어들게 만들기 때문에 필연적으로 초과수요를 초래한다. 초과수요는 해당 재화의 가격을 상승하게 만든다. 이때 거래되는 가격은 자유시장가격이 아니다. 그 가격은 외형적으로만 자유시장가격처럼 보일 뿐이다. 실제로는 가격규제의 영향으로 자유시장가격보다 언제나 높다. 1946년 7월 남자 운동화 1켤레의 가격은 45원이었다. 이 가격은 미군정이 정한 최고가격이다. 동일 시점의 시장가격은 200원이었다. 그러나 앞에서 지적했듯이 이것은 자유시장가격이 아니다. 가격이 통제되면 자유시장가격을 실제로 목격할 수는 없다. 그러나 가격규제로 인한 초과수요가 시장가격을 자유시장가격보다 언제나 높게 만든다. 엄밀하게 말하면, 시장가격은 간접규제가격이라고 하는 것이 옳을 것이다.

초과수요로 인한 가격상승은 그만큼 자원의 사용에 있어서 비효율적인 부분이 발생하고 있음을 의미한다. 그리고 미군정이 많은 재화에 대해서 가격규제를 했기 때문에 경제 전반에 걸쳐서 비효율이 발생했다고 하겠다. 이런 비효율은 경제성장을 저조하게 만들었다. 이것은 가격규제가 없을 때의 경제성장과 비교하여 그렇다는 것이다. 다만 우리는 그 정도를 계량화할 수 없을 뿐이다. 그러나 직관적으로 볼 때 그 비효율은 결코 작지 않았다.

② 가격규제는 소득재분배를 초래한다. 규제의 승자는 배급을 받는 소비자이고 생산자는 규제의 패자가 된다. 승자와 패자 간에 소득재분배가 발생한다. 그리고 가격을 통제하는 한국의 관료, 미군정 장교 등은 승자가 된다. 한국 관료, 미군정 장교 등은 자신의 효용을 극대화할 수 있기 때문이다. 그러나 이것은 단기에 해당되는 것이다. 장기에서는 한국의 관료, 미군정 장교 등

을 포함한 경제 내의 모든 사람들이 패자가 된다. 자원의 비효율적인 배분으로 경제성장이 지지부진해지면서 각 경제주체는 원하는 재화를, 원하는 시간에, 원하는 양을 구할 수 없기 때문이다. 주요한 재화가 가격규제와 배급의 대상이었기 때문에 그 영향은 거의 대부분의 소비자, 생산자, 관련 한국의 관료와 미군정 장교에게 미쳤다.

③ 가격규제로 재화의 가격은 '이중구조' 또는 '다중구조'가 형성된다. 앞에서 최고구입가격과 최고판매가격이 존재한다는 것을 보았다. 남자 운동화의 경우에서 보듯이 간접규제가격도 형성되었는데 최고구입가격과 최고판매가격보다 훨씬 높았다. 여기에 다른 가격도 형성되었다. '객주제도'에 의한 가격 형성을 말한다. 객주제도란 상인들이 생산에 필요한 모든 자본을 귀속기업체의 관리인에게 제공하고 생산된 재화들을 인수하면서 관리인에게는 수수료를 제공하는 제도를 말한다. 자본이 확보된 상인들은 자본이 부족한 공장 관리자, 경영자에게 접근하여 자본을 빌려주고 원료 등을 확보하여 재화를 제조했다. 그 경우에 상인들은 제조와 가공에 필요한 수수료만을 주고 제품을 인수하여 시장에 판매하는 것이다. 이 경우에 미군정은 이런 거래에 대해서 견제를 했지만 별다른 효과를 보지 못했다. 이때 상인들이 제조공장에서 인수한 재화는 미군정의 가격규제의 대상이 아니었다. 가격규제가 있을 때 시장에서 거래되는 가격과 객주제도에 의한 재화의 가격이 어떻게 다른 것인가는 연구가 필요하다. 이 객주제도는 제조업뿐만 아니라 수산업에서도 있었다. 객주제도가 활발했던 곳은 공장 관리자, 경영자가 경영했던 귀속사업체였다. 객주제도가 어느 산업에 얼마나 존재했는가는 추후의 연구 과제이다.

④ 가격규제가 엄격히 시행되었던 공업, 농업, 광업 등과 달리 상업에서

는 오히려 이윤 기회가 커지면서 큰 돈을 벌 수 있었다. 왜냐하면 객주제도를 이용하여 제품을 가공하여 시장에서 팔면 큰 이윤을 남길 수 있었기 때문이다. 귀속기업체의 경우에 자본이 부족한 경우에 이런 제도가 사용되었다. 그리고 상인들은 귀속기업체가 아니더라도 자본이 부족한 기업에게 접근하여 자본을 제공하고 생산된 재화를 받고 재화의 제조에 들어간 비용을 수수료 명목으로 주었다. 이때 생산된 재화들은 정부 당국에 보고하지 않기 때문에 규제 품목이 아니고 사실상 시장에서 그것들을 판매하기 때문에 재화에 따라 이윤율이 높았을 가능성이 크다. 그러므로 이 부분만큼 미군정 시대의 경제 통계는 실제보다 낮게 되었다. 그리고 이때 형성된 상업자본이 1950년대 농촌 사채의 자금원천이 되었을 것으로 추정된다(이창열, 1966, p. 98 참조).

미군정으로부터 배급권을 받게 되면 이윤을 보장받았다. 물론 이윤율은 낮았을 수 있지만 안정적인 수익을 확보할 수 있었다. 게다가, 재정거래를 할 수 있는 상품은 넘쳐났다. 그런 상품은 크게 네 가지이다. 첫째, 일본의 정부 행정청, 군대 등의 저장품과 귀속공장 사업체와 일본인 개인의 재고품, 둘째 미군 원조물자와 미군용 물자 중 부정한 경로로 나온 것, 셋째 정식 무역 혹은 밀무역에 의하여 외국 혹은 북한으로부터 수입된 물자, 넷째 국내 생산물자 등이다. 특히, 이중에서 많은 재화들이 불법적으로 그리고 비밀리에 시장에서 거래되었다. 그리고 물가가 폭등하고 있었기 때문에 그런 기회를 잘 활용하면 큰 돈을 벌 수 있었다.

이 시기에 농수산업, 광업, 공업보다는 상업에 자원이 과다하게 배분되었다. 왜냐하면 농수산업, 광업, 공업 등과 비교하여 상업에 규제가 적었기 때문이다. 대표적인 예가 객주제도였다. 그것은 다른 분야, 즉 농수산업, 광업, 공업 등의 발달을 저해했다. 해방 이후 극심한 물가상승도 이런 불균형을 더 나쁘게 만들었다. 이런 상황은 3공화국 이전까지 지속되었다. 1958-1959년 현재 산업구조는 제1차산업 43.5%, 제2차산업 16.9%, 제3차산업 39.6%로서, 제3차산업의 비중이 제1차산업의 비중과 큰 차이가 없었다. 그러나 1960년 현재 산업별 인구 구성은 제1차산업 79.5%, 제2차산업 5.8%, 제3차산업 14.7%였다. 제3차산업의 이상적인 비대화는 미군정과 1공화국 시기에 집중되었다.

⑤ 배급권 쟁탈전이 적지 않았다. 배급권은 정부가 준 특권이다. 금융조합연합회와 물자운용조합연합회 간의 배급권 쟁탈전, 농회와 금련 간의 비료배급권 쟁탈전 등 배급권을 둘러싸고 쟁탈전이 끊이지 않았다. 배급권이 큰 이윤을 줄 수는 없을지라도 안정된 일자리를 제공하는 수단이었기 때문이다. 당시 실업률이 매우 높았다는 사실은 안정된 일자리가 얼마나 중요한가를 보여준다. 기획처와 상공부도 물자배급권의 분배를 둘러싸고 충돌했다. 이 과정에서 재화의 배달이 지연되는 등의 문제가 발생했다. 여기에는 뇌물이나 부정부패도 적지 않았을 것으로 추정된다.

⑥ 모든 재화가 규제되면 경제는 혼란해지고 소비자들이 대체재를 구하는 일은 어려워진다. 당시 규제는 두 가지 방향에서 진행되었다. 첫째는 미군정이 화폐와 금융을 통제함으로써 민간의 경제행위에 간섭했다. 둘째는 미군정이 개별 재화의 가격을 규제하고 배급을 실행했다. 그 규제는 우리 삶에 없어서는 안 되는 주요한 재화에 모두 적용되었다. 그 결과 경제는 혼란해지고 소비자들이 대체재를 구하는 일은 어려워졌다. 예를 들어, 식량배급이 부족해지자 도시에서 폭동이 일어났다. 그리고 식량을 구할 수 없어서 학교와 직장이 휴업을 했다. 다른 많은 사건과 사고가 일어났다. 이 점은 각 장에서 다

루었기 때문에 서술을 생략한다.

⑦ 대외무역은 외환의 통제, 무역의 허가제 등을 통해서 극도로 억제되었다. 게다가, 화폐의 공급 증대로 모든 재화의 가격이 상승하면서 수출은 어려워지고 수입은 쉬워졌다. 그 결과 대외무역은 미군정 기간 동안 적자였다. 이 점에 대해서는 6장에서 자세히 분석했기 때문에 생략한다.

⑧ 미군정 기간은 식량 사회주의와 강력한 간섭주의 시대였다. 그러나 일제 말기, 즉 1943년 이후는 전쟁 사회주의 시대였다. 간섭주의는 전쟁 사회주의보다는 거래에서 자유로운 점이 더 많다. 그러나 둘 간의 차이를 전체적으로 비교하는 것은 쉽지 않다. 연구가 필요하다. 식량 사회주의와 강력한 간섭주의는 미군정 이후에도 일정한 기간 이어졌다. 그러나 미군정 통치 기간에 비록 짧았지만 경제가 강력한 간섭주의 체제였다는 것은 1공화국의 출발점을 훨씬 더 좋게 할 수 있는 기회를 날려버렸다는 것을 의미한다.

1940년대 후반을 요약하면 다음과 같다. 정치적으로는 해방과 국가의 건설이라는 큰 진전이 있었다. 그러나 경제체제 관점에서 약간의 진전이 있었지만 일제 말기보다 큰 진전이 있었다고 보기는 어렵다. 해방 직후 짧은 기간을 제외하면 말이다. 무엇보다도, 화폐와 금융의 통제로 인한 초인플레이션은 경제를 파국으로 몰아넣었다. 미군정 시대의 비극은 무엇보다 초인플레이션에 있었다.

(5) 반쪽의 자유기업주의

미군정은 곡물 사회주의와 다른 재화에 있어서는 극도의 간섭주의를 채택했다. 간섭주의만 보면 미군정(1940년대 후반)과 일제 말기(1940년대 전반)는 큰 차이가 없어 보인다. 그러나 미군정은 기업을 설립하거나 창업하는 것까지 간섭주의를 채택하지는 않았다. 해방 이후 1948년까지 1,468개의 회사가 신설되었다(조선은행 조사부, 1949년판, p. IV-150 참조). 이중 제조업 회사는 554개였다. 다만 이 수치는 8대 도시만 포함한 것이기 때문에 실제보다 적은 수치이다. 1941년 12월 현재 조선인이 설립한 제조업 회사의 수가 814개[11]였다는 사실과 비교하면 이것은 해방 이후 기업의 설립이 매우 활발했음을 보여준다. 미군정은 회사의 설립까지 일제처럼 통제하지는 않았다는 사실을 알 수 있다.

이종훈(1992, pp. 135-138)에 의하면 1984년 현재 50대 기업집단 중에서 미군정기에 경제활동을 하고 있었던 기업집단이 31개였고 그중 21개 기업집단은 이 시기에 현재의 주력기업을 창립했다. 이중 10대 기업집단은 대우만을 제외하면 이 시기에 자기변신을 통해 주력기업을 창립했다.

미군정 시대는 정치, 경제, 사회의 혼란기이자 격변기였지만 기회의 시대이기도 했다. 미군정은 그런 기회를 포착하고자 하는 기업의 설립까지는 '직접적으로' 통제하지는 않았다. 이것은 미군정이 시행한 간섭주의의 예외라고 하겠다. 그러나 미군정은 화폐와 금융을 규제함으로써 회사의 설립, 확장 등을 비록 간접적이지만 통제했다. 특히, 미군정은 주식시장을 허용하지 않음으로써 자본시장을 통한 자본금을 마련할 수 있는 길을 차단했다는 것은 기업의 설립, 확장 등의 기회, 특히 대기업의 설립 기회를 실질적으로 봉쇄했다는 것을 의미한다. 게다가, 금융통제로 장기금융시장도 거의 발달하지 않았

11 회사의 수는 814개, 불입자본금의 총계는 48.9백만 원(엔)이다. 다만 회사의 수가 제조업만을 포함한 것인지 전체 산업을 모두 포함한 것인지는 분명하지 않다. 조선은행 조사부(1949년판), p. I-318 인용.

다. 앞에서 보았듯이, 기업의 설립이 활발했다는 사실은 미군정의 자본시장의 통제와 간섭에도 불구하고 이루어낸 성과라는 점을 강조할 필요가 있다. 한마디로, 앞에서 나열한 모든 것은 미군정의 자유기업주의가 사실상 반쪽만의 자유기업주의임을 의미한다.

(6) 전쟁 사회주의

해방 직후 경제·사회 환경이 극도로 열악했기 때문에 미군정은 재정적자를 머니타이제이션하는 방법을 택했다. 엄청난 규모의 머니타이제이션은 초인플레이션을 초래했다. 초인플레이션은 경제체제를 사실상 전쟁 사회주의로 만들었다. 미군정은 금융을 극도로 통제했기 때문에 장기금융시장이 발달할 수 없었다. 장기금융시장의 미발달은 장기 프로젝트를 사실상 불가능하게 만들었다. 다른 한편, 미군정의 이자율에 대한 통제는 사채시장의 발달을 초래했다. 전쟁 사회주의와 금융에 대한 극도의 통제는 경제체제를 전쟁 사회주의로 만들었다. 그리고 미군정은 자본시장의 개설을 금지함으로써 대기업의 생성을 제도적으로 억제했다. 그럼에도 불구하고 주요 기업집단은 미군정기에 이미 주력기업을 창립했다. 이것은 민간의 노력이 얼마나 민첩하고 시대를 앞섰는가를 보여주는 증거이다.

2. 종합

미군정의 경제체제는 극도의 간섭주의 체제와 사회주의 체제가 혼합된 경제였다.[12] 미군정은 산업뿐만 아니라 화폐와 금융을 통제하고 간섭함으로써 경제 전반을 간섭하고 통제했다. 미군정에 의한 극도의 간섭주의는 일제의 식민지 조선에 대한 전쟁 사회주의의 영향을 받았다. 식량정책은 사회주의 체제임을 4장에서 지적했다. 미군정의 경제체제가 사회주의와 간섭주의라는 혼합 경제체제라는 점에서 미군정이 해방 이후의 한국에서 자본주의 경제체제를 확립하고자 했다는 주장은 틀린 것이다. 물론 그런 의지를 완전히 부정할 수는 없지만 실제로 미군정이 채택한 경제체제는 자본주의가 아니었다.

미군정이 자유시장제도, 즉 자본주의를 실시한다고 선포한 직후에 그런 발표를 취소하고 사회주의와 경제 전반에 걸친 간섭주의를 채택했다. 그리고 그런 사회주의와 간섭주의는, 직관적으로 보았을 때 미군정 후기로 갈수록 심화되었다고 볼 수 있다. 우리는 미군정이 자본주의를 버리고 갑자기 사회주의와 간섭주의를 채택한 역사적 사실은 알고 있지만 어떤 이유로 그렇게 했는가는 현재 정확히 모르고 있다.[13] 그리고 어떤 산업에서 어느 정도의 간섭과 통제가 있었는가 하는 점도 정확하게 모르기는 마찬가지이다. 저자가

---

12 자유시장 경제체제 또는 자본주의와 간섭주의 체제 또는 경제통제정책은 원칙적으로 다른 제도일 뿐만 아니라 배타적이다. 그러나 김윤환(1980), 김점숙(1995) 등은 그 둘의 관계가 모순적이지 않다고 주장하고 있다. 앞 절에서 간섭주의에 대한 정의를 내린 바 있다.

13 한국산업은행 조사부(1955, pp. 7-8)는 미군정이 준비가 되지 않은 상태에서 한국을 점령하였고 그 이후 적응하는 과정에서 상호 일관성 없는 정책을 취했다고 평가하고 있다. 이 지적은 미군정이 상호 일관성 없는 정책을 채택하게 된 과정을 설명하고 있을 뿐이고 미군정이 사회주의와 간섭주의를 채택하게 된 이유를 설명해주지는 않는다.

일부는 여기에서 규명한 것도 있지만 말이다. 추가적인 연구가 필요한 부분이다. 그러나 직관적으로 보았을 때 미군정의 사회주의와 간섭주의의 혼합은 전쟁경제 또는 전쟁 사회주의에 근접했던 것으로 보인다. 전쟁경제란 정부가 모든 재화의 가격을 통제하고, 강제판매, 배급, 생산과 분배의 규제, 최종적으로는 모든 생산과 분배를 중앙에서 계획하는 경제를 말한다. 전쟁경제에서는 모든 경제행위가 극도로 통제되기 때문에 사실상 사회주의가 된다. 특히, 미군정이 유발했던 초인플레이션은 경제 전체를 사회주의로 만들었다. 1940년대 전반의 일제강점기에는 한반도가 실제로 전쟁경제에 들어갔다. 비록 이때의 전쟁경제가 일본 내의 전쟁경제와 그 정도에 있어서 차이가 있었지만 말이다. 이 점에서 미군정과 1940년대 전반의 일제강점기는 차이가 있다. 그리고 미군정이 채택한 사회주의와 간섭주의라는 경제체제는 미군정 다음 정부인 1공화국 경제체제의 형성과 경제성과에도 영향을 미쳤다. 1공화국 연구에서 명시적으로 고려되어야 할 부분이다.

미군정이 경제체제를 전쟁경제 또는 전쟁 사회주의와 유사하게 만들었던 이유를 크게 세 가지로 대별해볼 수 있다. 첫째, 우리 자신이 통제할 수 없는 것들이다. 인구의 극적인 증가, 일본 블록경제와 북한 등과의 분리로 인한 생산의 대폭적인 감소, 앞의 원인들로 인한 실업의 만연 등이 그것이다. 앞에서 제시한 요인들로 인한 수요와 공급의 큰 불균형은 전쟁 기간에 민간이 실제로 이용할 수 있는 자원이 크게 부족해지는 것과 큰 차이가 없다.

둘째, 우리 자신이 그렇게 되도록 정치·경제 환경을 만든 측면을 무시할 수 없다. 해방 직후의 극한적인 좌우 대립, 빈번하게 발생했던 폭력적인 시위와 파괴 등이 그것이다. 이 요인들은 미군정으로 하여금 통상적인 정책이나 제도를 시행하는 것을 매우 어렵게 만들었다. 그리고 폭력적인 시위와 파괴는 생산과 유통을 어렵게 만들어 비효율을 증가시켰다. 한마디로, 해방 직후의 정치·경제 환경은 미군정으로 하여금 경제를 극심하게 통제하도록 했다.

셋째, 미군정이 경제정책을 잘못 선택한 경우를 생각해볼 수 있다. 비농민을 위한 복지정책을 시행하는 과정에서 '모든' 비농민을 위하여 복지정책을 시행했고 그 재원을 머니타이제이션이라는 방법으로 마련했다. 그러나 그 방법은 최악의 방법이다. 미군정은 정부 운영비용으로 인한 재정적자도 머니타이제이션했기 때문에 머니타이제이션의 폐해는 추가되었다. 재정적자를 머니타이제이션하는 방법은 1차적으로는 모든 자원을 정부가 징구한다는 점에서 사회주의이다. 미군정은 그 결과로 초인플레이션이 지속되자 모든 재화들의 가격을 규제하는 방법으로 대응했는데 그것은 자본주의보다 훨씬 나쁜 결과를 초래했다. 장기금융시장의 발달을 억제하도록 만든 것, 증권거래소를 개설하지 못하도록 했던 것 등은 극심한 간섭주의이거나 그 결과였다.

미군정의 경제체제는 사회주의와 간섭주의를 혼합한 경제체제라는 사실을 알았다. 그러나 앞에서 설명한 간섭주의가 경제에 미친 효과에 대한 각종 분석은 사실상 빠뜨린 것도 있을 것이고, 현실의 폐해를 축소하여 설명한 경우도 있을 것이며, 폐해를 간과한 것도 있을 것이다. 왜냐하면 미군정기 사회주의에 대한 자료는 거의 없고 간섭주의에 대한 자료는 없거나 부족한 경우가 적지 않기 때문이다.

저자는 3장에서 일제강점기, 그중에서도 1940년대 전반의 식민지경제의 저조한 성과와 그 원인을 다루었다. 즉, 식민지경제가 엄청나게 파괴되었는데 그 책임은 상당 부분 일제에 있다는 것이다. 식민지경제는 경제 전체로는 전쟁 사회주의였고 식량은 사회주의였다. 그러나 식민지경제 전 역사를 다루는 일은 추후의 과제로 한다. 미군정은 그런 식민지경제를 맡게 되었다.

누가 그렇게 나빠진 식민지경제를 단기간에 좋게 만들 수 있겠는가? 그러나 미군정 시대의 사람들을 물질적으로 더 나쁘게 만들었던 것은 미군정이 일제와 크게 다르지 않는 '통제적인 경제정책'을 시행했다는 점이다. 여기에는 물론 다른 요인들도 작용했다. 해방 이후의 민간들의 노력, 미군정의 원조와 자유기업주의, 농지를 포함한 귀속재산의 불하에 따르는 자본주의화 등은 경제에 긍정적으로 작용했던 요인들이다. 그러나 자유기업주의는 반쪽일 뿐이라는 점은 강조할 필요가 있다. 정치적 불안정, 블록경제의 해체, 인구의 증가, 물가의 급격한 상승 등은 경제에 부정적으로 작용했던 요인들이다.

제2차 세계대전 직후 서독의 수상 '에르하르트'는 미군정의 반대에도 불구하고 모든 재화의 가격을 일시에 자유화하였다. 그 결과는 경제·사회적 혼란이 아니라 폭발적인 경제성장이었다. 미군정의 지시를 그대로 따랐다면 소위 라인강의 기적은 실제보다 한참 후에 일어났을 것이다. 또는 경제성장이 지지부진했을 수도 있다. 왜냐하면 서독에 진주했던 미군정도 한국에서처럼 강력한 경제통제를 주문했기 때문이다. 에르하르트는 미군정의 지시를 거부하고 자유시장정책을 강력하게 실행했다. 그러나 한국은 독일과는 반대 방향으로 나아갔다. 미군정이 두 나라에 동시에 진주하고 강력한 통제정책을 주문했던 것까지는 큰 차이가 없었다. 그럼에도 불구하고 두 나라에서는 다른 경제체제가 실행되었던 이유들과 해방 직후 두 나라 경제성과의 차이에 대해서는 추가적인 연구가 필요하다. 그리고 3공화국에서도 국가의 경제에 대한 통제의 정도가 미군정 때보다 낮아졌지만 절대적인 통제의 정도는 결코 낮지 않았다. 그것이 3공화국과 그 이후의 경제를 규정했다(이 부분은 6편에서 자세히 다룰 것이다).

제3편

1공화국의 국가주의

제10장

농지개혁과 농지 사회주의*

* 이 장의 일부는 전용덕(1997)에서 발췌·수정했다. 그리고 Jeon and Kim(2000)도 참고했다.

1. 서론

해방 전후 단행된 농지개혁은 한국 사회에 엄청난 충격과 변화를 초래했다. 지금까지의 농지개혁에 관한 연구는 대부분 농지 소유권의 변화와 농업 생산체제의 변화에만 초점을 맞추고 있다. 농지개혁은 그러한 변화뿐만 아니라 소작제의 폐지로 인한 농업의 생산성을 증가시켰으며 부를 재분배한 것도 사실이다. 또한 여러 측면에서 사회의 구조도 크게 바꾸어 놓았다. 물론 앞에서 지적한 쟁점들에 대해서 김일영(2006), 장시원(2006) 등은 일부를 분석하였지만 체계적인 검토가 부족할 뿐만 아니라 일부 오류가 있기도 하다. 이와 함께 어떤 연구에서도 농지 소유권의 정당성 문제는 전혀 다루어지지 않고 있다.

이 장에서는 농지개혁이 농지의 소유에 미친 영향을 분석하고, 농지 소유제도의 변화를 초래한 정치적·경제적 원인을 탐구하고, 농지개혁이 농업 생산성에 미친 영향을 체계적으로 검토하고, 농지개혁이 한국 사회에 미친 부의 재분배를 제외한 기타 영향을 논의하며, 농지 소유권의 정당성 문제를 검토하고 이것을 기초로 한 부의 재분배를 분석하는 것이 목적이다. 마지막으로, 농지개혁이 농지 소유권의 정당성을 검토하지 않았고 농지를 분배 받는 대가를 상환하는 과정에서 정부가 그 몫의 약 1/2을 탈취하였기 때문에 1공화국의 농지개혁이 사회주의일 뿐만 아니라 실패했음을 저자는 지적한다.

농지개혁에 관한 많은 연구에 내포된 심각한 문제는 이데올로기로 짙게 채색되어 있다는 점이다. 유인호(1980), 장상환(1985) 등을 예로 들 수 있다. 농지개혁에 대해 비교적 과학적 분석을 하고 있는 김일영(2006), 장시원(2006) 등도 비록 매우 일부이지만 마르크스적 개념, 즉 이데올로기를 이용하고 있다.

농지개혁의 범위를 좁게 잡고 있는 것도 농지개혁에 대한 종합적인 분석을 어렵게 하고 있다. 미군정에 의한 농지매각과 한국 정부가 시행한 농지개혁을 일반적으로 광의의 농지개혁으로 취급하고 있다. 그러나 아래에서 보듯이 미군정에 의해 매각된 귀속농지와 농지개혁개정법에 의해 한국 정부가 분배한 농지는 전체 농지개혁 대상 면적의 약 40%에 지나지 않는다. 농지개혁개정법의 영향을 받아 그 개정법 제정 이전에 지주가 개별적으로 시장에서 매각한 농지는 전체 농지개혁 대상 면적의 약 50%에 해당된다. 이것도 농지개혁의 범위에 포함함으로써, 농지개혁을 해방 직후부터 일어났던 농지 소유권 변화의 전 과정으로 보는 것이 옳다. 그러므로 농지개혁에 대한 분석을 편의상 1공화국에서 다루지만 농지개혁은 실질적으로는 해방 전후하여 시작되고 3공화국까지 영향을 미쳤던 역사적 사건임을 염두에 둘 필요가 있다.

2. 농지개혁의 약사(略史)

1960년대 초까지 농업은 한국경제에서 가장 중요한 산업이었다.[1] 농지의 과도한 소유 집중으로 인한 소작지의 증가와 고율의 소작료는 조선왕조 말엽부터 많은 사회·경제적 문제를 낳았기 때문에 농지개혁은 해방 이후 가장 시급한 현안으로 대두되었다. 그러한 농지개혁의 핵심은 소작제를 폐지하여 농

1 중일전쟁부터 해방까지의 기간에 공업의 비중은 크게 증가했다. 그러나 그 이후 여러 가지 원인으로 공업의 비중이 크게 낮아지면서 1960년대 초까지 한국은 여전히 농업국가였다.

지의 소유를 가능한 한 평등하게 하는 것이었다.

먼저 1950년 3월 10일에 공포된 「농지개혁개정법」의 주요 내용을 보면 다음과 같다.[2] 농지의 소유자격 제한(제3조), 3정보[3] 소유상한(제6조 제1항), 소작·임대차·위탁경영의 금지(제17조) 등이다. 즉, 농지는 자경하거나 자영하는 경우에 한해서 소유할 수 있고, 소유는 3정보를 넘지 못하며, 임대차를 전면금지한 것 등이 농지개혁개정법의 주요 내용이었다.

농지개혁과 관련하여 제기할 수 있는 첫 번째 의문은 정부가 농지개혁을 단행한 시기와 완료한 시기를 언제로 볼 것이냐 하는 것이다. 한국농촌경제연구원이 작성한 『농지개혁사 연구』에 의하면 농지개혁의 단행시기를 1950년 3월 24일 전후로 보는 것이 가장 타당한 것처럼 보인다.[4] <표 10-1>은 농지개혁의 입법과 추진 과정을 간추린 것이다. 제도에 의한 농지개혁은 농지개혁개정법과 동법 시행령이 공포된 1950년 3월을 전후해서 시작되었다고 보여진다. 그러나 실질적으로는 해방 직전부터 농지개혁이 시작되었다고 보는 것이 타당하다. 해방 직전에 일본인들이 토지를 매각하고 떠나기 시작했고, 해방 이후에는 농지개혁이 논의되면서 1948년에 농지개혁법을 만들 것을 헌법에 명시하였으며, 그러한 과정에서 대지주를 중심으로 농지개혁에 관한 법이 통과될 것을 대비하여 대량의 토지를 시장에서 매각하였기 때문이다.

다른 한편, 1940년 이후부터 미군정까지 지주들의 소작료에 대한 권리는 매우 억제된 결과로 지주들이 소작료로부터 얻었던 수익은, 그 이전과 비교

2 <표 10-1>에서 보듯이 정부는 1949년 6월에 농지개혁법을 제정했으나 시행하지 못했고, 1950년 3월에 농지개혁개정법을 공포·시행하게 되었다.

3 1정보는 3,000평이다.

4 농지개혁의 입법과 추진 과정에 관한 자세한 내용은 한국농촌경제연구원(1989), pp. 996-997 참조.

<표 10-1> 농지개혁의 입법과 추진 과정

(단위: 백만 원, %)

연월일	입법 과정	추진 과정
1949. 6. 20	-	매수소작지 조사 착수(11. 21 결과보고)
6. 21	농지개혁법 공포	-
11. 21[1)]	-	매수소작지 조사 결과보고
1950. 2. 3	-	대지조사(농지소표) 개시
2. 24	-	경작자별 농지일람표 작성(3. 10까지)
3. 10	농지개혁개정법 공포	-
3. 15	-	분배확정 일람표 종람 완료(3. 24까지)
3. 25	동법 시행령 공포	-
4. 15	-	농지개혁 완료(정부 발표)
4. 28	동법 시행규칙 공포	-
5. 27	-	농지대가 상환대장 작성시달
6. 9	-	농지대가 상환(하곡) 개시
6. 23	점수제 규정 공포	-

주: 1) 저자가 한국농촌경제연구원(1989)에서 추가.
자료: 한국농촌경제연구원(1989), p. 996에서 재인용.

하여 형편없이 감소했다. 특히, 해방 직후에 지주들의 소작지에 대한 권리는 극도로 위축되었다. 이것은 지주들에 의한 소작지의 소유가 사실상 무의미해졌음을 의미한다(이 점에 대한 자세한 설명은 4장을 참조할 수 있다).

농지개혁의 완료도 두 가지 관점에서 보아야 한다. 당시 행정부는 1950년 4월 15일에 농지개혁을 완료했다고 공표하였으나 그것은 '명목상' 농지 소유권의 이전이 완료되었다는 의미이다. 왜냐하면 농지분배에 대한 대가 상환은 1960년대 초에 마무리되었기 때문이다. 실제로 물량 기준으로 상환 실적을 보면 1957년 말(이 해는 법정 상환완료 기간에 한국전쟁을 고려하여 상환 기간을 3년 연장한 연도이다)까지 85.1%이다. 상환농가별로 보면 1957년 말 현재, 상환을 완료한 농가가 전체 농가의 41.6%, 80% 이상 상환한 농가가 23.8%, 50% 이상 상환한 농가 22.0%, 50% 미만 상환한 농가가 12.6%이다. 즉, 1957년 말 현재 상환을 완료한 농가는 상환 대상 농가의 1/2도 되지 않았던 것이다. 상환 실적을 물량별로 보면 1961년 말 현재 97.3%에 이르고 있다. 그러므로 정부에 의한 명목상의 농지개혁은 1950년에 완료되었지만 농지개혁의 실질적인 완성은 상환이 95% 이상 이루어진 시점인 1960년대 초로 보아야 한다(한국농촌경제연구원, 1989, pp. 1046-1047 참조). 위에서 지적한 것처럼, 농지개혁의 단행과 완료시기를 법, 또는 정부에 의한 것과 실질적인 것으로 나누는 것이 타당해보인다.

지금까지 서술한 내용이 농지개혁과 관련하여 정부가 농지개혁개정법을 제정하여 시행하고 그 결과 농지분배에 대한 대가 상환이 언제 마무리되었는가를 보여주는 것이다. 그러나 농지개혁과 관련하여 민간과 미군정의 역할에 대해서도 분석할 필요가 있다(이 점은 아래에서 서술한다).

3. 농지개혁의 정치·경제적 원인

해방을 전후한 농지개혁은 크게 세 갈래로 이루어졌다. 대지주들의 토지매각, 정부에 의한 농지개혁개정법의 제정에 의한 농지분배, 미군정에 의한 귀속농지의 매각 등이다. 농지개혁의 정치·경제적 원인에 대해서도 세 가지로 나누어 분석할 것이다.

그 원인을 분석하기 전에 세 주체가 농지분배에 미친 영향을 간략히 보기로 한다. <표 10-2>는 1945년 당시의 소작면적, 또는 농지개혁 대상 면적이 누

<표 10-2> 농지개혁과 농지 구성

(단위: 천 정보, %)

구분	면적(%)
미군정이 매각한 일본인 소유의 귀속농지	273(18.9)
농지개혁법에 의한 분배농지	302(21.0)
지주의 개별적인 판매농지	714(49.2)
분배 제외 농지	74(5.1)
은폐소작지	85(5.9)
계(1945년 당시의 소작면적, 또는 농지개혁 대상 농지)	1,447(100.0)

주: 1) 반올림으로 오차가 있음.
2) 분배 제외 농지는 위토면적, 후생농지, 사찰농지, 용도변경, 특수목적 등의 농지로, 소작지로 보기는 어려운 농지임. 그중 위토면적이 분배 제외 농지의 약 90%임.
자료: 한국농촌경제연구원(1989), pp. 1030-1031에서 작성.

구에 의해 얼마만큼 자작지로 변경되었고, 결국 최종적으로 소작지로 남게 된 면적은 얼마나 되는가를 보여주고 있다. 미군정에 의해 매각된 일본인 지주 소유의 농지가 전체 개혁 대상 면적의 18.9%,[5] 농지개혁개정법에 의한 것이 21.0%, 지주에 의한 판매가 49.2%, 분배 제외 농지가 5.1%이며, 은폐에 의해 소작지로 남았다고 추정되는 것이 5.9%이다. 특기할 만한 사실은 명목상으로는 농지개혁개정법에 의한 분배농지가 지주에 의해 시장에서 자유스럽게 판매된 농지보다 적다는 것이다. 이것을 빌미로 농지개혁개정법의 효과를 부정적으로 보는 견해는 법이 미치는 직접적인 효과만을 고려한 주장으로 옳다고 할 수 없다. 국회에서 농지개혁개정법이 논의되는 동안 그것이 통과될 것을 예상한 지주들이 농지를 판매한 것도 비록 간접적이지만 농지개혁개정법의

5 미군정은 신한공사를 통해 1948년 3월과 1949년에 각각 19만 9,000여 정보와 7만 4,000여 정보, 도합 27만 3,000여 정보의 귀속농지를 소작농에게 매각했다. 이때 매각조건은 연평균 생산량 300%를 15년에 걸쳐서 상환하는 것이었다. 1공화국 정부는 1951년 4월에 귀속농지관리특별조치법을 제정하여 귀속농지의 상환율과 농지개혁의 상환율을 소급하여 통일하고 관리체계도 통합했다.

영향으로 보아야 한다.[6] 위와 같은 이유로 농지개혁의 정치·경제적 원인 분석에서는 농지개혁이 미친 영향에 농지개혁개정법의 간접적 영향까지 포함하고자 한다.

① 대지주들의 토지 매각에 대해 보기로 한다. 해방 당시의 사회 상황을 이해하는 일이 무엇보다 중요하다. 미군이 남한에 진주하여 통치를 시작한 시기는 해방보다 늦은 1945년 10월이었다. 해방 직후부터 미군정 초기까지 공권력에 의한 치안은 공백 상태나 다름없었다. 실질적인 치안은 정부의 공권력이 아니라 각 마을단위의 인민위원회 등에 의해 유지되었다.[7] 특히, 농촌은 이러한 현상이 두드러졌다. 인민위원회는 행정권과 경찰력을 행사했다. 문제는 치안의 유지를 위한 위원회가 대부분 농민, 특히 소작인이나 자작농에 의해 이루어졌다는 점이다. 그들은 당연히 지주들을 백안시했다. 그리고 인민위원회의 운영경비를 부자들로부터 빼앗다시피 해서 거둬갔다고 장상환(1985, p. 303 참조)은 적고 있다. 일반적으로는 이 무렵의 정치는 '정치과잉'이라고 할 정도였을 뿐만 아니라 좌경화 색채가 두드러졌다(전상인, 2006, pp. 164-168 참조).

미군정 초기에는 소작료 불납과 일본인 소유 토지 분배투쟁이 인민위원회와 농민조합의 힘이 강력했던 지역에서는 두드러졌다(장상환, 1985, p. 300 참

6 충남 서산군 근흥면의 농지개혁 사례를 연구한 장상환(1985)에 의하면 1945년부터 1950년까지 지주가 매각한 소작지 중에서 1948년과 1949년에 전체의 61.2%가 매각되었다. 1948년 3월에 귀속농지의 매각이 실시되었고, 그해 8월에는 토지개혁을 헌법에 명시하였다. 이 자료는 지주의 명목상의 자발적인 소작지 매각이 부분적으로는 타의에 의한 것이라는 점을 보여주고 있다. 장상환(1985), p. 317 표 10을 참조.

7 1945년 11월까지 전국 총 2,244개 면 가운데 2,231개 면에 인민위원회가 조직되었다. 인민위원회는 친일파를 제외한 각계각층을 포괄했고, 사회주의 세력이 주축을 이룬 곳도 있었고, 민족주의 세력이 중심이 된 곳도 있었다. 박은봉(1993), p. 392 참조.

조). 해방 직후 한반도는 좌익에게 매우 유리한 분위기였다(박은봉, 1993, p. 401 참조). 농민운동과 좌익 정치세력은 농지개혁을 요구하면서 투쟁이 점차 폭동의 형태를 띠게 되었다. 1946년 10월의 대구 폭동은 농지개혁에 대한 농민과 좌익세력의 의사표시 방법이 점차 변하여 폭동의 형태를 띠게 된 대표적인 예라고 할 수 있다(장상환, 1985, pp. 302-303 참조). 이 무렵의 데모나 폭동은 거의 언제나 식량의 부족도 해결해줄 것을 요구했다.

남한의 농지개혁에는 1946년 단행된 북한의 무상몰수 방식의 토지몰수도 영향을 미쳤다. 특히, 국회를 장악하고 있던 한민당(그들의 대부분은 지주들이거나 지주들의 후손임)은 공산화에 의해 농지가 모두 몰수되는 것을 우려했다. 빠르게 단행된 북한의 농지몰수에 관한 소식은 남한에서 지주의 입장을 크게 약화시켰다.

일제강점기에는 지주계층이 일제와 결부되어 있었기 때문에 해방 이후에 도덕적으로 지주계층의 정치력은 매우 제한된 것도 사실이다. 마을단위에서 지주들은 친일 세력으로 몰려 발언권이 없었다. 심지어 소작인이 소작료를 지불하지 않는 경우에도 지주들은 당할 수밖에 없었다.[8] 결국 이런 사태가 일어날 수 있었던 것은 무엇보다 당시의 치안 상태가 매우 취약했고, 지주들이 해방 이전의 친일행위로 입지가 매우 떳떳치 못했으며, 1930년대의 소작쟁의와 해방 이후의 소작료 불납운동과 농지개혁을 요구하는 폭동 등이 지주들의 위상을 크게 떨어뜨렸기 때문이다(김성호, 1985 참조).

8 장상환(1985)은 지주가 소작료를 제대로 거두지 못했던 사례를 제시하고 있다. 이 사례에 대한 자세한 설명은 이 책의 제4장 제4절을 참조할 수 있다. 장상환의 사례는 당시 치안의 취약과 지주의 입장을 잘 보여주는 사례이다. 그러나 그런 현상이 전국적인 것인가는 연구가 필요하다. 장상환(1985), p. 301 참조.

해방이라는 특수한 상황은 친일을 했거나 토지를 과다하게 보유했던 지주들의 재산권에 큰 제약을 가했다. 물론 그러한 제약은 이미 1930년대부터 시작되어 계속된 것이기도 했다. 일시적인 무정부 상태와 뒤이은 좌익 성향의 인민위원회는 농지의 소유권을 외부의 공격으로부터 취약하게 만들었다.

한국전쟁이 농지개혁의 원인은 아니지만 농지개혁 집행 과정에 많은 영향을 주었다고 생각된다. 전쟁으로 북한군이 점령했던 지역은 일시적이지만 농지가 모두 몰수되어 재분배되었을 뿐만 아니라 지주들의 생명까지도 위협받았다. 그러한 경험은 농지의 몰수조건이 지주에게 불리했음에도 불구하고 농지개혁 과정이 계속될 수 있게 해주었다.

해방 이후 해외에서 활동하던 독립운동가들, 해외 망명 정치가들, 해외 유학생들 등이 귀국하여 지주들의 의식에 영향을 미쳤을 것으로 추정할 수 있다. 이승만의 농지개혁 찬성은 가장 대표적인 예이다. 그러나 현재로서는 자료의 부족으로 그 영향을 자세히 분석할 수 없다.

농지개혁의 효과를 소극적 또는 부정적으로 보는 견해는 지주들에 의한 농지의 판매가 적지 않았음을 지적한다. 그러나 그런 견해는 옳지 못하다. 그것은 다음과 같은 이유 때문이다. 행정부는 농지개혁개정법의 공포를 즈음한 1949년 6월 20일에 매수 대상 농지를 조사하기 시작했고, 행정부가 농지개혁을 완료했다고 발표한 1950년 4월 15일까지 거의 1년여 동안 많은 농지가 지주들에 의해 시장에서 매매되었다(한국농촌경제연구원, 1989, p. 1016 참조). 즉, 행정부도 농지개혁을 위해 1년여를 준비해왔고, 그 기간에 지주들은 여러 가지 통로로 정보를 접하고 소작지를 처분하였던 것이다. 그러므로 지주에 의한 판매농지의 일부는 농지개혁개정법의 간접적 영향으로 시장에서 매각된 것으로 보는 것이 타당하다. 더 길게 보면, 해방을 전후하여 농지개혁이 집중적으로 거론되었고 그것이 지주들의 행위에 영향을 미쳤다고 볼 수 있다.

농지개혁 전에 시장에서 농지의 판매가 이루어진 것은 농지개혁의 성공에 무엇보다 중요한 영향을 미쳤다. 만약 다른 나라의 경우처럼 농지개혁이 사회적 갈등과 정치적 충돌을 초래했다면 농지개혁이 성공할 수 있었을 것인지 매우 의심스럽다. 또 만약 법적 강제에 의해 농지개혁에 성공했다 하더라도 갈등과 충돌이 경제성장 과정에서 크나 큰 저해 요인으로 작용했을 수도 있다. 그런데 지주들이 농지개혁 전에 시장에서 농지를 판매할 수 있었던 것이 지주들의 불만을 어느 정도 해소해주었으므로 갈등과 충돌의 여지를 제거하여 실제로 큰 사회적 동요 없이 농지개혁이 마무리되었고, 이것은 장기적으로 한국경제에 매우 유리하게 작용한 요인이었다. 또한 아래에서 보겠지만 농지개혁 이전의 농지 매매조건이 농지개혁 시 분배조건보다 농민들에게 불리하지 않았다는 점이다.

요약하면, 지주들이 농지개혁개정법 공포 전에 농지를 매매하게 된 것은 무엇보다도 지주와 소작인의 관계가 해방을 전후하여 크게 달라졌기 때문이다. 해방 이후에 소작인을 포함한 일반농민의 정치력은 크게 증대했던 반면에 지주들의 정치적 협상력은 매우 위축되었다. 무엇보다도, 해방 직후에 치안이 매우 취약했고 미군정 초기에도 여전히 치안이 불안했다는 사실은, 지주들의 토지 소유권이 잘 보호되지 않았음을 의미한다. 미군정 후기에도 미군정의 농지개혁에 대한 입장은 지주들에게 유리한 것이 아니었다. 농지개혁개정법이 통과되리라는 예상은 거래비용을 증가시켰는데, 그것은 소작인들이 농지개혁개정법의 통과로 농지가 자기의 소유가 되리라는 생각에서 비정상적인 행동을 많이 했기 때문이다.[9] 한마디로, 지주들이 시장에서 농지를 매각한 것은 농지 소유권의 보호가 취약했던 것, 농지개혁개정법이 통과되리라는 예상 등이 복합적으로 작용한 결과이다.

② 농지개혁에서 가장 큰 의문점은 지주층을 대변하고 있었던 한민당이 어떻게 농지개혁을 헌법에 명문화하고 다시 그것을 실행하기 위한 법률을 제정했느냐 하는 것이다. 이것이 정부가 단행한 농지개혁과 관련한 의문이다.

농지개혁 요구는 당시 대통령의 이해와 맞아떨어졌다. 집권 초기에 이승만 대통령의 정치적 기반은 어느 계층, 어떤 지역에서도 매우 취약했다. 당시 농촌인구는 가장 중요하고도 단일한 정치 세력이었다. 특히, 그중에서도 소작인들은 가장 단일하고 가장 불만이 많았던 세력이다. 이승만은 농지개혁을 통해 소작인들의 불만을 해소하면서 그들을 자기의 지지 세력으로 만들려고 노력했다고 하겠다. 즉, 이승만의 이해와 당시의 소작인, 또는 토지가 없었던 농민 대중의 이해가 맞아떨어졌다는 것이다.

이승만의 정치적 이해와 다수 농민들의 이해가 일치되었음은 다음과 같은 사실에 의해서 간접적으로 증명된다. 당초 농지개혁법은 1949년 6월 21일에 공포되었으나 법률규정의 모순으로 시행되지 않았고, 1950년 3월 10일에 개정법률이 공포되었다. 그런데 <표 10-1>에서도 볼 수 있듯이 당시의 행정부는 당초의 농지개혁법이 공포될 즈음인 1949년 6월 20일부터 매수 대상 농지를 조사하기 시작했다. 이것이 '농가실태 조사'이고, 1950년 4월 28일 농지개혁개정법 시행규칙이 공포되기도 전에 농지개혁을 완료했다고 당시의 농림

9 앞의 각주 8)의 내용이 단적인 사례라고 할 수 있다.

부는 국회의원의 서면질의에 답변하고 있다. 그리하여 한국농촌경제연구원(1989)이 발간한 『농지개혁사 연구』에서 김성호는 다음과 같이 결론내리고 있다. 즉, "정부 측은 오히려 농지개혁을 서둘렀던 것이다(한국농촌경제연구원, 1989, p. 996에서 인용)." 또한 당시 윤영선 농림장관의 회고에도 이러한 사실이 잘 나타나 있다. "대통령은 전쟁 수행으로 다른 일은 볼 틈이 없었지만 농지개혁만은 예외여서 기회 있을 때마다 "공산당을 막으려면 농지개혁을 빨리 해야 해"라고 말했습니다. 대통령이 전쟁의 북새통 속에서도 개혁을 서두른 것은, 농지개혁은 공산당만이 할 수 있다는 선동을 봉쇄해 영세소작인의 반공정신을 일깨우는 것, 피난지주의 생계를 돕는 것, 그리고 군량미 조달의 뜻이 있었습니다."[10] 또한 김성호는 다음과 같이 적고 있다. "… 국회의 법률심의를 여러 형태로 방해하고 계획적으로 지연시킨 것은 남한 측의 농지개혁을 싫어했던 북한 측 및 이 지령에 따라 움직인 국회 내의 좌익 세력(국회 프락치 사건)이었다(한국농촌경제연구원, 1989, p. 995에서 인용)." 한마디로, 공산국가인 북한의 위협 하에 정치적 안정의 필요성이 긴요했다는 점이 농지개혁의 원인이라고 하겠다. 이것은 농지개혁의 정치적 동기이다. 게다가, 농지개혁은 정부에게 재정적으로 많은 이득을 가져다주었다. 그러나 이승만을 포함한 집권세력이 이 점을 사전적으로 예상하고 있었는가는 추가적인 연구가 필요하다.

지주들은 <표 10-3>에서 보듯이 크게 두 그룹으로 나누어보아야 한다. '소작지주'와 '영세지주'가 그것이다. 5정보 이상의 농지소유자를 소작지주, 5정보 미만의 농지소유자를 영세지주라고 부른다. 소작지주란 생활을 전적으

---

10 중앙일보, 1982년 5월 3일자.

<표 10-3> 농지개혁을 전후한 지주 동향

(단위: 인, %)

	광복 시 지주 (1945. 12. 31)	개혁 대상 지주 (1949. 6. 21)	피개혁지주 (1954. 12. 31)
소작지주	68,139(100.0)	43,312(63.6)	19,741(29.0)
영세지주	150,000(100.0)	35,666(23.8)	150,062(100.0)
계	218,139(100.0)	78,978(36.2)	169,803(77.8)

주: 소작지주와 영세지주의 구분은 5정보가 기준임.
자료: 한국농촌경제연구원(1989), p. 1015 표 VII-2-5를 재인용.

로 소작료 수입에 의존하는 지주로 순수한 의미에서 지주라고 할 수 있다. 영세지주란 실제로 농지를 소유했다는 의미에서 지주일 뿐 소작료 수입에 생활을 전적으로 의존하는 소작지주와 다르고 지주 자신이 영농에 직접 참여하고 있었다. 소작지주를 대지주, 영세지주를 중소지주로 불러도 무방하다. 소작지주는 수적으로는 소수였지만 정치적 영향력이 어느 정도 있었고, 영세지주는 수적으로는 소작지주보다 몇 배 많았지만 정치적 영향력은 거의 없었다고 할 수 있다. 그런데 정치적 영향력이 어느 정도 있었던 소작지주는 농지개혁을 이미 기정사실로 받아들이고 농지를 농지개혁법 개정 전에 매각하는 길을 택했고, 영세지주는 정치적 영향력도 없었을 뿐만 아니라 농지개혁의 대상이 될 것으로도 생각하지 않았던 것 같다. 그러므로 농지개혁에 대한 지주 측의 영향력이나 반발은 다른 제도 변화에 비교한다면 매우 미미한 것으로 볼 수 있다. 바로 그 점이 당시 정부가 큰 무리 없이 농지개혁을 마무리 지을 수 있었던 이유라고 생각된다.

③ 미군정의 농지정책도 농지개혁에 영향을 미쳤다. 먼저 미군정은 소작료를 연간 수확량의 3분의 1로 제한하고 신한공사를 통해 일본인 지주 소유

의 귀속농지를 매각하였다. 미군정이 신한공사를 통해 매각한 농지의 면적은 분배 대상 면적의 18.9%였다. 미군정이 귀속농지를 매각한 것은 지주들로 하여금 농지개혁이 정말로 실현될 것이라는 생각을 갖게 하는 데 일조했을 것이다.[11)]

해방 이후의 농지개혁은 크게 세 갈래로 이루어졌다. 세 가지란 지주들이 시장에서 토지를 매각한 것, 미군정에 의한 귀속농지의 매각, 농지개혁개정법에 의한 농지개혁 등을 말한다. 문제는 이 세 가지 농지개혁의 근저에는 농민들의 토지개혁 요구가 있었다는 점이다. 즉, 농민들은 기회 있을 때마다 농지의 분배를 강력하게 요구했다. 그러므로 정부가 단행한 농지개혁개정법에 초점을 맞추어 북한의 공산주의 위협으로부터 남한을 방어하기 위하여 농지개혁을 단행하게 되었다는 설명, 즉 농지개혁의 동기가 공산화의 억제라는 '공익'을 위하여 단행되었다는 주장은 농지개혁의 명목적 동기에 초점을 맞춘 것이다. 그러나 농지개혁의 실질적 동기는 당시 다수를 차지한 소작인들이 자신들에게 농지를 강제로 분배하도록 만드는 것이었다. 그러나 이 목적은 감추어졌다. 그리고 지금까지도 당시의 농지개혁의 동기가 공익이라고 잘못 알려져 있다. 농지개혁의 '감추어진' 동기[12)]는 경제적 이득이고 당시의 정치가들, 공무원들 등이 주장했던 공익은 '명시적인' 동기 또는 정치적 동기일 뿐이다.

여기에서 추가해야 할 의문은 다음과 같다. 농지개혁의 실질적인 동기가 경제적 이득이라면 소작인들은 농지개혁으로 그런 이득을 실제로 보았는가?

---

11 미군정의 농지개혁에 관한 종합적인 분석은 정영일(1992) 참조.
12 어떤 행위의 감추어진 동기에 대해서는 Rothbard(1974) 참조.

만약 소작인들이 경제적 이득을 얻기 위하여 농지개혁을 요구한 것이라면 정부는 농지개혁을 통해 지주들의 농지 소유권을 파괴한 것이다. 만약 소작인들의 농지개혁에 대한 요구가 정당하다면, 즉 소작인들의 농지개혁에 대한 요구가 경제적 이득이 아니라 자신들의 정당한 권리를 표현한 것이라면 정부에 의한 농지개혁으로 소작인들은 경제적 이득을 얻는 것이 아니라 자신들의 정당한 권리를 되찾는 것이다. 앞에서 지적한 농지개혁의 감추어진 동기마저도 추가적인 검토가 필요한 것은 농지라는 재산의 특수성 때문이다. 이 문제는 다음 절에서 검토하기로 한다.

4. 농지 소유권의 정당성

농지개혁과 관련한 주제들 중에서 농지의 소유권과 관련한 연구가 가장 적게 다루어졌거나 거의 다루어지지 않은 주제이다. 그러나 농지의 소유권과 관련한 주제는 농지개혁에서 중요한 쟁점 중의 하나이다. 그 이유는 세 가지이다. 첫째, 사용 기간이 짧은 일반재화들과 달리, 농지를 포함한 토지는 거의 영구적으로 존속한다. 그러므로 일반재화들과 달리, 먼 과거를 거슬러올라가서 토지 소유권의 정당성 여부를 검토하지 않을 수 없다. 이것이 농지개혁에서 농지 소유권의 정당성을 문제 삼는 근본적인 이유이다. 둘째, 자본재, 소비재, 화폐 등은 인간의 노동이 합쳐져서 만들어진 것인 반면에 농지의 요소가 되는 토지는 자연에 그대로 존재한다는 점이다. 셋째, 1949년 전체 경제활동인구에서 농업 인구가 70.9%, 상업 4.2%, 광공업 3.4% 등이었다(조선은행 조사부,

1949년판). 이것은 이 시점에 인구의 압도적 다수가 농업에 종사하고 있었음을 보여준다. 농업에서 가장 중요한 것은 농지임은 너무도 분명하다. 그러므로 농지개혁 당시의 농지의 소유권이 정당한 것인가 하는 것을 검토하는 것은 너무도 당연할 뿐만 아니라 매우 중요하다.

농지의 소유권과 관련한 내용을 언급한 분석이나 연구도 전혀 없지는 않다. 그러나 그 경우에도 서로 엇갈린 주장을 하는 경우를 볼 수 있다. 예를 들어, 이헌창(2014, p. 434)은 농지개혁이 재산권을 심대하게 침해하였음을 주장한다. 그러나 이영훈(2013, p. 177 인용)은 "대한민국의 농지개혁은 이같이 개인의 재산권을 존중하는 자유민주주의의 기본원리에 따라 온건하고 합리적인 방식으로, 결과적으로 정치와 사회의 안정을 고양하는 방식으로, 이루어진 개혁이었다."라고 적고 있다. 누구의 주장이 옳은가? 다른 한편, 비교적 최근에 농지개혁과 관련한 각종 쟁점을 다룬 김일영(2006), 장시원(2006) 등은 농지의 소유권 자체에 대해서는 전혀 언급하지 않고 있다. 다만 그들은 농지개혁 과정에서 소득재분배를 주장하고 있기 때문에 '암묵적으로' 현재의 농지 소유권을 정당한 것으로 전제하고 있다고 추론된다.

마르크스 경제학이나 마르크스 체제를 신봉하는 연구자들은 농지개혁은 너무도 당연한 것임을 주장한다. 이들은 특히 '무상몰수 무상분배'의 농지개혁을 요구한다. 이것은 해방을 전후하여 일부 농민이 주장했던 것이다. 그들은 고율의 소작료는 수탈 때문이고 분배 받는 토지에 대해서도 그 대가를 상환할 능력이 없기 때문에 무상몰수 무상분배 방식의 농지개혁이 당연하다는 것이다(장상환, 1987, p. 144 참조). 그러나 지주들이 소유한 현재의 농지가 정당하지 못할 때만이 무상몰수 무상분배 방식의 농지개혁을 하자는 주장이 옳을 수 있다. 그리고 지주들의 소유권이 정당하지 못할 때만이 소작료는 높고 낮음과 관계없이 수탈을 내포하게 된다. 분배 받은 토지에 대한 대가를 상환할 능력이 없다는 주장이 무상몰수 무상분배 방식의 주장을 정당화하는 것은 아니다. 일제 치하에서, 지주가 조선인의 인권과 재산을 침해하지 않는 한 친일을 빙자하여 토지 소유권을 부정할 수는 없다. 그러므로 해방을 전후하여 일부 농민이 무상몰수 무상분배 방식의 개혁을 하자는 주장은 지주들에게 소유된 농지 중에서 소유권이 '정당하지 못할 때' 또는 '부당할 때'만이 타당할 수 있다.

농지 소유권의 정당성을 따지기 위해서는 농지의 소유권과 관련한 이론이 필요하다. 농지의 소유권 문제는 '정의이론'(theory of justice)의 핵심적인 주제들 중의 하나이다. 만약 당시 지주들이 소유한 농지가 '정당한' 것이라면 강제에 의한 소유권 이전은 전적으로 잘못된 것이다. 이 경우에는 소유권을 보호해야 할 정부가 도리어 소유권을 파괴한 것이다. 이헌창(2014)의 주장은 당시 지주들이 소유한 농지의 소유권이 정당하다는 점을 '전제'하고 있다고 하겠다. 비록 그 전제가 암묵적이지만 말이다. 그러나 만약 당시 지주들이 소유한 농지가 '정의롭지 못한 것이라면' 유상몰수는 잘못된 것임에 틀림없다. 왜냐하면 정의롭지 못한 재산은 그 대가를 지불할 필요 없이 몰수해야 하기 때문이다. 현대 사회에서 '장물'을 생각해보라. 물론 그 경우에 '정당한' 소유자를 찾고 그에게 그 농지를 무상으로 되돌려주는 것이 옳은 절차일 것이다.

이헌창(2014)은 유상몰수가 재산권에 대한 중대한 침해라는 사실을 인정하지만 그 침해의 정당성을 다른 곳에서 찾고 있다. 그는 '형평성'과 '성장의 동반 달성'(shared growth)에서 그 침해의 정당성을 찾고 있다. 즉, 그의 주장은 형평성이라는 사회주의와 성장이라는 공리주의에 의존하고 있다. 그러나 소유권의 정당성을 공리주의에 의존하는 주장은 문제가 있다. 왜냐하면 공리주의는 기본적으로 재산권의 '현재 상태'(status quo)가 정당하다는 전제에 의존하고 있기 때문이다. 이 주장은 그가 재산권 침해를 주장할 때 한 암묵적 전제와 일치한다. 공리주의를 윤리과학의 기초로 사용하는 주장에 대한 자세한 비판은 Rothbard(2002)를 참조할 수 있다. 형평성은 사회주의로서 자본주의를 부정하는 것이다. 그는 자본주의를 부정하고 사회주의를 대안으로 채택할 것을 주장한 것이다.

그러나 이영훈(2013)은 이헌창(2014)과 달리 농지개혁이 재산권을 침해하고 있음을 부인한다. 이영훈(2013)은 농지개혁이 개인의 재산권을 존중하는 방식으로 이루어진 개혁이라는 주장을 하고 있기 때문이다. 그러나 농지개혁의 외양만을 보면 농지개혁은 명백히 지주의 재산권을 침해한 것이다. 다른 한편, 이영훈은 그런 농지개혁이 어떻게 개인의 재산권을 존중하는 방식으로 진행되었는가를 설명하지 않는다. 그는 그저 개인의 재산권을 존중하는 방식으로 농지개혁이 진행되었다고만 주장할 뿐이다. 그러므로 그에게 농지 소유권의 정당성은 전혀 문제가 되지 않는다.

저자는 재산의 정당성이 왜 그리고 어떻게 문제가 되는가를 휴대폰이라는 재화를 이용하여 8장에서 설명했다. 물론 그 예는 가상적인 것이지만 농지의 소유권에 대한 정당성의 문제는 휴대폰의 경우와 다를 바가 하나도 없다. 8장에서 휴대폰을 이용하여 설명한 재화 또는 재산의 소유권에 대한 정당성의 문제는 너무 중요하기 때문에 다시 한 번 강조하지 않을 수 없다. 저자는 독자들이 8장의 가상적인 예를 다시 읽기를 강조한다.

농지개혁에는 당시의 토지 소유자가 정당한 또는 합법적인 소유자인가 하는 문제가 내재된 것이다. 만약 농지개혁 당시 지주들의 모든 토지가 정당한 것이라면 정부에 의한 농지개혁은 지주들의 소유권 또는 재산권을 침해한 것이다. 그 결과 농지개혁은 사회주의가 되고 재산권을 보호해야 할 정부가 재산권을 침해했다고 하겠다. 그러나 만약 그들의 토지가 정당하지 못한 것이라면 그런 결론을 내릴 수 없을 뿐만 아니라 정당한 토지 소유자가 누구이고 그에 따라 정당한 소유자에게 그 토지를 돌려줄 수 있는 방법은 무엇인가 하는 문제가 대두된다.

해방을 전후한 농지개혁 전 과정에서 운동가들, 정치가들, 전문가들 등은 말할 것도 없고 농지개혁과 직접적으로 관련된 당사자들마저도 토지 소유의 정당성을 문제 삼지 않았다. 첫째, 소작지주는 자신의 소작인들이나 시장에 농지를 매매하는 일에 힘을 쏟았다. 소작지주는 정부의 농지개혁의 직접적인 영향을 받는 것을 회피하고자 했다. 물론 그 일은 <표 10-3>과 <표 10-5>에서 보듯이 상당한 성공을 거두었다. 비록 완전하지는 않았지만 말이다.

둘째, 영세지주는 정부의 농지개혁개정법에 따라 3정보 이상의 토지는 모두 몰수당했다. 개혁 대상 농지가 많지 않았다고 생각했기 때문에 별다른 조치를 취하지 않은 결과 3정보 이상의 농지는 강제로 몰수당할 수밖에 없었다. 게다가, 뒤에서 보겠지만 그 농지에 대한 대가 중에서 상당 부분을 정부가 가져갔다.

셋째, 소작인들은 자신 소유의 농지를 가질 수 있다는 기쁨으로 농지 소유권의 정당성 여부와 같은 어렵고 해결하기 쉽지 않은 문제를 생각할 겨를이 없었다. 물론 일부 소작인은 농지의 분배 방식에 대한 주장을 했지만 농지 소유권의 정당성을 문제 삼지는 않았다. 게다가, 농지개혁과 직접적인 관련이 없는 연구자들이나 농지 문제 전문가들은 농지의 분배 방식과 관련하여 소작인의 주장과 동일한 주장을 했다. 그리고 그들 역시, 소작인들과 동일하게, 농지 소유권의 정당성을 문제 삼지는 않았다. 한마디로, 당시 농지개혁에서 농지의 분배 방식에 대한 여러 주장이 난무했지만 토지 소유권의 정당성, 그를 기초로 한 농지개혁의 정당성은 누구도 의심하지 않았다.

전용덕(2017)은 조선 시대는 신분제 사회이고 신분제 사회에서 자본주의를 위한 첫 번째 조건은 신분제, 특히 노비제를 폐지하는 것임을 주장했다. 문제는 노비제는 농지의 소유와 밀접한 관련이 있다는 점이다. 조선은 16-17세기 이후에는 시간이 갈수록 전 인구에서 노비의 인구가 줄어들었고, 농지 소유의 집중은 일시적인 기복이 없었던 것은 아니지만 점차적으로 낮아졌다. 그러나 노비제의 해체로 노비들의 인신들은 해방되었지만 그들이 소유할 충분한 자격이 있는 재산-가장 대표적인 것은 농지이다-은 노비주들의 수중에 여전히 남아 있었거나 노비주들로부터 대가를 지불하고 구입해야 했다. 무엇보다도, 노비들은 노비주들로부터 약탈을 당했기 때문에 노비제가 존재하는 한 노비주들이 소유한 재산-그 재산이 무엇이든-의 일부는 정당한 재산이 되지 못했다.

전용덕(2017)은 조선 사회가 토지독점 사회이고 봉건제는 토지독점의 일부라는 것을 증명했다. 토지독점에서 토지의 소유권에 대한 침해자는 토지독점자이고 임차인 또는 소작인인 농민은 피해자이다. 둘의 관계는 오늘날 정상적인 임대차 관계와 전적으로 다르다. 예를 들어 보기로 한다. 조선 사회에서 왕실이나 고위 관료가 정부로부터 황무지 또는 늪 등의 개간권을 획득하고 노비를 이용하여 황무지 또는 늪 등을 개간했던 경우를 생각해보자. 황무지 등의 개간은 대규모이기 때문에 대부분의 경우에 양민이나 노비가 개간의 주요 인력이었다. Rothbard(2002)의 정의이론에 의하면, 이 경우에 개간을 통해 만들어진 농지에 대한 정당한 소유자는 자신의 노동을 투입하여 황무지를 경작 가능한 농지로 변형한 양민 또는 노비이다. 그러나 당시의 현실에서는 양민 또는 노비가 그 개간농지의 소작농이 되었고 왕실 또는 고위 관료는 그 농지의 지주가 되었다. Rothbard(2002)에 의하면 당시의 지주가 개간된 토지의 소유권에 대한 침해자이고 소작농인 양민 또는 노비는 피해자이다. 이런 상황은 조선 후기로 올수록 점차 시정되어 황무지를 실질적으로 개간한 노비나 양민에게 농지의 소유권이 주어졌다. 그러나 황무지 등의 개간이 조선 후기보다 전기에 활발했다. 전용덕(2017, 제5장)은 이 점을 잘 보여준다.

조선 시대 농지의 소유권을 두 가지 형태로 분류해본다. 첫째, 농지의 최초 소유자가 그 농지에 대해 정당한 권리를 가졌던 경우이다. 둘째, 농지의 최초 소유자가 그 농지에 대해 정당한 권리를 가지지 못한 경우이다. 이 경우에는 소작료도 약탈로 간주해야 한다. 여기에 추가해야 할 것이 한 가지 있다. 노비의 이용에 대한 것이다. 가장 일반적인 경우는 노비주가 노비의 노동에 대하여 약탈을 지속했던 경우이다. 그 약탈의 규모는 클 수도 있고 작을 수도 있다. 예외적이지만, 노비주가 노비 노동에 대하여 충분한 보상을 해주었던 경우이다. 지주의 토지 규모가 클수록 농업 경영에서 노비 노동은 필수였다.

이제 수 세기가 흘렀다. '현대의' 토지에 대한 소유권을 가진 지주들과 그 토지를 임대하여 소작을 하는 '현대의' 농부의 관계에서 토지 소유권에 대해서 누가 정당한 권리를 가지고 있는가? 현대의 토지 소유자인 지주가 조선 시대의 지주의 후손일 필요는 없다. 현대의 농부도 같은 말을 할 수 있다. 현대의 농부가 원래의 피해자, 즉 양민 또는 노비의 후손일 필요도 없다. 만약 농지의 최초 소유자가 정당한 소유자가 아니라면 현대의 지주는 정당하지 못한 소유권을 가지고 있기 때문에 해당 토지에 대한 정당한 권리 소유자가 아니다. 왜냐하면 최초의 토지 소유자가 정당한 소유자가 아니기 때문이다. 토지 소유권 이전의 중간 단계에서 현대의 지주의 먼 조상이 정당한 대가를 주고 농지를 구입한 경우에도 동일한 말을 할 수 있다. 그는 장물을 구입했기 때문이다.

여기에 농지의 최초의 소유자가 정당한 소유자라 하더라도 노비 노동에 대하여 그 대가를 주지 않고 계속 약탈했다면 그 농지의 일정 부분은 정당하지 못한 것이 된다. 조선 시대 노비 인구가 정점에 달했던 때인 16-17세기에 노비 인구는 전체 인구의 30-50%가 되었던 것으로 추정되고 있다. 이것은 자작농을 포함한 대부분의 지주들은 노비를 이용하여 농업을 경영했다는 것을 의미한다.

우리의 역사적 사건으로 돌아가본다. 농지개혁 당시 농지 소유권의 정당성 문제는 두 가지로 대별할 수 있다. 농지 소유권 그 자체의 정당성 문제와 농업 경영에 있어서 노비의 이용과 관련한 문제이다. 전자를 먼저 보기로 한다. 농지개혁 당시의 농지 소유권이 정당하다면 몰수는 지주의 재산권을 침해하는 것이다. 반대로, 농지 소유권이 정당하지 못하다면 바람직한 농지개혁의 방향은 농지를 무상으로 몰수하여 소작인에게 무상으로 분배하는 것이다. 다만 이때의 소작인은 그 농지에 자신의 노력을 투입한 경우라야 한다.

두 번째 경우는 농업 경영에 있어서 노비를 이용했는가 하는 것이다. 다만 농지에 대한 소유권은 정당하다고 가정하자. 16-17세기 조선 사회에서 노비의 전체 인구에서의 비중은 30-50%였다. 그 결과 모든 지주는 농업 경영에 노비를 노동공급자로 이용했다. 심지어 노비는 너무 흔해서 자작지만으로 농사를 짓는 농부도 한두 명의 노비를 농업 경영에 이용했다. 노비가 농업 경영에 참여하면서 노비주로부터 그 노동에 대해서 대가를 받은 경우도 있었다. 이 경우는 예외이다. 대부분의 노비는 노비주로부터 약탈을 당했다. 이것은 노비 노동을 이용한 지주 또는 자작농의 토지에 대한 권리의 일부가 노비에게 있음을 의미한다. 비록 최초의 농지 소유권이 정당한 경우라도 그렇다는 것이다.

지금까지의 분석은 조선 시대 농지의 소유와 관련하여 일어났던 전형적인 경우를 이용하여 농지개혁의 방향을 검토했다. 농지 소유권의 역사가 모두 다르기 때문에, 모든 농지 소유에 있어서 농지 소유권의 정당성을 정밀하게 검토해야 할 것이다. 그리고 그 정당성에 따라 소작인들이 분배농지에 대한 대가를 지불하는 문제를 결정해야 할 것이다. 그러나 조선 시대의 노비제 때문에 농지개혁 무렵의 농지 소유권의 일부는 분명 정당하지 못하다는 사실을 알 수 있다. 이 점은 분배농지에 대한 소작인의 대가 지불을 낮게 만드는 요인이다.

이제 미군정이 매각한 귀속농지를 보기로 한다. 1945년 농지개혁 대상 전체 면적에서 귀속농지의 비중은 <표 10-2>에 나와 있다. 귀속농지의 비중은 18.9%로서 그 면적은 273,000정보였다. 이것은 일본인들이 소유한 농지였는데 해방이 되면서 그들이 그 권리를 포기하면서 미군정이 아무런 대가 없이 소유하게 된 토지이다.

해방 전에 일본인이 소유한 농지도 소유권이 정당한 경우도 있고 부당한 경우도 있었을 것이다. 대부분의 경우에 일본인이 농지를 한국인으로부터 구매했을 것이다. 그러나 일제가 조선왕실로부터 농지를 빼앗아 일본인에게 판매한 경우는 예외이다. 전자는 농지를 구매한 시점까지는 일본인의 농지 소유권이 정당함을 의미한다. 문제는 그 이전에 있다. 그 이전의 농지 소유권의 정당성은 앞에서 서술한 내용을 그대로 적용해야 할 것이다. 이것이 미군정이 매각한 귀속농지에 대한 소유권의 정당성에 대한 내용이다. 그러나 미군정은 이 점을 전혀 고려하지 않고 귀속농지를 소작인에게 매각했다.

종합하면, 농지 소유권의 정당성은 각 농지의 소유 과정과 변형 과정에 달려 있다. 첫째, 지주가 소유한 농지가 정당한 것이라면 소작인이 농지를 분배해줄 것을 요구하는 것은 잘못된 것이다. 이 경우에 정부는 지주 소유 농지의 소유권을 보호했어야 했다. 이 경우에 1공화국 정부의 농지개혁은 지주의 재산권을 침해했다고 하겠다. 결국 이헌창(2014)이 주장한 재산권 침해 주장은 이 경우에만 적용할 수 있다. 이 경우가 소작인의 농지분배 요구가 경제적 동기에 의한 것이다. 둘째, 지주 소유 농지가 정당한 것이 아니라면 소작인의 농지분배 요구는 정당한 것이 된다. 다만 이 경우에도 소작인은 그 농지에 자신의 노력을 투입해야 한다. 이 경우에 정부가 지주 소유 농지에 대하여 소작인이 대가를 지불하도록 한 것은 전적으로 잘못된 것이다. 이 경우에 정부는 농지에 대한 대가만큼 소작인의 재산권을 침해한 것이다. 이 경우는 소작인의 농지분배 요구가 경제적 동기와 아무 관련이 없다. 첫 번째 경우는 1공화국 정부가 지주의 재산권을, 두 번째 경우는 1공화국 정부가 소작인의 재산권을 침해했다. 그러나 1공화국 정부는 농지 소유권의 정당성 문제에 전혀 관심을 기울이지 않았다. 지주들과 소작인들도 정부와 크게 다르지 않았다. 정부를 포함한 대부분의 지주와 소작인의 그런 몰이해는 토지 소유에 있어서 정의를 바로 세울 수 있는 기회를 없앴다. 이 점은 1공화국 정부의 농지개혁을 평가할 때 명시적으로 고려되어야 한다. 그렇게 하지 않는다면, 이영훈(2013), 이헌창(2014) 등의 경우처럼, 농지의 소유권 또는 재산권과 관련하여 정부의 정책을 평가하는 일에 있어서 잘못된 결론에 도달하고 그 결과 서로 상반된 주장을 하게 될 수밖에 없다.

5. 농지개혁의 결과와 농지 사회주의

(1) 소작농의 자작농화

농지개혁과 관련하여 가장 중요한 의문 중의 하나는 소작제가 폐지되었는가 하는 것이다. <표 10-4>는 1951년 경지면적의 구성을 보여주고 있다. 총경지면적 중에서 자작지의 비율은 95.7%이고, 최종 소작지의 비율은 4.3%로서 농지의 소유제도에 관한 한 명실 공히 소작제가 폐지되고 농민에 의한 농지의 소유가 확립되었다고 할 수 있다. 물론 1945년 전까지 농지의 재산권이 확립되어 있었던 것은 사실이나 농지가 소수의 지주들에게 집중되었던 것도 사실이다. 1945년을 전후하여 농지의 소유권이 지주들의 농지매각에 의해 점차적으로 바뀌었고, 1950년에는 당시까지 남아 있던 소작지를 농지개혁개정법에 의해 이전하게 되었다. 한마디로, 농지개혁으로 자작제가 확립되고 지

<표 10-4> 1951년 경지면적의 구성

(단위: 천 정보, %)

구분	면적(%)
은폐소작지	85 (4.3)
자작지	1,873 (95.7)
계(총경지면적)	1,958 (100.0)

자료: 한국농촌경제연구원(1989), p. 1031에서 작성.

<표 10-5> 5백 석 이상을 추수하는 지주들의 현황

(단위: 정보)

	농지개혁 이전 (1943년 6월 말)	농지개혁 이전 (1946년 12월 말)	피분배지주 (1950년 이후)
답	139,534	93,401	51,704
전	33,198	21,582	10,965
계	172,732	114,983	62,668

자료: 한국농촌경제연구원(1989), p. 1015에서 작성.

주제 또는 소작제가 폐지되었다. 다만 소작농의 자작농화는 농지 소유권의 정당성 문제와 전혀 관련이 없게 진행되었다. 이것은 농지개혁 당시의 농지 소유권이 정당하다는 전제를 하고 있었다는 것을 의미한다.

이제 농지개혁이 어느 집단에게 가장 많은 영향을 주었는가 하는 의문을 풀어보기로 한다. <표 10-5>는 5백 석 이상을 추수하는 지주들의 시점별 농지 소유 현황을 나타내주는 것으로 농지개혁이 일어나기 전에 대지주들이 얼마나 빠르게 소작지를 매각했는가를 보여준다. 해방 직전인 1943년 6월 말 현재 5백 석 이상 지주들의 전답 보유는 약 17만 정보였다. 그것이 1946년 12월 말에는 약 11만 정보로 줄어들고, 농지개혁개정법에 의한 농지개혁 당시에는 약

6만 정보로 축소되었다. 즉, 농지개혁개정법이 통과되어 발효되기 전에 보유한 전답의 3분의 2는 시장에서 처분되었는데 매수인은 거의 대부분이 지주의 농지를 소작하는 소작인들이었다.

대지주들과 달리 중소지주들의 농지개혁에 대한 대처 방법은 매우 달랐다. <표 10-3>은 농지개혁을 전후한 전체 지주들의 동향을 보여주고 있다. 1945년 말 현재 소작지주의 수가 68,139명, 영세지주의 수가 약 15만 명이었다. 1949년 6월 개혁 대상을 파악할 당시에 소작지주나 영세지주의 수는 대폭 줄어들었다. 그리고 1954년 말 현재 농지를 분배당한 피개혁 소작지주의 수는 19,741명인 데 비해, 영세지주의 수는 여전히 150,062명이었다. 피분배당한 소작지주의 수가 크게 감소한 것은 그들이 많은 농지를 시장에서 매각했기 때문이다. 반대로, 영세지주는 스스로 영농을 하고 있었고 농지의 소유 규모도 작았기 때문에 개혁 대상 농지가 없다고 판단해서 방치했다가 농지 소유 상한에 의거, 대량으로 농지개혁의 대상이 되었기 때문이다. 개혁 대상 지주의 수를 기준으로 보면 소작지주들은 소작지를 정부의 농지개혁개정법 전에 매각함으로써 법 적용의 대상이 되는 것을 어느 정도 기피하였고, 영세지주들은 거의 대다수가 정부의 농지개혁개정법의 적용 대상이 되도록 방치함으로써 농지를 분배당했다.[13]

마지막으로, 농지개혁개정법은 1945년을 전후하여 시작되고 그 이후 진행되었던 농지개혁을 법적으로 마무리한 절차라고 보아야 한다. 따라서 농지 소유권 제도의 변화는 민간, 제1공화국 정부, 미군정에 의한 공동작품이라고

13 농지개혁에 대한 두 지주집단의 대처가 달라짐으로써 소득재분배에도 다른 영향을 미쳤다는 점을 4절에서 지적할 예정이다.

할 수 있다.[14] 이후에 농지 소유권 제도가 거의 바뀌지 않았다는 사실은 1950년대의 농지개혁은 가장 획기적인 사건의 하나라는 것을 의미한다.[15]

요약하면, 명목상으로는 1950년에 정부에 의해 농지개혁개정법이 단행되어 농지의 자작률이 95% 이상이 되었고, 농지개혁개정법이 통과될 것을 예상한 효과를 고려한 피분배농지는 전 농지개혁 대상 농지의 94.1%였다. 또한 농지개혁이 주로 농지 5정보 미만의 영세지주들에게 집중되었고, 5정보 이상의 지주는 법에 의한 농지개혁을 기피하여 많은 농지를 정부의 농지개혁개정법 시행 이전에 시장에서 매각하였기 때문에 실질적인 농지개혁은 해방을 전후하여 시작되었다고 볼 수 있다. 나아가, 농지분배에 대한 실질적인 상환이 끝난 시기가 1960년대 초였고, 농지의 개혁이 민간, 제1공화국 정부, 미군정에 의해 3면으로 진행되었으며, 농지의 소유가 과거 어느 때보다도 평등하게 이루어졌다는 점 등은 강조할 필요가 있다. 그러나 1공화국의 농지개혁은 농지 소유권의 정당성 문제를 다루지 않았다는 점에서 문제가 있었다(이 점은 아래에서 자세히 다룰 것이다).

(2) 농업 생산성의 향상

농지개혁과 관련하여 잘못 다루어지고 있는 문제는 농지개혁이 농업의 생산성에 미친 영향에 관한 것이다. 대부분의 연구는 농지개혁이 농업 생산성에 미친 영향을 부정적으로 보고 있다. 유인호의 다음과 같은 주장이 대표

14 한국의 농지 소유권 제도의 역사적 변천 과정에 대하여는 김성호(1985a, 1985b)를 참조.
15 1950년 농지개혁 이후의 농지입법의 추이에 관해서는 한국농촌경제연구원(1989)의 제8장 참조.

적인 예라고 하겠다. "농민의 빈곤과 농업 생산성의 정체성을 그대로 온존시키는 것이 되고 말았다는 것이다."[16] 그러나 그러한 부정적 견해는 체계적인 분석에서 나온 주장이 아니기 때문에 받아들이기 어렵다.

농지개혁은 논과 밭 모두를 대상으로 실시되었지만 핵심은 역시 논이었다. 그러므로 여기에서는 농지개혁이 쌀의 생산성과 생산에 미친 영향에 대한 체계적인 분석을 시도한다. 해방을 전후한 한국 농업의 현실은 레오(Rao, 1987)의 모델과 거의 일치한다. 당시에는 소작이 광범위하게 존재하면서 임금을 받는 노동자도 동시에 존재했다. 소작료는 토지의 질에 따라 내생적으로 결정되었다. 농지의 소유권은 기본적으로 지주에게 있었지만 소작인도 토지의 유지와 관리에 자주적인 권한을 가지고 있었다. 노동은 지주에 의해 고용된 경우와 일시적으로 시장에서 거래되는 경우로 나눌 수 있고, 전자가 후자보다 훨씬 중요했다. 지주에게 고용된 노동자는 농업뿐만 아니라 다른 일, 예를 들면 가사노동 등도 수행했다. 지주에게 고용된 노동자의 임금은 연단위, 10년 단위, 평생에 한번 등의 방법으로 지불되었지만 상당한 정도로 시장의 힘에 의해 결정되었다고 볼 수 있다. 그러나 20세기 초부터 인구의 과잉과 적절한 일자리의 부족으로 임금이 매우 낮았던 것도 사실이다. 즉, 최저생존임금(subsistence wage)이 존재했다. 한마디로, 소작제와 임금을 받는 노동이 공존했다.

레오는 소작제의 폐지가 산출량을 늘리고, 노동자의 임금을 증가시킨다고 한다. 소작제의 폐지가 산출량을 증가시키는 근거를 근로자와 소작제의

16 유인호(1975), p. 174에서 인용. 장상환(1985)도 p. 294에서 비슷한 견해를 피력하고 있다.

인센티브, 노동 과정, 위험분담에 관한 특징에서 찾고 있다. 농업에서 소작제는 근로자를 고용함으로써 발생하는 감독 문제(supervision problem) 때문에 생겨난다는 것이다. 즉, 농업에서 근로자를 고용하면 너무 많은 감독비용이 든다는 것이다. 그런 비용을 줄이면서 경작자가 경제적인 유인을 잃지 않게 만들 수 있는 제도가 바로 소작제라는 것이다. 그러나 농지가 소작제에서 자작지로 바뀌면 소작제에 비해 경제적 인센티브가 더 증가하고, 노동 감독 문제는 거의 발생하지 않고, 농지 소유주와 소작인 간의 거래비용은 없어지며, 그 대신 천재지변에 따른 위험은 토지의 소유자가 모두 부담해야 한다. 농지가 소작제에서 자작지로 바뀌면 편익과 비용이 공존하지만 비용에 비해 편익이 더 커진 결과 생산성은 증가한다.[17]

이 장은 토지개혁에 의한 소작제의 폐지가 쌀의 생산을 증가시켰다는 것을 보인다. 먼저 쌀의 생산함수를 $Q = A\exp(\lambda t)LNK\varepsilon$로 하자. 여기에서 Q는 쌀의 생산량, A는 상수, exp는 자연대수, λ는 생산성의 증가율, t는 시간, L은 노동투입량, N은 식부면적, K는 자본투입량, ε은 오차항을 뜻한다.[18] 계량분석에서는 생산함수를 자연대수로 취하고, 기후더미, 분단으로 인한 경작면적의 대폭적인 감소로 인한 생산구조의 변화를 반영하는 더미, 소작률 변수 등을 추가하였다.

결국 우리의 추정 모델은 다음과 같다.

---

17 마르크스 경제학에서는 소작제가 농민을 착취하기 위한 구시대의 반봉건적 제도이기 때문에 농민의 혁명에 의해 철폐되어야 한다는 주장을 편다. 그러나 그 주장은 소작제가 어떻게 착취 가능한가를 잘 보여주지 못하고 있다. 그리고 소작제가 소작인과 지주의 자발적인 계약에 의해 유지된다는 점을 설명하지 못한다. 비록 해방 전후에 소작률이 매우 높아 소작인은 물질적으로 무척 곤란한 생활을 한 것은 사실이나 그것은 당시의 인구과잉, 토지의 소유 집중, 일본인 지주의 한반도 이주 등으로 설명하는 것이 적절하다.

18 반성환(1974)이 농업 생산을 계측하기 위해 사용한 생산함수이다.

LRIPRO = f(TIME, LLI, LAREAHA, LTCC, WD1, SEPD, RSC7).

여기에서 LRIPRO는 미곡생산량, TIME은 시간, LLI는 노동투입량, LAREAHA는 식부면적, LTCC는 자본투입량, WD1은 기후더미, SEPD는 분단으로 인한 경작면적의 감소에 의한 생산구조의 변화를 반영하는 더미, RSC7은 연도별 소작률 변수이다. 쌀의 생산량, 노동투입량, 식부면적, 자본투입량 변수는 자연대수를 취한 값이다. WD1, RSC7 변수들은 기대부호가 음이 예상되고, SEPD 변수는 기대부호가 사전적으로는 미지이며, 추정 모델에서 나머지 변수들의 기대부호는 양이 예상된다.

자료의 부족과 연구의 목적상 1945년부터 1954년까지의 관측치는 제외했다. 해방 이후의 사회혼란 등으로 농지개혁이 본격적으로 실시된 것은 1952년부터이기 때문이다. 또한 1954년까지 전쟁의 여파로 농업의 생산성이 정상적이 아닌 측면도 있다. 결과적으로 실증분석 대상 기간은 1937-1944년, 1955-1974년으로, 관측치의 수는 28개이다.

각 변수들을 계측한 방법을 보면 다음과 같다. LRIPRO 변수는 연도별 미곡생산량이다. 이 변수에 관한 자료는 농수산부(1978)가 발행한 『한국양정사』에서 인용했다. 1968년 이후는 중량에 6.9446을 곱하여 단위를 통일했다. TIME 변수는 1937년을 1로 하여 한 연도가 증가할 때마다 1을 더했다. 우리 연구의 가장 최근 연도인 1974년은 38이 된다. LLI 변수는 각 연도의 연간 쌀 생산을 위한 노동투입량으로 1971년까지는 반성환(1974)의 245쪽 표 K-4a에서, 1972년부터 1974년까지의 자료는 문팔용·반성환 · D. H. 퍼킨스(1981)에서 인용했다. LAREAHA 변수는 미곡 생산을 위한 식부면적으로 정보를 헥타르(1정보=0.992

헥타르)로 환산한 값이다. 자료는 농수산부(1978)의 자료이나 1968년부터 1971년간의 식부면적은 문팔용 외(1981)의 88쪽 경지면적 중에서 논의 면적의 변화율을 1967년 자료에 적용하여 산출하였다. 그렇게 하여 만들어진 1972년 관측치와 1972년 실적치는 큰 차이가 없었다. LTCC 변수는 고정자본의 감가상각비용과 운영자본비용을 합한 것으로 1965년 불변가격으로 표시되어 있고, 반성환(1974)의 245쪽 표 K-4a의 (11a)열, 248쪽 표 K-4b의 (7)열에서 왔다. WD1 변수는 기후가 미치는 영향을 사상하기 위한 것으로 평년작인 경우에는 0을, 흉년작인 경우에는 1을 주고, 1955년 이후는 반성환(1974)의 97쪽에서, 1944년 이전 자료는 농수산부(1978) 자료를 이용하였다. 남북 분단으로 경작면적의 대폭적인 감소가 두 지역의 농업 생산구조의 변화를 초래했다고 예상할 수 있다. 생산구조의 변화는 사전적으로는 알 수 없기 때문에 SEPD 변수의 기대부호는 불확정적이다. 생산구조의 변화는 해방 직전인 1943년부터 일어나고 있었다고 판단된다. SEPD 변수는 1942년까지는 0의 값을, 1943년, 1944년과 1955년 이후는 1의 값을 주었다. 마지막으로 RSC7 변수는 소작농가의 비율을 나타낸다. 이 변수에 관한 현존하는 자료들은 매우 부실하다. <표 10-6>은 관측치가 있는 연도의 RSC7 변수의 값과 자료원을 보여주고 있다. 표에서도 알 수 있듯이 많은 연도의 관측치를 구할 수 없었다. 우리의 연구 대상 연도는 1937-1944년, 1955-1974년이다. 이중 1937년부터 1943년까지 소작률 관측치는 순수 소작, 화전, 피고용을 전체 농가호수로 나눈 값으로, 1955년 이후의 소작률 관측치는 순수 소작률만을 측정한 것으로서 시계열이 서로 다르다는 결점이 있다. 그리고 1944년 관측치도 1943년과 1945년의 평균치를 만들어 사용했다. 1955년 이후의 관측치가 없는 연도는 내삽법에 의해 관측치를 만들었다. 가장 중요

<표 10-6> RSC7 변수의 값과 자료원

연도	RSC7 값	자료원
1937	0.579	정영일(1992)에서 재인용
1938	0.580	위와 동일
1939	0.584	위와 동일
1940	0.586	위와 동일
1941	0.585	위와 동일
1942	0.588	위와 동일
1943	0.546	위와 동일
1945	0.502	『한국양정사』(1978)
1951	0.039	한국농촌경제연구원(1989)
1960	0.068	1960년 농업센서스
1964	0.052	농림부 조사
1965	0.070	토지경제연구소 조사
1970	0.097	1970년 농업센서스
1973	0.073	가톨릭농민회 조사
1975	0.080	1975년 간이농업센서스
1977	0.066	오호성 분석
1980	0.045	1980년 농업센서스

주: 1960년, 1970년, 1980년 농업센서스는 한국농촌경제연구원(1989)에서 재인용.

한 변수의 통계가 계측오차(measurement error)가 다른 변수들에 비해 크기 때문에 우리가 여기서 보여주고자 하는 실증분석의 신뢰도가 다소 떨어지는 것은 사실이다. 그렇다 하더라도 RSC7 변수와 미곡생산량의 관계에 관한 성향은 짐작할 수 있을 것으로 생각되기 때문에 분석을 시도하였다.

다음의 <표 10-7>은 다중회귀 분석 결과이다. WD1 변수는 1% 수준에서 유의하다. 가뭄이 쌀의 생산량에 음의 영향을 미친다는 점은 실증되었다.

<표 10-7> 다중회귀 분석 결과(종속변수: LRIPRO)

독립변수	계수와 t값	독립변수	계수와 t값
상수	1.0466(0.74)*	LTCC	0.031789(0.26)
WD1	-0.142197(5.15)***	SEPD	-0.17786(2.85)***
TIME	0.011755(2.37)**	LAREAHA	1.14087(5.42)***
LLI	0.078011(0.75)	RSC7	-0.55771(3.09)***

주: $R^2 = 0.94$, $F(7, 20) = 43.10$***. ***는 유의수준 1%, **는 유의수준 5%, *는 유의수준 10%. t값은 절대치임.

TIME 변수의 계수는 생산성의 증가율을 의미한다. 생산성은 연간 1.18%씩 증가했음을 알 수 있다. 노동의 투입과 쌀의 생산은 양(+)의 관계를 예상했다. 그러나 LLI 변수의 계수는 양의 기호였지만 유의하지는 않았다. 아마도 노동투입이 효율적이지 못한 사실을 반영한 것이라고 생각된다. 1940-1944년 기간 일제에 의한 쌀가격의 규제는 쌀의 생산에 투입되는 노동을 줄였을 것으로 추정할 수 있다(이 점에 대해서는 1장을 참조할 수 있다). 동일한 기간에 자본 투입에 대해서도 같은 말을 할 수 있다. LTCC 변수는 자본이 쌀의 생산에 미치는 영향을 보여주는 것으로 기대되는 부호를 보이고 있지만 유의하지는 않았다. 해방 이후는 영농을 위한 노동과 자본의 투입이 점차 증가했지만 연구 대상 기간 동안 노동과 자본은 쌀의 생산에 적극적인 역할을 하였다고 볼 수 없다. 그것은 산업의 중심이 공업으로 이전됨에 따라 농업으로 유입되는 노동과 자본이 상대적으로 부족하였다는 것을 의미한다. LLI 변수와 LTCC 변수는 더 많은 연구가 있어야 할 것으로 생각된다. SEPD 변수는 음의 부호이고 유의하다. 이것은 남북 분단으로 인한 생산구조의 변화가 쌀의 생산을 떨어뜨리는 방향으로 작용했다는 것을 의미한다. LAREAHA 변수의 계수는 양이고 1% 수준에서 유의하다. 이것은 경작면적의 증가가 쌀의 생산량을 증가시킨다는 가설을 확인해준 것이다. 마지막으로 RSC7 변수의 계수는 음이고 1% 수준에서 유의하다. 이것은 총영농농가들 중에서 소작농가 호수의 비율이 쌀의 생산량과 음의 관계가 있다는 가설이 실증되었다는 것을 의미한다. 소작제의 폐지와 생산성 증가의 이론적 관계는 앞에서 이미 서술하였다. 농지개혁으로 소작농가가 거의 없어짐으로써 쌀 생산의 증가가 있었다는 사실을 확인할 수 있었다. 결국 당시 이승만 정권에 의한 농지개혁은 뒤에서 보듯이 엄청난 소득재분배를 가져왔지만, 다른 한편 실질적인 소작제의 폐지로 쌀의 생산을 증가시켰다는 사실이 입증되었다고 할 수 있다. 그러나 3정보 소유상한은 농지개혁의 초기에는 큰 영향을 주지 않았을 것으로 짐작되는데, 그것은 소작민들이 그들이 경작하던 농지를 분배 받았기 때문이다. 문제는 현재로 올수록 규모의 경제를 막아 생산성을 떨어뜨리는 요인일 가능성이 크다는 점이다(이 점은 아래에서 다룰 것이다).

우리의 분석은 쌀 생산에 국한된 것이지만 미곡이 아닌 다른 농작물의 생산에도 응용할 수 있을 것이다. 즉, 소작제의 폐지로 다른 농작물의 생산도 증가했을 것이라고 예상할 수 있다. 장시원(2006, pp. 375-376)은 이 점을 잘 보여준다. 그는 미곡을 포함한 주요 농축산물의 생산이 농지개혁 이후로 현저히 증가한 이유들로 "토지개량사업, 비료 및 농약 사용, 개량품종의 수용" 등을 제시하고 있다. 여기에서 그가 제시한 이유들은 사실상 자본 투입의 증대가 나타난 결과라고 하겠다. 그리고 자본 투입과 함께 노동 투입도 증가했을 것을 추정할 수 있다. 그의 주장은 농민들이 자작농이 되면서 소작제 하에서와 비교하여, 자신의 토지에 자본 투입을 증대함으로써 생산성을 끌어올릴 수 있었다고 해석할 수 있다. 물론 자본 투입을 증대하기 위해서는 노동 투입도 일부 증대하지 않을 수 없을 것이다. 저자의 생각으로는 지주들도 그런 유인이 없지 않았을 것이지만 자작지 소유 농민보다는 그 유인이 작았을 것으로 판단된다. 왜냐하면 생산물을 지주와 소작인이 나눠가져야 하기 때문이다.

(3) 농지 사회주의

농지개혁과 같은 큰 사건은 필연적으로 소득재분배를 초래하지 않을 수 없다. 문제는 소득재분배를 어떻게 측정하고 평가할 것인가 하는 것이다. 소득재분배는 두 단계로 나누어 생각할 필요가 있다. 농지의 소유권자가 아닌 정부가 일정한 몫을 가져간 경우이다. 다음 단계는 농지의 소유권의 정당성이 누구에게 있느냐에 따라 소득재분배는 달라진다는 것이다. 그리고 이 경우는 다시 크게 두 가지로 나눌 수 있다.

농지개혁 과정에서 정부가 가져간 몫에 대해서 먼저 다루기로 한다.[19] 정부[20]는 농지개혁 과정에서 총상환량의 약 52.5%를 가져갔다. 여기에서 개별 농민은 분배 받은 농지의 연간 평균 생산량의 300%를 5년 분할 상환하고 그것의 총합을 총상환량이라고 한다. 다만 실제 상환은 5년을 훨씬 넘는 기간이 소요되었다. 총상환량의 약 38%는 정부의 세입으로 처리되었고 그것은 일반

19 이 점에 대한 자세한 설명은 전용덕(1997)을 참조.

20 여기에서 정부로 이전된 소득은 행정비용과 농업 투자로 이전된 것과 우리가 그 용도를 정확하게 알 수 없는 부분이 있다. 즉, 정부로 재분배된 소득은 구체적으로 어떤 집단에게 그리고 어느 정도 이전된 것인가를 알 수 없다는 것이다. 다만 우리는 전체 크기만을 알 수 있다. 그러므로 이 절에서 정부라고 할 때 그 점을 이해할 필요가 있다. 이 점에 대해서는 전용덕(1997)을 참조.

국민의 세금 부담을 줄여준다는 점에서 사실상 그 혜택이 농민을 포함한 일반국민에게 돌아가는 것이었다. 총상환량의 14.5%는 지적정리를 위한 행정비용과 농업 투자 등에 사용되었다. 행정비용과 농업 투자 등에 사용된 것은 농민에게 그 혜택이 돌아가는 것이었다.

이렇게 지주로부터 정부에게 소득이 재분배된 것은 다음과 같은 이유 때문이다. 정부는 농지를 분배 받은 농민으로부터 현물로 상환을 받고 농지몰수에 대한 대가로 지주에게는 지가증권을 발급하여주었다. 문제는 현물은 시장가격으로 판매할 수 있었지만 지가증권은 정부매입가격으로 보상되었다는 것이다. 그리고 정부매입가격은 예외적인 연도를 제외하면 시장가격보다 언제나 매우 낮았다. 물론 여기에는 다른 작은 이유도 있지만 설명을 생략한다.

정부는 농지개혁 과정에서 어떤 정당한 몫도 없었다. 이 점은 신한공사를 통해 귀속농지를 매각한 미군정에게도 적용된다. 그럼에도 불구하고 정부는 전체 상환량의 절반 이상을 가져갔다. 이것은 사실상 농지개혁으로 정부가 소득을 적어도 명시적으로는 지주로부터 '탈취한' 것이다. 그러나 정부가 이 과정에서 얼마의 이득을 보았는가는 검토가 필요하다. 만약 정부가 현물인 쌀을 다시 비농민에게 분배했다면 별다른 이득은 없었다. 현물을 시장에서 팔았다면 앞에서 제시한 이득은 모두 정부의 몫이다. 정부가 상환곡으로부터 얼마의 이득을 획득한 것인가 하는 것과 상관없이 지주들은 총상환량의 약 52.5%를 잃었음은 분명하다. 그러므로 농지개혁의 최대의 승자는 정부였을 뿐만 아니라 그런 소득재분배는 농지개혁의 개혁성을 크게 훼손했다. 지주로부터 정부로 소득재분배된 부분은 제도적으로는 '사회주의'이다. 농지개혁으로 약 1/2 이상이 사회주의가 된 것은 엄밀하게 말하면 '농지개악'이라고 하겠다. 정부가 상환곡에서 획득한 이득은 '농지 사회주의'이다. 농지 사회주의로 인한 희생자는 지주일 수도 있고 소작농일 수도 있다. 그것은 농지 소유권의 정당성에 달려 있다.

소득재분배는 농지 소유권의 정당성에 따라 달라진다. 즉, 앞에서 지주로부터 정부로 소득재분배되었다는 사실은 농지 소유권의 정당성을 기초로 다시 점검해볼 필요가 있다는 것이다. 먼저 농지개혁 당시 농지 소유권의 상태가 정당한 경우에 소득재분배를 보기로 한다. 농지개혁을 마르크스적 관점에서 바라보는 장상환(1987)이나 농지개혁을 비교적 과학적으로 분석한 김영일(2006), 장시원(2006) 등 모두가 농지 소유권의 현재 상태가 정당하다는 전제-비록 그것이 암묵적이지만-를 기초로 하여 소득재분배를 분석하고 있다. 그 점은 전용덕(1997), Jeon and Kim(2000) 등도 동일하다고 하겠다. 그리고 이들은 여러 단계와 방법으로 소득재분배가 발생했음을 증명하고 있다.

분석을 쉽게 하기 위하여 소작지주와 영세지주로 구분하여 소득재분배를 다루기로 한다. 농지개혁개정법의 대상이 된 영세지주의 경우에, 앞의 연구들에서 공통적인 점은 농지개혁으로 지주로부터 형식적으로는 정부로 소득이 재분배되었다는 것이다. 이 점은 앞에서 지적했다. 그 결과 농지개혁 직전과 비교할 때, 농지개혁이 완료된 시점에서 지주가 농지개혁으로부터 받았던 대가는 크게 축소된 것이었다. 한마디로, 농지개혁으로 이득을 본 집단은 정부였고 영세지주는 손해를 보았다. 다른 한편, 정부는 분배농지에 대한 상환이 어려운 소작농에게 현물 대신에 현금으로 상환하도록 상환조건을 완화해주었다. 결국 그런 소작농은 현금으로 상환하는 과정에서 작지 않은 이득을 보았다. 그렇게 된 데는 현금으로 상환을 하는 경우에 정부매입가격으로 상환을 했기 때문이다. 다시 말하면, 그런 소작농은 현물을 시장가격으로 팔아 현금을 마련하고 상환량만큼 정부매입가격으로 현금 상환했기 때문에 이득을 보았다는 것이다. 그리고 정부매입가격은 시장가격보다 거의 언제나 매우 낮았다는 사실을 앞에서 지적했다. 그것은 총상환량의 약 20%였다. 그러나 농지개혁개정법이 발효되기 전에 상당한 농지를 자신의 소작인이나 시장에 판매한 소작지주는 그 토지의 가격이, 농지개혁 직전과 비교할 때, 다소 낮아진 만큼 소득을 재분배당한 것을 제외하면 정부로 이전된 소득은 없었다. 소작지주라도 농지개혁개정법의 대상이 되어 토지를 몰수당한 경우에는 영세지주와 동일하다고 하겠다. 한마디로, 농지개혁의 영향이 소득재분배만을 놓고 볼 때 두 지주에게 다르게 영향을 미쳤다는 것이다.

여기에서 지주가 지가증권을 판매하고 그 구매자가 지가증권으로 귀속재산을 불하 받는 경우를 생각해본다.[21] 김영일(2006), 장시원(2006) 등은 지주가 지가증권을 명목가격의 20-70% 수준에서 할인 판매했다고 지적한다. 이렇게 할인율이 높았던 이유는 무엇인가? 가장 중요한 이유는 전시의 높은 물가상승으로 사채시장 이자율이 매우 높았던 점이다. 그 이외에도 지가증권은 그 대가가 5년간 분할 상환된다는 점, 전쟁으로 지주들의 현재선호가 강하였던 점, 지가증권 매수자가 많지 않았던 점 등이 지가증권 할인율을 매우 높게 만들었을 것으로 추정할 수 있다. 그러므로 김영일(2006), 장시원(2006) 등이 지가증권의 높은 할인율로 인하여 지주가 '상당한' 손해를 보았다고 주장한 것은 무리가 있다.

---

21 농지개혁을 위한 지가증권의 발행은 증권시장 발달의 기초가 되었을 것으로 추정된다. 그러나 이 주제는 추후의 과제로 한다.

그러나 지가증권의 사용에서는 다른 상황이 발생한다. 농지개혁으로 생긴 지가증권이 귀속재산의 불하에 사용된 액수는 1968년 현재 일반보상액 1,782,217천 원 중에서 53.9%에 달하는 960,366천 원이다(전용덕, 1997, p. 139 참조). 이때 정부는 지가증권의 가치를 명목가치로 인정하여 귀속재산을 불하 받을 수 있도록 조치했다.[22] 이것은 정부의 지가증권에 대한 정책 때문에 귀속재산의 불하에 지가증권을 사용한 사람들은 상당한 이득을 얻었다는 것을 의미한다. 물론 이것은 농지개혁과 직접적인 관련이 있는 것이 아니고 지가증권의 유통과 관련한 정부의 정책 때문이다.

이제 농지개혁 당시 농지 소유권의 상태가 정당하지 못한 경우를 본다. 조선 시대 농업은 긴 기간 동안 상당 부분 노비제에 의존했을 뿐만 아니라 토지의 독점화 과정에서도 토지 소유권이 정당하지 못하게 된 경우도 발생했다. 이 두 가지 사실에 의해 소유권이 정당하지 못한 농지가 존재했던 것은 분명하지만 전체 농지에서 어느 정도 되는가를 현재로서는 알 수 없다. 대규모의 토지를 소유한 지주의 경우에는 소유권이 정당하지 못한 농지가 많았을 것을 추정할 수 있다. 여기에 노비 노동에 대한 합리적인 대가를 지불하지 않았다면 농지의 소유권에 정당하지 못한 부분이 있었다. 토지의 규모가 영세한 지주도 노비를 농업에 이용했다면 그리고 노비 노동에 대한 합리적인 대가를 지불하지 않았다면 농지의 소유권이 정당하지 못한 부분이 분명히 존재했다.

Rothbard(2002)는 토지의 소유권이 정당하지 못한 경우에 그 농지는 무상

22 게다가, 정부는 귀속재산의 가격도 물가상승을 고려하여 매우 낮게 결정했다. 일단 여기에서 이 점은 무시하기로 한다.

으로 몰수하여 현재의 경작자인 소작농에게 무상으로 분배하는 것이 옳은 방법이라고 지적한다. 이 경우에는 현재의 소작농이 대가를 지불하고 지주로부터 토지를 구입하거나 정부로부터 토지를 분배 받는 것은 전적으로 잘못된 것이다. 농지개혁의 경우에, 소작농이 지불한 대가의 전부가 정부, 지주 등으로 재분배된 것이다. 농지개혁으로 이득을 본 집단은 정부, 지주 등의 순서이고 농지를 분배 받은 소작농은 손해를 보았다. 왜냐하면 무상으로 분배 받아야 하는 농지에 대한 대가를 지불했기 때문이다. 김영일(2006), 장상환(1987), 장시원(2006), 전용덕(1997) 등이 주장하듯이 농지개혁으로 지주가 손해를 본 것이 아니다.

요약하면 농지개혁이 여러 단계와 방법으로 소득의 재분배를 초래했다. 그러나 소득재분배는 농지 소유권의 정당성에 따라 달라진다. 기존의 연구들은 모두 당시의 농지 소유권이 정당하다는 전제-그것이 비록 암묵적이지만-를 하고 있다. 그 점에서 그 연구들은 반쪽의 진실을 설명하고 있을 뿐이다. 현재로서는 농지 소유권의 정당성에 대해 정확하게 알 수 없지만 그 소유권이 부당한 경우가 정당한 경우보다 더 많았을 것으로 저자는 추정한다. 만약 그렇다면 소득재분배는 농지를 분배 받은 소작농으로부터 정부, 지주 등으로 이전되었다. 왜냐하면 현재 경작자인 소작농이 대가 없이 농지를 분배 받아야 했지만 그 반대로 분배농지에 대해 대가를 지불했기 때문이다. 다만 농지 소유권의 정당성 여부와 상관없이 농지개혁의 확실한 승자는 정부였다. 왜냐하면 전용덕(1997)에서 알 수 있듯이 농지개혁 과정에서 정부가 가장 큰 몫을 가져갔기 때문이다. 정부는 농지개혁 과정에서 어떤 정당한 몫이 없음에도 불구하고 말이다. 농지개혁 과정에서 정부가 가져간 몫은 농지 사회주의이다.

이것은 1공화국 정부의 농지개혁의 개혁성을 크게 떨어뜨린 점이다. 그리고 이것은 1950년대 농민의 삶을 어렵게 만들었던 원인 중의 하나였다(이 점에 대해서는 14장에서 서술할 것이다).

(4) 사회구조의 변화

농지개혁에 관해 많은 연구가 이루어졌지만 농지개혁이 가져온 사회구조 변화에 대해서는 대부분 초점을 맞추지 않고 있다. 농지개혁이 한국 사회에 정치적·경제적 영향만을 미친 것은 아니다. 농지개혁은 드러나지 않는 부분에서 우리 사회의 많은 부분에 영향을 주었다. 그리고 그 영향은 현재까지 지속되는 것도 있다.

① 가장 중요한 변화는 농지개혁이 농지의 소유를 비교적 평등하게 만들었기 때문에 농지개혁이 자조·자립 정신을 앙양하는 데 기여했다. 농지개혁은 사실상 농지의 소유에 있어서 출발점을 평등하게 만들었다. 한국전쟁도 출발점을 평등하게 만드는 데 가세했다. 그런 평등한 출발은 지주들을 포함한 모든 사람이 자조·자립 정신을 갖도록 만드는 데 또는 앙양하는 데 기여했다고 추론할 수 있다. 농지개혁과 한국전쟁으로 '놀고 먹는' 것이 용납되지 않는 사회가 된 것이다. 신분제에 기초한 조선 시대와 비교하면 이 점은 농지개혁의 영향으로서 작지 않은 것이다. 비록 우리가 그것을 측정할 수는 없지만 말이다.

농지 소유의 평등화는 농업에 있어서 획기적인 변화이다. 농업에 있어서 농지는 가장 중요한 생산수단이라는 점에서 농지 소유의 평등화는 생산수단을 평등하게 소유하게 되었다는 의미이다. 한국전쟁이 건물과 같은 생산수단을 파괴함으로써 하향 평등화를 이룬 점과 비교하면, 농지개혁에 의한 농지 소유의 평등화는 크게 다른 것이다. 비록 농지 소유 규모가 평균적으로 작아진 것은 분명하지만 말이다. 그러나 농지의 소유가 평등화되었지만 정부가 일정한 몫을 탈취함으로써 사실상 하향 평준화되었다는 점에서 그 한계가 있었다. 그리고 정부가 농지 소유권의 정당성을 검토하지 않음으로써 농지 소유 평등성의 의미가 크게 후퇴했다.

② 농지개혁은 토지라는 재산의 사유화라는 점에서, 자본주의를 위한 두 번째 조건을 충족하도록 한 것이다. 전용덕(2017)은 농업 중심의 사회에서 토지의 사유화는 자본주의를 위한 조건으로서는 매우 중요한 것이라는 점을 지적했다. 조선 사회에서 갑오혁명으로 신분제가 혁파되었다. 신분제 혁파는 자본주의를 위한 전제조건이다. 조선이라는 국가가 신분제를 혁파하는 것을 마지막으로 일제의 지배 하에 들어갔다. 그것은 자본주의 사회로 가기 위한 첫 번째 조건이 미해결인 채로 일제의 지배로 들어갔다는 것을 의미한다. 1공화국의 농지개혁은 자본주의 사회로 가기 위한 첫 번째 조건을 이제 완성한 것이다. 그 점에서 농지개혁은 의의가 크다. 김기원(1987, p. 80 인용)은 귀속사업체와 달리 귀속농지의 불하를 포함한 농지개혁에 대해서는 "자본주의화를 촉진시킨 것"이라는 평가를 내리고 있다. 김기원의 평가는 저자의 평가와 크게 다르지 않다. 그리고 이것이 도시화와 맞물리면서 농업이 자급자족을 위한 직업이 아니라 타인을 위한 생산, 즉 자본주의적 생산이 가능하게 되었다는 것이다. 바로 이 점 때문에 해방을 전후한 농지개혁을 '농지혁명'으로 치부할 수도 있었다.

그러나 농지개혁은 아래와 같은 이유들로 반쪽의 농지혁명이 될 수밖에 없었다. 첫째, 1960년대 초기 박정희가 본격적인 산업화를 시작하면서 농업과 토지의 중요성은 상대적으로 매우 축소되었기 때문이다. 물론 토지는 공장 건물이나 사무실 건물을 위한 용도로 사용되었지만 농업에서의 생산수단으로서의 중요성은 크게 감소했다(3공화국의 산업화에 대해서는 6편에서 본격적으로 다룰 것이다).

둘째, 정부가 농지개혁으로 인한 소득재분배 과정에서 가장 큰 몫을 가져갔다는 점이다. 이 점은 농지개혁의 혁명성을 반쪽으로 만드는 것임을 부정할 수 없다. 농지개혁의 중요성을 강조하는 연구자들은 이 점을 고려하지 않고 있다는 점에서 문제가 있는 것이다. 그리고 이 점은 지금까지도 해결해야 할 과제인 것이 분명하다.

셋째, 농지개혁으로 다수 농민이 농지를 소유함으로써 한국전쟁 이후 남한의 공산화를 막고 정치적 안정을 가져오게 했던 것도 사실이다. 즉, 농지개혁은 정치적으로는 두 가지 영향을 미쳤다는 것이다. 먼저 농지개혁이 한국전쟁 기간 동안 남한의 북한군 점령지역에서 공산화를 막았다. 만약 전쟁 이전에 농지개혁이 단행되지 않았다면 북한군 점령지역에서 소작인들의 공산화를 막기는 어려웠을 것이다. 농지개혁이 정치적 안정에 기여했다는 점은 다음 절에서 다룬다.

③ 농지개혁이 이승만 정권의 정치적 안정에 기여했다는 점이 정치에 미친 세 번째 영향이다. 이승만 정권은 국내의 정치적 지지 기반이 매우 취약했다. 이승만 정권은 그런 불리함을 극복하기 위하여 농지개혁을 단행함으로써 농민의 지지를 받을 수 있는 조건을 마련했다. 농지개혁으로 농촌의 농민들

은 빠르게 보수화되어 갔다. 농지개혁 직후에 치러진 1950년 5·30 선거에서 이승만 정권은 비교적 나쁘지 않은 결과를 얻었다.

농촌 사회의 보수화는 1956년 제3대 대통령 선거부터 '여촌야도'라는 형태의 투표로 나타나기 시작했다.[23] 그리고 이런 경향은 1963년 제5대 대통령 선거에서 더 두드러졌다. 그리고 1967년 제6대 대통령 선거에서는 여촌야도의 경향이 약화되었지만 여전히 지속되었다. 국회의원 선거에서도 유사한 양상이 나타났다. 그리고 1960년대까지도 농촌지역의 인구가 한국 사회 전체 인구에서 가장 큰 비중을 차지했기 때문에 농촌지역의 보수화는 한국 사회 전체의 정치에 결정적이었다. 이것은 이 시기 정치의 안전판은 농촌지역의 보수화에 기초해 있었고 그것은 다시 농지개혁에 힘입은 바 컸다는 것을 의미한다. 결과만을 놓고 볼 때, 한국전쟁, 4·19혁명, 5·16군사정변으로 이어지는 정치적 격변기에 농지개혁에 의한 농촌 사회의 보수화는 정치적 안정을 가져다주었다는 점에서 그 의의가 크다는 것이다.

④ 농지개혁은 전국적으로 광범위하게 남아 있던 동유재산(洞有財産)(그것의 대부분이 농지임)을 없애버렸다.[24] 동민의 공동경작에 의해 얻어지는 수입은 부락민의 정신적 결속을 다지는 동제(洞祭)의 비용으로 사용되었다. 이 농지의 양이 정확히 얼마인지는 알 수 없으나 거의 모든 마을에 동유재산이 있었다. 그러한 동유재산은 농지개혁을 앞두고 매각처분되어 지역교육사업에 투입된 것 같다. 동유재산의 교육목적 기증행위를 합법화하기 위하여 농지개혁

23 김일영(2006)은 농민의 보수화가 이승만의 정치적 지지 기반이 되었다고 지적한다. 그는 이런 보수화를 '탈정치화'라고 부르기도 한다. 여촌야도 현상에 대한 자세한 내용은 김일영(2004), pp. 378-385 참조.

24 동유재산의 매각 사례에 대하여는 한국농촌경제연구원(1989), p. 1004 참조.

법 부칙 제27조에 '교육, 자선, 기타 공공성을 띤 단체에 대한 증여'는 농지개혁법에서 제한하지 않는다고 규정하고 있다. 동유재산의 처분으로 동제가 없어진 것은 자본주의의 기본 전제 가운데 하나인 개인주의가 농촌에서 확산될 수 있는 여건이 조성되었다는 것을 의미한다. 이 점은 어떤 것보다도 농지개혁이 한국 자본주의에 미친 긍정적 영향이 아닌가 생각된다.[25] 그러나 이것이 협동심의 약화를 초래했을 수도 있다. 이 점에 대한 연구가 필요하다.

동유재산의 크기를 알 수 없기 때문에 그것이 지역교육사업에 얼마나 기여했는가를 알 수 없다. 그렇지만 동유재산이 매각되어 지역교육사업에 사용된 것은 사실인 것 같다. 그리고 그것은 교육에 자본이 투입된 것으로 해석할 수 있다.

⑤ 농지개혁에 의한 생산성 향상과 그로 인한 생산의 증가로 농업 부문의 유휴인력과 농촌지역에서의 위장실업이 확연히 드러났다. 그 결과 유휴인력 또는 위장실업이 도시로 이주하는 '도시전출'이나 거주지역은 바꾸지 않지만 농업을 떠나 2차 또는 3차 산업으로의 '이농'이 일어날 수 있는 환경이 만들어졌다. 농지개혁이 1960년을 전후하여 실질적으로 마무리됨으로써 농업에서 유휴인력의 공급이 이후의 비약적인 경제성장을 위한 기초가 되었다는 사실은 많은 연구에서 간과되고 있다.

⑥ 농민들은 소작제 폐지에 의한 농업 생산성 향상으로 인한 생산의 증가와 고율의 소작료를 납부하지 않음으로써 자식들의 교육비 일부를 감당할 수 있게 되었다. 즉, 농지개혁에 의한 생산 증가와 소작료의 절약은 자본의 축적

---

25 김성호는 『농지개혁사 연구』, pp. 1004-1005에서 동유재산 처분의 부정적 측면을 주장하고 있으나, 자본주의의 발전이라는 입장에서는 동유재산 매각의 부정적 측면은 매우 작다고 할 수 있다.

을 가능하게 만들었고 그 일부는 자녀의 교육에 충당할 수 있었다. 그러나 이것은 직접적인 증거가 아닌 만큼 더 많은 연구가 필요하다.

⑦ 농지개혁에 의해 발행된 지가증권은 자본시장을 활성화하는 데 도움이 되었다. 김성호 외(1989, pp. 1057-1065)에 의하면 1949-1955년의 증권회사의 거래 총액 107억여 원 중에서 73%가 지가증권이었다. 정부는 귀속기업체의 불하에서는 그 대금으로 지가증권을 대납할 수 있도록 했다. 기업가들이 증권시장에 지가증권 액면가의 25-70% 수준의 가격으로 구입해서 액면가로 귀속기업체의 불하 대금으로 정부에 납입할 수 있었다. 이 당시 사채시장 금리가 매우 높았기 때문에 지가증권을 이용하여 귀속기업체를 불하 받는 경우에 기업가들이 어느 정도의 프리미엄을 가졌는가는 추가적인 연구가 필요하다. 프리미엄의 존재는 그 크기와 상관없이 그만큼 소득이 재분배되었다는 것을 의미한다.

결론적으로, 농지개혁이 사회구조에 미친 영향은 비록 계량화할 수 없는 것이지만 한국경제에 매우 긍정적이고 중요한 것이었다. 농지개혁에 의한 지주들의 몰락, 정치적 안정, 개인주의 확산, 자본 축적과 교육 기회의 확대, 생산성 향상과 생산의 증가에 의한 농촌 유휴인력의 도시전출과 이농 등은 모두 1960년대 이후의 비약적인 경제성장에 긍정적인 영향을 미치는 요인이 되었다. 농지개혁이 특히 한국전쟁과 맞물리면서 한국 사회 전반을 변화시키는 기폭제가 되었다. 그러나 앞 절에서 보았듯이 농지개혁 과정 자체가 문제가 있었던 것도 사실인데, 이 점은 경제에 미친 부정적인 영향이다. 그리고 아래에서 보겠지만 농민과 농업에 불리한 정부의 정책으로 농지개혁의 성과를 크게 축소되게 만들었다는 점도 강조하지 않을 수 없다.

6. 결론

현재까지 농지혁명에 대한 많은 연구가 이루어졌다. 그러나 농지 소유권의 정당성에 대해서는 누구도 문제 삼지 않았다. 농지 소유권은 조선 시대 노비제와 토지독점과 깊은 연관이 있기 때문에 농지 소유권의 정당성에 대한 검토가 필수적이다. 그렇게 할 때만이 우리는 농지개혁으로 발생한 소득재분배에 대해 정확하게 평가할 수 있을 것이다. 그리고 그 결과 농지개혁을 종합적으로 그리고 정확하게 평가할 수 있을 것이다. 무엇보다도, 농지개혁 과정에서 정부가 탈취한 몫은 어떤 방법으로든지 정당한 소유자에게 돌아가도록 해야 한다. 그 점에서 1공화국 정부가 이때의 '유상몰수 유상분배'의 과정을 농지개혁이라고 한 것은 전혀 이치에 맞지 않는다. 진실은 그것이 농지개악이라는 것이다. 적어도 농지분배 과정에서 정부가 농민들로부터 탈취한 몫만큼 농지개혁이 아니라 농지개악인 것이다. 그 점에서 1공화국 시대의 농지개혁은 아직도 '미완성'이다. 그리고 1공화국은 농지를 개혁하는 과정에서 총상환량의 큰 몫을 가져감으로써 농지를 사회주의로 만들었다. 즉, 농지개혁의 중요한 부분을 정부가 탈취함으로써 사실상 농지를 사회주의화했다.

농지개혁이 한국 사회와 경제에 미친 긍정적 영향에도 불구하고 농지개혁개정법에서 규정된 '경자유전의 원칙'과 '3정보 이하 소유 제한 규정'은 농민을 포함한 모든 경제주체에게 언제부터인가 규제로 작용했다. 그 결과 농업이 한국 사회와 경제에 미친 영향은 언제부터인가 부정적으로 변했을 가능성이 크다. 왜냐하면 두 가지 규제는 농업에 자본의 유입을 억제하고 규모의 경제 실현을 방해했을 것이기 때문이다. 그리고 그것은 농지개혁의 긍정적인 효과를 상당 부분 상쇄해버리는 것이다. 우리는 언제부터 두 규정이 농업의 발달을 억제하는 규제로 작용했는지 그리고 그것이 어떻게 농업과 경제에 악영향을 미쳤는가를 규명할 필요가 있다. 이 주제는 3공화국 말기 또는 5공화국 이후에서 다루어야 할 주제이다.

제 11 장

한국전쟁과 전시의 초인플레이션*

* 한국전쟁이 경제를 포함한 국가의 모든 부문과 모든 사람에 큰 영향을 미쳤음은 누구도 부정할 수 없을 것이다. 그러나 전쟁의 영향을 모두 다루는 것은 매우 큰 일일 뿐만 아니라 저자의 능력 범위를 벗어난다. 그러므로 여기에서는 전쟁이 경제성장에 큰 영향을 미쳤다고 판단되는 부문만 분석한다.

1. 인명의 피해, 물적 자산의 파괴, 그리고 제도의 폐지

(1) 인명의 피해

인구의 수, 사람의 건강 상태 등은 사회적으로도 경제적으로도 중요하다. 전쟁이 인구 변화에 미친 영향을 보면, 한국전쟁으로 인한 남한의 사상자 수는 약 130만 명으로, 사망 40만 명, 납북 15만 명, 실종·포로 41만 명, 전상 33만 명에 이르고 있다.[1] 사상자 수를 성별로 나누어 보면 민간인 남자 76만 명, 민간인 여자 23만 명, 군인 남자 30만 명으로, 전체 사상자 중에서 남자의 비중이 약 82%에 이르고 있다. 그것은 전쟁으로 상당한 노동력이 상실되었다는 것을 뜻한다. 전쟁으로 북한에서 남한으로의 인구이동도 노동공급의 증가에 중요한 역할을 했다. 특히, 이들은 대부분 정치·사상적 이유, 재산몰수 등의 경제적 이유, 일자리를 구하기 위한 이유 등으로 남하하였기 때문에 생활력이 매우 강했다. 특히, 월남인들 중에는 뒤에서 보듯이 우리 사회의 희귀한 자원인 기업가도 많았다. 이 당시 북한에서 남한으로 이동한 인구는 65만 명으로 추정되고 있다. 1950년 6월 25일부터 1952년 3월 5일까지 북한에서 월남한 인구는 618,721명이었고 그 이후에도 남하했던 사람이 없는 것이 아니기 때문이다. 이것은 남한의 전체 인구는 전쟁으로 감소하지 않았다는 것을 의미한다. 그러나 젊은 남자 인구가 상당히 감소했을 뿐만 아니라 부상자가 많았다.

전쟁이 국군[2]에 미친 직접적인 영향을 보자. 한국전쟁으로 국군의 전사·

1 한국전쟁으로 인한 남한의 사상자 수는 전광희(1992), p. 66에서 인용.
2 전쟁이 국군에 미친 영향과 이재민에 대한 통계 자료는 이중근 편저(2013), pp. 1002-1003에서 왔다.

사망한 수는 137,899명, 부상 450,742명, 실종 24,495명, 포로 8,343명으로 합계 621,479명이었으며, 부상을 뺀 합계는 170,737명이었다. 1949년 인구 수는 남자 10,188,238명, 여자 9,978,518명, 전체 인구 20,166,756명이었다. 170,737명과 621,479명은 1949년 남자 인구의 각각 약 1.7%, 6.1%이다.

문제는 전쟁으로 인한 이재민이라고 하겠다. 1950년 6월 25일부터 1952년 3월 5일까지 전쟁으로 직접 전화(戰禍)를 입은 남한 민간인은 3,419,966명, 자력 생계불능자 4,375,413명, 공사립 수용소 어린이 보호자 48,322명, 부랑아·걸인 11,857명 등이었다. 같은 기간에 남한 피난민도 1,714,992명이었다. 앞에서 같은 기간 북한에서 월남한 피난민도 약 62-65만 명이라는 것을 알았다. 전쟁으로 인한 이재민은 치료가 필요하거나 경제적인 도움을 받거나 경우에 따라서는 두 가지 모두가 필요한 사람이다. 그들은 그만큼 경제활동을 할 수 없는 사람들이다. 다만 우리는 현재 이재(罹災)의 정도가 얼마나 심한가를 알 수 없다. 그리고 기술자와 같이 일제가 남긴 인적 자원이 전쟁으로 얼마나 파괴되었는가도 알 수 없다.

통계청 국가통계포털에 따르면, 1949년 현재 총인구는 약 20,167천 명이고 전쟁이 끝난 1955년 현재 총인구는 약 21,502천 명이다. 이것은 전쟁으로 남한의 절대 인구는 줄어들지 않았거나 줄었다 하더라도 소폭이었을 것으로 추정하게 한다. 그러나 전쟁으로 인한 이재민의 수는 적지 않았을 뿐만 아니라 그들은 경제적 능력이 없거나 치료가 필요한 형편이었다. 그리고 전쟁으로 젊은 남자가 감소했을 뿐만 아니라 그 결과로 미망인도 적지 않았다. 경제적인 관점에서, 전쟁이 인명에 미친 피해가 작지 않았다는 것이 진실일 것이다.

(2) 물적 자산의 파괴와 제도의 폐지

일제는 그들의 지배 목적상 상당한 각종 물적 자산, 인적 자산, 각종 제도 등을 이 땅에 건설 또는 설치했다. 기업체, 주택, 점포, 창고, 선박, 도로, 철도, 교량, 항만, 부두시설, 저수지 등을 물적 자산이라고 하자. 일제의 조선인에 대한 교육과 기술 정책은 매우 제한적인 것이어서 인문적 소양과 기술이 크게 축적되지는 않았지만, 일제강점기에 교육을 받았거나 기술을 익힌 기술자는 해방 이후의 경제활동에서 매우 중요한 역할을 했던 것도 사실이다. 또한 일제는 화폐제도, 은행조직, 수리조합, 협동조합, 농산물 검사소, 농업실험소, 임업시험장 등을 도입하여 운영함으로써 경제운영의 제도적인 기반을 마련했다고 볼 수 있다.

다른 한편, 일제는 소유주가 명백하지 않은 토지의 몰수, 물자와 인력의 전쟁동원, 전쟁동원에 따른 정신적 피해, 예를 들면 정신대에 동원된 여인들의 정신적 황폐화, 상호간의 불신, 각종 문화재의 도난, 역사의 왜곡 등으로 한국에 각종 물질적·정신적 피해를 크게 입힌 것도 사실이다. 그러나 우리는 이것을 화폐단위로 측정할 수 없다.

해방 후의 정치·사회적 혼란과 한국전쟁은 일제가 이 땅에 건설했던 유형의 각종 물적 자산과 무형의 자산과 해방 후에 건설했던 각종 시설에 큰 피해를 입혔다. 먼저 해방 직후 남한의 공업 생산 위축 상황을 <표 3-6>에서 보았다. 해방 직후 남한의 공업 생산은 1940년 공업 생산의 20%를 약간 상회하는 수준이었다. 산업별로는 식품과 양조업의 생산이 가장 부진했고, 금속공업과 화학공업의 생산 위축이 가장 적었다. 기존의 주장은 당시의 생산 위축

<표 11-1> 귀속재산의 종별·지역별 전쟁피해 상황

	총수		기업체		주택		점포		공용 건물-창고		기타
	재산 건수	피해 건수	재산 건수	피해 건수	재산 건수	피해 건수	재산 건수	피해 건수	재산 건수	피해 건수	재산 건수
계	170,601	78,372	3,169	2,207	84,058	59,910	17,250	12,166	6,193	3,934	59,544

주: 기업체는 관리 소관 부서별로 중앙 직할 기업체와 지방 직할 기업체로 구분되고, 대규모 기업은 대부분 전자에 속하였다.
자료: 재무부(1958), pp. 128-129.

의 원인으로 원자재의 부족, 일본인 기술자의 철수, 경영 및 관리기술의 미숙, 경영자 또는 소유주의 부재, 미군정이 임명한 관리자의 미숙, 사회의 혼란 등이라고 지적하고 있다. 그것들은 생산 위축의 기술적 원인들이다.

그러나 기술적 원인들만 생산 위축을 초래했던 것은 아니다. 귀속재산의 경우에는 상황이 달랐다. 해방 이후 미군정이 확실히 사회질서를 유지할 수 있을 때까지 귀속재산에 대한 소유권이 불분명하거나 소유권이 분명한 경우라도 법의 보호를 받지 못해 많은 귀속재산이 공중분해되었다. 예를 들면, 귀속기업의 경우에 공장 건물이나 토지만 남고 원자재, 기계, 설비 등은 종업원 등에 의해 임의로 처분되었다. 해방 직후 남한의 공업 생산이 크게 위축된 것은 기술적 원인들뿐만 아니라 사유재산의 소유권이 확립되지 못했거나 재산권의 행사를 법이 보호하지 못했기 때문도 있다. 재산의 소유와 행사가 보장되었다면 공업 생산의 위축은 상대적으로 작았을 것이다.

그러나 그나마 남아 있었던 귀속재산도 한국전쟁으로 여지없이 파괴되었다. 귀속재산의 파괴 정도를 보면 <표 11-1>과 같다. 건수를 기준으로 전체 재산은 약 46%의 피해율을, 귀속기업체의 경우 약 70%, 주택의 경우 약 70%,

점포의 경우 약 70%, 공용 건물의 경우 약 64% 등이다. 전쟁으로 귀속기업체, 주택, 점포, 공용 건물의 3분의 2 이상이 파괴되었다. 그 점에서 일제가 이 땅에 건설했던 자본재의 상당 부분은 전쟁으로 소실되었다고 보는 것이 타당하다. 비록 전적으로 소실되었다고 볼 수는 없지만 말이다.

일제가 이 땅에서 운영했던 각종 제도나 기관 운영체제는 그대로 남아 한국전쟁 이후의 한국경제 성장에 영향을 미쳤다. 그러한 영향에 대한 평가는 단기와 장기로 구분해야 할 것이다. 단기적으로는 각종 제도와 기관 운영체제의 '장치비용'(installment cost)을 줄일 수 있었다는 점에서 그것은 한국경제의 성장에 긍정적 영향을 미쳤다. 그러나 장기적으로는 그러한 제도나 운영체제가 얼마나 효율적이었나에 따라 평가되어야 할 것이다. 일제가 남긴 각종 제도와 기관 운영체제는 경직적이고 차별적이라는 평가가 있는 만큼 장기적으로 그것들은 다른 나라(예를 들어, 미국)의 유사한 경제체제에 비해 생산성이 낮다고 할 수 있다.[3] 예를 들어, 연공서열제도는 일제로부터 명시적으로 또는 묵시적으로 전수된 것이다. 그러나 연공서열제도는 생산성을 떨어뜨리는 제도이다. 그럼에도 불구하고 한국의 기업들이나 단체들의 상당수는 아직도 연공서열제도를 임금 운영체제로 채택하고 있다. 무엇보다도 경제체제를 간섭주의를 중심으로 운영했다는 점에서 일제의 영향은 부정적이다(이 점은 이 책 전체에서 다룰 것이다). 그러나 이것은 측정 가능한 것이 아니다.

---

3 Scitovsky(1986)는 한국과 대만은 일본 식민지의 결과로 두 가지 점에서 경제개발에 유리한 초기조건을 가지게 되었다고 지적하고 있다. 첫째, 일본이 도로, 철도, 항구 등 공업화에 필요한 하부구조를 남겼다는 것이다. 그러나 앞에서 지적하였듯이 이러한 주장은 한국전쟁의 영향을 간과하고 있다. 둘째, 일본이 귀속재산뿐만 아니라 각종 운영 시스템과 운영기술을 남겼다는 것이다. 이러한 주장은 장·단기 관점에서 운영체제의 효율성을 고려하지 않은 것이다. Scitovsky(1986), p.141 참조.

<표 11-2> 주요 제조업 부문의 전쟁피해 상황(1951년 8월 말 현재)

피해 정도 \ 산업	원상에 대한 피해율(%)	
	건물	시설
금속공업	26	26
기계공업	53	35
방직공업	62	64
화학공업	35	33
요업	25	40
식품공업	30	20
인쇄공업	75	75
제조업 평균	44	42

주: 업종별 피해액의 합계는 제조업 평균과 일치하지 않음.
자료: 한국산업은행 조사부(1955), pp. 996-997.

이제 한국전쟁이 제조업, 광업, 사회간접자본, 생활 기반 등에 미친 영향을 차례로 보기로 한다. 한국전쟁이 주요 제조업 7개 업종에 미친 영향은 <표 11-2>와 같다. 여기에서 7개 제조업 평균 피해율을 보면 건물은 원상의 약 44%, 시설은 약 42%에 이르고 있다. 7개 업종 중에서 원상에 대한 피해율이 상대적으로 큰 업종은 인쇄공업과 방직공업이었다. 피해를 달러로 환산해보면 건물이 약 51백만 달러, 시설 약 64백만 달러, 원자재와 중간제품 유실액 441천 달러로 합계 115백만 달러에 이르렀다. 이 피해액에는 군소 사업체들의 피해액이 포함되지 않았다.

<표 11-3>에서 정부가 발표한 제조업 부문 총피해액은 4백억 환으로 1953년 7월 당시의 공정환율인 1달러 대 60환으로 환산하면 667백만 달러에 이르고 있다.[4] 지역적으로는 경인 공업지대와 삼척 공업지대가 전쟁으로 말미암

<표 11-3> 부문별 물적 전쟁피해 상황 종합(1950. 6. 25-1953. 7. 27)

(단위: 10억 환)

구분＼부문	피해 총액	건물			시설	비품	기타, 동산 등
		동수(천)	건평(천 평)	금액			
1) 민간산업 부문	83.2(20.2)	17.1	788	27.7	27.5	15.3	12.7
농림수산	11.9	1.9	70	1.3	1.6	0.3	8.7
광업	2.7	1.0	59	0.9	0.9	0.8	0.1
제조업	40.0	4.7	338	11.2	19.9	6.4	2.1
건설업	1.0	0.4	28	0.8	0.1	0.1	-
전기업	4.8	0.5	18	0.5	3.2	1.0	0.5
상업	13.6	4.8	166	8.0	1.0	3.8	0.8
기타	9.2	3.8	109	5.0	0.8	2.9	0.5
2) 사회간접자본	39.5(9.6)	1.3	74	2.5	11.9	0.6	24.5
금융기관	27.2	1.1	48	1.9	0.2	0.6	24.5
기타	12.3	0.2	26	0.6	11.7	-	-
3) 중앙 및 지방 행정기관	38.0(9.2)	10.7	1,240	27.6	3.8	6.7	-
중앙청	4.8	0.1	47	1.8	0.5	2.5	-
중앙청 직할	26.0	5.0	973	20.9	2.5	2.6	-
기타	7.2	5.6	220	4.9	0.8	1.6	-
4) 교육기관	82.6(20.2)	15.5	1,278	40.8	36.4	5.4	-
대학교	3.7	0.6	54	2.0	1.3	0.4	-
중등학교	16.0	2.0	617	3.5	11.5	1.0	-
국민학교	62.6	12.7	600	35.1	23.5	4.0	-
기타	0.3	0.2	7	0.2	0.1	-	-
5) 사회, 종교 단체	7.7(1.9)	3.8	204	4.9	1.1	1.7	-
의료기관	3.4	1.1	67	1.5	0.8	1.1	-
후생기관	0.4	0.4	20	0.3	-	0.1	-
종교단체	1.4	0.8	33	1.1	0.1	0.2	-
공공단체	2.5	1.5	84	2.0	0.2	0.3	-
6) 민간가옥	161.3(39.1)	612.6	11,912	79.3	-	-	82.0
합계(총피해액)	412.3(100.0)	661.0	15,496	182.8(44.3)	80.6(19.5)	29.7(7.2)	119.2(28.9)

주: 1) 1953년 7월 가격 기준임.
2) ( ) 안은 구성비임.
자료: 한국은행(1956), p. 16(통계별).

아 가장 큰 피해를 입었다.

<표 11-3>을 보면 광업 부문은 제조업 부문보다 작은 피해를 입었지만 전체 피해액은 27억 환이었다. 주요 에너지원의 하나였던 석탄 광업은 광업 중에서 가장 극심한 피해를 입어 휴전 후 복구 과정도 순탄하지 않았다. 지역별로는 규모가 큰 영월과 장성탄광의 피해가 가장 컸다. 사회간접자본 중에서 전력 부문의 피해 상황을 보면, 전쟁 초기에 남한의 총발전시설의 80%는 전쟁으로 인하여 피해를 입었다. 피해금액은 48억 환에 이르고 있다.

민간주택의 파괴 정도를 <표 11-4>에서 보면 전쟁의 시작으로부터 1952년 3월 31일까지 전파가옥과 반파가옥을 합하면 모두 515천 동으로, 금액으로는 약 353억 환에 이르고 있다. 피해면적은 10,703천 평에 이르렀다. <표 11-3>을 보면 민간주택의 전쟁피해 면적은 11,912천 평에 이르러 피해면적은 3월 이후에 크게 늘어나지 않았다는 것을 알 수 있다. 피해금액이 크게 증가한 것은 전시의 인플레이션 때문이다. 표에는 나타나지 않았지만 지역별로는 강원도와 경인지역의 피해율이 커서 전쟁 이재민이 많이 발생했다.

전파 또는 반파된 교실 수가 국민학교의 경우에 12,679개, 중등학교 3,675개, 대학교 1,031개이고, 각종 학교시설 피해 평가액은 826억 환에 이르는 것으로 비교적 큰 규모이다(국방부, 1953, D, p. 13). 기타 의료시설, 종교단체, 상하수도 등의 파괴 정도는 <표 11-3>에 나와 있다.

지금까지의 논의를 종합해보면, 먼저 해방 후의 혼란과 한국전쟁은 일제강점기에 만들어졌거나 건설되었던 많은 물적 자산과 사회간접자본을 파괴

4 한국은행(1956), p.16(통계별).

<표 11-4> 민간주택 전쟁피해 상황

(기간: 1950. 6. 25-1952. 3. 31)

	6·25 전 호수 (천 호)	전파가옥 (천 동)	반파가옥 (천 동)	피해 연건평수 (천 평)	피해액(백만 환)		
					건물피해	동산피해	합계
계	3,284	415	100	10,703	13,152	22,140	35,291

자료: 국방부, 『한국전란 2년지』, 1953, D, p. 12.

했다. 그러나 일제가 이 땅에서 운영했던 각종 제도와 그것을 운영했던 경험, 즉 인적 자산은 우리 사회의 자본재로 계승되었지만 그것들이 경제에 미친 영향은 단기와 장기로 나누어보아야 할 것이다. 해방 이후의 생산과 건설에 의해 만들어진 각종 자산은 한국전쟁으로 대부분 파괴되었다. 한국전쟁의 총 피해 규모 4,123억 환은 1953년 국민총수입(생산국민소득의 개념) 2,450억 환의 1.7배, 1952년과 1953년의 합계치 4,296억 환의 96.6%에 이르는 규모였다(한국은행, 1955년판, I, p. 225).

2. 전시의 물가상승

1950년에 한국은행법과 일반은행법이 제정·공포되었다. 한국은행법은 중앙은행인 한국은행이 행정부와 독립하여 금융정책을 수행할 권한이 있음을 규정한 법률이다. 그러나 한국전쟁이 발발하면서 통화가치의 안정은 뒷전으로 밀려났다. 이승만 정부는 전쟁 수행을 위한 재정수요를 머니타이제이션에 의해 충족했다.

<표 11-5> 연도별 통화량 추이

(단위: 10억 원, %)

연도	통화량1(M11)[1]	통화량2(M21)
1950	0.283	0.289
1951	0.730(254.4)	0.743(257.1)
1952	1.43(195.9)	1.46(196.5)
1953	3.03(211.9)	3.27(224.0)

주: 1) M11=민간보유화폐+당좌예금+기타요구불예금-미청산어음수표.
2) M21=민간보유화폐+당좌예금+기타요구불예금-미청산어음수표+저축성 예금.
3) 두 번의 통화개혁(1953년 2월, 1962년 6월)으로 명목단위는 1,000 대 1로 절하되었기 때문에 1953년 이전 통화단위로 전환하려면 1,000을 곱하고 환으로 변경해야 함.
4) 말잔 기준.
자료: 배영목(2016), p. 200 재인용.

<표 11-5>는 1950년부터 1953년까지 각 연도의 말잔 기준 통화량을 보여준다. '통화량1'이나 '통화량2'는 비슷한 추세를 보여준다. 저축성 예금은 저축자가 즉각 상환 받을 수 없다는 점에서 현금과 동일하지 않고 그 결과 통화량으로 간주하지 않는다. 그럼에도 불구하고 두 통화량 자료는 매우 비슷한 추세를 보여주고 있다. 1950년 통화량을 기준으로 1953년 통화량은 약 10.7배 증가하였다. 통화량의 이러한 폭발적인 증대는 전비 조달을 위한 것이었다.

통화량 증대는 폭발적인 물가상승을 야기했다. <표 11-6>은 연도별 전국소매물가지수를 보여준다. 1950년에 지수가 532였던 것이 1953년에 지수는 7,618로 상승했다. 이 기간에 물가지수는 약 14.3배 상승했다. 전국소매물가지수의 상승이 통화량 증대와 거의 비슷한 추세를 보여주고 있음을 알 수 있다. 동일한 기간에 국민소득은 약 10.2배 상승했다. 이것은 소득의 실질구매력이 크게 하락했음을 보여준다. 미군정 기간도 전쟁경제 또는 전쟁 사회주의와 다름없었다는 점을 고려하여 1947년 소비자물가지수를 기준으로 1953년 물가

<표 11-6> 국민소득과 물가

(단위: 백만 원)

연도	국민소득		전국 소매물가지수
	금액	지수	
1947[1]	4,544	100	100
1948[1]	6,641	145	158
1949[2]	8,210	183	197
1950[3]	22,347	490	532
1951[4]	55,431	1,219	2,128
1952[5]	184,067	4,053	5,243
1953[5]	229,726	5,007	7,618

주: 1) 한은, 2) 산은, 3) 기획처, 4) 재무부, 5) 한은 기획처 공동추계.
자료: 한국산업은행 조사부(1955), p. 84.

는 76.18배 상승했다.

많은 자원이 전쟁에 투입되기 때문에 전쟁물자와 관련이 없는 각종 물자는 잘 생산될 수 없었다. 그 생산을 위하여 투입되는 자원이 부족하기 때문이다. 그 결과 전쟁 기간에는 수요와 공급 측면에서 각종 재화의 가격을 상승하게 하는 요인들이 적지 않았다.

다른 한편, 전쟁을 수행하기 위하여 많은 물자가 동원되었다. 그러나 생산이 충분하지 않다는 이유로 화폐공급량을 증대시키고 그로 인한 조세, 즉 인플레이션적 조세를 징수했다. 정부가 전쟁비용을 머니타이제이션한 것이다. 조세나 인플레이션적 조세나 민간이 정부에게 바쳐야 한다는 점에서 본질에서 차이가 없다. 그러나 여러 가지 점에서 조세보다 인플레이션적 조세가 더 나쁘다.

화폐공급의 과다한 증대는 이제 살인적인 물가상승을 초래했다. 우리는 이러한 상태의 경제를 전쟁경제 또는 전쟁 사회주의라고 부른다. 직접적으로는 1950-1953년과 간접적으로는 1953-1956년이 이에 해당한다. 전쟁 사회주의라고 하는 이유는 정부가 전쟁을 위하여 많은 물자를 대가를 지불하지 않고 민간으로부터 징수하기 때문이다. 여기에는 조세의 징수뿐만 아니라 인플레이션적 조세도 포함된다. 이것이 1공화국 정부가 전쟁을 위하여 실행했던 정책 중에서 경제적 관점으로 본 가장 치명적인 것이었다. 만약 전쟁비용을 조달하는 방법으로 머니타이제이션을 하지 않았거나 좀 더 낮은 수준의 머니타이제이션을 실행했더라면 살인적인 물가상승으로 인한 경제위기를 어느 정도 피할 수 있었을 것이다.

3. 가치관의 변화

한국전쟁이 개인의 인식이나 가치관에 미친 영향을 보기로 한다. 첫째, 가치관이 집단 중심에서 개인 중심으로 변하고 있다는 것이다. 이렇게 변하고 있는 것은 한국전쟁으로 국민 각자가 극한적인 생존경쟁에 직면하게 되었을 뿐만 아니라 산업이 농업에서 상공업으로 바뀌면서 더 이상 집단적인 활동이 필요 없어지고 분업이 더 중요해진 때문이다.[5] 또한 비록 한국전쟁 무렵에는 중요성은 작지만 서구의 개인 중심의 가치관이 한국 사회에 침식해 들

5 김경동(1988)은 전쟁의 극한 상황이 개인 중심의 가치관을 가져오게 되었다고 주장했다. 이대근(1987)도 한국전쟁을 통하여 여러 신분적 관계가 완화되거나 소멸되는 대신 개인주의와 경제적 합리주의가 발전했다고 주장했다. 이대근(1987), p. 274 참조.

어오기 때문이라고 생각된다. 개인주의가 좋은 것이냐 하는 것은 접어둔다 하더라도, 개인주의는 자유시장경제의 기본적인 전제 가운데 하나이다.[6] 결국 한국은 자유시장경제가 더 잘 번영할 수 있는 기본적이고도 중요한 조건 하나를 한국전쟁으로 인하여 갖추기 시작했던 셈이다.[7] 그리고 이 점이 오늘날 한국의 경제성장이 지속되고 있는 중요한 이유 가운데 하나라고 생각된다.

둘째, 사농공상, 관존민비, 무(武)에 대한 문(文)의 우위 등의 가치관이 변하고 있다. 조선 시대에는 젊고 유능한 인재들을 관, 문, 사 등에 몰리게 함으로써 민, 무 농공상 등의 빈약함을 초래하였다. 사농공상으로 대변되는 가치관은 노동과 장사꾼을 경시한다는 의미를 지닌다. 그 결과 공업과 상업의 미발달, 비효율적인 관 위주의 경제 운영과 독점화, 국방이나 치안의 결함 등을 초래하였다. 더 나아가, 조선은 신분제 사회였고 신분제 사회에서는 더 높은 신분이 더 낮은 신분을 약탈하게 된다. 사회는 갈등, 주도권 싸움 등으로 점철되고 그로 인한 혼란과 무질서가 횡행한다. 이러한 가치관은 결국 경제의 비효율과 미발달을 초래했고 급기야는 일본의 식민지가 되는 아픔을 맛보아야 했다. 그와 같은 전통적인 가치관은 북학파나 실학파 등의 비판을 받았고, 개화기를 전후한 서양 문물의 대량유입으로 점차 바뀌었으며, 한국전쟁으로 크게 그리고 빠르게 변했다.[8]

6 자유시장경제에서 개인주의의 의미에 대해서는 Schotter(1985), pp. 6-7 참조.

7 한국 사회가 얼마나 개인 중심적인가 하는 것은 심도 있는 분석이 필요하다. 집단적 차별 등이 광범위하게 일어나고 있는 현상을 볼 때 한국인의 가치관이 철저히 개인 중심적이라고 볼 수는 없다. 그러나 어떤 경우에는 반대로 지나치게 개인 중심적이다.

8 유교적 가치관이 동아시아의 경제성장에 중요한 공헌을 했다는 주장이 있다. 가치관은 애덤 스미스(Adam Smith)나 제임스 뷰캐넌(James Buchanan)이 주장하는 것처럼 도덕자본(moral capital)으로서 시장을 규율하는

물론 앞에서 열거한 것들은 현재도 한국 사회에 상당히 남아 있어서 한국인의 삶을 제약하고 있지만 시기적으로 식민지 기간을 거치면서 한국전쟁이 전환점이 되어 크게 바뀌었다고 볼 수 있다. 한국전쟁 이전에도 그러한 가치관이 변하고 있었던 것은 사실이나 한국전쟁이 가장 큰 영향을 주었다고 볼 수 있다.

요약하면, 한국전쟁은 개인의 가치관에 큰 영향을 미쳤다. 전쟁은 개인의 가치관이 집단 중심에서 개인 중심으로 변하도록 하는 데 다른 어떤 것보다도 큰 영향을 미쳤다. 개인 중심의 가치관은 자유시장경제의 중요하고도 기초적인 전제들 중의 하나이다. 그러므로 가치관 측면에서 한국전쟁은 비록 역설적이지만 축복이었다.

4. 시장 규모의 축소

한국전쟁과 남북 분단의 상관관계는 매우 밀접하고 복잡하지만 이 연구의 범위를 벗어난다. 적어도 한국전쟁이 남북 분단을 고착시켰음은 분명하다. 한국전쟁에 의해 고착화된 남북 분단은 경제에 몇 가지 중요한 영향을 미쳤

내부적 행동규율에 속한다. 그 점에서 유교적 가치관이 경제성장에 영향을 미쳤거나 미치고 있는 것은 사실이다. 그러나 모든 유교적 가치관이 경제성장에 긍정적으로 작용했다고 볼 수는 없다. 유교적 가치관 중에서도 노동과 장사꾼을 경시하는 가치관은 경제성장에 악영향을 미치는 요인이다. 유교적 가치관 중에서도 장유유서나 가족 중심의 사회 관계 등은 중앙집중적이고 연공서열적이고 대량생산적이면서 상호간의 믿음이 약해 거래비용이 높은 사회에서는 경제성장에 긍정적 역할을 한다. 여기에서는 유교적 가치관 중에서 경제성장에 부정적으로 작용했던 요인들이 전쟁으로 없어졌다는 것이다. 문제는 경제·사회 환경이 변하면서 최근까지도 경제성장에 긍정적 역할을 했던 일부 유교적 가치관도 이제 경제성장에 걸림돌이 되고 있다는 것이다. 시장을 작동하게 하는 내부 행동규율로서 도덕자본의 중요성에 관해서는 공병호(1996) 참조.

다. 그것들을 차례로 본다.

첫째, 남북 분단으로 시장 규모의 축소를 가져왔다. 인구의 측면에서 시장의 크기를 추산해보면 분단은 1/3 정도의 시장 규모 축소를 초래했다. 시장 규모의 축소 그 자체는 문제가 아니다. 문제는 시장 규모의 축소는 어떤 부문에서는 규모의 경제를 실현할 수 있는 가능성을 앗아간다는 점이다. 오늘날 많은 산업들이 경쟁력을 가지기 위하여 최소한의 규모의 경제는 필수적이다. 남북 분단은 많은 산업에서 규모의 경제의 잠재력을 앗아갔고 그것은 남한의 인구가 일정 수준까지 성장할 때까지 분단으로 인한 손실로 작용했다. 또한 시장 규모의 축소는 해외시장에 눈을 돌리게 하는 요인으로 작용했을 것이다. 이 점은 시장 규모의 축소로 인한 긍정적인 효과라고 할 수 있다.

둘째, 분업과 전문화가 불가능해진 것도 분단으로 인한 중요한 경제적 손실이다. 북한지역은 공업에 전문화할 수 있도록 공업원료와 발전을 위한 물이 풍부하고 남한지역은 상대적으로 농업에 전문화할 수 있는 조건을 갖추고 있었다. 그리고 일제강점기는 실제로 그런 방식으로 분업과 전문화를 하였다. 그러나 남북 분단으로 그런 이상적인 분업과 전문화가 불가능하게 되었다. 이제 남북 분단은 남한 시장만을 기초로 분업을 해야 했다. 분업과 전문화의 범위가 축소되면서 해외시장으로 눈을 돌리게 된 것은 여기에서도 긍정적인 것이다.

셋째, 남북 분단은 매우 좋은 조건의 공업원료 시장을 잃게 만들었다. 북한은 철광석과 석탄 등의 공업원료가 풍부한 곳이지만, 분단으로 남한은 그러한 공업원료를 더 이상 이용할 수 없게 되었다. 풍부한 수력에 의해 생산된 북한의 전기도 남한에서 이용할 수 없었다.

요약하면, 전쟁과 남북 분단으로 인한 시장 규모의 축소는 규모의 경제와 분업과 전문화 실현 불가능, 공업원료 시장의 유실, 값싼 전기의 이용 불가능 등의 부정적 효과와 시장 규모의 축소로 인한 적극적인 해외시장 개척이라는 긍정적 효과를 동시에 초래했다. 어느 쪽의 영향이 더 큰가는 실증의 문제이다. 직관적으로는 적어도 무역에 덜 관심을 기울였던 1950년대까지는 부정적 효과가 긍정적 효과보다 컸다.

5. 군대의 성장과 발전

한국 군대의 성장과 발전은 한국전쟁 때문이었다. 그러나 그를 가장 크게 지원한 국가는 미국이었다. 그리고 조선 시대 이래로 군부가 양적으로 크게 성장했을 뿐만 아니라 질적으로 크게 발전했던 적은 1공화국 시대가 처음이었을 뿐만 아니라 그 이후로도 그 추세는 이어졌다. 군대의 그런 성장과 발전은 한국의 정치, 경제, 사회를 포함한 모든 부문에 크고 작은 영향을 미쳤다. 그 영향이 가장 현저하게 나타났던 사건과 시기는 5·16군사정변과 3공화국과 5공화국 등이다. 여기에서는 1공화국 기간에 발발했던 한국전쟁이 군대의 성장과 발전에 지대한 영향을 미쳤다는 사실만을 지적해둔다. 미국의 원조가 한국 군대의 성장과 발전에 미친 영향과 함께 그런 성장과 발전이 한국의 정치, 경제, 사회 등에 미친 영향에 대해서는 4편에서 자세히 다룰 것이다.

제12장

이익균점권과 반쪽의 자유기업주의

1. 서론

자본주의에서 핵심은 자유기업주의이다. 기업이야말로 경제성장에서 가장 중요한 조직이자 기구이다. 그리고 기업을 이끌어가는 사람은 기업가이기 때문에 자본주의에서 가장 중요한 경제주체는 기업가이지만 기업가의 기능 중에서도 자본가로서 기업가가 무엇보다도 중요하다. 이때 자유기업주의는 기업가 또는 개인의 사적 소유권을 국가가 보호하는 것인데 여기에는 '자유계약'도 물론 포함된다. 재산권은 보호하면서 자유계약을 허용하지 않는다면 그것은 간섭주의이다. 만약 기업을 국가가 소유하거나 그와 비슷한 형태의 공동 소유가 되면 그것은 기업의 소유권이 개인에게 있는 것이 아니다. 그것은 사회주의 또는 공산주의이다.

해방 이후에 일본인이 소유했던 기업, 즉 귀속기업체가 한반도에 남겨졌다. 그리고 뒤에서 보겠지만 그런 귀속기업체는 1공화국에서 가장 많이 불하되었다. 그러므로 한국의 자유기업주의가 실제로 어떻게 확립되었는가를 보기 위해서는 1공화국의 귀속기업체 불하정책과 결과를 탐구할 필요가 있다. 그리고 1공화국은 국·공유화의 범위를 제도적으로 축소하였다. 정부는 1954년 개헌과 국무원 고시를 통해 국·공유화의 범위를 매우 제한함으로써 민간부문의 영역을 확장할 수 있는 제도적 틀을 마련하였고, 그것을 토대로 앞에서 보았듯이 귀속기업체를 계속적으로 매각했다. 그 결과 많은 귀속기업체들이 사유화되었다. 1공화국이 사유재산제의 기본적인 틀을 더 확고히 했다는 점은 무엇보다도 중요하다고 하겠다. 그리고 그런 귀속기업체에게 자유계약이 얼마나 보호되었는가를 검토하는 것이 다음의 과제가 될 것이다. 그러나 이 점은 3편 전체에 걸쳐 있기 때문에 독립적으로 다루지는 않는다. 다만 정부가 많은 부문에서 간섭주의를 채택함으로써 계약의 자유를 부정했다는 점에서 1공화국의 자유기업주의는 '반쪽'에 지나지 않음을 강조할 필요가 있다.

제헌국회는 노동자의 경영참가권을 허용하지 않았다. 1공화국은 노동자의 이익균점권을 실천할 수 있는 법률을 제정하지 않음으로써 사실상 이익균점권도 폐기했다. 1공화국이 노동자의 경영참가권을 허용하지 않고 이익균점권을 사실상 폐기한 것은 기업의 경영과 소유에서 사회주의 또는 공산주의가 되는 것을 막은 것이다.

2. 귀속기업체 불하정책

미군정기에 조선인민공화국을 포함한 모든 좌익단체는 귀속재산의 몰수와 국유화를 주장하였다.[1] 우익 정당인 한민당과 한독당은 약간 다른 견해를 표명했다. 한민당은 중소규모 기업체의 불하에는 찬성하였지만, 대규모의 주요 공장과 광산은 국영, 또는 국가 관리를 주장하였다.[2] 한독당은 한민당과 달리 귀속재산을 몰수하여 국유화할 것을 주장하였다.[3] 한마디로, 좌우의 정당과 관련 단체들은 귀속재산을 국가 소유로 할 것을 주장하였는데, 대규모의 공장과 광산에 대하여 특히 그러하였다. 다만 업자들의 단체인 조선상공

1 우파인 한국민주당, 국민당, 한국독립당, 좌파인 조선공산당, 조선인민당의 경제에 관한 강령과 정책에 관하여는 이종훈(1988), pp. 114-119 참조.
2 한민당의 입장에 대하여는 심지연(1984), 이혜숙(1990) 참조.
3 한독당의 입장에 대하여는 심지연(1986) 참조.

<표 12-1> 기업체 불하에 관한 주요 제도 변화

헌법	1948년 제헌헌법 대기업체와 광산을 국영 또는 국유화	1954년 11월 헌법개정 제85조, 제87조 개정	
법률	국무원 고시 제12호(1951. 3. 31), 제13호(1951. 5. 29), 특수법 등으로 50개 기업체를 국·공유 기업체로 지정	국무원 고시 제12호와 제13호 폐지(1954. 5)	1957년 은행의 민영화(흥업은행, 저축은행, 상업은행)

회의소는 중소사업체는 즉각 불하하고 대사업체나 특수사업체는 임대차할 것을 미군정에 제안하였다.

미국의 3성조정위원회는 이미 1946년 2월에 귀속재산 중 농지, 주택, 소규모 기업체의 매각을 허용하였다. 즉, 소규모 기업체의 사유화는 미군정이 결정했다는 것이다. 그리고 대기업체와 광산에 대하여 제헌의회는 국영 내지 국유화할 것을 1948년 헌법에 명문화하였다. 그러므로 좌우익의 반대에도 불구하고 중소규모 기업체의 매각 결정은 한국경제의 생산성에 미치는 중요한 결정이었다고 할 수 있다. 대기업체와 광산의 국영 내지 국유화가 헌법에 명시되었지만 제1공화국은 국영 내지 국유화의 범위를 정하는 법률에서 그 범위를 매우 좁게 정의함으로써 사유의 범위를 넓히는 정책을 취했다.

귀속기업체에 대한 주요 제도 변화와 헌법의 주요 경제조항을 보면 <표 12-1>, <표 12-2>와 같다. 1948년 제헌의회는 대기업체의 국영 또는 국유화를 헌법에 명시하였다. 헌법을 토대로 당시 행정부는 국무원 고시 제12호(1951. 3. 31), 국무원 고시 제13호(1951. 5. 29), 특수법의 제정으로 다음과 같이 50개 기업체를 국·공유 기업체로 지정하였다. 국무원 고시 제12호와 제13호에 의해 지정된 국·공유 기업체는 <표 12-3>에 나와 있다. 특수법의 제정으로 국·공유화

<표 12-2> 헌법의 주요 경제조항의 변화

헌법 조항 / 내용	1948년 제헌헌법 조항	제2차 헌법 개정(사사오입 개헌)[1]
第85조	광물, 기타 중요한 지하자원, 수산자원, 수력과 경제상 이용할 수 있는 자연력은 국유로 한다. 공공필요에 의하여 일정한 기간 그 개발 또는 이용을 특허하거나, 또는 특허를 취소함은 법률이 정하는 바에 의하여 행한다.	광물 기타 중요한 지하자원, 수산자원, 수력과 경제상 이용할 수 있는 자연력은 법률이 정하는 바에 의하여 일정한 기간 그 채취, 개발 또는 이용을 특허할 수 있다.
第87조	중요한 운수, 통신, 금융, 보험, 전기, 수리, 수도, 가스 및 공공성을 가진 기업은 국영 또는 공영으로 한다. 공공필요에 의하여 사영을 특허하거나 또는 그 특허를 취소함은 법률이 정하는 바에 의하여 행한다. 대외무역은 국가의 통제 하에 둔다.	대외무역은 법률이 정하는 바에 의하여 국가의 통제 하에 둔다.
第88조	국방상 또는 국민생활상 긴절한 필요에 의하여 사영기업을 국유 또는 공유로 이전하거나 또는 그 경영권을 통제 관리함은 법률이 정하는 바에 의하여 행한다.	국방상 또는 국민생활상 긴절한 필요로 인하여 법률로서 특히 규정한 경우를 제외하고 사영기업을 국유 또는 공유로 이전하거나 그 경영을 통제 또는 관리할 수 없다.

주: 1) 1954년 11월 단행된 2차 헌법 개정.
자료: 김철수(1988), pp. 550, 554; 국회 사무처, 「국회속기록」(본회), 제18회 26차, p. 7.

된 기업체 또는 은행은 대한석탄공사, 대한해운공사, 대한조선공사, 한국은행, 산업은행, 조폐공사 등이다. 국무원 고시 제12호와 제13호에 의하여 지정된 국·공유 기업체는 석탄업 8개 회사, 광산업 17개 회사, 제조업 11개 회사, 전기업 4개 회사, 기타 4개 회사 등이다.[4] 그러나 정부는 1954년 11월의 개헌

4 한국은행은 국무원 고시 제13호에 포함되어 있으나 특수법 제정에 의한 것으로 보는 것이 타당하다.

<표 12-3> 국무원 고시 제12호, 제13호에 의해 지정된 공기업체명

	기업체명	계
고시 제12호	조선석탄배급회사, 조선연탄주식회사, 삼국석탄공업주식회사, 삼척탄광, 영월탄광, 화순탄광, 은성탄광, 합명회사 서울핏취 연탄공장	8
고시 제13호	삼화제철공사, 대한중공업공사, 조선기계제작소, 유한상공주식회사, 삼화정공주식회사, 동양화학공사, 삼척세멘트공사, 조선유지화학주식회사, 조선석유주식회사, 조선전업주식회사, 경성전기주식회사, 남선전기주식회사, 서선전기주식회사, 한국은행, 주택영단, 대한수리조합연합회, 대한농지개발영단, 조선광업진흥주식회사, 장항제련소, 옹진광산, 금정광산, 구봉광산, 해주광산, 율포광산, 순천광산, 무극광산, 함안광산, 군북광산, 일광광산, 고성광산, 여미산광산, 김제사광산, 상동사광산, 달성사광산, 옥방광산, 삼화철산, 조선방직주식회사 부산공장	37

자료: 관보 1951년 3월 31일자, 5월 29일자.

으로 헌법 제85조와 제87조를 개정했다. 그 주요 내용은 <표 12-1>에서 보듯이 국공유 기업체를 지정할 수 있는 조항을 삭제하고(87조), 광업 등에서의 국유를 지정하는 조항도 삭제하고(85조), 그 대신 국가가 특허권을 가지도록 했다.[5] 개정된 헌법을 토대로 정부는 국무원 고시 제15호(1954. 5. 8)로 국무원 고시 제12호와 제13호를 폐지하였다. 그리고 1954년 3월 7일에 관세청장은 귀속은행주의 불하를 기정사실로 하는 발언을 하였다(한국은행 조사부, 1956, I. p. 280 참조). 결과적으로 한국전쟁 이후에 귀속기업체의 불하 범위는 초기의 중요산업에 대한 국유 또는 공유의 원칙에서 몇 개의 기간산업체를 제외한 전체 산업으로 확대되었다. 즉, 1공화국은 귀속기업체의 불하 범위를 확대한 것이다. 그렇게 된 데에는 한국전쟁으로 공산주의를 체험한 요인이 크게 작용했다고 할

5 유신헌법(1972)에서도 1954년 헌법의 경제조항(제85, 87, 88조)은 그대로 두었다.

수 있다. 한마디로, 1공화국 초기에는 대기업체와 광산의 국영 내지는 국유화가 천명되었지만 헌법과 관련 법규의 개정으로 귀속기업체는 대부분 사유화하는 것으로 귀결되었다. 물론 실질적인 민영화는 시장 상황으로 인하여 즉각 실시되지 않고 시간을 두고 진행되었다.

1949년 2월 중순 정부는 '귀속재산처리법안'을 국무회의에 제안하고 그해 12월에 「귀속재산처리법」을 제정하였다. 이 법은 "귀속재산은 합법적이며 사상이 온건하고 운영능력이 있는 선량한 연고자, 종업원 또는 농지개혁법에 의하여 농지를 매수당한 자와 주택에서는, 특히 국가에 유공한 무주택자, 그 유가족, 주택 없는 빈곤한 근로자 또는 귀속주택 이외의 주택을 구득하기 곤란한 자에게 우선적으로 매각한다. …"고 규정하였다(한국산업은행 조사부, 1955, p. 797).

1950년 3월 대통령령으로 공포된 귀속재산처리법 시행령 제10조 제1항은 귀속기업체의 매수 우선순위를 다음과 같이 정하였다.

1위 임차인 및 관리인

2위 기업체의 주주

3위 사원

4위 조합원 및 2년 이상 계속 근무한 종업원

5위 농지개혁법에 의하여 농지를 매수당한 자

위의 2위에서 4위까지는 1945년 8월 9일 이전부터 그렇게 된 경우에만 인정해주기로 하였다. 우선권의 의미는 우선권이 부여되었다고 해서 입찰도 하지 않았던 것은 아니며, 단지 입찰 후에 우선권자가 최고액 입찰자가 아닌 경우에도 우선권자에게 그 최고 입찰가격으로 매수할 수 있는 자격을 우선적으로 부여하였다(한국산업은행 조사부, 1955, p. 800). 그러므로 우선권은 귀속기업체를 불하 받을 수 있는 순위를 정하는 것이었지, 기업체 불하가격에 영향을 미치는 것은 아니었다. 그러나 정부는 1954년 9월에 귀속재산처리법 시행령을 1차 개정하였다. 여기에서는 대통령령이 정하는 대규모 기업체에 대해서는 우선권을 인정치 않고 최고가격 입찰자에게 매각할 것을 정하였다.

특기할 만한 사실은 정부가 당시 강력하게 대두되었던 종업원 조합에 우선권을 부여해달라는 요구를 받아들이지 않았다는 점이다. 위에서도 알 수 있듯이 해당 업체의 노동자는 3위 또는 4위에 순위를 배정받았다. 이것은 귀속기업체의 경우에 소유권을 누구에게 주는 것이 정당한가 하는 문제이다. 재산의 소유권 문제는 10장에서 일부 다루었다. 농지와 달리, 귀속기업체의 경우는 원래의 소유자가 정당한 소유자이지만 사실상 그 권리를 포기한 경우이다. 예외를 제외하면 말이다. 이것은 정당한 소유자가 실종된 경우와 동일한 경우이다. 이 경우에 그 기업체의 소유는 그 기업에 자신의 노동과 노력을 투입한 사람이 되어야 할 것이다. 노동과 노력의 투입이라는 점에서는 관리인, 주주, 사원, 조합원, 종업원 등이 동일한 우선순위를 가지는 것이 옳다. 다만 각자의 몫은 노동과 노력을 투입한 정도에 비례하는 것이 가장 타당하고 적절하다. 그리고 소유주가 실종된 경우에 앞에서 언급한 사람들에게 무상으로 그 기업을 분배해야 할 것이다(Rothbard, 2002 참조).

요약하면, 1공화국 정부가 귀속재산을 무상으로 분배하지 않고 매각한 것은 문제가 있는 것이다. 왜냐하면 매각은 정부가 자산에 대한 정당한 권리를 보유하고 있을 때만이 타당하기 때문이다. 그리고 매각하는 경우에도 매각의 우선순위는 전적으로 잘못된 것이다. 그럼에도 불구하고 1공화국 정부가 귀속기업체의 소유권을 개인에게 매각하여 자산의 소유를 사유화한 것은 자유기업주의라는 자본주의 틀의 중요한 일각을 완성하는 조치를 취했다고 할 수 있다. 당시 좌익단체의 주장을 받아들여 국·공유화했다면 귀속재산의 사회주의화가 이루어졌을 것이다. 다시 말하면, 귀속재산의 매각에 의한 사유화는 '차선'이지 '최선'은 아니었지만 '최악'은 면했다. 무상분배라는 관점에서는, 매각은 정부가 귀속재산의 가치를 몰수했다는 점에서 '귀속재산 사회주의'인 것이다. 사회주의의 희생자는 재산의 정당한 소유자인 일본인이었다. 왜냐하면 1공화국과 미군정이 전쟁 시에도 국제법상 사유재산을 몰수할 수 없다는 원리에 따르지 않고 귀속재산을 매각했던 것은 일본인의 재산권을 침해했기 때문이다.

3. 귀속기업체 불하 실적

그러면 귀속기업체는 언제 불하되었는가? 귀속기업체는 대부분 제1공화국 시기에 불하되었다. 건수 측면에서 보면 <표 12-4>에서 알 수 있듯이 1948, 1951, 1952년에 불하가 많이 이루어졌다. 공제욱(1993)에 따르면 계약고 측면에서는 한국전쟁이 끝나고 난 1953년부터 1955년 사이에 귀속기업체가 집중적으로 불하되었다. 전쟁을 전후하여 인플레이션이 극심하였기 때문에 계약고의 절대액수는 기업체의 중요성을 정확하게 반영하고 있지 않다. 1960년 도매물가 수준으로 환산해보면 1948년을 포함하여 1951년부터 1956년까지 거의 대부분의 귀속기업체가 민간에게 불하되었다는 것을 알 수 있다.[6]

<표 12-4> 연도별 귀속기업체 불하와 사업체 수 비교

구분 / 연도	기업체 불하[1]		전 산업 사업체 수[2]	제조업 공장 수[3]
	불하 건수	계약고[4]		
1948	407	1,209		4,194
1949	107	139	7,404	
1950	162	7,404		
1951	391	59,366		
1952	359	86,070	4,300	
1953	121	314,247	3,636	
1954	233	121,907	4,344	
1955	165	1,153,025		8,628
1956			6,536	
1957	61	403,743	6,484	
1958	23	98,317	6,072	
1959				12,971
1960				15,204
계	2,029			

주: 1) 1954년도는 1954. 4-1955. 6의 15개월간, 1955년도는 1955. 7-1956. 12의 18개월간, 불하 건수는 개사이고, 계약고는 각 연도의 화폐가치에 의한 것임(재무부, 1958, p. 167).
2) 종업원 5인 이상 규모의 사업체로(공공 부문 및 국가 부문 제외), 단위는 개사임(보건사회부, 1959, p. 422; 경제기획원, 1961, p. 223).
3) 종업원 5인 이상 공장의 수. 단위가 개사인 경우와 직접 비교는 곤란함(남조선 과도정부 노동부, 1948; 한국은행, 한국산업은행 외, 『광공업센스서 보고서』, 각 연도).
4) 단위: 만 환, 1958년 5월 31일 현재(재무부, 1958; 공제욱, 1993, p. 90에서 재인용).

귀속기업체의 전체 불하 건수는 미군정이 불하한 513건을 포함하여 1958년 현재 총 2,542건에 이르고 있다. 귀속기업체의 중요성을 평가하는 일은 전 산업의 사업체 수가 정확하지 않아 직접적인 비교는 어렵다. 다만 <표 12-4>

6 1960년 도매물가 수준으로 환산한 연도별 불하기업체 수에 관하여는 공제욱(1993), pp. 94-95의 표 3-10, 표 3-11 참조.

에서 보듯이 1958년 현재 전 산업 사업체 수가 약 6,000개, 1960년 제조업 공장 수가 약 1만 5,000개라는 점을 감안할 때 수적인 면에서 귀속기업체의 비중이 작지 않았다는 것을 알 수 있다.

다른 한편, 일제강점기에 중화학공업의 대부분을 일본인이 소유했다는 점은 귀속기업체의 상대적 크기가 조선인이 소유했던 기업보다 더 컸다는 사실을 말해준다. 따라서 귀속기업체의 비중을 수로 평가할 때보다 그 크기로 평가하면 더 중요해진다고 할 수 있다. 왜냐하면 공업의 구조라는 측면에서 보면 중화학공업에서 귀속기업체의 비중이 높았기 때문이다.

그리고 11장에서 보았듯이 귀속기업체의 상당 부분이 전쟁으로 파괴되었다. 그것은 앞에서 제시한 귀속기업체의 비중이 귀속기업체의 매각 이후에 경제성장에 직접적으로 기여한 정도로 보기 어렵다는 것을 의미한다. 그러나 귀속기업체의 불하가 경제성장에 상당한 정도로 기여한 것은 분명하다.

4. 기업의 소유권과 경영 관리에 대한 1950년대의 중요성

여기에서는 기업의 소유권과 경영 관리에 대한 1950년대의 중요성을 앞에서 분석한 내용을 중심으로 몇 가지 점들을 강조하고자 한다.

첫째, 1950년대는 귀속기업체가 1공화국에 의하여 실질적으로 매각된 시기라고 할 수 있다. 1948년을 포함한 1951년부터 1956년까지 거의 대부분의 귀속기업체가 민간에게 매각되었다. 그러한 귀속기업체의 매각이 정부의 영역을 줄이고 시장의 범위를 넓혔을 뿐만 아니라 불하가 자본주의의 핵심 축인

<표 12-5> 1950년대 주요 대기업체 중 귀속기업체의 비중

(단위: 개사, %)

구분	주요 대기업체 수	불하된 귀속기업체 수	국유화된 귀속기업체 수	일제 때 조선인에 의해 설립된 기업체	8·15 이후 신설된 기업체 또는 미상
계	89(100.0)	36(40.4)	4(4.5)	8(9.0)	41(46.1)

주: 1) 미상인 기업체를 8·15 이후 신설기업과 합친 것은 그 대부분이 8·15 이후의 신설기업체일 가능성이 많기 때문이다.
2) 여기서 대기업이란 1958년과 1962년 시점 중에서 어느 한 연도에 고용인 300인 이상의 업체를 말한다. 그중에서도 1958년 경우에는 종웝원 수가 300인이 넘는 기업체라 해도 1956년과 1962년 시점에서 기업체의 존재가 확인되지 않는 기업체는 대상에서 제외하였다. 1962년의 경우에는 1962년의 시점에서 종업원 수가 300인이 넘는 기업체 중 1956년과 1958년의 자료에서 기업체의 존재가 확인되지 않는 기업체는 신생기업으로 간주하여 제외하였다. 이렇게 하여 뽑은 대기업체의 수는 1958년에 50개, 1962년에 69개로 모두 119개이나 중복되는 것이 30개 기업이기 때문에 그것을 빼면 결과적으로 89개의 기업이 대기업으로 남는다.

자료: 국제상사(1979); 대한주정협회 청산위원회(1982); 대동공업(1982); 국정교과서(1987); 대한약품공업협회(1986); 대한인쇄공업협동조합연합회(1982); 세무정보사(1985); 재벌문제연구소(1985); 김진엽(1985); 공제욱(1993), p. 117에서 재인용.

사유제를 확고히하는 일에 실질적인 기여를 했다. 다만 매각 방법 자체는 문제가 있었음을 앞에서 지적했다. 특히, 대기업체에서 귀속기업체의 비중을 보면 더욱 그 중요성을 알 수 있다. <표 12-5>에서 보듯이 1950년대 300인 이상 대기업 중에서 불하된 귀속기업체의 비중이 약 40%를 점하였다는 사실은 귀속기업체의 비중이 얼마나 중요한가를 보여주는 좋은 증거라고 할 수 있다. 고용인원의 수라는 관점에서 불하된 기업체의 비중을 보면 그 비중은 더 높아진다. 귀속기업체의 매각은 전쟁비용 조달이 한 원인이 되기도 했지만 무엇보다 공산주의를 체험하고 난 후에 방금 싹트기 시작한 자본주의 체제를 공고하게 하기 위해서였다. 그러므로 만약 귀속기업체를 민간에게 불하하지 않았다면, 즉 좌익단체의 주장대로 귀속기업체를 국유화했다면 민간영역은 매우 좁았을 것으로 예상할 수 있다.

<표 12-6> 기업체의 운영 형태별 생산성 비교

(단위: 천 원)

구분 \ 운영 형태	공산액	1공장당 공산액	1노동자당 공산액
중앙직할	11,636,925	63,590	308
지방관리	6,790,732	10,627	266
사영	34,219,483	11,460	505
계	52,647,139	13,825	402

주: 1) 1948년 말 조사치임.
2) 중앙직할과 지방관리는 귀속기업체의 관리주체에 따라 분류한 것임.
3) 1공장당 생산액이 중앙직할이 가장 큰 이유는 중앙직할의 귀속기업이 무엇보다 컸기 때문임.
자료: 조선은행 조사부(1949년판), pp. I-42, 43에서 작성.

둘째, 정부의 귀속기업체의 매각은 당시에 국유나 공유로 운영되었던 귀속기업체의 경영을 크게 개선했다. <표 12-6>은 1948년 당시의 운영 형태별 공산액을 보여주고 있다. 노동자 1인당 공산액의 크기가 사영인 경우가 중앙직할이나 지방관리 기업체보다도 더 컸다는 사실을 알 수 있다. 이러한 생산성의 저하를 귀속기업체의 사유화를 통해 극복할 수 있었다. 만약 귀속기업체가 국유나 공유로 계속해서 남아 있었다면 한국전쟁 이후의 생산성은 매우 낮았을 것이라는 점은 분명해보인다.

셋째, 1공화국은 국공유화의 범위를 제도적으로 축소하였다. 1954년 개헌과 국무원 고시를 통해 국공유화의 범위를 매우 제한함으로써 민간 부문의 영역을 확장할 수 있는 제도적 틀을 마련하였고, 그것을 토대로 앞에서 보았듯이 귀속기업체를 계속적으로 매각했다. 그 결과 많은 귀속기업체들이 사유화되었다. 사유재산제의 기본적인 틀을 더 확고히했다는 점은 무엇보다도 중요하다고 하겠다.

넷째, 1공화국은 노동자의 경영참가권과 이익균점권을 인정하지 않았다. 당시 노동자들은 자주관리운동을 통해 경영참가권과 이익균점권을 요구하였다. 제헌국회는 제헌헌법에서 노동자의 경영참가권은 인정하지 않았으나 이익균점권은 명시하였다.[7] 그러나 이익균점권은 헌법에 명기되었지만 하위 법률이 제정되지 않아 실제적으로 시행되지 못하였다. 경영참가권과 이익균점권이 실시되었더라면 기업체의 소유권이 사유화되었더라도 실질적인 의미에서 사유화라고 할 수 없었을 것이다. 그것은 조합주의나 집단주의의 한 변형이라고밖에 할 수 없을 것이다. 당시 입법부는 미군정의 정책을 이어받아 경영참가권을 부정하였고, 제1공화국은 이익균점권을 위한 하위 법률을 제정하지 않음으로써 이익균점권의 실질적인 행사를 막았다. 그리고 제3공화국에서는 경영참가권과 이익균점권을 헌법에서 제외했다.

다섯째, 1공화국 정부가 자유기업주의를 채택하여 귀속기업을 적극적으로 매각했지만 매각 방법은 문제가 있었다. 왜냐하면 그 매각 방법이 '특혜적 불하'[8]라는 방법이었기 때문이다. 이때 특혜적 불하란, 첫째 처음 불하자산의 사정(査定)가격을 시장가격 이하로 낮게 책정하거나, 둘째 공개경쟁이 아니라 수의계약에 의해 불하가격을 시장가격보다도 낮게 하거나, 셋째 대금 납부를 장기분할 방법으로 하거나, 넷째 장기분할을 하는 경우에 장기저리의 은행융자까지 알선해주는 등의 방법에 의한 것이다. 특혜적 불하는 기업 인수 당사자에게 엄청난 특혜를 주었다. 그리고 그것이 엄청난 특혜이기 때문에 정경

7 경영참가권을 인정하자는 제안에 대한 표결 결과는 재석 180석 중 가 81, 부 91, 기권 5, 무효 3으로 거의 과반수에 가까운 의원들이 노동자의 경영참가권 부여에 찬성하였다.

8 특혜적 불하에 대한 자세한 내용은 김성두(1965), pp. 23-24 참조.

유착이 없을 수 없었다. 불하된 귀속기업은 규모가 크고 시장점유율이 높아서 귀속기업을 불하 받은 기업주들은 후발기업의 설립을 최대한 억제하도록 정부에 요청했다. 이제 특혜적 불하는 독점을 초래했고 독점에는 언제나 독점이득이 따랐다. 5·16 군사정부는 이 특혜적 불하에 대해 정부 차원에서 응징했다(이 점에 대한 자세한 설명은 25장에서 다룬다).

당시 굴지의 귀속기업체인 'C방직공장'의 불하를 예로 들어본다. 1947년 현재 시가(時價)가 30억 환 정도였지만 정부는 사정가격을 7억 환으로 결정했다. 게다가, 정부는 공장을 사정가격의 반값 정도인 3억 6,000만 환으로 불하했다. 결국 공장의 불하가격은 시가의 12%에 지나지 않았다. 여기에 정부는 그 금액을 15년간 장기분할 상환하도록 하고 상환대금의 일부를 은행 융자해 주었다. 이 시기는 초인플레이션 시대였기 때문에 15년간의 장기분할 상환은 사실상 그 공장을 대가 없이 불하한 것이나 마찬가지였다.

5. 반쪽의 자유기업주의

1950년대 기업체 수의 증가를 보면 1953년에 종업원 5인 이상 기업체의 수는 3,636개였으나 1957년에는 6,484개로 증가했고, 1961년에 종업원 10인 이상 기업체의 수는 7,644개, 1962년에 10,608개로 증가했다. <표 12-4>에는 종업원 5인 이상의 공장의 수는 1948년 4,194개, 1955년 8,628개, 1959년 12,971개, 1960년 15,204개였다. 공장의 수는 기업체의 수보다도 더 빨리 증가했다. 요약하면, 1953-1962년에 공장을 포함한 기업체의 설립이 붐을 이루었다. 반면에

<표 12-7> 1950년대 후반 대기업의 성장

구분 \ 연도	1958	1962
종업원 수 200인 이상 기업체 총수	104개	153개
종업원 수 300인 이상 기업체 총수	57개	93개

자료: 공제욱(1993), p. 105에서 인용.

1969년에 종업원 10인 이상 기업체의 수는 10,910개로서 그동안 거의 변화하지 않았다. 우리가 기업의 개수만으로 1950년대와 1960년대의 기업활동을 직접 비교할 수 없지만 상대적으로 1950년대가 창업이 활발했고, 뒤에서 보겠지만 1960년대는 기존 기업의 확장이 활발했다고 할 수 있다. 그리고 이러한 활발한 창업과 확장은 자산에 대한 민간의 소유권을 확실하게 보장해주는 것 또는 자유기업주의 때문이다.

1950년대 후반의 대기업의 성장을 <표 12-7>에서 보면, 종업원 200인 이상 대기업체의 총수는 1958년 104개에서 1962년 153개로 증가하였고, 종업원 300인 이상 대기업의 수는 57개에서 93개로 거의 배증하였다.[9] 이렇게 300인 이상의 기업체 수가 빠르게 증가한 까닭은 다음 장에서 보게 될 대기업에 대한 정부의 지원정책에 힘입은 바 크다. 그러나 더 중요한 것은 대기업이 시장에서 수요자의 욕구를 잘 만족시킴으로써 성장했다는 점이다.

기업의 창업과 확장이 활발했던 것은 한편으로 정부의 지원정책 때문이기도 하였지만 더 근본적으로는 1950년대 후반에는 1954년에 개정한 헌법의

9 이 당시 공식적으로는 종업원 200인 이상 기업체를 대기업으로 분류하였다.

효과가 나타나고 있었다고 볼 수 있다. 왜냐하면 1954년 헌법 개정에서 정부는 기업을 국·공영화할 수 있는 영역을 최대한 줄였을 뿐만 아니라 광업 등의 부문에서 국영의 가능성을 폐쇄함으로써 사기업의 영역을 최대한 확장할 수 있도록 했기 때문이다. 이에 더하여, 1공화국 정부는 1956년 3월에 대한증권거래소를 허가하여 기업이 자본을 민간으로부터 직접 조달할 수 있도록 했다. 여기에 1950년대 후반에는 화폐공급이 안정됨으로써 경제 전반이 안정화되었다는 점도 추가할 필요가 있다(이 점은 다음 장에서 자세히 다룬다).

그러나 민간의 경제행위에 대한 정부의 통제와 간섭은 넓고 깊었다. 많은 재화에 대한 가격규제와 비가격규제가 대표적인 것이다. 그런 통제와 간섭은 실질적인 의미에서 자유기업주의를 부정하는 것이었다. 그 결과 1공화국의 자유기업주의는 반쪽이 되고 말았다는 것이 진실이다.

6. 결론

1950년대는 한국 기업 역사상 매우 중요한 시기였다. 1948년에 제정된 제헌헌법은 원래 주요 산업의 국유화, 노동자에 의한 이익균점 등의 내용을 포함하고 있었다. 한마디로, 제헌헌법이 지향한 경제체제는 사회주의적인 요소가 많이 들어 있는 경제체제였다. 그러나 1공화국은 귀속기업체의 매각으로 민간영역을 넓혔을 뿐만 아니라 그것을 제도화하여 사유재산제를 위한 기틀을 공고히했다. 또한 노동자들의 경영참가와 이익균점에 대한 요구를 부인함으로써 경영관리 측면에서 자본주의가 사회주의로 변질되는 것을 막았다. 그리고 그것은 3공화국의 헌법에도 영향을 미쳤다. 즉, 자유기업주의를 원칙으로 하는 체제가 이 시기에 제도화되었다. 만약 많은 귀속기업체가 국유 또는 공유되고 노동자의 경영참가와 이익균점권을 인정하였더라면 실질적인 의미에서 자본주의 체제라고 할 수 없게 되었을 것인데, 1950년대 1공화국은 그것들을 모두 부인하고 제도적인 관점에서 자유기업주의를 채택했다고 할 수 있다. 그리고 3대 기간공장(비료, 시멘트, 판유리)을 건설하였지만 2개의 공장은 준공 직후 즉각 민영화한 것도 1공화국의 자유기업주의를 잘 보여준다(이 점은 17장에서 더 다룰 것이다). 그러나 민간의 경제행위에 대한 정부의 통제와 간섭은 넓고 깊었다. 많은 재화에 대한 가격규제와 비가격규제가 대표적인 것이다. 그런 통제와 간섭은 실질적 의미에서 자유기업주의를 부정하는 것이다. 그 결과 1공화국의 자유기업주의는 반쪽이 되고 말았다는 것이 진실이다.

비록 1950년대에 자유기업주의를 원칙으로 하는 자본주의 체제의 초석이 놓여졌지만, 경제의 운영이라는 측면에서 보면 정부의 인위적인 저곡가, 저금리, 저환율, 원조물자의 수입할당, 원조자금의 배정, 융자의 집중지원 등을 통해 민간의 경제행위에 대한 정부의 개입은 넓고 깊었다. 1공화국은 간섭주의가 만연했던 시대라고 규정해도 무리가 없다. 정부의 간섭은 부정·부패의 만연, 정경유착, 계층 간 갈등과 혼란, 각종 비효율(일부 산업에서는 과잉시설과 과잉생산 그리고 일부 산업에서는 자원 사용의 대가를 더 비싸게 지불하는 것 등의 비효율) 등의 정치·경제·사회적인 문제들을 표출했다. 그리고 그러한 문제들은 경제성장에 부정적인 영향을 미쳤다(1공화국의 간섭주의에 대해서는 아래 장들에서 자세히 논의할 것이다).

자유기업주의는 자본주의의 핵심이다. 이익균점권은 자유기업주의를 부정하는 것이다. 1공화국은 이익균점권을 위한 하위 법률을 제정하지 않았고 3공화국은 1962년 제5차 헌법 개정에서 이익균점권 조항을 삭제했다. 이익균점권 조항만을 놓고 보면, 1공화국과 비교하여 3공화국은 제도적으로 진일보했다. 그리고 박정희는 노동조합의 활동을 억제함으로써 실질적인 이익균점의 실현을 어느 정도 막았다.

그러나 그 이후 한국 정치권은 헌법을 개정할 때마다 노동자의 이익균점권을 도입할 것을 논의했다. 드디어, 1987년 제9차 헌법 개정에서 여야 정치권은 이익균점권을 조문화하지는 않는 대신에 개정 헌법에 그 정신을 반영하기로 했다(황승흠, 2001 참조). 그것이 헌법 제119조 제2항으로서 소위 '경제 민주화' 조항이다. 이렇게 해서 우리는 자유기업주의를 던져버리고 사회주의로 나아갈 수 있는 기초를 마련했다. 그리고 그 조항은 이후 한국경제의 골칫거리가 되어 왔다.

종합하면, 1공화국 정부는 노동자의 경영참가권과 이익균점권을 부정함으로써 형식적이지만 자유기업주의의 초석을 놓았다. 그러나 정부가 경제에 넓고 깊게 간섭함으로써 실질적으로는 자유기업주의를 부정했다. 1공화국의 자유기업주의는 반쪽의 자유기업주의라고 하겠다.

제13장

수입대체산업화 정책과 각종 경제정책

1. 수입대체산업화 정책

(1) 서론

1공화국 경제정책의 핵심은 수입대체산업화 정책이다. 수입대체산업화 정책이란 예전까지 수입하던 재화들 중에서 국내 생산자들이 생산하여 이윤을 낼 수 있다고 예상되는 수입 재화들의 국내 수입을 금지하고 국내 산업을 보호함으로써, 해당 산업을 공업화하고 그런 산업의 수를 늘림으로써 다수 산업을 산업화할 뿐만 아니라 경제성장을 통한 국민소득의 증가를 도모하는 정책이다.

1950년대 1공화국은 비(非)내구소비재를 수입 대체하는 방법으로 경제를 공업화하는 전략을 선택했다. 여기에서 비내구소비재 산업이란 1공화국 초기에는 제분, 제당, 면방직 산업 등을 말한다. 이때 필요한 원자재인 생고무, 석유류, 소모사(양모), 소맥, 원면 등은 수입하지 않을 수 없었다. 여기에 원조를 통해 원자재가 대량 공급된 섬유공업, 식품공업 등과 같은 소비재 경공업은 이를 가공하기 위한 각종 기계와 설비도 수입했다.

수입대체산업화 정책을 위하여 정부는 섬유, 식료품 등과 같은 비내구소비재의 수입을 최대한 규제하고 억제했다. 예를 들어, 정부는 1956년 국내 면방직산업을 보호하기 위하여 외국산 면제품의 수입을 전면 금지했다.

정부는 산업화 전략의 일환으로서 수입대체산업화 정책을 위하여 여러 가지 정책수단을 동원했다. 첫째, 수입 재화에 적용하는 환율을 시장환율보다 낮게 고정하는 것이야말로 가장 중요한 정책수단이었다. 정부가 원조물자를 사업자들에게 판매할 때도 시장환율보다 낮게 고정된 환율을 적용했다. 둘째, 금융정책과 재정투융자였다. 수입 허가를 받았거나 원조물자를 배정받은 사업자들은 시장보다 낮은 금리의 융자를 받을 수도 있었다. 셋째, 수출을 보조하고 일부 품목의 수입을 금지하였다. 수입대체산업화 정책을 위한 정책수단에 대해서는 아래의 절에서 자세히 분석할 것이다.

(2) 수입대체산업화 정책의 동기

수입대체산업화를 위한 수단들을 자세하게 분석하기 전에 먼저 이승만이 수입대체산업화 정책을 채택하게 된 동기를 규명하기로 한다. 미국은 일본을 미국 동아시아 정책의 핵심으로 설정했다. 그것은 미국의 지역 재건 논리에 기초하고 있었다. 여기에서 지역 재건 논리란 다음과 같다. 한국전쟁 덕택으로 빠르게 경제성장을 한 일본은 그 이후에도 경제성장을 지속하기 위해서는 자국 상품에 대한 수입 수요가 유지되어야 했다. 그리고 빠른 경제성장은 동아시아 지역 안보를 위하여 긴요한 것이었다. 그렇게 하기 위해서는 한국이 기본적으로 일본 상품의 수입시장이 되어야 했다. 그러므로 미국은 한국이 자유무역과 수출촉진정책-수입대체가 아니라-을 추구할 것을 요구했다. 여기에서 자유무역이란 한국이 일본 상품에 대해 시장을 개방하는 것을 말한다. 그렇게 하기 위해서는 외교적으로는 한국과 일본이 정상적인 관계를 유지할 필요가 있었다. 이것이 간략히 요약한 미국의 동아시아지역 재건 논리였다.

그러나 이승만은 자유무역과 수출촉진정책을 원하지 않았다. 이승만은 수입대체산업화 정책을 원했고 미국의 반대에도 불구하고 실제로 그 정책을 추진했다. 그 이유는 크게 두 가지이다. 첫째, 자유무역에 의해 형성되는 일본과 한국의 분업 관계는 경제적으로는 식민지 시대의 연장선상에 있다는 것이 이승만의 생각이었다. 둘째, 이승만은 일본의 영향력을 차단하는 데 목표를 두었다. 우정은(2006, p. 503)은 이것을 방어적 산업화(defensive industrialization)라고 불렀다. 우정은은 이 점을 다음과 같이 적고 있다. "그것[정치적 고려]은 외부에서, 특히 숙적 일본과의 관계에서 비롯되었다. 한국의 수입대체산업화는 동북아시아지역의 정치경제에서 원조자원을 순환시킴으로써 전후 재건 계획을 조정하려는 미국의 노력에 맞서 일본의 영향력을 차단하려는 정책으로서, 일종의 방어적 산업화였다. 이것이 수입대체산업화의 유일한 이유는 아니었지만 매우 강력한 이유였다. 이승만은 같은 달러화를 가지고 일본 상품을 사느니 한국 산업을 일으켜 스스로 물건을 만드는 게 낫다고 판단했던 것이다."

한국이 미국의 요구대로 자유무역과 수출촉진정책을 위하여 시장을 일본에게 개방하면 일본은 동아시아지역에서 패권국가가 될 것이고 한국은 다시 한 번 식민지 시대의 종속국가가 된다고 이승만은 생각했다. 우정은(2006)은 이승만이 수입대체산업화 정책을 채택하게 된 정치적 동기-그것은 물론 경제적 동기와 연결되어 있다-를 잘 보여주고 있다.

(3) 수입대체산업화 정책의 평가

이승만의 수입대체산업화 정책을 어떻게 평가할 것인가? 이승만이 수입대체산업화 정책을 채택한 것은 명백히 잘못된 것이다. 경제정책에 대한 이승만의 오류는 어디에 있었는가? 첫째, 경제성과라는 관점에서 완전한 자유무역이 최선이고, 그 다음으로는 수출촉진정책, 수입대체산업화 정책 등의 순위이다. 수출촉진정책이나 수입대체산업화 정책, 둘 모두가 정부가 시장에 간섭을 한다는 점에서 중상주의의 일종이다.[1] 그러나 수출촉진정책이 간섭주의의 일종이지만 수입대체산업화 정책보다 대외지향적이라는 점에서 경제성과가 월등히 우수한 것이다. 무엇보다도, 수출촉진정책은 분업의 범위가 거의 무한정으로 확대되지만 수입대체산업화 정책은 분업의 범위가 국내 시장에 제한된다. 그러므로 경제성과가 크게 다를 수밖에 없다. 이것은 이론적인 점에서 평가한 것이다.

실제의 역사는 어떻게 되었는가? 인도와 한국이 비슷한 시기에 산업화를 시작했지만 수입대체산업화 정책을 시행했던 인도는 근래에 와서 그 정책을 포기하고 수출촉진정책을 채택했다. 왜냐하면 수입대체산업화 정책으로는 경제성장에 한계가 있었고 그 결과 국민소득도 증가가 빠르지 않았기 때문이다. 주지하듯이, 한국은 3공화국 이후부터 수출촉진[2]정책을 채택하여 빠른 경제성장을 실현했다.

둘째, 이승만은 시장 개방과 수출촉진정책을 통해 일본과 분업 관계를 유지하는 것을 식민지 시대의 종속 관계로 다시금 이행하는 것으로 이해했다. 그러나 국제적인 분업 관계는 종속 관계가 아니다. 그럼에도 이승만은 일본 산업이 발전하면 한국 산업은 그만큼 위축된다고 생각했다. 그에게 있어서

---

1 이 점에 대해서는 1장과 2장에서 자세히 설명했다.

2 물론 3공화국에서도 수입대체화가 전혀 없었던 것은 아니다. 수출을 위하여 수입을 대체해야 하는 경우에는 수입대체화가 상당히 허용되었다. 그 점에서 수입대체산업화 정책과 다른 것이다.

산업화는 일종의 '제로섬 게임'인 셈이다. 그러나 자유무역은 제로섬 게임이 아니라 '포지티브섬'(positive sum) 결과를 초래한다. 왜냐하면 분업을 통해 두 나라는 생산성을 높일 수 있기 때문에 분업을 하지 않을 때와 비교하여 두 나라 모두 경제성장이 빨라지기 때문이다. 그리고 두 나라가 서로 협력해야 하기 때문에 평화를 요구하게 된다. 즉, 보호무역보다는 자유무역이 평화를 더 요구하고 실제로 그렇게 된다. 당시 미국의 관료들도 자유무역을 이승만과 동일한 관점에서 이해했다는 점에서 오류가 있는 것이다. 자유무역으로 경제가 성장하면 패권국가가 될 수도 있지만 상대방 국가도 경제성장을 통한 국방력을 키울 수 있기 때문에 한 국가가 패권국가가 되더라도 그 패권은 매우 제한적일 수밖에 없다.

우정은(2006, pp. 503-504)은 이승만이 수입대체산업화 정책을 채택하게 된 정치적 동기를 잘 보여주고 있다. 우정은(2006, p. 489)은 이승만의 정책이 1953-1962년에 연평균 4.5%의 경제성장률을 기록했는데 그 수치는 그 무렵의 다른 나라와 비교해서 결코 뒤진다고 할 수 없다고 지적했다.

그러나 이승만의 수입대체산업화 정책에 대한 우정은(2006)의 평가는 몇 가지 이유 때문에 명백한 오류가 있다. 첫째, 이승만은 산업화 정책과 무역정책의 정치경제적 의미를 정확히 파악하지 못했기 때문에 정책 선택에 큰 잘못을 범했다. 만약 수입대체산업화 정책보다 더 나은 정책을 실시했다면 이승만 시대의 경제성과는 크게 달랐을 것이다. 둘째, 이승만 집권 기간에 막대한 원조가 있었다는 점을 고려하면 그 경제성장률 수치는 너무 낮은 것이다. 막대한 원조의 효과가 잘못된 산업정책과 무역정책에 의해 일정 부분 상쇄되었기 때문에 경제성장률이 그 정도밖에 되지 않은 것이다. 셋째, 왜곡된 환율구조는 많은 자원 낭비를 초래했다(이 점은 아래에서 자세히 다룰 것이다). 그러므로 이승만의 수입대체산업화 정책은 결코 최선의 정책이 아니었다는 점에서 실패한 것이다.

1공화국 정부가 수입대체산업화 정책만을 추구했는가? 다시 말하면, 정부는 수출을 위한 어떤 정책도 실시하지 않았는가? 원조와 유엔군 대여금에 의한 달러가 없었다면 수입대체산업화 정책은 달러의 부족으로 즉각 한계에 봉착했을 것이다. 아래에서 보겠지만 수입환율을 매우 낮게 고정한 상황에서 수입대체산업화 정책은 더 빨리 한계에 도달했을 것이다. 그 점을 인식한 정부는 전후에 수출을 촉진하는 다양한 정책을 도입했다. 수출 실적 링크제(1954), 수출보상금제(1955), 수출장려보조금(1956), 보세가공무역(1959), 수출진흥기금 융자(1959) 등이 그것이다.[3] 그러나 각종 수출촉진정책은 수출에 큰 영향을 미치지 못했음을 <표 13-3>에서 확인할 수 있다. 수입이 1953년 124백만 달러에서 1957년 442백만 달러로 약 3.6배 증가했지만 수출은 1953년 22백만 달러에서 1957년 22백만 달러로 거의 증가하지 않았기 때문이다. 수입이 큰 폭으로 증가했지만 수출이 정체했던 것은 <표 13-2>에서 보듯이 환율구조가 수입에는 크게 유리하게, 수출에는 상대적으로 불리하게 작용했기 때문이다.

3 1950년대의 무역 관련 주요 정책과 도입 시기에 대해서는 김두얼(2017), p. 133 <표 4-5> 참조.

2. 복수환율제도와 고정환율제[4)]

1953년 이전의 환율을 보면 다음과 같다. 1948년 10월 1일 현재 1달러에 450원이다. 이것은 1948년 9월 28일 체결된 '한·미간 환금에 관한 잠정협정'에 의한 것이다. 1948년 12월 10일에 '대충자금환율'을 1달러에 450원으로 결정했다. 1948년 10월 1일부터 적용되는 '공정환율'과 같다고 하겠다. 그리고 두 환율 모두 고정환율이다. 정부는 1950년 1월 1일부터 공정환율을 1달러에 9원, 대충자금환율을 1달러에 8원으로 결정하였다.

6장에서 미군정이 단기에는 고정환율제를, 장기에는 그 고정환율을 시장의 힘에 따라 변경하는 제도를 채택했음을 지적했다. 이 제도는 1공화국과 2공화국까지 거의 그대로 유지되었다. 다만 여기에서는 설명의 편의를 위하여 1953년 8월 이전과 이후로 나누고 1953년 이전 환율에 대해서는 간략히 설명할 것이다.

<표 13-1>은 1949년 6월부터 1953년 8월까지의 각종 환율을 보여준다. 공정환율을 보면 1949년 6월 14일에 '0.9원/달러'였고 1953년 8월 28일에 '6.0원/달러'였다. 환율은 4년여 만에 약 6.7배 인상되었다. 이 기간이 전쟁 기간으로 전쟁을 위하여 화폐공급을 대량으로 증가시켰다는 점에서 보면 환율이 극도로 억제되고 있음을 알 수 있다. 이것은 같은 기간 암시장 환율이 '2.17원/달러'에서 '26.4원/달러'로 15.2배 상승한 사실에서 확인할 수 있다. 이것은 1953년 8월 28일 이전에 환율, 특히 수입환율은 최고가격으로 고정되었음을 보여

4 이 절과 다음 절은 공제욱(1993), 제4장을 주로 참조.

<표 13-1> 연도별 각종 환율의 추이

(단위: 원/달러[1])

실시 연월일	고정환율[2]				암시장 환율[3]	
	공정환율	대충자금 예치환율	UN군 경리국		미국 달러	미군표
			UN군 환율	기타 거래환율		
1949. 6. 14	0.9	0.5			2.17	1.64
1949. 11. 1	0.9	0.5			2.55	1.93
1949. 12. 1	0.9	0.6			2.83	2.31
1950. 1. 1	0.9	0.8			3.48	2.57
1950. 4. 1	0.9	0.9			2.98	2.35
1950. 5. 1	1.6	1.1			2.28	2.03
1950. 5. 15	1.6	1.1			2.28	2.03
1950. 6. 10	1.6	1.4			2.24	1.79
1950. 6. 15	1.8	1.4			2.42	1.79
1950. 6. 25	1.8	1.8			2.42	1.79
1950. 10. 1	1.8	2.5	2.5	2.5	2.58	2.27
1950. 11. 1	2.5	2.5	2.5	2.5	3.42	3.52
1950. 12. 1	2.5	4.0	2.5	2.5	6.12	4.32
1951. 3. 11	2.5	4.0	6.0	6.0	n.a.	n.a.
1951. 5. 1	2.5	6.0	6.0	6.0	9.83	6.38
1951. 11. 10	6.0	6.0	6.0	6.0	18.21	12.85
1952 평균	6.0	6.0	6.0	6.0	n.a.	n.a.
1953. 8. 28	6.0	18.0	6.0	6.0	26.4	17.6

주: 1) 이때의 화폐단위는 현재 사용하고 있는 '원화'임.
2) 원래의 표에서는 '협정환율'로 표기.
3) 원래의 표에서는 '시장환율'로 표기.
자료: 김낙년 외 편(2018), p. 1193에서 인용.

준다(가격고정에 대한 폐해는 아래에서 자세히 다룬다).

<표 13-2>는 1953년부터 1961년까지 각종 환율을 보여준다. 한국전쟁으로 인한 초인플레이션으로 환율은 급격히 상승했다. 정부는 1953년 8월 28일에는

공정환율을 1달러당 60환, 대충자금환율은 180환으로 크게 인상했다. 1953년 12월 15일에는 공정환율을 1달러당 180환으로 인상하였다. 그러나 대충자금환율은 인상하지 않았다.

전쟁 이후 1공화국의 환율에 대해서는 두 가지 의문이 있다. 첫 번째 의문은 1950년대 수입환율이 왜 그렇게 큰 폭으로 그리고 지속적으로 인상되었는가 하는 것이다. 1953년 8월에 '60환/달러'이던 공정환율(수입환율)은 1961년 1월에 '1,000환/달러'가 되었다. 8년도 안 되는 기간에 환율은 무려 16.7배 인상되었다. 여기에는 두 가지 이유가 있다. 첫째, 1공화국 정부는 초기에 수입환율을 시장 실세보다 매우 낮게 고정했기 때문이다. 미국이 환율의 인상을 지속적으로 요구했지만 이승만은 인상을 허락하지 않았다. 수입환율을 이렇게 낮게 고정한 이유는 무엇인가? 환율의 결정에 관한 한, 이승만이 결정권을 가졌다고 해도 과언이 아니었다(송인상, 1994, pp. 149, 270; 백두진, 1975, pp. 210-211). 그리고 그는 최대한 저환율 또는 자국화폐가 고평가된 환율을 유지하려고 노력했다. 이렇게 저환율을 유지하고자 한 이유에 대해서는 박태균(2006, pp. 139-142), 최상오(2000, pp. 151-155), 이대근(2002, pp. 296-297) 등이 가설을 제시하고 있다. 둘째, 정부가 화폐의 공급을 지속적으로 증가시킴으로써 한국 화폐의 가치는 달러화에 비해 지속적으로 하락했다. 그 결과로 정부가 한국 화폐의 가치 하락을 계속해서 외면할 수 없었기 때문이다.

환율과 관련한 두 번째 의문은 수입환율을 낮게 고정함으로써 어떤 결과가 초래되었는가 하는 것이다. 1공화국은 수출과 수입에 적용하는 환율을 다르게 했다. 무엇보다도 수입에 적용하는 환율은 고정환율이라는 점을 강조할 필요가 있다. 연구자에 따라서는 정부가 사용하는 개념인 공정환율이라는 개

<표 13-2> 연도별 각종 환율의 추이

(단위: 환/달러)

실시일	고정환율[5]				간접규제환율[6]				
	공정 환율	대충자금 예치환율	UN군 경리국		대일 수출불	기타 지역 수출불	기타 수출불	미 본토불	미군표
			UN군 환율	기타 UN군 거래환율					
1953. 8. 28	60.0	180	180	180	–	–	–	264	176
12. 15	180	180	180	180	–	–	–	387	293
1954. 11. 10	180	180	500	180	777	740	515	656	530
12. 13	180	180	500	310	809	780	654	711	576
1955. 1. 10	180	350	430	430	923	835	598	772	629
4. 18	180	350	500	500	756	466	466	748	605
6. 27	180	350	480	480	802	563	590	753	677
8. 8	180	350	510	510	950	820	750	802	662
8. 15	500	500	500	500	950	820	750	802	662
1956 평균	500	500	–	–	1,070	1,008	847	966	810
1957 평균	500	500	–	–	1,123	1,057	845	1,033	845
1958 평균	500	500	–	–	1,225	1,015	893	1,181	1,029
1959 평균	500	500	–	–	1,399	1,247	1,135	1,255	1,149
1960. 1. 20	500	650	–	–	1,641	1,320	1,190	1,320	1,223
2. 23	650	650	–	–	1,718	1,387	1,293	1,449	1,292
1961. 1. 1	1,000	1,000	–	–	1,563	1,416	1,320	1,398	1,206
2. 1	1,300	1,300	–	–	1,479	1,454	–	1,483	1,289

주: 1) UN군 경리국 환율에서 별도 환율은 1950년 10월 1일부터 1955년 8월 15일까지의 기간에만 적용되었음.
2) 연평균치라고 별도 표시된 경우를 제외하고는 간접규제환율은 해당 월의 평균치임.
3) 대일 수출불 및 기타 지역 수출불에서 1955년까지는 비특혜 수출불 환율을, 1955년 12월에서 1961년 1월까지는 L/C 베이스에 의한 수출불 환율 및 1961년 2월부터 1961년 5월까지는 수출불 증서에 대한 환율임.
4) 기타 수출불이란 종교불과 용역불을 의미함. 이에 적용된 별도 환율은 1954년 9월에서 1961년 1월까지 존재했음.
5) 공제욱(1993)에서는 협정환율로 표기되어 있으나 고정환율로 표기하는 것이 더 적절함.
6) 공제욱(1993)에서는 시장환율로 표기되어 있으나 간접규제환율로 표기하는 것이 더 적절함.

자료: 공제욱(1993), pp. 144-145에서 인용.

념을 사용하고 있지만 그것은 정확한 것이 아니다. 이 환율은 달러 자금의 공급자인 미국과 정부의 협상에 의해 결정되었기 때문에 협정요금이라고 불렀다. 그러나 환율제도라는 관점에서는 그것은 고정환율이다. 물론 표에서 알 수 있듯이 영구히 고정된 것이 아니라 일정한 기간만 고정되었다. 그리고 정부는 수입환율도 적어도 1955년 8월까지는 여러 개를 적용했다.

수출에 적용하는 환율은 시장에서 결정되었지만 수출지역에 따라 할인을 적용하였기 때문에 여러 개의 수출환율이 존재했다. 이것을 흔히 시장환율이라고 부른다. 그러나 수입에 적용된 고정환율이 자유시장 환율보다 매우 낮게 고정되었기 때문에 달러가 필요하지만 달러를 배정 받지 못한 수입업자는 수출시장에서 달러를 구해야 했고, 그 결과 수출로 가득한 외화에 적용하는 환율은 상향 압력을 받게 되었다. 그 결과 수출환율도 간접적으로 규제된 환율이기 때문에 이하에서는 '간접규제환율'이라고 부를 것이다. 이 간접규제환율은 자유시장 환율보다는 높았을 것을 추론할 수 있다. 우리는 다만 두 환율 간의 차이가 얼마나 큰가를 알 수 없다. 그러나 <표 13-2>에서 보듯이 간접규제환율과 고정환율의 차이는 1961년으로 갈수록 평균적으로 작아졌다. 이것은 수입환율인 고정환율이 점차 시장 실세를 반영했기 때문이다.

저환율을 유지하고자 했던 이유가 무엇이든, 저환율은 두 가지 방법으로 일부 집단이나 사람들에게 큰 이득을 주었다. 첫째, 원조물자를 배정 받는 경우이다. 가장 대표적인 경우가 면방직공업이다. 대규모 공장을 소유한 면방직업자는 원조물자의 실수요자 배정원칙에 따라 원면을 배정 받았고, 그때 지불하는 환율이 대충자금예치환율로서 시장 실세보다 매우 낮게 책정되었기 때문에 큰 이득을 보았다. 이 경우에는 원면을 사용하여 제작된 면제품 수요자들과 중간 단계의 생산자들도 얼마의 이득을 볼 수 있었다. 환율이 낮아짐으로써 중간 단계의 제품과 최종 제품의 가격이 어느 정도 낮아지기 때문이다. 이러한 사실은 일반 수입물자와 원조물자 간의 현격한 가격 차이에서 간접적으로 증명할 수 있다(한국산업은행 조사부, 1955, p. 526 참조). 그리고 면방직의 경우에 대기업만으로 이루어진 대한방직협회의 회원사는 원면을 배정 받을 수 있었지만 회원사가 아닌 중소기업은 그 대기업으로부터 원면을 구매할 수밖에 없었다. 이때 양자 간에 가격이 어떻게 결정되었는가는 구체적인 증거가 필요하지만 대기업이 저환율의 이득을 챙겼을 것으로 추정할 수 있다. 앞에서 설명하는 두 가지 경우에서 발생하는 이득은 환차익(煥差益)인 것이다. 둘째, 중앙은행이 보관하고 있는 정부 보유의 외환을 배정 받는 사람들이나 기업들도 큰 특혜를 보았다. 이때 적용하는 공정환율도 시장실세환율보다 크게 낮았기 때문이다. 이것도 앞의 경우처럼 환차익이다.

그러면 정부는 어느 정도의 달러를 보유하고 있었는가? 그 규모를 정확히 추계한 경우를 볼 수 없다. 다만 정부는 UN군에게 전쟁비용, 즉 유엔군 대여금을 '환화'(圜貨)로 주고 나중에 달러로 돌려받았는데 환율을 낮게 고정함으로써 UN군으로부터 더 많은 달러를 받을 수 있었다. 그리고 한국은행은 1950년 7월부터 1954년 6월까지 합계 약 222억 환을 유엔군에게 대여했다(이대근, 2002, p. 209).

수입환율이 단기에는 고정되었지만 미국 측의 요구에 의해 <표 13-2>에서 보듯이 공정환율과 대충자금환율은 장기에는 끊임없이 인상되었다. 그러나 환화는 정부에 의해 언제나 고평가된 상태에 있었고, 그것은 원조물자의 구매자와 그 가공자와 원조자금의 구입자들에게 작지 않은 이득을 주었다.

그러나 외환의 수요자인 수입업자들은 정부가 결정한 공정환율로 거래했지만 실제로는 외환의 배급 과정에서 상당한 비용을 지불해야 했을 것으로 추정할 수 있다. 이때 지불하는 추가적인 비용을 '거래비용'이라고 한다. 우리가 현재 그 규모를 알 수 없지만 그런 거래비용이 작지 않았음을 5·16군사정변 직후에 부정축재자 처리 과정에서 알 수 있다. 군사정부는 10만 달러 이상의 정부보유불 부정대부, 외자구매 등으로 인한 2억 환 이상의 부정이득자 등을 부정축재자로 특별 처리한 사실은 이 점을 잘 보여준다(부정축재자 처리에 대해서는 25장에서 자세히 다룬다).

수입에 적용하는 환율은 최대한 낮게 고정하고 수출에 적용하는 환율은 자유시장 환율보다 높았기 때문에 1공화국의 무역수지는, 1950년만을 제외하면 적자를 면치 못하였다. 왜냐하면 1공화국의 환율정책은 사실상 수입을 촉진하고 수출을 억제하는 정책이기 때문이다. 1949-1961년의 무역수지와 경상수지가 <표 13-3>에 나와 있다. 그리고 그렇게 발생했던 무역수지의 적자는 미국의 원조로 대부분 해결되었다.

환화의 고평가 정책은 여러 가지 부정적인 영향을 경제와 사회에 미쳤다. 첫째, 수입업자가 큰 이득을 보았다는 것이다. 그리고 이것은 5·16군사정변 세력이 부정축재의 원인으로 지목하여 그 재산을 강제로 환수하는 빌미를 제공했다. <표 13-4>는 정구현(1987)이 계산한 환율의 과대평가로 인한 수입업자의 연도별 이득을 보여주고 있다. 수입업자를 겸한 자본가들이 본 이득은 연평균 1억 6,000만 달러, 1953년부터 1960년까지 모두 13억 420만 달러였다. 1950년대 후반에 오면 고정환율이 시장환율에 접근함에 따라 이 금액은 점차 축소되고 있는 것을 알 수 있다. 수입업자가 한국 화폐의 과대평가로 얻는 이득

<표 13-3> 연도별 수출, 수입, 무역수지, 경상수지

(단위: 백만 달러)

연도	수출(A)	수입(B)	무역수지(C)=A-B	경상수지
1950	13	2	11	53
1951	8	20	-13	61
1952	33	117	-85	-68
1953	22	124	-102	-33
1954	37	154	-117	-36
1955	18	341	-323	-23
1956	25	386	-361	-3
1957	22	442	-420	38
1958	16	378	-362	16
1959	20	304	-284	13
1960	33	344	-311	33
1961	41	316	-275	-56

자료: 통계청(1998); 무역협회, 『무역통계』; 한국은행, 경제통계시스템.

은 GNP의 연평균 약 10%였다. 1953년의 경우에는 GNP의 약 15%에 이르고 있다. 다만 전술한 수치는 몇 가지 가정에 의존한 추정치일 뿐만 아니라 거래비용을 포함하고 있지 않기 때문에 그 수치가 정확한 실상을 보여준다고 판단하기에는 무리가 있다. 이 수치는 수입업자가 본 큰 이득을 개략적으로 보여준다고 생각하는 것이 적절하다..

둘째, 수입에서 이득이 커지기 때문에 수입에는 자원이 많게 그리고 수출을 포함한 다른 경제행위에는 자원이 적게 배분되었다. 수입환율이 자유시장에서 결정될 때와 비교하여 그렇다는 것이다. 비록 1공화국이 명시적으로 수입대체산업화 정책을 채택하지 않았다 하더라도 환율정책은 그와 유사한 결과를 가져왔을 것이다. 자원이 많게 배분되는 부문에서는 자원의 값이 낮아

<표 13-4> 환율의 과대평가로 인한 수입업자의 이득

(단위: 백만 달러)

연도	실수입	공정환율/ 시장환율	수입업자의 실질적 지불액	수입업자의 이득(A)	GNP(B) 억 달러	(A/B)×100 (%)
1953	345.4	0.40	137.1	208.3	14	14.9
1954	243.3	0.45	108.8	134.5	15	9.0
1955	341.4	0.43	147.7	193.7	14	13.8
1956	386.1	0.56	218.0	168.1	15	11.2
1957	442.2	0.49	216.8	225.4	17	13.3
1958	378.2	0.54	202.5	175.5	19	9.2
1959	303.8	0.64	194.5	109.3	19	5.8
1960	343.5	0.74	254.3	89.2	19	4.7
평균	348.0	0.531	185.0	163.0	16.5	9.9
총계	2,783.0	-	1,479.7	1,304.2	132	9.9

자료: 정구현(1987), p. 70에서 인용; 한국은행(1989).

지면서 자원이 낭비되게 된다. 자원이 적게 배분되는 부문에서는 자원의 값이 비싸지게 된다. 자원 사용의 대가를 높게 만들어 그 부문을 비효율적으로 만들게 된다. 자원의 낭비와 자원 사용의 비효율로 경제는 전체적으로 생산성이 낮아질 수밖에 없다(이 점에 대해서는 18장에서 더 자세히 다룬다).

셋째, 환차익의 대부분은 일차적으로는 당시의 권력과 밀착된 소수의 대자본가에게 돌아갔다. 즉, 1950년대 정부의 환율정책은 대자본가, 또는 대기업의 생성과 발전의 계기가 되었다. 이 이득의 일부는 정경유착 비용의 일부로 낭비되었을 것이다. 왜냐하면 정부는 환화의 저환율정책에 의해 수입허가와 외환 배분 과정에서 영향력을 행사할 수 있었기 때문이다. 이것은 환율을 규제함으로써 발생하는 경제적 손실 또는 자원의 사회적 낭비라고 할 수 있다. 사회적 낭비의 크기는 이득의 크기와 비례할 것이다. 이것은 아래의 저금리정책과 융자지원 항목에도 해당된다.

'중석불 사건'은 특혜로 인하여 발생한 대표적인 사건이다. 중석불은 일면 정부보유불 또는 은행불이라 지칭된 것이다. 이것으로는 양곡이나 비료를 수입하지 못하게 되어 있었다. 그러나 정부는 긴급을 요한다는 이유로 1952년 3월에 총 14개 상사에 400여만 달러를 비밀리에 불하했다. 상사들은 불하된 중석불로 소맥분과 비료를 도입하였다. 이때 그들이 획득한 이득이 약 500여억 원(1953년 2월 화폐개혁 전)에 이르는 것으로 추정되었다. 이런 이득의 일부가 자유당의 정치자금으로 들어갔고 부산정치파동과 8·5정부통령 선거에 이용되었을 것으로 추정되고 있다. 그러나 이 사건의 처리는 유야무야되었다.

넷째, 환율이 최고가격이 되면서 외환은 수요에 비하여 공급이 부족하게 되는 초과수요 상태에 놓이게 되었다. 그런 상황에서는 환율이라는 가격이 외환이라는 자원을 배분하는 일을 제대로 수행할 수 없게 된다. 이제 외환은 배급되지 않으면 안 된다. 외환의 배급은 필연적으로 정부가 수입을 규제하거나 허가하는 방법으로 귀결된다. 원면의 경우에 실수요자 배정 원칙이라는 것이 배급의 한 가지 방법이었다. 이제 배급으로 충분한 공급을 받지 못한 수요자는 암달러 시장을 찾게 된다. 그리고 이때 외환거래는 매우 비용이 많이 들게 된다. 예를 들어, 암달러상의 발생과 그런 암달러상의 살인과 같은 행위가 일어나게 되는 것이다. 그런 외환거래가 불법이기 때문이다. 그리고 초과수요로 인하여 암달러의 환율은 자유시장 환율보다 높아진다.

다섯째, 저환율의 이득이 소수인에게 집중되면서 부의 소유 불평등은 저환율이 없을 때와 비교하여 나빠졌다. 다시 말하면, 환율시장에 대한 정부의 간섭은 부의 불평등을 악화시킨다는 것이다. 물론 이것은 경제성장에 부정적인 영향을 미친다.

여섯째, 수입환율을 자유시장 환율보다 낮게 고정함으로써 상대적으로 수입은 쉬워지고 수출은 어려워졌다. 무역수지의 적자를 막기 위하여 정부는 수입을 허가하거나 제한하는 방법을 이용한다. 정부의 수입허가제는 수입제품의 가격을 비싸게 만든다. 수입 재화를 사용하는 소비자들은 손실을 볼 수밖에 없다. 앞에서 환율의 과대평가로 인한 이득이 수입업자에게 대부분 돌아간다는 사실을 알았다. 여기에서는 그런 이득이 사실상 소비자들의 손실에서 온 것임을 알게 되었다.

3. 저금리정책과 과도한 재정투융자

1공화국 정부는 저금리정책도 실행했다. 1950년대 중반 이후 사채금리는 월 4%, 연 48%의 수준에서 안정되어 있었다(재무부, 1958, p. 248). 1964년 한국은행이 실시한 사금융 실태조사에서 사채금리의 대부분이 월 4-6%(연 48-72%)이고 신용이 좋은 일부 대기업만이 월 3%(연 36%)의 금리를 지불하고 있는 것으로 나타났다(이창열, 1966, p. 189 참조). 한편, 은행의 공금리는 '이식제한령'에 의해 연리 최고 20%를 넘지 못하게 규제되고 있었고, 실제로 일반은행의 대출금리가 최고 18.25%를 넘지 않았다. 당시 은행의 대출금리는 연 최저 3%에서 최고 18.25%에 이르는 것이었고 매우 복잡했다(이창열, 1966, p. 182 참조). 이중 한국산업은행을 통한 대기업에 대한 장기융자금리는 매우 낮은 편이었다. 특히,

원조물자나 원조자금의 인수를 지원하는 대출금리가 연 13.87%로서 낮게 책정되어 있었다. 한마디로, 낮은 금리로 은행으로부터 융자를 받아 시중가격보다 훨씬 싼 가격으로 원조물자를 불하 받을 수 있었고, 그것은 당시 기업, 특히 대기업에게 엄청난 이득을 남기게 했다. 사금리보다 낮은 공금리는 은행융자를 받는 사람에게는 큰 혜택이 되었다. 원조물자나 원조자금을 인수하는 경우에는 더 낮은 금리를 지불함으로써 엄청난 이자율 차이를 이득으로 얻을 수 있었다.

한국산업은행의 융자는 어느 정도였는가? 1953년부터 1960년까지 정부의 총세출은 206,568백만 환이었고 그중 재정투융자는 총 65,341백만 환으로 총세출의 약 31.6%를 차지했다. 재정투융자는 일반적으로 발전소, 도로, 철도건설 등에 대한 정부의 직접적 투자와 정부기업, 민간기업 등에 정부가 재정자금을 융자하는 활동을 포함하는 의미로 통용되고 있다. 재정투융자 중에서 투자는 40,316백만 환, 융자는 25,025백만 환으로, 전체 재정투융자 금액 65,341백만 환의 61.7%와 38.3%를 각각 점유했다. 이들을 재원별로 나누어 보면 대충자금 45,057백만 환, 국내 자금 20,194백만 환(산업부흥국채 6,167백만 환 포함)으로 전체 재정투융자의 약 69.1%와 약 30.9%에 이르렀다.

재정융자를 용도별로 나누어 보면 일반 산업자금 13,973백만 환(재정융자 총액의 55.8%), 수리농사자금 8,441백만 환(33.7%), 주택자금 1,661백만 환(6.6%), 중소기업 자금 820백만 환(3.3%), 수출진흥자금 130백만 환(0.5%) 등으로 배분되었다. 재정융자에서 일반 산업자금은 주로 대기업과 일부는 공기업에 대부되었다. 그리고 이 재정융자의 가장 많은 부분은 한국산업은행을 통해서 이루어졌다.

요약하면, 재정투융자의 가장 중요한 재원은 대충자금이었고, 재정투자가 재정융자보다 많았으며, 재정융자의 가장 많은 부분이 한국산업은행을 통해 대기업과 일부 공기업에 시장금리보다 낮은 금리로 제공되었다. 이러한 집중적인 융자는 1950년대 대자본가의 형성을 돕는 역할을 했다. 물론 이것은 특혜이다.

한편, 융자의 집중 경향을 공제욱(1993, pp. 172-173에서 인용)은 다음과 같이 적고 있다.[5] "1961년 현재의 산업은행의 대부 상황을 보면 5,000만 환 이상 융자를 해준 거래처의 총수는 213개 사업체 혹은 개인이었는데, 이중 제조업체는 149개였다. 그런데 본 연구에서 분석 대상으로 삼고 있는 50년대의 주요 대기업체 89개 중에서 40개 업체가 산업은행에서 5,000만 환 이상의 융자를 받은 것이 확인되었다. 이는 89개 업체의 44.9%에 해당하는 비중이다. 물론 이 40개의 업체 중에는 1억 환 미만의 융자를 받은 경우도 있었지만 대부분 거액의 융자를 받아 융자의 평균액은 11억 3,000만 환에 달하는 거액이었다. 그리고 이 40개 업체가 융자 받은 액수는 산업은행의 제조업체에 대한 융자 총액(5,000만 환 이상의 경우)의 49.2%에 달하였다. 그리고 당시 거액을 투자하고 있었던 충주비료(공기가 1955년 6월부터 1961년 4월이기 때문에 1950년대 주요 대기업체에 속하지 않음)에 대한 융자를 제외하면 67.8%에 달하였다. 그러므로 이 40개의 업체 중에는 거액의 융자를 받은 업체가 많았던 것이다. 산업은행 외에 일반 시중은행도 중점 융자 대상 업체를 선정하여 몇몇 기업체에 대한 집중적인 융자를 실시했다. 이 시기의 융자는 일부 대기업을 중심으로 집중적으로 이

5 융자의 집중 경향에 대한 더 자세한 내용은 공제욱(1993), 제4장 참조.

루어졌고, 이것이 이들 대기업이 성장하는 데 결정적인 기반이 되었다는 점을 확인할 수 있었다. 또한 89개 기업체 중에서 상당 부분이 많은 원조자금을 배당 받은 사실을 부분적으로나마 확인할 수 있었다."

이제 정부의 정책이 기업의 행위에 미친 영향을 보기로 한다. 대표적인 사례를 통해 정부지원이 일으키는 문제를 보기로 한다. 1960년대 면방직업의 전반적인 불황에 대하여 당시 대한방직협회의 회장직을 맡았던 김용주의 회고를 살펴보면, 정부지원이 일으키는 문제를 이해할 수 있다. 물론 이것은 1960년대 사례이다. 그러나 1950년대도 비슷한 일이 자주 발생했을 것을 추정할 수 있다.

"나는 1967년 대한방직협회 회장직을 아울러 맡게 됐다. … 당시 한국방직업계는 극심한 불황에 허덕이고 있는 중이었다. 그 원인을 여기에서 분석해보면, 즉 방직업계는 정부의 제2차 5개년 계획에 의한 수출진흥정책에 적극 호응, 수출용 방직물의 대량생산을 위한 시설확장을 서둘러 40여만 추의 시설을 새로 증설했는데 여기에 소요된 자금이 외화 4,000여만 달러, 내자 150여억 원이었다. 이러한 시설 대확충은 … 외화는 차관, 내자의 80%는 산업은행의 융자로 충당하도록 정부가 규정해놓았다. 그러므로 방직업계는 … 이것을 액면 그대로 믿고 융자에 앞서 각기 운영자금을 풀어 시설투자로 써버렸다. 그랬더니 그 뒤 산업은행의 자금사정이 여의치 못해 결국 업자들은 단 한 푼의 융자혜택도 입지 못하고 말았다. 이 바람에 시설투자에 소요된 내자 100여억 원이 결과적으로 모조리 고리사채로 둔갑해 버린 셈이 되어, 방직업계만 … 골탕을 먹게 되었을 뿐만 아니라, 한편 증설된 40여만 추의 시설

> 에서 대량생산되어 나오는 방직물 또한 수출이 여의치 않아 자연 국내 시장에 과잉출하됨으로써 그것은 필연적으로 가격폭락을 초래하고 말았다. … 이렇게 방직업계는 … 모두 도산의 위기에 직면하고 있었다(한국일보사, 1981, p. 138에서 인용)."

정부의 저금리정책과 재정융자의 집중지원 등은 저환율정책과 큰 차이가 없다. 폐해의 발생과 그 폐해가 사회와 경제에 미치는 영향이라는 관점에서 큰 차이가 없다는 것이다. 그러므로 그것을 반복할 필요는 없을 것이다. 자세한 내용은 앞 절을 참조할 수 있다.

4. 보호무역정책[6]

1공화국은 수입대체산업화를 위하여 일부 품목의 수입을 금지하거나 제한하고 수출을 보조하고자 했다. 첫째, 수입대체산업화를 위하여 수입 금지정책을 시행했다. 수입은 자동승인품목, 제한품목, 금수품목으로 분류되어 수입이 승인되거나 금지되었다. 수입이 금지되거나 제한된 것은 국내 수입대체산업의 육성을 위한 것이었다. 이 시기 가장 대표적인 수입대체산업은 삼백산업이었는데, 그중에도 면방직산업과 제분산업이 중심이었다. 면방직산업의 경우 1954년 12월부터 외국산 면제품의 수입이 금지되었다. 1955년 5월에는 40번수(番手) 이하의 면사 수입이 금지되었다. 1956년에는 모든 면제품에

6 이 부분은 이상철(2007)과 김두얼(2017)을 참조.

대한 수입이 금지되었다. 그리고 정부는 1955년부터 원조소맥분을 제외하고 외국산 소맥분의 수입을 전면적으로 금지했다.

둘째, 정부는 수입 가능 품목에 대해서 무관세에서부터 100% 이상의 관세를 부과했다. 관세율은 10%, 20%, 30%, 40%, 50-90%, 100% 이상으로 구분되어 부과되었다. 1957년까지 평균 관세율은 약 40%였다. 1957년에는 관세법을 개정하여 국내 생산이 가능한 품목에 대한 관세율을 인상하였기 때문에 평균 관세율은 약 4.1%포인트 인상되었다. 관세는 수입대체산업을 보호하는 의미도 있었지만 세수 확보의 의도도 있었다.

셋째, 1공화국 정부는 수출을 지원하는 정책을 수립했지만 그 효과는 크지 않았다. 정부는 극심한 무역적자를 해소하기 위하여 수출을 촉진하는 다양한 방안을 마련했다. 먼저 정부는 1956년에는 수출5개년 계획을 작성하였고 1957년 12월에는 무역법(법률 제460호) 등 무역 관련 기본 법령을 정비하였다. 정부는 그를 바탕으로 물품세 감면(1950), 무역금융(1950), 수출실적 링크제(1954), 수출보상금제(1955), 수출장려보조금(1956), 보세가공무역(1959), 수출진흥기금 융자(1959) 등의 인센티브를 수출기업에게 제공할 수 있도록 했다. 그러나 환율이 워낙 수입에 유리하게 책정되었을 뿐만 아니라 수출할 수 있는 여력도 크지 않아서 수출지원정책은 큰 효과가 없었다.

넷째, 면방직산업은 과잉투자로 인하여 수출에서 활로를 찾고자 하였다. 1960년에 미국 정부는 한국 기업에게 원조원면을 사용하여 제조한 면방직 제품의 수출을 허용하였다. 그 이전에도 비록 제한적이지만 면방직 제품의 수출은 이루어지고 있었다. 1960년 미국 정부의 수출 허용을 계기로 한국 면방직 제품의 수출은 빠르게 늘어났다. 여기에는 수입환율의 현실화가 큰 역할을 했다. 즉, 1960년대 초 한국 전체 수출의 빠른 증가는 3공화국의 수출촉진 정책 이전에 이루어진 것이라는 것이다(이 점은 32장에서 자세히 다룰 것이다).

5. 전시 재정의 머니타이제이션과 조세부담률의 인상

한국전쟁 이전을 제외하면, 1공화국의 화폐정책은 크게 세 시기로 구분하는 것이 적절하다. 세 시기란 1950-1953년, 1954-1956년, 1957-1960년 등으로 나누는 것이다. 1950년부터 1953년까지의 화폐정책과 물가의 관계를 보기로 한다. <표 13-5>는 한국은행의 시점별 발권액과 물가지수를 보여준다. 즉, 그것은 전쟁 기간의 화폐정책과 물가의 관계를 보여준다. 다만 이때 한국은행 발권액은 통화공급의 기초가 되는 본원통화의 양을 말한다.

1950년 6월까지는 강력한 긴축정책으로 한국은행이 발권액을 줄이면서 그에 따라 물가지수도 적지 않게 하락했다. 그러나 전쟁의 발발로 인한 전비 조달을 위하여 한국은행이 본원통화의 양을 늘려서 행정부의 차입을 감당하도록 했다. 정부가 이 돈을 한국은행으로부터 차입하여 유엔군에 빌려주고 나중에 달러로 돌려받도록 했다. 전쟁으로 한국은행의 발권액은 1950년 6월

<표 13-5> 한국은행의 발권액과 물가지수

(단위: 억 원, 1953년은 백만 환, 물가지수는 1947=100)

연도	1949. 12	1950. 6	1950. 12	1951. 6	1951. 12	1952. 6	1952. 12	1953. 6	1953. 12
발권액	714	574	1,904	4,081	5,419	6,501	9,732	12,341	22,084
물가지수	354	284	943	2,021	2,683	3,218	4,818	6,109	10,933

자료: 한국산업조사부(1955), p. 488; 이영훈(2016), p. 330에서 재인용.

<표 13-6> 연도별 유엔군 대여금의 규모와 상환액

(단위: 백만 환)

	대여액	상환액		대여금 잔액	유엔군 예금 잔액	실제 지급액
		달러화[1]	환화[2]			
1950. 7-12	609	-	-	609	61	548
1951. 1-6	1,506	-	-	2,115	133	1,434
7-12	2,149	12,156	631	3,634	94	2,188
1952. 1-6	2,243	-	-	5,876	12	2,325
7-12	3,275	62,035	3,722	5,430	58	3,229
1953. 1-6	4,294	95,107	7,930[3]	1,794	300	3,680[4]
7-12	4,337	26,921	5,251	879	296	4,341
1954. 1. 6	5,002	17,679	3,457	2,424	820	4,476
합계	23,415	213,898	20,981	-	-	22,221

주: 1) 달러화의 단위는 1,000달러임.
2) 유엔군 군비에 대한 한국 정부 부담분(10%)을 포함함.
3) 유엔군에 의한 환화 반납분이 포함됨.
4) 유엔군의 환화 반납분을 공제한 금액임.
자료: 한국은행, 『경제연감』, 1965년판, 통계편, p. 107; 이대근(2002), p. 209에서 재인용.

에 574억 원에서 1953년 12월에 2조 2,084억 원으로 약 38.5배 증가하였다. 동기간 물가지수는 약 38.5배 증가하였다. 이 시기는 전쟁으로 인한 초인플레이션 기간이었다.

<표 13-6>은 연도별 유엔군 대여금의 규모와 상환액을 보여준다. 유엔군 대여금은 통화공급 증가의 가장 중요한 원인이었고, 특히 1951-1952년의 경우에 발권고 증가의 약 70% 이상을 유엔군 대여금이 차지했다(이대근, 2002, pp. 208-209). '전쟁비용을 위한 유엔군 대여금의 증대→한국은행 통화공급 증가→전시 초인플레이션'이라는 인과관계는 전쟁비용을 물가상승이라는 형태로 민간이 모두 부담했음을 의미한다. 다시 말하면, 초인플레이션의 가장 큰 요

인은 바로 이 유엔군 대여금, 즉 전쟁비용에 있었다는 것이다. 이에 정부는 전시 초인플레이션을 해결하기 위하여 1953년 2월에 100원을 1환으로 교환하는 화폐개혁을 단행했다.

<표 13-7>은 1953년 이후의 통화량 증가율과 소비자물가상승률을 보여준다. 1953년까지는 전쟁비용을 조달하기 위하여 통화량을 증가시켰다. 1954년부터 1956년까지는 전후의 뒤처리를 위하여 통화량의 증대가 작지 않았지만 1950-1953년의 통화량 증대보다는 다소 상승세가 꺾였다고 볼 수 있다. 그 결과 소비자물가상승률도 다소 낮아졌다. 그러나 물가상승률의 절대 수준은 매우 높았다.

1956년 이후에는 통화량 증가율이 작지 않았지만 이전의 시기와 비교하면 그 증가율이 큰 폭으로 진정되었다. 그 결과 소비자물가상승률이 1957년부터 현저하게 낮아졌다. 그것은 크게 세 가지 이유 때문이다. 첫째, <표 19-4>에서 보듯이 1954-1959년에 원조가 크게 증가하였기 때문이다. 모든 재화의 가격을 결정하는 요인 중에는 모든 재화의 총재고가 있다. 그리고 모든 재화의 총재고는 모든 재화의 가격과 역의 관계이다. 다른 조건이 일정하다면 말이다. 여기에서 원조가 증가한다는 것은 모든 재화의 총재고가 증가하는 것과 같다. 모든 재화의 가격과 화폐 간의 이론적 관계에 대한 자세한 내용은 5장, 3장 1절을 참조할 수 있다. 둘째, 미국은 1956년을 전후하여 진행된 한국과의 회담에서 물가안정을 강력하게 요구해서 관철했다(류상윤, 2012, pp. 133-134). <표 13-7>에서 1957년 이후 소비자물가상승률이 10% 이하로 하락했던 것은 물가안정을 위한 미국의 요구가 반영되었기 때문이다. 셋째, 원조는 국내 통화량의 변동을 초래한다. 다만 현물 원조와 현금 원조가 국내 통화량에 미치

<표 13-7> 연도별 통화량과 소비자물가상승률

(단위: 10억 원, %)

연도	통화량1(M11)[1)2)]	소비자물가상승률	경제성장률(실질)
1950	0.283(133.9)	-	
1951	0.730(158.0)	-	
1952	1.43(95.9)	-	
1953	3.03(111.9)	64.3	-
1954	5.81(91.7)	48.0	5.1
1955	9.35(60.9)	26.9	4.5
1956	12.09(29.3)	40.4	-1.4
1957	14.52(20.1)	-2.2	7.6
1958	19.3(32.9)	3.4	5.5
1959	23.3(20.7)	8.0	3.8
1960	24.5(5.2)	5.3	1.1

주: 1) M11=민간보유화폐+당좌예금+기타요구불예금-미청산어음수표.
2) 괄호 안은 전년 대비 증가율.
3) 두 번의 통화개혁(1953년 2월, 1962년 6월)으로 명목단위는 1,000 대 1로 절하되었기 때문에 1953년 이전 통화단위로 전환하려면 1,000을 곱하고 환으로 변경해야 함.
4) 말잔 기준.

자료: 배영목(2016), p. 200에서 재인용. 원자료: 한국은행, 『경제통계연보』, 『경제연감』, 각 연도.

는 영향은 다르다. 이 점은 별도의 분석이 필요하다.

화폐공급 증가의 1차적인 효과는 경기변동이다. <표 15-1>에서 실질경제성장률을 보면 1956년에 침체, 1960년에 다시 침체가 찾아왔다. 1959년은 붐에서 침체로 넘어가는 과도기적 기간이다. 1955-1958년에 원조가 있었지만 1956년의 극심한 침체를 막지는 못했다. 1956년과 1960년은 경제위기라고 불러도 될 정도로 경기 침체가 심각했다. 1954-1960년에 경기변동의 주기는 매우 짧았다. 1954-1955년 붐, 1956년 침체, 1957-1958년 붐, 1959년 붐에서 침체로 넘어가는 과도기, 1960년 침체 등으로 볼 수 있다.

1956년의 침체와 1959-1960년의 침체는 농림어업, 건설, 전기, 가스, 수도 등에서의 큰 침체 때문이었다. 즉, 두 기간의 침체와 위기는 동일한 부문에서 발생했다는 것이다. 그럼에도 불구하고 1959년이 1960년에 비해 침체가 다소 축소된 것은 건설, 전기, 가스, 수도 등에서 큰 호황이 있었기 때문이다. 두 번의 침체의 근저에는 두 가지 공통사항이 있다. 첫째, 통화공급 증가에 따른 경기변동이다. 경기변동은 제조업에 가장 크게 영향을 미친다. 제조업 실질성장률은 1954-1956년에 연평균 18.2%이지만 1957-1960년은 연평균 8.7%였다. 후자가 전자의 1/2도 되지 않았다. 둘째, 면방직공업을 중심으로 한 소비재공업은 원조와 각종 특혜 때문에 자원이 과다하게 배분되어 있었는데 원조가 1958년부터 급격히 줄어들면서 소비재공업이 시설과잉으로 인한 생산과잉과 가동률 저하가 발생했다. 원조는 1957년 현재 383백만 달러, 1958년 321백만 달러, 1959년 222백만 달러로 1957년에 비해 1959년에 크게 감소했다.

그러나 앞의 설명은 경제성장률에 따라 분류한 것이고 어음부도율을 보면 상황은 달라진다. 1공화국 기간 연도별 어음부도율(금액 기준)을 보면 1948년 0.16%, 1949년 0.22%, 1950년 0.63%, 1951년 0.34%, 1952년 0.22%, 1953년 0.38%, 1954년 0.75%, 1955년 0.64%, 1956년 0.71%, 1957년 0.88%, 1958년 0.75%, 1959년 0.73%, 1960년 0.66%, 1961년 0.59% 등이다.[7] 1953년까지는 비정상적인 기간으로 제외하고 1954년부터 1961년까지 어음부도율은 최저 0.59%(1961년), 최고 0.88%(1957년)로서 만성적이고도 비정상적으로 높았음을 알 수 있다. 이것은 1954-1961년에 일부 산업에서는 경기 침체가 지속되었다는 것을 의미한

7 한국은행, 『경제통계연보』, 각 연도; 김낙년 외 편(2018), p. 957 재인용. 10개 도시 12개월 평균값.

<표 13-8> 1950-1953년도 일반회계 세입 추이(결산)(전란수습과 국채금특별회계 포함)

(단위: 백만 환, %)

구분	1950		1951		1952		1953	
	금액	구성비	금액	구성비	금액	구성비	금액	구성비
조세	427.7	17.2	3,924.3	60.1	9,660.0	43.2	20,566.0	37.1
인지수입	6.6	0.3	28.5	0.4	118.3	0.5	396.5	0.7
관업·관유재산수입	2.6	0.1	6.8	0.1	666.0	3.1	1,463.8	2.6
농지대가상환금	30.1	1.2	306.1	4.7	-	-	-	-
잡수입	16.5	0.6	221.2	3.4	287.0	1.3	743.5	1.3
특별회계전입	344.5	13.8	1,646.3	25.2	6,791.0	30.7	9,676.7	17.4
국채			400.0	6.1	1,202.9	5.5	2,000.0	3.6
차입금	1,525.7	61.5	-	-	-	-	20,200.0	36.4
기타[1)]	131.5	5.3	-	-	3,392.8	15.4	459.1	0.8
합계	2,485.3	100.0	6,532.2	100.0	22,118.0	100.0	55,505.6	100.0

주: 1) 1950년도는 경제부흥원조수입, 1952년도는 전년도 이월(323.3), 타계정전입(3,609.5), 1953년도는 전년도 이월.

자료: 김명윤(1991), p. 112에서 재인용. 원자료: 재무부.

다. 이 기간에 삼백산업에서는 과잉투자로 인한 침체가 있었다. 1960년과 1961년에 어음부도율이 그 이전에 비해 다소 낮아졌지만 경제는 사실상 위기 상태에 있었다.

인플레이션은 경기변동뿐만 아니라 소득재분배, 경제계산의 문제, 국제수지의 적자 등과 같은 문제를 일으킨다. 국제수지의 적자 문제는 환율정책과도 밀접히 연관되어 있다. 이 점에 대한 설명은 앞 절을 참조할 수 있다. 인플레이션이 발생시킨 다른 문제들에 대한 설명은 생략한다.

재정정책도 1953년 이전과 이후로 구분한다. 그리고 여기에서는 통화 발행이 재정정책과 어떻게 연관되어 있는가에 초점을 맞춘다. 먼저 <표 13-8>은

<표 13-9> 1950-1953년도 조세부담률

(단위: 백만 환, %)

연도	국민소득	조세 부담			조세부담률	
		국세	지방세와 기타	계	국세	계
1950	22,349	583	-	-	2.6	-
1951	55,431	4,802	-	-	8.7	-
1952	184,067	12,585	2,794	15,379	6.8	8.4
1953	229,726	24,566	5,844	30,410	10.7	13.2

주: 1) 국민소득은 1950년도는 기획처 추계, 1951년도는 사세국 추계, 1952-1953년도는 기획처와 한국은행 공동 추계.
2) 국세에는 전매익금도 포함.
3) 지방세와 기타 항에는 순지방세, 교육세, 기타 지방 부담이 포함.
4) 조세부담액은 결산에 의함.
자료: 한국은행, 『경제연감』, 1955.

1950-1953년도 일반회계 세입(결산)을 보여준다. 여기에는 전란수습비와 국채금특별회계도 포함되었다. 세입의 규모는 1950년도 현재 2,485.3백만 환에서 1953년도에 55,505.6백만 환으로 크게 증가하였다. 이렇게 크게 증가한 것은 뒤에서 보겠지만 조세수입이 크게 증가한 점도 있지만, 인플레이션, 한국은행 차입금 등이 크게 증가했기 때문이다. 한국은행 차입금은 1950년도에 일반회계 세입 중에 61.5%, 1953년도에는 36.4%로 큰 비중을 차지했다.

정부는 전쟁비용을 조달한다는 명목으로 1차로 1950년 11월 30일에 「조세임시증징법」을 제정·공포했다. 조세임시증징법은 거의 모든 세목에 대하여 5-100%의 세금을 증징토록 한다는 것이다. 그리고 정부는 동시에 임시토지수득세를 창설했다. 임시토지수득세는 제1종 토지수득세(전, 답)와 제2종 토지수득세(대, 염전, 광천지, 잡종지, 교회지, 사찰지, 공원지, 철도지 등)로 구분했다. 제1종은 수확량을 과세표준으로 15-28%의 누진세율을 적용하였다. 제2종은 소득금

<표 13-10> 1950년대 국방비와 조세부담률

(단위: 십억 환)

연도	국민총생산(A)[1)]	총지출(B)	국방비(C)	C/A×100(%)	C/B×100(%)	조세부담률(%)[2)]
1953	389	52.7	32.6	8.4	61.9	13.4
1954	567	94.7	64.5	11.4	68.2	17.8
1955	950	220.3	118.9	12.5	54.0	21.4
1957	1,630	206.3	109.6	6.7	53.4	19.1
1958	1,721	271.3	107.3	6.2	39.6	18.1
1959	1,855	305.1	130.6	7.0	42.8	26.1
1960	2,107	336.4	138.8	6.6	41.3	29.4

주: 1) 경상가격임.
2) 국세와 지방세를 합산한 것을 국민총생산으로 나눈 비율.
자료: 한국은행, 『경제통계연보』, 1960, 1962년판.

액을 과세표준으로 25-70%의 누진세율을 적용하였다.

조세임시증징법과 임시토지수득세에 의해 국민의 조세 부담은 빠르게 증가했다. <표 13-9>는 1950-1953년 조세부담률을 보여준다. 1950년에 조세부담률은 국세만 계산하여 2.6%였으나 1953년에는 13.2%(지방세 포함)로 큰 폭으로 인상되었다. 이것은 앞에서 지적한 세제개혁으로 조세를 1950년 말에 크게 인상했기 때문이다.

<표 13-10>은 1950년대 국방비 부담과 조세부담률을 보여준다. 1950년대 말에 국민총생산에서 국방비의 비중은 크게 낮아졌다. 그러나 국방비는 총지출에서 40-60%를 차지하였다. 조세부담률은 1950년대 말로 갈수록 점차 증가하여 1959년 현재 26.1%, 1960년에는 29.4%이다. 즉, 1959년과 1960년에 조세부담률이 큰 폭으로 증가했다. 이렇게 높은 조세부담률은 기업가들과 노동자들을 포함한 모든 경제주체의 삶을 어렵게 했다. 게다가, 당시 조세행정은 '인정

과세'제도였다. 인정과세제도란 경제주체들의 경제활동의 크기와 상관없이 국세청이 징세 목표액을 강제로 할당하는 제도를 말한다. 조세부담률이 높으면서 인정과세제도를 시행하였기 때문에 납세자들은 기회만 있으면 탈세, 절세의 기회를 노리게 되었다. 게다가, 당시에는 공무원도 봉급이 매우 낮았기 때문에 납세자들로부터 뇌물을 받고 세금을 깎아주는 일이 다반사였다. 이런 일은 5·16 세력이 부정축재 처리를 강행하게 되는 빌미를 제공했다.

<표 13-11>은 1953년부터 1961년까지 일반재정 부문의 수지를 보여준다. 1955년도부터 재정흑자가 발생하고 있다. 그러나 세입 항목을 보면 상황은 달라진다. 먼저 대충자금이 1955년도부터 크게 증가하여 재정의 적자를 막았다. 게다가 국채, 산업부흥국채 등을 매 연도마다 일정 금액을 발행하여 세입으로 보충한 결과 1955년부터 재정흑자가 발생했다. 그것은 국채, 산업부흥국채 등을 재정흑자에서 빼면 매 연도 재정흑자의 규모는 크게 줄어들고 1961년도에는 그 흑자마저도 적자로 전환된다. 무엇보다도 <표 13-11>은 일반재정의 수지만을 보여준다는 것이다.

<표 13-11>에서 연도별로 재정적자를 좀 더 자세히 들여다본다. 1953년에는 국채, 산업부흥국채를 70.3억 환을 발행했음에도 불구하고 약 140.6억 환의 적자가 났다. 1954년에는 국채, 산업부흥국채를 약 162.8억 환을 발행했음에도 불구하고 약 164억 환의 적자가 발생했다. 1955년에는 약 423.4억 환의 재정흑자가 났지만 국채, 산업부흥국채를 약 332.9억 환을 발행했기 때문에 이것을 빼면 재정흑자는 약 90.5억 환으로 축소된다. 여기에 대충자금을 빼면 재정은 적자로 돌아선다. 1957년과 1958년은 1955년과 상황이 비슷하다. 1959년과 1960년에는 국채, 산업부흥국채의 발행 규모는 상당히 축소되었다. 그러나 상

<표 13-11> 일반재정 부문 결산

(단위: 백만 환)

연도	세입(A)[1)		세출(B)	적자 또는 흑자 (C)=(A-B)
1953	국채·산업부흥국채	7,030		
	대충자금	7,959		
	기타	31,639		
	계	46,628	60,683	-14,055
1954	국채·산업부흥국채	16,275		
	대충자금	44,704		
	기타	65,017		
	계	125,996	142,392	-16,395
1955	국채·산업부흥채권	33,285		
	대충자금	150,537		
	기타	139,954		
	계	323,776	281,439	42,336
1957	국채·산업부흥채권	44,872		
	대충자금	224,511		
	기타	145,706		
	계	415,089	350,034	65,055
1958	국채·산업부흥채권	26,491		
	대충자금	245,801		
	기타	182,514		
	계	454,806	410,970	43,836
1959	국채·산업부흥채권	7,096		
	대충자금	189,100		
	기타	252,799		
	계	448,995	400,224	48,771
1960	국채·산업부흥채권	11,914		
	대충자금	167,627		
	기타	297,016		
	계	476,557	419,955	56,602
1961	국채·산업부흥채권	36,836		
	대충자금	240,587		
	기타	327,617		
	계	605,040	571,530	33,410

주: 1) 각 연도의 기타는 각 연도의 세입에서 국채·산업부흥채권과 대충자금을 뺀 것을 말함. 여기에는 조세, 전매익금, 관재수입, 기타 수입 등이 포함됨.

자료: 유훈(1991), pp. 153, 157에서 계산. 원자료: 경제기획원(1962, 1963), 『예산개요』.

<표 13-12> 연도별 국채발행액의 규모, 국채잔액의 규모, 국채발행액과 국채잔액의 GNP에서의 비중

(단위: 억 원, %)

연도	GNP(A)	국채발행액(B)	국채잔액(C)	B/A×100(%)	C/A×100(%)
1949	–	0.1	0.1	–	–
1950	–	–	0.1	–	–
1951	–	0.4	0.46	–	–
1952	–	1.2	1.57	–	–
1953	478.8	7.0	8.53	1.5	1.8
1954	662.3	15.86	24.27	2.4	3.7
1955	1,144.9	32.1	55.28	2.8	4.8
1956	1,515.0	–	55.28	–	3.6
1957	1,971.0	40.51	90.45	2.1	4.6
1958	2,047.0	18.0	99.21	0.9	4.8
1959	2,174.9	5.0	100.69	0.2	4.6
1960	2,449.3	12.31	107.96	0.5	4.4
1961	2,941.8	40.31	140.25	1.3	4.8
1962	3,555.4	103.45	179.83	2.9	5.1
1963	5,029.0	29.27	198.01	0.6	3.9
1964	7,163.1	6.01	198.92	0.1	2.8
1965	8,057.2	23.58	202.93	0.3	2.5
1966	10,370.4	13.73	203.03	0.1	1.9
1967	12,812.3	101.33	245.87	0.8	1.9
1968	16,529.3	272.34	290.46	1.6	1.8
1969	21,552.7	53.83	313.0	0.2	1.5
1970	27,769	93.58	374.17	0.3	1.3
1971	34,069	157.77	476.23	0.5	1.4
1972	41,775	305.0	724.56	0.7	1.7
1973	53,555	174.0	847.12	0.3	1.6
1974	75,645	734.02	1,447.54	1.0	1.9
1975	100,646	1,115.48	2,419.53	1.1	2.4
1976	138,182	2,927	4,443	2.1	3.2
1977	177,286	4,974	7,535	2.8	4.3

<표 13-12> 계속

(단위: 억 원, %)

연도	GNP(A)	국채발행액(B)	국채잔액(C)	B/A×100(%)	C/A×100(%)
1978	239,368	8,493	10,952	3.5	4.6
1979	307,411	11,005	15,353	3.6	5.0
1980	367,497	10,542	18,879	2.9	5.1
1981	455,281	15,491	24,006	3.4	5.3
1982	524,823	19,680	35,405	3.7	6.7
1983	617,223	13,877	38,270	2.2	6.2
1984	700,839	14,557	36,674	2.1	5.2
1985	780,884	13,690	32,495	1.8	4.2
1986	905,439	15,196	34,185	1.7	3.8
1987	1,056,298	44,748	64,953	4.2	6.1
1988	1,235,792	49,922	78,388	4.0	6.3

주: 1) GNP 통계의 경우 1969년까지는 구(舊) SAN체계에 의해, 1970년부터는 신(新) SAN체계에 의해 추정된 결과, 1969년과 1970년 사이에 통계적 불일치가 있다. 그리고 1949년부터 1952년까지는 일관성 있는 GNP 자료를 구할 수 없는 관계로 이에 관한 통계는 제외하였다.

2) 국채 통계의 경우 1973-1981년 사이에 당시 특수채였던 제1종 국민주택채권이 포함되어 있다. 제1종 국민주택채권은 1982년 국채로 전환되었다. 그리고 1980-1981년 사이에 당시 국채였던 전신전화채권이 제외되어 있다. 전신전화채권은 1982년 특수채로 전환되었다.

자료: 박태규(1991), pp. 530-531에서 재인용. 원자료: 1) GNP는 한국은행, 『국민소득계정』, 1984(1953-1960); 재무부, 『재정금융통계』, 1989, 11(1961-1988). 2) 국채 자료는 재무부, 『재정금융통계』, 각호; 재무부, 『우리나라의 국채』, 1971; 최광 편(1983); 박동렬(1983).

황은 여전히 1955년과 비슷하다. 그러나 1961년에는 국채, 산업부흥국채의 발행액이 약 368.4억 환이고 재정흑자가 334.1억 환으로서 국채, 산업부흥국채의 발행을 재정흑자에서 빼고 나면 적자가 34.3억 환이 됨을 알 수 있다.

국공채는 국채, 특수채, 지방채 등이 있지만 특수채와 지방채의 규모는 전모를 파악하기 어렵다. <표 13-12>는 연도별 국채발행액과 국채잔액의 GNP에서의 비중을 보여준다. 1공화국 기간 동안 연도별 국채발행액이 GNP에서

<표 13-13> 연도별 국채의 소유자별 분포[1)]

(단위: %)

연도	한국은행	예금은행	보험회사	기타[3)]
1949	44.4	-	-	55.6
1950	34.0	59.0	-	7.0
1951	2.0	17.9	-	80.1
1952	8.7	18.3	-	73.0
1953	60.8	9.1	-	30.1
1954	60.4	8.1	-	31.5
1955	66.7	7.5	0.3	25.5
1956	66.7	7.5	0.3	25.5
1957	65.5	6.3	0.3	27.9
1958	53.4	6.4	0.8	39.4
1959	52.3	5.5	0.9	41.3
1960	50.6	4.7	1.3	43.4
1961	61.8	4.1	0.5	33.6
1962	48.3	2.7	9.3	28.7
1963	68.9	2.3	0.5	28.3
1964	72.6	3.8	0.7	22.9
1965	78.1	2.4	0.6	18.9
1966	84.0	1.6	0.2	14.2
1967	66.1	22.9	0.1	10.9
1968	72.4	15.0	7.6	5.0
1969	62.0	18.6	9.4	10.1
1970	53.2	10.5	10.5	25.8
1971	38.1	8.8	7.6	45.5
1972	61.8	7.3	6.6	24.3
1973	18.7	46.4	3.6	31.3
1974	21.4	31.7	3.9	43.0
1975	16.5	30.7	7.9	44.9
1976	0.2	29.4	9.6	60.8
1977	4.2	21.3	1.8	72.7

<표 13-13> 계속

(단위: %)

연도	한국은행	예금은행	보험회사	기타[3]
1978	3.1	49.2	3.7	44.0
1979[2]	2.8	44.0	3.0	50.2
1980[2]	0.7	62.2	12.3	24.8
1981	0.4	50.9	10.8	37.9
1982	0.3	50.6	8.5	40.6
1983	1.3	49.5	8.6	40.6
1984	-	44.2	10.1	45.7
1985	-	39.1	11.4	49.5
1986	0.1	57.2	8.2	34.5
1987	0.3	45.2	5.1	49.4
1988	13.5	49.5	0.7	36.3

주: 1) 각 연도의 합계는 100%로서 각 연도의 통계치는 유량 개념임.
2) 1979년과 1980년 사이에 통계상의 불일치가 있음.
3) 보험회사를 제외한 비은행금융기관, 민간, 공공기관 등이 포함됨.
자료: 박태규(1991), p. 557에서 재인용. 원자료: 한국은행, 『조사월보』, 1951.1-1969.3; 한국은행, 『통계월보』, 1969.4-1981.12; 한국은행, 『조사통계월보』, 1982.1-1989.12.

차지하는 비중이 컸던 연도는 1954년도 2.4%, 1955년도 2.8%, 1957년도 2.1% 등이다. 이 연도들에 정부가 재정적자를 증가시킴으로써 민간들이 자금을 사용함에 있어서, 재정적자가 적을 때보다도 더 높은 대가를 지불하지 않으면 안 되었다. 소위 크라우딩 아웃(crowding out) 효과이다.

둘째, 1공화국 기간 동안 연도별 국채잔액이 GNP에서 차지하는 비중이 컸던 연도는 1954년도부터 1961년도까지이다. 이 기간에 각 연도의 국채잔액이 GNP에서 차지하는 비중이 3-5% 정도였다. 이것은 1공화국 전 기간에서 국채잔액이 GNP에서 큰 비중을 차지하는 상황이 1954년부터 지속되었다는 것을 의미한다. 즉, 국채상환액보다는 국채발행액이 커서 국채잔액이 누적되고 있는 상황이 1954년부터 지속되었다는 것이다.

<표 13-13>은 연도별 국채 소유자별 분포를 보여준다. 여기에서 가장 중요한 것은 한국은행이 인수한 비율이다. 매년의 국채발행액에서 한국은행이 인수한 비율은 1949-1952년을 제외하면 1953-1961년 평균은 약 60%이다. 이것은 1공화국이 1953년 이후 발행한 국채의 약 60%가 한국은행을 통한 머니타이제이션에 의해 이루어진 것을 보여준다. 이것은 1공화국 기간의 국채 발행이 통화량 증가를 초래하고 그런 인플레이션이 모든 재화의 가격상승을 초래했음을 보여준다.

한국은행이 국채의 큰 몫을 인수한 것은 근본적으로 정부가 국채의 금리를 너무 낮게 책정하여 민간을 포함한 다른 기관에서 인수할 인센티브가 없도록 만들었기 때문이다. <표 13-14>에서 1943-1963년의 국채는 모두 저리금리, 즉 1년 만기 정기예금 금리보다 낮은 금리로 발행되었음을 보여준다. 국채가 얼마나 낮은 금리로 발행되었는가는 연구가 필요하다.

요약하면, 전쟁 발발로 인한 국방비 부담 때문에 조세부담률은 크게 증가하지 않을 수 없었다. 특히, 1950년대 말에 조세부담률은 30%에 육박했다. 이것은 민간의 가처분소득을 작아지게 하는 것이다. 재정과 관련하여 무엇보다도 중요한 점은 한국전쟁 정전 이후에 1공화국 정부는 재정을 머니타이제이션했다는 것이다. 그러나 저자는 여기에서 자료의 부족으로 그 전모를 자세히 밝힐 수는 없었다. 다만 약간의 자료만을 개략적으로 제시했을 뿐이다. 그럼에도 불구하고 1공화국 정부가 재정의 머니타이제이션을 했을 뿐만 아니라 그 규모도 작지 않았음은 분명하다. 재정의 머니타이제이션은 물가상승을

<표 13-14> 연도별 금리조건부별 국채 발행[1)]

(단위: 억 원, %)

금리조건		1949-1963	1967-1971	1972-1976[5)]	1977-1981[6)]	1982-1986	1987-1988	1988년 말 잔액
저리국채[2)]	금액	306	262	411	2,099	16,647	9,206	20,895
	비중	100.0	38.6	9.0	4.4	21.6	9.7	26.7
공금리연동 부국채[3)]	금액	-	140	2,964	14,977	21,960	7,676	10,605
	비중	-	20.6	64.8	31.5	28.5	8.1	33.5
시장금리부 국채[4)]	금액	-	277	1,200	30,532	38,398	77,788	46,888
	비중	-	40.8	26.2	64.1	49.9	82.2	59.8
합계	금액	306	679	4,575	47,607	77,005	94,670	78,388
	비중	100.0	100.0	100.0	100.0	100.0	100.0	100.0

주: 1) 1964-1966년 사이에는 출자재정증권 34억 원 외에 국채 발행 실적이 없었다.
2) 발행금리가 공금리(1년 만기 정기예금 금리)를 하회하는 국채.
3) 발행금리가 공금리와 동일하고 공금리가 변동하는 경우에는 발행금리도 동일하게 변동되는 국채.
4) 발행금리가 공금리를 상회하는 국채.
5) 1972-1976년의 경우에 당시 특수채였던 제1종 국민주택채권 681억 원을 제외하였음.
6) 1977-1981년의 경우에 당시 특수채였던 제1종 국민주택채권 4,956억 원을 제외하였고 당시 국채였던 전신전화채권 2,059억 원을 포함하였음.

자료: 박태규(1991), p. 552에서 재인용. 원자료: 1972-1976, 1977-1981, 1982-1986의 자료는 한국은행, 『조사통계월보』, 1987년 7월, p. 31에서 인용.

포함한 여러 가지 부작용을 초래하기 때문에 경제정책으로서는 가장 나쁜 방법이라는 점만을 지적해둔다(재정의 머니타이제이션에 대한 자세한 분석과 설명은 6편 39장을 참조할 수 있다). 그러나 1955년 이후에는 대충자금의 대규모 유입으로 세입에서 재정을 머니타이제이션한 규모는 상대적으로 작아졌다. 이것이 미국의 원조가 한국경제에 미친 긍정적인 영향이다(이 점에 대해서는 4편에서 자세히 다룰 것이다).

제14장

저곡가정책과 원조농산물과 농가 가계의 적자

1. 서론

1950년대 대부분의 농가에는 부채가 누적되고 있었다. 이것은 농지개혁을 통해 농지를 분배 받았다고 농가의 가계가 안정된 것은 아니었다는 것을 의미한다. 그리고 그런 부채는 대부분 금리가 비싼 사채의 형태를 하고 있었다. 한마디로, 1950년대 농가의 대부분은 높은 금리의 사채로 신음하고 있었다.

1950년대 농가 가계의 적자가 누적되고 지속되면서 그리고 그 결과 높은 금리의 사채를 쓰면서 농촌 사회는 재소작화, 이농, 탈농 등의 위기를 겪고 있었다. 그 결과 5·16 직후 농촌의 위기를 해결하는 방안으로 국가재건최고회의는 「농어촌[1]고리채정리령」을 공표하고 그 직후 「농어촌고리채정리법」을 제정·시행에 들어갔다. 즉, 농어촌고리채정리법은 5·16 세력이 1950년대 농촌의 위기를 해결하기 위한 방안의 하나로 내놓았던 것이다.

사채의 누적으로 대변되는, 1950년대 농촌의 위기는 정부의 재정정책, 통화정책, 외환정책, 농산물 가격정책 등과 관련이 있을 뿐만 아니라 미국 원조농산물도 직·간접적인 관련이 있다. 즉, 그런 정부정책들과 미국 원조농산물이 농촌위기의 원인이거나 위기를 심화시키는 원인이 되었다는 것이다.

1950년대 농촌과 농업을 거시적으로 보면, 1공화국이 단행한 농지개혁은 긍정적인 점과 부정적인 점이 공존했다(이 점은 10장에서 다루었다). 이와 함께, 여러 가지 정부정책이 농촌을 위기로 몰아넣었다. 이 장에서는 1950년대 농촌의 위기와 그 원인을 분석한다.

1 농어촌이라고 하지만 핵심은 농촌이기 때문에 여기에서는 농촌에 중점을 두고 분석한다.

2. 1950년대 농가 부채 현황[2)]

<표 14-1>은 호당 농가의 가계수지를 보여준다. 1955년과 1956년을 제외하고, 1951년부터 1960년까지 농촌 가계는 적자를 면치 못하고 있었다. 특기할 점은 1950년대 농가 평균수입에서 과부족이 차지하는 비율이 1958년 현재 −6.1%, 1951년 −4.3%, 1960년 −4.0%, 1953년 −3.0%, 1959년 −2.7%, 1954년 −1.4%, 1957년 −0.3% 등이다. 농촌 가계가 흑자를 낸 연도인 1955년과 1956년에 그 흑자 규모는 매우 작아서 농가 평균수입에서 차지하는 비율은 각각 1.1%, 0.5%밖에 되지 않았다. 한마디로, 1950년대 농가에서 흑자가 났을 때 그 규모는 매우 미미하고 적자가 났던 해 중에서 1951년, 1953년, 1958년, 1959년, 1960년에는 그 규모가 작지 않았다. 더 큰 문제는 흑자의 규모가 크지 않았고 적자가 발생한 연도가 이어지면서 적자는 누적되고 있었다는 점이다.

농가는 가계가 적자가 되면서 필요한 자금을 빌리지 않으면 안 되었다. 농업은행이 조사한 농가신용조사에 의하면 1953년 농가 부채 총액은 약 201억 환이고 농가 1호당 부채액은 약 8,971환이었다(이대근, 1987, p. 209). <표 14-2>는 1956년 이후 연도별 농가 부채 실태를 보여준다. 농가 부채 총액은 1956년 10월 말 886억 환에서 1960년 9월 말 1,518억 환으로 크게 증가했다. 1957년 이후 소비자물가상승률이 매우 안정되었다는 점을 고려하면 농가 부채 총액이 실질적으로 크게 늘어난 것을 알 수 있다. 전체 농가에서 부채보유농가의 비율은 1956년 10월 말부터 1959년 9월 말까지 평균 89.1%이다. 이것은 부채를

2 이명휘(1992)는 농지의 규모에 따라 농가의 수지를 세밀하게 분석하고 있다.

<표 14-1> 호당 농가의 가계수지

(단위: 환, %)

연도	농가 평균수입(A)	농가 평균지출(B)	과부족(C)=(A-B)	(D)=C/A×100
1951	181,865	189,824	-7,959	-4.3
1953	160,240	165,048	-4,808	-3.0
1954	174,588	177,046	-2,458	-1.4
1955	360,752	356,746	4,006	1.1
1956	568,760	566,182	2,578	0.5
1957	622,169	628,810	-1,641	-0.3
1958	570,879	605,577	-34,697	-6.1
1959	543,333	558,558	-14,825	-2.7
1960	580,179	603,351	-23,172	-4.0

자료: 1951-1957년 농업은행, 『농업연감』, 1958, p. 341; 1958-1960년 농업은행, 『농업관계 주요통계』, 1961, pp. 15-16; 김종덕(1997), p. 240 〈표 5-17〉 재인용.

지지 않은 농가가 전체 농가의 약 10.9%밖에 되지 않았다는 것을 의미한다. 다시 말하면, 이것은 이 당시 극히 일부의 농가를 제외하고 모든 농가가 부채를 지면서 살고 있었다는 것이다.

한국은행이 발표한 자료에 의하면 농가 호당 부채가 1951년 현재 1,066환에서 1952년 2,509환, 1953년 4,036환, 1956년 39,370환, 1957년 46,232환, 1958년 65,252환, 1959년 67,788환으로 증가했다.[3] 1951년 호당 부채를 기준으로 1959년 호당 부채는 약 63.6배 증가했다. 그 기간에 물가상승률이 높았다는 점을 감안하더라도 호당 부채는 매우 빠르게 증가했다.

<표 14-2>의 호당 농가 부채액을 <표 14-1>의 호당 농가 평균수입으로 나

3 한국은행(2000), 『한국의 금융-경제연표(1945-2000)』, pp. 87, 153.

<표 14-2> 1950년대 후반 연도별 농가 부채 실태

구분	1956년 10월 말	1957년 10월 말	1958년 9월 말	1959년 9월 말	1960년 10월 말
조사농가(호)	23,262	25,447	27,655	630	630
부채보유농가 비율(%)	86.7	89.8	88.8	91.1	미상
호당 농가 부채액(환)	39,970	46,232	65,252	67,788	69,932
사채 비율(%)	82	78	79	70	63
총부채 추정액(억 환)	886	1,017	1,244	1,504	1,518

자료: 농업은행, 『농가신용조사』, 각 연도; 김종덕(1997), p. 241에서 재인용.

누면 1956년 약 7.0%, 1957년 약 7.4%, 1958년 약 11.4%, 1959년 약 12.5%, 1960년 약 12.1% 등이다. 이 비율이 증가하고 있다는 것은 1950년대 후반에는 부채가 수입에서 차지하는 비중이 점차 높아졌다는 것을 의미한다. 그것은 시간이 흐를수록 농가 부채의 변제가 어려워지고 있음을 의미한다. 다르게 말하면, 1950년대 후반에 농가의 부채는 지속적으로 증가했지만 농가 평균수입은 그렇지 않았다는 것이다.

그러나 앞에서 언급한 내용보다 더 심각한 문제는 그 부채가 사채라는 것이다. 총부채에서 사채의 비율은 1956년 10월 말 약 82%에서 1960년 10월 말 약 63%로 감소했다. 5년 평균치는 약 74.4%이다. 평균으로 볼 때 총부채에서 사채의 비율은 약 3/4 정도이다. 사채를 제외한 부채는 대부분 공식 금융기관으로부터 빌린 것이었다. 금액을 기준으로, 1953년에는 전체 부채에서 금융조합으로부터 19.2%, 그 이후에는 농업은행으로부터 1956년 17.8%, 1958년 21.9%, 1958년 21%, 1959년 29.8%, 1960년 42%를 빌렸다(이명휘, 1992, p. 190 각주 39 참조).[4]

4 김종덕(1997)과 이명휘(1992)의 자료 원천이 다르기 때문에 사채 비율과 공식 금융기관 비율을 합산하면 100%가 넘는 경우가 발생한 것처럼 보인다. 다만 큰 오차가 아니기 때문에 무시해도 좋다고 판단된다.

<표 14-3> 농가 사채의 호당 평균 월 이자율 구성비

(단위: %/월)

연도[1]	무이자	5% 미만	10% 미만	10% 이상	계
1956	-	29.4	61.2	9.4	100.0
1957	3.1	21.7	69.0	6.2	100.0
1958	3.0	14.7	81.5	0.8	100.0
1960	15.4	19.1	60.1	5.4	100.0
1961	32.3	47.5	16.5	3.7	100.0
1962	14.2	69.2	15.6	0.3	100.0
1963	5.4	47.8	45.7	1.1	100.0

주: 1) 1959년도에는 월 이자율별 사채조사가 없었음.
자료: 농협중앙회(1966), p. 641.

사채가 문제가 되는 것은 <표 14-3>에서 알 수 있듯이 그 금리가 매우 높았다는 사실이다. <표 14-3>은 농가 사채의 호당 평균 월 이자율 구성비를 보여준다. 전체 부채에서 월 5% 이상의 부채만이 차지하는 비중을 보면 1956년 현재 70.6%, 1957년 75.2%, 1958년 82.3%, 1960년 65.5%로서 4년 평균 비율이 73.4%이다. 이것은 1956-1960년에 이자율 월 5% 이상의 부채가 전체 부채에서 차지하는 비중을 보여준다. 이 기간에 총부채의 약 3/4이 이자율 월 5% 이상의 높은 사채였다. 월 이자율 10% 이상의 부채 중에는 월 20% 이상의 부채도 있었다.

군사정부가 1961년부터 농어가 부채 정리를 했기 때문에 이자율 월 5% 이상의 부채 비율은 1961년 20.2%, 1962년 15.9%, 1963년 46.8% 등이다. 특히, 군사정부의 농어가 부채 정리는 1961년과 1962년에 큰 영향을 주었다. 그 비율이 1963년에는 1960년 이전보다는 크게 낮아졌지만 1961년과 1962년에 비하면 크게 증가했다. 이것은 군사정부의 농어가 부채 정리 효과가 작아지면서 다시 높은 이자율이 거래조건으로 되었음을 보여준다. 이 점에 대해서는 아래에서 자세히 다룰 것이다.

1953년 금련(金聯)이 조사한 부채의 용도를 보면 다음과 같다(박희범, 1968, p. 22 참조). 현물 부채가 전체 부채의 약 60%를 점하였다. 여기에서 현물 부채란 곡물뿐만 아니라 노동 서비스도 포함한다. 전체 부채 중에서 식량 부채(식량을 용도로 현물을 빌리는 것)가 46.3%, 영농자금 26.9%, 기타 병원비, 학자금 등이다. 식량 부채란 그해 수확한 곡물로 1년간의 식량을 충당하지 못하는 경우에 쌀과 같은 곡물을 빌리는 경우를 말한다. 흔히 '장리쌀'(또는 '갑리쌀')이라고 한다. 특기할 점은 빚을 내서라도 자녀를 학교에 보냈다는 것이다.

지금까지 내용을 요약하면 다음과 같다. 첫째, 1950년대 한국 농가는 일부 연도를 제외하면 적자 가계였다. 둘째, 약 90%의 농가가 부채를 지고 있었다. 셋째, 그 부채는 사채가 주였고 월 5% 이상의 높은 이자율의 사채가 전체 부채의 약 3/4을 차지했다. 넷째, 1950년대 후반에는 부채가 수입에서 차지하는 비중이 점차 높아졌다. 이것은 농가 가계가 부채로 인한 원리금 상환에 어려움을 겪고 있었다는 것을 의미한다. 다섯째, 부채 증가 속도가 물가상승률보다 훨씬 빨랐다. 여섯째, 부채에서 식량(쌀, 보리 등)을 위한 현물의 비중이 가장 높게 나타났다.

3. 농가 부채의 원인들: 저곡가정책과 원조농산물

여기에서 우리가 풀어야 할 의문들을 요약한다. 첫째, 1950년대 농가가 부채를 왜 사채에 의존했는가 하는 것이다. 둘째, 사채의 이자율이 그렇게 높은 이유가 무엇인가 하는 것이다. 이 의문은 첫째 의문과 관련이 있다. 셋째, 농가 부채의 원인들, 즉 농가 가계가 적자가 될 수밖에 없는 원인들은 무엇인가 하는 것이다.

분석에 들어가기 전에 한 가지 점을 지적할 필요가 있다. 농가가 부채를 지는 경우에 그 원인이 순전히 자신의 잘못 때문일 수 있다. 그러나 농가의 약 90%가 부채를 졌고 두 해를 제외한 1950년대 전 기간 동안에 농가가 부채를 지고 있었다는 사실은 그것이 개인의 잘못보다는 시스템의 문제가 훨씬 중요하다는 점을 의미한다. 물론 어떤 농가가 부채를 졌던 것은 순전히 자신의 잘못일 수 있다. 그리고 그런 일이 발생하지 않았다고 주장하는 것은 아니다. 그러나 그런 일은 비중이 크지 않았다고 보는 것이 옳은 것이다. 그리고 자연재해가 농가 부채의 원인일 수도 있지만 자연재해가 여러 해 지속되지는 않는다는 점에서 앞의 경우와 같은 말을 할 수 있다. 그리고 한 가지 기억해야 할 것은 1956년 흉년, 1957년과 1958년에는 풍년이었다는 것이다.

① 먼저 1950년대 농가가 부채(현물 부채 포함)를 왜 사채에 의존했는가 하는 것과 그와 관련하여 사채의 이자율이 그렇게 높은 이유가 무엇인가 하는 것이다. 1950년대 후반 사채금리는 월 4% 수준에서 안정되어 있었다. 일반은행의 공금리는 이식제한령에 의해 연 18.25%에 고정되었고 원조물자를 배정받아 자금을 빌리는 경우에 산업은행의 대출금리는 연 13.87%였다. 한마디로, 일반은행과 산업은행의 대출금리는 자유시장 금리보다 훨씬 낮았고 비록 일시적이지만 고정되었다. 일반은행과 산업은행의 대출금리는 최고가격이다. 최고가격에서는 초과수요가 발생한다. 수요에 비해 충분한 공급이 이루어지

지 않기 때문에 자금을 나누어주는 방법, 즉 배급을 할 수밖에 없다. 그리고 충분한 대출자금을 구할 수 없는 차용자는 대체재를 찾을 수밖에 없다. 이것이 사채금리를 그렇게 높게 만들었던 많은 이유 중의 하나이다.

원조물자를 불하 받는 삼백(三白)산업 관련 기업가들과 정부가 판단할 때 중요한 제조업과 사회간접자본에 투자하는 자본가들 등은 농민들보다는 대출의 우선순위에서 상위에 있었다. 농가의 총부채 중에서 사채의 비중이 평균 약 74.4%라는 사실은 농민의 3/4이 사실상 공식 금융기관으로부터 대출을 받지 못하고 사채를 이용했다는 것이다. 농민 중에서도 담보가 충분하지 않거나 부채 상환 능력이 의심되는 소규모 경작지를 가진 농민은 공식 금융기관의 대출을 받을 수 없었다. 담보가 전혀 없는 농민들은 노동력을 담보로 자금을 빌리고 농번기에 노동력을 제공하는 방법으로 원리금을 상환했다. 당시 이 방법이 압도적이었다. 그리고 곡물을 빌리는 현물 부채의 비중도 높았다(이명휘, 1992, p. 190). 공식 금융기관이 충분한 자금을 대출해줄 수 없기 때문에 대체재인 사채의 금리는 상승할 수밖에 없다. 사채금리는 최고가격이 없을 때와 비교하여 더 높아질 수밖에 없다. 그리고 사채자금의 공급 원천은 미군정기에 형성된 자본[5]과 상대적으로 대규모 농지를 보유한 농민의 현물저축과 농가의 가계저축이었다(이명휘, 1992, p. 191; 이창열, 1966, p. 98 참조).

농민들이 공식 금융기관을 통해 대출을 받는다면 최고가격인 금리를 이용할 수 있었을 것이다. 1공화국 정부는 정부 수립 직후부터 농업금융을 개선하기 위한 노력을 계속했지만 별다른 결실을 거두지 못했다. 몇 년의 우여곡

5 미군정기에 객주제도를 이용하여 축적한 자본을 상업자본이라고 지칭하는 경우를 볼 수 있다. 그러나 모든 축적된 자본은 자본일 뿐이다. 상업자본, 산업자본, 금융자본 등으로 구분하는 것은 잘못된 것이다.

절 끝에 1958년 4월에 농업은행과 농협이 정식으로 발족했다.[6] 이 당시 농업은행(금융조합의 후신)은 문자 그대로 농민을 대상으로 하는 공식 금융기관으로서 정부 산하의 특수은행이었다. 그리고 1950년대 농업금융은 농업은행, 산업은행, 일반은행 등에서 취급했지만 세 기관의 전체 대출에서 농업 관련 대출은 비중이 낮았다(배영목, 2004, p. 320 <표 8-15> 참조).

정부는 1957년 11월부터 '미곡담보융자제도'를 실시했다(한국경제60년사 편찬위원회 편, 2010, 산업편, p. 434 참조). 이것은 농가당 벼 50가마를 담보로 융자를 해주는 제도이다. 1957-1958년에는 연 16.5%의 자금을 3-8개월간 융자를 해주었다. 그리고 금리는 1959년에는 연 12%, 1960년에는 연 10.6%로 인하되었다. 이 제도는 1962년까지 시행되었다. 미곡담보융자제도의 금리는 사채이자보다 훨씬 낮았지만 공식 금융기관의 금리보다도 낮았다. 다만 현재 그 규모를 알 수 없다.

사채 금리가 그렇게 높았던 더 근본적인 이유는 그 무렵의 농민들의 시간선호가 매우 현재 지향적이었을 뿐만 아니라 각종 조세, 분배받은 농지에 대한 현물 상환 등으로 자금수요가 컸음에 비해 자금의 공급은 충분하지 않았기 때문이다.

② 이제 1950년대 농가의 가계가 적자가 발생할 수밖에 없었던 원인들은 무엇인가 하는 의문을 풀어보기로 한다. 첫째, 정부가 정한 미곡의 최고가격은 간접규제가격인 시장가격보다 매우 낮았다는 것이다. <표 14-4>에서 정부수매가격 대비 간접규제가격은, 1950년대만 보면 1951년에 41.5%로 가장 낮았

6 농업은행과 농협의 발족 과정에 대한 요약은 한국경제60년사 편찬위원회 편(2010), 산업편, p. 44 참조.

<표 14-4> 연도별 미곡의 수매가격과 간접규제가격

(단위: 원/80kg, %)

연도	수매가격(A)	간접규제가격(B)[1]	(C)=(A/B)×100
1950	16.40	52.30	31.4
1951	65.37	157.50	41.5
1952	200.62	447.50	44.8
1953	200.62	350.00	57.3
1954	308.33	581.00	53.1
1955	390.56	962.00	40.1
1956	1,059.00	1,591.00	66.6
1957	1,059.00	1,311.00	80.8
1958	1,059.00	1,368.00	77.4
1959	1,059.00	1,687.00	62.8
1960	1,059.00	1,687.00	62.8
1961	1,555.00	1,768.00	87.7
1962	1,650.00	2,801.00	58.9
1963	2,060.00	3,470.00	59.4
1964	2,967.00	3,324.00	89.3
1965	3,150.00	3,419.00	92.1
1966	3,306.00	3,750.00	88.2
1967	3,590.00	4,289.00	83.7
1968	4,200.00	5,140.00	81.7
1969	5,150.00	5,784.00	89.0
1970	7,000.00	7,153.00	97.9

주: 1) 정확하게는 시장가격이 아니라 간접규제가격이라고 하겠다. 왜냐하면 시장가격은 정부의 수매가격의 영향을 받기 때문이다.

자료: 농림부, 『농림통계연보』, 각 연도.

고 1957년에 80.8%이다. 1951-1960년 평균은 약 58.7%이다. 이 수치는 정부의 최고가격이 얼마나 낮게 고정되었는가를 잘 보여준다. 최고가격은 이렇게 농민에게는 불리하게 작용했다. 그러나 최고가격 때문에 간접규제가격은 더 높아지고 그런 상태는 농민에게는 유리하게 작용했다. 미곡의 상품화율이 약 30% 정도인 점을 감안하면 최고가격이 가계에 미치는 부정적인 효과가 간접규제가격의 상승으로 인한 긍정적인 효과보다 컸을 것으로 추정된다. 이것은 추가적인 분석이 필요하다.

그러면 정부가 최고가격에 농민으로부터 몰수한 양곡의 양은 얼마나 되었는가? 김성호·전경식·장상환·박석두(1989, p. 1048) 등에 의하면 1951-1958년에 양곡 총생산량의 평균 18.5%를 정부가 몰수했다. 1955년에는 양곡 총생산량의 26.7%로서 가장 높았다. 여기에서 양곡이란 맥류를 미곡으로 환산하여 합산한 값이다. 그리고 정부가 몰수최고가격을 적용한 것은 임시토지수득세, 분배농지 상환, 양비교환, 일반매입 등을 통해 정부가 몰수 또는 수집한 양곡을 말한다.

둘째, 미국산 농산물 원조가 농가 가계에 부정적인 영향을 미쳤다. 한국농업에 가장 크게 영향을 미친 미국산 원조농산물은 소맥, 원면, 원당, 사료용 곡물 등이다. 그러나 자료의 제약으로 여기에서는 소맥과 원면만을 다룬다. 사료용 곡물에 대해서는 18장에서 그 일부를 분석했다. 먼저 소맥을 보기로 한다. <표 14-5>는 한국산 소맥과 원조소맥의 연도별 가격이고 <표 14-6>은 연도별 소맥의 경작면적, 생산량, 수입량, 국내 생산 비중 등을 보여준다. 소맥의 가격을 먼저 보기로 한다. 1950년대 저환율정책으로 원조소맥의 수입가격은 매우 낮았다. 그 결과 원조소맥의 영향으로 정부의 매입가격도 낮아질 수 밖에 없었다. 그리고 그것은 고정가격이다. 미곡에 비해 소맥의 가격이 저렴해서 사람들은 소맥으로 가공한 제품들을 선호했다. <표 14-6>에서 생산량과 수입량을 합산한 것을 소비량의 근사치로 잡으면 1960년 소맥의 소비량은

<표 14-5> 한국산 소맥과 원조소맥의 연도별 가격

(단위: 환/60kg)

연도	한국산 소맥		원조소맥 수입가격	비고
	정부수납 매입가격	정부관리분 판매가격		
1953	1,192	1,650		
1954	1,192	2,100		
1955	1,300	2,580		
1956	1,600	5,760	2,438	운임과 보험료 포함
1957	4,230	5,760	2,352	운임 포함
1958	4,230	5,760	2,214	상동
1959	4,230	5,760	2,079	상동
1960	4,230	5,760	2,691	상동
1961	–	5,760	5,530	상동
1962	–	7,260	–	–

자료: 한국제분공업협회, 1951-1961년도 총회 회의록철; 농림부, 『농림통계연보』, 각 연도; 김종덕(1997), p. 211 <표 5-1>을 재인용.

<표 14-6> 연도별 소맥의 경작면적, 생산량, 수입량, 국내 생산 비중

(단위: M/T)

연도	경작면적(ha)(A)	생산량(B)	수입량(C)	(D)=B/(B+C)×100(%)
1950	98,265	106,045	4,014	96.4
1955	121,112	109,081	63,475	63.2
1960	123,878	258,293	404,087	39.0
1965	151,598	299,871	495,780	37.7
1970	157,814	356,814	1,253,990	22.2
1974	66,911	135,918	1,591,475	7.9

자료: 농림부, 『농림통계연보』, 1955, 1961, 1966, 1971, 1975년판; 김종덕(1997), p. 212에서 재인용.

1950년 소맥 소비량의 약 6.02배로 크게 증가했다. 같은 기간에 소맥의 국내 생산량보다는 미국산 소맥의 수입량이 훨씬 더 크게 증가했다.

<표 14-7> 국산원면의 정부 수매가격과 원조원면의 공장인수가격

(단위: 환/근)

연도	한국산 면의 정부 수매가격[1]				원조원면의 공장인수가격[2]
	1등	2등	3등	4등	
1954	280.5	250.8	211.2	118.8	104
1955	297	267.3	224.4	132	204
1956	330	297	224.4	132	322.2
1957	495	445.5	376.2	-	293.3
1958	660	-	-	-	293.3
1959	660	-	-	-	326.2
1960	676.5	-	-	-	326.2

주: 1) 국산면 가격은 실면가격을 조면가격(실면 3.3근이 조면 1근)으로 환산한 것임.
2) 원조원면 공장인수가격은 각 연도 2/4분기 기준으로 파운드 가격을 근가격으로 환산한 것임.
자료: 최응상(1959), p. 99; 대한방직협회(1968), p. 219; 김양화(1990), p. 65; 김종덕(19970), p. 213에서 재인용.

한마디로, 원조소맥의 경우 소비량의 증가로 가격이 크게 상승할 여지가 있었지만 저환율에 의해 가격이 낮게 책정되었기 때문에 원조소맥의 가격은 크게 상승하지 않았다. 그리고 소맥을 가공하는 시장이 성장하면서 소맥에 대한 수요도 폭발적으로 증가했지만 농민들은 시장점유율을 크게 잃었다. 이것은 한국 정부의 인위적인 저환율정책 때문이었다는 점을 강조할 필요가 있다(이 점은 4편에서 자세히 다룬다).

셋째, 원면이 농가 가계에 미친 영향을 보기로 한다. <표 14-7>과 <표 14-8>은 국산원면과 원조원면의 가격과 원조원면의 도입량, 국산면 생산량, 정부 수집량, 생산면적 등을 보여준다(우리는 1950년대만 검토하기로 한다). 정부의 저환율정책으로 원조원면의 가격은 매우 낮게 고정되었다. 즉, 원조원면의 국내 가격은 최고가격이라는 것이다. 원조원면의 도입으로 국산원면의 정부 수매가격도 낮아질 수밖에 없고 고정되었기 때문에 최고가격이 되었다. 원면

<표 14-8> 연도별 원조원면의 도입량, 국산면 생산량, 정부 수집량, 생산면적

(단위: 천근, ha)

연도	원조원면, 국내 생산량, 합계			정부 수집량	원면 생산면적(ha)
	원조원면 도입량(A)	국내 생산량 (B)	(C)=A+B		
1946	n.a.	95,900	n.a.	4,693	127,504
1947	15,639(22.1)	55,523(77.9)	70,892(100)	7,071	129,847
1948	17,207(16.4)	87,560(83.6)	104,767(100)	4,524	115,257
1949	27,475(16.5)	139,087(83.5)	166,562(100)	19,952	139,299
1950	24,504(19.3)	102,517(80.7)	127,021(100)	8,019	137,872
1951	16,101(11.4)	125,389(88.6)	141,490(100)	11,002	146,293
1952	33,966(29.7)	80,343(70.3)	114,309(100)	7,814	115,943
1953	23,401(22.8)	79,143(77.2)	102,544(100)	8,309	124,436
1954	41,285(34.4)	78,681(65.6)	119,966(100)	7,342	120,806
1955	63,340(39.3)	97,725(60.7)	161,065(100)	n.a.	112,779
1956	61,996(43.2)	81,614(56.8)	143,580(100)	651	116,121
1957	61,856(59.0)	42,902(41.0)	104,758(100)	210	77,568
1958	81,939(68.6)	37,545(31.4)	119,484(100)	594	56,547
1959	86,066(67.8)	40,921(32.2)	126,987(100)	327	60,844
1960	93,492(74.8)	31,521(25.2)	125,013(100)	970	50,826
1965	150,258(88.5)	19,614(11.5)	169,872(100)	14	19,244
1970	138,266	n.a.	n.a.	0	n.a.

자료: 한국산업은행(1955); 농협중앙회(1966, 1970); 한국은행 조사부(1956); 농림부(1953, 1957, 1961, 1966, 1971); 김종덕(1997), p. 215에서 재인용.

의 생산면적은 1940년대 후반에는 평균적으로 증가했지만 1951년을 정점으로 감소하기 시작하여 1960년에는 1951년 수준의 약 34.7%밖에 되지 않았다. 국내 농가가 이렇게 원면시장을 잃게 되었던 것은 한국 정부의 인위적인 저환율정책 때문이었다는 점을 강조할 필요가 있다(이 점은 4편에서 자세히 다룰 것이다).

여기에 한 가지 추가할 것이 있다. 가내수공업 형태의 직조공업은 농가의 겸업수입의 일부를 구성했다. 여기에는 명주, 마포, 무명, 인조견, 모시 등이 있다. 그중에서도 무명이 농가의 수입에서 가장 중요한 제품이었다. 한국전쟁 직후에는 일시적으로 직조공업의 명맥이 유지되었다. 그러나 방직공장의 대량생산이 본격화되면서 가내직조공업은 급격히 쇠퇴했다. 여기에는 저환율정책으로 원조원면의 가격이 매우 낮게 된 것도 가내직조공업의 쇠퇴에 일조를 했다. 물론 방직공장은 대량생산의 이점도 작지 않았다. 한마디로, 원조원면의 대량수입과 그 원면의 인위적인 낮은 가격으로 방직공업이 과다하게 성장하였기 때문에 가내직조공업, 특히 무명 생산의 급격한 쇠퇴를 불러왔다.

넷째, 높은 금리의 사채는 농민 가계에는 작지 않은 부담이 되었다. 사채는 가계수지 적자의 결과이지만 다음 단계는 가계수지 적자의 원인이 되었다. 왜냐하면 당시 평균적으로 사채금리가 매우 높았기 때문이다. 그러나 농지의 규모와 재산의 소유 상태에 따라 일부 농민은 사채의 대부자가 됨으로써 가계수지를 개선할 수 있었다.

다섯째, 분배된 토지에 대한 대가 상환도 농가 가계에 영향을 미쳤을 것으로 추정된다. 분배농지에 대한 상환곡은 매년 토지 수확량의 1/3이었고 상환 기간은 5년이었다. 토지 수확량의 1/3을 상환곡으로 바친다는 것은 각 농가에게는 작지 않은 부담이었을 것이다. 특히, 농지 규모가 작은 농민에게 상환곡 부담이 더욱 컸을 것이다. 현물로 납부했던 상환곡은 나중에 현금으로 납부하는 방식으로 바뀌어 농민에게 다소 유리해졌지만 1950년대는 아직 그 방식을 시행하지 않았다.

여섯째, 농업에 너무 많은 인구가 종사하게 되었던 것도 농가 가계에 부담을 주었던 요인이다. 1959년 현재 농업의 비중은 연간 GNP의 33.4%이지만 총인구에서 농업인구가 차지하는 비중은 72.9%이다.[7] 이것은 농업에 과도한 인구가 종사하고 있다는 것과 그 결과 생산성이 매우 낮았다는 것을 의미한다. 농가 1호당 인구는 1951년 현재 5.9명, 1960년에는 약간 증가하여 6.2명이다. 농지 규모가 작았던 농가는 부채를 지지 않고 많은 인구를 부양하기가 어려웠을 것으로 추정된다. 그러나 도시에서도 일자리가 충분하지 않았기 때문에 가난한 농가는 진퇴양난의 곤경에 처해 있었다.

일곱째, 농업 조세의 부담이 작지 않았다는 것이다. 농업 조세는 임시토지수득세(1951년 제정), 협동조합비, 잡세 등으로 구성되어 있었다. 농업 조세의 국세 총액에서의 비중은 1952년 현재 30.4%(최고), 1959년 6.1%(최저)이고 1951-1959년(1956년 제외) 평균은 18.2%로서 결코 그 부담이 가벼웠다고 보기 어렵다(이명휘, 1992, p. 183 각주 35에서 재인용). 여기에 한 가지 고려해야 할 점은 당시 농업 조세가 현물 조세였다는 것이다. 정부는 임시토지수득세법을 제정하면서 토지세를 현금 조세 대신에 현물 조세로 납부할 것을 규정했다. 그리고 정부는 공무원, 군인 등의 월급을 포함하여 재정의 일부를 미곡으로 지출했다. 현물의 가격은 정부가 정한 최고가격을 적용하기 때문에 앞에서 제시한 농민의 조세 부담은 실제보다 매우 낮게 측정되었다고 하겠다. 이대근(2002, p. 207)의 연구는 현물로 납부한 임시토지수득세를 강제몰수가격으로 환산하면 1951-1953년 총수입의 약 26-38%를 차지했음을 보여준다. 그러나 간접규제가격으로 환산하면 그것보다는 비중이 훨씬 클 것이다. 그리고 현물도 그 대상이 미

7 GNP는 1960년 불변가격 기준이다. 자료의 출처는 경제기획원(1965), 『한국통계연감』과 한국은행, 『한국의 국민소득』 등이다.

곡에서 대맥까지 확대되었기 때문에 1공화국의 세무행정이 농민에게 더 불리하게 되었다. 정부는 1951년 「임시토지수득세법」을 제정하면서 「기부금지법」을 제정하여 농가에게는 세금 이외의 다른 강제성 부담금을 강요하지 못하도록 했다. 그러나 국채의 강매, 청년단비, 군경구호회비, 지서후생비, 대통령 존엄대 등과 같은 준조세도 적지 않았다. 이 준조세는 극빈농가가 33종목을 부담했지만 다른 농가도 그 부담 종류가 비슷해서 극빈농가가 다른 농가에 비해 그 부담 규모가 더 컸다(한국경제60년사 편찬위원회 편, 2010, 산업편, p. 41 참조).

여덟째, 농지 소유 규모가 매우 영세했다는 사실이다(박성재, 2003 참조). 농지개혁이 끝난 1953년에 1정보 미만을 소유한 영세농가는 전체 농가의 약 80%였다. 농가 가구당 인구수가 많을수록 토지 규모의 영세성은 농가 가계를 더욱 어렵게 만든다. 토지 소유 규모가 영세한 농가는 자신의 노동력을 팔아서 노임을 버는 방법이 있다. 문제는 한국전쟁으로 모든 생산활동이 위축된 상황에서 그런 기회도 많지 않았다는 것이다.

다른 요인이 일정하다면, 농지 소유 규모가 영세한 농가는 거의 매년 절량농가가 되기 쉬웠다. 절량농가란 곡물을 수확하고 몇 개월 지나지 않아 식량용 곡물이 완전히 떨어진 농가를 말한다. 절량농가는 1930년대도 존재했지만 해방과 전쟁으로 그 수가 증가하였다. 1950년대는 대략 20여만 호, 100만 명 정도가 절량농가였다. 절량농가의 수가 특히 1953년에는 1월 말에 60만 호, 3월 말에 80만 호, 5월 말에는 110만 호까지 증가했다. 이승만 정부는 절량농가 문제를 해결하기 위하여 양곡을 무이자로 대여했다. 이것이 사환곡(社還穀)이라고 부르는 것이다. <표 14-9>는 1952년부터 1957년까지 정부의 양곡 대여 실적을 보여준다. 문제는 정부의 양곡 대여가 당시 농가가 안고 있었던 가계의

<표 14-9> 절량농가에 대한 양곡 대여 실적

(단위: 석(정곡))

연도	미곡	잡곡	계
1952	134,869	57,610	192,479
1953	124,221	2,925	127,146
1954	–	281,084	281,084
1955	103,282	243,389	346,671
1956	70,343	90,156	160,499
1957	–	336,318	336,318[1)]
계	432,715	1,011,482	1,444,197

주: 1) 현금징수분 93,242석 포함.
자료: 박성재(2003), p. 306에서 재인용. 원자료: 농림부(1958), p. 286.

어려움을 해소해주기에는 너무 적은 양이라고 하겠다. 정부가 진정으로 농민 문제를 해결하고자 했다면 농산물의 가격정책 등을 변경했어야 했다. 한마디로, 절량농가 문제가 심각할수록 농가 부채는 악화될 수밖에 없었고 절량농가는 기본적으로 농지 소유 규모의 영세성에서 발생했다. 다른 요인이 일정하다면 말이다. 그리고 이들이 1960년대 농업이나 농촌을 가장 먼저 떠나는 집단이었다.

아홉째, 통화공급의 증대로 인하여 각 재화의 가격은 상승하지만 그 가격의 상승 정도, 상승 시기 등은 모두 다르다는 점이다. <표 13-5>와 <표 13-7>은 1956년까지 소비자물가상승률이 매우 높았다는 사실을 보여준다. 그러나 모든 재화가 동일한 시점에 동일한 정도로 상승하지는 않는다는 점을 강조할 필요가 있다. 게다가, 농가의 수입을 결정하는 각종 곡류의 가격은 앞에서 보았듯이, 정부에 의해 최고가격으로 지정되었을 뿐만 아니라 일반적으로 그 상승률이 소비자물가상승률을 따라가지 못했다. 가격이 낮게 고정되고 그 상승률이 작게 됨으로써 농가 가계의 수입은 정체하거나 가계 수입의 상승이 화폐의 구매력 하락보다 크지는 않았다.

통화공급의 증대는 농가 가계의 지출 측면에도 영향을 미쳤다. 토지와 노동 등을 제외하면, 농가가 가장 많이 필요로 하는 것들 중의 하나가 비료이다. 비료의 가격도 규제되었다. 그러나 그 가격은 각종 곡류, 일반 소비재, 생산재 지수보다는 연간 상승률이 훨씬 높았다. 금비[8]의 가격은 1954년을 100으로 했을 때 1955년 220, 1957-1960년간에는 640을 기록했다. 금비의 가격은 1954년 기준 1960년에 6.4배 상승했다. 같은 기간 소비자물가상승률은 3배 이하였다. 비료의 가격이 농가에 불리하게 작용했다.

통화공급의 증대로 화폐의 구매력이 하락하면 경제 내의 모든 주체는 승자와 패자로 나누어진다. 상기 두 가지 사실은 적어도 1950년대 농민은 통화공급의 증대로 인한 재화들의 가격상승 과정에서 패자가 되었음을 증명하는 것이다. 그러나 농민도 농지의 규모에 따라 그 영향이 달랐을 뿐만 아니라 사채를 대부할 수 있었던 농민의 경우에 사채를 통해 높은 금리를 받았던 농민들은 앞에서 지적한 효과를 상쇄할 수 있었기 때문에 상대적으로 유리했다고 하겠다.

열 번째, 정부의 농지개혁 과정에 문제가 있었다. 농지개혁 과정이 정상적으로 진행되었다면 상환곡의 부담이 상당히 작았을 것이다. 정부가 정상적인 개혁 과정을 따르지 않음으로써 가장 많이 피해를 입은 사람은 주로 소작농민이었고, 가장 많이 이득을 본 사람은 역설적이게도 지주였다. 정확히는

8 돈을 주고 구입하는 모든 비료를 말한다. 돈을 주고 구입하는 한, 화학비료뿐만 아니라 퇴비, 녹비 등도 여기에 포함된다.

농지 소유권의 정당성에 따라 달라진다(이에 대한 자세한 내용은 10장을 참조할 수 있다).

종합하면, 순전히 개인적인 원인이나 자연재해로 인하여 농가 부채가 발생하는 경우를 제외하면, 농가 부채 발생의 원인들은 대부분 정부정책들이다. 다만 농민 스스로가 부채의 발원지가 된 경우는 농지개혁으로 인한 상환곡 부담과 과다한 호당 농가 인구와 농지 소유 규모의 영세성 등이다. 그러나 상환곡 부담에도 정부의 잘못된 정책이 있다. 다시 말하면, 농가가 부채로 어려움을 겪게 된 것은 크게 보아 정부의 경제정책들이 농민에게 불리하게 작용했기 때문이라는 것이다. 그러나 농민의 어려움에는 앞에서 보았듯이, 여러 가지의 경제정책이 거의 동시에 또는 순차적으로 영향을 주었기 때문에 어떤 정책이 얼마나 영향을 주었는가를 직관적으로라도 계측하는 것은 가능하지 않다.

4. 결론

정부의 각종 경제정책과 농민이 스스로 가진 조건들은 몇 가지 주요한 결과를 초래했다. 그것들을 차례로 보기로 한다. 첫째, 앞에서 보았듯이 1950년대 거의 대부분의 농가가 부채를 짊어지고 있었고 그 부채는 일부 연도를 제외하고 지속적으로 누적되었다. 그리고 다시 한 번 강조하지만 그 부채는 대부분의 경우에 농민들 자신의 잘못이 아니라는 것이다.

둘째, 부채가 누적되면서 보유한 농지를 팔고 다시 소작농이 되는 '재소작화'가 진행되기 시작했다. 즉, 재소작화가 시작된 것은 1950년대 농업의 위기 때문이라는 것이다. 여기에서 농지개혁 이후에 소작농이 되는 것을 재소작화라고 한 것은 농지개혁으로 그 이전까지 소작제는 혁파되었기 때문이다. 그러나 재소작화라 하더라도 농지개혁 이전의 소작제와 다른 점은 농지개혁 이전까지는 신분제와 토지독점이 관련이 있었지만 농지개혁 이후에는 그런 관계가 없었다는 것이다. 이 점에 대해서는 전용덕(2017)을 참조할 수 있다.

1960년 현재 소작농가의 비율은 전체 농가의 26.4%, 소작지의 비율은 전체 농지의 12%이다. 이것을 두고 농지개혁이 철저하지 못했음에 기인한다고 주장하는 것은 틀린 것이다. 그러나 10장에서 보았듯이 농지개혁 과정 자체가 문제의 소지가 있었고 그것이 재소작화의 가능성을 크게 했다는 점은 분명하다. 즉, 농지개혁이 철저하지 못한 것이 아니라 농지개혁 과정 자체가 문제가 있었다는 것이다. 그리고 1950년대뿐만 아니라 1960년대 이후에도 공업에 비해 농업은 상대적으로 중요시되지 않았다. 그 결과 재소작화는 지속적으로 진전될 수밖에 없었다.

재소작화의 진전으로 자작농 체제는 농지개혁 후 20여 년 만에 사실상 붕괴했다. 그것은 여기에서 검토한 기간 이후에도 농업정책은 공업정책에 비하여 우선순위가 낮았기 때문이었다. 이것은 정부의 농업정책이 농민과 농가를 불리하게 만들었다는 의미이다. 그 결과 일부 농민과 농가는 소작민으로 전락했다. 그러므로 한국경제60년사 편찬위원회(2010, p. 46)의 주장처럼 농지개혁 이후 '정부가 자작농을 보호·유지하는 정책이 없었기 때문'이 아니라 '정부가 농민과 농가에 불리한 정책을 시행했기 때문'에 재소작화가 진전되었다는 것이 진실이다.

셋째, 부채가 누적될 때 농민이 취할 수 있는 한 가지 방법은 토지를 팔고 농촌을 떠나거나 농업을 포기하는 것이다. 도시전출 또는 이농이 그것이다. 이것은 물론 가장 극단적인 선택일 수 있다. 농가의 1959년 현재 월평균 수입은 도시근로자의 46.1%, 도시봉급생활자의 37.1%, 도시노무자의 69.7%밖에 되지 않는 매우 낮은 수준이었다(김종덕, 1997, p. 243 <표 5-21>에서 재인용). 그러나 1950년대 말의 도시에는 도시전출 또는 이농한 농민을 수용할 충분한 일자리가 없었다. 그것이 당시 농민의 딜레마였다.

넷째, 정부정책에 의해 대체작물의 가짓수가 줄어들고 가내 수공업도 크게 쇠퇴했다. 이것은 점점 더 농민의 삶을 어렵게 했다. 왜냐하면 선택지가 줄어들면서 다수의 농민이 소수의 작물에만 치중하게 되고 그 결과 농민 간 경쟁은 더 치열해졌기 때문이다.

다섯째, 정부의 농업정책이 농산물의 가격에는 어떤 영향을 미쳤는가? 하나의 농산물을 시장가격보다 낮은 가격인 최고가격으로 결정하면 그 농산물의 실제 가격은 상승한다. 배급제에 의해 그 농산물이 분배되어야 하기 때문에 기다리는 시간 등과 같은 각종 불편함이 따른다. 그 결과 비(非)화폐적 대가까지 고려하면 그 농산물의 가격은 자유시장가격보다 높아진다. 그리고 해당 농산물의 초과수요는 그 농산물의 대체재로 옮겨간다. 그 결과 그 농산물의 대체재인 다른 농산물의 가격도 자유시장가격보다 높아진다. 농산물에 대한 규제가 많아지면 전 농산물에 대한 상황이 앞에서 언급한 상황과 비슷해진다. 한마디로, 1950년대 농업에 가해진 정부의 각종 규제는 농산물 소비자가 지불하는 농산물에 대한 대가를 인하한 것이 아니라 오히려 그 반대로 상승하게 만들었다. 여기에서 농산물에 대한 대가란 농산물 가격과 비화폐적 비용을 합한 것을 지칭하고 있다. 그러나 현재로서는 비화폐적 비용의 크기를 알 수 없다. 이것은 소비자 입장에서 그렇다는 것이고 생산자인 농민은 최고가격만을 받는다.

여섯째, 규제가 많아지면 일반적으로 경제주체들은 그것들을 회피하기 위하여 많은 시간과 노력을 허비한다. 규제 회피에 들어가는 비용은 거래비용의 일부이다. 앞에서 보았듯이, 1950년대 농업에도 많은 규제가 존재했다. 그 결과 거래비용이 적지 않았을 것을 예상할 수 있다. 예를 들어, 정부가 양곡을 수매할 때 무게나 부피를 측정하는 방법에 따라 농민의 수입은 달라진다. 이 경우에 양곡 수매 대행자 또는 정부 관료에게 뇌물을 주는 방법으로 자신의 수익을 극대화할 수 있다. 그러나 이것은 공식 기록이나 통계조사에서는 쉽게 발견할 수 있는 것이 아니다. 추가적인 연구가 필요하다.

일곱째, 정부의 정책들에 의한 1950년대 농업의 위기는 소득의 불평등을 초래했다. 왜냐하면 정부의 각종 정책은 농지 규모가 작은 농민에게 더 불리하게 작용하였기 때문이다. 좀 더 일반적으로 말해, 정부정책에 의한 1950년대 농업의 위기는 소득 불평등을 악화시켰다는 것이다.

여덟째, 5·16군사정변 직후에 국가재건최고회의는 1961년 5월 25일 「농어촌고리채정리령」을 발표하고 6월 10일에 그 후속조치로 「농어촌고리채정리법」을 제정하여 농어촌의 부채를 강제적인 방법으로 정리하겠다고 시도했다. 한마디로, 농어촌 부채 강제정리는 1950년대 농가의 위기를 해결하기 위한 것이었다. 문제는 그 방법이 적절치 못함에 있었다(농어촌 부채 강제정리에 대한 자세한 분석은 23장에서 할 것이다).

제 15 장

1공화국의 경제체제와 종합

1. 간섭주의와 전쟁 사회주의와 반쪽의 자유기업주의

1공화국은 어떤 경제체제를 운영했는가? 자료의 부족으로 여기에서 1공화국의 경제체제를 모두 검토할 수는 없다. 다만 1공화국은 세 시기, 즉 한국전쟁 이전 시기, 전쟁 기간과 그 직후, 그리고 그 이후 시기로 나누어서 자료가 허락하는 범위에서 경제체제를 검토한다.

미군정 이후 한국전쟁 이전까지 미군정에 의해 시행되었던 간섭주의는, 적어도 형식적으로는 상당 부분 1공화국에서도 그대로 유지되었다. 그러나 자료의 미비로 우리는 그 전모에 대해 아는 바가 많지 않다. 다만 1공화국에서도 국가가 화폐와 금융을 통제했기 때문에 사실상 경제 내의 모든 부분이 국가에 의해 통제되었다는 점에서 미군정과 큰 차이가 없다. 그러므로 미군정 이후 한국전쟁 이전의 1공화국은 미군정을 이어받아 간섭주의와 사회주의를 혼합한 시대였다.

조선은행 조사부가 작성한 『조선통계연보』(1949년판)는 1949년 8월 말 현재 중요물자 배급기구도를 제시하고 있다. 그 기구도에 나와 있는 기구는 미군정이 중요물자를 배급하기 위하여 이용했던 유통 채널이다. 이 기구가 1949년 8월 말 현재도 그대로 이용되었다. 즉, 한국전쟁 이전의 1공화국의 유통 채널은 미군정의 그것과 큰 변화가 없었다. 이 시기에는 미군정이 그랬듯이 1공화국은 생산도 상당히 통제했다. 유통을 통제하기 위해서는 생산도 통제하지 않을 수 없었기 때문이다.

먼저 1공화국의 쌀을 포함한 곡물통제정책을 보기로 한다. 미군정의 식량통제정책은 1948년 정부수립 이후에 공포된 「양곡매입법」으로 이어졌다.

1948년 9월에 제정·공포된 양곡매입법에 의거하여 정부는 전면 배급제를 실시했다. 이것은 양곡의 자유거래를 금지하고 양곡 생산자와 지주는 자가식량과 종자용을 제외한 모든 양곡을 정부에 매도하고 배급제를 실시한다는 내용이다. 1948년 추곡수매를 1/2 정도밖에 확보하지 못하자 정부는 1949년 7월에 「식량임시긴급조치법」을 제정·공포하고 전면배급제에서 부분배급제로 전환하였다. 이 법은 1949년 10월에 그 효력이 상실되었다. 이때 배급의 우선권이 군인, 경찰, 공무원, 탄광 및 기간산업에 종사하는 노동자들에게 주어졌다. 1공화국 정부가 1950년 「양곡관리법」을 제정하면서 미군정의 식량통제정책을 이어받은 양곡매입법을 폐지했다. 양곡관리법은 정부가 국내 생산량의 1/3 범위 내에서 미곡을 매입하여 배급하고 나머지는 자유시장을 허용하면서 배급을 위하여 양곡 매매업자와 소비자를 단속할 수 있도록 하였다.[1)]

1공화국 정부가 수립되고 난 직후인 1948년 12월 3일 현재 식량통제정책의 변화는 다음과 같다. 먼저 미군정의 실질적인 통제 하에 있었던 과도정부의 기구와 조직이 1공화국으로 인계되었다. 중앙물자행정처의 기능과 역할은 9월 15일 기획처 물동기획국으로 인계되었다. 이때 기획처는 금연을 물자배급 대행기관으로 지적했다. 그러나 상공부는 1948년 12월 3일 물자필수품연합회(물련)를 유일한 대행기관으로 지정했다. 행정부처 간의 이런 갈등은 대통령과 국무총리까지 개입하게 만들었지만 소용이 없었다. 최종적으로는 물련이 배급대행기관으로 지정되었다. 1949년 5월 현재 물련의 비용과 이윤은 민간용의 경우에 공장 구입가의 20%, 관수용과 특별배급물자는 공장 구입가의

1 1950년 이후 양곡관리법은 세 번, 즉 1963년, 1967년, 1970년에 양곡통제와 관련하여 정부의 권한과 범위를 확대하고 강화하는 방향으로 개정되었다. 그러나 그 기본 제도는 변함이 없었다. 문팔룡(1981, p. 106).

15%를 차지하였다.

정부의 미곡가격에 대한 규제는 어떻게 되었는가? 1공화국의 미곡 수매가격이 <표 14-4>에 나와 있다. 미곡 수매가격은 고정되었고 시장가격 이하이기 때문에 최고가격이었다. 최고가격이라는 개념이 수매가격이라는 개념보다 더 정확한 것이나 여기에서는 두 개념을 모두 사용하기로 한다. '칼럼C'에서 1950년부터 1960년까지 수매가격을 간접규제가격과 비교한 비율을 볼 수 있다. 간접규제가격과 비교하여 수매가격이 가장 낮았던 연도는 1950년이다. 1950년 현재 간접규제가격 대비 수매가격의 비율은 31.4%이다. 그 비율이 가장 높았던 연도는 1957년으로 80.8%였다. 1950-1960년의 '칼럼C'의 평균값은 56.2%이다. 이것은 1950-1960년에 평균하여 정부의 최고가격 또는 수매가격이 간접규제가격의 50%를 상회했지만 60%에는 미치지 못했다는 것을 의미한다. 정부는 미국의 원조농산물이 1956년부터 본격적으로 도입되면서 시장가격이 안정세를 보이자 1960년까지 수매가격을 1956년 가격으로 고정하였다. 이것은 정부가 가격을 강력하게 규제하고 있었다는 것을 의미한다. 적어도 미곡의 가격에 관한 한 그렇다는 것이다. 1951년 9월에는 「임시토지수득세법」을 제정하여 농지세를 물납으로 하였고 '양비교환제도'를 실시하여 정부 관리양곡을 확보했다. 여기에서 물납이란 현금 대신에 현물, 즉 양곡을 직접 납부하는 세금제도를 말하고 양비교환제도란 양곡과 비료를 물물교환하는 제도를 말한다. 그리고 정부는 원조양곡을 이용하여 최고가격 또는 수매가격을 고정하고 간접규제가격을 안정시키고자 했다.

그러나 이승만 정부는 자유기업주의를 채택하여 귀속기업을 적극적으로 매각했다. 이와 함께, 귀속기업의 국·공유화의 범위도 축소했다. 노동자의 경영참가권과 이익균점권도 인정하지 않았다. 그러므로 1950년대는 어느 때보다 자유기업을 보장했던 시기이다. 그러나 간섭주의의 영향력이 자유기업주의의 영향력보다 훨씬 컸다고 하는 것이 옳을 것이다. 왜냐하면 주요 재화의 가격고정과 전쟁을 전후한 초인플레이션은 계약의 자유를 사실상 무의미하게 만들었기 때문이다.

한국전쟁과 그 이후의 일정 기간은 전쟁경제 또는 전쟁 사회주의 시기이다. 전쟁 기간에 정부는 인력 또는 물자를 강제로 징발했다. 정부가 그 대가를 지불하는 경우에도 화폐를 대량으로 발행하여 물가상승을 통한 시뇨리지를 획득함으로써 자원을 공짜로 징발하는 것과 차이가 없었다. 그 결과 많은 생산수단이 정부 소유가 되었다. 정부가 징발했던 자원은 계획에 의해 생산·배분·소비되었다. 민간의 소비는 극도로 통제되었다. 전쟁으로 사실상 사회주의가 되었다.

전쟁 기간과 그 이후에 농지개혁이 진행되었다. 농지개혁은 국가가 토지상환 대금의 1/2 이상을 가져갔다. 그리고 그 대금은 대부분 전쟁비용으로 사용되었다. 이것은 사실상 농지개혁이 농지 사회주의가 되었음을 의미한다. 그리고 이 당시 한국이 농업국가라는 점에서 그 영향은 넓고 깊었다고 하겠다.

<표 13-7>에서 소비자물가상승률이 크게 낮아졌던 연도는 1957년부터였다. 적어도 화폐의 공급이라는 측면에서 이것은 1957년부터 전쟁경제 또는 전쟁 사회주의 시기를 벗어났던 연도로 추정할 수 있다. 1957년 이후에는 전쟁 이전의 간섭주의로 전환되었다. 왜냐하면 외국의 경우에 전쟁이 끝나고 나면 폭발적인 경제성장이 일어나는데, 1공화국에서는 그렇게 되지 않고 약간 높

은 경제성장에 그쳤기 때문에 강력한 간섭주의 시대였다고 추정할 수 있다.

이승만은 1949년 12월 31일에 6년제 국민학교(지금의 초등학교) 교육을 무상이면서 의무로 한다고 발표했다. 그러나 실제로는 교실, 운동장 등과 같이 교육에 필요한 시설은 국가가 제공했지만 학교를 운영하기 위한 직·간접의 운영비는 학생이 부담하도록 했다. 이승만 정부는 미국의 원조를 받아 교실의 건립과 복구에 많은 자원과 노력을 쏟아부었다. 이 점에 대한 자세한 내용은 17장을 참조할 수 있다. 그런 노력의 결과로 그때까지 높았던 문맹률은 급속히 낮아졌다. 이것은 이후의 산업화와 민주화의 밑거름이 되었다.

그러나 이승만의 국민학교 의무교육 실시는 한국 교육에 몇 가지 문제를 초래했다는 점도 지적하지 아니할 수 없다. 첫째, 적어도 국민학교 수준에서 민간의 역할을 영구적으로 차단했다. 다시 말하면, 국민학교 수준에서 사립학교가 설치될 가능성을 의무교육제가 제거했다는 것이다. 둘째, 교육에서 민간의 역할을 차단하면서 교육에 있어서 다양성을 없앴다. 공식 교육은 공립학교 교육이 지배했을 뿐만 아니라 사립학교 교육도 공립학교 교육과 큰 차이가 없어지게 했다. 셋째, 정부가 교육에 깊숙이 개입하고 통제하는 계기가 이때 만들어졌다. 요약하면, 이승만의 의무교육 실시는 한국 교육을 사회주의로 나아가게 만드는 결정적 계기가 되었던 사건이었다.

노동은 어떻게 되었는가? 노비제는 '법적으로는' 1894년 갑오혁명에 의해 폐지되었다. 그러나 노비제는 '실질적으로는' 해방과 한국전쟁을 거치면서 폐지되었다. 해방과 한국전쟁을 전후한 노비제의 폐지는 불연속적인 것이 아니고 연속적인 것이다. 즉, 갑오혁명을 시작으로 한국전쟁 전후까지 노비제는 사회 전체에서 조금씩 폐지되었다는 사실이다. 조금씩 폐지되었다고는 하지만 폐지의 정도는 시간과 장소에 따라 모두 달랐다는 것이 정확한 실상일 것이다. 노비제의 폐지는 그만큼 노동의 생산성을 끌어올렸을 것이다. 그러나 우리는 그 상황을 정확히 알지 못할 뿐 아니라 수치화하는 것도 쉽지 않다.

종합하면, 1공화국은 간섭주의와 사회주의의 혼합(한국전쟁 이전), 전쟁 사회주의(1950년 6월부터 1956년까지), 간섭주의 시대(1957년 이후)로 구분할 수 있다. 그럼에도 불구하고 1공화국은 기업의 설립, 귀속기업체의 매각 등에 있어서는 자유기업주의를 실행했지만 그것마저도 반쪽에 지나지 않았다. 그리고 간섭주의 시대에 자본주의에 근접했던 시장이 없었던 것은 아니지만 정부가 화폐와 금융을 통제함으로써 사실상 모든 시장이 간섭주의였다. 그러나 이헌창(2014, pp. 462-468)은 1공화국을 '종속적 자본주의'로 규정한다. 이헌창의 주장에는 두 가지 문제점이 있다. 첫째, 간섭주의와 전쟁 사회주의가 1공화국 경제체제라는 것이다. 그러므로 이헌창이 1공화국을 자본주의 시대로 규정하는 것은 틀린 것이다. 둘째, 그의 주장에서 더 나쁜 것은 1공화국의 자본주의가 '종속적'이라는 것이다. 먼저 자본주의는 그 정의상 종속적이 될 수 없다. 그는 종속적이라는 것이 무엇인가를 정확하게 정의하지 않고 있다. 만약 종속의 의미를 원조에 의존함으로써 미국의 의사 결정에 따라야 한다는 의미라면 그것을 완전히 부정할 수는 없다. 그 경우에 종속적 자본주의가 아니라 간섭주의 시대이기 때문에 종속적이 될 수 있는 것이다. 그리고 종속이라는 개념은 정치이론이지 경제이론이 아니다. 그가 정치학 개념을 차용했기 때문에 1공화국의 경제체제를 정의하는 데 실패했다.

2. 종합

미군정 시대의 초인플레이션, 광란물가, 경기변동, 장기금융시장의 미발달과 정치·사회의 불안 등은 1공화국 초기의 경제에 작지 않은 영향을 미쳤다. 그러나 우리가 그런 영향을 수치화하여 제시하는 일은 쉽지 않다. 다만 저자는 1공화국의 경제성과를 평가할 때 미군정 시대의 영향을 직관적으로나마 고려해야 한다고 강조해둔다. 그리고 여기에서는 한국전쟁 이후의 경제성과만을 설명한다.

1공화국 정부는 부흥부가 주관하여 종합부흥계획을 작성했고 상공부를 비롯한 각 주무부처는, 부흥부와 별도로 자체적으로 복구 또는 증산 계획을 수립했다. 그것들을 보면 다음과 같다. 수출진흥 5개년 계획, 전원개발계획, 중소기업 육성계획, 면방공업 부흥계획, 농업증산계획, 수산업 장기부흥계획, 종합연료수급계획, 재정안정계획 등이다.[2)]

여기에서 그 계획들을 모두 자세히 분석할 필요는 없다. 왜냐하면 그 계획들은 대부분 흐지부지되거나 약간의 실천으로 그쳤기 때문이다. 그 이유는 여러 가지이다. 첫째, 원조로 자금을 지원하는 미국이 자본재 생산에 필요한 자금보다는 소비재 수입 자금을 지원하는 일에 더 큰 비중을 두었기 때문이다. 둘째, 한국 정부는 그런 계획들을 집행할 수 있는 자금이 거의 없었기 때문이다. 셋째, 미국이 자금을 지원하는 경우에도 한국과 미국의 의견 차이가 미국의 자금지원을 억제했기 때문이다. 가장 대표적인 예가 전원개발계획이

2 1공화국 정부의 종합부흥계획과 각종 복구 또는 증산 계획에 대한 자세한 설명은 이대근(2002), pp. 361-404 참조.

<표 15-1> 연도별 경제활동별 성장률(불변)[1]

(단위: %)

	1954	1955	1956	1957	1958	1959	1960	1961	1962	1963	1964	1965	1966
농림 어업	8.0	1.5	-6.9	9.4	7.3	-0.3	-2.1	12.2	-6.0	9.5	15.6	-1.0	11.6
광공업	11.5	19.9	13.6	9.9	9.1	10.0	10.9	4.4	13.4	14.2	10.5	18.3	15.3
(제조업)	18.1	21.3	15.2	7.1	10.3	9.2	8.2	4.0	11.7	16.1	9.9	20.5	17.3
건설, 전기, 가스, 수도	22.7	0.1	-4.1	23.2	5.2	21.7	-0.0	8.8	16.2	17.3	9.1	24.2	20.6
기타 서비스[2]	1.2	6.1	2.9	4.6	2.9	6.5	2.6	-0.6	8.1	6.9	3.2	8.4	11.0
국민 총생산	5.1	4.5	-1.4	7.6	5.5	3.8	1.1	5.6	2.2	9.1	9.6	5.8	12.7

주: 1) 1975년 시장가격 기준.
2) 기타 서비스는 도소매 및 음식숙박업, 운수창고 및 통신업, 금융, 보험, 부동산 및 사업서비스, 사회 및 개인서비스업, 수입세, (공제) 금융서비스, 정부 및 민간 비영리 생산자의 생산.
자료: 한국은행(1988), 『국민계정: 1970-88』.

다. 미국은 전원개발원칙으로 '화주수종'(火主水從)을, 한국 정부는 '수주화종'(水主火從)을 고집했다. 화주수종이란 화력을 위주로 한 개발을, 수주화종이란 수력을 위주로 한 개발을 말한다.

그러나 예외적이지만 정부의 복구 또는 증산 계획이 성공적으로 시행된 경우도 있었다. 면방직공업이 그것이다. 면방직공업을 포함한 삼백산업의 성장에 대해서는 4편에서 분리하여 다룬다. 3대 기간공장도 준공되었다. 그러나 많은 경우에 1공화국의 복구 또는 증산 계획은 실현되지 못했다. 그럼에도 불구하고 이 계획들은 군사정부와 3공화국 정부 초기의 개발계획 작성에 영향을 미쳤다.

마지막으로, <표 15-1>은 1공화국 시대의 불변 경제성장률을 보여준다.

제조업을 포함한 광공업의 성장률이 매우 빨랐음을 알 수 있다. 문제는 이러한 성장은 정부가 각종 보조금을 주었기 때문에 정상적인 경제성장으로 볼 수 없다. 우리는 이것을 '강제성장'이라고 부른다. 강제성장에서는 정부가 보조금을 주기 위하여 징수하는 세금을 납부하는 사람들, 기금을 납부하는 사람들, 머니타이제이션을 통한 인플레이션 희생자들 등은 모두 그런 보조금이 없을 때보다도 더 나빠진다. 이것이 1공화국 시대 경제성장의 문제점이라고 하겠다. 강제성장에 대한 자세한 설명은 29장을 참조할 수 있다.

1950년대 후반의 경제성장을 더 분석해보자. <표 15-1>에서 알 수 있듯이 한국전쟁, 미국의 원조 등의 영향을 강하게 받았던 1956년까지를 예외로 한다면 1957-1960년까지 4년간의 광공업과 제조업의 불변 경제성장률을 단순 평균하면 각각 10.0%, 8.7%였고, 1962-1966년까지 5년간의 단순 평균 불변 경제성장률은 각각 14.3%, 15.1%였다. 제조업을 포함한 광공업만을 본다면, 1950년대 후반의 경제성장은 1960년대 전반의 그것에 비해 저조했지만 다른 나라 경제에 비한다면 매우 빠른 것이었다고 할 수 있다.[3] 1950년대 후반은 원조도 대폭으로 줄어들었고 정치 등의 불안으로 외자도 도입하지 못했다. 그리고 농업은 여전히 기후의 영향을 강하게 받고 있었고, 건설업은 경기의 영향을 강하게 받아 성장의 기복이 매우 심하였고, 서비스업은 도로 등의 부족으로 성장이 부진하였다. 1950년대 후반 제조업의 빠른 성장은 1950년대 전반 지속된 귀속기업체의 불하와 1950년대 후반 기업의 활발한 창업과 확장에 의한 것이

3 대만의 경제성장률은 최소 연평균 7.0%(1957-1961년), 최대 연평균 10.6%(1967-1971년)이고, 일본의 경제성장률은 1970년 이전을 놓고 볼 때 최소 연평균 8.7%(1956-1960년), 최대 연평균 12.2%(1966-1970년)를 기록하였다.

었다.

1960년대 들어 주류경제학에 기초한 성장주의자들과 5·16군사정변 세력은 1960년대의 경제성과를 드높이기 위하여 1950년대 경제를 '잃어버린 10년' 또는 '정체된 1950년대'라고 의도적으로 폄하하거나 1950년대와 1960년대 간의 단절을 내세우는 경우가 흔히 있었다. 사실 1950년대 경제성과는 <표 15-1>에서 보듯이 1956년과 1961년을 제외하면 연평균 실질경제성장률은 약 5.3%이다. 이것은 물론 1960년대와 1970년대 연평균 실질경제성장률보다 매우 낮은 수치이다. 그 점에서 1950년대 경제성과를 비판적으로 평가하는 것은 일리가 있는 것처럼 보인다. 전쟁이 끝난 직후에 사람들이 복구에 엄청난 에너지를 쏟아붓는다는 점을 고려하면 1950년대 연간 경제성장률 5.3%라는 수치는 매우 낮은 것임에 틀림없다.

왜 1950년대는 그런 초라한 결과밖에 낼 수 없었는가? 경제주체들이 전쟁 직후 복구에 폭발적인 에너지를 쏟았을 뿐만 아니라 원조라는 자원이 상당히 공급되었음에도 불구하고 그렇게 초라한 성적을 낼 수밖에 없었던 이유는 무엇인가? 우리는 많은 이유들을 앞 장에서 일일이 검토하였다. 여기에서 그것들을 한마디로 요약하면, 경제 내의 일부 부문, 대표적인 예로 삼백산업에서는 전쟁 사회주의와 지독한 간섭주의로 인하여 많은 자원이 낭비되었고 그 때문에 경제의 나머지 부문에서는 자원이 부족하여 비싼 대가를 지불하지 않으면 안 되었기 때문이다. 자원의 낭비와 자원의 부족으로 인한 비싼 대가의 지불은 계측할 수 없지만 그 규모가 작지 않았다고 추정할 수 있다(이 점에 대해서는 제4편에서 자세히 다룬다).

간섭주의의 가장 대표적인 예는 수입 재화에 적용했던 환율이다. 한국 화폐의 고평가는 농업의 정체(예를 들어, 소맥과 원면), 삼백산업으로의 과다한 자원 배분과 낭비, 그로 인한 다른 산업에서의 과소한 자원 배분, 각종 특혜, 가내수공업의 붕괴와 수직통합의 해체, 소득재분배, 정경유착, 부정과 부패 등의 폐해를 초래했다. 시장환율이 허용되었더라면 앞에서 나열한 각종 폐해와 자원 낭비는 대부분 없었을 것이다. 물론 각종 폐해와 자원 낭비의 크기는 측정 가능한 것이 아니다. 그러나 그것들이 존재하지 않았던 것도 아니고 결코 작은 것도 아니었다. 여기에 추가하여, 폭발적인 통화증발로 환율은 천정부지로 치솟았고 화폐 가치는 기하급수적으로 하락했기 때문에 폭발적 통화증발의 부작용이 경제주체들의 엄청난 노력을 상당 부분 허사로 만들었다. 한마디로, 1공화국 정부가 펼친 각종 간섭주의적 경제정책과 전쟁 사회주의는 전쟁 직후 폭발하는 경제주체들의 에너지를 상당 부분 낭비하게 만들었고 그렇게 해서 나온 결과가 실제의 역사인 것이다.

마지막으로, 한국전쟁 이전까지는 노비제가 실질적으로 완전히 폐지되었다고 볼 수 없다. 1894년 갑오혁명 이래로 한국전쟁 이전까지는 실질적 의미에서 신분제가 폐지되는 과도기였다. 즉, 이 기간에 노동은 강제노동(compulsory labor)에서 자유노동으로 이행했던 과도기라는 것이다. 강제노동과 자유노동은 생산성 측면에서 차이가 크다. 둘은 기술의 습득과 응용 등에 있어서도 상당한 차이가 있다. 1공화국 시대의 경제성과가 부진했던 것은 노동의 저생산성에도 기인했다는 것이다. 그러나 우리는 그 정도를 정확히 계측할 수 없다.

그러나 주류경제학에 기초한 성장주의자들과 5·16군사정변 세력은 1950년대의 초라한 경제성과를 비판할 자격이 없다. 왜냐하면 그들도 잘못된 정부정책으로 자원을 낭비하거나 자원의 사용 대가를 비싸게 만들었던 일이 적지 않았기 때문이다. 5·16군사정변과 3공화국의 각종 정책에 대해서는 5편과 6편에서 자세히 다룬다.

제4편

원조의 국가주의*

제16장 원조의 현황과 특징, 그리고 원조의 동기

제17장 비농산물 원조: 교육과 도로개발과 기술

제18장 원조와 경제

제19장 원조와 가격 하락과 경제성장과 물가안정

제20장 원조와 군대

제21장 원조와 쿠데타

제22장 원조의 경제체제와 종합

* 미국의 원조는 미군정, 1공화국, 3공화국 등에 걸쳐서 이루어졌다. 그러나 저자는 원조가 군사쿠데타에 미친 영향이 가장 중요하기 때문에 1공화국과 군사쿠데타의 사이에 위치하는 것이 옳다고 판단했다. 그리고 원조가 농업, 군사, 재정, 군사쿠데타 등에 영향을 미쳤기 때문에 다른 내용과 구분하여 편성하였다.

제16장

원조의 현황과 특징, 그리고 원조의 동기

1. 서론

1945년부터 시작되고 1981년까지 지속된 미국의 원조는 한국의 농업은 말할 것도 없고 정치, 경제, 사회, 군사 등 한국의 모든 부문에 영향을 미쳤다. 그러나 여기에서 그것들을 모두 다루는 것은 바람직하지 않다. 아래와 같은 이유들로 미국의 원조가 한국에 미친 영향을 다루는 일은 제한적일 수밖에 없다.

첫째, 원조에서 가장 중요한 기간은 1955년부터 1965년까지이기 때문에 여기에서는 그 기간을 주 분석 대상으로 한다. 물론 필요한 경우에 그리고 자료가 허락하는 범위 내에서 다른 기간도 다룰 것이다. 그러나 연구의 주된 대상 기간은 1955년부터 1965년까지이다.

둘째, 미국의 원조는 농산물과 비농산물로 구분할 수 있다. 원조에서 어느 쪽이 더 중요했는가는 단정적으로 결론지을 수 없다. 경제계산이 불가능한 것이 많기 때문이다. 다만 미국은 원조물자 구성에 있어서 농산물을 포함한 소비재를 중요하게 여겼을 뿐만 아니라 소비재 중에서는 농산물을 중요하게 여겼기 때문에 이 편에서도 그런 점을 고려하지 않을 수 없었다. 그러나 자료가 허락하는 한 비농산물 원조도 설명할 것이다.

셋째, 원조는 경제원조와 군사원조로도 구분할 수 있다. 경제원조만큼이나 군사원조도 한국에 큰 영향을 미쳤다. 무엇보다도, 군사원조는 한국의 군부, 사회, 부정부패, 쿠데타 등에 큰 영향을 미쳤다. 이 편에서는 이 점도 다룰 것이다.

넷째, 이 편에서만 연구의 마지막 시점을 5공화국까지로 하고자 한다. 왜냐하면 20장에서 다루게 될 군대화와 국가주의화는 그런 현상이 나타나는 데 다른 사건이나 사고보다는 훨씬 오래 걸리기 때문이다. 이것은 한국전쟁이 한국인의 삶에 미쳤던 영향은 거의 반백 년에 가깝다는 것을 의미한다. 물론 기간을 길게 잡는다면 전쟁의 영향이 훨씬 더 긴 기간에 걸쳐 있었다고 할 수도 있다.

이 편에서 다룰 의문들과 그에 대한 설명을 요약하면 다음과 같다. 첫째, 농산물 원조가 한국의 농업에 어떤 영향을 미쳤는가 하는 것이다. 그러나 이 의문에 대한 대답은 아직도 분명하지 않다. 이대근(2002)은 원조가 한국 농업에 부정적인 영향을 미쳤다고 주장하지만 구체적인 자료를 제시하지 않고 있다. 이영훈(2016, p. 356)은 그런 견해를 비판하고 밀의 재배면적이 1955년 74,242ha에서 1959년 76,870ha로 오히려 증가했다고 지적한다. 그러나 아래에서 보겠지만, 이영훈(2016)은 통계를 잘못 이해한 것이다.

무엇보다도, 두 연구자는 원조농산물에 대한 한국의 저환율정책이 한국 농업에 미친 영향에 대한 지적을 하지 않고 있다. 저자는 저환율정책 때문에 원조농산물이 한국 농업에 부정적인 영향을 미쳤음을 주장한다. 예를 들어, 이 과정에서 밀의 재배면적이 증가하지만 원조소맥 때문에 한국 농민의 밀 시장 점유율이 하락했음을 보일 것이다. 원면, 원당, 배합사료용 곡물 등도 상황은 비슷했다(자세한 내용은 아래에서 다룰 것이다). 그러나 저자는 미국 농산물 수출업자들 또는 생산업자들의 한국 농산물 시장 개척 노력을 부정하는 것은 아니다. 저환율정책이 그런 노력을 능가했다는 것이다. 그리고 저환율정책이 없었다면 한국 농산물 시장 상황은 상당히 달랐을 것이라는 점이다.

둘째, 저환율정책에 의한 원조농산물 가격의 인위적인 인하는 '삼백산업'으로 일컬어지는 산업의 극적인 성장을 초래했다. 그 과정에서 자원이 삼백산업으로 과다하게 배분되고 삼백산업을 제외한 다른 산업에서는 자원이 부족한 사태가 발생했다. 이것은 농산물 원조가 한국경제 전체에 미친 부정적인 영향으로는 매우 중요한 것이다. 그러나 그 영향을 종합하는 일은 쉽지 않다. 경제계산이 불가능한 부분이 있기 때문이다.

셋째, 비농산물 원조도 원조에서 큰 비중을 차지했고 그것들은 제조공장뿐만 아니라, 발전소, 댐, 도로, 항만, 의료원 등과 같은 사회간접자본의 건설과 확장 등에 크게 기여했다. 그러나 소비재와 자본재를 포함하는 비농산물 원조는 국내 기업이 그런 재화들을 생산할 수 있는 기회를 박탈했다는 점에서 부정적인 영향을 미쳤다. 교육, 도로개발, 기술 등과 같은 비농산물 원조가 한국경제에 미친 영향에 대해서도 검토한다.

넷째, 농산물 원조이든 비농산물 원조이든 상관없이 모든 원조는 재화들의 가격을 인하하게 만들었다. 왜냐하면 원조가 도입될 때 저환율이 적용되었기 때문이다. 이것은 개별 재화의 가격 인하이다. 원조는 모든 재화의 가격에도 영향을 미쳤다. 1공화국과 3공화국 정부 모두 화폐 발행으로 재정적자의 일부를 보전했다. 문제는 원조가 없었다면 재정적자가 더 커졌을 것이기 때문에 화폐 발행은 더 증가했을 것이고 그것은 모든 재화의 가격을 더 상승하게 만들었을 것이다. 원조가 없을 때와 비교하여 그렇다는 것이다. 그러므로 원조는 두 가지 길로 재화의 가격상승을 억제했다. 이 점은 매우 중요하다. 왜냐하면 1공화국의 경우 전쟁으로 초인플레이션이 상당 기간 지속되었고 3공화국의 경우에도 연간 물가상승률은 매우 높았기 때문이다.

다섯째, 원조는 군대의 양적 성장과 질적 발전의 토대가 되었다. 한국전쟁이 군대의 양적 성장과 질적 발전의 직접적인 원인이라면 원조는 그런 성장과 발전을 돕는 데 큰 역할을 했다. 한국전쟁이 한국 사회의 군대화와 국가주의화의 계기가 되었지만 원조는 그런 경향을 강화했다. 원조가 군대의 양적 성장과 질적 발전의 추동력이 되는 과정에서 군대도 부패하게 만들었다.

여섯째, 원조는 경제원조뿐만 아니라 군사원조도 그 비중이 작지 않았고 군사원조는 쿠데타에도 큰 영향을 미쳤다. 한국의 군부는 3공화국과 5공화국 기간에 세 차례의 정치·경제 위기를 해결한다는 명분으로 쿠데타를 일으켰다. 그리고 그들은 세 번의 쿠데타를 모두 성공으로 이끌었다. 적어도 쿠데타 세력의 입장에서는 그렇다는 것이다. 미국의 원조, 특히 군사원조는 국가와 군부를 부풀어 오르게 했던 중요한 요인들 중의 하나였다. 그리고 베트남전 참전은 다른 형태의 미국 원조였다. 그 결과 군사원조가 군부로 하여금 쿠데타의 충분조건을 갖추게 되는 데 큰 역할을 했다.

2. 원조의 현황과 특징[1)]

미국의 대한(對韓) 원조를 매우 간략히 요약해본다. 1946년부터 1983년까지 미국이 한국에 제공한 원조 총액은 14,269.4백만 달러였다. 그중 경제원조는 6,103백만 달러이고 군사원조는 8,166.4백만 달러였다. 즉, 군사원조가 경제원조보다 많았다. 원조 조건별로 보면, 공여는 11,064백만 달러이고 차관은

1 이 절의 많은 부분은 김종덕(1997)을 참조.

3,205.4백만 달러였다. 즉, 공여가 차관보다 훨씬 많았다. 시기별로는 한국전쟁 이전보다는 한국전쟁 이후에 제공된 원조가 대부분을 차지했다.

<표 16-1>은 1945-1981년의 미국의 대한 농산물 원조(유상과 무상을 모두 포함)액을 보여준다. 이 기간에 미국은 약 2,995.0백만 달러의 농산물을 제공했다.[2] 이것은 미국이 제공한 경제원조 총액 6,103백만 달러의 약 49.1%에 달하는 규모이다. 그러므로 미국이 한국에게 제공한 비농산물 원조는 약 3,108백만 달러였다. 그리고 미국이 한국에 제공한 경제원조 중에서 농산물과 비농산물이 각각 대략 절반을 차지했다.

<표 16-1>로부터 미국의 대한 농산물 원조에 대한 몇 가지 사실을 추가적으로 알 수 있다. 첫째, 미국의 대한 농산물 원조액 중에서 PL480호 원조가 차지하는 비중은 70.4%이다. 즉, 농산물 원조 중에는 PL480호 원조가 가장 중요하다는 것이다. 둘째, 미국의 대한 농산물 원조액 중 85.1%가 한국전쟁 이후에 제공되었다. 셋째, 1945년부터 1954년까지는 소맥, 소맥분, 대맥 등이 원조농산물이었고 PL480호 농산물 원조가 본격화된 1955년 이후에는 가공하지 않은 소맥, 원면 중심의 가공용 농산물 원료가 원조농산물의 주를 이루었다.

미국의 대한 농산물 원조의 특징을 몇 가지 추가하면 다음과 같다. 첫째, 미국이 한국에 제공한 농산물 원조는 주로 2국 간 원조의 형태로 제공되었다. 다자 간 원조 프로그램이 없었던 것은 아니지만 그 비중은 매우 낮았다. 둘째, 미국이 한국에 제공한 농산물 원조는 주로 비프로젝트 원조였다. 비프로젝트

2 미국이 1954년 7월 1일부터 1979년 9월 30일까지 PL480호, 상호안전보장법(Mutual Security Act: MSA), AID 등으로 지원한 농산물 총액은 330억 6,800만 달러이고 그중 한국은 22억 5,800만 달러를 받았다. 이 금액은 인도, 이집트에 이어 3위였다.

<표 16-1> 미국의 대한 농산물 원조액 총괄표

(단위: 천 달러, %)

원조명	시기	금액	비중
GARIOA	1945-1948	182,659	6.1
ECA-SEC	1949-1953	59,210	2.0
CRIK	1950-1956	202,201	6.7
UNKRA	1951-1959	11,145	0.4
FOA-ICA	1953-1961	332,126	11.1
PL480 1관	1955-1971	777,580	26.0
PL480 2, 3관	1955-1973	433,782	14.5
AID	1962-1967	13,024	0.4
PL480 1관 CLCC1)	1968-1981	896,108	29.9
AID CLCC1)	1971-1973	86,988	2.9
합계	1945-1981	2,994,923	100.0

주: 1) CLCC는 달러로 전환 가능한 현지통화 판매.
자료: 김종덕(1997), p. 94에서 재인용.

원조란 특정 프로젝트를 위한 것이 아니라 원조가 수원국의 경제와 사회를 위한다는 일반적 목적을 위하여 제공되는 것이다. 적어도 형식적으로는 그렇다. 셋째, 인구 1인당 원조액 기준으로는 다른 나라에 비해 한국이 가장 많은 원조를 받았다. 넷째, 미국 내 정치의 변화와 무관하게 원조가 제공되었다. 다섯째, 원조농산물의 판매대금인 대충자금(對充資金)의 수원국 국가 사용분 비율에서 한국은 다른 나라에 비해 높았다. 여섯째, 장기 달러 신용판매 원조의 경우에 미국은 한국에게 다른 나라와 비교하여 유리한 조건을 제공했다.

<표 16-2>는 1956년부터 1964년까지 연도별 국내 양곡생산량과 원조양곡 도입량을 보여준다. '칼럼(F)'는 연도별 국내 양곡생산량과 원조양곡 도입량을 합산한 것이고 '칼럼(G)'는 원조양곡을 '칼럼(F)'로 나눈 값이다. '칼럼(G)'의

<표 16-2> 연도별 양곡생산량과 원조양곡

(단위: 천 M/T, %)

연도	양곡생산량(A)	원조양곡				(F)=(A+E)	(G)=(E/F) ×100
		PL480(B)	MSA 402(C)	군원 및 구호(D)	계 (E)=(B+C+D)		
1956	3,503	238	199	63	500	4,003	12.5
1957	3,906	299	478	115	892	4,798	18.6
1958	4,224	695	91	171	957	5,181	18.5
1959	4,288	89	107	71	267	4,555	5.9
1960	4,248	342	–	126	468	4,716	9.9
1961	4,925	407	122	–	519	5,444	9.5
1962	4,524	483	–	–	483	5,007	9.6
1963	4,440	1,014	–	–	1,014	5,454	18.6
1964	3,232	610	–	–	610	3,842	15.9
합계	37,290	4,177	997	546	5,710	43,000	13.3

자료: 농림부, 『양곡통계연보』, 1954년, 1965년; 김종덕(1997), p. 216 <표 5-5>에서 재인용.

값이 전 기간에 평균 13.3%이고 최저는 1959년에 5.9%, 최대는 1963년에 18.6%이다. 우리가 양곡의 연도별 이월량과 다른 나라로부터의 수입량을 알 수 없기 때문에 '칼럼(G)'를 원조양곡이 소비량에서 차지하는 비중으로 볼 수는 없다. 그러나 분명한 것은 원조양곡의 도입이 국내 농산물 생산과 소비에 미친 영향이 작지 않았음을 알 수 있다. 무엇보다도 뒤에서 자세히 다루겠지만 소맥, 원면 등에서는 미국산 농산물 원조가 거의 절대적인 영향을 미쳤다는 것을 알 수 있다. 사료용 곡물의 경우에도 미국산 농산물 원조가 상당한 영향을 미쳤다.

3. 원조의 동기: 미국의 이익과 한국의 이익

농산물 원조는 원조기관에 따라 여러 가지로 구분할 수 있다. 그러나 <표 16-1>과 <표 16-2>에서 보듯이 PL480호에 의한 원조농산물이 전체 원조농산물 중에서 가장 큰 비중을 차지했다. 그러므로 아래에서는 먼저 PL480호에 의한 농산물 원조의 동기를 중심으로 농산물 원조의 동기를 먼저 다룬다. 다음으로 비농산물 원조의 동기를 간략하게 다룬다.

(1) 농산물 원조의 동기

농산물 원조에서 미국의 동기를 먼저 보기로 한다. 미국의 세계 전략, 더 좁게는 극동아시아 정책은 극동아시아에서 한국이 '반공의 보루'가 되도록 하는 것이었다. 미국은 한국을 반공의 보루가 되도록 만들기 위해서 대규모의 군대가 필요하다고 판단했다. 더 일반적으로 말해, 미국은 동북아시아의 전략적 중요성 때문에 한반도에 대규모 군대를 유지하고자 했다. 그러나 전쟁으로 폐허가 된 상황에서 휴전 이후에도 한국 자체의 능력으로서는 대규모의 군대를 유지한다는 것은 감당할 수 없는 일이었다. 한국이 반공의 보루가 되기 위해서 무엇보다도 한국의 정치·경제·사회적 안정이 긴요했다. 전쟁으로 인한 파괴와 생산의 부진으로 굶는 것이 일상이 된 사회에서 굶주림을 막는 것이 정치·사회적 안정에 반드시 필요했다. "그리하여 일제가 패망한 후에 진주한 미군정기부터 한국의 정치·사회적 안정을 위해 식량원조를 제공하기 시작했고, 한국 정부가 출범한 이후 역대 정부에게 계속해서 1981년까지 농산물 원조를 제공하였다." 라고 김종덕(1997, p. 112 인용)은 지적하고 있다. 김종덕(1997)은 농산물 원조의 동기가 공익임을 주장한 것이다.

김대환(1987, p. 137)은 제2차 세계대전 이후 미국 대외정책의 일관된 기조가 '자본주의 체제의 유지와 확대' 이고 원조가 그 목적을 실현하기 위한 유효하고도 중요한 수단임을 지적함으로써 원조의 공익성을 받아들이고 있다. 게다가, 그는 "이러한 원조를 통하여 미국 기업의 진출을 위한 시장 및 자본의 개방(특히, 유럽의 경우)과 후진국의 자본주의적 개발 방식 추종 등의 요구를 관철함으로써 미국의 경제적 이득이 추구되었던 것이다." 라고 주장함으로써 공익과 함께 경제적 이득도 원조의 동기로 주장하고 있다.

그러나 그가 말하는 경제적 이득이 무엇인가가 분명한 경우도 있지만 분명하지 않는 경우도 있다. '후진국의 자본주의적 개발 방식 추종' 의 경우에는 경제적 이득이 분명하지 않다. 후진국이 자본주의적 개발 방식을 추종하는 것이 미국에게 무슨 경제적 이득이 있는가는 분명하지 않다. '미국 기업의 진출을 위한 시장 및 자본의 개방' 은 미국 생산업자들에게 후진국 시장에 접근할 수 있도록 한다는 점에서 경제적 동기가 원조의 목적이라고 할 수 있다. 그러나 후진국 시장과 자본을 개방한다고 미국 기업이 그 시장과 자본에서 큰 역할을 당연히 할 것이라고 가정하는 것은 무리가 있다.

한마디로, 미국은 굶주림과 공산주의의 위협으로부터 극동아시아 국가들을 보호하기 위해 원조, 특히 농산물 원조가 필요했다는 것이다. 이 주장은 당시 미국의 정치가들과 정부 관료들에 의해 미국 내에서 떠벌려졌던 내용이다. 즉, 미국의 정치가들과 정부 관료들은 공익을 위하여 농산물 원조가 필요하다는 주장을 한 것이다.[3] 그리고 김종덕도 이 주장을 받아들이고 있다. 공익설은 농산물 원조가 제도화되기 시작한 1954년 이전에 대체로 유효한 것이다. 마셜플랜을 예외로 한다면, 초기의 농산물 원조는 구호원조가 대부분이었기 때문이다.

미국은 1954년에 「농업, 무역발전, 그리고 원조에 관한 법」(일명 미 공법480호)을 제정하여 농산물 원조를 제도화하기 시작했다. 이 법을 성안하는 과정에서 일부 정치가는 앞에서 말한 공익을 주장했다(김종덕, 1997, p. 43 참조). 다른 한편, 미국의 농산물 원조가 미국의 농산물 수출업자들과 농산물 생산자들에게 보조금을 주고 그 결과 수출을 촉진하기 위한 것임을 다른 일부 정치가는 공개적으로 지적했다. 물론 이것은 법 제정의 동기가 공익이 아니라 이익집단의 경제적 동기라는 것이다.

1954년 법은 명시적으로는 원조가 두 가지 목적을 모두 가졌음을 보여준다. 수정된 법 2조에 의하면 "미국 하원은 국제무역을 확대하고, 미국 농산물 수출시장을 개척·확대하고, 기아와 영양결핍 문제를 해결하기 위해 미국의 풍부한 농산물을 이용하고, 농업 생산을 개선하도록 원조의 강조점을 맞추어 개발도상국의 경제발전을 조장하고, 미국의 외교정책을 촉진하는 것이 미국의 정책이라고 선언한다."(김종덕, 1997, p. 44에서 재인용)로 규정하고 있다. 그리고 Wallerstein(1980, pp. 35-36)은 법이 두 가지 목적을 가졌음을 지적한다.

그러나 거의 모든 정치 과정에서 경제적 이득을 얻고자 하는 행위자들은 '공익'으로 대변되는 이데올로기를 전면에 내세우고 행위자들의 경제적 이득을 숨기는 경향이 있다는 점을 지적할 필요가 있다. 그리고 공익은 정치가

---

3 마셜플랜을 입안하고 시행하고자 할 때도 미국의 정치가들과 정부 관료들에 의해 공익이 떠벌려졌다. 이 점에 대해서는 Rothbard(1974) 참조. 마셜플랜이 미국의 대한(對韓) 원조보다 먼저였다는 점을 지적할 필요가 있다.

들과 정부 관료들의 이해와도 일치한다. 다시 말하면, 공익은 법의 명시적 목적이고 경제적 이득은 법의 실질적 목적이라는 것이다. 그러므로 저자는 미국의 농산물 원조가 공익을 추구하는 것으로 표방되었지만 실질적으로는 경제적 동기에 의해 입안되고 시행되었다고 주장한다. 적어도 1955년 이후 농산물 원조에 대해서는 그렇다는 것이다.

미국은 공법480호에서 미국 농산물 원조의 목적을 공익과 경제적 이득 두 가지 모두를 명시했다. 그러나 공익은 법의 명시적인 목적 중의 하나이지만 경제적 이득은 법의 실질적 목적이라고 저자는 주장한다. 그러므로 미국이 원조로 한국경제의 자립화를 지원하기 위한 것이었다고 주장한 것은 원조의 공익성을 주장한 것이지만 그것은 법의 명시적 목적일 뿐이다. 그리고 농산물 원조가 미국 농산물 수출업자들과 생산자들과 국방산업 관련자들의 경제적 이득을 위한 것이라는 관점에 비추어보면, 원조가 '선진독점자본의 자본수출의 한 형태' 또는 '수원국 지배를 위한 수단'이라는 정일용(1987, p. 113)의 주장도 설득력이 없기는 마찬가지이다.

미 공법480호에 의한 농산물 원조는 크게 네 가지 종류로 나누어진다. 그 중 가장 비중이 큰 것은 제1관으로 여기에서는 이것을 중점적으로 다룬다. 제1관에 의한 원조농산물을 판매한 금액은 한국 측과 미국 측이 대략 85%와 15%를 사용했는데 한국 측 사용분은 한국 정부가 미국의 군수물자를 구입할 것을 의무화했다(이대근, 2002, p. 338).[4] 이것은 미국의 농산물 원조의 동기가 두 가지 경제적 이득을 위한 것으로 해석할 수 있다. 첫째, 미국이 농산물을 원조

---

4 미 공법480호 제1관의 판매대전의 사용에 있어서 한국 측과 미국 측의 사용분은 연도별로 달랐다. 그러나 평균하여 85%와 15%였다. 홍성유(1961), p. 90 참조.

로 제공할 때 미국 농산물 수출업자들과 생산자들이 한국 농산물 시장을 개척하여 경제적으로 이득을 보도록 하는 것이 미국 농산물 원조의 '실질적' 동기였다는 것이다. 둘째, 미국은 농산물 원조에 의해 미국의 군수물자 생산자들과 판매업자들에게 보조금을 주는 것이었다. 이것이 두 번째 실질적 동기이다. 미국은 미국 농산물을 한국 시장에서 팔아서 그 일부를 한국 정부의 군사적 용도로 사용할 것을 지정했다. 그리고 미국 정부는 군사적 용도로 지정된 그 자금으로 무기 등을 구입할 때는 반드시 미국산 무기를 구입하도록 강제했다. 이것은 한국 정부의 환율정책과 상관없는 것이었다. 그것은 미국의 농산물 원조가 미국의 무기 생산업자들과 판매업자들의 경제적 이득을 위한 것이었다는 것을 의미한다.

미국의 농산물 원조에서 한국은 어떤 동기를 가졌는가? 미국이 농산물 원조에서 구체적인 목적이나 동기를 가졌기 때문에 한국 정부는 수동적 입장을 견지하면서 미국이 한국 농산물 시장에서 자신의 목적을 이루도록 아무런 조치를 취하지 않았는가? 그것은 결코 그렇지 않다. 이승만 정부도 미국의 농산물 원조에서 명백히 자신의 목적을 가지고 있었다. 원면의 경우를 예로 들어보자. 1955년 8월부터 1959년까지 원면환율은 달러당 500환이었다. 이 환율은 대일수출환율의 약 36-52% 수준밖에 되지 않았다. 이것은 원면환율이 매우 낮게 고정된 '최고가격'이라는 것을 의미한다. 미국은 이 당시 시장환율을 적용할 것을 주장했지만 한국 면방업계와 정부는 그렇게 낮은 원면환율을 적용할 것을 주장했다. 그리고 환율 결정 과정에서 미국은 뒤로 물러나고 한국 정부가 주도권을 쥐게 되었다. 한국 면방업자들은 저렴한 원면이 원면을 가공한 제품들을 저렴하게 만들기 때문에 최고가격으로 된 원면환율을 적용할 것을 한국 정부에 요구했다. 한국 면방업자들은 경제적 동기에 의해 움직인 것이다. 한국 정부도 한국전쟁 이후에 높은 물가를 염려하지 않을 수 없었다. 한국 정부가 낮은 원면환율을 허용한 것은 명목적으로는 물가안정이라는 공익과 일치했다. 그러므로 원면환율을 의도적으로 낮게 유지했던 것, 즉 최고가격이었던 것은 실질적으로는 한국 면방업자들의 경제적 동기 때문이었다. 그러나 명목적으로는 물가안정이라는 공익이 전면에 내세워졌다.

저자는 앞에서 한국도 원조농산물에 대해서 미국처럼 동기를 가지고 있었다고 주장했다. 그리고 그것은 농산물을 가공하는 생산자들, 예를 들어 제분업자들, 제과업자들, 제빵업자들, 면방직업자들, 면직물업자들, 곡물을 이용한 가축사료 생산자들, 제당업자들 등의 경제적 이득을 위한 것이었다. 무엇보다도 원조농산물의 가격 등에 대해서 한국 농민들은 거의 영향력을 행사하지 못했다. 그러나 환율 결정만은 한국 정부가 미국보다 대부분의 경우에 우위에 있었다. 그런 상황은 미국 농산물 수출업자들과 생산자들[5]에게 불리한 것이 아니라 유리한 것이었기 때문에 미국 농산물 수출업자들과 생산자들이 한국 정부의 결정을 적극적으로 반대해야 할 이유가 없었다.

그러나 환율을 최고가격으로 유지하면 미국 원조농산물의 한국 화폐로 표시한 판매대금은 자유시장 환율일 때와 비교하여 작아진다. 그럼에도 불구하고 미국은 한국 정부가 결정한 최고가격을 받아들였다. 왜냐하면 최고가격이야말로 미국 농산물 수출업자들과 생산업자들이 '손쉽게' 한국 농업시장을

5 미국의 농산물 원조는 일차적으로는 미국 농산물 수출업자들의 이익과 관련이 있지만, 수출에 관한 한 농산물 수출업자들과 농산물 생산자들은 이해를 같이하기 때문에 이하에서는 농산물 수출업자들과 생산자들을 동일하게 취급하였다.

개척할 수 있는 훌륭한 수단이기 때문이다. 그리고 그것은 미국이 원조농산물을 통해 한국 농산물 시장을 지배하려 한다는 비난을 면할 수 있는 길이기도 했다.

단수환율이 시행되기 시작했던 1965년까지 수입에 적용하는 환율은 시장환율보다 언제나 매우 낮았고 고정되었다. 1965년 이후에는 '단수환율'이 수출과 수입에 모두 적용되었다. 문제는 1980년까지 단수환율은 어느 정도 낮게 고정되었다는 것이다. 이것은 1980년까지 연도별로 비록 그 정도가 다르지만, 수입에 보조금을 주고 수출에 세금을 부과했다는 것을 의미한다. 적어도 환율정책만을 고려하면 그렇다. 1965년 이후의 외환정책에 대해서는 32장에서 자세히 다룬다.

저자는 미국이 농산물 원조를 통해 스스로의 노력으로 한국 농산물 시장을 개척하고자 했다는 점을 부인하지 않는다. 미국의 농산물 수출업자들과 생산자들은 분명히 농산물 원조를 통해 경제적 이득을 취할 수 있기 때문에 한국 농산물 시장을 개척하는 데 많은 노력을 기울였다. 그러나 한국 국내 가격의 결정에 있어서 중요한 요소인 환율을 결정함에 있어서 한국 정부는 자주적인 권리를 가지고 있었고 그 결정에 있어서 한국 이익집단들의 경제적 동기가 강력하게 반영되었다. 환율 결정에 있어서 미국의 압력이 없었던 것은 아니지만 한국전쟁 직후 몇 년간은 한국 정부가 주도권을 잡고 있었다는 것이 진실이다. 주익종(2017)은 1공화국 기간 환율 결정에 있어서 미국 정부에 비해 한국 정부가 주도권을 잡고 있었음을 잘 보여주고 있다. 한국의 저환율 정책 때문에 미국이 한국 농산물 시장을 개척하는 일이 '식은 죽 먹기처럼' 매우 쉬워졌을 뿐만 아니라 큰 노력 없이도 가능할 수 있는 환경이 만들어졌다.

여기에 미국의 한국 농산물 시장 개척 노력이 더해졌다. 다시 말하면, 한국의 환율정책은 한국 농산물 시장을 미국 농산물 업계에 '갖다 바치도록 만들었다'고 하는 것이 정확한 표현일 것이다. 예외가 없는 것은 아니겠지만 말이다. 예외에 대해서는 추가적인 연구가 필요하다. 그리고 한국제분공업협회, 한국제과업협회, 대한방직협회 등은 소맥 또는 원면에 대한 한국 정부의 수입선 다변화정책에 저항하거나 한국 정부에 압력을 가했다(김종덕, 1997, p. 199). 한국제분공업협회, 한국제과업협회 등은 미국 생산업자들과 함께 밀가루 제품의 한국 내 소비를 촉진하기 위하여 마케팅 활동을 하기도 했다(김종덕, 1997, p. 199). 이것은 미국 정부와 업계의 한국 농산물 시장의 유지에 대해 한국 업계 관계자들의 노력을 무시할 수 없다는 것을 의미한다. 그럼에도 불구하고 재화의 가격이 구매를 결정하는 데 있어서 가장 중요하다는 점에서 미국의 한국 농산물 시장 개척에서 한국의 환율이 결정적인 역할을 했다는 점을 저자는 강조한다.

미국은 마케팅 과정에서 낮은 금리의 융자를 제공하는 경우도 자주 있었는데, 이것은 사실상 미국 농산물을 한국 화폐 표시 액면가격보다 더 낮게 만드는 것이다. 그것은 한국의 저환율에 의해 미국 농산물의 한국 국내 가격이 낮아진 것을 융자에 의해 그 가격을 더 낮추었음을 의미한다. 저자가 물론 이 점까지 부정하는 것은 아니다. 저자가 주장하는 것은 한국 농산물 시장을 개척함에 있어서 한국의 환율정책이 미국 정부와 미국 생산업자들의 노력을 압도했다는 것이다(이 점은 아래에서 더 다룰 것이다).

그러면 미국 정부는 한국의 저환율정책 때문에 이득만 챙겼는가? 그것은 결코 그렇지 않다. 미국은 한국 화폐로 표시한 농산물 판매대금을 충분하게 확보하기 위하여 자유시장 환율일 때보다 더 많은 원조농산물을 한국 정부에 공여하지 않으면 안 되었다. 그리고 한국 이익집단들의 동기는 1965년 이후에는 그다지 중요한 요인이 되지 않았다. 왜냐하면 1965년 이후 미국은 이미 한국 농산물 시장을 석권한 뒤였기 때문이다.

미국의 농산물 원조가 1950년대 한국 농가의 가계를 파탄내고 한국 농업을 위기로 몰아넣은 것이 아니었다. 다른 요인이 일정하다면, 그것은 상당 부분 한국 정부의 저환율정책 때문이었다. 제3공화국 이전까지 한국 농업의 위기는 근본적으로 한국 정부의 잘못된 환율정책 때문이라는 것이다. 미국의 농산물 원조의 동기가 자국 농산물 수출업자들과 생산자들의 이득을 위한 것임에도 불구하고 말이다.

앞에서는 PL480호에 의한 농산물 원조의 동기를 다루었다. 미국의 농산물이 PL480호에 의해서만 국내에 도입된 것이 아니다. 다른 기관이나 법률에 의해서도 원조농산물이 도입되었다. 이 점에 대해서는 추후의 연구가 필요하다.

한마디로, 한국 정부와 한국의 농산물 가공업자들은 한국 농산물 시장의 일부-주로 소맥, 원면, 원당, 사료용 곡물 등-를 미국 수출업자들과 생산자들에게 '갖다 바쳤다'고 저자는 주장한다. 즉, 저자는 미국 수출업자들과 생산자들의 한국 농산물 시장 개척 노력을 부인하는 것은 아니지만 그것은 어디까지나 부차적인 것이었다고 주장한다. 그러므로 "미국의 원조농산물은 결과적으로 한국에서 미국의 농산물 시장을 개척하는 데 일조하였다"는 한국경제60년사 편찬위원회 편(2010, p. 33의 인용)의 주장은 결과론만을 강조한 것이기 때문에 당시의 역사를 이해하는 데 도움이 되지 않는다. 왜냐하면 미국의 원조농산물이 한국 농산물 시장에서 시장을 석권할 수 있었던 것은 인위적으로 낮게 책정된 환율 때문이었고 그런 환율을 한국 내 농산물 가공업자들이 요구했기 때문이다. 그럼에도 불구하고 저자는 미국의 농산물 수출업자들과 생산자들의 한국 시장 개척 노력을 부인하는 것은 아니다.

(2) 비농산물 원조의 동기

비농산물이란 농산물을 제외한 물자로서 소비재도 있었고 자본재도 있었다. 여기에서는 자본재에 대한 미국의 동기만을 검토한다. 예를 들어본다.[6] 전기를 생산함에 있어서 미국은 화주수종, 한국은 수주화종을 주장했음을 15장 2절에서 지적했다. 화전의 경우 건설비용이 적게 들고 건설 공기가 짧아서 단기에 전력의 부족을 해소하는 데 매우 유리하다. 다만 발전 원가는 비싸진다. 그러나 수전의 경우에는 건설비용이 많이 들고 건설 공기가 길지만 발전 원가가 저렴하다. 미국의 '네이산 보고'는 한국의 지형상 수력 위주의 전원개발이 유리하다는 결과를 밝힌 바 있다.

네이산 보고에도 불구하고 미국이 화주수종을 주장한 것은 미국이 자국 이해집단의 이해를 반영한 결과로 추정할 수 있다. 화전의 경우에 미국 기업이 고가의 발전설비를 공급하고 나면 발전용 연료유를 공급할 수 있기 때문이다. 발전의 경우에 미국 측의 이해가 반영되면서 수력발전을 위주로 한 한국 정부의 전원개발계획은 여러 번 수정·보완 작성되었지만 별다른 진전이 없었다. 한국 정부의 전원개발계획은 소규모의 '괴산수력'만을 건설하고 모

6 전기의 예에 대한 설명은 이대근(2002), pp. 368-370 참조.

두 없었던 일이 되고 말았다. 전원개발은 막대한 자금이 필요한데 미국 정부의 협조가 없었기 때문이다.

그러나 모든 비농산물 원조가 미국 측의 동기에 의해 결정된 것은 아니다. 전후 경제부흥계획을 수립할 때 한국과 미국은 처음부터 다른 관점을 가지고 있었다. 한국은 경제재건을 우선시하여 소비재보다 자본재를 중요하게 여겼다. 그와 반대로 미국은 물가, 금리, 환율 등 거시경제지표의 안정을 우선시하여 자본재보다는 소비재를 중요하게 여겼다. 즉, 한국은 소비재와 자본재의 비중을 3:7로 할 것을 주장했지만 미국은 그와 반대로 소비재와 자본재의 비중을 7:3으로 할 것을 주장했다.

비농산물 원조의 많은 경우에 소비재와 자본재의 비중을 결정할 때 한국의 이해가 전적으로 무시되었던 것은 아니다. 그러나 비농산물의 원조 중에서 특정한 자본재의 경우에는 미국 측의 동기가 강력히 반영되었다. 그리고 그 경우에 해당 자본재 또는 원재료(때로는 두 가지 모두)를 생산하는 미국 생산업자들의 이해가 비농산물 원조물자의 선정에 크게 영향을 미쳤다. 그러므로 구체적인 자본재 또는 원재료의 미국 생산업자들의 동기에 대한 연구가 필요하다.

제4편 원조의 국가주의

제17장

비농산물 원조: 교육과 도로개발과 기술

1. 원조와 교육[1)]

미국의 1950년대 원조는 한국전쟁 이후 한국 교육에 양적·질적 측면 모두에 걸쳐서 큰 영향을 미쳤음을 부정할 수 없다. 여기에서는 초등교육, 중등교육, 고등교육, 교원 양성 등으로 나누어 미국의 교육원조가 한국 교육에 미친 영향을 주로 양적인 측면 위주로 검토하고 마지막으로 전체적으로 종합 평가를 한다.

(1) 초등교육

양적 측면에서 보면, 미국의 원조는 한국의 '초등교육'에 가장 크게 영향을 미쳤다. <표 17-1>은 한국전쟁으로 교실이 얼마나 파괴되었는가를 보여준다. 초등교육 수준에서, 전파 또는 반파된 교실의 수는 전체 교실 수의 약 70%였다. 이것은 전쟁이 초등학교 교육을 사실상 불가능하게 만들었다는 것을 의미한다. 교육 전체 수준에서도 전파 또는 반파를 합한 교실의 수는 전체 교실 수의 약 68%였다. 그러나 1951-1953년의 한국 정부는 예산의 대부분을 전비에 투입하였기 때문에 교육예산에 투입할 여유가 없었다.

미국의 교육원조는 제1기(1953-1955년), 제2기(1956-1958년), 제3기(1959-1962년)로 구분할 수 있다. 그러나 제3기는 1960년에 '사라호' 태풍의 영향으로 인한 교실 피해를 복구하기 위한 원조로 30만 달러가 제공되는 데 그쳤다. 그러므

1 이 장의 상당 부분은 마월철(1987), pp. 167-199를 요약했다.

<표 17-1> 한국전쟁으로 인한 교실파괴 현황(1950-1953년)

(단위: 개)

구분	전쟁 전의 교실 수(a)	파괴된 교실 수			b/a×100(%)
		전파	반파	계(b)	
초등교육	34,294	7,784	15,916	23,700	69.1
중등교육	4,716	1,520	2,024	3,544	75.1
사범학교	525	233	118	351	66.9
고등교육	2,943	481	889	1,370	46.6
계	42,478	10,018	18,947	28,965	68.2

자료: UNESCO(1954), p. 84; 마월철(1987), p. 181에서 재인용.

로 미국의 교육원조는 사실상 제1기와 제2기에 대부분이 이루어졌다.

제1기에는 미국의 원조로 6,846개 교실이 신설되었고 225개 교실이 복구되었다. 그러나 이 숫자는 다소 부정확한 것이다. 같은 기간에 한국 정부는 약 10,000개의 교실을 신설하고 5,000개의 교실을 복구하였다. 그 결과 미국의 원조와 한국 정부의 재정 지출로 교실은 16,846개가 신설되고 5,225개가 복구되었고 신설과 복구를 합한 교실의 총수는 22,071개였다. 이것은 한국전쟁으로 인한 전체 교실 피해 수의 약 76%였다. 그리고 미국의 원조에 의한 교실의 신설과 복구의 총수는 신설과 복구를 합한 교실 총수의 약 1/3을 차지했다. 비용이 더 많이 드는 교실의 신설만 보면 미국의 원조가 전체 신설 교실 수의 약 41%를 차지했다.

제2기에는 약 2,400개의 교실이 신설되었다. 이것은 초등교육 50%, 중등교육 30%, 사범학교 10%, 고등교육 10% 등으로 나누어 투입되었다. 이 기간 미국의 원조는 약 200만 달러이고 한국이 부담한 비용은 약 900만 달러였다. 그러나 한국이 부담한 비용도 미국으로부터의 특별 수입 물자를 매각한 대금에서 충당된 것이기 때문에 사실상 미국이 부담한 것이었다. 제1기와 제2기 동안에 교실 총 24,471개가 신설 또는 복구되었다. 이것은 전쟁으로 파괴된 교실 수의 약 84.5%이다.

정부가 1954년에 작성한 '의무교육 6개년 계획'에 의하면 계획의 마지막 연도인 1959년에 취학률 96%, 신축 교실 36,000개를 예정했다. 그러나 1959년에 취학률은 목표를 거의 달성했으나 교실의 건설은 계획의 약 54%만을 달성했다. 그 결과 많은 학교가 1960년대에 2부제, 3부제 등의 수업을 실시했다. 이 점에 대해서는 38장에서 자세히 다룬다. 그럼에도 불구하고 교실 건설을 위한 미국의 원조가 없었더라면 초등교육 자체를 실시하기 어려웠을 것이다. 이것은 초등교육, 특히 초등교육 교실 건설에 있어서 미국의 원조는 결코 적지 않았음을 보여준다.

(2) 중등교육

미국의 원조는 중등교육에서는 인문계 고등학교보다 실업계 고등학교에 집중되었다. 중등교육에 대한 미국 원조 총액의 90%가 실업계 고교에 투입되었기 때문이다. 이것은 교육 당국의 실업계 중시 정책과 미국의 원조효율 중시 정책이 일치하였기 때문으로 보인다.

제1기(1952-1956년)에는 미국의 원조로 공업고교 7개교에 직업훈련센터와 직업훈련교실이 신설되었다. 제2기(1956-1959년)에는 미국의 원조가 51개교(공업 12, 수산 5, 상업 19, 농업 15)로 확대되었다. 원조의 내용도 물적 원조, 기술원조, 미국 연수유학 등이었다. 제3기(1960년)에는 모델교 방식의 원조에 의해 서울

공업고등학교와 수원농업고등학교가 지원 대상이 되었다. 그 밖에도 미국의 원조가 지역종합고등학교의 설립과 전국 중등교육 실태조사를 위한 비용에 사용되었다.

중등교육에 대한 미국의 원조는 다른 분야에 비해 원조액도 적었고 그 결과 성과도 충분치 않았다고 평가할 수 있다. 그러나 미국의 원조가 실업계 교육의 정비에 큰 역할을 했음을 인정해야 할 것이다.

(3) 고등교육

일제는 한국인이 대학을 설립하는 것을 허용하지 않았다. 해방 후 국가의 엘리트를 자국의 대학에서 양성하기 위하여 해방 2년 후인 1947년에 벌써 20개교의 설립이 인가되었다. 그러나 한국전쟁으로 학교 건축물의 50%가 파괴되었고 교원의 약 절반은 사망했다. 전쟁 이후 1952-1954년에는 대학 붐이 고조되어 사립대학의 설립으로 이어졌다.

미국의 고등교육에 대한 원조는 크게 두 가지로 구분할 수 있다. 하나는 미국의 원조가 서울대학교에 투입된 것이다. 다른 하나는 미국의 원조가 고려대와 연세대에 투입된 것이다. 첫째, <표 17-2>는 서울대학교와 미네소타대학교 간의 협정에 따라 투입된 연도별 미국의 원조를 보여준다. 5년간 미국의 총원조액은 약 1,600만 달러이다. 이 금액은 미국 정부 베이스의 대한(對韓) 고등교육 원조 총액의 78%를 차지하는 것이다. 이 원조는 서울대학교의 농과대학, 공과대학, 의과대학, 수의과대학 등의 확충·정비와 서울대학교 교수진의 재교육과 인재 양성에 큰 기여를 했다. 이 원조를 통해 서울대학교 교수진 약

<표 17-2> 서울대학교·미네소타대학교 협정에 따른 원조[1)]

(단위: 미 달러)

연도	미네소타협정				한국 정부 출자 (달러 환산)[2)]	계
	건축자재, 대규모 시설	설비, 비품, 교재	자금공여	소계		
1954	-	-	735,600	735,600	-	735,600
1955	487,400	39,000	-	526,400	1,120,220	1,646,620
1956	1,002,338	1,566,000	2,327,055	4,895,393	1,562,698	6,458,091
1957	1,031,312	645,500	1,245,945	2,922,357	1,384,454	4,307,211
1958	107,961	392,300	592,300	1,092,561	1,708,616	2,801,179
계	2,629,011	2,642,800	4,900,900	10,172,711	5,775,990	15,948,701

주: 1) 한국 정부 출자분은 미국 농산물을 국내 시장에 판 대금을 미국으로부터 재정자금으로 받은 것으로 추정되지만 정확하다고 볼 수 없다.
2) 한국 정부의 출자는 한국 통화(환)로 행하여졌는데 여기에서는 미달러로 환산하였다. 환율은 1달러=500환임.

자료: H. W. Dodge(1971), p. 163에서 작성; 마월철(1987), p. 188에서 재인용.

300명이 미네소타대학에 유학하였다. 둘째, 고려대와 연세대에 투입된 미국의 원조는 양 대학의 경영대학원 설립에 기여를 했다.

(4) 교원 양성

해방 후 25,000명의 일본인 교원이 일시에 귀국함으로써 단기간에 교원을 양성하는 일이 급선무가 되었다. 1952년에 초등학교 교원을 양성하는 사범학교 17개교가 설립되었고 중등학교 교원을 양성하는 사범대학이 1946년 이후 지속적으로 설립되었다.

미국의 원조가 교원 양성에 공헌한 것은 '미국 교육사절단'의 파견과 '피버디계획'이라는 이름으로 실시된 원조활동이다. 먼저 미국 교육사절단의 활

<표 17-3> 피버디계획에 의한 연도별 원조

(단위: 미 달러)

연도	피버디협정	미국 정부의 직접원조	한국 측 출자 (달러 환산)	계
1956	179,500	125,200	44,000	348,700
1957	398,300	677,900	682,200	1,758,400
1958	385,000	820,900	2,068,000	3,273,900
1959	644,300	23,600	1,621,900	2,289,800
1960	427,000	29,100	384,615	840,715
1961	161,000	53,200	11,346	225,546
계	2,195,100 (25.1%)	1,729,900 (19.8%)	4,812,061 (55.1%)	8,737,061 (100.0%)

자료: H. W. Dodge(1971), p. 235에서 작성; 마월철(1987), p. 192에서 재인용.

동을 보기로 한다. 미국 교육사절단은 한국 교육계에 3차에 걸쳐서 파견되었다. 미국 교육사절단은 워크숍이나 실제 지도 방식을 통해 교원에 대한 현장 교육을 실시했고 일정한 성과를 거두었다.

<표 17-3>은 피버디계획에 의한 연도별 원조를 보여주고 있다. 1956년부터 1961년까지 6년간에 걸쳐서 약 870만 달러가 지출되었다. 그중 약 55%는 한국 정부, 나머지 45%는 미국 정부가 부담했다. 피버디계획에 의해 6년 동안 피버디 측 전문가는 39명이 내한했고 한국에서는 피버디 측에 82명의 유학생, 150명의 관리직 워크숍 참가자 등이 파견되었다. 무엇보다도 피버디계획에 의해 1961년 말에 사범학교는 '2년제 교육대학'으로 승격될 수 있었다.

(5) 종합

미국이 한국에 제공한 교육원조 중에서 가장 눈에 띄는 것은 미국의 원조로 신설되거나 복구된 교실이다. 그 수가 자그마치 23,000개에 달하고 이것은 한국전쟁으로 파괴된 교실의 83%에 해당하는 것이다. 이것은 미국의 교육원조가 교실의 신설과 복구에 미친 영향은 가히 절대적임을 의미한다. 학교교육에서 교실은 없어서는 안 되는 것이라는 점에서 미국의 교육원조는 교육에서 필수적인 시설을 확보하는 데 큰 공헌을 했다고 하겠다. 이것은 물적(material) 원조로서 미국이 한국에 제공한 교육원조 중에서 큰 비중을 차지하는 것이다.

물적 원조 다음으로 한국 교육에 적지 않은 공헌을 한 미국의 원조는 기술적 원조이다. 초·중등교육 단계에서는 학교 관리와 경영, 교육 과정, 교수법, 카운슬링·가이던스 등의 분야에서 미국의 원조가 큰 역할을 했다. 그 결과 미국의 교육원조는 실업계 고등학교의 정비와 발달을 가능케 했을 뿐만 아니라 2년제 교육대학의 설립과 운영에도 큰 영향을 주었다. 고등교육에서는 미국의 원조가 한국의 일부 대학의 확충과 정비와 대학 교원의 양성과 인재의 개발에 작지 않은 도움을 주었다.

그러나 교육사상 또는 교육이념이라는 측면에서 미국의 교육원조가 한국 교육에 미친 영향에 대해서는 회의적이다. 왜냐하면 미국의 교육사상 또는 교육이념은 교육에서 민간의 역할과 자유를 중시해왔지만 1960년대 이후 한국 교육은 사회주의 또는 평등주의를 지향해왔기 때문이다. 그리고 그것은 교육에서 자유와 민간의 역할을 중시하는 미국 교육의 사상 또는 이념이 미국의 원조로부터 이식되지 않았다는 증거로 볼 수 있다(이 점에 대해서는 38장에서 자세히 다룬다).

2. 원조와 도로개발

미국은 군사적인 목적으로 도로포장, 도로포장과 관련한 기술자문, 구조물의 건설, 교량 건설 등의 원조를 했다. 물론 도로의 신설, 포장, 정비, 개량과, 교량건설사업은 해방 직후 방대한 실업자 구호사업의 하나로 실시된 측면도 있었다. <표 17-4>는 1954년부터 1963년까지 도로포장, 교량 복구, 기술자문 등에 투입된 미국의 원조금액과 그것이 한국의 도로에 대한 총투자에서의 비율을 보여준다. 그 비율은 1954-1963년 전체 평균이 약 20%이다.

미국은 전재 복구 가운데 도로와 교량 부문에 대해서는 국제협조처(ICA), AID 등의 원조계획 중 독립된 항목에 의거하여 1954년도부터 1962년도까지 도로와 교량의 복구자재인 강재, 시멘트, 철근, 목재, 아스팔트 등을 무상으로 원조했다.[2] 이때 소요된 노임은 내국세와 지방세로 충당되었다. 이 시기 복구된 교량은 한강 인도교, 국도와 지방도의 교량 등이 있고, 나주교, 문막교 등의 교량은 새로 건설되었다. 그리고 1957년부터 한국전쟁으로 중단되었던 서울–부산 간 국도 포장공사가 시작되었고, 일부 국도는 확장공사와 포장공사가 실시되었다.

2 이 문단과 다음 문단의 내용은 김정렴(1991), pp. 227-229를 일부 요약한 것이다.

<표 17-4> 미국의 도로원조와 한국 도로 총투자에서의 비율

(단위: 천 달러, %)

연도	미국 도로원조 금액	미국 도로원조 금액/도로 총투자×100(%)	연도	미국 도로원조 금액	미국 도로원조 금액/도로 총투자×100(%)
1954	2,280	41.5	1959	882	7.9
1955	2,271	17.4	1960	950	11.4
1956	670	21.7	1961	1,209	17.5
1957	937	11.2	1962	2,028	25.5
1958	3,902	28.5	1963	583	10.5

자료: 건설부, 『통계연보』, 1963, 1964년.

특히, 미국의 원조는 선진적인 토목과 건설 기술을 이전하는 효과를 가져왔고 차량수송 체계를 확장하는 데 도움을 주었다. 미군정의 첫 도로사업은 1946년 8월 경기도 시흥에서부터 시작된 국도 1호선 포장공사였다. 그때까지 국내 도로기술자들과 기능공들은 포장기술을 거의 알지 못했기 때문에 미군이 포장기술을 지도하면서 공사를 추진했다. 그리고 중기사무소에서는 각 도의 도로기술자들에게 중기조작법의 강습을 실시하기도 했다. 이 공사는 1947년 7월에 일단 마무리되었다. 여기에 동원된 연인원은 85만 명에 이르렀다.

미국의 도로원조가 한국의 농업과 한국경제에 미친 영향이 작지 않았을 것으로 추정된다. 왜냐하면 도로의 신설, 포장, 정비, 개량과, 교량 건설과 보수 등은 인력과 생산물의 수송을 원활하게 함으로써 경제에 긍정적인 영향을 미쳤기 때문이다. 특히, 전쟁 직후인 1950년대 그 영향이 작지 않았을 것이다. 그러나 이 점에 대한 연구는 거의 없다. 그리고 그렇게 된 데는 1960년대와 1970년대 한국 정부의 도로조직망의 급속한 개발로 인하여 1950년대 미국의 도로원조의 중요성이 무시되었기 때문일 것이다.

3. 원조와 기술

원조가 기술의 습득에도 기여했다. 장교와 하사관이 원조자금을 통해 미국 특수병과학교에서 교육을 받았다. 그들은 교육을 통해 통신기기, 수송기기 등을 조립하거나 수리하는 기술을 습득했다. 이들이 전역 후에 민간기업에서 취업하여 자신들의 기술을 타인에게 전수해주기도 하고 그들이 가진 기술이 더 정교한 기술을 습득할 수 있는 기초가 되기도 하였다. 3공화국 시기에 공업화를 시작하면서 많은 공업에서 초보적인 수준에서의 기술자도 거의 전무했다. 미국 특수병과학교에서 습득한 기술은 공업화에 유용한 기초가 되었다(이 점에 대한 구체적인 사례는 33장을 참조할 수 있다).

미군이 도로를 포장하고, 구조물을 건설하며, 교량을 건설하는 과정에서 그 과정에 참여한 한국 토목 또는 건설 회사들은 각종 선진적인 토목 또는 건설 기술을 습득하게 되었다. 도로 또는 교량의 건설 과정에 대한 감리 절차와 과정도 도로 또는 교량의 건설에 있어서 중요한 기술 또는 노하우이다. 이것도 원조에 의한 도로의 포장, 구조물 또는 교량의 건설 과정에서 습득할 수 있는 것이다.

4. 종합

비농산물 원조인 교육, 도로개발, 기술 등을 위한 원조는 경제성장에 긍정적인 영향을 미쳤다. 그것들은 경제성장에 필요한 자본재들이다. 주지하듯이, 자본재들은 자본에 의해 만들어진다. 결국 교육, 도로개발, 기술 등을 위한 미국의 원조는 자본의 증대를 통해 경제성장률을 끌어올렸다고 할 수 있다. 그러나 교육, 도로개발, 기술 등이 한국경제의 성장에 미친 영향을 계량적으로 측정하는 일은 쉽지 않다. 비농산물 원조는 공업 전반, 전력, 수도, 도로, 민간주택의 복구, 항만, 국립의료원, 학교 등 경제 전반에 걸쳐서 지원되었다. 즉, 이 장에서 다룬 비농산물 원조는 실제 비농산물 원조의 일부일 뿐이라는 것이다. 한마디로, 비농산물 원조가 경제 전반에 미친 영향은 작지 않았다. 비록 그것을 정확히 측정할 수 없는 경우도 많지만 말이다.

제18장

원조와 경제

1. 농산물 원조와 경제

(1) 서론

미국이 한국에 제공한 원조농산물 중에서 물량과 농업에 미친 영향 면에서 가장 중요한 것은 소맥과 원면이다. 한마디로, 미국의 값싼 소맥과 원면의 유입은 한국의 소맥 농업과 면화 농업에 큰 영향을 미쳤다. 그 결과 미국의 원조농산물은 한국경제에도 큰 영향을 미쳤다. 여기에서는 그것들을 차례로 보기로 한다. 아래에서는 배합사료용 곡물의 원조가, 자료가 허락하는 범위에서 배합사료용 곡물 농업과 한국경제에 미친 영향도 검토한다.

미국이 한국에 제공한 대표적인 농산물 원조인 PL480호 1관 국내 통화판매의 경우에 전체 원조액 중에서 약 42.3%가 원면, 42.3%가 소맥이었다. PL480호 1관 달러전환 가능한 현지 통화판매의 경우에도 전체 원조액 중에서 소맥이 약 39.4%, 원면 약 24.8%였다. PL480호 1관 국내 통화판매의 경우와 PL480호 1관 달러전환 가능한 현지 통화판매 경우의 원조액수는 <표 16-1>에 나와 있다. 이 두 가지 원조액은 1945-1981년의 미국의 대한(對韓) 농산물 원조 총액의 약 55.9%를 차지했다.

(2) 원조농산물: 소맥

미국산 원조소맥은 한국 소맥 농업과 경제에 작지 않은 영향을 미쳤다. 그 점을 이해하기 위하여 가장 먼저 해야 할 일은 원조소맥의 국내 가격이 결정된 과정을 정확히 이해하는 것이다. 원조소맥의 국내 가격은 두 가지에 의해 결정된다. 원조소맥의 미국 달러 가격과 환율이다. 원조소맥의 미국 달러 가격에 대한 정보는 지금 이용 가능하지 않다. 추후의 연구 과제이다. 다만 논의를 쉽게 하기 위하여 소맥의 미국 달러 가격이 원조소맥의 국내 가격에 미치는 영향은 없다고 가정한다. 다음으로 원조소맥의 국내 가격을 결정하는 것은 '환/달러' 환율이다. 원조소맥의 국내 가격은 정부의 환율정책에 의해 매우 낮게 고정되었다. 이 당시 수입환율은 최고가격이었다. 원조농산물이 본격적으로 도입된 1956년 이후의 정부의 국산 소맥 매입가격과 원조소맥 수입가격을 <표 14-5>는 보여준다. 1956년을 제외하면, 1957-1960년에 원조소맥의 가격은 국산 소맥 정부 매입가격의 약 50-60% 수준이었다. 1956년에도 원조소맥의 수입가격은 정부관리분 판매가격보다는 매우 낮았다.

한국산 소맥에 비해 원조소맥의 가격이 이렇게 매우 낮았던 것은 정부가 환율을 매우 낮게 고정했기 때문이다. <표 13-2>에서 보듯이, 1956-1959년의 공정환율이나 대충자금예치환율은 달러당 500환이었으나 수출환율, 그중에서도 대일수출환율은 달러당 1,070-1,399환이었다. 소맥과 같은 수입 재화에 적용되는 수입환율은 수출환율의 약 36-47%밖에 되지 않았다. 그리고 일정한 기간 고정되었다. 이것은 수입이 정부의 저환율정책으로 약 36-47% 정도 저렴해진다는 것을 의미한다. 환율이 자유시장일 때와 비교하여 그렇다는 것이다. 게다가, 한국산 소맥의 가격마저도 정부의 매입가격이든 정부관리분 판매가격이든 자유시장가격보다 낮게 고정되었다.

게다가, <표 14-5>와 <표 13-2>를 동시에 보면 1955년 8월부터 1959년까지 대충자금예치환율은 '500환/달러'로 고정되었기 때문에, 1956년을 제외하면 그 기간의 한국 화폐로 표시한 원조소맥 수입가격의 변동은 원조소맥 달러가격의 변동에 의해 초래되었음을 추론할 수 있다. 실제로 1957년부터 1959년까지 원조소맥의 달러가격은 인하되었을 것으로 추론할 수 있다. 그럼에도 불구하고 그런 인하가 원조소맥 수입가격에 미친 영향은 대충자금예치환율을 낮게 유지한 정책이 원조소맥 수입가격에 미친 영향보다 훨씬 작았다는 사실을 알 수 있다.

정부는 원조소맥의 대부분을 일반공매 방식이 아닌 수요자에게 일괄 배정하는 방법을 취했는데, 이때 한국제분공업협회가 제분업자들을 대리하여 수요자가 되었다(김종덕, 1997, pp. 227-228). 이것은 미국산 원조소맥의 수입가격은 미국 측이 한국 정부에 통보한 달러가격에 대충자금예치환율을 적용하여 정해진 가격이 그대로 수입가격으로 되었다는 것을 의미한다. 그리고 원조소맥의 달러가격이 수입가격에 미친 영향보다는 한국 정부의 저환율정책이 수입가격에 미친 영향이 훨씬 더 컸음을 앞에서 알았다. 그리고 1956-1959년에 환율이 고정되었기 때문에 연도별 원조소맥 수입가격의 변동은 달러가격의 변동에서 왔음을 추론할 수 있다. 물론 이것은 추론에 의한 결과이기 때문에 추후의 연구가 필요하다. 다만 1956년 가격은 보험료가 포함되었기 때문에 1957-1959년 가격과 직접 비교는 가능하지 않다. 그러므로 원조소맥의 수입가격이 매우 낮았던 중요한 원인으로서는 1공화국의 저환율정책이다. 그러나 김종덕(1997, pp. 211-212)은 원조소맥의 수입가격이 정부 매입가격이나 정부 판매가격보다 매우 낮은 이유를 '명시적으로' 제시하지 않고 있다.[1)]

1 그는 소맥의 수입가격이 낮았던 이유를 분석하지 않음으로써 낮은 가격이 비록 암묵적이지만 미국의 책임인 것처럼 보이도록 만들었다.

1공화국이 저환율정책을 취했던 이유에 대해서는 3편에서 다루었다. 1공화국의 저환율정책의 의도가 무엇이든, 그것은 결과적으로는 미국산 소맥의 '환'화로 표시한 국내 가격을 매우 낮게 만들었다. 이것으로 미국이 자국산 농산물을 한국 시장에 수출하기 위하여 원조농산물을 하나의 수단으로 이용했다는 주장을 저자가 부정하는 것은 아니다. 미국은 여러 가지 수단을 이용하여 한국 농산물 시장을 개척하였음을 부인할 수 없다(이 점은 아래에서 더 다룰 것이다). 그럼에도 불구하고 미국산 소맥의 국내 가격을 매우 낮게 만들었던 것은 1공화국 정부의 저환율정책 때문이다. 소비자들-최종소비자뿐만 아니라 중간 단계의 소비자들(예를 들어, 제분업자들)까지 포함하여-에게 가장 중요한 것은 가격이라는 관점에서 보면 이것이 가장 중요하고 영향력에 있어서 대종을 차지했다.

지금부터 저환율정책에 의해서 미국산 소맥의 국내 가격이 인위적으로 매우 낮게 고정됨으로써 발생하는 영향을 자세히 검토한다.

첫째, 미국산 소맥의 수입이 지속적으로 증가했고 국산 소맥의 생산량이 국내 생산과 수입의 합에서 차지하는 비중이 지속적으로 감소하였다. 한마디로, 가격이 저렴한 수입 소맥으로 인하여 국산 소맥 생산량과 수입 소맥의 총합에서 한국산 소맥 생산이 차지하는 비중은 지속적으로 감소했다. <표 14-6>은 그 점을 보여준다. 1950년에 그 비중이 96.4%이던 것이 1955년 63.2%, 1960년 39.0%, 1965년 37.7%, 1970년 22.2%, 1974년 7.9%로 크게 감소했다. 1974년 경작면적은 1970년 경작면적의 약 42.4%였다. 1974년 무렵에는 한국산 소맥 농업이 매우 위축되었다. 인구의 증가, 3공화국 시대의 혼·분식 장려정책(1963-1976년까지 지속되었음) 등으로 소맥에 대한 수요가 크게 증가했다. 그에 따라 국산 소맥의 경작면적은 1965-1970년에 거의 정점에 도달했다. 그러나 국내 생산의 증가가 소맥 수입량 증가를 능가하지는 못했다. 1974년 경작면적은 1950년 경작면적보다 오히려 감소했다. 그러나 같은 기간 미국 원조소맥의 수입량은 약 396배 증가했다. 그 결과 국내 생산량을 국내 생산량과 수입량을 합한 값으로 나눈 비율은 1950년 이후 지속적으로 감소했다. 저렴한 미국산 소맥의 수입은 국내 시장에서 한국산 소맥의 비중을 지속적으로 감소하게 만들었다. 결론적으로, 한국 정부의 환율정책에 의해 최고가격이 된 미국산 원조소맥은 1970년대 전반에는 한국 소맥 농업을 매우 위축시켰다. 그와 반대로, 미국 농산물 수출업자들과 생산자들은 원했던 바대로 그 시기에 한국 소맥 시장을 석권했다.

저자는 당시나 지금이나 소맥의 생산에 있어서 한국 생산자들이 미국 생산자들보다 비교우위에 있다고 주장하는 것은 아니다. 아마도 미국이 한국보다 비교우위에 있을 것이다. 그러나 저자는 정부의 저환율정책이 없었다면, 즉 환율을 미국의 주장대로 했다면, 미국 생산자들이 한국 소맥 시장을 그렇게 빠르게 석권할 수 없었을 것이라고 주장한다. 왜냐하면 미국 소맥 수출업자들은 국내 소맥 생산자들과 경쟁해야 하기 때문에 일정 부분 불리한 면이 있었기 때문이다. 이 점은 아래에서 검토하는 다른 농산물에도 해당된다.

1965년까지 수입에 적용했던 공정환율 또는 대충자금예치환율은 수출환율보다 언제나 낮았고 1965년 5월 이후에는 수출환율과 수입환율의 구분을 없애고 대미 달러 환율은 한 가지만 존재토록 했다. 그때부터 복수환율에서 단일환율로 제도가 바뀐 것이다. 문제는 단일환율제도로 바뀐 이후에도 1980년까지 환율은 사실상 낮게 고정되었다는 것이다(이 점은 32장을 참조할 수 있다).

이것은 1965년부터 1980년까지는 그 효과가 시기별로 달랐지만, 환율정책에 의한 인위적인 저가격이 어느 정도 존재했다는 것을 의미한다.

한마디로, 적어도 1965년까지 소맥의 수입량이 증대한 것은 정부의 저환율정책이 가장 중요했다. 1965년 이후에도 저환율정책이 영향을 미쳤지만 1965년 이전보다 그 효과는 그렇게 크지 않았다. 1965년 이후에는 이미 우위를 점하게 된 미국산 소맥의 수출업자들과 생산자들의 시장 유지 노력, 그동안의 한국인 입맛 변화 등이 한국의 소맥수입 증대에 더 큰 역할을 했을 것으로 추정된다(이 점은 추가적인 연구가 필요하다).

원조소맥의 수입 증가로 국내 시장에 국산 소맥 생산 비중은 지속적으로 감소했다. 그러나 국산 소맥의 생산이 완전히 중단되지 않았던 것은 <표 14-5>에서 보듯이 정부의 수매가격이 원조소맥의 수입가격보다 높았기 때문으로 추정된다(이 점에 대해서는 추가적인 연구가 필요하다).

둘째, 저환율정책에 의해 한국산 소맥에 비하여 원조소맥의 가격이 매우 낮았다는 것은 한국산 소맥의 생산자들에게는 세금을 부과한 것이고, 국내의 소맥 소비자들에게는 보조금을 준 것이다. 여기에서 소맥 소비자들이란 국수와 같은 제품을 소비하는 최종 단계의 소비자들뿐만 아니라 제분업자들, 제과업자들, 제면업자들, 제빵업자들 등과 같이 제조의 중간 단계에서 소맥을 소비하는 생산자들도 포함한다.

여기에서 중간 단계의 소맥 소비자들이라 할 수 있는 제분업자들, 제면업자들, 제과업자들, 제빵업자들 등을 자세히 분석해본다. 이들은 농업 관련 제품을 생산하는 제조업자들이다. 그 점에서 이들은 자본가들이면서 기업가들이기도 한다. 이들은 저환율정책으로 인하여 자유무역을 할 때보다 더 낮은 가격에 소맥이나 소맥가공품을 구매하는 것이기 때문에 그만큼 다른 곡물, 예를 들어 쌀, 보리, 콩 등에 비해 가격 경쟁에서 우위를 가지게 된다. 그들은 그만큼 보조금을 받는 것이다. 1950년대 삼백산업 중의 하나였던 제분산업이 크게 성장했던 것은 미국 원조소맥의 국내 가격이 매우 낮았기 때문이다. 그리고 그 이유는 1공화국의 저환율정책 때문임을 앞에서 지적했다. 이것은 다른 요인들은 보조적인 역할을 했을 뿐이라는 것이다.

게다가, 정부는 제분공장과 같은 소맥 관련 산업에 할인금리의 제공 등과 같은 금융지원 등을 하기도 했다. 제분업자들은 원조소맥 구입자금의 40-80%를 연 13.9%의 금리로 은행으로부터 대출 받았다(김양화, 1990, p. 225). 이 당시 시중은행의 일반자금 금리는 연 18.25%였다. 그리고 경우에 따라서는 자금의 상환을 상당 기간 유예 받는 경우도 있었다. 이것은 소맥 관련 산업에 종사하는 기업가들, 자본가들, 노동자들 등에게 실질적인 금전적 혜택을 주는 것이다. 이것은 소맥을 가공하는 산업들을 지원이 없을 때와 비교하여 단기적으로는 확장하게 만들었다. 그리고 이것은 다른 산업을 상기 지원이 없을 때와 비교하여 단기적으로는 축소하게 만들었다. 그러나 장기적으로는 경제 내의 모든 산업이 위축되게 된다. 규제가 없을 때와 비교하여 그렇다는 것이다. 그러나 이런 모든 변화를 식별해내는 것은 어렵다. 경제가 성장하고 있는 경우에는 특히 그렇다.

셋째, 원조소맥의 국내 가격이 낮게 고정됨으로써 미국 소맥 생산자들에게도 보조금을 주었다. 미국 소맥 생산자들은 잉여농산물을 처리함으로써 잉여농산물 보관에 드는 비용을 절약하거나 새로운 잉여농산물을 미국 정부가 구매할 수 있도록 할 수 있다. 그런 처리로 잉여농산물이 소진되면 미국 소맥 생산자들은 한국 시장에 직접 수출할 수도 있다. 이 경우에는 사실상 미국 소맥 생산자들은 한국 시장을 개척한 것이나 차이가 없다. 여기에서 미국 소맥 생산자들의 경제적 동기를 확인할 수 있다. 실제로 미국 농산물업자들은 원조소맥의 제공에서 소맥을 한국에 직접 수출하는 방향으로 나아갔다(김종덕, 1997, pp. 197-198).

위의 둘째와 셋째를 종합하면, 미국산 원조소맥의 도입이 한국산 소맥 생산자들, 즉 국내 농민들로부터 국내의 소맥 소비자들(중간 단계의 소비자들 포함)과 미국 소맥 생산자들에게 소득을 재분배하게 만들었다는 의미이다. 마지막으로, 최고가격과 같은 규제는 규제를 만들고 집행하는 사람들, 즉 정치가들과 정부 관료들 등이 이득을 보게 된다. 그 이득이라는 것이 경우에 따라서는 금전적인 것일 수도 있고 경우에 따라서는 선거에서의 지지와 같은 비금전적인 것일 수도 있다.

넷째, 원조소맥의 가격이 낮게 고정되었고 국산소맥의 가격도 낮게 고정되었기 때문에 두 소맥에 대하여 초과수요가 발생했다. 그러나 어느 쪽도 자기가 원하는 소맥을 충분히 구할 수 없었다. 국산소맥 소비자들은 원조소맥의 품질이 흡족하지 않을 수 있고 원조소맥 소비자들은 국산소맥의 가격이 너무 높다고 생각할 수 있다. 대체재를 해외 구매에서 찾는다면 그것이야말로 수입선 다변화이다. 그러나 그런 일은 거의 가능하지 않다. 가격고정 때문이다. 이 시기에 소비자들은 정부가 결정한 상대 가격체계에 따라 소비하고 더 나은 대체재를 찾는 일은 거의 가능하지 않았다. 이것이 1950-1970년대 한국 소비자들이 지불했던 비(非)금전적이면서 비(非)가시적인 비용이다.

다섯째, 한국 농민들은 장기적으로는 미곡을 포함한 곡류의 대체작물인 소맥을 심을 수 있는 기회를 잃어버림으로써 작물 포트폴리오 구성에 어려움을 겪게 되었다. 대체작물의 수가 줄어들수록 동일한 작물을 생산하는 농민들의 수가 증가하면서 해당 작물에서 경쟁은 더 치열해지고 이윤은 줄어들게 되었다. 그리고 원조소맥의 가격이 낮게 결정됨으로써 한국산 소맥의 가격을 인하하게 만들었다. 앞에서 지적한 두 가지 이유와 다른 이유들이 추가되어 농가 경제가 피폐하게 되었다. 그 결과 농가는 부채가 증대하는 상황에 놓이게 되었다(이 점은 아래에서 더 다룰 것이다).

여섯째, 미국산 소맥의 도입 때문에 한국산 소맥의 생산이 감소하면서 한국 소맥 생산자들은 제분업자들과 수직적 관계의 분업을 할 수 없게 되었다. 이런 분업 관계의 붕괴는 한국 소맥 생산자들과 소비자들에게는 적지 않은 생산성의 손실을 초래했다. 그 결과 비용의 증대를 피할 수 없었다. 비용의 증대는 다시 분업의 범위를 더 축소하게 되었다. 소위 악순환이 시작되는 것이다. 그러나 한국 소맥 생산자들과 소비자들과 반대로 미국 소맥 생산자들과 소비자들은 그런 분업의 범위가 확대되는 것이다. 분업의 확대로 인한 비용의 감소는 다시 분업의 범위를 확대하게 만들었다. 소위 선순환이 시작되는 것이다.

일곱째, 저환율정책에 의해 원조소맥의 가격이 낮게 고정되었지만 한국산 소맥 생산성의 하락으로 인하여 한국산 소맥 생산비용이 상승했다. 그 결과 한국산 소맥의 시장점유율은 점차 감소했다. 그리고 저환율정책에 의거 원조소맥의 가격이 낮아진 결과로 물가에 긍정적인 영향을 미쳤지만 한국산 소맥 생산비용 증가는 물가에 부정적인 영향을 미쳤다. 저환율정책에 의한 원조소맥의 도입이 물가에 미친 영향은 실증의 문제이다. 그러나 직관적으로 볼 때 긍정적인 영향이 부정적인 영향보다 컸을 것으로 판단된다. 1950-1960년대 물가상승이 어느 때보다 컸다는 점에서 주식(主食)에 가까운 소맥의 저렴한 가격과 그런 가격의 안정은 무엇보다도 중요했다.

(3) 원조농산물: 원면

미국산 원조원면의 유입이 한국의 면화 농업과 면방직산업과 경제에 미친 영향을 검토한다. 미국산 원조원면이 본격적으로 국내에 들어온 것은 1953년 4/4분기의 FOA 자금부터이다. 그러나 미국은 1956년부터는 PL480호 원조로 원면을 제공했다.

미국산 원조원면의 도입이 한국경제에 미친 영향을 검토하기 위해서는 원조원면의 가격 결정을 자세히 분석할 필요가 있다. <표 14-7>은 미국이 제공한 원조원면의 가격이 정부가 수매한 가격보다 훨씬 저렴했음을 보여준다. 원조원면의 국내 가격을 결정하는 것은 원조원면의 미국 달러가격과 환율이다. 원조소맥처럼 여기에서도 원조원면의 미국 달러가격은 현재로서는 알 수 없다. 다만 1956-1957년 원면환율은 달러당 500환으로 고정되었고 1958-1959년은 달러당 650환으로 고정되었다. 그것은 1956년과 비교하여 1957년에는 원면의 미국 달러가격이 인하되었고 1958-1959년에는 달러가격이 인상되었음을 의미한다. 그럼에도 불구하고 환율의 영향이 달러가격의 영향보다 더 컸다. 그 결과가 <표 14-7>에서 원조원면의 공장 인수가격이다.

미국 원조원면의 국내 가격이 정부가 수매한 가격보다 훨씬 낮았던 것은 1공화국 정부가 수입원면 환율을 매우 낮게 고정했기 때문이다. <표 13-2>는 수입원면 환율을 보여준다. 정부가 고정한 수입원면 환율은 1955년 8월 달러당 500환이었으나 같은 기간 대일수출달러 환율은 950환이었다. 1960년 2월에는 원면환율은 달러당 650환이었으나 같은 시점의 대일수출환율은 달러당 1,718환이었다. 수입원면 환율은 대일수출환율과 비교하여 약 40-50% 정도로 낮게 고정되었다. 그것은 수입원면의 가격을 대략 그 정도로 낮게 만들었다는 것을 의미한다. 그리고 한국산 원면의 가격마저도 자유시장가격보다 낮게 고정되었지만 수입원면처럼 낮지는 않았다.

미국은 공식적으로는 일반공매제에 의해 두 화폐의 실제 구매력을 반영한 시장환율, 여기에서는 대략 대일수출환율을 적용하여 원면이 판매되어야 한다고 주장했다(김양화, 1990, p. 15 참조). 그러나 1공화국 정부는 면방업계의 주장을 받아들여 낮게 고정된 수입원면 환율을 적용하여 미국산 원조원면의 가격을 결정했다. 그러므로 미국산 원조원면의 국내 가격이 정부 수매가격보다 저렴하게 된 것은 낮게 고정된 수입환율 때문이다. 1959년을 예로 들면, 원조원면의 가격이 정부 수매가격의 약 50% 수준인데 같은 해 수입원면 환율은 대일수출달러 환율의 약 40% 수준이다. 50%와 40%의 차이는 현재로서는 원인을 정확히 알 수 없다. 원조원면의 국내 가격은 미국 측이 한국 정부에 통보한 달러가격에 수입원면 환율을 적용하여 결정되었다. 이때 미국 측이 제시한 달러가격에 자유시장 환율을 적용하여 구한 원조원면의 국내 가격이 한국산 원면의 가격보다 저렴했기 때문에 원조원면의 가격을 한국산보다 저렴하게 만들었을 수 있다. 양국 농업의 생산성으로 보아 그럴 가능성은 적지 않다. 만약 이 경우에 해당한다면 원조원면의 국내 가격이 매우 낮아진 것은, 원조원면의 달러가격이 낮은 것과 한국 정부의 저환율정책 때문이다. 그러나 현재로서는 전자는 알 수 없다(이 점은 연구가 필요하다). 그러나 직관적으로 볼 때 원조원면의 달러가격이 낮았다 하더라도, 한국 화폐로 표시한 수입산 원면의 가격이 한국산 원면의 가격보다 저가였던 원인들 중에서 저환율정책이 원조원면의 낮은 달러가격보다 훨씬 중요했다. 그러므로 원조원면의 국내 가격이 매우 낮았던 것은 주로 1공화국의 환율정책 때문이다.

지금부터 저환율정책에 의해서 미국산 원면의 국내 가격이 인위적으로 매우 낮게 고정됨으로써 발생하는 영향을 자세히 검토한다.

첫째, 저가격정책에 의해 원조원면의 도입량이 증가하고 국내 면화생산량이 줄어들었을 뿐만 아니라 정부의 국산면 수집량도 감소했다. <표 14-8>은 원조원면, 국내 생산량, 정부 수집량, 원면 생산면적 등을 보여준다. 원조원면의 도입량과 국내 생산량의 총합에서 원조원면이 차지하는 비중은 1954년부터 증가하기 시작하여 1955년 이후에는 본격적으로 증가했다. 왜냐하면 1955년 이후에 미국의 원조농산물이 본격적으로 늘어났기 때문이다. 그 이전에는 원조원면의 도입량과 국내 생산량의 총합에서 국내 생산량이 차지하는 비중이 70%를 상회했다. 그 결과 원조원면의 도입량이 원조원면의 도입량과 국내 생산량의 총합에서 차지하는 비중은 1965년 현재 88.5%이다. 그에 따라 원면 생산면적은 1947년 129,847ha에서 1965년 19,244ha로 크게 감소하여 1947년을 기준으로 1965년에 14.8% 수준밖에 되지 않았다. 이때 정부 수집은 거의 폐지하는 단계에 이르렀다.

둘째, 한국산 원면에 비하여 원조원면의 가격이 인위적으로 매우 낮게 책정되었다는 것은 한국산 원면의 생산자들에게는 세금을 부과한 것이고, 국내의 원면 소비자들에게는 보조금을 준 것이다. 여기에서 원면 소비자들이란

면으로 만든 의류를 소비하는 최종 단계의 소비자들뿐만 아니라 원면을 가공하는 방직업자들과 같이 제조의 중간 단계에서 원면을 가공하는 생산자들도 포함한다.

여기에서 중간 단계의 원면 소비자들이라 할 수 있는 면방직업자들, 면의류업자들 등을 자세히 분석해본다. 이들은 농업 관련 제품을 생산하는 제조업자들이다. 그 점에서 이들은 자본가들이면서 기업가들이기도 한다. 이들은 저환율정책으로 자유무역을 할 때보다 더 낮은 가격에 원면이나 원면가공품을 구매하는 것이기 때문에 그만큼 다른 의류를 위한 원료나 그 가공품 등에 비해 가격 경쟁에서 우위를 가지게 된다. 그들은 그만큼 보조금을 받았다. 1950년대 삼백산업 중의 하나였던 면방산업이 크게 성장했던 것은 미국 원조원면의 국내 가격이 매우 낮았기 때문이다. 그리고 그 이유는 1공화국의 저환율정책 때문임을 앞에서 지적했다. 원조원면의 낮은 가격은 원면 관련 산업을 정부의 지원이 없을 때와 비교하여 단기적으로는 확장하게 만들었다. 그리고 이것은 다른 산업을 상기 지원이 없을 때와 비교하여 단기적으로는 축소하게 만들었다. 그러나 장기적으로는 원면산업을 포함한 모든 산업이 위축되게 된다. 어떤 산업의 과도한 성장과 그 산업을 제외한 다른 산업의 과도한 위축은 경제 전체로는 전체 경제성장의 위축을 초래하기 때문이다. 문제는 성장 과정에서도 경제성장의 위축이 없어지지 않는다는 점이다.

셋째, 원조원면의 국내 가격이 낮게 고정됨으로써 미국 원면 생산자들에게도 보조금을 주었다. 미국 원면 생산자들은 잉여농산물을 처리함으로써 잉여농산물 보관에 드는 비용을 절약하거나 새로운 잉여농산물을 정부가 구매할 수 있도록 했다. 그런 처리로 잉여농산물이 소진되면 미국 원면 생산자들은 한국 시장에 직접 수출할 수도 있다. 이 경우에는 사실상 미국 원면 생산자들은 한국 시장을 개척한 것과 차이가 없다. 여기에서 미국 원면 생산자들의 경제적 동기를 확인할 수 있다. 실제로 미국 농산물업자들은 원조원면을 제공하다가 원면을 직접 수출하는 방향으로 나아갔다(김종덕, 1997, p. 200).

위의 둘째와 셋째를 종합하면, 미국산 원조원면의 도입이 한국산 원면 생산자들, 즉 국내 농민들로부터 국내의 원면 소비자들(중간 단계의 소비자들 포함)과 미국 원면 생산자들에게 소득을 재분배하게 만들었다. 그리고 최고가격과 같은 규제는 규제를 만들고 집행하는 사람들, 즉 정치가들과 정부 관료들 등으로 하여금 이득을 보게 한다. 그 이득이라는 것이 경우에 따라서는 금전적인 것일 수도 있고, 선거에서의 지지와 같은 비금전적인 것일 수도 있다.

넷째, 원조원면의 가격이 낮게 고정되었고 국산원면의 가격도 낮게 고정되자 두 원면에 대하여 초과수요가 발생했다. 그러나 어느 쪽도 자기가 원하는 원면을 구할 수 없었다. 국산원면 소비자들은 원조원면의 품질이 흡족하지 않을 수 있고 원조원면 소비자들은 국산원면의 가격이 너무 높다고 생각할 수 있다. 소비자들은 정부가 결정한 상대 가격체계에 따라 소비하고 더 나은 대체재를 찾는 일은 거의 가능하지 않았다는 것이다. 이것이 1950-1970년대 한국 소비자들이 지불했던 비금전적이면서 비가시적인 비용이다.

다섯째, 한국 농민들은 장기적으로는 미곡을 포함한 곡류의 대체작물을 심을 수 있는 기회를 잃어버림으로써 작물 포트폴리오 구성에 어려움을 겪게 되었다. 대체작물의 수가 줄어들수록 동일한 작물을 생산하는 농민들의 수가 증가하면서 해당 작물에서 경쟁은 더 치열해지고 이윤은 줄어들게 되었다. 그리고 원조원면의 가격이 낮게 고정됨으로써 한국산 원면의 가격을 인하하게 만들었다. 앞에서 지적한 두 가지 이유가 농가경제를 피폐하게 만들었던 여러 가지 원인 중의 하나이다. 그 결과 농가는 부채가 증대하는 상황에 놓이게 되었다(이 점은 아래에서 더 다룰 것이다).

여섯째, 미국산 원면의 도입으로 한국산 원면의 생산이 감소하면서 한국산 원면 생산자들은 면방업자들과 수직적 관계의 분업을 할 수 없게 되었다. 이런 분업 관계의 붕괴는 한국산 원면 생산자들과 면방업자들에게는 적지 않은 생산성의 손실을 초래했다. 그 결과 비용의 증대를 피할 수 없었다. 비용의 증대는 다시 분업의 범위를 더 축소하게 만들게 되었다. 소위 악순환이 시작된 것이다. 그러나 한국 원면 생산자들과 반대로 미국 원면 생산자들은 그런 분업의 범위가 확대된 것이다. 분업의 확대로 인한 비용의 감소는 다시 분업의 범위를 확대하게 만들었다. 소위 선순환이 시작되는 것이다.

일곱째, 저환율에 의해 원조원면의 가격을 낮게 고정함으로써 정부가 원면 가공품의 가격을 낮게 유지하고자 하는 정책에 작지 않은 기여를 했다. 그러나 저환율에 의해 원조원면의 가격이 인위적으로 낮게 고정되면서 국산원면 가공품의 가격은 상대적으로 높아지고 시장점유율이 낮아졌다. 저환율정책에 의거 원조원면의 가격이 낮아진 결과로 물가에 긍정적인 영향을 미쳤지만, 한국산 원면 생산비용 증가는 물가에 부정적인 영향을 미쳤다. 저환율정책에 의한 원조원면의 도입이 물가에 미친 영향은 실증의 문제이다. 그러나 직관적으로 볼 때 긍정적인 영향이 부정적인 영향보다 컸을 것으로 판단된다.

(4) 원조농산물: 배합사료용 곡물

옥수수 등과 같은 배합사료용 곡물과 산업도 미국산 사료용 곡물에 작지 않은 영향을 받았다. 그러나 우리는 현재 미국산 배합사료용 곡물의 국내 가격과 국산 배합사료용 곡물의 가격을 알 수 없다. 다만 1965년 단수환율이 지정될 때까지 수입환율은 수출환율보다 상당히 낮았고 단수환율 체제를 시행하고 난 이후에도 1980년까지는 대미 달러환율은 낮게 고정되었다는 사실을 알고 있다. 이것은 미국산 배합사료용 곡물의 수입을 촉진하고 국산 배합사료용 곡물의 생산을 위축하게 만들었을 것을 추론할 수 있다. 그러나 국내의 배합사료 생산업자들은 낮은 환율만큼 보조금을 받는 것이기 때문에 미국산 배합사료용 곡물을 이용한 배합사료 생산은 증가했을 것을 예상할 수 있다.

<표 18-1>은 연도별 미국산 사료용 곡물의 국내 수입을 보여준다. 수입량이 1962년에 21,466M/T이던 것이 몇 년의 예외를 제외하고 지속적으로 증가하여 1979년에는 2,498,157M/T에 이르렀다. 1962-1980년(1965년 제외)까지 미국산 사료용 곡물의 수입은 총 10,615,775M/T였고 연평균은 589,765M/T였다.

저가의 배합사료용 곡물을 수입하면서 배합사료를 제조하는 공장도 점차 증가했다. <표 18-2>에서 배합사료를 생산하는 공장은 1963년에 7개에서 1973년에는 71개로 크게 증가했다. 이에 따라 배합사료 생산은 크게 늘어났다. 연도별 배합사료 생산 실적은 1962년 7,814M/T, 1964년 51,000M/T, 1967년 108,000M/T, 1968년 223,314M/T, 1969년 367,564M/T, 1970년 507,518M/T, 1975년 900,996M/T, 1980년 3,462,418M/T, 1983년 5,852,000M/T가 되었다(김종덕, 1997, pp. 191-192).

<표 18-1> 연도별 미국산 사료용 곡물의 도입

(단위: M/T)

회계연도	PL480	상품신용공사	현금(KFX)	민간차관	총계
1962	21,466	–	–	–	21,466
1963	17,724	–	–	–	17,724
1964	–	–	5,000	–	5,000
1966	–	–	2,875	–	2,875
1967	–	–	41,400	–	41,400
1968	–	–	69,030	–	69,030
1969	78,471	–	96,062	21,767	196,300
1970	94,198	–	129,436	35,774	259,408
1971	135,003	–	231,621	23,773	390,397
1972	317,300	–	108,396	–	425,696
1973	159,165	–	299,185	14,783	473,133
1974	–	–	360,057	–	360,057
1975	–	–	302,794	–	302,794
1976	–	–	611,238	–	611,238
1977	–	–	1,046,370	–	1,046,370
1978	274,790	625,686	673,171	–	1,573,637
1979	67,400	543,648	1,887,109	–	2,498,157
1980	69,030	483,811	1,328,245	–	1,881,086
합계	1,234,547	1,653,145	7,631,986	96,097	10,615,775

주: 1) 1969년 이후 PL480 사료곡물수입은 달러로 전환 가능한 현지통화판매(CLCC)에 의한 것임.
자료: 농수산부·한국사료협회(1984), pp. 108-111, 116에서 계산; 김종덕(1997), p. 193에서 재인용.

배합사료용 곡물의 경우에 미국산 가격과 국산 가격에 대한 정보가 없기 때문에 단정적으로 말할 수는 없다. 그러나 원/달러 환율이 낮게 책정되었기 때문에 그만큼 국산 배합사료용 곡물 생산자들에게는 세금을 부과하는 것이고 미국 배합사료용 곡물을 이용하여 배합사료를 생산하는 국내의 배합사료 생산업자들은 보조금을 받는 것이다. 그 결과 국산 배합사료용 곡물 생산자

<표 18-2> 연도별 배합사료 공장 등록 현황

(단위: 개)

등록연도	등록 수	등록취소 수	누계
1963	7	-	7
1964	39	-	46
1965	2	-	48
1966	4	14	38
1967	14	1	51
1968	16	2	65
1969	11	7	69
1970	3	4	68
1971	7	14	61
1972	11	3	69
1973	2	-	71

자료: 농협중앙회(1974), p. 172; 김종덕(1997), p. 192에서 재인용.

들은 위축될 것이지만 미국 배합사료용 곡물을 이용한 배합사료 생산은 증가할 것이다. 그리고 미국 배합사료를 이용하여 가축을 사육하는 업자들도 상대적으로 저렴한 배합사료를 구입할 수 있기 때문에 사실상 보조금을 받는 것이다. 그 결과 가축 사육업도 성장할 뿐만 아니라 과도하게 성장하게 된다.

앞에서 지적한 것 이외에도 다음과 같은 일이 발생한다. 수직적 분업 관계의 해체로 인한 생산성의 저하는 국산 배합사료용 곡물 생산업자들을 위축하게 만들고 미국 배합사료용 곡물 생산업자들을 성장하게 만든다. 대체작물의 수가 줄어들면서 국산 배합사료용 곡물 생산업자들은 어려움에 처하게 된다. 미국산 배합사료용 곡물의 수입으로 국산 배합사료용 곡물의 판로가 막히기 때문이다. 그리고 이제 미국산 배합사료용 곡물의 대체재를 찾는 일은 어려워진다.

(5) 농산물 원조와 경제

여기에서는 미국의 원조농산물이 한국경제에 미친 영향을 앞에서 지적하지 않은 내용을 위주로 검토한다.

① 원조농산물은 한국경제에서 삼백산업의 비중을 매우 크게 만들었다. 삼백산업이란 소맥, 원면, 원당을 가공하는 산업을 말한다. <표 18-3>은 1958년 현재 삼백산업의 비중을 보여준다. 삼백산업의 부가가치가 제조업 전체의 부가가치에서 차지하는 비중은 1958년 현재 15.3%이다. 이것은 삼백산업이 제조업 전체에서 얼마나 과다하게 성장했는가를 보여준다. 대기업만을 고려할 때, 그 비중은 더 높아져서 33.3%이다. 부가가치 측면에서, 제조업 전체에서 대기업의 비중이 1958년 현재 33.0%이나 삼백산업에서는 대기업 비중이

<표 18-3> 제조업과 삼백산업의 비중(1958년)

(단위: 개, 백만 원)

구분		기업체 수			부가가치		
		전체(A)	대기업(B)[2]	구성비(C)=B/A×100	전체(D)	대기업(E)[2]	구성비(F)=E/D×100
제조업		12,971	115	0.9	157,794	52,085	33.0
삼백산업	제분	36	1	2.8	3,982	1,267	31.8
	면방직	24	10	41.7	8,252	8,028	99.5
	면직물	677	5	0.7	10,423	6,947	66.7
	제당과 정당	6	1	16.7	1,463	1,125	76.9
	계[1]	743 (5.7%)	17 (14.8%)	2.3	24,120 (15.3%)	17,367 (33.3%)	72.0

주: 1) 괄호 안의 수치는 제조업 전체에서의 비중을 말함.
2) 고용인 200인 이상을 말함.
자료: 정윤형(1981), p. 144 <표 4>에서 작성.

72.0%이다. 부가가치 관점에서 이것은 제조업 전체보다 삼백산업에서 대기업이 훨씬 더 중요했다는 것이다.

삼백산업의 전체 기업 수가 제조업 전체 기업 수에서 차지하는 비중은 1958년 현재 5.7%밖에 되지 않지만 대기업의 비중은 더 높아져서 14.8%이다. 이렇게 부가가치에 비해 기업의 수가 비중이 작았다는 것은 삼백산업에 속하는 기업들 전체와 대기업들의 평균적인 크기가 제조업에 속하는 기업들 전체와 대기업들의 평균적인 크기보다 컸다는 것을 의미한다. 한마디로, 부가가치나 기업의 수라는 측면에서 삼백산업은 한국 제조업에서 매우 큰 비중을 차지했다. 이것은 저환율·저금리 등에 의한 정부의 지원 때문이었다.

실제로 면방공업의 정방기는 1953년 157,908추에서 1961년 461,550추로 크게 증가했다. 제분공업의 시설능력은 1954년 2,954배럴에서 1959년 47,721배럴로 그 또한 큰 폭으로 증가했다. 이렇게 시설능력이 급속하게 증대한 것은 시설이나 설비능력에 따라 원조농산물을 배정했을 뿐만 아니라 산업은행이 시설을 도입하는 데 있어서 저금리의 융자도 그와 비례하여 실시했기 때문이다. 그리고 시설을 도입하는 경우에 달러를 정부로부터 구입해야 하는데 이 경우에도 수입환율이 낮게 책정됨으로써 업자들은 정부로부터 사실상 큰 보조금을 받았다.

면방직(면사와 면직물)산업의 경우를 더 자세히 보기로 한다. 면방직산업의 생산은 1954년에 이미 한국전쟁 이전 수준으로 회복하였고 1958년에는 전쟁 이전 수준의 2배를 능가했다.[2] 이것은 이 무렵 면방직산업에 과잉투자되었음

2 이 부문에 대한 자세한 설명은 서문석(2009), 한국은행, 『조사통계월보』, 1957년 10월, 12월, 1960년 4월, 11월, 1961년 4월, 김두얼(2017), pp. 125-131 등 참조.

을 의미한다. 그에 대응하여 면방직 생산자들은 1959-1961년에는 명시적 협력을 통해 생산을 줄였다. 그리고 그들은 생산설비 증가도 제한하고자 했다. 생산의 과잉으로 해외로부터의 수입도 제한했다. 수입 제한으로 국내 생산자들은 면사 또는 면직물 가격을 인상할 수 있었다. 생산자들은 수출을 늘리는 방법으로 면방업계의 불황과 침체를 타개하고자 했다. 그리고 이 방법은 1962년 이후에 수출이 빠르게 증대하는 데 기여했다. 사실 1960년 이전까지 미국은 원조원면으로 생산한 제품을 미국에 수출하는 것을 극도로 제한했다. 미국은 한국 생산업자들의 수출을 일정한 수준만 허용했다. 그러나 1960년에 접어들어 미국이 수출에 동의하면서 면방직산업의 수출은 크게 증가하기 시작했다. 한마디로, 면방직 생산자들은 단기에는 수입 제한, 생산 제한 등의 방법으로, 장기에는 수출을 통해 자원의 낭비를 줄이고자 노력했다.

여기에는 세 가지 점이 분명하다. 첫째, 수출로 인하여 생산설비가 적정한 가동 수준에 도달할 때까지 자원의 낭비가 있었다는 것이다(그 시점이 언제였는가는 연구가 필요하다). 둘째, 수출로 생산설비가 적정한 가동 수준에 도달하여 면방직산업에서 자원의 낭비가 없더라도 면방직산업에 자원이 과다하게 배분된 것이기 때문에, 다른 산업에서는 자원이 부족하게 된 상태는 변함이 없다. 즉, 경제 전체로는 자원의 비효율적 배분이 여전히 존재한다는 것이다. 셋째, 면방직산업을 제외한 삼백산업에서 수출에 어떤 변화가 있었는가는 연구가 필요하다. 소맥과 원당은 수출할 능력이 없었을 것이지만 자원의 비효율적 배분은 존재했을 것으로 저자는 추정한다.

제분업과 제당업도 과잉투자와 자원의 낭비라는 관점에서 상황은 면방직업과 비슷했다. 1공화국 정부가 대체식량으로서 소맥을 강조하면서 제분시설과 원맥의 도입에 원조자금을 배정했다. 이에 제분회사들은 앞다퉈 시설을 확충한 결과로 1957년 7월까지 생산능력이 국내 수요의 2배 이상이 되었고, 이후에도 증설이 이어지면서 1962년 제분업계의 생산능력은 국내 수요의 약 3배에 달하였던 것으로 추정되었다(한국산업은행 조사부, 1958, pp. 373-397 참조).

제당업도 실상은 제분업과 큰 차이가 없었다. 1953년에 제일제당이 원당을 정제하여 정당의 생산에 성공하였다. 그리고 정부는 원조자금을 원당의 수입에 배정했다. 그 결과로 1956년까지 총 7개 회사가 난립하여 국내 수요의 약 5배에 달하는 생산능력을 보유하게 되었다. 물론 이것은 추정치이다. 1960년에는 총 7개 회사 중에서 3개사만 정상 가동하고 4개사는 휴업 중이었다(한국산업은행 조사부, 1962, pp. 203-204 참조).

삼백산업이 제조업에서 그렇게 큰 비중을 차지하게 된 데는 저환율정책이 주요한 역할을 했다. 만약 저환율정책이 없었다면 제조업에서 삼백산업의 비중이 수입대체화 정책 때문에 높아지더라도 당시처럼 그렇게 높지는 않았을 것이다. 귀속기업체의 특혜성 매각, 낮은 이자율에 의한 각종 자금지원, 생산시설의 도입에 필요한 외환의 저환율정책 등과 같은 특혜도 삼백산업이 제조업에서의 비중이 기형적으로 커지는 데 상당한 역할을 했다.

② 미국산 농산물의 인위적으로 낮게 책정된 가격 때문에 농민의 가계가 피폐해졌지만 삼백산업의 기업가들, 자본가들, 노동자들, 삼백산업에서 생산된 것을 원재료로 하여 가공하는 업자들, 그 업자들이 생산한 최종 단계의 소비재들을 소비하는 소비자들은 그만큼 이득을 보았다. 그들 간에 소득재분배가 일어난 것이다. 그 결과 경제 전체적으로는 부 또는 소득의 불평등이 심화되었다. 그러나 이것은 삼백산업이 정상 가동될 때의 결과이고 삼백산업이

과잉투자되고 자원의 낭비가 발생하면서 상황은 반전했다. 그 결과 과잉투자되었던 삼백산업의 기업가들, 자본가들, 노동자들, 삼백산업에서 생산된 것을 원재료로 하여 가공하는 업자들은 그만큼 손실이 발생했다.

③ 삼백산업이 과다하게 성장하면 삼백산업을 제외한 제조업은 오히려 위축된다. 전자의 경우에 자원의 낭비가 있고 후자의 경우에는 자원 사용에 있어서 비싼 대가를 지불하지 않으면 안 된다. 이와 함께 소맥, 원면 등의 국내 농업이 과소하게 성장하면 농업의 다른 부문은 더 확장하게 된다. 농업의 다른 부문에서도 자원의 낭비가 있을 수 있다. 삼백산업의 기형적 성장은 기형적 성장이 없을 때와 비교하여 한국경제의 성장률을 낮게 만들었다. 그러나 자원의 낭비를 관찰하는 일은 상대적으로 쉽지만 자원 사용의 대가를 높게 지불하는 사실을 관찰하는 일은 용이한 일이 아니다. 특히, 경제가 성장하는 경우에도 그런 사실은 없어지지 않지만 관찰하는 것은 더 한층 어렵다. 그럼에도 불구하고 삼백산업을 제외한 다른 산업은 위축된다. 자원 사용에 있어서 그 대가를 높게 지불해야 하기 때문이다.

④ 원조농산물의 분배 과정이 매우 폐쇄적이었고 생산자들도 정부의 허가를 받아야 했기 때문에 독점에 따른 이득이 적지 않았다. 정부의 인가, 허가 등에 의해 생겨나는 특권 또는 특혜의 자본화된 가치가 '독점이득'(monopoly gain)이다. 이 이득이 얼마나 컸는가 하는 것은 실증적인 문제이다. 독점이득이 작지 않으면 그것을 획득하기 위하여 생산자들은 특권을 배분해주는 담당 공무원이나 관료에게 뇌물을 줄 수 있다. 물론 이것은 정부의 공식 기록이나 통계에는 나타나지 않는다. 이승만, 자유당 등의 부패상은 이미 널리 알려진 내용이다. 그 부패가 독점이득과 직접적인 관련이 있다고 볼 수 있다.

⑤ 면방직산업은 급속한 성장의 결과로 1960년대 수출에 기여했다. 에커트(2006, pp. 601-654)는 일제강점기에 면방직산업의 기술자들과 생산시설들 등이 한국이 일본으로부터 입은 혜택이라고 지적한다. 이 기간의 기술자들과 시설들이 없었다면 1960년대에 면방직산업의 '빠른' 수출이 없었을 것이라고 그는 설명한다. 여기에서 빠르다는 것은 3공화국 초에 수출입국을 시작하자마자 면방직산업이 수출을 시작할 수 있었던 것을 말한다.

그러나 에커트는 1950년대 면방직산업의 고속 성장이 1960년대 면방직산업의 빠른 수출에 상당한 기여를 했음을 간과하고 있다. 그리고 1950년대 면방직산업의 고속 성장은 원조원면과 저환율에 의해 큰 보조금을 받았고 다른 지원도 작지 않았기 때문이다. 그 결과 세 가지 영향을 생각해볼 수 있다. 첫째, 국내에서 면제품에 대한 수요가 크게 증가했다는 것이다. 저환율에 의한 저렴한 가격은 수요를 증가하게 만들었다. 국내 수요의 증가는 면방직산업의 기업들 또는 공장들로 하여금 규모의 경제를 달성하게 만들었을 것이다. 적당한 수준의 규모의 경제는 다시 기업들과 공장들의 경쟁력을 강화하게 된다. 그리고 수요의 증가는 가격의 상승을 통해 각 기업의 이윤율을 증가하게 만들었다. 둘째, 저환율이라는 보조금은 업계의 생산비용을 떨어뜨려 수출에서의 가격 경쟁력에 도움을 주었을 것이다. 셋째, 면방직산업에 대한 각종 지원도 가격과 비가격 경쟁력을 상승하게 만들었다. 그러므로 1950년대 1공화국의 원조원면의 도입, 저환율정책, 각종 지원 등도 1960년대 면방직산업의 빠른 수출에 기여했음을 지적하지 않을 수 없다.

에커트(2006)는 1960년대 면방직산업의 빠른 수출을 초래한 외부적 요인을 지적한 것이다. 그러나 빠른 수출의 내부적 요인도 간과해서는 안 된다고 저자는 주장한다. 즉, 에커트(2006)의 지적과 함께 1960년대 섬유 관련 산업의 경쟁력은 1950년대와 1960년대 중반까지의 저환율정책 등에 주로 기인했다는 것이다.

(6) 결론

미국의 농산물 원조가 한국의 농업과 경제에 미친 영향을 요약해본다. 첫째, 미국의 농산물 원조는 한국의 농업에 부정적인 영향을 미쳤을 뿐만 아니라 그 영향이 작지 않았다. 원조농산물이 크게 증가하고 한국 농업이 위축된 것 또는 인구의 증대에 비례하여 성장하지 못한 것은 원조농산물의 낮은 가격 때문이었다. 그리고 그런 낮은 가격은 한국 정부의 저환율정책 때문이었다. 그 결과로 일부 농산물 시장은 미국 농산물 수출업자들과 생산자들이 석권하게 되었다. 1950년대 농가 가계가 부채로 어려움을 겪게 된 것은 다른 원인들과 함께 미국 원조농산물도 그 원인들 중의 하나였다. 미국의 농산물 원조가 한국의 농업에 미친 영향에만 국한할 때, 저자는 이대근(2002)이 옳았고 이영훈(2016)이 틀렸음을 주장한다.

둘째, 저환율에 의한 저가의 원조농산물은 삼백산업과 같은 일부 산업을 과도하게 성장하게 만들었다. 낮은 금리, 시설 도입에 필요한 외환의 저환율 등에 의한 삼백산업의 지원도 삼백산업의 과도한 성장에 한몫을 했다. 그 과정에서 삼백산업에 종사하는 기업가들, 중간 단계의 생산자들, 최종 소비자들 등은 작지 않은 이득을 보았다. 농산물 원조는 앞에서 열거한 사람들에게는 일종의 복지정책과 같은 것이었다. 이것은 이 단계의 사람들의 저축 형성을 도와서 경제가 빠르게 성장하도록 만들었다. 삼백산업에는 여러 가지 보조금이 제공되었는데 그런 특혜를 받는 과정에서 부정부패 등이 발생하여 자본 소비 또한 일어났다(이 점은 아래에서 자세히 다룰 것이다).

셋째, 저렴한 원조농산물에 의한 삼백산업의 과도한 성장은 경제 내에서 삼백산업을 제외한 산업들을 위축하게 만들었다. 이러한 위축은 자본을 소비하게 하는 방향으로 작용한다. 자본의 소비는 경제의 성장을 방해 또는 억제하는 것이다.

넷째, 앞에서 지적한 세 가지를 합산할 때만이 원조농산물이 경제에 미친 영향에 대한 종합적인 평가가 가능해질 것이다. 그러나 원조에 대한 종합적인 평가를 완성하기 위해서는 비농산물 원조가 경제에 미친 영향, 원조의 가격안정 효과, 원조의 적자재정 보전효과 등도 다루지 않으면 안 된다(아래에서는 그것들을 다룰 것이다). 그리고 경제가 성장하고 있는 경우에도 자원 낭비와 자원 부족으로 인한 자원 사용비용이 상승하는 것은 없어지지 않는다.

다섯째, 앞에서 지적한 모든 점에 대해서 미국 농산물업자들의 노력이 없었다고 주장하는 것은 아니다. 그 모든 것에 대해서 한국 정부의 저환율정책, 각종 지원 등이 미국 농산물업자들의 노력보다 더 중요했음을 저자는 지적한 것이다.

2. 비농산물 원조와 경제

(1) 서론

비농산물이란 농산물을 제외한 모든 재화와 기술 등을 지칭한다. 그중에서 비교적 자료가 존재하는 교육, 도로개발, 기술 등에 대해서는 17장에서 자세히 다루었다. 여기에서는 비료, 석유류 등과 같은 1차 가공제품이 경제에 미친 영향을 분석한다. 그리고 그런 제품 생산을 위한 자본재, 예를 들어 비료공장 건설을 위한 시설자재 등도 다룬다. 미국의 원조는 에너지, 교통, 항만, 통신 등의 건설을 위한 자본재의 도입에도 작지 않은 영향을 미쳤다.

(2) 비농산물 원조와 경제

16장에서 1945-1981년의 미국의 경제원조는 총 61억 달러이고 그중 비농산물 원조는 약 31억 달러라는 사실을 알았다. 비농산물 원조는 교량, 도로, 항만, 수리(水利) 등과 같은 토목사업, 도시 건설, 상하수도, 통신, 전력 등과 같은 공공 부문, 전 산업, 민간의 주택과 복지, 연구개발, 교육, 기술 등과 같이 경제 전체에 걸쳐서 지원되었다.

전력을 예로 들어 비농산물 원조가 경제에 미친 영향을 검토한다. 주지하듯이, 전력은 모든 경제행위에 직·간접적인 영향을 준다. 전력이 없다면, 특히 제조업은 성립할 수 없는 업종이다. 수력과 화력의 발전 원가가 다르지만 말이다. 그러므로 전력의 공급을 가능하게 만든 것이나 그 전력의 가격을 저렴하게 만든 것은 경제에 미치는 긍정적인 영향이 작지 않다. 발전소 건립을 위한 시설을 도입할 때 저환율을 적용하여 자본재를 도입하는 것은 그만큼 발전 원가를 낮출 수 있다. 그리고 그 영향은 거의 전 산업에 걸쳐 나타나므로 수치화할 수 없지만 작지 않은 것이 분명하다.

그러나 일부 산업에서는 국내 공급자가 스스로 공장을 건설하여 소비자가 원하는 재화를 생산할 수 있었다. 만약 정부의 저환율정책이 없었더라면 기격이 높아진 만큼 생산 가능한 재화가 없지 않았을 것이다. 저환율정책은 그런 생산자들을 존립 불가능하게 만들었다는 것이다. 물론 전쟁 직후 많은 시설이 파괴되고 전력 등이 공급되지 않는 상태에서 그런 공급자가 생겨났다 하더라도 많았을 가능성은 크지 않았다. 이 점이 비농산물 원조의 부정적인 측면이라면 부정적인 측면이라고 하겠다. 그리고 앞에서 자원이 삼백산업에 과다하게 배분되면서 삼백산업을 제외한 다른 산업에서는 자원이 과소하게 배분된다는 점을 알았다. 그럼에도 불구하고 그 다른 산업에서 비농산물 원조를 받은 산업이나 정부 부문은 제외해야 할 것이다.

정부 부문으로 지원된 비농산물 원조인 에너지, 교통, 항만, 통신 등의 건설을 위한 자본재가 그런 산업기반시설의 비약적인 발달을 초래했다. 산업기반시설의 확충은 경제의 모든 부문에 긍정적인 영향을 미치는 방법으로 경제성장을 이끌었다. 산업기반시설의 건설을 위하여 투입된 미국의 원조가 어느 정도 크기인가를 계산할 수 있지만 그것이 경제에 미친 영향을 계산하는 것은 불가능하다.

미국 비농산물 원조의 상당 부분은 자본재로서 공장을 건설하는 일에 도움을 주었다.[3] 그중 가장 결정적인 것은 미국 원조의 도움으로 3대 기간공장

<표 18-4> 3대 기간공장의 건설사업 개요

구분		충주비료	문경시멘트	인천판유리
소요자금	외자	33,388천 달러[1]	8,904천 달러[2]	3,629천 달러
	내자	2,750백만 환	1,482백만 환	603백만 환
소요외자의 재원		UNKRA, ICA	UNKRA	UNKRA
생산능력(연산)		질소비료 85천 톤 (요소(尿素) 기준)	시멘트 20만 톤	판유리 12만 상자
건설 기간		1955. 6-1961. 4	1955. 11-1957. 9	1956. 2-1957. 9
시공회사		Macro Hydro-Carton Co.(미)	F. L. Smith(미)	Vinnel International Cor.(파나마)
경영 형태		국영	민영화[3]	민영화[4]

주: 1) 3차에 걸친 추가자금이 투입된 최종공사비임. 여기에 특허료 470천 달러, 시운전대 735천 달러, 기계구매대 206천 달러 등 총 1,411천 달러가 추가됨.
2) 1차의 추가자금이 투입된 최종공사비임.
3) 대한양회공업(주)에 매각되어 민영화됨.
4) 한국유리공업(주)에 매각되어 민영화됨.
자료: 이대근(2002), p. 367에서 재인용. 원자료: 한국산업은행 조사부, 『한국의 산업』, 1958, 1962년판.

을 건설한 것이었다. <표 18-4>는 1공화국 정부가 건설한 3대 기간공장 건설사업의 개요를 보여준다. 여기에서 3대 기간공장이란 비료, 시멘트, 판유리 등의 생산공장을 말한다. 비료, 시멘트, 판유리 등을 3대 기간산업으로 선정한 것은 다음과 같은 이유 때문이다. 첫째, 농업에서 비료는 필수적인 것이다. 왜냐하면 한국전쟁으로 공업시설이 파괴됨으로써 전쟁 이후 상당 기간 동안 남한은 농업국가였기 때문이다. 둘째, 시멘트와 판유리는 파괴된 시설을 복구하거나 경제재건을 위해 필수불가결한 자재였기 때문이다.

3 이하의 내용에 대해서는 이대근(2002), pp. 316-341과 한국은행 조사부, 『경제연감』, 1958년판, p. I-142와 부흥부, 『부흥백서』, 1957년판, pp. 256, 262-264, 275 참조.

1공화국 정부는 UNKRA 자금 등의 지원을 받아 3대 기간공장을 건설하였다. 3대 기간공장 건설의 의미는 다음과 같다. 첫째, 3대 기간공장은 당시 한국의 대표적인 기간산업으로서 그 건설은 1공화국의 산업과 경제에 중요하고도 긍정적인 영향을 미쳤다. 둘째, 미국 원조의 도움을 받아 3대 기간공장 건설이 이루어졌다. 셋째, 미국의 원조가 최종소비재 위주였지만 3대 기간공장을 건설하는 데 동원되었던 물자는 원료 또는 자본재라는 점에서 의의가 컸다. 넷째, 충주비료는 해방 후 최초의 대규모 종합화학 건설사업으로서 건설 과정에서 터득하게 된 기술과 운영 경험은 제2, 제3의 비료공장 건설과 운영뿐만 아니라 1960년대 울산 석유화학 콤비나트 건설과 운영에도 긍정적인 영향을 미쳤을 것으로 추정할 수 있다.

3대 기간공장 건설의 마지막 의미는 다음과 같다. 그것은 문경시멘트와 인천판유리는 준공(둘 모두 1957년 9월 준공)과 동시에 대한양회공업(주)과 한국유리공업(주)에 매각되어 민영화되었다는 사실이다. 두 공장은 비록 충주비료보다 규모는 작았지만 1공화국 정부가 민영화했다는 점은 1공화국의 자유기업주의 원칙을 잘 보여주는 사례라고 하겠다. 이것은 앞에서 서술한 네 가지 의미보다 훨씬 중요한 것이다.

미국은 FOA 원조를 통해서는 한국에 소비재를 대부분 지원했다. 그러므로 FOA 원조에서 자본재의 비중은 낮았다. 그럼에도 불구하고 전력, 도로, 통신 등의 사회간접자본과 민간주택의 건설, 사회복지 등을 위하여 자금이 지원되었다.

미국은 UNKRA 원조를 통해 전재복구와 재건사업을 위한다는 근본 취지에 따라 다수의 자본재를 한국이 도입할 수 있도록 했다. 여기에는 앞에서 설명한 2대 기간공장의 건설뿐만 아니라 삼덕제지공장, 장항제련소와 대규모 방직공장의 복구, 국영과 민영의 탄광 복구와 개발사업, 중앙의료원 설립, 대학부속병원의 건설, 각종 학교시설의 복구, 민간주택의 건설 등이 포함되었다.

ICA 원조로는 충주비료공장, 부산공작창, 전선공장, 농약공장, 재생고무공장, 타이어공장, 부산조선소 등이 건설되었고, 중소공장으로는 전분공장(4개), 제약공장(5개), 한천(寒天)공장(3개), 석회석공장, 부잠사공장, 피혁공장, 석면공장, 제지공장, 대리석공장, 인쇄공장, 삼륜차공장, 제병(提瓶)공장, 플라스틱 제조공장 등 총 44개 중소공장에 기계시설이 도입되었다. 그리고 화천수력발전소의 복구와 신규 발전기(10만kw 시설능력)의 도입, 영월, 당인리, 마산 등의 화력발전소 복구 등을 ICA 원조로 하였다. 철도 건설로는 영암선(영주-철암 간), 충북선(조치원-목행 간), 문경선(점촌-운성 간), 함백선, 주인선, 충주비료공장행 지선 등이 있다.

DFL 차관으로는 체신부의 통신시설 확장, 동양시멘트(주)(삼척공장) 시설확장, 동양화학의 소다회공장 신설, 충주수력발전소(6만kwh) 신설을 위한 설계자금과 건설자금, 한국나이롱의 나일론사공장 건설, 북삼화학의 PVC공장 건설, 한국전력의 부산감천 화력발전소 건설, 덕판공장 건설, 디젤기관차 도입, 대구시 상하수도 건설, 장성탄광 개발, 소양댐 건설, 충주비료 확장, 중소기업 육성사업 등에 지원되었다.

마지막으로 PL480호에 의한 원조는 농산물 원조였다. 그러나 PL480호에 의한 미국 농산물을 판매한 대금은 한국 국방비에 상당 부분 배분되었다. 그러므로 이 원조는 국방비의 지원을 통해 한국의 산업에 간접적으로 영향을 미쳤다. 그러나 국방비 지출의 상세한 내용을 우리가 알 수 없기 때문에 그 영향을 분석할 수는 없다. 그 영향이 작지 않았겠지만 말이다. PL480호에 의한 국방비 지원이 한국경제와 사회에 미친 영향에 대한 분석은 20장과 21장에서 다룬다.

3. 원조와 3차 산업

농산물 원조이든 비농산물 원조이든, 원조는 각종 상업과 서비스업에 영향을 미쳤다. 원조로 도입된 재화를 보관·운반·측정·판매하는 등의 서비스를 해야만 했기 때문이다. 원조물자가 적지 않았기 때문에 그런 서비스를 위하여 각종 상업과 서비스업이 발달할 수밖에 없었다. 이것은 원조가 3차 산업에 미친 순효과이다.

그러나 3차 산업이 얼마나 성장했는가를 알기 위해서는 다른 요인도 검토해야 한다. 왜냐하면 앞에서 보았듯이 삼백산업의 과도한 성장으로 삼백산업을 제외한 산업에서 자원이 적게 배분되었기 때문이다. 그러므로 원조가 3차 산업을 성장하게 만들고 그것이 경제성장률을 끌어올렸던 것은 분명하지만 원조로 인하여 경제 내에서 3차 산업의 비중이 증가했는가 하는 점은 정밀한 검토가 필요하다. 특히, 성장하고 있는 경제에서 그 점을 검토하는 일은 결코 쉽지 않다.

4. 결론

미국의 경제원조가 한국경제에 미친 영향을 종합해본다. 첫째, 미국의 농산물 원조가 농업에 영향을 미쳐서 한국경제에 영향을 주는 경우를 생각할 수 있다. 이 점은 부정적인 영향이 긍정적인 영향을 지배했다고 할 수 있다. 둘째, 미국의 비농산물 원조가 교량, 도로, 항만, 수리(水利) 등과 같은 토목사업, 도시 건설, 상하수도, 통신, 전력 등과 같은 공공 부문, 전 산업, 민간의 주택과 복지, 연구개발, 교육, 기술 등과 같이 경제 전체에 걸쳐서 지원됨으로써 그 부문에 영향을 미쳐서 한국경제에 영향을 주는 경우를 생각해볼 수 있다. 이 점은 긍정적인 영향이 부정적인 영향을 지배했다고 할 수 있다. 셋째, 미국의 원조가 3차 산업에 미친 영향은 매우 긍정적인 것이다. 마지막으로, 앞에서 서술한 세 가지를 종합하면 미국의 경제원조가 한국경제에 미친 영향은 긍정적인 것이 부정적인 것보다 클 것이다. 물론 이것은 저자의 직관에 의한 것이다. 그러나 이 점을 계량화하는 일은 쉬운 일이 아니다.

그러나 이것으로 원조의 영향을 완전히 추정하고 종합한 것이 아니다. 19장, 20장, 21장 등에서 보듯이 미국의 원조는 군대뿐 아니라 한국의 경제와 사회에 더 큰 영향을 미쳤다(이 점에 대해서는 아래에서 차례로 자세히 다룰 것이다).

제4편 원조의 국가주의

제19장

원조와 가격 하락과 경제성장과 물가안정

1. 서론

주지하듯이, 경제원조는 농산물 원조와 비농산물 원조로 구분할 수 있다. 원조의 종류와 상관없이, 경제원조는 한국인의 삶에 크게 세 가지 영향을 미쳤다. 첫째는 경제원조가 각 재화의 가격을 인하함으로써 물가안정에 도움을 주었다는 것이다. 둘째는 원조가 경제성장에 직접적인 기여를 했다는 것이다. 앞의 두 가지 점은 18장에서 일부를 다루었지만 여기에서 더 다룰 것이다. 마지막으로, 원조가 재정적자와 그를 위한 머니타이제이션의 크기를 축소하게 만듦으로써 물가안정에 기여했음을 지적할 것이다. 물가안정은 화폐의 구매력 상승을 통해 민간인들의 저축 형성을 돕고 그 결과 경제성장은 촉진된다. 이 점도 여기에서 지적할 것이다.

2. 원조와 가격 하락

1945-1961년까지는 예외적인 몇 년을 제외하고 해방과 전쟁으로 인한 초인플레이션 시대였다. 경제원조는 그것이 무엇이든 각종 재화의 가격 인하를 통해 물가안정을 초래했다. 최종소비재 형태로 수입된 어떤 재화의 경우에도 원조는 그 재화의 가격을 인하시켰다. 그러나 시설재는 자본재의 일종이기 때문에 시설재가 생산하는 재화의 가격을 인하시킬 뿐만 아니라 최종재화를 대량 생산함으로써 경제성장에도 긍정적인 영향을 미쳤다. 공업원료용 농산물, 기타 원자재, 연료 및 비료, 부품 등은 자본재가 될 수 있는 중간 단계의 재

<표 19-1> 원조의 물자구성(1945-1961년)

(단위: 백만 달러, %)

구분	기술 원조	자본재 (시설재)	공업원료용 농산물	기타 원자재	연료 및 비료	최종 소비재	기타	계
GARIOA	–	41	11	8	123	205	22	410
	–	10.0	2.7	2.0	30.0	50.0	5.3	100.0
ECA & SEC	–	26	37	10	105	20	3	202
	–	13.0	18.3	5.0	52.2	10.0	1.5	100.0
CRIK	–	27	41	9	78	260	41	457
	–	6.0	9.0	2.0	17.0	57.0	9.0	100.0
UNKRA	8	85	12	–	–	11	6	122
	6.0	70.0	10.0	–	–	9.0	5.0	100.0
ICA	30	524	297	279	506	35	75	1,745
	1.7	30.0	17.0	16.0	29.0	2.0	4.3	100.0
PL480	–	–	128	–	–	75	–	203
	–	–	63.0	–	–	37.0	–	100.0
계	38	703	526	306	812	606	147	3,139
	1.2	22.4	16.8	9.7	25.9	19.3	4.7	100.0

자료: 정일용(1987), p. 94 <표 4> 재인용.

화이기 때문에 경제에 미치는 영향도 자본재와 큰 차이가 없다.

<표 19-1>은 1945-1961년 원조의 물자구성을 보여준다. 최초로 제공되었던 GARIOA와 CRIK 원조는 최종소비재를 중심으로 한 것이었다. UNKRA와 ICA 원조는 물자구성에서 자본재의 비중이 높았다. PL480호 원조는 공업원료용 농산물을, ECA & SEC 원조는 연료 및 비료를 집중적으로 지원했다.

<표 19-1>에서 1945-1961년 원조의 물자구성 전체를 보면 원조 총액 약 31억 달러에서 자본재 약 22.4%, 소비재 약 19.3%, 기타 반제품 또는 원자재 약 52.4%, 기술원조 약 1.2%, 기타 4.7% 등이다. 물론 이 분류는 임의적이다.

원조 총액에서 자본재의 비중이 낮다고 경제원조가 '임시방편적' 대책이라는 비판을 해야 할 이유는 없을 것이다. 원조는 기본적으로 미국의 목적에 맞게 제공되었던 것이지 한국의 목적에 부합하도록 설계되었던 것이 아니었기 때문이다. 비록 언제나 그랬던 것은 아니지만 말이다. 그럼에도 불구하고 원조에 대한 분명한 점은 원조가 국내 재화들의 가격을 안정시키는 데 작지 않은 역할을 했다는 사실이다. 그런 재화들 중에서 국내 도입분이 많기 때문에 개별 재화의 가격에 크게 영향을 주었던 것은 소맥, 원면, 원당, 배합사료용 곡물(콩, 옥수수 등), 비료, 유류 제품, 철도용품 등이다. 그것들은 지속적으로 도입되었기 때문에 그 영향도 지속적이었다. 게다가, 소맥, 원면, 원당, 배합사료용 곡물 등의 가격은 저환율에 의해 인위적으로 낮아졌기 때문에 그 영향이 작지 않았다. 그러나 미곡, 보리 등은 작황이 안 좋을 때만 대량으로 도입되었기 때문에 원조가 그 재화들의 가격에 크게 영향을 주기도 하였지만 지속되지는 않았다. 그러나 계산할 수 있는 방법이 없기 때문에 실증적인 자료를 제시할 수는 없다. 다만 원조로 원조품목들의 가격이 인하된 결과가 당시의 역사적 가격 자료인 것이다. 그리고 당시 엥겔계수가 높았던 점에서 농산물을 위주로 한 원조의 도입은 가계의 실질소득에 큰 영향을 주었다. 그리고 <표 19-1>에서는 1945-1961년에 국한하여 원조의 물자구성이 나와 있지만 그 이후에도 원조는 상당 기간 지속되었고 그 원조가 각 재화의 가격안정에 기여한 바는 의문의 여지가 없다. 그러나 앞에서 일부 검토했지만, 대량으로 그리고 지속적으로 도입된 원조물자는 해당 산업이나 기업에 부정적인 영향을 주었던 점도 분명하다. 농업에서는 특히 그러하다.

원조로 시설재를 도입하고 그것으로 공장을 건설한 경우에 가격의 변화는 일률적으로 말할 수 없다. 예를 들어, 자본재를 도입하여 비료공장을 건설한 경우에 비료의 국내 생산으로 비료의 가격은 크게 낮아지지만 수입을 금지했기 때문에 비료의 가격이 국제시장 가격보다 높았을 수 있다. 이 점은 구체적인 사례를 실증 분석해야 한다.

3. 원조와 경제성장

(1) 민간 부문

원조의 영향은 민간 부문과 정부 부문으로 구분해서 이해해야 할 것이다. 왜냐하면 원조가 두 부문에 미친 영향은 서로 달랐기 때문이다. 그리고 여기에서는 원조가 경제성장에 미친 영향만을 다룬다. 다만 원조가 경제성장에 미친 영향에 대해서 17장과 18장에서 다룬 내용은 제외한다. 그리고 편의상 한국전쟁 직후 구호물자에 의한 원조는 제외한다.

원조가 경제성장에 긍정적인 영향을 미쳤던 경우를 먼저 보기로 한다. 첫째, 원조소맥, 원조원면, 기타 곡물 등을 이용한 가공업자들과 소비자들에게 원조는 저축의 가능성을 증대시켜주었다. 1965년까지 인위적인 저환율로 인하여 소맥, 원면, 기타 곡물 등의 가격은 저렴했다. 여기에서 저렴했다는 것은 인위적인 저환율이 아닌 경우에 형성될 가격과 비교하여 그렇다는 것이다. 각 단계에서의 가공업자들은 더 저렴한 가격에 팔기 때문에 다른 재화들의 수요가 그 재화들로 이전되고 그 결과 이윤의 증가로 인한 저축의 가능성을 높였다. 정상적인 환율일 때와 비교하여 저환율로 인하여 원조농산물을 가공한 농업 제품들의 소비자들도 저렴한 가격으로 구매하기 때문에 저축의 가능성이 높아졌다. 다시 말하면, 원조농산물은 원조농산물을 이용한 가공업자들과 원조농산물 소비자들의 저축 여력을 증대시킴으로써 경제성장에 긍정적인 기여를 했다. 그러나 우리는 그 크기를 계측할 수 없다.

둘째, 원조원면을 가공하여 수출했던 기업들도 자본을 축적할 수 있었다. 왜냐하면 저환율로 인하여 원조원면이 저렴했기 때문에 미국과 같은 수출시장에서 국내 면방직업자들은 외국 기업들과의 경쟁에서 우위에 있을 수 있었기 때문이다. 이것은 그만큼 원조원면을 가공하는 기업가들의 저축 가능성을 끌어올림으로써 경제성장에 긍정적으로 작용했다. 물론 일시적으로는 면방직산업에서 자원이 과다 배분되어 자원 낭비가 있었다. 이것은 그만큼 자본의 소비가 있었다는 것이다. 자본의 소비는 경제성장에 부정적으로 작용했다.

셋째, 원조가 각 재화의 가격안정에 기여했다(이 점은 앞 절에서 분석했다). 각 재화의 가격안정은 화폐의 구매력의 하락을 방지함으로써 사실상 저축의 형성을 돕는다. 즉, 원조에 의한 각 재화의 가격 하락은 경제성장에 긍정적인 영향을 미쳤다는 것이다(이 점은 아래에서 더 자세히 다룬다).

넷째, 앞에서 열거한 것들을 제외하고, 원조가 경제성장에 긍정적인 영향을 미친 것은 적지 않다. 12장과 18장에서는 원조에 의해 3대 기간산업이 건설되었음을 보았고 비료, 시멘트, 판유리 등은 경제 건설에 없어서는 안 되는 재화들이었다. 원조가 교육, 도로개발, 기술, 전력, 상하수도, 철도용품 등에도 긍정적인 영향을 미침으로써 경제성장에 기여했다. 여기에서 나열한 항목은 경제계산이 가능한 것도 있지만 불가능한 것도 적지 않다. 삼백산업이 아니라도 원조를 통해 자본재를 도입했는데 그 경우에 원조가 경제성장에 기여했다. 구체적으로 어떤 공장이 건설되었는가는 18장에서 볼 수 있다.

이제 원조가 경제성장에 부정적인 영향을 미쳤던 인과관계를 보기로 한다. 첫째, 소맥, 원면, 기타 곡물 등을 생산하는 농민들은 미국 농산물 수출업자들에 비해 불리했다. 그 결과 농민들은 소맥, 원면, 기타 곡물 등에 있어서 시장을 잃었거나 인구의 증가에 따른 시장 확대의 효과를 향유할 수 없었다. 이들은 그만큼 저축을 축소하거나 저축을 증대시킬 기회를 잃었다. 저축의 축소 또는 증대의 기회 상실은 그만큼 경제성장에 부정적이다(이 점에 대해서는 31장을 참조할 수 있다). 그리고 실제로 1950년대 농가는 거의 대부분이 사채를 쓰고 있었다(이 점에 대한 자세한 분석은 14장을 참조할 수 있다).

둘째, 삼백산업에 국내의 자원이 과다하게 배분됨으로써 자본의 낭비도 있었다. 이것은 그만큼 자본의 소비를 초래한다. 삼백산업을 제외한 다른 산업에서는 자원이 부족하기 때문에 자원 사용의 대가를 높게 지불해야 한다. 여기에서는 저축 형성이 부진해진다. 다만 면방직산업에서처럼 수출을 통해 과잉설비를 활용할 수 있었던 경우는 예외이다. 그 경우에도 다른 산업에서 자원이 부족하기 때문에 자원 배분의 비효율이 발생하여 자본 소비가 일어났다.

셋째, 정부 보유의 외환을 획득할 때 적용되었던 환율은 자유시장 환율보다 매우 낮았기 때문에 외환을 획득했던 기업가들 또는 생산업자들은 많은 특혜를 보았다. 특혜가 저축으로 이어질 것인지 또는 뇌물로 바쳐질 것인지에 따라 경제성장은 달라진다. 수출로 획득한 외환의 환율은 자유시장 환율보다 높아지기 때문에 정부 보유의 외환을 획득하지 못하고 수출 외환을 구입하여 수입해야 하는 기업가들은 손해를 보았다. 수출 외환을 수입에 사용해야 하는 수입업자들에게는 자본 소비가 일어나고 경제성장은 후퇴했다.

종합하면, 경제원조, 특히 민간 부문으로 지원된 경제원조가 경제성장에 미친 순효과는 결코 작지 않았다. 적어도 기간을 1955-1965년까지로 국한한다면 말이다. <표 15-1>에서 제조업 성장률이 1954년 18.1%, 1955년 21.3%, 1956년 15.2% 등으로 다른 연도에 비하여 크게 높았다는 사실이 이 점을 간접적으로 증명한다. 물론 이런 결론은 저자의 직관에 의한 것이다.

(2) 정부 부문

여기에서는 정부 부문에 지원된 원조가 경제성장에 미친 영향을 살펴보자. <표 19-2>는 1954-1960년의 대충자금특별회계의 세출 내역을 보여준다. 표에서 1954-1960년의 대충자금특별회계의 세출은 총 7,327억 7,100만 환에 달하였다. 같은 기간에 대충자금에서 '일반회계 전출'은 정부 일반회계로의 이전을 말하는데, 국방비에 대한 지원이 그 중심을 이루었다. 이 금액은 누적 규모가 2,552억 7,300만 환으로서 대충자금특별회계 세출에서 약 34.8%를 차지했다.

대충자금특별회계 세출 총금액에서 경제 건설 또는 복구에 사용된 것은 '경제부흥회계 전출' 항목과 '융자' 항목이다. 두 항목이 정부의 재정투융자 항목이다. 1954-1960년의 두 항목의 합계는 4,576억 9,700만 환이고 대충자금특별회계의 약 62.5%를 차지했다. 이것이 경제성장에 긍정적으로 작용한 미국의 경제원조이다. 다만 정부의 재정투융자는 그 재원이 대충자금만이 아니었

<표 19-2> 대충자금특별회계의 세출 내역

(단위: 백만 환, %)

연도	일반회계 전출	경제부흥회계 전출	융자	기타[1]	계
1954-1955	14,395	16,254	13,095	5,011	48,755
1956	48,290	35,276	9,138	1,046	93,750
1957	43,461	84,263	17,620	3,431	148,775
1958	46,344	84,598	48,787	3,188	182,917
1959	36,283	52,415	33,689	3,134	125,521
1960	66,500	48,030	14,532	3,991	133,053
계	255,273 (34.8)	320,836 (43.8)	136,861 (18.7)	19,801 (2.7)	732,771 (100.0)

주: 1) 기타는 외자특별회계와 징수금계정으로의 이전, 관리비 및 기타 경비를 포함.
자료: 경제기획원(1962), p. 307.

다(이 점은 다른 곳에서 다룰 것이다).

먼저 경제부흥회계 전출 항목을 보자. 1955년 2월 정부조직의 개편에 따라 부흥부가 설치되었는데 그 설치 목적은 미국 원조의 효율적 집행과 전후 부흥을 위한 경제계획 기능을 강화하기 위해서였다. 부흥부는 경제부흥특별회계를 설치하고 대충자금특별회계 예치금의 일정액을 이 회계로 이전했다. 정부는 경제부흥회계 전출에 잡힌 예산을 도로, 항만, 수도, 전기 등과 같은 사회 인프라 건설에 투입했다. 이 항목은 1954-1960년 대충자금특별회계 세출의 약 43.8%를 차지했고 그 규모는 총 3,208억 3,600만 환이었다.

융자 항목을 보자. 융자는 정부가 산업은행과 농업은행을 통하여 공업과 농업에 대출한 융자금의 크기를 말한다. 이 항목은 1954-1960년에 대충자금특별회계 세출의 약 18.7%를 차지했는데 그 크기는 총 1,368억 6,100만 환이었다. 이 항목은 공업과 농업에 주로 대출한 것이지만 교통, 통신, 전매사업, 수산자금, 중소기업융자기금에 대한 소액 대출도 포함되었다.

정부의 재정투융자는 1953-1959년 한국 경제 총고정자본 형성에 있어서 평균 54.4%의 기여를 한 것으로 평가되었다.[1] 그러나 이 평가는 두 가지 점에서 문제가 있다. 첫째, 재정투융자 과정에서 발생했던 부정부패와 잘못된 자원 배분을 고려했을 때만이 정부의 재정투융자가 한국 경제의 성장에 미친 효과를 정확하게 평가한 것으로 볼 수 있다. 둘째, 총고정자본 형성에 투입된 금액도 경제계산이 불가능한 것을 포함하지 않았다는 점에서 문제가 있다. 그럼에도 불구하고 정부의 재정투융자가 총고정자본 형성에 상당한 기여를 했음을 알 수 있다. 셋째, 불환지폐제도에서는 모든 신용수단의 증가가 자본이 되는 것은 아니다. 이 점은 중요하다.

1953-1959년 기간 정부의 재정투융자는 대충자금에 의한 미국의 원조만 있었던 것은 아니다. 정부는 일반회계의 조세수입, 귀속재산의 매각대금과 농지개혁 상환자금의 특별회계 잉여금, 산업부흥국채의 발행에 의한 수입 등을 재정투융자에 투입했다. 다만 미국의 원조, 그중에서도 경제원조는 1954-1960년 정부 재정투융자에서 큰 몫을 차지했다. 이것은 정부 부문의 지원을 통한 원조가 경제성장에 긍정적인 영향을 미친 것이라고 하겠다.

요약하면, 대충자금특별회계에서 경제부흥회계로 전출된 자금은 도로, 항만, 수도, 전기 등과 같은 사회 인프라 건설 등에 투입되었고, 융자로 전출된 자금은 교통, 통신, 전매사업, 수산자금, 중소기업융자기금에 대한 소액 대출 등에 투입되었다. 그것들은 대부분 자본재 형태를 하고 있었기 때문에 그

1 김명윤(1967), p. 160; 이대근(2002), p. 404 참조.

만큼 경제성장에 긍정적인 기여를 했다. 건설, 전기, 가스, 수도 등의 성장률이 1954년 22.7%, 1957년 23.2%, 1959년 21.7% 등이었다는 사실이 이 점을 증명한다. 그러나 대충자금특별회계에서 경제부흥회계로 전출된 자금 전부가 경제성장에 기여했던 것은 아니다. 여기에는 신용수단의 단순한 증가도 포함되었기 때문이다.

국내 시장에서 원조농산물의 판매수입은 한국의 재정에 투입되었는데 그중에서도 군사비 지출에 할당된 것이 가장 중요했다. 당시 군사비는 자국의 보호를 위하여 우리나라 스스로 감당해야 하는 비용과 미국이 한국을 반공의 요새로서 지목하면서 지원하는 비용이 합산된 것이었다. 전자를 미국의 원조가 일부라도 부담했다면 국내 납세자들의 부담을 덜어준 것이고 그만큼 국내 납세자들은 저축의 여력이 생겼다고 할 수 있다. 그러나 우리는 현재 그 둘을 명확히 구분할 수 없다.

원조가 한국 정부의 재정으로 투입되어 군사비로 지출된 경우에 한 가지 고려해야 할 점이 있다. 당시 원조로 군사비가 크게 증가하면서 군대에서는 부패현상이 심각했다. 부패현상은 일반적으로 자본을 소비하게 만든다. 즉, 부패는 경제성장에 부정적인 영향을 미치는 것이다(1공화국 기간 군대의 부패에 대한 자세한 설명은 20장을 참조할 수 있다).

미국의 농산물을 판매한 현금을 지원하는 형태를 띤 원조는 외국 자본과 다른 것이다. 왜냐하면 외국 자본은 단순히 신용수단의 증대도 내포하고 있지만 농산물 원조에 의한 저축의 증가는 그런 신용수단의 증대를 내포하고 있지 않다. 그 둘의 차이는 신용수단의 단순한 증대가 경기변동을 만들어낸다면 농산물 원조에 의한 저축의 증가는 그런 현상을 만들어내지 않는다는 점이다.

앞에서 1950년대 정부의 재정투융자는 경제성장에 크게 기여했음을 보았다. 그럼에도 불구하고 정부의 재정투융자는 두 가지 결정적인 폐해를 만들어내었다. 다른 폐해도 발생했지만 여기에서는 두 가지 폐해만 다룬다.

첫째, 산업은행의 대출금리는 일반은행의 대출금리보다 매우 낮았다는 것이다. 산업은행의 대출금리는 제조업 시설자금의 경우는 연 8-12%, 운영자금의 경우는 연 8-15%였지만 일반은행의 대출금리는 연 18-19%였다. 이것은 산업은행의 대출이 연 3-11%의 보조금을 내포하고 있다는 것을 의미한다. 이런 보조금은 그 자체가 특혜로서 소득을 재분배하는 것이다. 소득재분배는 일반적으로 저축의 형성을 방해한다. 그리고 저축 형성의 억제는 경제성장에 부정적인 영향을 미친다.

둘째, 투자의 경우에 정부 관료의 기준으로 자금이 배분되기 때문에 자금배분에 있어서 소비자의 수요 또는 선호는 무시되었다. 이것은 자원이 불필요하게 많이 배분되는 산업과 자원이 부족한 산업을 만들어낼 수밖에 없었다. 1공화국 시대에 삼백산업이 과다하게 성장하고 다른 산업은 자원이 부족한 결과를 초래했는데 그런 결과는 결코 우연이 아니라는 것이다. 이런 자원 낭비도 또한 자본의 소비를 초래하고 그 결과 경제성장에 부정적인 영향을 미쳤다.

종합하면, 정부 부문에 지원된 경제원조가 저축의 증대를 통해 경제성장에 기여했는가 하는 문제는 실증의 문제이다. 앞 절에서 1950년대 자료를 이용하여 분석한 내용을 요약하면, 민간 부문에 지원된 원조와 마찬가지로 정부 부문에 지원된 원조도 경제성장에 미친 순효과가 긍정적일 뿐만 아니라 그 크기도 작지 않았다고 추정된다. 이것은 물론 저자의 직관에 의한 것이다.

4. 원조와 재정적자와 물가상승

원조가 각 재화의 가격에 영향을 미쳤다. 이 점은 앞 절에서 분석했다. 여기에서는 농산물 원조가 '모든 재화의 가격'에 미친 영향을 설명한다. 그 과정은 다음과 같다. 원조농산물은 한국 정부의 재정에 크게 그리고 긴 기간 동안 기여했다. 1950년대 한국 정부는 전쟁을 수행하고 수습하기 위하여 적자 재정을 짤 수밖에 없었다. 원조농산물 판매대금은 재정적자를 줄이는 데 크게 기여했다. 문제는 당시 한국 정부의 대부분의 재정적자는 통화의 증발에 의해 보전되었다는 점이다. 원조농산물은 재정적자로 인한 통화공급의 그런 증대를 줄일 수 있었다. 다른 조건이 일정하다고 가정하면, 통화공급의 증대가 모든 재화의 가격을 인상하게 만든다. 그러므로 원조농산물은 한국 정부 재정적자의 상당 부분을 보전하고 그 결과 재정적자로 인한 통화량 증대를 줄이게 만들었다. 그리고 그 결과는 통화량 증대의 억제로 인하여 모든 재화의 가격상승을 억제했다. 원조농산물이 없을 때와 비교하여 그렇다는 것이다. 이 절에서는 이 주제를 다룬다.

화폐의 공급과 모든 재화의 가격 간의 이론적 관계는 3장 1절에서 자세히 다루었다. 여기에서 그 관계에 대한 설명은 생략한다. 이제 실증 자료를 보기로 한다. <표 19-3>에는 1954-1960년의 실질경제성장률이 나와 있다. 1956년과 1960년을 제외하면, 1950년대 한국경제의 연간 성장률은 최저 3.8%에서 최고

<표 19-3> 서울 소비자물가상승률, 실질경제성장률, 통화량 증가율

연도	서울 소비자물가상승률	실질경제성장률	통화량1(M11)[1]
1949	36.8	–	0.121
1950	56.3	–	0.283(133.8)
1951	530.5	–	0.730(158.0)
1952	116.5	–	1.43(95.9)
1953	25.3	–	3.03(111.9)
1954	28.2	5.1	5.81(91.7)
1955	81.1	4.5	9.35(60.9)
1956	31.6	−1.4	12.09(38.0)
1957	16.2	7.6	14.52(20.1)
1958	−6.3	5.5	19.3(32.9)
1959	2.4	3.8	23.3(20.7)
1960		1.1	24.5(5.2)

주: 1) 말잔. 10억 원. 괄호 안은 전년 대비 증가율.
자료: 서울 소비자물가상승률은 배영목(2004), p. 292에서 재인용; 실질경제성장률은 한국은행 조사제2부, 『국민계정에 의한 1985년 기준년 개편 결과』, 1989. 3; 통화량1은 배영목(2016), p. 200 <표 6>에서 인용. 원자료: 조선은행 조사부(1948년판, 1949년판); 한국은행, 『경제연감』(1955), 『경제통계연보』(1960).

7.6%였다. 1950년대 후반 양(陽)의 경제성장은 모든 재화의 공급이 증가한다는 의미이고 그 결과, 다른 조건이 일정하다면 모든 재화의 가격은 하락한다. 1950년대 후반 화폐에 대한 유보수요와 모든 재화에 대한 유보수요의 크기를 현재는 알 수 없다. 두 요인은 무시하기로 한다. <표 19-3>에는 1950년대 연도별 통화(M11) 증가율이 나와 있다. 적어도 1954년 이후 화폐와 관련하여 모든 재화의 가격에 영향을 미치는 요인들 중에서 통계 자료가 존재하는 경우는 실질경제성장률, 화폐공급의 증가율 등이다. 그리고 그 두 요인은 모든 재화의 가격에 서로 상반되는 영향을 미친다. 그 두 요인의 힘이 서로 상쇄되고 나

온 결과가 <표 19-3>에 나오는 서울 소비자물가상승률이다. 다른 요인도 물가상승률에 영향을 미쳤지만 무시하기로 한다고 앞에서 서술했다.

1공화국 정부는 1950년대 정부의 재정적자 일부를 통화량 발행으로 보전했다. 만약 미국의 농산물 원조가 한국 정부의 재정에 기여하지 않았다면 정부의 재정적자를 통화량으로 보전하는 금액은 더 컸을 것이다. 그것은 다시 모든 재화의 가격상승에 영향을 미쳤을 것이다. 다시 말하면, 미국의 농산물 원조가 실제보다 작았다면, 재정적자 보전을 위한 통화량 증가는 실제보다 컸을 것이고, 모든 재화의 가격상승률은 실제보다 컸을 것이라는 것이다. 이것은 물론 다른 요인이 변하지 않는다는 가정을 했을 때의 결과이다.

<표 19-4>는 미국의 원조가 1950년대 한국 정부의 세입에 차지하는 비중을 보여준다. 1952년과 1953년에 미국의 원조는 한국 정부 연간 세입의 10%대였으나 1954년부터 30.0%, 1955년 45.1%, 1957년 52.9%, 1958년 51.5%, 1959년 41.5% 등이었다. 다른 요인이 일정하다고 가정하면 그리고 미국이 농산물 원조를 줄였다면, 그 영향은 즉각 화폐 발행으로 이어졌을 것이고 그것은 모든 재화의 가격상승으로 이어졌을 것이다. 그러나 우리는 다른 요인이 일정하다고 가정할 수 없다. 미국이 농산물 원조를 줄였다면 정부가 다른 세입을 더 확보했을 수도 있고 전체 세출을 줄임으로써 줄어든 세입으로 재정적자의 일부를 보전할 수 있었을 것이다. 그러므로 미국의 농산물 원조가 모든 재화의 가격을 하락하게 만든 것은 분명하지만 그 정도가 어느 정도인가를 측정하는 것은 어렵다. 분명한 것은 1954년 이후에 미국의 농산물 원조가 대규모였기 때문에 그런 원조가 재정적자의 보전에 영향을 미쳐서 모든 재화의 가격상승을 크게 억제했다는 점이다. 이 점은 1960년대도 유사하다(1960년대에 대해서는

<표 19-4> 1950년대 한국 정부의 세입구조

(단위: 백만 환, %)

회계연도	조세수입 등				국공채수입, 차입금 등			재정원조(H)	합계	
	조세수입(A)	전매수입(B)	인지수입, 기타수입(C)	소계(D)=(A+B+C)	국공채수입(E)	차입금(F)	소계(G)=(E+F)		금액(I)	비율(J)=(D+G+H)
1949	15.8	17.2	3.8	36.7	0 .0	52.5	63.0	0.3	860	100.0
1950	17.2	6.2	11.1	33.5	10.6	61.3	61.3	5.2	2,490	100.0
1951	60.1	13.4	20.3	93.9	0.0	0.0	6.1	0.0	6,530	100.0
1952	43.7	13.2	23.8	80.7	6.1	0.0	5.4	13.9	21,220	100.0
1953	30.8	6.0	10.6	47.3	5.4	30.2	40.7	11.9	66,830	100.0
1954	34.5	3.9	5.2	43.6	10.5	15.5	26.5	30.0	149,200	100.0
1955	32.8	3.0	6.1	41.9	10.9	0.0	13.0	45.1	333,780	100.0
1957	27.3	3.8	3.6	34.3	13.0	2.2	12.8	52.9	424,590	100.0
1958	30.1	4.4	3.8	38.3	10.6	4.7	10.2	51.5	477,100	100.0
1959	47.4	5.0	3.1	55.5	5.6	1.4	3.0	41.5	455,400	100.0

주: 1956년은 회계연도 조정으로 없음.
자료: 한국산업은행(1955); 한국개발연구원(1990); 배영목(2004), p. 294에서 재인용.

39장에서 자세히 다룰 것이다).

요약하면, 미국의 원조는 한국 정부 재정적자의 일부를 보전했고 그것은 재정적자의 머니타이제이션을 줄어들게 만들었다. 그 결과 재정의 머니타이제이션으로 인한 모든 재화의 가격상승을 상당 부분 억제했다는 것을 추론할 수 있다. 모든 재화의 가격 하락은 민간들의 저축 형성을 돕는 역할을 함으로써 경제성장을 초래한다. "원조→한국 정부의 재정적자 보전→머니타이제이션 억제→저축 형성 촉진→경제성장"이라는 과정을 거치게 된다. 즉, 미국의 원조가 모든 재화의 가격 하락을 통해 경제성장에도 기여했음을 의미한다. 앞에서 요약한 내용은 1955년 이후의 1공화국 기간뿐만 아니라 3공화국 기간에도 해당한다(3공화국의 재정정책에 대해서는 39장에서 자세히 다룰 것이다). 여기에서 한 가지 유의해야 할 점은 미국이 한국으로 하여금 반공의 보루가 되도록 하는 목적을 가지고 있지 않았다면 농산물 원조도 줄어들었지만 재정적자도 크게 줄어들었을 것이다. 이 점은 이 장의 연구 범위를 벗어나는 것이다. 이 점에 대해서는 추가적인 연구가 필요하다.

5. 결론

미국의 원조가 한국의 물가안정에 기여하는 방법은 크게 두 가지이다. 첫째, 미국의 원조는 각 재화의 가격을 내려가게 만들었다. 소비재의 원조는 각 소비재의 가격을 하락하게 하는 방법으로 물가안정에 기여했다. 특히, 농산물 원조에 의한 농산물 가격의 인하는 물가안정에 작지 않은 기여를 했다. 왜냐하면 당시는 엥겔계수가 매우 높았을 뿐만 아니라 일부 농산물은 대량으로 지원되었기 때문이다. 자본재의 원조도 자본재의 가격을 떨어뜨리는 방법으로 물가안정에 기여했다. 이에 더하여, 원조에 의한 생산시설의 건설 또는 확장은 그 생산공장이 생산하는 재화들의 가격을 인하했다.

둘째, 미국의 원조가 재정적자의 머니타이제이션을 줄여 모든 재화의 가격상승을 억제했다. 원조는 한국 정부 재정적자의 일부를 보전했고 그 결과 재정적자의 머니타이제이션을 억제했다. 그 결과 모든 재화의 가격상승이 상당 부분 억제되었다. 이것은 소비자들과 생산자들의 저축 형성에 도움을 주었다.

셋째, 모든 재화의 가격안정은 사회와 정치를 안정화하는 데도 일정한 역할을 했을 것이다. 그것이 측정 가능한 것은 아니지만 말이다. 이것도 저축의 형성과 경제성장에 기여했다.

마지막으로, 원조가 경제성장에 미친 영향을 분석하기 위해서는 민간 부문과 정부 부문으로 나누어 고찰할 필요가 있다. 직관에 의하면, 원조가 정부 부문을 통해 경제성장에 미친 순효과와 원조가 민간 부문을 통해 경제성장에 미친 순효과는 모두 양(陽)일 뿐만 아니라 그 크기도 작지 않았을 것이다. 그러나 우리는 그 크기를 계측할 수 없다. 다만 그 효과의 양상과 효과가 나타난 부문은 서로 달랐다. 그리고 원조의 순효과에 관한 한 1960년대도 1950년대와 상황이 매우 비슷하다. 다만 1960년대에 대해서는 구체적인 분석이 필요하다.

제20장

원조와 군대

1. 군대의 양적 성장과 질적 발전

전쟁은 일반적으로 군대와 정부를 커지게 만든다. 김종덕(1997, pp. 120, 127)에 의하면 한국 정부의 세입예산은 1953년 대비 1961년에 약 9.7배 증가했고 1962년 대비 1972년에 약 7.7배 증가했다. 국방비는 1954년 대비 1961년에 약 2.8배 증가했고 1962년 대비 1973년에 약 9.0배 증가했다. 물론 이런 증가에는 미국의 원조도 한몫을 했다(이 점은 아래에서 다룬다). 전쟁은 모든 자원을 군대와 정부로 가게 하고 민간은 극도의 절약과 내핍을 강요당한다. 한국전쟁도 인류의 그런 역사적 경험의 예외는 아니다.

그러나 우리의 경우는 다른 측면도 있다. 한국전쟁이 휴전으로 종결되고 미국은 자신의 목적을 위하여 한국이 큰 규모의 군대를 유지하기를 원했다. 그러나 폐허가 된 한국이 그럴 만한 능력이 없었다. 미국이 미국산 농산물을 팔아서 마련한 대충자금으로 한국 국방비를 지원했다. 이것은 다음과 같은 의미이다. 한국 군대와 한국 정부를 부풀어 오르도록 촉발한 것은 물론 한국전쟁이었지만 그런 군대와 정부를 더 커지도록 만들었을 뿐만 아니라 휴전 이후에도 큰 크기를 유지하도록 만들었던 것은 미국의 원조였다는 것이다. 이 절에서는 미국의 농산물 원조와 한국 군대의 양적 성장과 질적 발전의 관계를 분석한다.

미국은 원조를 통해 한국 정부의 재정을 지원했다. 1953년 12월에 체결된 한·미 간 협정에 의해 원조물자를 판매한 대금을 대충자금으로 적립하여 한국의 국가 예산을 충당하도록 했다. 미국이 원조농산물 판매대금으로 국방비, 경제부흥비, 외자특별회계 등을 지원했지만 셋 중에서도 특별히 지원하고자 한 것은 한국 정부의 국방비였다. 왜냐하면 미국은 동북아시아에서 한국이 반공의 보루로서의 역할을 하기를 원했고 이에 따라 대규모 군대를 유지해야 했지만 한국은 전쟁으로 충분한 자원을 부담할 능력이 없었기 때문이다.

먼저 <표 20-1>은 대충자금이 한국 정부의 연간 세입예산에 기여한 정도를 보여준다. 대충자금에 의한 한국 정부 예산지원은 1953년부터 시작해서 1972년에 종결되었다. 연간 예산에서 대충자금이 차지하는 비중이 가장 높았던 해는 1961년으로 약 48.4%이다. 1968년 이후를 제외하면, 연간 예산에서 대충자금의 비중은 최소 16.1%(1967년), 최대 48.4%(1961년)였다. 특징적인 것은 연간 예산에서 대충자금이 차지하는 비중은 1950년대 후반보다 1960년대 전반에 높았다는 사실이다. 한마디로, 1950년대 중반부터 1960년대 전반까지 대충자금이 한국 정부의 연간 예산에서 아주 중요한 역할을 했다.

이제 미국이 원조를 통해 한국의 국방비를 지원한 정도와 원조 중 국방비 지원에 어느 정도 들어갔는가를 살펴보자. 참고로 <표 20-1>에서 국방비 지원이 이루어진 대충자금은 CRIK 원조, ICA 원조, PL480호 1관 원조 등이다. <표 20-2>는 연도별 두 가지 수치를 보여준다. '칼럼(A)'는 한국의 국방비 중에서 미국의 원조에 의한 지원으로 이루어진 비중을 보여준다. 이 비중은 몇 가지 특징을 보여준다. 그러나 우리는 1950년대 비중의 변화에만 집중하기로 한다. 왜냐하면 미국 농산물의 원조가 한국의 정치, 경제, 사회, 군대 등에 미친 영향은 1960년대보다 1950년대가 더 중요하다고 판단되기 때문이다. 비록 <표 20-1>에서 보듯이 전체 예산에서 대충자금의 비중이 이승만 정부보다 박정희 정부 초기에 더 컸지만 말이다. 1953년을 제외하고, 1954년부터 1960년까지의 이 비중을 평균하면 약 40%이다. 참고로 1961년부터 1969년까지의 이 비중을

<표 20-1> 대충자금의 일반재정 부문 세입예산 기여도

(단위: 1953-1961: 백만 환, 1962-1972: 백만 원, %)

회계연도	전체 예산액(A)	대충자금(B)	(B/A)×100
1953[1]	63,272	14,436	22.0
1954[2]	108,819	48,594	44.6
1955[3]	209,481	51,200	24.4
1957[4]	218,597	48,300	22.1
1958	287,129	48,370	16.8
1959	308,942	53,000	17.1
1960[5]	445,864	138,771	31.1
1961	614,229	297,471	48.4
1962[5]	92,698	29,529	32.0
1963	76,185	25,971	34.1
1964	75,396	25,529	33.9
1965	94,652	28,494	30.1
1966	141,629	33,083	23.4
1967	182,076	29,236	16.1
1968	265,719	27,233	10.7
1969	374,633	21,059	5.6
1970	46,273	16,152	3.6
1971	555,345	3,238	2.4
1972	709,336	2,358	0.3

주: 1) 1953 회계연도는 1953. 4. 1-1954. 3. 31까지.
2) 1954 회계연도는 1954. 4. 1-1955. 6. 30까지.
3) 1955 회계연도는 1955. 7. 1-1956. 12. 31까지.
4) 1957년 이후는 매년 1. 1-12. 31까지.
5) 물자대 포함.

자료: 한국재정40년사 편찬위원회 편(1991), 제1권, 제2권; 김종덕(1997), p. 120에서 재인용.

평균하면 약 60%이다. 이것은 1954-1960년과 1961-1969년에 각각 한국 국방비의 약 40%와 약 60%를 미국이 원조로 지원했음을 의미한다.

<표 20-2>에서 '칼럼(B)'는 연도별 미국의 전체 원조 중에서 한국의 국방

<표 20-2> 국방비 중 원조의 구성비와 원조 중 국방비의 구성비

(단위: %)

연도	(A)=원조/한국 국방비×100	(B)=(한국 국방비/원조)×100	연도	(A)=원조/한국 국방비×100	(B)=(한국 국방비/원조)×100
1953	5	19	1964	60	54
1954	29	44	1965	62	51
1955	43	37	1966	64	67
1956	48	34	1967	50	65
1957	43	22	1968	30	58
1958	38	20	1969	24	86
1959	38	28	1970	18	80
1960	36	32	1971	7	42
1961	96	66	1972	4	62
1962	73	52	1973	2	100
1963	73	57			

주: 1953-1956년도는 회계연도 중 지출분포가 일정하다는 가정 하에 회계연도 수치를 역년으로 환산한 것임.
자료: 한국재정40년사 편찬위원회 편(1991), 제7권, p. 119에서 재인용. 원자료: 경제기획원, 『예산개요참고자료』, 각 연도.

비에 투입된 비중을 보여준다. 1953년을 제외하고, 1954-1960년의 평균은 약 31%이다. 이것은 같은 기간에 미국의 전체 원조 중에서 약 31%가 한국의 국방비에 투입되었음을 보여준다. 1961년부터 1969년까지의 평균은 약 62%이다. 이것은 같은 기간에 전체 원조 중에서 약 62%가 한국의 국방비에 투입되었음을 보여준다.

한국군의 수가 크게 증가한 것은 미국이 동북아시아의 전략적 중요성 때문에 한반도에 대규모 군대를 유지하고자 했기 때문이다. 여기에는 물론 한국 정부의 의지도 무시할 수 없는 요인이었다. 이에 따라 1954년 7월 말에 미국은 한국군을 72만 명 규모로 대폭 강화한다는 내용을 골자로 하는 '한미합의의정서'를 이승만 정부와 체결했다. 그리고 1957년 6월 21일에 미국은 휴전 협정의 군비축소 조항을 준수하지 않을 것임을 공식 선언했다. 미국은 이 선언으로 한국 군대 강화의 장애물을 제거한 것이다. 그리고 미국은 미국산 농산물을 국내에서 판 대금인 대충자금으로 한국의 국방비를 지원하기 시작했다. 그러나 휴전 이후에도 대규모 한국군을 유지하는 것은 한국과 미국, 두 나라의 재정에 큰 부담이 된다는 것을 잘 알고 있었던 미국은 이승만의 반대에도 불구하고 한국 육군 4개 사단의 감축을 요구했다. 그와 반대로, 이승만은 한국군의 증강과 장비의 현대화, 주한미군의 현대화 등을 요구했다. 그리고 2년여의 협상 끝에 한국과 미국, 양국은 마침내 1958년 11월 말에 한국군 감축에 관한 최종합의서에 서명했다.[1] 그리고 미국은 대충자금을 통한 한국 국방비 지원을 1973년 종결함으로써 이후 60만 명이나 되는 대군의 국방비를 한국이 모두 부담하게 되었다.

한국 군대는 '남조선국방경비대'가 그 효시이다.[2] 이때 그 인원은 6,000명에 불과했다. 그러나 한국 군대의 숫자는 이후 계속 증가하여 대한민국 정부가 수립될 무렵에는 5만 명, 한국전쟁 직전에는 8만 명, 전쟁 중인 1952년에는 25만 명, 휴전 후인 1953년에는 약 57만 명, 1954년에는 약 72만 명으로 증대되었으며, 1958년까지 이 정도의 병력이 유지되었다. 1958년 11월 말에 합의된 한국군의 규모는 육군 56만 5,000명(18개 전투사단과 10개 예비사단), 해군 1만 6,000명(60척의 전투함정), 공군 2만 2,400명(6개의 전투폭격기대대를 포함한 10개의 전

1 한국전쟁 휴전 이후 한국군 규모에 대한 한국과 미국의 협상 과정의 자세한 내용은 차상철(2006), pp. 258-292 참조.

2 김세진(1984), pp. 95-149; 서이종(1987), pp. 160-167; 유영익(2006), pp. 433-481 등 참조.

투비행대대), 그리고 해병대 2만 6,000명(1개 사단)이었다. 그 이후에 군대의 규모는 조금 줄어들었지만 1966년 말에도 한국 군대의 규모는 약 60만 명 수준이었다.

군부가 얼마나 양적으로 비대해졌는가는 <표 39-6>에서 일반회계에서의 국방비의 비중으로 알 수 있다. 그 비율은 1950-1953년 현재 최저 44%, 최고 53.5%이고, 전쟁이 끝나고 1957-1960년에는 최저 31.0%, 최고 35.0%이다. 이 당시에는 군대가 경찰 역할을 담당한 측면도 있었기 때문에 경찰비 등을 포함하면 1950-1960년 현재 전 기간에서 국가 예산 중에서 국방비의 비중은 더 상승했다. 이같이 국가 예산에서 국방비의 비중이 높았던 것은 전쟁 때문이다. 한국전쟁이 휴전으로 종결되면서 세출에서 국방비의 비중이 크게 낮아졌지만 절대적으로 여전히 높았던 것은 사실이다. 그렇게 된 데는 미국의 국방지원이 한 몫을 했다. 미국이 지원한 무기와 상품화할 수 있는 물자의 합계는 전체 국방비의 최저 29%(1954년), 최고 48%(1956년)에 이른다. 1공화국 기간에만 국한할 때 말이다.

한국 군대는 양적으로만 성장한 것이 아니고 질적으로도 크게 발전했다. 첫째, 1954-1960년 동안 미국 보·포병학교를 중심으로 군인들의 유학이 집중적으로 이루어졌다. 이 기간에 총 9,186명의 장교를 미국에 파견하여 선진 군사지식과 기술을 습득케 했다(유영익, 2006, p. 477에서 재인용). 둘째, 국방비가 증가하면서 군대는 군사용 무기, 비행기, 통신수단, 수송수단, 의료수단 등을 갖추게 되었을 뿐만 아니라 이러한 최첨단 무기와 장비 등을 유지·관리하고 보수할 수 있는 기술을 보유하게 되었다. 그리고 그런 무기와 장비 등을 관리하고 보수하기 위해서는 고도의 행정 관리 능력도 필수였다. 군부는 그런 능력을 배양하기 위하여 각종 특수학교, 지휘참모학교 등을 통해 군인의 자질 향상에 필요한 교육을 실시했다. 예를 들어, 3군 사관학교를 비롯하여 보병학교, 전투정보학교, 공병학교, 통신학교, 병참학교, 군의학교 등 각종 특과학교, 국방연구원, 육군군수학교, 교육총본부 등 각종 지휘참모학교 등이 그런 교육을 실시한 곳이다.

한국 군대는 한국전쟁을 계기로 가장 규모가 커졌을 뿐만 아니라 질적으로도 크게 발전했다. 이것은 한국 군대만의 경험이 아니다. 전쟁을 치른 모든 국가는 필연적으로 그렇게 되었다. 그리고 한국전쟁과 1공화국 시대의 국방비는, 한국 국민이 스스로 마련한 국방비를 제외하면 미국의 원조가 가장 중요한 비중을 차지했다. 게다가, 미국은 많은 한국군 장교와 하사관을 교육시켰을 뿐만 아니라 각종 병력, 장비, 기구, 행정제도 등을 운영하고 관리할 수 있는 선진 지식을 전수해주었다.

정세영(2000, pp. 130-131 인용)은 현대자동차를 설립하고 인력을 모집하는 과정에서 겪었던 경험을 다음과 같이 술회했다. "특히 당시 스카우트했던 인원 중 상당수가 병기·병참·군수 등 차량 관련 분야의 경력을 가지고 있었다. 자동차가 보편화되어 있지 않던 당시 한국 실정에서 자동차의 원리를 경험한 양질의 인적 자원을 확보할 수 있는 곳은 기존 자동차 회사를 제외하고는 국군의 관련 시설 분야가 유일한 곳이기 때문이었다." 여기에 군대는, 앞에서 지적했듯이 군사지식과 기술뿐만 아니라 각종 장비, 기구 등과 함께 조직력, 목표 또는 계획을 세우고 실행하는 능력, 자원의 배분 능력, 문제 해결 능력 등을 전수해주었다.

앞 장과 이 장에서 미국이 농산물 원조를 통해 한국 정부의 예산과 국방비의 일부를 지원했음을 알았다. '명목상으로만' 본다면 이것이 전부이다. 그러나 저환율정책으로 인한 원조농산물 가격의 의도적인 인하는 농민들로 하여금 소맥, 원면, 사료용 곡물, 원당 등에서 시장을 크게 잃게 만들었다. 즉, 농민의 희생을 대가로, 비록 일부이지만 원조농산물로 지원한 한국 정부의 예산과 국방비의 일부가 만들어졌다는 것이다. 그러므로 '실질적으로는' 미국의 원조농산물로 지원한 한국 정부의 예산과 국방비 중에서 일부는 당시 한국 농민들로부터 왔다고 하겠다. 미국의 농산물 원조에서 간과해서는 안 되는 대목이다. 그러나 지금 우리는 그 크기를 추정하기 어렵다.

결론적으로 한국 군대의 성장과 발전은 한국전쟁으로 촉발되었다. 한국전쟁으로 군대가 성장하고 발전하면서 정부도 엄청나게 부풀어올랐다. 그러나 한국전쟁이 휴전으로 끝이 나면서 미국은 자신의 목적을 위하여 한국이 큰 규모의 군대를 유지하기를 원했다. 그러나 전쟁으로 폐허가 된 한국이 자력으로 큰 규모의 군대를 유지하기가 어려웠다. 미국은 미국산 농산물을 한국의 국방을 지원한다는 명목으로 한국에 제공했다. 여기에 한 가지 추가해야 할 점은 미국산 농산물의 한국 원조에는 한국 농민의 희생도 있었다는 것이다. 그 결과 "사실상 군사력 증강을 위한 20억 달러의 미국 원조 덕택으로 군부는 한국 사회에서 가장 기술적, 과학적으로 진보된 부분으로 성장하였다"(김세진, 1984, p. 120 인용). 그리고 군부가 양적으로 성장했을 뿐만 아니라 질적으로 이렇게 크게 발전한 것은 조선 시대 이래로 처음이라고 하겠다. 그런 성장과 발전은 한국의 정치, 경제, 사회 등을 포함한 모든 부문에 크고 작은 영향을 미쳤다. 그 영향이 가장 현저하게 나타났던 사건과 시기는 5·16군사정변과 1972년 10월 유신과 3공화국이다(이 점은 다음 장과 5편과 6편에서 자세히 다룰 것이다).

2. 원조와 군대화, 원조와 국가주의화

러·일전쟁과 같이 한반도가 전장이 되었지만 당시 조선인이 전쟁에 직접 가담하지 않은 전쟁까지 포함하면, 1867년 강화도조약부터 베트남전 파병까지 한반도에서는 전쟁이 사실상 거의 일상화되었다. 그중 가장 직접적으로 그리고 전면적으로 한반도에 영향을 미쳤던 전쟁은 물론 한국전쟁이다. 그러므로 1867년 이후 한국전쟁만큼 한국인들의 삶에 큰 영향을 미친 전쟁은 없었다고 하는 것이 진실일 것이다.

전쟁 때야말로 국가는 스스로 크게 부풀어오른다. 국가는 권력, 프라이드, 경제와 사회에 대한 절대적인 지배 등에서 그렇다는 것이다. 국가가 스스로 부풀어오르면 군대도 필연적으로 그렇게 된다. 전쟁 때가 되면 국가는 다른 국가에 대항해서 싸워야 한다는 이유로 국민을 미친 듯이 전쟁에 동원한다. 그 결과 사회는 '군대화' 되고 '국가주의화(statized)' 된다. 여기에서 군대화 된다는 것은 군사문화가 사회를 지배하게 되고, 국가주의화된다는 것은 개인은 무시 또는 억압되면서 국가가 중요시되는 것을 말한다. 한마디로, 사회는 '행진중인 군대'의 가치와 사기를 지닌 '무장 캠프'가 된다.

전쟁이 끝나면 일반적으로 독재가 나타난다. 즉, 독재는 국가 간 전쟁의 피할 수 없는 부수물이다. 한국전쟁도 예외는 아니다. 한국전쟁 때와 그 이후에도 앞에서 서술한 내용과 비슷한 일들 또는 사건들이 일어났다. 게다가, 미국이 한국전쟁 이후 한국에 제공한 원조는 앞에서 언급했던 현상이나 사건을 더 빈번하게 그리고 더 광범위하게 일어나도록 했을 뿐만 아니라 다른 현상도 추가하게 만들었다. 그러므로 미국의 원조가 한국에 미친 영향에 대해서는 앞에서 언급한 내용을 포함해야 할 뿐만 아니라 바로 그 이유로 기존 연구는 원조가 한국의 정치, 경제, 사회 등에 미친 영향을 부실하게 다루고 있다고 평가할 수 있다.

한국전쟁은 한국 군부와 정부를 커지게 만들었다. 미국의 원조는 그렇게 커지고 있는 군부와 정부를 훨씬 더 커지게 만들었다. 한국전쟁은 또한 독재도 초래했다. 이승만이 그의 재임 기간 후기에 독재자가 되었던 것은 결코 우연이 아니다. 그러나 본격적인 독재는 박정희의 3공화국 시대에 시작되었다. 한국전쟁이 한국의 군부와 정부를 커지게 만들었다는 것은 한국 사회의 군대화[3]와 국가주의화를 진전시켰다는 것을 의미한다. 미국의 원조는 그런 군대화와 국가주의화를 더욱 진전시켰다.

사회의 군대화와 국가주의화는 동전의 양면과 같은 것이다. 군대화가 진전되면 그만큼 국가주의화가 진행된다. 국가주의화가 진전되면 군대화가 진행되는 것과 다름없다. 그리고 군대화와 국가주의화를 엄밀하게 구분할 수 없는 경우도 많다. 그러나 여기에서는 편의상 그 둘을 구분하고 군대화를 먼저 다룬다.

3 홍성태(2003, pp. 333-334)는 박정희의 독재가 병영사회를 초래했다는 주장을 하고 있다. 한홍구(2003, pp. 287-310)는 월남전 파병으로 한국이 급속하게 병영국가로 바뀌었다는 주장을 하고 있다. 그러나 독재, 군대화 등이 한국전쟁이라는 동일한 뿌리에서 나왔을 뿐만 아니라 미국의 원조로 그것들이 더 강화되었다는 점을 지적할 필요가 있다. 그러므로 병영사회, 병영국가 등의 시작을 박정희의 독재에서 찾는 것은 더 근본적인 원인을 간과한 것이다.

군대화의 대표적인 사례가 학도호국단의 설립이다. 학도호국단은 1949년 9월에 출발한 학생층의 유기적인 조직으로서 사상통일과 단체훈련을 강화하기 위하여 조직되었던 학생자치훈련 단체이다. 조직 구성을 보면, 중앙학도호국단 산하에 시·도와 각 대학 학도호국단이 있었다. 즉, 학도호국단은 중앙과 지방에 조직을 가진 전국적 조직이라고 하겠다. 그리고 중등학교 이상의 각급 학교(대학 포함)에서 학생과 교직원이 단원이 될 수 있었다.

문교부(현재의 교육부)는 1949년 1월에 「학도호국단조직요령」을 공포하여 그해 2월 중에 대학은 3-4월 중에 그 결정을 완료하고, 1949년 9월에 대통령령으로 「대한민국학도호국단규정」을 공포하고 문교부 내에 학도호국단사무국을 설치했다. 문교부는 1948년 12월부터 각 중등학교의 학생간부 2,400여 명을 선발하여 중앙학도훈련소에 입소시켜 단기 군사훈련을 실시했다. 그리고 이들을 지도할 교관을 양성하기 위하여 전국 중·고등학교와 대학의 체육교사 387명을 육군사관학교에 입교시켜 군사에 관한 지식과 훈련을 받게 한 후에 육군 소위로 임명하여 당해 학교에 배속하였다.

학도호국단은 반공사상 교육을 실시하고 조직적 활동을 통하여 투철한 민족의식과 국가관을 정립하는 데 그 목적이 있었다. 학도호국단의 활동은 크게 세 가지로 구분할 수 있다. 첫째, 연구 수양에 관한 것으로 시국에 관한 강화·강연회, 국내외 정세에 관한 연구발표, 행동비판·자기반성에 관한 회(모임), 선철·민족적 위인에 관한 연구발표, 학술·예능·특기에 관한 연구발표 등이 있다. 둘째, 단련에 관한 것으로 체조·교련 경기 등 체력단련에 관한 모든 행사, 행군·내한·내서·해양·산악훈련, 방화훈련·모의훈련, 학원·향토 방위훈련 등이 있다. 셋째, 단체작업에 관한 것으로 근로작업, 봉사작업, 사육·

청소·수리작업, 기관지의 발행 등이 있다.

1960년 4·19혁명에서 학생들은 학도호국단 해체를 강력히 주장했고, 1960년 5월 3일 허정 과도정부는 학도호국단의 해체를 정식으로 의결하였다. 이로써 학도호국단은 창단 10년 7개월 만에 해산하게 되었다. 1960년 5월 13일 각 대학(교) 학생처·과장회의에서 자치적으로 학생회를 조직하고 새로 만들어지는 학생자치기구의 명칭을 'oo대학(교) 학생회'라고 할 것을 결의했다.

그러나 문교부는 1975년 5월에 전국 98개 대학 총학장회의를 개최하여, 고등학교 이상의 학생과 교원으로 구성되는 '학도호국단창설계획'을 발표하고 그해 9월에 전국중앙학도호국단 발단식을 가짐으로써 학도호국단을 재발족했다. 그러나 1980년대 들어 학도호국단은 폐지되고 학생회가 부활하였다.

학도호국단의 창설, 폐지, 부활, 재폐지 과정은 전쟁이 끝남과 동시에 사회의 군대화가 상승과 하강을 반복하는 과정이다. 문제는 학도호국단에 소속된 교원과 학생의 군대식 사고방식이다. 왜냐하면 학도호국단의 교육, 단련, 단체작업의 내용은 군대에서 전수되는 것이 많았기 때문이다. 그리고 이들은 학교에서 중심적인 인물로서 그 영향력이 작지 않았다. 그리고 현재도 학도호국단만큼 군대화되지는 않았지만 군대화된 전국적 조직이 많다. 그런 전국적 조직이 실시하는 교육, 단련, 단체작업 등이 학도호국단의 그것과 매우 유사하다.

군대화의 좋은 예는 '야간통행 금지'이다. 야간통행 금지란 당초 군사적 목적을 위하여 야간에 사람과 물자의 통행을 금지한 제도이다. 특별한 경우를 제외하고 통행 금지 시간은 자정부터 오전 4시까지였다. 이 제도는 한국전쟁부터 시작되었고 1982년 해제될 때까지 지속되었다. 군사적 목적을 위하여 시행된 야간통행 금지제도는 전쟁이 끝나고도 거의 20년 가까이 지속되었다. 이것은 일상을 군대화한 대표적인 예이다.

야간통행 금지는 보통 사람들의 삶을 강력하게 통제했다. 예를 들어, 당시는 친인척이 일정한 곳에서 제사를 밤늦게 지냈는데 제사를 지내고 나면 야간통행 금지 때문에 집에 돌아갈 수 없거나 야간통행 금지를 단속하는 경찰을 피하기 위하여 먼 길을 돌아갔다. 경찰도 야간통행 금지를 단속하느라 다른 업무를 제대로 수행하기가 어려웠다. 그리고 야간통행 금지제도는 초기에는 비교적 잘 지켜졌지만 시간이 흐를수록 많은 사람들, 예를 들어 고위 관료들, 권력자들, 정치가들, 판·검사들, 그들과 직·간접으로 연결된 민간인들 등은 야간에 오히려 활보하고 다녔다. 이런 행위는 오늘날 법을 지키지 않는 행위와 무관하지 않다.

야간통행 금지는 고고클럽의 심야 불법 영업과 맞물리면서 대형 참사로 이어진 경우도 있었다. 1974년 11월 3일 오전 2시 47분쯤 일어난 청량리 '대왕코너' 화재가 바로 그것이다.[4] 이 화재로 88명의 사망자가 발생했는데 이중 72명이 클럽에서 밤새 춤추던 클럽 손님이었다. 내국인을 입장시키는 상당수 클럽은 통금 시간에도 셔터만 내린 채 밤새 불법 영업을 했다. 외국인만을 입장시킬 수 있는 외국인 전용 클럽은 심야 영업을 할 수 있었지만 외국인 전용 클럽을 드나드는 사람들의 90% 이상이 내국인 청소년임이 화재 이후의 조사에서 밝혀졌다. 외국인 전용 클럽도 불법 영업이라는 점에서 내국인 전용 클럽과 큰 차이가 없었던 것이다. 이런 참사는 야간통행 금지제도가 없었다면

4 조선일보, 1972년 3월 25일자, 2017년 8월 30일자 등을 참조.

발생하지 않았을 것으로 군대화의 결과라고 하겠다. 그리고 고고클럽의 심야 불법 영업은 경찰의 불법 단속을 초래했고 여러 가지 부작용도 낳았다. 이 과정에서 경찰의 불법 단속이 '인권유린 아니냐'는 비판도 있었다.

군대화의 다른 사례는 3공화국 시절에 장발의 단속, 대중가요의 유포 금지 등이다. 3공화국 시절 경찰은 지나가던 장발 청년들을 붙잡아 이발기계로 머리카락을 잘랐다. 장발이 미풍양속을 해친다는 이유였지만 그것은 표면적인 이유였다. 사실은 젊은이들의 기를 죽임으로써 반독재 투쟁을 하지 못하도록 하는 것이 목적이었다.

군대화는 젊은 남성에게만 진행된 것이 아니었다. 3공화국 정부는 젊은 여성에게도 장발 단속과 같은 유사한 통제를 가했다.[5] 그 시초는 5·16군사정변 직후부터 시작되었다. 당시 사회개혁을 추진하던 국민운동본부는 1962년 9월 관청의 일부 여직원에게 "아이섀도우나 립스틱을 칠하고, 큰 소리를 내며 껌을 씹고, 스커트 길이가 너무 짧아 목불인견의 수준"이라며 시정할 것을 엄중 경고했다. 금지 의상의 종류도 점점 더 상세하게 적시되었다. 1966년 1월 24일 서울시청의 과장들이 잠시 일손을 멈추고 부하 여직원들의 손톱을 검사하는 진풍경이 벌어졌다(경향신문, 1966년 1월 25일자). 이날 서울시는 '여직원들에 대한 사치 금지'라는 제목의 공문을 시달했는데 총 4개 항으로 된 사치 금지는 '매니큐어 금지', '빨간 스웨터 등 주위의 시선을 끄는 옷 착용 금지', '붉은 립스틱 금지', '하이힐 금지' 등이었다. 이에 따라 과장급 공직자들이 여직원들의 손톱을 검사하고 단속했다. 물론 여직원들은 울상이 되었다. 1968

5 여직원의 복장, 용모 등에 대한 통제와 단속에 대한 자세한 내용은 조선일보, 2017년 9월 13일자, 「김명환의 시간여행」 참조.

년 중앙청 근무 여직원들에게는 하이힐 금지령도 내려졌다. 금지의 이유는 복도를 걸을 때 나는 하이힐 굽 소리가 근무를 방해할 뿐 아니라 값비싼 카펫이 상할 수도 있기 때문이라는 것이었다. 1978년 여름 체신부 장관은 여직원들에게 “빨간 옷, 노란 옷, 알록달록한 무늬의 옷, 소매가 짧은 노출형 복장 등”을 금지할 것을 시달했다.[6] 체신부는 “만약 복장 위반을 한 여직원이 단 한 명이라도 장관에게 적발되면 즉각 주의를 요하는 구내방송을 하고 공문까지 만들어 공람시키겠다”는 엄중한 경고를 전체 직원들에게 했다. 1979년 경남도청은 여직원들에게 “머리카락은 얌전하게 빗고, 얼굴에는 로션 정도만 바를 것”이란 지시사항을 문서로 내렸다.

이런 일은 1960-1970년대에는 흔한 일이었다. 사치 배격, 절약 등의 이유를 빌미로 직원들의 옷차림, 몸단장까지 간섭하고 통제했다. 그런 단속은 남자 직원의 장발보다는 여직원의 화려한 복장과 화장 등에 더 집중되었다. 그러나 누구도 제대로 된 항변 한 번 할 수 없었다. 독재의 서슬이 시퍼럴 때였기 때문이다. 그와 반대로, 여직원들은 저항은커녕 결의대회를 열어 “근무중 하이힐 신지 말자”, “짙은 화장하지 말자” 등의 구호를 외쳤다.

그러나 독재가 끝났다고 군대화의 추세가 쉽게 멈춰지지는 않는다는 사실을 다음의 기사에서 확인할 수 있다. 1996년 건설교통부는 여직원들의 복장을 기습 단속하고 그 내용을 회람을 통해 공지했다. 이때는 여직원의 화려한 옷뿐 아니라 ‘몸에 달라붙는 청바지’, ‘롱부츠’, ‘배낭을 등에 맨 차림’ 등도 불량 복장으로 간주되었다. 여직원의 복장에 대한 통제가 더 강화된 것이다.

6 조선일보, 1978년 8월 6일자.

여직원 복장에 대한 통제와 간섭은 2017년에도 금융계, 지역 농협 등에서 있었음을 확인할 수 있다.

1960년대 말부터 정부는 고등학교 이상의 학생들에게 군사훈련을 강요했다. 학생이 군사훈련을 받지 않으면 졸업을 할 수 없도록 했다. 학생 군사훈련을 위하여 퇴역 장교들이 고등학교 이상의 학교에 정식 직원이 되거나 비정규직 직원으로 근무했다. 학생 군사훈련은 군대에서 훈련 받는 내용을 거의 복사한 것이었다. 다만 훈련을 위하여 총과 같은 충분한 도구가 없었기 때문에 대부분 모의훈련이나 가짜 총을 가지고 훈련했다. 군사훈련 시에 익힌 '거수경례'를 학교의 공식 행사에 사용하도록 했다. 학교가 병영과 차이가 없어졌다. 향토예비군의 창설도 군대화의 다른 사례이다. 이 경우에는 민간을 예비군으로 만들어 사회 전체를 군대의 병영과 같게 만들었다.

3공화국 이후 현재(2017년)까지 군사문화가 여전히 남아 있는 곳은 체육계, 학교의 선후배 관계, 병원에서의 전공의, 수련의, 교수 간의 관계, 선후배 간호사들 간의 관계 등이다. 체육계에서는 선배 선수, 감독, 코치 등이 훈련이라는 명목으로 후배 선수 또는 선수를 상습적으로 폭행·폭언하거나 금품을 갈취하였다. 막상 폭력 또는 횡령이 발생해서 경찰에 폭행 또는 횡령 사실을 호소하는 경우에도 경찰은 별다른 조치를 하지 않는 일이 비일비재했다. 선후배 관계에서 선배가 후배를 폭행하는 일은 흔히 있을 수 있는 일로 경찰은 보고 있기 때문이다. 금품 갈취도 이와 비슷하다. 이것은 스포츠계의 특수성과 관련이 없다고 할 수는 없다. 그러나 그 점을 제외하더라도 군사문화의 영향을 부인할 수는 없을 것이다. 학과나 학교의 선후배 모임에서도 그와 비슷한 일이 벌어지고 있다. 선배가 후배에게 술을 억지로 강요하거나 얼차려를 강제로 시키는 경우가 자주 발생한다. 이 경우에 대형 사건이나 사고로 이어지는 경우도 있다.

병원에서 교수들이 전공의, 수련의 등을 폭행·폭언을 하는 일은 아직도 한국 사회에서 볼 수 있다. 교수들의 폭행·폭언이 폭로되어 뉴스로 보도되는 경우도 없지 않다. 관련자들에 의하면 교수들의 폭행 · 폭언은 워낙 일상화된 것이기 때문에 사소한 폭력이나 폭언은 개의치 않고 있다고 한다. 이것은 폭행·폭언이 병원에서 교수, 전공의, 수련의들 사이에 광범위하게 퍼져 있음을 의미한다.

지금도 사람들은 군대가 아닌 일반사회에서 '군기', '군기가 빠졌다', '군기가 없다', '군기를 잡는다' 등과 같은 군대 용어를 사용한다. '상명하복', '일사분란', '하면 된다' 등의 용어도 앞의 경우와 비슷한 것이다. 이것은 군사문화가 사람들의 언어에까지 깊숙이 파고들어 그 해결이 쉽지 않음을 보여준다.

이제 국가주의화에 대해 보기로 한다. 국가주의는 개인보다는 국가를 우선하는 정치철학이다. 국가주의에서 개인은 국가를 위하여 억압되고 희생된다. 국가주의의 대표적인 예가 파시즘이다. 공산주의, 복지국가주의 등도 국가주의의 변형이다. 국가주의화가 가장 잘 나타났던 예가 5공화국 시대의 삼청교육대이다.

삼청교육대는 1980년 5월 17일 비상계엄이 발령된 직후, 국가보위비상대책위원회가 사회정화정책의 일환으로 군부대 내에 설치한 기관이며 전두환 정권 초기 대표적인 인권침해 사례로 꼽힌다. 1980년 8월 4일 '사회악 일소 특별조치'와 당시 이희성 계엄사령관의 '계엄포고령 13호' 발표에 이어 '삼청5

호계획'이라는 이름 하에 진행되었다. 폭력범과 사회풍토문란사범을 소탕하기 위함이라는 명분이었지만 실상은 무자비한 인권탄압이 이루어졌다.

1981년 1월까지 총 6만 755명을 체포하고 보안사령부·중앙정보부·헌병대 요원과 검찰·경찰서·지역정화위원으로 구성된 심사위원회에서 A·B·C·D의 4등급으로 분류하여 A급 3,252명을 군법회의에 회부하였고, B·C급 3만 9,786명은 4주 교육 후 6개월 복역케 한 다음 2주 교육하여 훈계 방면하였으며, D급 1만 7,717명은 경찰에서 훈계 방면하였다.

삼청교육대 순화교육은 연병장 둘레에 헌병이 집총 감시하는 가운데 육체적 고통을 가하는 가혹한 방법의 훈련이었다. 1988년 국회의 국방부 국정감사 발표에 의하면 삼청교육대 현장 사망자가 52명, 후유증으로 인한 사망자 397명, 정신장애 등 상해자 2,678명이 발생했다.

5·16군사정변은 군대화와 국가주의화가 동시에 진행된 역사적 사건일 뿐만 아니라 군대화와 국가주의화가 더 진행될 것임을 예고하는 사건이었다. 쿠데타 세력이 5·16 초기에 단행했던 각종 조치나 명령은 그 점을 잘 보여준다. 국가주의화를 가장 잘 보여주는 것은 '국가재건최고회의'라는 명칭에서이다. 쌀가게에서 쌀을 빼앗아 가난한 사람에게 무상으로 나누어주기, 언론사 통폐합(1,000여 개 언론사를 80개만 남기고 모두 폐간)과 소위 사이비기자 체포, 용공분자를 소탕한다는 명분으로 학생들과 정치인들을 체포하고 구금, 깡패들의 거리 행진과 소탕작전 그리고 '깡패 순화교육', 댄스를 추고 있던 청춘남녀를 잡아들여 3개월 내지 1년의 징역형 언도, 농어촌 고리채 정리령, 병역기피 또는 부정부패 공무원 강제 해고(약 1만 2,000여 명), 공무원 근무 요강 준수(예를 들어, 유흥업소 출입 금지, 커피와 외제 담배 금지, 출근시간 30분 전에 출근하여 실

내청소와 환경 정리, 화려한 복장 금지 등), 매춘업 금지와 포주 체포, 수입 사치품과 양담배를 수거해서 불태우기, 과외수업 금지와 교내외 특별학습 금지, 다방에서 커피판매 금지, 경찰에 의한 좌측통행의 강제 실시, 근로재건단(부랑자들과 고아들)을 결성하고 폐품수집 활동 강제화, 재건국민운동 실시, 학교 선생님들의 외식 금지와 도시락 지참과 국민복 착용 의무화, 재건체조 보급, '재건복'이라는 국민복 입기 운동, 학생들은 교복 착용 의무화, 중·고등학생의 스포츠머리와 단발머리만의 허용(즉, 모발 자유 억제), 음력 과세를 지양하고 양력 과세를 실시 그리고 이중과세 방지, 폐지수집 운동, 술집에서 접대부 고용 금지, 고급술집은 과소비와 퇴폐의 주범으로 지목되어 집중 단속, 고급요정들은 대중음식점으로의 강제 강등 등이다. 이때 시행되었던 조치 또는 명령의 일부는 아직도 한국 사회에 남아 있다.

국가 건설을 최우선 과제로 삼고 그 일에 방해가 되는 개인이나 집단은 과감히 처벌하는 경우를 3공화국에서 자주 볼 수 있었다. 3공화국 기간에 입법부는 '통법부'라는 비판을 받았다. 대통령을 포함한 행정부가 요구한 일이면 입법부인 국회에서는 별다른 이의를 제기하지 않고 통과시켜 준다고 그런 비아냥을 들었다. 사법부도 의문의 죽음, 의문사 등에 대해 별다른 이의를 달지 않고 검찰이 원하는 대로 형량을 결정했다. 그 결과 박정희의 독재를 반대했던 사람들은 의문의 죽음을 당하고도 호소할 데가 없었다. 한마디로, 견제와 균형이라는 원칙은 낡은 것이 되었고 권력은 독재자의 손에 집중되었다. 주민등록제도의 유지, 국가정보원의 도청을 통한 국민 감시의 일상화, 예비군과 같은 각종 동원체제, 경제개발계획을 통해 국가를 건설할 수 있다는 생각 등은 국가주의화의 예이다. 연고주의, 연공서열제 등의 온존은 국가주의화가 쇠퇴하고 있지 않다는 점을 보여준다. 속성주의(빨리빨리주의)는 군대화가 나타난 것이다. 이것은 범국가적 차원에서 국가주의화가 진행된 것을 보여준다. 그리고 폭력의 사용에 의한 인명의 구속 또는 살상 등은 국가주의화가 무력과 폭력에 의해 진행된 것으로 국가주의화의 가장 극단적인 사례라고 하겠다.

저자는 미국의 농산물 원조가 군대화와 국가주의화의 직접적인 원인이라고 주장하는 것은 아니다. 군대화와 국가주의화의 직접적인 원인은 한국전쟁이다. 저자가 주장하는 것은, 원조가 군대화와 국가주의화를 강화했을 뿐만 아니라 온존시키는 데 상당한 역할을 했다는 것이다. 원조로 큰 규모의 군대가 유지되고 질적으로 발전하면서 사회에서 군대의 중요성이 커지게 되었고 그 과정에서 사회의 군대화와 국가주의화가 진전되었다는 것이다. 그리고 1990년대 이후에도 국가주의화는 지속적으로 진전되고 있다. 왜냐하면 복지제도가 국가주의화의 한 방법이자 수단인데 지금의 한국은 복지제도가 점증하여 정부와 국가가 비대해지고 있기 때문이다. 그러나 이 점은 이 책의 범위를 벗어나기 때문에 차후의 과제로 미룬다.

3. 원조와 군대 부패

앞 절에서 한국의 국방비에서 미국의 원조가 큰 비중을 차지함을 알았다. 원조와 군부가 어떻게 연관되는가를 보기로 한다. 이승만은 군부에 대한 개인적 지배를 강화하기 위하여 연합참모본부를 설치(1954년 5월 3일 대통령령 895

호)하고 이 기구의 모든 임명권을 장악했다. 연합참모본부는 이전의 임시참모회의를 개칭한 것이다. 임시참모회의는 3군총참모장을 통괄하는 기구로서 대통령이 모든 군사조직을 직접 장악하기 위하여 설치(1952년 8월 23일)된 것이었다. 이러한 일련의 군부조직 개편은 이승만이 군부에 대한 개인적 지배가 강화되었다는 것을 의미한다.

그러나 이승만과 자유당은 그가 신임하는 장교들에게 충성심만을 단순히 요구하지는 않았다. 이승만은 그들에게 정치자금을 헌납할 것을 요구했다. 물론 이승만의 군부에 대한 정치자금 강요가 문서화된 증거로 공개된 적은 없었다. 그러나 이승만의 정치자금의 많은 부분이 군부로부터 걷혔다는 것은 잘 알려진 사실이라고 김세진(1984, p. 127의 각주 78 참조)은 지적한다.

이승만은 정치자금의 가장 주요한 공급원이 군부라는 것을 누구보다 잘 알았다. 왜냐하면 군부는 국가 예산의 40% 이상을 사용하고 매년 미국으로부터 4억 달러 상당의 무기와 현금으로 판매 가능한 물자, 즉 미국산 농산물을 지원 받고 있었기 때문이다. 군부로부터 들어오는 정치자금은 이승만이 거대한 정치조직을 움직이는 데 없어서는 안 되는 것이었다.

이승만에게 충성하는 고급 장교들은 여러 가지 방법으로 이승만과 자유당에게 헌납할 정치자금을 마련했다. 가장 자주 사용된 방법은 석유, 자동차들, 자동차 부품들, 식품원료 등과 같은 상품 가치가 있는 전쟁물자를 공공연히 팔아먹는 일이었다. 다른 한 가지 방법은 60만 대군의 부식비를 착복하는 것이었다. 다른 방법은 민간과 물품 납품계약을 맺을 때나 조악한 제품을 부정하게 통과시켜 주는 방법으로 장교들은 업자들에게 뇌물을 요구했다. 부패 현상은 단순히 고급 장교들에 그치지 않았다. 하급 장교들도 고급 장교들을 본받아 부정부패에 가담했다. 당시 군부의 부패는 전군에 만연한 것이었다. 게다가, 당시 장교들을 포함한 모든 군인의 공식적인 연간 임금은 매우 낮았다.

구체적인 예를 보자. 언론이 '탈모비누' 군납 사건을 보도하기 시작한 것은 1958년 5-6월 무렵이었다.[7] 국내 군납업자들이 국산 비누 640만 개를 미군 구매처의 검수를 통해 한국군에 처음으로 납품했다. 문제는 그 비누를 사용한 국군병사들이 탈모, 피부 통증 등의 고통을 겪는다는 것이었다. 그렇게 된 데는 군납업자들이 비누 성분은 기준치의 1/3도 안 넣고 피부에 해로운 탄산나트륨을 20%가량을 넣었기 때문이었다. 검찰 수사 결과 국내 납품업자들이 정부의 고위 관리와 미군 검수 관계자들에게 거액의 금품을 줬다는 사실이 밝혀졌다. 국회에서는 '탈모비누 사건 조사반'까지 구성되었고 현직 상공부 장관과 재무부 장관이 검찰의 소환 조사를 받았다. 이 사건은 1공화국 정권 말기의 부패상을 드러낸 것으로 한 언론으로부터 1958년 3대 뉴스의 하나로 꼽힐 정도였다. 그러나 이 사건의 수사는 비누 제조업자들의 임원 3명만을 사기 혐의로 기소하고 법원은 그들에게 징역 6개월씩을 선고하는 것으로 마무리되었다. 이 사건은 불량품 군납 사건이 아니라 권력층 비리 사건임에도 불구하고 사건은 축소되고 은폐되었다. 이 사건은 군부의 부패상이 권력의 고위층뿐만 아니라 미군의 관계자들까지 연루되어 있었음을 보여주는 것이다.

이승만, 군부 고위 장성, 자유당 정치인들 등의 부패는 1공화국 이후의 정치에 의미 있는 영향을 줄 수 있는 두 가지 결과를 만들어냈다. 첫째, 군 소장

7 조선일보, 1958년 6월 13일자; 경향신문, 1958년 6월 11일자.

파 장교와 고위 장성 간의 알력이 점증하기 시작했다는 것이다. 군 소장파와 고위 장성 간의 알력은 1공화국 내내 상존했던 것이지만 군부 고위 장성의 부패는 그런 알력을 증대시키는 방향으로 작용했다. 일반적으로, 군 창설 초기에 고위 장성이 된 장교들은 소장파와 비교하여 부패에 더 많이 연루되었기 때문이다. 이것은 시간이 흐르면서 군부 내부 분열이 점증하고 있었다는 것을 의미한다. 둘째, 이승만과 다수 정치가들이 부패하고 여기에 군부의 고위 장성들이 연루되면서 사회도 개혁이 필요하다는 의견이 지배적이 되었는데 1공화국과 2공화국의 고위 정치가들은 무능하기까지 한 것처럼 보였다. 종합하면, 앞에서 언급한 두 가지 점은 군 소장파 장교들이 군 내부와 군 외부, 즉 사회를 개혁하기 위한 빌미를 제공하기에 충분했다.[8)]

원조는 거의 언제나 수원국의 정치가들이 원조 공여국의 의도와 달리 그들 나라의 인민을 억압하는 데 사용되어 왔다. 이것이 원조에 대한 역사적 경험이다. 또는 수원국의 일부 정치가들이 원조의 일부를 갈취하여 자신의 정치적 야망을 이루기 위하여 사용하는 경우도 적지 않았다. 미국의 농산물 원조가 집중되었던 1공화국 시대도 예외는 아니었다. 그리고 여기에서는 다루지 않지만 3공화국 시대도 1공화국과 크게 다르지 않을 것으로 추정된다. 연구가 필요하다.

부패가 원조에 의해서만 악화되었던 것이 아닐 뿐만 아니라 군부만이 부패와 연루된 것도 아니었다. 다음의 기사는 그 점을 보여준다. "자유당 때는 농민이 산삼만 발견하면 도백들[지금의 도지사, 저자주]이 강제로 이 대통령에게 헌납

8 김성환(1984, p. 54)은 군부 소장파 장교들은 자유당 시절부터 원조의 분배 문제에 대해서도 불만을 가지고 있었다는 지적을 하고 있지만 증거를 제시하지 않고 있다.

하게 하고 그 대가로 큰 감투를 쓰는 일이 흔히 있었다(경향신문, 1961년 10월 7일자).” 그러나 그 점을 입증하는 일은 쉽지 않다. 그럼에도 불구하고 분명한 것은 미국의 원조가 한국의 군부, 자유당, 이승만 대통령, 정치가들과 관료들, 이권과 관련된 민간업자들 등을 부패하게 만들었다는 점이다. 그리고 경우에 따라서는 미군도 부패 세력에 포함되었다.

결론적으로, 미국이 한국 군대의 장교들, 정치가들, 관료들 등을 부패하도록 만들기 위해서 원조를 제공한 것은 물론 아닐 것이다. 그러나 결과적으로 엄청난 규모의 미국산 농산물 원조에 의한 한국 군대로의 자원 집중은 한국군 장교들, 정치가들, 관료들 등을 부패하게 만들었다.[9] 이승만은 그런 부패현상의 정점에 있었다. 이것은 미국의 원조가 초래한 ‘의도하지 않은’ 결과일 것이다. 이승만을 포함한 일부 부패 정치가들은 뇌물을 이용하여 그들의 정적들과 국민을 억압했다. 1954년 11월 단행된 사사오입 개헌은 그 정점에 있는 것이었다.

9 군부의 부패현상은 원조가 중단된 이후에도 사라지지 않고 있다. 작금에는 원조 대신에 국방부의 개별 프로젝트가 엄청나게 큰 규모이다. 그것이 군부의 부패와 밀접한 상관관계를 가지고 있다.

제4편 원조의 국가주의

제21장

원조와 쿠데타

원조는 쿠데타에도 큰 영향을 미쳤다. 여기에서 쿠데타란 5·16군사정변만을 지칭하는 것이 아니다. 1972년 유신 헌법을 통한 체제 변경도, 비록 형식적으로는 합법적이었지만, 쿠데타로 간주해야 한다. 5공화국도 군사 쿠데타로 시작되었다고 할 수 있다. 여기에서 말하는 쿠데타란 앞에서 지칭한 세 번의 쿠데타를 모두 포함할 뿐만 아니라 통상적인 의미의 쿠데타를 포함한다.

원조와 쿠데타의 관계를 이해하기 위해서는 쿠데타 이론(theory of coup d'Etat)이 있어야 한다. 그러나 문제는 정치학에서 현재 그런 이론이 정립되어 있지 않다는 점이다. 그런 문제점의 해결책으로 저자는 '임시로' 쿠데타 이론을 제안할 것이다. 왜냐하면 이 이론을 임시적인 것으로 지칭하는 것은 아직 이 이론을 저자 혼자만 개발한 것이기 때문이다. 그러므로 향후 정치학 전문가들의 비판과 검증을 필요로 한다는 점을 지적해 둔다.

쿠데타 이론을 설명하기 이전에 한 가지 분명하게 규정해야 할 것이 있다. 쿠데타를 개인적인 관점에서 접근할 수 있다. 예를 들어, 5·16군사정변을 박정희를 포함한 소장파 장교들의 불만에서 쿠데타 발생의 이유를 찾는 방법이다. 그러나 그런 방법이 전적으로 틀렸다고 할 수는 없지만 쿠데타를 설명함에 있어서 큰 몫을 차지하는 것은 한계가 있다. 저자는 쿠데타를 구조적(structural) 또는 체제적(systematic) 관점에서 설명하는 것이 목적이다. 그러나 아래에서는 쿠데타와 관련한 여러 가지 쟁점은 제외하고 쿠데타 이론의 핵심만 설명하고 쿠데타 이론을 세 번의 쿠데타에 응용하는 것을 목적으로 한다. 쿠데타 이론을 위해 한 가지 전제가 필요하다. 쿠데타 과정에 외세가 개입하지 않는다는 점이다. 현실에서는 쿠데타 과정에 외세가 개입하는 경우가 적지 않다. 그러나 이론의 단순화를 위해 이 전제를 붙인다. 다만 아래에서 제안하는 쿠데타 이론을 응용하여 외세 개입의 결과를 유도할 수 있을 것이다.

쿠데타가 일어나기 위한 '필요조건'은 다음과 같다. 어떤 국가에서 경제위기뿐만 아니라 정치위기도 발생하고 있는 상태에 있어야 한다. 그리고 여기에서 위기라 함은 모든 국민 또는 다수 국민이 비정상적이고 어렵다고 생각하는 상태이다. 여기에서 강조해야 할 점은 모든 국민 또는 다수 국민이 위기라고 판단한다는 것이다. 예를 들어, 경제위기는 실업률이 매우 높다든지 물가상승률이 일시에 폭발적으로 높아지는 상황을 말할 수 있다. 그리고 정치위기란 대통령과 같은 아주 중요한 정치 지도자가 하야하거나, 암살당하거나, 주요 정치가들이 정치체제를 정상적으로 운영할 수 없는 상태를 말한다. 비정상적 상태란 정치 지도자가 정상적인 집무를 할 수 없는 상태를 말한다. 일반적으로 말해, 경제위기와 정치위기가 병존한다는 것은 정치, 경제, 사회 등 사회 내의 전 영역에서 무질서 또는 혼란이 지속되고 있는 상황이다.

다수의 국민이 위기라고 생각하지 않을 때 쿠데타 집단 또는 세력만 그렇게 판단할 수 있다. 그런 엇갈린 판단은 쿠데타의 성공을 어렵게 할 것이다. 왜냐하면 쿠데타의 대의명분이 다수 국민에게 설득력이 없기 때문이다. 그리고 다수 국민이 위기라고 생각하더라도 쿠데타 집단 또는 세력이 쿠데타의 명분을 잘 찾아내지 못하는 경우에도 쿠데타의 성공 가능성은 크지 않다. 위기의 원인을 잘못 진단함으로써 다수 국민의 동의를 얻기가 어렵기 때문이다.

쿠데타는 '충분조건'도 필요하다. 쿠데타를 실행하는 집단이나 세력이 경제위기와 정치위기를 해결하겠다는 의지, 동원 가능한 자원, 조직력, 행정력, 사회 문제에 대한 지식 등에 있어서 다른 어떤 집단이나 세력보다 우수해야 한다. 여기에서 '우수'하다는 것은 주관적 측면과 객관적 측면으로 구분해볼 수 있다. 주관적 측면에서 우수하다는 것은 쿠데타를 실행하는 집단이나 세력이 스스로 그렇게 생각하는 것을 말한다. 객관적 측면에서 우수하다는 것은 국가의 일반시민이 쿠데타를 실행하는 집단이나 세력을 그렇게 평가하는 것을 말한다. 쿠데타 집단이나 세력이 여러 가지 측면에서 스스로 우수하다고 생각하지만 객관적으로 우수하지 못하다면 그런 쿠데타는 결코 성공할 수 없다. 즉, 쿠데타의 성공 여부는 그 집단이나 세력의 국가의 관리나 운영에 있어서 객관적 우수성인 것이다.

이제 쿠데타의 필요조건과 충분조건을 종합하여 본다. 경제위기와 정치위기가 병존하면 쿠데타가 일어날 가능성이 커진다. 사회 내의 전 영역에서 무질서와 혼란이 지속되고 있기 때문에 누군가 이런 무질서와 혼란을 수습해야 한다고 생각하는 사람이 늘어나고 그런 무질서와 혼란을 수습할 수 있다고 생각하는 집단이나 세력의 수도 증가하게 된다. 그러나 국가적 혼란을 수습할 수 있다고 생각하는 집단이나 세력의 수는 무한정 증가하지 않는다. 어떤 사회도 그런 집단이나 세력이 무한정 존재하는 것은 사실상 불가능한 일이기 때문이다.

쿠데타가 발발하기 위해서는 사회 내에서 경제위기와 정치위기가 병존하고 있어야 한다. 그리고 다수의 국민이 그렇게 판단하거나 느껴야 한다. 그런 상황에서 일부 집단이나 세력은 사회 내의 다른 집단이나 세력에 비해 우수하다고 판단할 수 있다. 여기에서 우수하다는 것은, 국가의 관리 또는 운영의 관점에서, 모든 면에서 한 집단 또는 세력이 다른 집단 또는 세력보다 나은 상태를 말한다.

쿠데타가 성공한다는 것은 현존하는 경제위기와 정치위기가 모두 해소된 상태라고 규정한다. 다만 쿠데타 세력이 두 종류의 위기를 얼마나 빨리 없애느냐에 따라 단기와 장기로 구분한다. 왜냐하면 단기에 비해 장기에는 쿠데타 세력이 국민을 설득하는 효과가 작지 않을 것이기 때문이다.

그러나 모든 쿠데타가 성공하는 것은 아니다. 쿠데타의 성공 여부는 쿠데타를 감행하는 집단 또는 세력의 우수성이 객관적인가 하는 것이다. 만약 그것이 객관적이라면 다른 모든 집단 또는 세력이 '반쿠데타'를 일으키지 않거나 일으킨 경우에도 성공하지 못할 것이다. 만약 그것이 주관적이라면 반쿠데타 집단 또는 세력에 의해 쿠데타는 무너질 것이다. 그 결과 새로운 집단이나 세력이 쿠데타에 성공할 수 있다.

앞에서 서술한 내용이 쿠데타 이론의 기본이다. 현실에서는 특별한 경우를 생각해볼 수 있다. 두 세력이나 집단이 거의 모든 점에서 우열을 가릴 수 없는 경우도 있을 수 있다. 이 경우에는 두 세력이나 집단 중에 어느 한 쪽이 헤게모니를 쥐지 못하기 때문에 쿠데타는 안정 국면으로 넘어갈 수 없다. 두 집단 간의 지루한 공방이 계속될 것이다. 어느 한 쪽이 완전히 항복할 때까지 말이다. 그러나 특별한 경우는 차후의 연구 과제로 한다.

이제부터 쿠데타 이론을 1960-1980년대 일어났던 세 번의 쿠데타에 적용해보자. 가장 먼저 5·16군사정변을 분석해보자. 1공화국 정부는 휴전 이후에 통화공급의 증대를 빠르게 낮추었다. 특히, 1960년에는 통화공급 증가율이 전년 대비 4-5% 수준밖에 되지 않았다. 그 결과로 1957년 이후에 소비자물가상승률은 빠르게 안정되었다. 문제는 1953-1960년에 통화공급 증가로 인한 경기변동이 발생했다는 점이다. 1954년 이후 연간 실질경제성장률은 1954년 5.1%,

1955년 4.5%, 1956년 −1.4%, 1957년 7.6%, 1958년 5.5%, 1959년 3.8%, 1960년 1.1%, 1961년 5.6%, 1962년 2.2% 등이다. 이것은 1954-1955년 경제 붐, 1956년 경제 침체, 1957-1958년 경제 붐, 1959년 붐에서 침체로 넘어가는 과정, 1960년 경제 침체 등으로 구분할 수 있다. 1954년 이후만 고려할 때, 1960년은 1956년 다음으로 경기침체의 골이 깊었던 때이다. 산업 부문별로 보면 농업이 1960년과 1962년에, 광공업은 1961년에, 건설, 전기·가스, 수도 등은 1960년에, 기타 서비스는 1960-1961년에 부진했다. 특히, 농업은 1962년에 크게 부진했다. 이 시기 실업률 자료가 없기 때문에 침체가 얼마나 심각한가를 짐작해볼 수 있는 방법은 마땅치 않다. 그러나 분명한 것은 1960년의 경제는 1953년 이래로 1956년 다음으로 나빴다고 하겠다.

연도별 경제성장률과 물가상승률만 보면 1960년 전후의 경제 상황이 그렇게 나쁘다고 생각하지 않을 수 있다. 문제는 한국전쟁을 전후한 초인플레이션으로 화폐의 구매력 하락이 극심하여 모든 개인과 가계가 어려움에 직면해 있었다는 점이다. 게다가, 경제성장률이 높았던 1954-1955년, 1957-1958년마저도 소위 삼백산업 위주의 성장이었기 때문에 소득 불평등의 정도가 매우 높았다. 한국인의 심성에는 이 점이 더 불편했을 수도 있다. 진실은 1950년대는 전쟁의 후유증으로 상시적인 경제위기에 있었다는 점이다.

3·15부정선거를 규탄하는 4·19혁명은 이승만 대통령을 하야케 했다. 이승만의 하야로 내각책임제의 2공화국이 세워졌다. 그러나 집권당인 민주당은 극심하게 분열하면서 끊임없는 정쟁에 휩싸였다. 사회도 계층별로 많은 요구를 쏟아내고 집단적인 시위를 일삼았다. 서울 주재 미국 정부 관리들은 1961년 2월 현재 남한이 심각한 위기에 빠졌고 조만간 공산혁명이나 그와 유사한

극단적인 사태를 맞이하게 될 것이라는 내용을 본국 정부에 보고했다(이완범, 2006, p. 66 참조). 이것은 1959-1961년에는 경제위기와 정치위기가 병존했음을 의미한다. 1961년 5월 16일을 전후한 시기는 국가가 정치·경제 위기에 빠진 것으로 쿠데타의 필요조건이 충족된 시기였다.

그 무렵 대학생들은 지식 측면에서 가장 우수한 집단이었다. 그러나 경제위기와 정치위기를 해결하겠다는 의지, 동원 가능한 자원, 조직력 등에서는 다른 집단에 비해 우수한 점이 하나도 없었다는 것이 진실일 것이다. 무엇보다도 대학생은 조직화되어 있지 않았다. 정치권은 지리멸렬했다. 야당도 경제위기와 정치위기를 모두 해결할 수 있는 의지와 능력에 있어서는 회의적이었다. 심지어 집권 세력인 여당과 윤보선 대통령도 위기를 해결할 수 있는 의지와 능력이 없어 보였다. 집단 또는 세력이라는 관점에서 당시의 군대와 비견할 만한 어떤 집단이나 세력이 없었다. 개개인은 우수했을 수 있지만 말이다. 왜냐하면 군대는 한국전쟁으로 어떤 집단보다도 부풀어올랐을 뿐만 아니라 미국의 원조로 양과 질 모두에서 더 한층 발전했기 때문이다.

고려 시대 무신정권 이래로 한반도에서 군인과 군대가 양적 측면과 질적 측면 모두에서 이렇게 큰 비중을 차지하게 된 일은 처음이었다. 조선 시대는 문치 우위의 정책으로 무인 또는 군인은 문인보다도 열위에 있었을 뿐만 아니라 국가 전체에서 차지하는 비중도 아주 작았다. 한국전쟁과 미국의 원조, 특히 군사원조는 군인과 군대를 당시 어떤 집단보다도 모든 면에서 우수하도록 만들었다.[1]

1 이것은 물론 평균적인 개념이다. 개별 인간으로 볼 때 두 집단의 우수한 사람을 비교하는 것은 무의미하다.

1950년대 미국의 원조는 민간에게도 크게 제공되었다. 그러나 민간으로 지원된 미국의 원조는 다수의 민간에게 넓게 지원되었기 때문에 민간의 우수성을 고양하는 데는 명백히 한계가 있었다. 초등학교 교실의 건설에서 보듯이, 미국의 원조가 단기에는 민간의 우수성을 끌어올리는 데 큰 역할을 하지 못했다. 농산물의 경우에서 보듯이, 민간을 경제적으로 더 어렵게 만들었던 사례도 있었다. 한마디로, 미국의 원조가 민간의 우수성에 미친 영향은 군대에 미친 영향에 비하면 상대적으로 매우 작았다고 할 수 있다.

군인들 중에서, 특히 장교들은 군사학 등을 통해 전투의 목표를 설정하고 그 목표를 어떻게 효과적으로 달성할 수 있는가를 배우게 된다. 그것은 생각하기에 따라서는, 그런 교육이 국가의 경영과 운영에 큰 도움이 될 것이라고 판단할 수 있다. 그렇게 생각하는 사고방식을 실제로 '사회공학적 접근법'이라고 부른다. 한국전쟁과 미국의 원조로 군대의 장교들은 국내의 어떤 집단보다 모든 점에서 우수하다고 스스로 판단했을 수 있다. 게다가, 군대 내부에서도 고위급 장교들의 일부는 부패에 연루되어 정풍과 숙군(肅軍)이 필요했다. 즉, 5·16 세력이 아니라도 1960-1961년 무렵에는 군인들 중에서 누군가가 쿠데타를 일으킬 수밖에 없는 정치·경제·사회적 환경이 마련되어 있었다고 저자는 주장한다. 왜 하필 쿠데타의 주동자가 박정희였는가 하는 질문에는 박정희 개인의 특성이 문제가 될 것이다. 이 장의 서두에서 저자는 쿠데타를 개인적 관점에서 접근하는 방법은 전적으로 틀린 것은 아니지만 그 설명력에는 한계가 있을 수밖에 없음을 지적한 바 있다.

5·16군사정변이 성공할 수 있었던 것은 쿠데타 세력이 내건 쿠데타의 '대의명분'이 그 무렵 다수 국민이 가장 원하는 것이었을 뿐만 아니라 미국이

<표 21-1> 한국과 북한의 연도별 1인당 GDP

(단위: 1990 Int. GK$)

연도	한국	북한	연도	한국	북한
1962	1,245	1,122	1982	4,557	2,841
1967	1,645	1,483	1987	6,916	2,841
1972	2,456	2,561	1992	9,877	2578
1977	3,775	2,841	1997	13,501	1,176

자료: www.ggdc.net/maddison/maddison-project/home.htm.

한국이라는 국가에 대해 가진 목적 또는 목표에 가장 잘 부합했기 때문이다. 당시 다수 국민의 요구는 경제적 풍요와 북한 공산주의의 위협으로부터 안보가 확실하게 보장되는 것이었다. 미국은 반공주의만으로 충분하지 않았을 수도 있지만 반공주의가 없어서는 안 되는 것이었다. 한마디로, 5·16군사정변 세력은 쿠데타의 대의명분을 비교적 잘 내걸었다고 평가할 수 있다.

이제 박정희가 실행한 제2쿠데타를 분석한다. 박정희는 1972년 유신체제를 선포하면서 독재자의 길로 들어섰다. 1972년 유신체제는 박정희가 실행한 제2쿠데타로 간주해야 한다. 물론 박정희는 5·16군사정변 때와 달리 무력을 사용하지도 않았을 뿐만 아니라 쿠데타 세력에 다른 세력을 추가했다. 그 다른 세력이란 박정희를 지지하는 지식인들이었다. 헌법학자들, 그를 지지했던 관료들, 일부 군인들 등이다. 그리고 박정희 자신이 쿠데타를 시도했다는 점에서 통상의 쿠데타가 아니고 '친위 쿠데타'의 한 종류라고 할 수 있다.

1차 경기변동으로 1970년부터 경제위기는 시작되었고 1972년 8·3 조치가 시행될 무렵에는 경제위기가 절정에 달했다. 1968년 초에 청와대를 폭파하고 대통령을 살해하겠다는 목적으로 김신조 일당이 침투함으로써 안보는 극도의 위기에 빠졌다. 더 큰 문제는 1972년에는 북한의 1인당 GDP가 남한의 그것보다 컸다는 점이다. <표 21-1>은 시점별 한국과 북한의 1인당 GDP를 보여준다. 1962년과 1967년의 1인당 GDP는 남한이 북한을 능가했다. 그러나 1972년에는 미세하나마 북한의 1인당 GDP가 남한의 그것을 능가했다. 이것은 체제경쟁에서 남한이 북한을 이기지 못했다는 증거로 볼 수도 있었다. 체제위기는 사실상 안보위기로 이어진다고 볼 수 있다. 국제 정세도 한국에 유리한 것이 아니었다. 미국의 닉슨 대통령은 1969년 닉슨독트린을 발표했다. 닉슨독트린이란 미국은 아시아에서 직접적인 군사개입을 피할 것이기 때문에 아시아 국가들은 자신들의 안보를 위해 자주적인 노력을 해야 한다는 원칙을 말한다. 이런 가운데 미국은 1971년 주한 미군 1개 사단을 철수할 계획임을 발표했다. 이 무렵의 한국은 판단하기에 따라 군사안보의 위기에 처했다고 할 수도 있었다. 박정희와 쿠데타 세력이 볼 때 1972년을 전후한 시기는 경제위기와 안보위기에다가 체제위기가 중첩된 시기였다. 쿠데타의 필요조건과 충분조건이 갖추어진 것이다.

게다가, 박정희는 국민을 설득할 얼마간의 자산도 보유했다. 그가 국제사회의 반대와 무시에도 불구하고 포항제철을 1968년 착공하여 건설 중이었고(1973년 준공) 1971년에 경부고속도로를 준공했기 때문이다. 박정희는 새마을운동도 쿠데타 직전에 막 시작했다. 그 세 가지는 대한민국 5,000년 역사에서 모두 처음 있는 일이기 때문에 생각하기에 따라서는 그 의미가 큰 것이었다. 거기에 더하여, 그가 시작한 경제개발을 그 자신이 마무리할 수 있는 기회를 줄 것을 국민에게 호소했다. 베트남전 파병으로 미국은 박정희의 쿠데타에 아무런 장애물이 되지 않았다. 쿠데타 세력에게 다행이었던 것은 1973년 1차

오일쇼크가 발생하면서 보통 사람들은 생존에 온 힘을 기울이지 않으면 안 되었기 때문에 쿠데타를 포함한 정치는, 적어도 일반인의 삶에서는 우선순위에서 밀려났다.

이제 전두환의 쿠데타를 보기로 한다. 1979년은 2차 경기변동이 시작되었던 해로 2차 오일쇼크도 중복되었다. 그 결과 부산, 마산, 창원 등에서는 합판, 신발, 가발 제조 등과 같은 경공업에서 큰 경제위기가 닥치면서 실업자들이 대량으로 발생했다. 정부가 1973년 중화학공업에 투자를 집중하면서 노동집약적인 산업들, 예를 들어 합판, 신발, 가발 제조 등에 종사했던 기업가들은 자금 마련에 큰 어려움을 겪었다. 부산, 마산, 창원 등에서 발생한 해고 노동자들은 훗날 '부마항쟁'으로 일컬어지는 데모를 했다. 즉, 부마항쟁은 경제위기가 정치위기로 번지고 있었던 사건이다. 경제위기와 정치위기가 중첩되면서 그 위기들의 1차 정점에서 1979년 10월 박정희는 살해되었다.[2] 박정희의 갑작스러운 죽음은 경제위기로 촉발된 부마항쟁에 정치위기를 누적시키는 형국을 만들었다. 1980년은 정치위기로 경제활동은 더 위축되었다. 즉, 1979-1980년은 경제위기와 정치위기, 두 위기가 서로 상승 작용을 하면서 위기를 악화시켰다. 1979-1980년의 경제위기와 정치위기는 쿠데타의 필요조건을 충족시키기에 충분했다.

쿠데타의 충분조건은 어땠는가? 1979년 12월 전두환을 중심으로 하는 신군부(新軍部)가 새로운 집권 세력으로 부상했다. 이것이 신군부의 군사 쿠데타이다. 그러나 신군부의 쿠데타는 1980년 5월 18일 광주에서 심각한 도전에 직

2 저자는 박정희의 죽음을 김재규 개인의 일로 설명하는 방법이 전적으로 틀렸다고 생각하지는 않는다. 그러나 제도 차원에서의 설명이 더 중요하다고 주장한다.

면했다. 신군부는 질서 유지라는 대의명분을 내걸고 무력으로 무고한 광주의 시민들을 무자비하게 살상했다. 전두환을 중심으로 하는 군부 세력은 경제위기와 정치위기를 해결하겠다는 의지, 동원 가능한 자원, 조직력, 지식 등에 있어서 다른 어떤 집단이나 세력보다 우수하다고 스스로 판단했다. 적어도 제한된 공간과 시간에서는 그랬다. 신군부는 광주 시민들을 희생양으로 자신들이 쿠데타의 충분조건을 갖추었음을 입증했다.

신군부의 쿠데타가 성공할 수 있었던 다른 요인은 쿠데타를 포함한 정치는, 적어도 일반인의 삶에서는 3공화국 때와 같이 우선순위에서 여전히 밀려나 있었다는 점이다. 왜냐하면 그 무렵의 보통 사람들은 3공화국 때와 다름없이 생존에 온 힘을 기울이지 않으면 안 되었기 때문이다. 그것은 경제개발이 20여 년이나 지속되었지만 정부가 각종 보조금과 특혜를 주는 방법으로 경제성장을 유도했기 때문에 1979-1980년 무렵 다수의 보통 사람의 삶은 '보릿고개'를 겨우 면한 정도이지 결코 풍요로운 것이었다고 볼 수 없었다.

신군부와 5·16군사정변 세력이 직면했던 정치·경제 환경은 크게 다르지 않았다. 세계는 여전히 냉전 시대였고 국내는 정치·경제 환경이 위기였다. 두 세력이 직면했던 환경에서 차이가 나는 점은 1960년대 초반보다 1980년대 초반에 경제적으로 조금 여유가 있었다는 것이다. 그럼에도 불구하고 다수의 보통 사람은 정치보다는 경제를 더 중요시했다. 둘 간의 다른 차이점은 미국의 원조가 1980년대 초반에는 거의 중단되었다는 것이다. 그러나 그동안의 원조로 한국 군대는 지속적으로 현대화되고 정예화되었다. 게다가, 언론은 독재정권에 의해 오랫동안 통제되었기 때문에 제구실을 하지 못했다. 신군부의 쿠데타와 5·16군사정변이 쌍둥이처럼 닮았던 것은 어쩌면 당연한 것일 수밖에 없었다.

한국전쟁으로 군부와 국가는 크게 부풀어올랐다. 미국의 원조는 그렇게 부풀어 오른 군부와 국가를 더 부풀어오르게 만들었다. 미국의 원조가 집중된 시기는 1955-1965년이기 때문에 그 기간에 미국의 원조는 한국의 군부와 국가가 부풀어오르는 데 가장 큰 영향을 주었다.

그러나 군부와 국가를 부풀어오르게 만들었던 것은 한국전쟁과 원조만이 전부가 아니었다. 박정희는 베트남전에 참전하겠다는 의지를 미국에 밝히고 그에 상응하는 대가를 챙겼다. 실제로 정부는 1964년 9월 의무대를 선발대로 하여 1965년 3월에는 공병과 수송병 2,000명, 1965년 10월에는 해병대와 육군 2만 명을 파병했다. 1973년 베트남에서 철수할 때까지 연인원 35만 명, 연간 약 4만 명의 병력이 베트남에 주둔하면서 남베트남에서 월맹을 소탕하는 일에 집중했다. 즉, 베트남전 참전도 군부와 국가를 부풀어오르게 만들었던 사건이다. 다만 그 정도가 한국전쟁이나 미국의 원조만큼 크지는 않았다. 그러나 그 영향을 무시할 수 있을 정도로 작은 것은 아니었다고 추정된다. 비록 연간 약 4만 명 정도의 병력이 베트남에 주둔했지만 그곳에서 군인들은 '실전'을 치렀기 때문이다. 베트남전 참전은 군부 집단으로 하여금 실제 상황에서 그들의 의지, 실행력, 조직력, 문제 해결 능력, 선전선동 능력, 행정력 등을 훈련하고 실행할 수 있는 기회였다. 그러므로 그런 경험이 없는 다른 어떤 집단이나 세력보다 의지, 실행력, 조직력, 문제 해결 능력, 선전선동 능력, 행정력 등에 있어서 군부가 우수해질 수 있는 기회를 가지게 되었다. 베트남전 참전은 한국 군부와 정부를 이전보다 더 부풀어오르게 하고 그 결과 군사 쿠데타 가능성을 높인 사건이었다.

한국군의 베트남전 참전비용은 미국이 제공했다는 점에서 한국 군부에게는 원조와 본질에서 차이가 없었다. 그 결과 베트남전 참전은 1965년부터 새로운 형태의 미국 원조가 주어지는 계기가 되었다고 이해할 수 있다. 그러므로 베트남전 참전, 즉 실질적인 의미의 원조는 1973년까지 계속되었다고 해도 무리가 없다.

베트남전 참전 기간에 한국의 기업들도 베트남전 군납 용역과 건설, 장병과 노무자의 수송, 베트남으로의 수출 등 소위 '베트남 특수'를 누림으로써 국제적 경험을 가지게 되었다. 이것이 한국 기업들이 가지게 된 최초의 본격적인 국제적 경험이었다. 이것은 한국 기업들과 노동자들의 지식, 의지, 실행력, 행정력 등의 수준을 한 단계 끌어올렸다. 그러나 그것은 결코 한국 군부의 실전 경험에 비할 바가 못 되었다.

국가와 군대가 부풀어 오르면서 군대화와 국가주의화도 더 진전되었다. 군대화와 국가주의화가 정점에 도달했던 사건은 삼청교육대 설치와 그에 따른 극심한 인권유린이다. 그럼에도 불구하고 경제제도와 정책은 비록 부분적이지만 간섭과 통제가 폐지되고 있었다. 이 점에 대해서는 다른 곳에서 다룬다.

요약하면, 한국전쟁, 미국의 원조, 베트남전 참전 등은 군부와 국가를 그 어느 때보다도 양적으로 부풀어오르게 만들었고 질적으로 발전하게 했다. 이 때의 부풀어오름은 단군 이래의 최대였을 뿐만 아니라 질적인 점에서 최고였다. 한국의 군부는 세 차례의 정치·경제 위기를 해결한다는 명분으로 쿠데타를 일으켰다. 그리고 그들은 세 번의 쿠데타를 모두 성공으로 이끌었다. 적어도 쿠데타 세력의 입장에서는 그렇다는 것이다. 미국의 원조, 특히 군사원조는 군부와 국가를 부풀어오르게 했던 중요한 요인들 중의 하나였다. 그리고 베트남전 참전은 다른 형태의 미국 원조였다. 그 결과 군사원조가 군부로 하여금 쿠데타의 충분조건을 갖추게 되는 데 큰 역할을 했다. 이것은 박정희와 그 쿠데타 세력과 전두환과 그 쿠데타 세력이 없었더라도 군부의 다른 장교들과 그 추종 세력이 쿠데타를 일으켰을 것이라는 의미이다. 그리고 3공화국과 5공화국 기간에 군대화와 국가주의화는 더 진전되었다.

저자는 세 번의 쿠데타가 일어나게 된 동기를 분석했다. 군부의 양적 측면에서의 성장과 질적 측면에서의 발전이 쿠데타의 충분조건을 갖추게 만들었다고 저자는 주장한다. 저자의 주장은 세 번의 쿠데타가 충분조건을 갖추게 되는 데는 한국전쟁, 미국의 원조, 베트남전 참전 등이 결정적 역할을 했음을 증명한 것이다. 그러나 저자의 이런 주장은 세 번의 쿠데타를 정당화 또는 합리화한 것이 아니다. 다만 저자는 한국전쟁, 미국의 원조, 베트남 참전 등이 한국의 국가와 군대를 부풀어오르게 만들었고 그런 부풀어오름이 세 번의 쿠데타를 발발하게 만들었다고 주장하는 것이다. 미국의 원조(베트남 참전 포함)는 국가와 군대의 부풀어오름과 발전을 더 가속화하게 만들었다. 그렇기 때문에 미국의 원조가 세 번의 쿠데타의 원인이 아님은 너무도 분명하다. 다시 말하면, 세 번의 쿠데타는 미국의 원조가 초래한 '의도하지 않은 결과'(unintended consequence)이다. 게다가, 세 번의 쿠데타에 대한 법적 관점, 정치적 관점 등에서의 평가는 독립된 검토와 분석이 필요하다.

유영익(2006, p. 479)은 "이러한 경험[군대의 비대화로 인하여 개인과 사회가 가지게 된 각종 경험, 저자주]은 한국 역사상 유례없는 것으로서 1950년대의 경제재건과 1960년대의 경제발전 등에 기여했다고 여겨진다."라고 주장한다. 원조를 통해 한국군 인력의 각종 경험 수준을 높이고 그 결과 그들이 경제개건과 경제성장에 기여했다는 점에서 유영익의 주장은 옳다. 그러나 원조에 의해서 미국 군사교육을 받은 인력이 쿠데타의 지원 또는 저변 세력이 됨으로써 역사상 유례가 없는 세 번의 쿠데타가 그 짧은 기간에 일어났다. 그 점에서 유영익의 주장은 틀린 것이다. 왜냐하면 유영익은 군대의 비대화가 한국의 사회, 정치, 경제 등에 미친 부정적인 영향을 고려하지 않은 것이기 때문이다. 그리고 군대의 비대화가 경제재건과 경제성장에 부정적인 영향을 미쳤던 부분도 있었다는 점에서도 유영익의 주장은 반쪽의 진실만을 지적한 것이다.

어떤 세력이나 집단이 쿠데타의 필요조건과 충분조건을 모두 갖추었다고 그런 쿠데타가 언제나 성공하는 것은 아니다. 쿠데타가 성공하기 위해서는 다른 쿠데타 세력을 얼마나 잘 억제하느냐 또는 통제하느냐 하는 것과 민심을 얼마나 잘 파악하느냐 하는 데 달려 있다. 왜냐하면 쿠데타 초기에는 반쿠데타 세력 또는 대안 쿠데타 세력이 엄청나게 많기 때문이다. 만약 정치위기와 경제위기가 클수록 그런 사정은 더욱 그렇다. 게다가, 민심을 얼마나 잘 파악하느냐 하는 점도 쿠데타 성공의 중요한 조건이다. 이와 더불어 쿠데타 세력의 응집력, 지적 능력, 선전선동 능력, 성공을 향한 열정 등도 쿠데타의 성공에 영향을 미친다.

마지막으로, 한 가지 강조해야 할 점이 있다. 앞에서 제시한 쿠데타 이론은 저자가 만든 것이라는 점이다. 그것은 아직은 그 쿠데타 이론의 옳고 그름에 대하여 더 검토가 필요하다는 것을 의미한다. 물론 그 검토는 이성에 의해 추론하는 것, 즉 선험적 방법에 의한 것이라야 한다. 그리고 저자가 만든 쿠데타 이론이 옳다면 세 번의 쿠데타에 관한 저자의 설명 또는 이해는 크게 틀리지 않는다. 그리고 저자가 제시한 쿠데타 이론은 다른 쿠데타 사례에도 적용 가능할 것이다.

제4편 원조의 국가주의

제22장

원조의 경제체제와 종합

1. 경제체제: 미국의 국가주의

미국이 한국에 제공한 원조의 성격을 어떻게 규정할 것인가? 미국의 원조는 원조의 효율적 관리를 위하여 원조자금 자체를 주된 투자재원으로 하는 경제재건계획이나 부흥계획을 수립하고 집행하는 정도의 소극적인 '계획경제'(planned economy)적 성격을 가졌다. 즉, 그것은 경제를 전부 계획하는 의미에서의 계획경제가 아니라 물동계획이나 재정안정계획을 추구한다는 의미에서 '경제계획'(economic planning)적인 것이었다. 그럼에도 불구하고 그런 경제계획은 소극적인 계획경제와 유사하게 국가주의라는 점은 분명하다.

미국의 원조가 그 자체로 경제계획에 의거 행해졌기 때문에 정치철학적으로는 국가주의라고 규정할 수 있다. 그렇다면 우리는 즉각 원조가 '어떤' 국가의 이익을 위한 것인가를 물어야 한다. 그것은 경우에 따라 모두 달랐다. 예를 들어, PL480호에 의한 농산물 원조는 미국 국가의 이익을 위한 것이지만 한국도 저환율정책을 시행함으로써 한국이라는 국가의 이익을 위하게 되었다. 그러므로 원조가 국가주의에 의한 결과임은 분명하지만 미국의 국가주의가 내포되어 있다는 점에서 한국의 국가주의만 문제가 되는 이 책의 다른 곳에서의 국가주의와 다른 것이다. 그리고 다른 결과를 초래했던 것도 명백하다.

원조가 해방 이후부터 3공화국까지 계속되었다. 바로 그 점 때문에 그 기간의 한국 국가주의는 미국 국가주의가 적당히 혼합된 상태가 되었다. 그러므로 그 기간의 역사를 이해하고 설명하고자 할 때 미국의 국가주의를 명시적으로 고려하지 않으면 그 이해나 설명이 부정확해질 수 있다. 다시 말하면, 1공화국과 3공화국의 국가주의는 원조를 통한 미국의 국가주의를 명시적으로 고려해야 한다는 것이다. 20장과 21장은 그런 노력의 일환이다.

2. 종합

미국의 원조가 한국경제에 미친 영향에 대한 전통적인 견해는 원조의 순(純)효과가 부정적이라는 것이다(홍성유, 1965 참조). 그러나 이영훈(2016, pp. 337-341)은 원조의 순효과가 긍정적이라고 주장한다. 이영훈은 전통적 견해에서는 군사원조가 한국경제에 미친 긍정적인 효과를 고려하지 않았다고 지적하고 그 효과를 모두 포함한다면 미국 원조의 순효과는 긍정적이라고 주장한다.

그러나 이영훈(2016)의 주장도 문제가 없는 것은 아니다. 그도 역시 미국의 원조가 한국경제에 미친 영향을 모두 고려하지 않고 있다는 점에서 문제가 있는 것이다. 미국의 원조가 모든 재화의 가격과 개별 재화의 가격에 영향을 미쳤을 뿐만 아니라 산업의 왜곡을 초래했다. 전자는 긍정적인 것도 있고 부정적인 것도 있지만 후자는 부정적인 면이 작지 않다. 물론 그 둘 모두 경제계산이 매우 어려운 사안이다.

원조에서 중요한 것 중의 하나가 한국 정부의 환율조작이다. 환율조작이란 정부가 수출입에 적용하는 환율을 자유시장 환율보다 의도적으로 낮게 또는 높게 정하는 것이다. 그리고 당시의 환율조작은 정부가 환율을 고정한 것이기 때문에 최고가격이기도 하다. 환율조작을 '경쟁' 개념으로 해석하면, 정부의 환율조작은 '불공정 경쟁'(unfair competition)을 강요하는 것이다. 환율조작은 미국의 농산물 수출업자들과 생산업자들, 한국의 농산물 가공업자들(예를 들어, 제면업자들)을 유리하게 하고, 한국의 농민들과 경제 내의 다른 생산자들(예를 들어, 한국산 농산물을 가공하는 업자들)을 불리하게 만들었다. 한마디로, 환율조작으로 나온 결과가 현실의 역사이고 그것은 불공정 경쟁의 결과라는 것이다.

미국의 원조를 이해하고 설명하고자 할 때 그 원조가 한국경제뿐만 아니라 한국의 정치, 사회, 문화 등 한국인의 삶 전부에 영향을 미쳤다는 점을 알 필요가 있다. 다시 말하면, 원조라는 경제행위가 경제에만 영향을 미치는 것이 아니라는 사실이다. 저자도 이 편에서 그 모든 것을 다루지는 않았다. 저자는 다만 원조가 한국인의 삶에 미친 영향 중에서 중요하다고 여겨지는 몇 가지를 중점적으로 다루었다.

미국 원조의 순효과를 측정하는 일은 쉽지 않다는 점을 강조할 필요가 있다. 원조가 한국의 경제에 미친 영향에 대해서도 경제계산이 불가능한 경우가 상당히 많기 때문이다. 설상가상으로 원조가 한국의 정치, 사회, 문화 등에 미친 영향은 경제계산이 전적으로 불가능할 뿐만 아니라 그 영향이 결코 작지 않았던 것도 사실이다. 그리고 그 영향은 저자가 평가할 수 있는 범위 내에 있지 않는 것도 있다.

제5편

5·16 군사정부의 국가주의

제23장

농어촌 고금리 사채 강제정리 사업과 농촌 복지정책

1. 서론

1950년대 농촌[1]은 위기에 처해 있었다. 일부 연도를 제외하고 1950년대 내내 농가들은 적자를 면치 못했다. 14장은 1950년대 농가의 위기 상황을 설명하고 있는데 그 내용을 간략히 요약하면 다음과 같다. 첫째, 1950년대 한국 농가는 일부 연도를 제외하면 적자를 면치 못했다. 둘째, 그 결과 약 90%의 농가가 부채를 지고 있었다. 셋째, 그 부채는 사채가 주였고 월 5% 이상의 고율 사채가 전체 부채의 약 3/4을 차지했다. 넷째, 1950년대 후반에는 부채가 수입에서 차지하는 비중이 점차 높아졌다. 그것은 시간이 지날수록 부채가 누적되면서 농민의 삶을 더 나쁘게 만들었다는 것을 의미한다.

국가재건최고회의는 1961년 5월 25일 "농촌 사채시장에서 농어민의 고리대차 관계를 법적으로 단절시킴으로써 농어민을 고리채의 질곡으로부터 해방시킨다"는 취지 하에 「농어촌고리채정리사업령」을 공표했다. 사실 농가 부채 대책의 일환으로 농어촌 고금리 사채를 정리해야 한다는 내용의 '고리채정리법안'이 1958년 민의원 총선을 앞둔 자유당에 의해서 이미 작성되었다. 그리고 1960년에 자유당이 고금리 사채 정리 사업을 시행했지만 재원 부족으로 곧바로 중단했다. 그러나 5·16 군사정부는 자유당에 의해 제대로 실현되지 못했던 고금리 사채를 정리하겠다는 결단을 내린 것이다. 그 결과 1공화국의 농어촌고리채정리사업의 내용은 5·16 군사정부의 농어촌고리채정리사업의 원형이 되었다.

1 특별한 언급이 없는 한, 이하에서 농촌이라고 말할 때는 당연히 어촌도 포함한다.

그러면 1950년대 농촌에서 문제가 되었던 사채거래의 일반적 특징을 요약한다.[2] 첫째, 사채거래의 대부분이 리(里) 경계를 거의 벗어나지 않았다. 이것은 좁은 마을단위와 달리 마을의 경계를 벗어나면 채권자가 채무자의 신용을 체크하는 일이 쉽지 않았기 때문이다. 게다가, 채무자 입장에서도 채권자로부터 사기를 당할 가능성을 배제할 수 있다. 왜냐하면 좁은 마을단위에서는 채권자도 턱없이 높은 금리를 채무자에게 요구할 수 없기 때문이다.

둘째, 현금 부채보다는 현물 부채가 우세했다. 그리고 현물 부채의 경우에 채권자와 채무자의 상호 대부가 일반적이었다. 그것은 어떤 사람이 현물의 채권자가 되기도 하고 그 채권자가 다음 번에는 채무자가 되기도 하였다는 것이다. 즉, 현물에 관한 한 채권과 채무의 관계가 역전되는 경우가 언제나 일어났다는 것을 의미한다. 그러나 현금 부채는 현물 부채와 달리 현금보유자가 채권자가 되는 일방적 관계였다.

농지에 비해 노동력이 부족한 사람과 노동력에 비해 농지가 부족한 사람의 거래를 연결해주는 것이 현물 부채이다. 노동 서비스를 제공하기 전에 쌀과 같은 현물을 받는다는 점에서 그것은 일종의 '선물거래'이다. 다만 당시에 현물 부채의 이자율이 월 5% 이상인 것이 문제라면 문제인 것이다.

셋째, 거래금액은 소액이 대부분이었으나 큰 금액도 없지 않았을 뿐만 아니라 큰 금액의 거래는 대부분 '계'를 매개로 이루어졌다. 그 무렵 농촌에는

2 이 요약은 충북 청원군 북일면 고리채 신고대장에 나타난 사채거래에 대한 이명휘(2010)의 연구를 토대로 한 것이지만 설명이나 해석은 저자가 추가한 것이 있기 때문에 그것이 이명휘와 다를 수밖에 없다. 두 가지 점 때문에 이 요약이 1950년대 사금융을 요약한 것으로 보기 어려운 측면이 있음을 인정하지 않을 수 없다. 그럼에도 불구하고 그 시대 사금융의 모습을 짐작하는 데 이 요약이 도움이 될 것으로 기대하기 때문에 여기에 삽입했다. 그리고 지역마다 사금융의 모습이 어느 정도 달랐음을 인정해야 한다. 1960년대 사금융에 대해서는 콜과 박영철(1984)을 참조할 수 있다.

다양한 목적의 계가 조직되어 있었을 뿐만 아니라 계원의 출자금이 다시 계원에게 대부되는 방식으로 계가 운영되었다.[3] 그러므로 계는 공식 금융기관의 역할이 미미했던 농촌에서 금융기관의 역할과 기능을 수행했다. 다만 그 금융기관이 비공식적인 것이고, 매우 폐쇄적인 것(예를 들어, 가입비가 필요)이고, 금융수단(예를 들어, 현물)이 상당히 다르며, 금융 기능만 수행하는 것이 아닌 점(예를 들어, 상호부조) 등에서 계는 공식 금융기관과 상당히 달랐다.

넷째, 사채의 용도는 교육, 농업시설과 농업경영, 생계, 관혼상제, 채무변제, 식량 등이었다. 이것은 사채가 채무자 자신의 목적을 위해 최선의 선택을 한 결과이지 5·16 세력의 주장처럼 낭비를 위한 것으로 볼 수 없음을 의미한다. 물론 당시 농촌에서 사치와 낭비를 일삼는 생활을 한 사람이 없지 않았을 것이나 예외라고 해야 할 것이다.

사채의 용도에서 특징적인 것은 교육이다. 이것은 채무자가 돈을 빌려서라도 다음 세대의 교육을 시켰음을 의미한다. 1950년대의 경제 환경이 매우 나쁜 때라는 점을 감안하면, 사채를 내어서라도 학교교육을 시켰다는 것은 교육열이 대단했음을 입증하는 증거이다.

다섯째, 사채는 담보가 없는 거래가 대부분이었는데 그것은 마을단위에서 거래가 이루어졌기 때문이다. 상환하는 경우에도 현금, 곡물과 같은 현물 등 뿐만 아니라 노동력도 상환수단으로 인정하여 거래가 이루어졌다. 왜냐하면 노동력을 더 중요하게 여기는 채권자도 없지 않았기 때문이다. 채권자와 채무자가 거래조건을 합의하는 것만으로 거래가 즉각 성사되는 경우가 많았

3 이 무렵에는 도시에도 계가 다수 존재했다. 여기에서는 농촌지역 계만을 다룬다.

기 때문에 일반적으로 거래비용이 크지 않았다.

여섯째, 사채금리가 연 50% 이상인 부채를 가진 농가가 전 농가의 약 90%를 차지하고 있었다. 당시 도시에서도 사채금리는 매우 높았다. 그리고 그렇게 높은 금리라도 결코 '약탈적'이라고 할 수는 없다(이 점은 아래에서 자세히 다룬다). 우리가 그런 금리를 약탈로 간주한다면 채권자 또는 채무자 중의 어느 일방이 매우 어리석을 뿐만 아니라 그 어리석음이 장기간 지속된다는 것을 가정해야 한다. 그러나 현실에서 그런 일은 일어날 수 없다. 사채금리가 왜 그렇게 높았는가 하는 것은 아래에서 자세히 다룰 것이다.

5·16 군사정부는 제1호 사업으로 농어촌 고리채 강제정리 사업을 시작한다는 내용을 발표했다. 그것들은 「농어촌고리채정리령」(1961. 5. 25), 「농어촌고리채정리법」(1961. 6. 10), 「농어촌고리채정리시행령」(1961. 7. 21), 「농어촌고리채정리법 중 개정령」, 「고리채정리법 중 변제의무에 관한 특별조치법」(법률 제2134호, 1969. 8. 4) 등으로 구체화되었고 약 10년 후에 그 사업은 최종적으로 종결되었다. 앞에서 나열한 법이나 령에 대한 내용은 필요한 곳에서 자세히 설명할 것이다.

1950년대 농가 가계수지의 적자가 지속되고 그 부채가 고금리 사채이면서 다수의 농민이 고금리 사채를 이용하고 있었다는 것은 농가와 농업이 위기에 처해 있었다는 것을 의미한다. 1950년대 농업의 위기는 두 가지 문제를 내포하고 있었다. 첫째, 농가의 부채가 누적될 수밖에 없는 원인들과 관련한 것이다. 이것은 농가 부채의 원인들을 탐구하는 일이고 이미 14장에서 분석한 바 있다. 둘째, 농가의 부채는 사채가 큰 비중을 차지하는 구조이고 그 금리도 매우 높았다는 것이다. 이 장에서 우리는 이 문제를 자세히 다룰 것이다. 다만 경우에 따라서는 농가 부채의 원인들에 대해서도 필요한 범위 내에서 분석할 것이다.

다음 절로 넘어가기 전에 당시 일반적으로 사용되었던 '고리채'라는 용어의 타당성을 검토한다. 1950년대 고금리 사채인 경우에도 고리채인 경우는 거의 없었다는 것이 진실일 것이다. 예를 들어, 차용자가 협박, 사기, 공갈 등에 의해 매우 높은 금리의 금융거래를 하는 경우는 고리채라고 할 수 있다. 그러나 그런 경우는 거의 없었다. 다른 한편, 정보의 비대칭성으로 인하여 예상 차용자가 매우 높은 금리를 조건으로 자원을 빌릴 수 있고 그것을 고리채라고 할 수 있을 것이다. 그러나 그런 경우는 고리채에 가깝지만–전자의 경우보다 고리채의 성격이 약하지만–현실에서 반복될 가능성은 매우 낮다. 현실에서는 대부자도 차용자를 장기간 그리고 반복적으로 속이기가 어렵지만 차용자도 장기간 그리고 반복적으로 사기 당하지 않을 것이기 때문이다. 그러므로 5·16 당시 사용했던 고리채라는 개념은 이론적으로 성립할 수 없는 것이다. 다만 인간이 신처럼 완전하지 않기 때문에 앞에서 언급한 사건이 전혀 일어나지 않는다고 볼 수는 없다. 그러나 그것은 비중이 매우 낮을 것이다. 그리고 평균적으로 도시보다 더 폐쇄적인 농촌 사회에서는 그 비중이 더 낮을 것이다. 고리채라는 용어는 매우 높은 금리의 '약탈성'을 강조하기 위하여 조어된 정치 용어라고 하겠다. 그러므로 이하에서는 '고금리 사채'라는 개념을 사용할 것이다. 그러나 정부가 발표한 내용을 서술할 때나 인용할 때만은 고리채라는 용어를 그대로 사용할 것이다.

게다가, 고리채라는 개념은 높은 금리가 '나쁘다'는 가치 판단이 내포되어 있다. 그러나 역사가는 역사를 설명하거나 이해하는 일에 있어서 가치 판단을 개입해서는 안 된다. 즉, 고리채라는 용어는 잘못 만들어진 것이다. 그러므로 우리는 이 장에서 고리채라는 개념 대신에 고금리 사채 또는 고금리 부채라는 개념을 사용할 것이다.

2. 사금융 발달의 원인

공식 금융기관이 금융의 주체일 때 공금융(시장)이라 하고 비공식 금융기관이 금융의 주체일 때 사금융(시장)이라고 불렀다. 콜과 박영철(1984)은 공금융과 사금융의 중간 단계를 두고 있으나 그들이 말하는 중간 단계는 사금융으로 보는 것이 적절할 것으로 저자는 판단한다. 그러므로 5·16 군사정부가 단행한 고금리 사채의 강제정리 사업은 사금융을 정리하는 사업이라고 간주해도 무리가 없다.

농어촌 고금리 사채 강제정리 사업에 대한 분석에 들어가기 전에 1950년대 농어촌에서 사금융이 발달한 원인과 사금융의 이자율이 평균적으로 그렇게 높았던 원인이 무엇인가를 분석한다. 그리고 이것을 고리채라고 부를 수 없는 이유를 추가적으로 제시한다. 이 세 가지 의문을 풀기 위해서는 1950년대 금융산업을 다루지 않으면 안 된다. 그러나 1950년대 금융산업을 모두 다룰 수는 없으므로 여기에서는 두 가지 의문과 관련이 있는 내용만 간략히 분석할 것이다.

1950년대 한국은행은 자신이 정부 또는 공식 금융기관에게 대출해준 금리를 매우 낮게 고정했다. 한마디로, 한국은행이 정부 또는 공식 금융기관에

<표 23-1> 일반은행의 대출금리와 예금금리

(단위: %/연)

<table>
<tr><th rowspan="2">연월일</th><th colspan="6">대출금리</th><th colspan="3">예금금리</th></tr>
<tr><th>무역금융</th><th>일반자금</th><th>어음할인</th><th>당좌대월</th><th>정부수집 자금</th><th>정부보증 대부</th><th>정기예금 (6개월)</th><th>정기예금 (1년)</th><th>보통예금</th></tr>
<tr><td>1950. 7. 1</td><td>9.9</td><td>14.6</td><td>13.1</td><td>15.0</td><td>9.9</td><td>6.2</td><td>3.5</td><td>3.8</td><td rowspan="5">0.9</td></tr>
<tr><td>1951. 4. 1</td><td>12.8</td><td rowspan="3">18.3</td><td rowspan="3">17.5</td><td rowspan="3">19.0</td><td rowspan="4">12.8</td><td rowspan="4">8.0</td><td>3.8</td><td>4.1</td></tr>
<tr><td>1951. 10. 10</td><td rowspan="3">16.4</td><td>4.4</td><td>4.8</td></tr>
<tr><td>1954. 6. 3</td><td>10.0</td><td>12.0</td></tr>
<tr><td>1959. 7. 15</td><td>17.5</td><td>13.9</td><td>18.3</td><td>8.0</td><td>15.0</td></tr>
</table>

자료: 한국은행(1962), 『경제통계연보』.

게 대출해준 금리는 일정 기간 고정되었던 '최고가격'이었다. 정부대상금 금리는 1950년대 지속적으로 연 2%로 고정되었다. 상업어음 재할인율은 1952년과 1959년에 인상되었으나 그 금리는 연 5.8-7.3% 수준에 머물고 있었다. 수출어음 재할인 금리는 1955년 연 12.8%에서 연 6.6%로 한 차례 인하되었다.

한국은행은 일반은행의 대출금리와 예금금리도 일정 기간 매우 낮게 고정했다. 즉, 일반은행의 대출금리와 예금금리 모두 일정 기간 고정되었던 최고가격이었다. <표 23-1>은 1950년대 일반은행의 대출금리와 예금금리를 보여준다. 두 금리와 관련한 몇 가지 특징을 요약한다. 첫째, 1951-1952년과 1958-1959년을 제외하고 1953-1957년만 보면 두 금리의 실질금리는 음이었다. 왜냐하면 연간 소비자물가상승률(서울 소비자물가상승률)이 1951년 530.5%, 1952년 116.5%, 1953년 25.3%, 1954년 28.2%, 1955년 81.1%, 1956년 31.6%, 1957년 16.2%, 1958년 −6.3%, 1959년 2.4% 등이었기 때문이다(배영목, 2004, p. 292 참조). 다만 1957년에 예금금리는 실질금리가 여전히 음이지만 대출금리는 실질금리가 양이었지만 그렇게 크지 않았다. 이것은 대출금리와 예금금리가 그만큼 낮게 고정되었다는 것을 의미한다.

공금융의 대출금리와 예금금리가 자유시장 금리보다 매우 낮게 고정된 현실에서 예금자들은 예금을 해야 할 인센티브가 적기 때문에 자금의 공급은 아주 적어지고 돈을 빌리고자 하는 자금의 수요는 크게 증가한다. 여기에서 예금과 대출이란 공식 금융기관의 예금과 대출을 지칭한다. 최고가격에서는 자금의 초과수요가 발생할 수밖에 없다. 초과수요 때문에 자금의 배분은 '배급'제에 의해 이루어질 수밖에 없다. 자원 배분자로서의 가격의 기능은 무시된다. 배급은 일반적으로 정부가 선호하는 개인이나 집단 또는 산업을 대상으로 이루어진다. 그리고 이 과정에서 거의 언제나 부패가 발생한다.

둘째, 공식 금융기관들의 자금에 대한 초과수요는 자금의 수요자들로 하여금 대체재를 찾게 만든다. 이때 대체재란 공식 금융기관들의 중개를 거치지 않는 자금이다. 공식 금융기관의 금융이 공금융이고 대체재란 사금융을 말한다. 한마디로, 1950년대 도시와 농촌에서 사금융이 크게 발달한 것은 공금융에 가해진 최고가격 때문이다. 당시 농촌은 도시보다 사금융이 더 발달했다. 왜냐하면 도시보다 농촌에서 공금융의 역할이 미미했기 때문이다.

공금융은 정부의 규제가 많고 대량 생산체제에 맞게 발달했기 때문에 그 다양성이 많지 않았다. 그러나 사금융은 정부의 규제가 거의 없고 금융 수요자와 금융 공급자의 요구에 맞게 발달했기 때문에 금융수단, 거래조건 등이 매우 다양했다. 예를 들어, 현물 부채는 농촌지역에서 자주 사용되었던 금융수단이었다. 이때의 노동 서비스도 공식 금융기관에서는 볼 수 없는 금융수단이었다.

사금융은 공금융의 대체재가 되고 사금융의 수요는 증가한다. 공금융의 공급이 규제 때문에 매우 억제되고 있기 때문이다. 사금융에 대한 수요 증가는 사금융의 금리를 상승하게 만든다. 이때 결정되는 금리는 공금융에 대한 대체재로서의 수요가 이동하지 않았을 때 결정되는 금리보다 높다. 다시 말하면, 공금융이 규제됨으로써 사금융이 자유시장일 때보다도 금리는 상승한다. 그리고 평균적으로 사금융의 금리는 공금융의 금리보다 높다.

셋째, 다른 사금융에 비해 농촌 사금융의 경우에 현금보다는 쌀과 같은 현물을 금융수단으로 이용하는 경우도 적지 않았다. 쌀과 같은 현물은 가격이 계절에 따라 영향을 많이 받는다. 그 경우에 자금 수요자는 금리를 더 높게 지불해야 한다.[4] 장리나 갑리(甲利)가 발생하는 이유이다. 그러나 장리의 이용기간이 조선 시대에 약 7-8개월이었다면 1950년대는 1년간이기 때문에 사실상 1950년대 장리는 조선 시대 말엽보다 상당히 인하되었다. 갑리는 대출 기간이 평균 7개월이었는데 조선 시대와 대출 기간이 큰 차이가 없었다. 장리나 갑리가 존재했던 가장 중요한 이유는 춘궁기 또는 추궁기에 현금에 대한 수요가 집중되었기 때문이었다. 교육비, 관혼상제비, 제사, 추석 이후에 식량이 소진되어 식량을 빌리는 경우 등에서 현금을 마련하기 위해 현물을 빌리고자 하는 수요가 발생했을 뿐만 아니라 대부분 그 시기가 일정 기간에 집중되었다. 다른 한편, 농지개혁 이후에는 1가구당 3정보가 소유 한도였기 때문에 현물을 타인에게 빌려줄 수 있는 공급자들도 많지 않았을 것으로 추정된다. 그

4 계절적 변동은 피할 수 없는 것이다. 그러나 현금을 금융수단으로 사용하는 경우에 풍년 또는 흉년이 들었을 경우의 위험을 채권자와 채무자, 어느 한 쪽이 일방적으로 부담해야 한다. 현물은 그런 위험을 완전히 배제하게 만든다는 점에서 훌륭한 결제수단이다.

결과 이 시기의 현물 부채의 금리는 높을 수밖에 없었다. 게다가, 장리나 갑리는 그 금리가 매우 높기 때문에 한 번 장리 또는 갑리의 현물 부채를 빌리면 다음번에 다시 빌리지 않을 수 없는 경우도 발생했을 것이다. 악순환이 시작되는 것이다.

넷째, 1년 만기 정기예금 금리는 1951년 4.8%에서 1954년 6월 3일에 12.0%로 인상되었다. 인상된 금리의 수준도 소비자물가상승률에 크게 못 미치는 수준이다. 이것은 1년 만기 정기예금의 실질금리가 음의 값을 가졌다는 것을 의미한다. 이 상황에서 공금융에서 대출 기간이 1년이 넘는 장기자금을 조달하는 것은 불가능하다. 산업은행은 산업금융채권을 발행하여 자금을 조달하였으나 그 비중이 매우 낮았고 그마저도 한국은행이 전액 인수하여 판매하기로 되어 있어서 민간으로부터 장기자금을 조달하는 것은 어려웠다(배영목, 2004, p. 319). 공금융의 이러한 한계는 사금융에도 영향을 미쳤을 것이다. 1950년대 사금융은 거의 대부분 1년 미만의 거래였을 것으로 추정할 수 있다. 그리고 단기금융이 장기금융보다 일반적으로 금리가 높다(이 점에 대해서는 추가적인 연구가 필요하다).

다섯째, 공금융으로부터 자금을 빌릴 수 있는 사람은 대기업가이자 상공업에 종사하는 사람들 또는 정부가 선호하는 기업가들이었다. 공금융에 대해서는 이들의 수요가 이미 초과수요 상태이기 때문에 다른 사람들은 공식 금융기관으로부터 대부를 받을 수 없었다. 공금융에 접근할 수 없는 농어민들, 도시 서민들, 중소기업가들은 사금융으로부터 자금을 빌릴 수밖에 없었다.

자금의 공급에 있어서도 이와 비슷한 현상이 발생한다. 1950년대 예금금리가 매우 낮았기 때문에 공식 금융기관에 장기적으로 예금하는 일은 좋은 선택이 아니었다. 농어민들, 도시 서민들, 중소기업가들은 위험은 높지만 금리도 높은 사금융을 선택할 수밖에 없었다. 공금융에 비해 사금융은 서로를 잘 아는 사람들끼리의 거래가 많기 때문에 거래비용이 낮았고, 담보가 없는 신용거래가 많았으며, 자금 공급자가 신속하게 결정하는 등의 장점이 있었다. 이것은 적지 않은 점에서 사금융이 공금융보다 효율적이었음을 의미한다.

그러나 모든 생산행위와 마찬가지로 금융의 중개행위, 즉 자금을 모으고 대출하는 과정에서도 '규모의 경제'가 존재하기 마련이다. 문제는 사금융은 규모의 경제가 거의 없지만 공금융은 규모의 경제가 매우 크다. 이것은 금융거래에서 사금융이 공금융보다 크게 불리한 부분이다. 사금융의 금리가 구조적으로 비쌀 수밖에 없는 부분이다.

여섯째, <표 14-3>은 1956-1963년의 연도별 농가 사채의 호당 평균 월 이자율 구성비를 보여준다. 이 표가 보여주는 바는, 사금융의 금리가 평균적으로 공금융보다 높았지만 금리가 매우 다양했다는 것이다. 농어촌고리채정리법의 영향을 받았던 1961-1963년을 제외하더라도 무이자의 비중이 3-15%라는 사실이 그 점을 보여준다. 다양한 이자율의 존재는 거래에서 '계약의 자유'가 잘 실천되었음을 의미한다. 그리고 다양한 이자율의 존재는 자금의 공급자들이 수요자들의 부채 상환 가능성을 적절히 평가했음을 또한 의미한다. 이것은 자금의 공급자들이 자금의 수요자들을 착취한다는 전제-비록 그 전제는 암묵적인 것이지만-에 기초하고 있는 고리채라는 개념이 틀렸음을 또한 의미한다.

일곱째, 사금융의 명목금리와 공금융의 명목금리는 크게 차이가 나는 것은 분명하지만 실질금리라는 측면에서는 그 차이가 좁혀진다. 공금융에서는 초과수요가 발생하기 때문에 공식 금융기관으로부터 대부를 받는 자금 수요자들은 배급을 받기 위하여 노력하지 않으면 안 된다. 그 노력이라는 것이 대출을 심사하는 공식 금융기관 직원들이나 그 직원들에게 영향을 미칠 수 있는 인물들에게 뇌물을 바치는 것일 수도 있고, 대출 심사를 오래 기다리는 것일 수도 있고, 평소에 은행 담당자들을 자주 만나면서 관계를 잘 유지하는 것일 수도 있다. 초과수요 때문에 공금융에서 자금의 수요자들은 금전적 대가만 지불하는 것이 아니라 많은 경우에 비금전적 대가도 지불하지 않으면 안 된다. 즉, 공금융 이용자들은 금리라는 금전적 대가와 비금전적 대가를 합계한 비용을 공금융을 이용하는 대가로 지불하지 않으면 안 된다. 결국 사금융과 공금융의 실질금리의 차이는 두 금융의 명목금리 차이만큼 크지 않다. 그리고 그것은 경우마다 모두 다르다. 공금융에서의 거래비용이 모두 다르기 때문이다.

여덟째, 1950년대 사금융, 특히 농촌 사금융은 어떤 종류가 있었는가? 이명휘(2010)에 의하면 개인신용시장, 계시장, 전문대부시장 등이 있었다.[5] 특히, 금액이 큰 금융거래는 대부분 계시장에서 이루어졌을 뿐만 아니라 주요 대부처가 계원이었다. 그리고 현금이 아니라 현물을 금융수단으로 하는 금융거래도 적지 않았음을 알 수 있다(그러나 이것이 1950년대 사금융시장 전체의 모습과 일치하는가는 더 많은 연구가 필요하다).

5 콜과 박영철(1984)은 사금융이 개인신용시장, 계시장, 비공식적 상업어음시장, 사채시장(대규모 비공식 신용중개인 시장), 사설금융회사 등으로 이루어졌다고 설명하고 있다. 이명휘에 비해 콜과 박영철의 연구에서 사금융이 발달하고 시장의 종류도 다양해진 것으로 서술된 것은 콜과 박영철은 1960년대를, 이명휘는 다른 이유도 있겠지만 1950년대를 다루고 있기 때문이다. 이것은 1960년대가 1950년대 비해 사금융의 규모도 더 커졌을 뿐만 아니라 종류도 다양해졌다는 것을 추정하게 한다. 이 점에 대한 연구가 필요하다.

아홉째, 1950년대 사금융시장이 매우 발달했던 것은 분명해보인다. 공금융의 실질금리가 매우 낮았거나 음이었기 때문이다. 그러나 그 규모를 추정한 연구를 찾을 수 없다. 그리고 금융시장 전체에서 공금융과 사금융의 중요성에 대해서도 추정한 연구가 없는 실정이다. 다만 콜과 박영철(1984, pp. 131-132)은 1963-1972년까지 사금융시장의 규모를 추정하였다. 그리고 그들은 1964-1978년 기간의 사금융시장에서의 사채의 규모를 추정한 자료를 추가로 제시했다. 그러나 그들이 제시하는 사금융시장의 규모는 어디까지나 추정치라는 것을 유의할 필요가 있다. 1960-1970년대 금융시장에 대해서는 35장에서 분석한다.

요약하면, 1950년대 금융산업은 공금융과 사금융의 이중구조였다. 그리고 평균적으로 사금융의 금리가 공금융의 금리보다 높았을 뿐만 아니라 다양했다. 금융산업이 이중구조가 되었던 것은 공금융에 가해진 금리규제를 포함한 각종 규제 때문이었다. 그 결과 사금융도 크게 발달했을 뿐만 아니라 농촌의 전 지역에서 사금융이 발달했던 것은 결코 우연이 아니다. 그러므로 금융의 이중구조를 "일본 식민지 시대부터 지속되어 온 경제의 이중구조에 뿌리를 두고 있다. 우리 경제는 전통적 농업 부문과 근대적 산업 부문이 병존하는 이중구조를 보이고 있다. 근대적 산업 부문은 공금융시장에서 자금을 조달할 수 있었던 반면, 전통적 농업 부문은 사금융시장에 의존할 수밖에 없었다."는 박원암(2004, p. 381)의 주장은 금융산업 이중구조의 구체적인 원인을 분명히 하지 않고 있다는 점에서 틀린 것이다. 그는 '경제의 이중구조'라는 막연한 개념에 의존해서 금융의 이중구조를 설명하고 있는 것이다. 그는 또한 금융의 이중구조와 경제의 이중구조가 어떻게 인과관계를 가지는가를 설명하지 않는다. 일본 식민지 시대부터 금융이 이중구조가 되었던 것은 정부가 금융산업에서 공식 금융기관의 금리를 최고가격으로 규제했기 때문이다. 그리고 해방 이후에도 이중구조가 거의 그대로 유지되었던 것은 해방 이후에도 정부가 공식 금융기관의 금리를 규제했기 때문이다. 박원암의 설명은 콜과 박영철(1984, pp. 54, 114-115)에 그 뿌리를 두고 있다. 다만 콜과 박영철(1984, p. 115 인용)은 사금융시장이 "공금융기관의 단기간접증권과 밀접한 대체 관계에 있고, 기간이 1년 이하인 단기본원적 증권시장"으로 규정함으로써 공금융과 사금융이 대체 관계에 있음을 지적하고 있다. 그러나 그들이 사금융이 공금융의 대체재라고 주장한 점은 옳으나 사금융이 공금융에 대한 규제로 인하여 발달하게 되었음을 지적하지 못하고 있다. 그 결과로 그들은 사금융이 공금융의 대체재가 되었음을 설명하고 있을 뿐이고 대체재가 되는 '과정'을 설명하지 못한 것이다. 그리고 고리채라는 개념은 전적으로 잘못된 것일 뿐만 아니라 사금융과 공금융의 실질금리의 차이는 두 금융의 명목금리 차이만큼 크지 않았다.

1950년대 금융시장의 몇 가지 특징은 1960년대를 지나 1970년대도 상당 부분 온존했다. 그것들은 금융의 이중구조, 공금융에 비해 사금융의 금리가 매우 높았던 점, 공금융의 배급제, 사금융이 공금융의 대체재였던 점 등이다. 그런 특징이 생겨나게 된 근본적인 원인은 정부가 공금융의 금리를 최고가격으로 규제했던 반면에 사금융에 대해서는 그런 규제가 없었기 때문이다. 3공화국 시대의 금융시장에 대해서는 35장에서 자세히 다룬다.

3. 농어촌 고금리 사채 강제정리 사업

(1) 사업의 동기

「농어촌고리채정리법」에서 법의 목적을 제1조에서 다음과 같이 명시하고 있다. 즉, "본법은 농어촌 고리채(이하 고리채라 함)를 정리함으로써 농어촌 경제의 안정과 성장발전을 촉진함을 목적으로 한다." 다시 말하면, 법은 농어촌 고금리 사채 강제정리 사업의 목적이 '공익'임을 천명하고 있다. 5·16 군사정부는 이런 종류의 사업에서 거의 언제나 그렇듯이 사업의 공익성을 내걸었다. 그러나 이것은 명목적인 것이고 실질적인 것은 아니다.

그러나 5·16 군사정부는 쿠데타의 지지를 대가로 높은 금리를 지불하고 있었던 부채를 조정하여 채무자들, 특히 영세농민들에게 경제적 이득을 주고자 한 것이 이 사업의 실질적인 목적이었다. 한마디로, 농어촌 사채 강제정리 사업은 실질적으로는 공익이 아니라 경제적 동기에 의해 만들어지고 시행되었던 것이다. 사실 1961년 5월 25일 국가재건최고회의는 고리채정리사업령에서 "농촌 사채시장에서 농어민의 고리대차 관계를 법적으로 단절시킴으로써 농어민을 고리사채의 질곡으로부터 해방시킨다."라고 함으로써 사업의 경제적 동기를 명시했다(이 점은 다음 절에서 더 자세히 설명할 것이다).

(2) 사업의 내용

군사정부는 농어촌 고금리 부채를 정리한다는 명분으로 여러 번에 걸쳐서 법, 시행령, 개정령 등을 발표하거나 그 내용을 수정했다. 여기에서는 농어촌 고금리 사채 정리를 위하여 최종적으로 적용했던 규정들을 필요한 범위 내에서 설명한다.

첫째, 군사정부는 금리가 연 20%를 초과하는 부채를 고리채로 규정했다. 여기에서 부채란 현금 부채뿐만 아니라 현물 부채도 포함했다. 그러므로 금리가 연 20%를 넘지 않는 부채는 고리채가 아니다. 이 점이 중요하다. 고리채의 범위를 군사정부가 규정한 것이지 어떤 이론이나 원리에 의해 규정된 것이 아니라는 것이다.

둘째, 채권자는 농협으로부터 자신의 채권을 1년 거치 4년 분할[6]하여 원리금을 상환 받되 금리는 연 20%로 했다. 농협은 채권자에게 상기 조건의 농업금융채권을 교부했다. 채무자는 자신의 채무를 농협에 갚되 금리는 연 12%로 하고 5년간 분할 상환해야 했다. 이것은 기존의 대차 관계를 폐지하고 농협이 채권자인 농민에게는 채무자가 되고 채무자인 농민에게는 채권자가 된다는 것이다. 두 관계에서 연 8%의 금리 손실은 정부가 농협에 지불하는 것으로 했다.

셋째, 채권자와 채무자가 동시에 채권과 채무를 신고할 의무를 가졌다. 신고하지 않은 경우에 채권자의 변제청구권은 소멸한다고 규정했다. 이것으로 고금리 사채의 경우에 채권자와 채무자 모두가 신고하도록 유도했다. 그리고 불성실신고자 또는 부정행위자는 5년 이하의 징역 또는 5만 원 이하의 벌금에 처하도록 하였다. 그리고 이 규정과 첫 번째 규정과 결합하면 고리채

6 최초에는 원리금을 2년 거치 5년 분할 상환하도록 되어 있었다. 채권자들의 불만이 제기되자 상환조건을 채권자에게 약간 유리하도록 변경했다.

가 아닌 경우는 신고 의무가 없다고 규정했다.

넷째, 현물 부채는 1961년 5월 15일 당해 지방의 시가를 환산가격으로 했다. 그리고 1961년 5월 25일 이전의 채권·채무 관계만 고금리 사채 정리 대상으로 했다. 이로써 1961년 5월 25일 이후의 채권·채무 관계는 「농어촌고리채정리법」이 적용되지 않음을 분명히했다.

다섯째, 1,000원 이하의 소액 채권은 1년 이내에 상환하되 연 20%의 금리를 지불하도록 했다. 이것은 영세채권자를 보호하기 위한 것이었다. 15,000원을 초과하는 부채에 대해서는 원칙적으로 고리채 정리 대상에서 제외하였다. 그러나 15,000원의 한도를 초과하는 초과액에 대해서도 신고하도록 함으로써 '실질적으로' 연 20% 이상의 금리를 받지 못하도록 했다.

여섯째, 고리채정리위원회(이하 위원회)를 설치하고 위원회는 고리채의 신고, 조사, 원리금의 조정, 고리채 정리 대상 금액의 판정, 현물 부채의 환산과 판정 등의 업무를 처리했다. 리·동에서는 리·동 위원회, 시·읍·면에서는 시·읍·면 위원회를 설치했다.

위 내용을 종합하면 다음과 같다. 첫째, 군사정부는 민간인들의 채무를 국가 금융기관이 떠맡도록 함으로써 채무를 사실상 '금융 사회주의'로 만들었다. 이것이 농어촌 고금리 부채 강제정리 사업의 핵심이다. 둘째, 군사정부는 채권과 채무에 대해서 각각 연 20%와 연 12%의 최고가격을 결정했다. 즉, 군사정부는 이자율을 강제로 큰 폭으로 인하했다. 셋째, 상환조건을 채권자에게는 원래보다 더 불리하게 만들고, 채무자에게는 원래보다 더 유리하게 만들었다. 채권에는 1년 거치 4년 분할 상환을 하게 함으로써 원금과 이자 연 20%를 한 번에 상환 받는 것보다 상환조건이 다소 더 나빠졌다. 채무자는 5년

분할 상환함으로써 원금과 이자 연 12%를 한 번에 상환하는 것보다 상환조건이 다소 더 좋아졌다. 넷째, 군사정부는 금리가 연 20% 이하인 경우는 강제정리의 대상에서 제외하였다.

(3) 사업의 경과

1961년 12월 31일 현재 고리채 신고 건수는 1,170,671건이고 금액은 48억 600만 원이었다. 이중에서 고리채로 판정된 것은 건수로는 890,329건이고 금액은 29억 2,700만 원이었다. 금액 기준으로 고리채로 판정된 것은 전체 신고 금액의 약 60%였다. 48억 600만 원은 농가가 가진 총부채는 물론 아니다. 왜냐하면 사채만 신고 대상이었고 공식 금융기관에 대한 채무, 무이자 사채, 상쇄 가능한 채권, 연 20% 이하의 사채 등을 제외했기 때문이다.

농협은 그중에서 685,015건, 24억 9,340만 원은 융자 대상이고 205,313건, 4억 3,360만 원은 미융자 대상으로 판정했다. 장기출타와 이사, 오판, 융자 거부 등이 미융자의 이유였다. 이것은 정리위원의 오판을 포함하여 농민들이 고리채 정리 사업을 직·간접적으로 거부한 것이다. 고리채의 차입선은 상인을 포함한 전문대부업자(41.3%), 일반개인(33.1%), 곗돈(17.5%), 머슴살이돈(5.2%) 등이고 그것들의 합계금액이 앞의 24억 9,340만 원의 약 97%를 점하였다. 이것으로 우리는 당시 사금융이 전문대부시장, 개인신용시장, 계시장, 기타 등으로 이루어졌음을 추정한다.

충북 청원군 북일면 고리채 신고를 보면 연 20% 이하의 금리로 판정된 것이 전체 신고 건수 1,447건의 약 78.8%였다. 이것은 사실 채권자와 채무자가 합의하여 연 20% 이하의 금리로 신고하여 고리채로 판정되는 것을 회피한 것으로 볼 수 있다. 왜냐하면 농업은행 조사에 의하면 1960년 9월 30일 현재 연 36% 이상의 금리를 부담하는 부채는 농가 호당 금액 기준으로 전체의 88%였다. 만약 농업은행 조사가 모(母)집단을 잘 나타내고 있다면 그리고 북일면의 금리 분포가 모집단과 크게 다르지 않다면, 북일면의 사채에서 연 20% 이하의 사채가 많았던 것은 채권자와 채무자가 금리와 상환조건을 다시 합의하여 신고한 것으로밖에 볼 수 없다. 그러나 북일면의 금리 분포가 모집단과 크게 다를 수도 있다. 지금으로서는 어느 쪽이 정확한 것인가를 알 수 없다. 다만 여기에서는 분석의 목적으로 전자가 옳다고 가정한다.

왜 채권자와 채무자는 위원회에 신고하는 대신에 재계약–구두이든 서면이든 상관없이–하는 방법을 택했는가? 만약 채권·채무를 신고한다면 채권자는 일방적으로 큰 손해를 입어야 하고 채무자는 큰 이득을 보게 된 상황에서 왜 채무자는 신고를 하지 않았는가? 여기에서 신고에 있어서 중요한 점은 명시적으로는 연 20% 금리가 필수적이라는 것이다. 그렇지 않으면 위원회가 그 거래를 예외로 취급하지 않고 신고를 접수할 것이기 때문이다.

채권자 입장에서는, 농협으로부터 원금을 연 20%의 금리와 함께 1년 거치 4년 분할 상환 받는 것보다는 금리를 20% 이하로 할인해주고 농협을 거치지 않고 직접 채무자로부터 1년 이내에 원리금을 일시불로 상환 받는 것이 훨씬 유리하다. 일시불 상환은 분할 상환에 비해 금리는 동일하지만 원리금을 동시에 상환 받는다는 점에서 매우 유리한 상환조건인 것이다. 채무자 입장에서는, 5년 분할 상환하는 것이 유리한 것은 틀림없으나 채권자로부터 금리를 크게 할인 받고 채권자의 뜻대로 상환조건을 변경해주면 채무자도 이득이 생길 수 있다. 그 이득이 당장의 금전적 이득이 아닐지라도 말이다.

당시의 상황을 정확히 알 수 없기 때문에 추정할 수밖에 없다. 당시 농촌에서는 채무자도 다음번에는 채권자가 되는 경우가 자주 있었기 때문에 채권자를 일방적으로 손해를 보게 하는 방법은 채무자가 채권자가 될 때를 생각하면 좋은 방법이 아니었을 수 있다. 채권자가 채권을 돌려받아 목돈을 일시에 사용해야 하는 경우-경조사의 경우-에 채무자가 그런 상황을 완전히 모른 척하는 것은 아주 좁은 농촌 마을에서 쉬운 일이 아닐 수도 있었을 것이다. 채권자가 분할 상환을 너무 싫어하기 때문에 금리를 낮추어 주는 방법으로 재계약을 했을 수도 있다. 채권과 채무를 신고하면 채무자만 유리해진다는 비난을 피할 수 없다. 재계약한 다른 이유도 생각해볼 수 있다. 분명한 것은 재계약이 이루어진 것은 신고를 통해 채무자가 자신이 챙길 수 있는 이득만 고수할 수 없었다는 것을 의미한다.

신고를 회피한 것은 금리를 연 20% 이하로 신고하고 금리와 거래조건에 가해진 정부의 규제를 회피했다는 의미이다. 그리고 위원회가 그런 신고를 큰 문제없이 받아들였기 때문에 가능했을 것으로 판단된다. 위원회도 군사정부의 사업이 문제가 있음을 시인했다는 증거이다. 물론 전국의 모든 위원회와 한 지역의 모든 고리채정리위원회가 동일한 입장이 아니었을 것은 분명하다. 그러나 이렇게 금리를 합의하여 허위 신고한 경우는 북일면에서만 발생했던 것은 아니라고 추정된다.

그러나 이명휘(2010, pp. 102-103)는 금리를 원래의 계약보다 매우 낮게 신고하여 고리채 대상에서 제외토록 한 것, 즉 원래의 계약에서 이자 삭감이 발생했던 이유를 군사정부의 설득 때문이라고 주장하고 있다. 그러나 군사정부가 채무자의 금리 부담을 줄여주는 것이 고리채 강제정리 사업의 목적이라는 점에 비추어보면 군사정부가 이자를 삭감할 것을 설득했다는 주장은 합리적인 추론이라고 보기 어렵다.

그러면 강제정리 사업은 어떻게 귀결되었는가? 여기에서 가장 중요한 것은 농협이 채권자에게 얼마나 잘 상환했는가 하는 것과 농협이 채무자로부터 채무를 잘 회수했는가 하는 것이다. 물론 전자보다는 후자, 즉 회수가 훨씬 더 중요하다. 1950년대 농가는 적자가 누적되고 있었기 때문에 채무를 회수하는 일이 쉬운 일이 아니었을 것을 쉽게 예상할 수 있다. 그렇지 않다면 부채가 누적되지 않았을 것이다.

<표 23-2>에서 보듯이 농협이 채권자들에게 상환해야 할 채무는 1971년 12월 31일 현재 4,297백만 원이고 그중 97.4%를 상환했다. 농협은 사실상 사채의 채권자들에게 거의 대부분의 채무를 상환했다. 다만 1966년까지도 총상환액의 약 51.9%만 상환하여 사실상 분할 상환 기간이 법에서 규정한 4년보다 훨씬 긴, 거의 10년이 걸렸다. 이것은 사실상 사채의 금리가 4년 분할 상환 때보다 더 낮아졌다는 것을 의미한다. 즉, 사채의 채권자들은 고금리 강제정리 사업으로 실제로는 금리가 훨씬 낮아졌다는 것이다.

<표 23-2>에서 농협이 사채의 채무자들로부터는 1966년 5월 24일 현재 총회수액의 21.3%, 1968년 45.9%, 1971년 53.3%를 회수했다. 1971년 현재 총회수액 3,749백만 원 중에서 1,997백만 원을 회수하고 1,752백만 원을 미회수한 것이다. 1,752백만 원 중에서 완전히 회수 불능은 927백만 원이고 그 금액은 총상환액 4,297백만 원의 21.6%이다. 완전하게 회수 불능인 927백만 원은 총회수액 3,749백만 원의 24.7%이다. 1971년 시점에서 회수 가능하다고 판단했지만

<표 23-2> 농협의 채무 상환과 채권 회수

(단위: 백만 원)

연월일	채무 상환(농협 → 채권자)			채권 회수(채무자 → 농협)		
	총상환액(A)	상환 실적(B)	상환율 (C)=(B/A)×100	총회수액(D)	회수 실적(E)	회수율 (F)=(E/D)×100
1966. 5. 24[1)]	4,333	2,250	51.9	3,749	800	21.3
1968. 12. 31	4,333	4,158	96.0	3,749	1,722	45.9
1971. 12. 31	4,297	4,185	97.4	3,749	1,997	53.3

주: 1) 고리채 정리 사업의 법적 완료 시점.
자료: 이명휘(2010), pp. 110-116에서 작성. 원자료: 농협중앙회, 『농업연감』, 1962-1967년에서 작성.

회수하지 못한 금액인 1,752백만 원 중에도 농협이 회수 못한 금액이 일부 있었고 그것은 1981년에 농협이 스스로 손실 처리했다.

결국 농협은 927백만 원(건수로는 116,497건)은 전부 회수하지 못했고 1,752백만 원 중에서도 일부는 회수하지 못했다. 정부는 927백만 원을 고리채정리법 중 변제의무에 관한 특별조치법(1969. 8. 4)에 의해 상환 불능으로 일괄처리했다. 정부가 채무자의 변제의무를 면제해준 것이다. 그리고 이들은 주로 머슴, 품팔이, 군경유가족, 0.3정보 이하의 토지 소유자 등이었다.

농협의 손실분은 정부의 예산에서 지원되었지만 오일쇼크로 인한 경제위기로 1974년에야 예산이 편성되었다. 변제 가능한 채무 중에서도 회수를 잘하지 못했던 채무는 1981년에 농협이 손실을 부담하고 자체적으로 사건을 종결했다.

요약하면, 1960년 9월 농가 부채 조사에서 총부채 원금은 151억 원[7](미불이

7 이 문단에 나오는 모든 수치는 이자를 제외한 원금만이다.

자 포함 182억 원)이었다. 물론 이 금액은 추정치이다. 그중 1961년 12월 말 현재 정부의 고리채로 신고된 것은 약 48.1억 원, 그중 고리채로 판정된 것은 약 29.3억 원, 그러나 고리채 정리 사업의 대상이 된 것은 약 26.6억 원(소액부채 1.1억 원 포함)이다. 약 26.6억 원이라는 금액은 농가의 총부채 원금 151억 원의 약 17.6%이다. 고리채 정리 사업의 대상이 48.1억 원에서 29.3억 원을 거쳐 26.6억 원으로 확정된 것은 당시 농민들이 여러 가지 이유로 고리채 정리 사업을 무력화시켰기 때문이다. 그중 9.27억 원(이것은 26.6억 원의 약 34.8%임)은 공식적으로 변제의 면제가 이루어졌고 17.52억 원은 채무의 변제가 가능하다고 판단되었으나 그 일부는 농협이 회수하지 못하고 사업이 종결되었다.

이득과 손해를 기준으로 정리해본다. 결국 26.6억 원의 고금리 부채가 연 20% 이하의 부채로 조정되었다. 그 부채에 대하여 채무자는 연 12% 이하의 금리를 지불했다. 이 금리의 차이를 정부가 세금으로 지불했다. 일부의 채무자는 채무(원리금 합계)의 변제가 완전히 면제되었고 그 채무는 정부가 세금으로 변제했다. 일부의 채무자도 채무(원리금 합계)의 변제가 면제되었지만 그 채무는 농협이 부담했다. 그러나 농협이 정부기관이었다는 점에서 농협이 변제한 채무는 사실상 정부가 세금으로 변제한 것과 차이가 없었다.

(4) 사업의 결과와 영향

고금리 부채 정리 사업의 결과와 영향으로 구분하여 분석한다. ① 사업의 결과를 먼저 보기로 한다. 5·16 군사정부가 최초로 야심차게 시행한 농어촌 고금리 부채 강제정리 사업은 명백히 실패했다. 실패의 원인을 금융 측면과 농업정책 측면에서 분석해본다.

금융 측면을 먼저 설명한다. 금융산업이 이중구조가 되었던 근본적인 원인은 공식 금융기관의 금리에 대한 규제 때문이었다는 것을 앞에서 지적했다. 문제는 이 이중구조가 1960년대에는 상당히 변했지만 이중구조 자체가 없어지지는 않았을 뿐만 아니라 이중구조의 모습이 농촌에 불리하게 변했다는 점이다.

1965년 9월 30일에 단행된 금리의 현실화 조치로 공식 금융기관 금리는 큰 폭으로 인상되었다. 금융기관 대출금리는 1965년 9월 30일자에 상업어음할인 연 24.0%, 수출어음(외화표시 공급어음 포함) 연 6.5%, 기타 어음(1년 이내) 연 26.0%, 당좌대월 연 26.0%, 콜론 연 22.0% 등이었다. 1959년 7월 15일자 어음할인 금리는 연 17.52%, 무역금융 연 13.87%였다(최대식, 1993, p. 139 인용). 1959년 대출금리와 비교하면 1965년에 어음할인 금리는 연 7%가량 인상되었지만 무역금융은 연 7%가량 인하되었다. 1959년 이자율과 비교할때 1965년 이자율 체계는 무역업자들에게는 유리하게, 비무역업자들에게는 불리하게 개정되었다. 그러나 평균적으로 대출금리는 인상되었던 것은 분명하다. 1965년 9월 30일에 예금금리는 정기예금은 6개월 만기 연 24.0%, 1년 만기 연 26.4%, 정기적금 연 30.0%로 인상되었다. 1959년 7월 15일자에 정기예금은 6개월 만기 연 8.0%, 1년 만기 연 15.0%였다. 정기예금 금리가 6개월 만기는 16.0%포인트, 1년 만기는 11.4%포인트 인상되었음을 알 수 있다. 예금금리는 저축을 유도하기 위하여 큰 폭으로 인상되었다. 그 결과 1965년 소비자물가상승률 연 10.2%를 고려할 때 1965년 9월 30일 기준 6개월 만기 정기예금의 실질금리가 연 약 14%, 상업어음할인의 실질금리가 연 약 14%가 되었다. 1965년 사채의 실질금리가 연 약 48.6%(<표 35-2> 참조)라는 점에 비추어 볼 때, 예금의 실질금리가 약 14-16%나 되었지만 1965년 9월 30일 현재 정기예금 금리는 자유시장 금리보다 여전히 크게 낮았다고 추정할 수 있다. 그러나 분명한 것은 1965년 9월을 기점으로 정기예금의 실질금리가 연 약 14-16%가 되면서 저축자들에게 저축의 상당한 유인을 제공했을 것이다. 그 결과 농촌에서의 저축자들은 농촌에서의 비공식 금융거래의 일부를 도시의 공식 금융거래로 이전했을 것을 추정할 수 있다. 농촌의 사채금리가 높았지만 비공식 금융거래인 만큼 위험도 높았기 때문이다. 그러나 수출어음은 연 6.5%로 예전보다 더 낮아짐으로써 자유시장 금리보다 더 낮아진 최고가격임을 알 수 있다. 당연히 자금은 수출에서는 초과수요가 나타났을 것이다.

직관적으로 볼 때, 1950년대와 1960년대 전반 금융산업은 몇 가지 점에서 달라졌다. 첫째, 1960년대에 공금융이 더 중요해지고 사금융이 덜 중요해졌다. 특히 1965년 이후에 그런 경향이 두드러졌을 것이다. 그러나 이것은 사금융 크기를 추정하기 어렵기 때문에 증거를 제시하기 어렵다. 둘째, 공금융 내에서도 수출어음(외화표시 공급어음 포함)과 관련한 금융에서는 극심한 초과수요가 발생했고 그 초과수요는 사금융에서 대체재를 찾을 수밖에 없었다. 이것과 다른 이유가 보태져서 1972년 8·3 조치가 단행되었다. 8·3 조치에 대한 자세한 분석은 41장을 참조할 수 있다. 셋째, 사금융 내에서는 도시 사금융과 농촌 사금융이 1965년 금리인상 조치의 영향으로 크게 차별화되었다. 농촌 사금융이 도시 공금융으로 일부 빠져나가면서 농촌 사금융의 금리는 1960년대 후반과 1950년대 후반이 비슷해졌다. 그 금리는 연간 약 70-80%였다. 그러나 도시 사금융 금리는 1960년대 후반에 연 약 51-58%였다. 물론 두 사금융 금리의 차이는 농촌 사금융이 도시 사금융에 비해 생산성이 낮기 때문에 발생한 이유도 있었을 것이다. 그러나 한국은행은 1965년 9월 금리개정 이후에 금리의 전반적인 수준을 조금씩 낮추었지만 예금금리를 더 크게 낮추었기 때문에 공금융이 어느 정도 위축되었을 것이다.

그러나 1950년대와 1960년대의 전반의 금융산업은 동일한 점도 있었다. 공금융과 사금융이라는 이중구조는 여전히 건재했다. 왜냐하면 한국은행이 공식 금융기관의 금리를 최고가격으로 규제했기 때문이다. 그러나 이중구조의 모습은 앞에서 보았듯이 언제나 동일하지는 않았다. 왜냐하면 한국은행이 최고가격을 자주 변경했기 때문이다.

금융 측면에서 「농어촌고리채정리법」을 평가하는 기준은 두 가지이다. 농촌의 사금융 금리 수준과 사금융 비중이다. 이명휘(2010, pp. 116-118)에 의하면 농촌에서 1950-1960년대 사금융의 비중이, 1961년 「농어촌고리채정리법」의 제정 직후와 1959년을 제외하면, 70%대에서 큰 변동이 없었을 뿐만 아니라 사금융 금리도 70%대에서 큰 변동이 없었다. 이것은 「농어촌고리채정리법」이 농촌의 사금융에 큰 영향을 미치지 못했음을 의미한다. 그러므로 5·16 군사정부의 「농어촌고리채정리법」은 실패한 것이다.[8]

농업의 환경적 측면을 평가하는 한 가지 방법으로서 가구당 부채의 크기가 있다. 이명휘(2010, p. 116)에 의하면 1960년과 1970년의 호당 명목부채는 6,693원과 34,076원이고 이것을 실질부채로 전환하면 각각 4,119원과 10,907원

8 1960년대 이후에도 농촌에서 사채는 농가 부채에서 큰 비중을 차지했다. 그 비중은 1965년 72.7%, 1970년 62.5%, 1975년 63.6%, 1980년 49.0%, 1985년 28.9%, 1990년 13.9%, 1995년 8.7%, 2000년 5.4% 등이다. 농가 부채에서 사채 비중이 크게 감소한 시점은 1975년 이후 1980년 이전이다. 박성재(2003), p. 299 표 4 참조.

이다. 실질부채는 10년간 약 2.6배 상승한 것이다. 그러므로 농가당 실질부채가 증가한 것은 5·16 군사정부의 「농어촌고리채정리법」이 실패한 증거라고 하겠다. 왜냐하면 「농어촌고리채정리법」이 성공했다면 실질부채가 감소해야 하기 때문이다. 그러나 연구에서 일부 구간은 이명휘가 추정한 것이기 때문에 앞에서 내린 결론은 추가적인 연구가 필요하다.

농업을 위한 환경적 측면을 추가로 보기로 한다. 1950년대와 비교하여 1960년대는 여러 가지 개선이 있었다. 농지개혁으로 인한 토지 배상을 위한 상환이 마무리되었다. 임시토지수득세도 더 이상 납부할 필요가 없었다. 1960년대는 도시에서 공업화가 시작되면서 이농 또는 도시전출로 농가 호당 인구수도 줄고 농업에 종사하는 사람들의 수도 줄어들었다. 그만큼 농업에서 과잉인구 또는 잠재실업자가 감소한 것이다. 그러나 농업에서 가장 중요한 미곡의 가격은 여전히 규제되고 있었다. 14장에서 저자가 지적한 요인들 중에는 개선되지 않은 것도 적지 않았다. 더 나빠진 요인들도 있었다. 저자의 생각에 1960년대는 1950년대보다 농민에게 유리한 측면이 있었지만 크지 않았다고 하는 것이 진실일 것이다(추가적인 연구가 필요하다).

② 이제 고금리 부채 정리 사업의 영향을 검토한다. 첫째, 5·16 군사정부의 고금리 사채 강제정리 사업은 복지정책의 일종이었다. 정부가 사채금리를 최고가격으로 규제함으로써 채무자 농민에게 보조금을 주고 채권자 농민에게는 세금을 부과한 것이다. 그리고 그 보조금의 일부는 민간의 세금으로부터 왔다. 이것은 고금리 사채 강제정리 사업이 채권자와 국민에게서 채무자로 소득을 재분배했다는 것을 의미한다. 한마디로, 채무자는 규제의 승자이고 채권자와 국민은 규제의 패자이다. 보조금의 크기는 사채금리에서 '연 8%

이하의 금리'를 뺀 차이이다. 세금의 크기는 사채금리에서 '연 20% 이하의 금리'를 뺀 차이이다. 보조금 절대액의 크기는 앞 절에서 지적했다. 그리고 규제를 만들고 집행하는 정치가들, 관료들 등도 규제의 승자이다. 그들은 채권자와 채무자 모두를 통제하기 때문이다. 여기에서 정치가들이란 주로 5·16군사정변 세력을 지칭한다. 그러므로 저자는 고금리 사채 강제정리 사업이 복지정책이었다고 주장한다. 그리고 이것은 5·16 군사정부의 첫 번째 복지정책이었다.

일반적으로 규제가 장기화되면 규제의 폐해는 작지 않아진다. 그러나 국가재건최고회의는 5월 15일 이전의 농가 부채에 한해서만 강제정리를 하겠다고 공표함으로써[9] 규제가 미래의 민간 사금융에 적용되지 않는다는 것을 분명히했고, 그 결과 규제의 폐해가 누적되는 것을 막았다. 앞에서 보았듯이, 강제정리 사업 이후에 사금융의 비중이 곧 예전의 수준으로 회귀한 것이 그 증거이다. 이것은 당시의 규제가 '일회성'이라는 것이다.

둘째, 고금리 부채 정리 사업은 경제행위에서 '계약의 자유'를 몰수했다. 군사정부도 정부이기 때문에 정부의 기능을 수행해야 한다. 정부의 기능이란 민간의 생명, 자유, 재산을 보호하는 것이다. 그리고 정부는 계약의 자유도 보호해야 한다. 그러나 군사정부는 채권을 몰수하여 농협으로 하여금 채무자를 대신하여 상환하도록 했다. 이것은 군사정부가 재산을 보호하는 것이 아니라 파괴한 것이다. 게다가, 고금리 부채 강제정리 사업은 세금 납부자들의 재산권을 파괴했다. 왜냐하면 그 정리 사업을 위해 세금을 징수해야 했기 때문이

9 동아일보, 1961년 5월 27일자.

다. 이것은 고금리 부채 강제정리 사업이 사회주의라는 것을 의미한다. 여기에 금리를 정부가 결정함으로써 채권자들과 채무자들의 계약의 자유를 없애버렸다. 다시 말하면, 군사정부의 고금리 부채 강제정리 사업은 사회주의이고 그를 바탕으로 간섭주의를 추가했던 것이다.

셋째, 정부가 고금리 사채를 강제로 정리하는 사업은 갈등과 불신을 조장했다. 아무리 고금리 사채일지라도 당사자들이 자발적으로 계약했다는 것은 그것이 당시로서는 최선이라는 것이다. 그러나 정부가 어느 일방에게 혜택을 주기 위하여 그런 계약에 간섭하면 당사자들은 이해관계가 대립되면서 갈등관계가 될 수밖에 없고 불신도 생겨난다. 자신에게 유리하다는 이유로 자유롭게 맺은 계약을 포기해야 하기 때문에 계약 상대방을 믿는 일이 어려워진다. 당시에 실제로 그런 일은 적지 않았다. 채무가 정상적으로 상환되지 않자 채권자들의 일부는 농협으로부터 채권을 회수할 수 없기 때문에 한때 어려움에 처하기도 했다. 이때 일부 채권자는 농협이 발행한 채권을 할인하여 팔았다. 이 경우는 채권자가 앞에서 지적한 것보다도 더 많은 손해를 보았다는 것을 의미한다. 그리고 농협도 일시적으로 유동성 위기에 처하는 경우도 있었다. 농협이 채무는 이미 갚았지만 채권을 제때에 받을 수 없었기 때문이다. 이런 것들은 채권자 또는 채무자가 지불했던 대가이지만 가시적인 것이 아니다. 그리고 이때 생겨난 갈등과 불신이 이후의 농촌 사금융에 미친 영향은 작지 않았을 것이다. 그러나 그런 것은 공식 통계에도 나타나지 않을 뿐만 아니라 측정하기도 쉽지 않다.

넷째, 농촌 계는 여러 가지 기능을 수행했다. 그것은 금융 기능, 공적부조, 친목, 공익, 농업경영 등이다. 5·16 군사정부는 그런 계의 부정적 측면만을 강조하여 계를 정리하려고 했다가 농민의 반발에 부딪쳐 5월 25일 이후에 계를 재조직하는 것을 허용했다. 그 결과 농촌의 계는 군사정부의 정리 사업으로 해산되었다가 다시 조직되었다. 이 과정에서 재조직에 추가적인 비용이 들었거나 가입자들을 선별적으로 선택하는 경우도 있었을 것이다. 이것은 추가적인 연구가 필요하다. 정부가 5월 25일 이후 계의 재조직을 문제 삼지 않음으로써 농촌 사금융은 비록 약간의 혼란은 있었지만 큰 혼란 없이 예전대로 돌아갔다.

다섯째, 군사정부는 고금리 부채 정리 사업으로 농민의 지지를 받았는가? 부채를 탕감 받은 농민은 정리 사업으로부터 이득을 보았지만 채권자들 중에는 머슴, 상이군경 유가족 등과 같은 당시의 약자들도 포함되어 있었을 뿐만 아니라 계의 재건에도 비용이 소요되었기 때문에 현재로서는 단정적으로 말할 수 없다. 다만 부채를 통째로 탕감 받은 농민은 농촌을 떠날 수 있게 되었다는 점은 공업화를 계획했던 군사정부에게는 유리한 것이었다.

여섯째, 장기적-여기에서 장기란 1980년대까지를 포함한다-으로 사금융은 공금융으로 대체되었다. 왜냐하면 정부-군사정부뿐만 아니라 그 이후의 정부까지 포함-가 공금융을 지속적으로 확대했을 뿐만 아니라 사금융을 지속적으로 규제하는 정책을 시행했기 때문이다. 군사정부의 고금리 부채 강제 정리 사업은 최초로 단행되었던 사금융 규제 정책이었다.

일곱째, 농촌 채권·채무 관계는 오래되었고 복잡했을 뿐만 아니라 계약으로 명문화되지 않았던 경우도 있었기 때문에 채권자와 채무자 간의 의견 불일치도 없지 않았다. 그러나 그 경우에도 고리채 정리 사업을 계기로 채권자와 채무자가 합의에 이르렀다. 일부 오래되고 복잡한 채권·채무 관계는 고리채 정리 사업을 계기로 합의에 의해 청산되었다. 이런 것은 군사정부의 고금리 부채 정리 사업의 긍정적인 효과이지만 부수적이었다.

4. 결론

5·16 군사정부는 농어촌 부채가 문제가 되고 있고 그 중심에는 높은 금리의 사채가 있다는 사실을 재빨리 인지했다. 사실 1공화국에서 농어촌 사채가 문제가 된다는 것이 이미 알려져 있었다. 「농어촌고리채정리령」이 5·16군사정변 후 10일도 지나지 않아 공포되었다는 사실은 군사정부가 농어촌 사채 문제를 빨리 인식했다고 볼 수 있다.

그러나 군사정부는 농어촌의 높은 금리의 사채를 없애는 데는 실패했다. 군사정부가 실패할 수밖에 없었던 이유(들)는 경제현상은 인과관계가 분명한 것이고 만약 어떤 경제현상 또는 결과를 자신이 원하는 대로 바꾸거나 폐지하고자 한다면 그 원인(들)을 고치거나 폐지하지 않으면 안 된다. 그러나 군사정부는 그 원인(들)을 폐지 또는 수정하지 않고 원인(들)과 관계가 없는 목표만 분명히 하거나 원인(들)의 결과들만을 폐지 또는 수정하는 것을 목표로 정하고 지시와 명령으로 경제 문제를 해결하고자 했다.[10] 물론 그것은 미봉책이고

10 군사정부는 농촌 문제의 원인들에 대해서는 어느 정도 이해하고 있었다. 비록 완전하지는 않았지만 말이다. 그 점은 다음의 인용문이 잘 보여준다. "6.25동란을 전후하여 근 10년 동안 식량수급이라는 면에 앞서 재정수요 충족이라는 면에서 농업에 미치는 영향을 도외시하고, 연간 3백50여만 석에 달하는 미국 잉여농산물을 도입하여 국내 농업에 압력을 주었다는 것을 비롯하여 농민의 부담력에 겨운 과중한 조세공과의 수탈, 저물가정책을 농산물 가격의 억제로서 미봉하였고 일부 도시 독점자본의 비대를 조장하면서 농업에 대한 재정투·융자가 명목에 불과한 푸대접이었고 (중략) 구정권 하에서 위정자가 너나 할 것 없이 농촌경제의 향상 발전을 구호로 외

농어촌 부채에 대해서 어떤 개선도 할 수 없었을 뿐만 아니라 일부 농어민을 포함한 국민은 많은 비용을 부담했다.

경제현상은 인과관계가 분명한 것인데 군사정부를 이끌었던 군인들은 그 점을 이해하지 못했다. 또한 박정희도 예외가 아니었을 것이다. 그 군인들은 3공화국이 끝날 때까지 그 점을 잘 이해하지 못했다. 이 점은 이 책의 다른 곳에서 반복해서 보게 될 것이다. 물론 경제현상의 인과관계를 잘못 이해하는 사람들이 그들만은 아닐 것이다. 이것이 그 시대 살았던 사람들의 불행이었다. 그리고 이런 현상은 지금도 계속되고 있다.

5·16 군사정부가 시행한 '농어촌 고리채 정리 사업'은 사회주의에 가격규제가 추가된 것이다. 그러나 군사정부는 이번 정리 사업 이후의 농촌 사금융에 대해서는 사회주의화와 가격규제를 하지 않겠다고 공표함으로써 폐해가 누적되는 것을 막았다. 군사정부는 고금리 사채 정리 사업을 위해 세금을 징수했기 때문에 납세자의 재산권도 침해했다. 그리고 농어촌 고금리 사채 강제정리 사업은 박정희가 실시한 최초의 복지정책이었다.

쳐왔건만 기실은 농촌수탈정책에 일관하여 왔다고 보는 것이 타당할 것이다"(국가재건최고회의 한국군사혁명사 편찬위원회 편, 1963, 『한국군사혁명사』 제1집, p. 1067에서 인용).

농촌 문제의 원인들에 대한 저자의 14장에서의 분석과 비교하면 그들이 그 요인들에 대해 어느 정도 이해하고 있었는가를 짐작할 수 있다. 농촌 문제를 해결하고자 했다면 문제의 원인들을 해결했어야 했다. 그러나 그들은 그렇게 하지 않았다.

제5편 5·16 군사정부의 국가주의

제24장

단체협약의 허용과 쟁의행위 금지

1. 서론

군사정부의 노동조합정책은 크게 두 시기로 구분할 수 있다. 첫 번째 시기는 1961년 5월 17일부터 1961년 8월 3일까지이다. 두 번째 시기는 1961년 8월 3일부터 1963년 4월 17일까지이다. 1963년 4월 17일 이후는 6편 3공화국에서 다룰 것이다.

군사정부는 쿠데타 바로 다음 날인 1961년 5월 17일에 사회 내의 모든 정치·사회 단체의 해체를 명령했다. 노동조합도 정치·사회 단체에 포함되어 해체되었다. 뒤이어 1961년 8월 3일에 노동조합의 설립을 '허가주의'로 바꾸었다. 그것은 1961년 5월 17일부터 1961년 8월 3일까지는 노동조합의 '공백기' 라는 것을 의미한다. 노동조합이 공백기가 되었다는 것의 경제적 의미는 아래에서 다룬다.

1961년 8월 3일 발표한 노동조합에 관한 내용은 다음과 같이 요약할 수 있다. 첫째, 노동조합의 설립에 정부 허가를 받도록 했다. 노동조합 설립에 '허가주의'를 도입한 것이다. 둘째, 쟁의행위를 금지했다. 셋째, 쟁의행위를 금지했지만 단체협약의 체결은 허용되었다. 넷째, '기업별 노조'가 아니라 '산별노조'를 중심으로 하는 노동조합 체제였다. 이때 한국노총 산하에는 14개 산별노조, 총 279개 지부, 195,614명의 노동조합원이 가입한 노동조합이 결성되었다. 그러나 한국노총은 자주단체이기보다는 어용단체에 가까웠다.

1961년 8월 3일부터 1963년 4월 17일까지의 노동조합을 살펴보자. 쟁의행위가 금지된 노동조합 체제로서 노동조합이 공백기가 되었던 그 이전에 비해 노동조합의 역할이 강화되었다. 그러나 쟁의행위가 금지되었기 때문에 노동조합이 노동3권을 모두 가진 체제보다는 노동조합의 역할이 축소되었다. 이 시기의 노동조합은 노동조합이 없는 상태와 노동3권이 보장된 노동조합의 중간 단계에 있는 것이다.

위와 같은 내용을 위주로 하는 군사정부 시절의 노동조합에 대한 조치는 1963년 4월 17일에 노동조합에 관련된 법을 제정함으로써 끝이 났다. 1963년 4월 17일 제정된 노동조합 관련 법률은 다음과 같은 내용을 골자로 하고 있다. 첫째, 정부는 노동조합의 자유 설립주의를 허용했다. 둘째, 1961년 8월 3일에 발표된 쟁의행위의 금지는 해제되었다. 셋째, 복수노동조합을 금지했다. 넷째, 정부가 노동쟁의를 조정할 수 있도록 했다. 자유 설립주의를 표방했지만 정부가 쟁의를 조정할 수 있게 함으로써 사실상 노동쟁의를 억제할 수 있는 길을 터놓았다(이 부분은 6편에서 다룰 것이다).

2. 노동조합의 공백기

공백기란 1961년 5월 17일부터 1961년 8월 3일까지의 기간을 말한다. 이 기간에는 노동조합뿐만 아니라 단체협약도 금지된 시기이다. 즉, 이 기간은 노동계약이 개별 계약만 허용된 시기이다. 개별 계약만 허용되었다는 것은 노동시장이 '완전한' 자유시장이 되었다는 것을 의미한다. 이때 체결된 임금은 자유시장임금 또는 자유시장임금 근사치로 볼 수 있다. 노동자가 자유시장임금을 받는다는 것은 노동자가 다른 노동자를 약탈하는 일이 제도적으로는 허용되지 않는다는 것이다. 노동조합이 노동자들 간의 약탈을 위한 제도라는 점은 7장을 참조할 수 있다. 그리고 노동조합이 공백기라는 것은 노동조합에 의한 생산성 하락도 없었던 시기라는 의미이다. 즉, 이 기간은 비록 짧은 기간이지만 노동시장이 자유시장이 되었던 기간이다. 다시 말하면, 노동조합으로 인한 노동자들 간 약탈이 없었을 뿐만 아니라 노동조합에 의한 생산성 하락이 없었던 기간이라는 것이다. 이 시기는 적어도 '명목적으로는' 그렇게 볼 수 있다.

그러나 1961년 5월 17일부터 1961년 8월 3일까지의 기간이 적어도 명목적으로는 노동조합의 공백기임은 분명하지만 노동시장이 '실질적으로' 완전한 자유시장이 되었는가는 당시 노동자들의 의식 상태에 달려 있다. 만약 노동과정에서 고용주들이 노동자들을 착취한다는 생각을 노동자들이 이미 가지고 있었다면, 다시 말해 노동자들이 '의식화' 되어 있었다면 노동시장은 완전한 자유시장이라고 할 수는 없다. 그러나 현재로서는 이에 대한 조사나 연구를 찾을 수 없다. 다만 해방 직후에 좌익 노동단체가 노동계를 일시적이지만 지배했기 때문에 그 영향이 있을 수 있다. 그 결과 제한주의적 임금은 완전한 자유시장일 때보다도 높았겠지만 크게 높았을 것이라고 보기는 어렵다. 이에 따라 생산성 하락도 크지 않았을 것임을 추론할 수 있다. 한마디로, 이 시기는 '실질적으로' 노동시장이 완전한 자유시장이 되었다고 할 수는 없다. 이때의 임금은 W_1이고 적어도 W_f보다 높았다.

3. 단체협약의 허용과 쟁의행위 금지

군사정부는 1961년 8월 3일부터 노동조합 설립의 허가주의, 쟁의행위 금지, 단체협약의 허용 등을 골자로 하는 노동조합정책을 발표했다. 첫째, 허가주의에 대해서 분석한다. <표 24-1>은 14개 산별노조 산하 지부의 수와 조합원의 수를 보여준다. 조합원 수가 15,000명이 넘는 산별노조, 즉 철도, 섬유, 광산, 운수, 부두, 연합 등의 노조원 수가 전체 노조원 수의 약 65%를 차지한다. 정부는 블루칼라이면서 그 업무가 격무인 노동자들만이 노동조합을 결성할 수 있도록 허가한 것으로 추정된다.

둘째, 이 기간의 노동조합의 특징은 '쟁의행위는 불가능하지만 단체협약은 허용되는' 것으로 요약할 수 있다. 쟁의행위가 금지되었지만 단체협약이 가능하다는 것은 그때의 임금이 여전히 제한주의적 임금이라는 것을 의미한다. 이것은 노동자들의 의식이 단체협약을 통해 공식적으로 제한주의적 임금

<표 24-1> 지부 수와 노동조합원 수

산별노조	지부 수	조합원 수	산별노조	지부 수	조합원 수
철도	11	22,991	금융	9	7,339
섬유	25	28,429	전매	32	8,999
광산	39	20,318	화학	28	11,628
전력	21	8,085	금속	13	4,957
외기	11	8,893	부두	18	15,002
체신	4	7,428	연합	29	15,842
운수	26	24,710	계	279	195,614
해상	13	10,993			

자료: 국가재건최고회의 한국군사혁명사 편찬위원회 편(1963), 제1집 상, p. 1325에서 인용.

<표 24-2> 노조별 단체협약 건수

산별노조	단체협약 건수	산별노조	단체협약 건수
철도	2	금융	
섬유	10	전매	1
광산	14	화학	26
전력	1	금속	26
외기	5	부두	71
체신	1	연합	31
운수	171	계	401
해상	42		

자료: 국가재건최고회의 한국군사혁명사 편찬위원회 편(1963), 제1집 상, p. 1325에서 인용.

을 요구할 수 있었다는 것이다.

그러나 단체협상에서 중요한 단체행동이 금지되었기 때문에 그 시기의 제한주의적 임금은 노동조합이 쟁의를 할 수 있을 때의 제한주의적 임금보다 낮을 수밖에 없다. 결국 쟁의행위가 허용되지 않을 때의 제한주의적 임금은 자유시장임금보다는 높지만 쟁의행위가 허용될 때의 제한주의적 임금보다 낮을 것이라는 것이다. 이때의 제한주의적 임금은 노동조합 공백기 때의 제한주의적 임금보다 높다. 7장에서 설명한 임금에 의하면 이 시기의 임금은 W_2이고 W_2는 W_1보다 높았다. 제한주의적 임금의 폐해에 대한 자세한 설명은 7장을 참조할 수 있다.

셋째, <표 24-2>는 각 산별노조에 따른 단체협약을 보여준다. 단체협약이 전체적으로 매우 저조할 뿐만 아니라 운수, 부두, 해상, 연합, 화학, 금속 등의 산별노조에 집중되어 있음을 알 수 있다. 특정 산별노조를 제외하고는 거의 단체협약을 하지 않았다고 추정할 수 있다. 이것은 군사정부가 노동조합을 대하는 분위기를 반영한 것으로 추정된다.

4. 결론

군사정부의 노동조합정책은 크게 두 시기로 구분할 수 있다. 첫 번째 시기는 1961년 5월 17일부터 1961년 8월 3일까지이다. 이 시기는 '명시적으로는' 노동조합의 공백기이다. 그러나 '실질적으로는' 노동시장이 완전한 자유시장이 아니었다. 이 시기의 임금은 W_1이고 W_f보다 높았다. 두 번째 시기는 1961년 8월 3일부터 1963년 4월 17일까지이다. 이 시기의 군사정부는 단체협상은 허용했지만 쟁의행위는 금지했다. 이 시기의 임금은 W_2이고 W_2는 W_1보다 높았다. 물론 W_1은 W_f보다 높았다.

이 장에서 저자는 노동조합에 의한 노동자들 간의 약탈, 생산성의 하락 등과 같은 내용에 대한 실증 자료를 제시하지 못했다. 이 장의 한계라고 하겠다. 그러나 노동조합이 확산되던 초기에는 쟁의행위가 허용되었더라도 제한주의적 임금을 명시적으로 관측하는 것은 매우 어렵다. 예를 들어, 노동조합이 오랫동안 위세를 떨쳐왔던 현대자동차 같은 영업장에서 현장 근로자의 임금이 매우 높다는 것, 즉 제한주의적 임금을 외부 관찰자가 쉽게 식별할 수 있게 된 것은 극히 최근이다. 저자는 제한주의적 임금이 1950-1960년대도 여전히 존재했다는 것을 이론적으로 설명한 것이다.

제5편 5·16 군사정부의 국가주의

제25장

부정축재자 처리와 부정축재 사회주의

1. 부정축재자 처리 과정[1)]

(1) 부정축재액의 결정

군사정부는 1961년 6월 14일에 법률 제623호로 「부정축재처리법」을 공포했다. 1961년 7월 7일에는 법률 제651호로 상기 법의 개정 법률을, 1961년 11월 20일에는 법률 제774호로 상기 법의 개정 법률을 공포했다.

법률 제623호에서는 1953년 7월 1일부터 1961년 5월 15일까지 사기 또는 기타 부정한 방법으로 재산을 축적한 공무원, 부정이득자, 학원부정축재자 등을 특별 처리한다는 점을 규정하고 있다. 법률은 그 처리 대상을 다음과 같이 규정하고 있다. 즉, ① 부정축재 공무원 및 정당인은 5,000만 환 이상, ② 국공유재산 또는 귀속재산 부정이득은 1억 환 이상, ③ 10만 불 이상의 정부보유불 부정대부, ④ 금융기관 융자 중 5,000만 환 이상의 정치자금 제공자, ⑤ 2억 환 이상의 공공 공사 부정이득 취득자, ⑥ 외자구매 등으로 인한 2억 환 이상의 부정이득자, ⑦ 2억 환 이상의 국세 포탈자, ⑧ 재산 해외 도피자 등이다. 상기 기준에 의거 '자진신고'를 받은 결과 대상자는 기업인과 전직 공무원 등 합계 57명이었다.

1961년 7월 7일의 개정 법률에서는 외화대출자, 부정공무원, 재산 해외 도피자 등에 대한 처리규정을 개정했다. 이 개정 법률에 의거 1961년 8월 1일 기업주 27명에게 벌과금과 추징금을 통고했고 그 액수는 약 700여억 환이었다.

1 이 절의 내용은 국가재건최고회의 한국군사혁명사 편찬위원회 편(1963), 제1집 상, pp. 465-476 참조.

그러나 너무 가혹하다는 비판에 직면하여 부정축재처리위원회는 10개 항으로 된 처리방침을 세웠는데 앞에서 제시한 5개 항보다는 다소 완화된 것이었다. 이 방침에 의거하여 1961년 8월 12일에는 기업주 27명에게 약 470여억 환의 벌과금과 추징금을 징수할 것을 통고하였다. 정확하게는 37,808,870,525 환과 7,500,056.60달러이다.

1961년 9월 7일에 부정축재 공무원을 37명으로 결정하고 징수액을 약 100여억 환으로 결정하였다. 이후 1961년 9월 13일에는 부정축재 공무원을 34명으로 결정하고 징수액을 약 70여억 환으로 결정하였다. 정확하게는 7,220,205,985환이다.

이전 법률의 문제점과 업무 처리의 미숙 등으로 1961년 11월 20일에는 개정 법률(법률 774호)을 제정했다. 이 개정 법률에 의거하여 1961년 12월 31일에 최종 결정액을 당사자에게 통고하였다. 문제가 있다고 여겨진 기업인들은 부정이득자로 분류되었고 이들에게 징수할 금액은 50,101,506,409환이었다. 문제가 있다고 여겨진 공무원은 부정공무원으로 분류되었고 이들에게 징수할 금액은 6,257,185,765환이었다. 그리고 군사정부는 두 가지 종류의 금액을 확정하는 과정에서 당사자들의 이의를 여러 차례 받아서 징수금액을 결정하였다. 한마디로, 부정축재자 처리 과정에서 벌과금과 추징금은 처음에는 700여억 환에서 564여억 환으로 축소되었다.

(2) 부정축재액의 환수

군사정부는 1962년 11월 28일 부정축재환수절차법 중 개정 법률을 공포하고 1962년 12월 4일 동법 시행령인 각령 제1061호를 공포하여 공매처분이 되지 않는 재산의 결손처리 과정을 결정하였다.

1963년 7월 4일 현재 부정공무원으로부터 환수할 금액 6,257,185,765환 중에서 403,898,076원(전체 금액의 64.6%)을 환수하고 221,820,500원(전체 금액의 35.4%)을 결손 처리하였다. 환수 방법은 현금과 국유화가 전부였다.

1963년 7월 4일 현재 부정이득자의 경우에는 통고금액은 총 5,126,824,792원이고 이중 한국은행 외화변제액 898,759,108원이 포함되었다. 한국은행 외화변제액을 제외한 환수통고액은 4,228,065,684원이고 이중 2,235,918,752.27원(환수통고액의 52.8%)을 현금, 은행주, 현물, 공장의 국유화 등으로 환수하고, 1,444,215,808.30원을 건설된 공장의 주식납부 예상액으로 환수하였다. 환수통고액 중에서 미환수액은 547,931,123.43원이고 이중 강제징수는 294,564,970.35원이고 결손처분 예상액은 253,366,153.08원(환수통고액의 5.9%)이었다.

2. 부정축재자 처리 재산과 재정수입

<표 25-1>은 1961-1965년에 정부가 부정축재자로부터 환수한 재산의 규모를 보여준다. 비교를 위하여 세입에서 몇 가지 항목을 적시하고 비교적 중요하지 않다고 생각되는 항목을 기타로 합쳐서 처리했다. 먼저 정부가 5년 동안 부정축재자로부터 환수한 재산의 총규모는 약 64억 원이었다. 정부가 부정축재자로부터 환수한 재산의 세입결산에서의 비중은 1961년 현재 0.6%, 1962년 1.7%, 1963년 1.9%, 1964년 1.9%, 1965년 1.4% 등이다. 1962-1963년에 이 금액은

<표 25-1> 연도별 일반재정의 세입결산 규모

(단위: 백만 원, %)

	1961		1962		1963		1964		1965	
	금액	구성비	금액	구성비	금액	구성비	금액	구성비	금액	구성비
부정축재	334	0.6	1,595	1.7	1,470	1.9	1,546	1.9	1,457	1.4
국채	700	1.1	1,100	1.2	1,300	1.7	-	-	-	-
산업부흥 국채	2,984	4.9	17,038	18.3	1,434	1.9	-	-	-	-
대충자금	24,058	39.2	28,726	30.8	26,312	34.7	28,020	35.3	36,090	34.2
조세	23,199	37.8	28,242	30.3	31,078	40.9	37,421	47.1	54,634	51.8
기타	10,079	16.4	16,513	17.8	14,329	18.9	12,400	15.6	13,570	12.9
계	61,354	100.0	93,214	100.0	75,923	100.0	79,387	100.0	105,481	100.0

자료: 한국재정40년사 편찬위원회 편(1991), 제7집, p. 65에서 재인용. 원자료: 재무부(1961), 제1집; 재무부(1958), 『재정금융의 회고』; 재무부, 『결산개요』, 각 연도.

국채보다, 1963년에는 산업부흥국채보다 그 규모가 컸다. 대충자금이 전체 세입의 30%대, 조세가 전체 세입의 30-50% 수준임을 감안하면 정부가 부정축재자로부터 환수한 재산의 규모는 크지 않다. 그러나 매우 큰 항목을 제외한 단일 항목으로는 결코 적은 금액이 아니다.

3. 부정축재자 처리의 동기

부정축재자 처리의 동기는 공익으로 볼 수 있다. 혁명공약에는 '사회의 모든 부패와 구악의 일소'라는 공익이 규정되어 있다. 부패는 분명하지만 구악은 그것이 무엇을 말하는지 분명하지 않다. 공익은 군사정부가 내걸었던 부정축재자 처리 동기이다. 다른 한편, 군부 세력의 일련의 조치가 국민들로부터 쿠데타를 인정받기 위한 것으로 볼 수 있다. 이것은 부정축재자 처리 동기가 명목상으로는 공익이지만 실질적으로는 사익이라는 것이다. 이 점에 대한 연구가 필요하다. 부정축재 환수금액은 모두 국고로 환수되는 것이기 때문에 개인이나 집단의 경제적 동기와 관련이 있다고 볼 수는 없다. 그러나 군부 세력의 일련의 조치가 국민들로부터 쿠데타를 인정받기 위한 것이라면 문제는 달라진다. 이 점에 대한 연구가 필요하다.

4. 부정축재자 처리에 대한 평가

군사정부는 부정축재자 처리 과정을 상세하게 공개하지 않았다. 다만 국가재건최고회의 한국군사혁명사 편찬위원회는 부정축재자 처리 과정과 관련한 약간의 사항과 처리의 결과만을 요약하여 발표했다. 그 자료만으로 부정축재자 처리 과정을 평가하는 일이 쉽지 않지만 약간의 평가를 해보자. 다만 여기에는 Rothbard(2002)의 정의이론을 이용하고자 한다.

첫째, 국세 포탈자와 같이 명백한 범법자는 실정법으로도 처벌할 수 있었다. 그러나 특별법으로 처벌하는 것도 큰 문제가 없다. 그리고 국세 포탈의 액수와 관계없이 국세 포탈자를 처벌하는 것은 당연하다. 즉, 부정축재자 처리법에서 포탈 액수의 한도를 정한 것은 문제가 있다는 말이다. 그리고 이 과정에서 공무원들이 연루되었을 것이지만 현재로서는 그들이 어떻게 처리되었는가를 알 수 없다.

둘째, 정치자금을 자유당에 내고 귀속재산, 정부보유 달러 등을 불하 받은 민간인들을 처벌하도록 했다. 오늘날과 달리 당시에는 정치자금법이라는 것이 없었다. 어떤 특혜를 받기 위하여 정치자금을 낸다는 것은 그것이 사실상 뇌물이다. 당시의 실정법으로 처벌하는 것은 불가능하지만 그것이 실질적으로는 뇌물이라는 점에서 처벌하는 것은 옳았다. 정치자금 없이 정당을 운영하는 길은 거의 불가능하다. 그러나 정치자금이 뇌물이 되어서도 곤란하다. 그러므로 정치자금을 허용하되 뇌물이 되는 길을 막아야 한다. 그러나 군사정부와 3공화국 정부는 그렇게 하지 않았다. 거액의 정치자금을 바친 사람의 처벌을 1회성으로만 한 것은 부정축재자 처리가 인기영합적인 것이었음을 시사한다.

셋째, 거액의 정치자금을 받은 공무원이나 정치인은 뇌물을 주는 사람의 재산을 침해한 것이다. 당연히 처벌의 대상이지만 Rothbard(2002)에 의하면 뇌물을 준 사람은 처벌의 대상이 아니다. 그러나 정치인이나 공무원이 특권이나 외환의 매각 또는 불하에 개입하여 이권을 넘겨주고 정치자금을 받는 것을 처벌하는 것은 당연한 것이다. 다시 말하면, 뇌물을 주는 사람과 뇌물을 받는 사람을 구별할 필요가 있다는 것이다. 군사정부는 이 점을 잘 고려한 것으로 보이지는 않는다.

넷째, 공무원에게 뇌물을 주는 방법으로 국공유재산, 귀속재산, 정부보유불, 외자구매, 공공 공사 등을 획득하거나 수주했다면 재산 취득자가 부당한 이득을 보았다. 부당하게 취득한 재산을 회수하는 것은 당연하다. 다만 이미 재산 취득 대가를 지불한 부분은 예외이다. 그러나 뇌물을 주지 않았음에도 불구하고 국공유재산 취득 등으로 인하여 큰 이득을 본 것은 처벌의 대상이 아니다. 군사정부가 이 점을 잘 고려하여 부정축재자를 결정한 것인가는 현재로서는 알 수 없다.

다섯째, 부정축재 관련 법은 자신의 재산을 해외로 도피한 자를 처벌하도록 했다. 그러나 자신의 재산을 처분하여 다른 장소로 옮기는 것은 아무런 문제가 없다. 이것은 군사정부의 처벌이 잘못된 경우이다. 이것은 '부정축재 사회주의'인 것이다.

여섯째, 군사정부는 공무원과 기업인으로 구분하여 부정축재자 명단을 발표하였다. 그러나 조세 포탈자의 명단을 발표할 이유가 있는가는 의심스럽다. 다른 경우도 명단 발표 여부는 구체적인 경우를 검토해야 한다. 부정축재자 처리가 인기영합적인 프로그램이라는 것을 의심케 하는 대목이다.

일곱째, 부정축재자 처리 법률은 처리 대상 한도액을 5,000만 환, 1억 환, 2억 환 등으로 구분했다. 당시의 높은 인플레이션을 감안하더라도 이 한도액은 너무 크다고 추측된다. 그 결과 부정축재 처리 대상자가 아주 적을 수밖에 없었다.

여덟째, 대한민국의 사법제도는 '죄형법정주의'를 채택하고 있다. 그 점에서 보면 부정축재 관련 법률은 사후 입법으로 죄형법정주의에 어긋나는 것이다. 그러나 Rothbard(2002)에서는 그런 원칙은 필요하지 않다. 그 점에서 부정축재 관련 법률도 문제가 없다.

아홉째, 누군가 잘못을 범했다면 재판 절차를 거쳐야 한다. 그러나 부정축재 처리는 그런 절차를 거치지 않았다. 다만 군사정부는 부정축재 처리 대상자의 이의 신청을 받아 벌과금이나 징수금을 인하해주었다. 이것은 군사정부가 법관의 역할을 대신했음을 의미한다. 그 점에서 부정축재에 관련된 자의 권리가 잘 보호되었다고 볼 수 없다.

마지막으로, 자료의 부족으로 앞에서 나열한 경우에 따라 구체적인 경우에 부정축재 처리 과정이 잘 된 것인지 또는 잘못된 것인지를 평가하는 일은 현재로는 가능하지 않다.

종합하면, 부정축재 관련 법률은 그 자체가 정당한 경우도 있었고 부당한 경우도 있었다. 부정축재자 명단을 발표하는 경우와 법률 처리 대상 한도액을 설정한 것도 앞과 동일한 말을 할 수 있다. 정치자금을 뇌물로 간주하여 정치자금을 받은 사람을 처벌한 것은 옳은 일이다. 그러나 정치자금을 낸 사람을 처벌하는 것은 문제가 있다. 다만 그때의 경험을 기초로 정치자금 관련 법을 제정하지 않았던 것은 그 처벌이 인기영합적인 것이었음을 시사한다. 그리고 저자의 이 분석은 시론적 성격의 것이기 때문에 더 많은 연구가 필요하다.